Ulrich Schlie (Hrsg.)

ALBERT SPEER
Die Kransberg-Protokolle 1945

Albert Speer

Die Kransberg-Protokolle 1945

Seine ersten Aussagen und Aufzeichnungen (Juni–September)

Herausgegeben von Ulrich Schlie

Mit 24 Abbildungen

Herbig

Bildnachweis

Alle Abbildungen aus den Archiven der Buchverlage Langen Müller Herbig,
außer Bildarchiv Preußischer Kulturbesitz: 7, 8, 10, 11, 13, 18, 20
Sammlung C. Weber: 5, 6, 14, 16, 17, 21, 23
Hartmut H. Knittel: 12
Stephanie Salzmann: 24

Besuchen Sie uns im Internet unter
http://www.herbig-verlag.de

Die Protokolle 1–3 dieses Bandes
sind erstmalig 1999 von Ulrich Schlie unter dem Titel
Albert Speer, »Alles, was ich weiß«. Aus unbekannten Geheimdienstprotokollen vom Sommer 1945 bei Herbig veröffentlicht worden.

Schutzumschlag: Wolfgang Heinzel
Herstellung und Satz: VerlagsService Dr. Helmut Neuberger
& Karl Schaumann GmbH, Heimstetten
Gesetzt aus der 11/13,5 Punkt Minion
auf Apple Macintosh in QuarkXPress
Druck und Binden: Wiener Verlag, Himberg
Printed in Austria
ISBN 3-7766-2288-1

Inhalt

Abkürzungen

A 4	Aggregat 4 (später V 2)
A.H.	Adolf Hitler
Ausf.	Ausführung
BA Ko	Bundesarchiv Koblenz
BdE	Befehlshaber des Ersatzheeres
BDM	Bund deutscher Mädel
BdU	Befehlshaber U-Boot
BMW	Bayerische Motorenwerke AG
BRT	Bruttoregistertonnen
Chef HRüst	Chef der Heeresrüstung
Chef WaPrüf	Chef des Waffenprüfamtes
FHQ	Führerhauptquartier
F.I.A.T.	Field Intelligence Agency Technical
Fi 103	Flugbombe der Fieselerwerke, anschließend in V 1 umbenannt
Flak	Flugabwehrkanonen
FO	Foreign Office
GBA	Generalbevollmächtigter für den Arbeitseinsatz
GBI	Generalbauinspektor für die Reichshauptstadt
GBRüst	Generalbevollmächtigter für Rüstungsaufgaben im Vierjahresplan
GBW	Generalbevollmächtigter für die Wirtschaft
GenLt.	Generalleutnant
GL	Generalluftzeugmeister
HWA	Heereswaffenamt
i.G.	im Generalstab
IMT	International Military Tribunal
IWM	Imperial War Museum, London
Ju 52	Flugzeug der Junkers-Werke
K 98	Karabiner 98
K	tschechische Kronen
KS	slowakische Kronen
KZ	Konzentrationslager
LSÖ	Leitsätze für die Selbstkostenabrechung für öffentliche Aufträge
L.T.I.	Lingua Tertii Imperii

MP	Maschinenpistole
Ms.	Manuskript
m/s	Meter pro Sekunde
NSV	Nationalsozialistische Volkswohlfahrt
OBdM	Oberbefehlshaber der Kriegsmarine
OKH	Oberkommando des Heeres
OKL	Oberkommando der Luftwaffe
OKM	Oberkommando der Kriegsmarine
OKW	Oberkommando der Wehrmacht
OT	Organisation Todt
PRO	Public Record Office, Kew
PzKpfw	Panzerkampfwagen
RAF	Royal Air Force
RFSS	Reichsführer SS
RKW	Reichskuratorium für Wirtschaftlichkeit
RM	Reichsmark
RMBM	Reichsministerium für Bewaffnung und Munition (Speer-Ministerium bis August 1943)
RMRK	Reichsministerium für Rüstung und Kriegsproduktion (Speer-Ministerium seit September 1943)
RSHA	Reichssicherheitshauptamt
RVE	Reichsvereinigung Eisen
RVK	Reichsvereinigung Kohle
RWM	Reichswirtschaftsministerium
SD	Sicherheitsdienst der SS
Sipo	Sicherheitspolizei
SS-HA	SS-Hauptamt
TA	Truppenamt
t	Tonne
ts	tons
uk	unabkömmlich
USAAF	USA Air Force
USSBS	United States Strategic Bombing Survey
V-Waffe (V 1, V 2)	Vergeltungswaffe
VfZg	Vierteljahrshefte für Zeitgeschichte
WaPrüf I	Waffenprüfamt I (Abteilung im Heereswaffenamt)
WiRüAmt	Wehrwirtschafts- und Rüstungsamt im Oberkommando der Wehrmacht
Wumba	Waffen- und Munitionsbeschaffungsamt
WVHA	SS-Wirtschafts-Verwaltungs-Hauptamt
z.b.V.	zur besonderen Verwendung

Vorwort

Als vor drei Jahren im Herbig-Verlag unter dem Titel »Alles, was ich weiß« Auszüge aus Albert Speers Kransberger Aussagen von mir veröffentlicht wurden, war das Echo groß. Wiederholt wurde der Wunsch geäußert, den ganzen, authentischen Speer von 1945 lesen zu können. In den letzten Jahren hat Albert Speer als Thema der Zeitgeschichte eher noch an Interesse und Aktualität dazugewonnen. Allerdings haben seine beiden Biographen, Gitta Sereny und Joachim Fest, den rüstungswirtschaftlichen und militärstrategischen Teil der Karriere Speers in ihren Arbeiten weitgehend ausgeklammert. So erfüllen die hier erstmals vorgelegten Kransberger Verhöre Speers vom Sommer 1945 einen doppelten Zweck. Sie zeigen den authentischen, von Verteidigungsstrategien noch weitgehend freien Speer, und sie nehmen ein Thema ins Visier, zu dem Albert Speer selbst mit seinem geplanten, aber nicht mehr geschriebenen vierten Buch nicht mehr gekommen ist: Rüstungswirtschaft und Kriegführung.

Von den hier veröffentlichten elf Protokollen sind drei – diejenigen über Adolf Hitler, Politik und Politiker im nationalsozialistischen Deutschland sowie nationalsozialistische Außenpolitik und militärische Führung – bereits in »Alles, was ich weiß« publiziert. Aus Gründen der inneren Geschlossenheit kommen sie an dieser Stelle nochmals zum Abdruck. Textgrundlage sind jeweils die im Koblenzer Bundesarchiv verwahrten deutschen Fassungen der Manuskripte. Soweit eine englische Parallelüberlieferung erhalten geblieben ist – es handelt sich in der Regel um eine gekürzte englische Übersetzung –, wurde sie beim Textvergleich herangezogen. Den Mitarbeitern der besuchten Archive danke ich für die kundige Unterstützung, namentlich Herrn Gregor Pickro vom Bundesarchiv in Koblenz, Emanuel Heisenberg, Dr. Nils Ole Oermann und Oberst Ralph Thiele für Anregungen und Kommentare, meinem Lektor, Rochus v. Zabuesnig, für die bewährte Betreuung. Ohne Stephanie Salzmann hätte dieses Buch zu diesem Zeitpunkt nicht erscheinen können: Sie hat mit Rat und Tat bei der Kommentierung und den Anhängen mitgewirkt.

Paris, im August 2002 *Ulrich Schlie*

Erster Teil

Albert Speer (1905–1981): ein biographisches Porträt

»Woran Du Dein Herz hängest,
das ist Dein Gott.«
(Martin Luther)

I.

Albert Speer war »das fähigste und am wenigsten korrumpierte Mitglied des Hofes [Hitlers]«.[1] Zu diesem Urteil war der britische Geheimdienstmann und Oxford-Historiker Hugh Trevor-Roper unmittelbar nach dem Ende des Dritten Reiches gekommen. Zugleich meinte Trevor-Roper, daß »vielleicht zukünftige Historiker Albert Speer als den wirklichen Verbrecher Nazi-Deutschlands ansehen, … da seine Philosophie die Philosophie so vieler Deutscher ist, die unbewußt den Nazismus möglich machte«.[2] Es ist die in dieser Einschätzung enthaltene Ambivalenz, die Albert Speer als Charakter und Person der Zeitgeschichte so schwer greifbar macht. Zugleich liegt darin der Grund, weshalb Albert Speer nicht aufhört, Publizistik und Geschichte zu interessieren, weshalb er immer wieder hervorgeholt wird ins Scheinwerferlicht von Film und Fernsehen. Die Deutschen, so scheint es, sind auch auf absehbare Zeit mit dem Dritten Reich noch nicht fertig. Die Hitlerzeit ist zwar heute nur noch für den kleineren Teil der Deutschen erlebte Vergangenheit. Doch sie bleibt eine Vergangenheit, die sperrig und unbarmherzig in die Gegenwart hineinragt. Zudem hat die Grenzwertigkeit der nationalsozialistischen Zeit als erlebte Vergangenheit eher noch dazu beigetragen, daß die Beschäftigung mit ihr gestiegen ist.

Das 20. Jahrhundert ist zu Ende, und Adolf Hitler ist seine zentrale Gestalt gewesen. Aus dem zeitlichen Abstand von mehr als fünfzig Jahren sind die Konturen der nationalsozialistischen Diktatur heute deutlicher erkennbar. Die Geschichtswissenschaft hat den Abgrund sorgfältig ausgemessen. Neben der Fratze des Monsters wirken die

---

[1] Hugh Trevor-Roper, Hitlers letzte Tage, Frankfurt u.a. 1985 (London [1]1947), S. 49.
[2] Hugh Trevor-Roper, Porträt des wirklichen Nazi-Verbrechers, in: Adelbert Reif (Hg.), Albert Speer. Kontroversen um ein deutsches Phänomen, München 1978, S. 239.

Züge der Paladine dabei eher unscharf und subaltern, sie treten zurück: der diabolische Propagandist Goebbels, Ingenieur der Volksseele; der Kleinbürger als Massenmörder in Gestalt des Hühnerzüchters und Reichsführers SS Heinrich Himmler; der »parfümierte Parsifal«, Reichsmarschall Hermann Göring; der spintisierende Sonderling und »Friedensflieger« Rudolf Heß, der seit 1941 den Verrückten gab. Albert Speer dagegen ragt aus dieser Reihe heraus: auf Grund persönlichen Formats, Intellekts und der Fähigkeit, sein politisches Handeln unter den Gesichtspunkten von Moral und Verantwortung zu reflektieren. Zum einen war Speer der prominenteste Überlebende des nationalsozialistischen Regimes. Er überlebte Hitler und den Zusammenbruch, und er überstand die Verurteilung durch die Alliierten in Nürnberg ebenso wie eine zwanzigjährige Haft. Zum anderen ist Albert Speer schließlich der einzige unter den führenden Nationalsozialisten, dem es mit seinen 1969 veröffentlichten »Erinnerungen«[3] und seinen 1975 erschienenen »Spandauer Tagebüchern«[4] gelungen ist, Geschichte zu schreiben, die des Dritten Reiches und seine eigene. Gewiß, auch Göring und Heß hatten die bedingungslose Kapitulation überlebt. Doch publizistischer Nachruhm war ihnen nicht vergönnt. Görings Auftritt als »zweiter Mann des Dritten Reiches« war auf die Pose des »Anführers« der Hauptkriegsverbrecher und die Dauer des Nürnberger Prozesses begrenzt. Der Vollstreckung des Todesurteils hatte er sich durch Selbstmord entzogen. Und die Rolle von Heß blieb diejenige des lebenslangen Häftlings, zuerst seit 1941 in Britannien, dann 1945/46 in Nürnberg und schließlich bis zum freiwillig-unfreiwilligen Selbstmord von 1946 bis 1987 in Spandau. Die Zeit ist über beide hinweggegangen.

Speer hingegen ist als »Hitlers einziger Freund«, als des »Teufels Architekt« (Golo Mann) oder schlichtweg als »der gute Nazi« (Dan van der Vat) auf nicht nachlassende Weise gegenwärtig, in seiner Vielschichtigkeit, auch im Bild, das die Geschichtsschreibung von ihm entworfen hat, indes kaum greifbar. Auf einen einfachen Nenner ließ sich Speer schon zu Lebzeiten nicht bringen. Seine hervortretenden Züge sind scheinbar unvereinbar. Sebastian Haffner hat bereits sehr

---

[3] Albert Speer, Erinnerungen, Frankfurt/M. u.a. 1969.
[4] Albert Speer, Spandauer Tagebücher, Frankfurt/M. 1975.

früh, im Kriegsjahr 1944, im britischen »Observer« auf die Ambivalenz Speers, auf die Unterschiede seiner Persönlichkeit im Vergleich mit den herkömmlichen Unterführern Hitlers, auch auf seine über die nationalsozialistische Zeit hinausragende Bedeutung hingewiesen und in Speer »eine genaue Verwirklichung der Revolution der Manager« erkannt: »Speer ist nicht einer der auffälligen und pittoresken Nazis. Er ist der erfolgreiche Durchschnittsmensch, gut gekleidet, höflich, nicht korrupt, er symbolisiert einen Typus, der in allen kriegführenden Staaten wichtig wird, den reinen Techniker, den glänzenden Mann ohne Herkommen, der kein anderes Ziel kennt, als seinen Weg in der Welt zu machen, nur mittels seiner technischen und organisatorischen Fähigkeiten. Gerade das Fehlen von psychologischem und seelischem Ballast und die Ungezwungenheit, mit welcher er die erschreckende technische und organisatorische Maschinerie unseres Zeitalters handhabt, läßt diesen unbedeutenden Typ heutzutage äußerst weit gehen. Dies ist ihre Zeit. Die Hitlers und Himmlers mögen wir loswerden, aber die Speers, was auch immer mit diesem einzelnen Mann geschehen wird, werden lange mit uns sein.«[5]

Das Bild vom unpolitischen Fachmann präsentierte Speer im Nürnberger Prozeß erfolgreich, indem er sich auf eine in seiner für Hitler verfaßten Denkschrift vom 20. September 1944 enthaltene Formulierung zurückzog, deren Tenor auch in den hier veröffentlichten Protokollen an verschiedenen Stellen wiederkehrt: »Die Aufgabe, die ich zu erfüllen habe, ist eine unpolitische. Ich habe mich so lange in meiner Arbeit sehr wohl gefühlt, als meine Person und auch meine Arbeit nur nach der fachlichen Leistung gewertet wurde.«[6] Joachim Fest folgte dieser Sicht in seinem 1964 formulierten Essay »Albert Speer und die technizistische Unmoral«, indem er Hitlers Rüstungsminister als »versachlichte[n] Mensch, der sich nur noch als Funktion in einem Zusammenhang begreift, den er weder überschaut noch

[5] Sebastian Haffner, Albert Speer. Herrscher über die Nazi-Ideologie, im *Observer* vom 9. April 1944. Zit. nach Rainer Nitsche (Hg.), Sebastian Haffner, Schreiben für die Freiheit, 1942 bis 1949: Als Journalist im Sturm der Ereignisse, S. 48f., Berlin 2001. In seinen Erinnerungen (S. 355f.) behauptet Speer, nach der zeitgenössischen Lektüre aus Sorge, Bormann könne die Publikation zur negativen Beeinflussung gegen ihn nutzen, Hitler selbst auf den Artikel aufmerksam gemacht zu haben.
[6] IMT (Hg.), Der Prozeß gegen die Hauptkriegsverbrecher vor dem Internationalen Militärgerichtshof, Nürnberg 1948, Bd. XVI, S. 479.

überschauen will« schilderte und in der »selbstgewählten Isolierung des technischen Geistes« eine der »entscheidendsten Voraussetzungen seiner totalen Dienstbarkeit« erkannte.[7] In seiner 1999 veröffentlichten Speer-Biographie schwächte Fest diese Sicht zwar etwas ab, beschränkte sich jedoch im wesentlichen auf psychologisierende Betrachtungen mit Schwerpunkt auf dem Verhältnis Hitler-Speer, ohne auf die zentralen Fragen der historischen Beurteilung Speers eine Antwort zu finden.[8] Widerspruch gegen Fests Interpretation von Speer als technizistischem Nicht-Politiker war vor allem von Matthias Schmidt in dessen 1982 vorgelegter Dissertation »Albert Speer. Das Ende eines Mythos«[9] vorgebracht worden. Schmidt hatte als erster auf zahlreiche Ungereimtheiten in Speers »Erinnerungen« hingewiesen und dies als selektives Erinnerungsvermögen gedeutet. Die durch Schmidt bestärkten Zweifel an der Präsentation des Zeitzeugen Speer sollten zwar nie mehr verstummen. Mit der Veröffentlichung seiner Bestseller »Erinnerungen« und »Spandauer Tagebücher« hatte Speer jedoch maßgeblich seiner Sicht des Dritten Reiches nachgeholfen.

Auch die beiden anderen Speer-Biographien neueren Datums – das 1995 erschienene Buch »Das Ringen um die Wahrheit. Albert Speer und das deutsche Trauma« der ungarisch-britischen Journalistin Gitta Sereny[10] und die 1997 vorgelegte Lebensbeschreibung aus der Feder des niederländisch-britischen Journalisten Dan van der Vat »Der gute Nazi. Albert Speers Leben und Lügen«[11] – sind vorrangig auf das »Phänomen Speer« konzentriert und weniger auf eine eingehende Analyse der Tätigkeit Speers als Organisator des totalen Kriegseinsatzes. Serenys Buch ist im klassischen Sinn gar keine Biographie, sondern ein langes Zwiegespräch mit Speer über seine persönliche Schuld und sein Wissen um den Mord an den Juden, über Hitler und den Nationalsozialismus. So unentbehrlich Serenys Buch als Quelle

---

[7] Joachim C. Fest, Das Gesicht des Dritten Reiches. Profile einer totalitären Herrschaft, München 1980 ([1]1964), S. 241.
[8] Joachim C. Fest, Speer, Berlin 1999; kritisch dazu Volker Ullrich, Die Speer-Legende, in: *Die Zeit* vom 23. September 1999.
[9] Matthias Schmidt, Albert Speer. Das Ende eines Mythos. Speers wahre Rolle im Dritten Reich, Bern-München 1982.
[10] Gitta Sereny, Das Ringen mit der Wahrheit. Albert Speer und das deutsche Trauma, München 1995.
[11] Dan van der Vat, Der gute Nazi. Albert Speers Leben und Lügen, Berlin 1997.

für jeden ist, der sich mit Speer beschäftigt, so versäumt sie es nahezu vollständig, den offiziellen Speer, den Rüstungsorganisator, in den Blick zu nehmen. Van der Vats Blick auf Speer ist ungleich kritischer als derjenige Fests und weniger persönlich als derjenige Serenys. Am ehesten erfüllt damit van der Vat die Ansprüche an eine Biographie. Doch alles in allem bleibt die Quellengrundlage zu beschränkt – insbesondere wiegt der Verzicht auf Primärquellen, um den Anforderungen an eine Biographie gerecht zu werden. Eine umfassende, gründlich recherchierte Lebensbeschreibung von Hitlers Rüstungsminister ist deshalb nach wie vor ein Desiderat der Forschung. Dabei böte der einzigartige Umstand, daß Speer 1945 nahezu die vollständigen Akten seines Ministeriums den Briten übergeben hatte und diese reiche Quelle heute im Imperial War Museum in London verwahrt wird, eine überaus günstige Voraussetzung.

Speers Lebensweg ist aufs engste mit dem Aufstieg und Fall des Dritten Reiches verbunden. Sein bürgerlicher Hintergrund und sein spätes Interesse an Politik entsprachen den Erfahrungen vieler Deutscher. Die Anfänge seiner Karriere, der kometenhafte Aufstieg, das persönliche Vertrauensverhältnis zu Hitler, die gelingenden Aufträge muten phantastisch an. In wechselnden Funktionen diente Speer dem Regime an vorderster Front und trug auf diese Weise wesentlich dazu bei, daß das Dritte Reich und der Zweite Weltkrieg nicht schon früher an ihr Ende kamen. Auch über den Untergang des Hitlerregimes hinaus bestimmte die nationalsozialistische Zeit sein Leben. Die Bewältigung von Unbewältigbarem, die Sisyphusaufgabe der Deutschen im 20. Jahrhundert, blieb Speers Dilemma. Ein anderes Leben war für ihn nicht mehr möglich. Ob er dieses gewollt hätte, bleibt sein Geheimnis.

Genügen diese knappen Sätze, um zu erklären, weshalb nach Hitler Albert Speer vom Personal des Dritten Reiches am sperrigsten in die Gegenwart hineinragt? Karl Maria Hettlage, zu Zeiten der Großen Koalition Staatssekretär im Bundesfinanzministerium unter Franz Josef Strauß und in den Kriegsjahren Generalreferent im Reichsministerium für Rüstung und Kriegsproduktion (RMRK), hatte 1969 in seinem Dankesschreiben für ein persönlich gewidmetes Exemplar der »Erinnerungen« Albert Speer mit der so viele Deutsche seiner Generation bewegenden Frage konfrontiert: »Ich selbst frage mich oft rückschauend, wie ich eigentlich als intelligenter und um Charakter bemühter Mensch jene Jahre durchgestanden habe.«[12] Albert Speers Lebensweg als Variation der einen Frage: »Wie war es möglich«? Wer einen Schlüssel zum tieferen Verständnis des Nationalsozialismus sucht, der wird ihn in der Biographie von Albert Speer finden, dem Manager der deutschen Rüstungsproduktion im totalen Krieg, dem kongenialen Freund und Vertrauten des Diktators und dem prominentesten und intelligentesten unter den überlebenden Zeugen des Dritten Reiches.

II.

Die Stationen von Albert Speers Werdegang sind rasch erzählt. Am 19. März 1905 wurde er als Kind einer angesehenen Mannheimer Architektenfamilie hineingeboren in eine großbürgerlich-behütete Welt. Jene Welt des spätwilhelminischen Deutschen Reiches war geprägt vom Nebeneinander des Aufbruchs in die Moderne, wie ihn die fortschreitende Industrialisierung und die expressionistischen Tendenzen in Kunst und Literatur, auch der Wandel des Verhältnisses der Geschlechter verkörperten, und vom nationalen Pathos einer Gesellschaft, die im Hang zum Schneidig-Forschen und Militaristisch-Uniformierten, wie ihn der ebenso bramarbasierende wie in seinem tiefsten Inneren unsichere jugendliche Monarch personifizierte, ihren Ausdruck fand. Albert Speer wurde groß in einer Welt, in der es als unschicklich galt, Gefühle und Empfindungen mitzuteilen. Ein inneres Verhältnis zu seinen Eltern schien der junge Albert nicht entwickelt zu haben. Im Rückblick schilderte er das Leben in seinem Elternhaus mit jener Distanz und kühlen Teilnahmslosigkeit, die ihn zeit seines Lebens auszeichnete. Vor allem der Vater, auch er ein erfolgreicher Architekt, »hart und verschlossen nach außen«[13], auch in Mannheim noch den westfälischen Dialekt seiner Heimatstadt Dortmund nicht verleugnend, war eine gegensätzliche Natur. Auf die in seinem Elternhaus herrschenden großbürgerlichen Konventionen reagierte bereits der junge Speer mit der ihm eigenen Nachlässigkeit,

[12] Karl M. Hettlage an Albert Speer, 21. Oktober 1969, BA Ko, N 1340 Speer, Bd. 27.
[13] Albert Speer, MS Jugenderinnerungen, niedergeschrieben in Nürnberg 1947, Abschnitt »Vorfahren Speer« vom 5. April 1947, S. 3, BA Ko, N 1340 Speer, Bd. 405.

die sich in späteren Jahren auf seine Geringschätzung von Orden und Ehrenzeichen übertrug und ihn dennoch nicht daran hinderte, später als Minister Ritterkreuze in großem Stil zu verteilen. In der Schule fiel Albert wegen seiner außergewöhnlichen mathematischen Begabung auf, doch bei der Studienwahl siegte die Familientradition über die Neigungen, und die Wahl fiel aufs Architekturstudium.

Diese scheinbar intakte, im Inneren jedoch zutiefst rissige Welt des beginnenden Jahrhunderts zerbrach in den Stahlgewittern des Ersten Weltkrieges. In ihrem Schatten wuchs eine Generation heran, für die Sachlichkeit und Nüchternheit die Leitbegriffe wurden und Patriotismus kein Lippenbekenntnis blieb. Auf die Demütigung durch die Siegermächte nach dem verlorenen Krieg antwortete sie mit der Hinwendung zu den völkischen Idealen und fand im einfachen Leben in der Natur, in der Jugendbewegung und im Wandervogel ihre bevorzugten Lebensentwürfe. Fast alle führenden Nationalsozialisten gehörten Speers Generation an und waren in den Jahren zwischen 1890 und 1909 geboren. Die Ideologie des Nationalsozialismus fand hier fruchtbaren Boden, weil sie scheinbar den nationalen Empfindungen entsprach, die Bewegung ein Gemeinschaftserlebnis verhieß und zugleich dem Bedürfnis nach Modernität entgegenkam. Ohne die spezifisch-deutsche Erfahrung des als nationale Demütigung empfundenen Versailler Systems, dies wird an Speers Lebensweg deutlich, wäre der Aufstieg des Nationalsozialismus nicht möglich gewesen. Ohne diese moralische Hypothek der Niederlage und den Malaise der Weltwirtschaftskrise der 20er Jahre wäre Albert Speer vermutlich nie mit der Politik in Berührung gekommen.

Trotz des Reichtums der Familie zählten materielle Entbehrungen infolge der schlechten Versorgungslage nach dem verlorenen Krieg neben den politischen Umbrüchen zu den prägenden Erfahrungen des heranwachsenden Albert. Seiner Neigung für ein einfaches, ursprüngliches Leben ging der Heidelberger Architekturstudent bei gemeinsamen Faltbootfahrten auf den heimischen Flußläufen und bei Hüttentouren mit seiner späteren Frau Margret in den österreichischen Alpen nach. Es ist bezeichnend, daß der Lehrer, der ihn im Architekturstudium am nachhaltigsten prägte, Heinrich Tessenow war. Tessenow, »der Philosoph unter den Architekten seines Zeitalters«, gelang es, dem Urteil von Speers Kommilitonen Rudolf Wolters zufolge, »seine Schüler zum Einfachen, Unkomplizierten und Allgemeinen hinzuführen und von jeder formalen Virtuosität fernzuhalten«.[14] Tessenow wurde zum Lehrer einer ganzen Architektengeneration. Sein Stil entsprach der geistigen Situation der Zeit. Die psychologisch und materiell drückende Schuldenlast des Versailler Vertrages, die nationale Kontroverse um den Young-Plan, die hohe Arbeitslosigkeit, der permanente Ausnahmezustand eines politischen Klimas, in dem sich Linksradikale und Rechtsradikale gegenseitig hochschaukelten – dies war der geistige Nährboden, auf dem die nationalsozialistische Bewegung gedeihen konnte. Albert Speer, ein aufstrebender wissenschaftlicher Assistent an der Heidelberger Universität, konnte sich dem Zeitklima ebensowenig wie die meisten seiner Zeitgenossen entziehen. Hinzu kam, daß die schwierige materielle Situation gerade für einen nach vorne drängenden Architekten kaum Möglichkeiten zur beruflichen Entfaltung bot.

Über Tessenows Seminar kam Speer 1930 mit dem Nationalsozialistischen Kraftfahrerkorps (NSKK) in Verbindung. Ein Jahr später, 1931, trat er in die NSDAP ein. Es folgten kleinere Aufträge für den jungen Architekten von der Partei: 1932 eine Bezirksstelle des Gaus Berlin und der Umbau des Adolf-Hitler-Hauses in der Voß-Straße zum Haus des Berliner Gaus der NSDAP, und dann, 1933 – Speers Partei, die Nationalsozialisten, war in der Zwischenzeit an der Macht angekommen –, kam der Auftrag von Joseph Goebbels zur künstlerischen Ausgestaltung der Großkundgebung zum 1. Mai auf dem Tempelhofer Feld in Berlin.

Den traditionellen Tag der internationalen Arbeiterbewegung hatten die Nationalsozialisten zum Feiertag erklärt. Goebbels hatte die Parole ausgegeben: »Wir werden das in größtem Rahmen aufziehen und zum ersten Mal das deutsche Volk in einer einzigen Demonstration zusammenfassen.«[15] Den ursprünglichen Entwurf der Stadt Berlin empfand Speer als völlig unzureichend. Mit sicherem Blick für die politische Bedeutung der von Goebbels gestellten Aufgabe machte

[14] Rudolf Wolters, MS Kurzer Lebensabriß, ca. 1974, S. 12 (mit der handschriftlichen Widmung »Albert Speer in alter Freundschaft«), BA Ko, N 1340 Speer, Bd. 76.
[15] Joseph Goebbels, Vom Kaiserhof zur Reichskanzlei. Eine historische Darstellung in Tagebuchblättern vom 1. Januar 1932 bis 1. Mai 1933, München 1934, S. 287.

sich Speer daran, die Kulisse für den Aufmarsch des deutschen Proletariats zu entwerfen. Auf dem Tempelhofer Feld zeigte Speer zum ersten Mal jene Virtuosität der Regieführung, mit der es ihm gelang, mit wenigen effektvollen Kunstgriffen der Großkundgebung vor einer Million Menschen jene künstlerische Gestaltung zu geben, die zu der bestimmenden architektonischen Form der nationalsozialistischen Massenaufläufe werden sollte. »Fahnen, Masten, Lichter, Tribünen, Menschen sind die äußerst ursprünglichen Mittel, mit denen der Architekt Wirkungen erzielt, die vielleicht gerade wegen ihrer Primitivität so stark und groß sind«[16], so charakterisierte Speers Freund Rudolf Wolters in einer panegyrischen Biographie, einer Auftragsarbeit der Partei, das Geheimnis von Speers Erfolg. Speer wurde »Amtsleiter für künstlerische Gestaltung der Großkundgebungen in der Reichspropagandaleitung«. Schon im Sommer 1933 entwarf er auf dem Nürnberger Zeppelinfeld das Aufmarschszenario für den ersten Parteitag der nun zur Regierungspartei aufgestiegenen NSDAP. Am 1. Oktober 1933 organisierte er auf dem Bückeberg bei Hameln eine zentrale Erntedankfeier im Sinne der Nationalsozialisten als »rituelle Beschwörung der ›Blut- und Bodenideologie‹«[17] und nutzte den Berghang für seine beabsichtigte räumliche Wirkung, indem er den die Versammlung umschließenden Erdwall mit einer dichten Folge von schwarz-weiß-roten und Hakenkreuzfahnen bekrönte. Seine erste Bewährungsprobe hatte Speer bestanden. Der rasche Aufstieg war zum einen auf die besonderen Konstellationen und Improvisationen im Zusammenhang mit der nationalsozialistischen Machtergreifung zurückzuführen. Zum anderen verdankte ihn Speer seiner von Wolters schon zu Studienzeiten bemerkten schnellen Auffassungsgabe und »der Fähigkeit, scheinbar Schwieriges auf einen einfachen Nenner zu bringen«.[18] An anderer Stelle charakterisierte Wolters Speer als »ein[en] Self-made-man, trotz seiner akademischen Ausbildung dem Musischen und allem Natürlichen und Naturhaften zugewandt und mit einer instinktsicheren Begabung für alles Wirt-

[16] Rudolf Wolters, Albert Speer, Oldenburg 1943, S. 17.

[17] Karl Arndt, Architektur und Politik, in: Albert Speer, Architektur. Arbeiten 1933–1942, Frankfurt–Berlin 1995 ([1]1978), S. 119.

[18] Rudolf Wolters, Lebensabschnitte II, BA Ko, N 318 Wolters, Bd. 55.

schaftliche und Organisatorische ausgestattet«.[19] Die auf den erfolgreichen Start folgenden Jahre schienen Wolters Einschätzung zu bestätigen.

Wo beim Reichsparteitag 1933 auf dem Nürnberger Zeppelinfeld die nationalsozialistische Prominenz den Vorbeimarschierenden von einer provisorischen Holztribüne herab salutierte, sollte Speer im Januar 1934 im Auftrag Hitlers nach dem Vorbild des Pergamonaltars und in den Dimensionen der römischen Caracallathermen eine steinerne Anlage errichten, die den Parteitagen und Massenaufmärschen der Nationalsozialisten ihre unverwechselbare profane Weihe mittelalterlicher Heerschauen verlieh und die von der NS-Propaganda geschickt instrumentalisiert wurde. Speer verfeinerte nun die auf dem Tempelhofer Feld und dem Bückeberg angewandten Kunstgriffe und brachte sie vor der Kulisse der altertümlichen Unterteuftheit der einstigen Freien Reichsstadt Nürnberg zur Perfektion. Zu den charakteristischen Kunstgriffen zählten vor allem die Beleuchtungseffekte: rings um das Gelände aufgestellte Riesenscheinwerfer, deren Lichtbündel sich in 16 Kilometer Höhe vereinigten und den Eindruck gotischer Kathedralen vermittelten, eine Schöpfung Speers, auf die er noch drei Jahrzehnte später sichtlich stolz war.[20] Auf dem Zeppelinfeld des Nürnberger Reichsparteitagsgeländes gruppierte er braun und schwarz Uniformierte um die Rednertribüne und erklärte, daß das Volk zum lebendigen Träger des Staates geworden sei. Das Parteitagsgelände sollte zur Weihestätte der Nation erhoben werden. 1935 wurde ein »Zweckverband Reichsparteitagsgelände Nürnberg« eingerichtet, die Kosten für den Ausbau mit 800 Millionen Reichsmark veranschlagt: Neben dem Aufmarschplatz des Zeppelinfeldes sollten ein »Deutsches Stadion« mit einem Fassungsvermögen von 400 000 Zuschauern, eine Kongreßhalle für 50 000 Menschen, ein wie eine Befestigungsanlage gestaltetes gigantisches Märzfeld entstehen, und an die Stelle des lichten Kieferngehölzes des Luitpoldhains sollte ein einst kraftvoller Eichenwald treten.

---

[19] Rudolf Wolters, MS Kurzer Lebensabriß, ca. 1974, S. 18, BA Ko, N 1340 Speer, Bd. 76.

[20] Vgl. Albert Speer im *Spiegel*-Interview vom 7. November 1966.

III.

Seine verschiedenen Aufträge für die Partei und ihre Prominenz brachten es mit sich, daß Adolf Hitler auf Albert Speer bereits sehr früh aufmerksam geworden war. Schon nach wenigen gemeinsamen Baustellenbegehungen war dem »Führer« der dynamisch-forsche, jugendliche Architekt aufgefallen. Von Anfang an schien Hitler an Speer Gefallen gefunden zu haben. Speer hat nicht ohne Sinn für die Theatralik des Augenblicks in seinen »Erinnerungen« die Szene geschildert, als sein Anzug bei der gemeinsamen Besichtigung einer Baustelle mit Mörtel bespritzt wurde und er zum Mittagstisch mit Hitlers Jacke und dem goldenen Parteiabzeichen am Revers erscheinen durfte.[21] Speer blieb Hitlers Favorit. Ihm zeigte er seine Gunst, und ihn, den selbstbewußten Architekten, zog der Diktator den Höflingen und botmäßigen Satrapen vor.

Speer fand rasch Zugang zum inneren Kreis: Er wurde aufgenommen in die Korona derjenigen, mit denen der Diktator seine freien Stunden bei belangloser Zerstreuung zu verbringen pflegte. In einem Regime, das die Stellung des einzelnen nach den Zugangsmöglichkeiten zum »Führer« bemaß und dessen Gunstbezeigungen sorgsam registrierte, war Speers physische Präsenz Voraussetzung für seinen stupenden Erfolg. Machiavellist, der er war, wußte Speer um den Wert seiner Zugangsmöglichkeiten, die er sorgsam pflegte. Hinzu kam, daß er sich auf nur schwer zu fassende Weise zu dem 16 Jahre Älteren hingezogen fühlte. Später, 1946, beschrieb er Hitler als »typischen Kleinbürger« und stellte sich die Frage: »Wie kann dieser einfache Mann eine derartige Macht ausüben?«[22] Doch dies war eine rückwärtsgewandte Frage, denn Speer wußte, daß sich Hitler liebenswürdig und charmant geben konnte, wenn er jemanden gewinnen wollte. »Wenn man zum Skilaufen ging und eine Stunde später als geplant zurückkehrte, war er schon unruhig, daß etwas passiert sein konnte.«[23]

---

[21] Albert Speer, Erinnerungen, Frankfurt/M. 1969, S. 45.

[22] Albert Speer, MS »Nürnberger Entwurf« vom 10. August 1946, Teil I, S. 1, BA Ko, N 1340 Speer, Bd. 84.

[23] Albert Speer im *Spiegel*-Interview vom 7. November 1966.

Auch im Rückblick war Speer hin- und hergerissen zwischen den für ihn zugleich anziehenden und abstoßenden Charaktereigenschaften Adolf Hitlers: »Er vereinigte sicher größte Gegensätze in sich. Er konnte gütig sein und dadurch seine Umgebung für sich begeistern. Zweifellos war er trotzdem unbarmherzig und auch ungerecht. Und dies auch nicht nur zu seinen politischen und weltanschaulichen Feinden, sondern oft auch seiner engeren Umgebung gegenüber. Er konnte treu und ehrlich sein, war aber trotzdem letzten Endes amoralisch in seinen Grundauffassungen. Er war außerordentlich großzügig bei seinen Künstlern und Mitarbeitern, sah ihnen ihre menschlichen Schwächen nach, leider zu sehr, und war trotzdem in vielem kleinbürgerlich, was vielleicht aus seiner Abstammung zu erklären ist. Er wollte Politiker sein und war in seiner Arbeitsweise und seinen Eigenschaften nach viel mehr Künstler als Politiker oder gar »Feldherr«. Er war eben nicht in sich »ruhend«, abgeschlossen und abgeklärt, sondern im Gegenteil in dauernder innerer Bewegung, immer bereit, sprunghafte Entschlüsse zu fassen.«[24]

Der Hitler, den Speer Anfang der 30er Jahre kennenlernte, hatte Gemüt, verfügte über Humor und war – ebenso wie Speer – dem einfachen Leben zugetan, das er im privaten Kreis auf dem Berghof, so gut es ging, zu verwirklichen suchte. Das Wichtigste jedoch: Hitler zeigte Speer eine Perspektive auf. Bis 1932 war Speer zwar ein talentierter, indes weithin mittelloser Architekt, dem die düstere wirtschaftliche Situation die Aussicht auf gestaltende Aufträge verstellte. Mit der Machtergreifung der Nationalsozialisten eröffneten sich Speer mit einem Schlag ungeahnte Perspektiven, Baugeschichte zu machen. Sein Satz aus den »Erinnerungen«, für einen guten Auftrag habe er seine Seele verkauft, ist in diesem tieferen Sinn durchaus wörtlich zu nehmen. Vor allem kam Speer zupaß, daß er mit Hitler auf einen Politiker traf, für den Architektur und politische Ziele eng verbunden waren und der sich selbst als verhinderter Künstler fühlte. Es war mehr als Koketterie, wenn Hitler davon sprach, daß er »bei einer anderen Gestaltung seines Lebens ein guter und bekannter Architekt geworden wäre« und er als Architekt »deswegen nicht zur Geltung komme, da nur er als staatlicher Bauherr den Architekten die Aufga-

[24] Protokoll 1 dieser Edition, S. 111.

ben stellen könne, die ihm als Architekt angemessen seien«.[25] Hitler, so Speer, interessierte das Bauen, das Theater, die Welt der Schauspieler, die Bühnendekorationen. Dies waren seine bevorzugten Gesprächsthemen auf dem Berghof, doch auch darüber pflegte er keinen wirklichen Austausch. Speer hat zutreffend darauf hingewiesen, daß für den echten Fachmann das Erlernte in der täglichen praktischen Arbeit auf die Probe gestellt und neu aufgenommen würde, beim Autodidakten, der Hitler war, das erlesene Wissen jedoch starr und unumstößlich bleiben mußte.[26]

Erleichtert wurde Speers Weg zu einer unangefochtenen Stellung durch den überraschenden Tod des Parteiarchitekten Paul Ludwig Troost im Januar 1934. Troost hatte architektonisch den größten Einfluß auf Hitler ausgeübt. Noch vor der Machtergreifung hatte Troost, der sich als Ausstatter der Luxusdampfer der Norddeutschen Lloyd einen Namen gemacht hatte, Pläne für die Ausgestaltung Münchens, der Hauptstadt der Bewegung, entworfen. Troost wollte mit seinem strengen Klassizismus eine Art Staatsstil schaffen. Nach der Grundsteinlegung für das »Haus der Deutschen Kunst« an der Prinzregentenstraße in München wurde Troost »erster Baumeister des Führers« genannt. Aufgrund seiner in der Zwischenzeit fertiggestellten Bauten und der »Bewährung« auf dem Tempelhofer Feld und dem Reichsparteitag fiel Speer die Troost-Nachfolge gewissermaßen zu, und doch unterschied sich Hitlers Verhältnis zu seinem Architekten Albert Speer grundlegend von demjenigen, das er zu Troost gefunden hatte. Denn der knapp Dreißigjährige war für den »Führer und Reichskanzler« gleichsam ein unbeschriebenes Blatt. Ihn konnte er formen, bei ihm hatte er Gewähr, daß seine Vorstellungen verwirklicht wurden, und vor allem konnte er damit rechnen, daß der früh Berufene sich dankbar zeigen würde. Adolf Hitler sollte sich darin nicht täuschen.

Speer verstand es in den entscheidenden Momenten freilich auch, seinem Glück geschickt nachzuhelfen. Nicht ohne süffisanten Unterton hat Troosts Witwe Gerdy die Charaktereigenschaften Speers geschildert, die jenen von ihrem verstorbenen Gatten unterschieden.

---

[25] Ebd., S. 115ff.
[26] Albert Speer, MS »Nürnberger Entwurf«, Teil I, S. 2, BA Ko, N 1340 Speer, Bd. 84.

Bei einem Essen in der Reichskanzlei, in Gegenwart Hitlers, beantwortete sie Goebbels' Frage nach ihrer Meinung über Speer mit einem bezeichnenden Vergleich, indem sie sich direkt an den unweit von ihr entfernt plazierten Reichskanzler wandte: »Hätte Hitler Ihren Mann beauftragt, ein 100 Meter langes Gebäude zu entwerfen, hätte dieser darüber nachgedacht und am nächsten Tag darüber Bescheid gegeben, daß das Gebäude aus statischen und ästhetischen Gründen nur 96 Meter lang sein könnte. ›Wenn Sie aber zu Speer sagen‹, so die couragierte Frau zu Hitler, ›ich brauche ein 100 Meter langes Gebäude‹, dann würde der sofort sagen: ›Mein Führer, 200 Meter.‹ Und Sie würden sagen: ›Sie sind mein Mann.‹«[27]

1933 konnte Speer indes noch nicht absehen, wohin ihn sein Engagement an der Seite der Nationalsozialisten bringen würde. Er war zunächst mitgerissen von den sich überstürzenden Ereignissen der Stunde. Er spürte den Rausch des Aufbruchs, die hoffnungsvollen Erwartungen seiner Zeitgenossen, und er hatte eine Aufgabe, die den Einsatz seiner ganzen Kräfte erforderte. In seinen »Erinnerungen« blendete Speer die äußeren politischen Umstände der nationalsozialistischen Herrschaft auf auffallende Weise aus. Das Ermächtigungsgesetz und die Gleichschaltung der Gewerkschaften, das Ende der demokratischen Parteien, den Austritt aus dem Völkerbund erwähnte Speer mit keinem Wort. Fast scheint es so, als ob für ihn zwischen den künstlerischen Gestaltungsaufgaben, denen er sich in rauschhaftem Schaffensdrang hingab, und den politischen Umwälzungen kein Zusammenhang bestand. Vor allem vor den verbrecherischen Zügen des Regimes verschloß er die Augen. Beim Verhör in Kransberg beantwortete Speer die Frage »Was war mit Röhm?« mit dem entwaffnenden Satz: »Das kann ich nicht sagen. Letzten Endes war es wohl eine Auseinandersetzung zwischen SS und SA, bei der auch viele Personen, die nichts mit dem Putsch zu tun hatten, von der SS beseitigt wurden.«[28] In seinen 1969 veröffentlichten »Erinnerungen« wurde Speer präziser. Dort erfährt der Leser, daß Speer die tödliche Bestrafungsaktion in Berlin durchaus bewußt erlebte, sich die »Spannung über der Stadt« und die »im Tiergarten lagernden, feldmarschmäßig aus-

[27] Zitiert nach Matthias Schmidt, Albert Speer. Das Ende eines Mythos. Bern–München 1982, S. 56.
[28] Protokoll 1, S. 115.

gerüsteten Soldaten«[29] ins Gedächtnis rufen konnte und sogar die Situation zu beschreiben wußte, als er im Auftrag des ungeduldig auf einen Umbau drängenden Hitler in das zu jenem Zeitpunkt noch von SA-Schergen besetzte Borsig-Palais, den Sitz des Vizekanzlers von Papen, mit Handwerkern einzog und in einem der Zimmer auf »eine große vertrocknete Blutlache« stieß, die von dem während des sogenannten »Röhm-Putsches« ermordeten Papen-Mitarbeiter Herbert von Bose stammte. Den zweieinhalb Seiten Rückblick auf den »Röhm-Putsch« haftet in Speers »Erinnerungen« gleichwohl etwas Bemühtes an. Enthüllend ist der Kommentar, den Speer im Rückblick für die Begegnung der unangenehmen Art mit Boses Blutlache fand und der stellvertretend für seine Haltung zu den dunklen Seiten des Dritten Reiches stehen könnte: »Ich sah weg und vermied von da an den Raum. Weiter berührte es mich nicht.«[30]

Speer fühlte sich als Hitlers Architekt, er wollte sich bewußt separieren von den politischen Ereignissen, für die er die Kulissen entwarf. Er diente der Macht und gab sich der Illusion hin, nur eine unpolitische Aufgabe zu erfüllen. Speer verstand sich als Künstler, als Nur-Architekt, ebenso wie er in späteren Jahren vorgab, ganz Techniker zu sein – schon diese Mutation, oder besser diese Verbindung von scheinbar miteinander Unvereinbarem, hätte mißtrauisch machen müssen gegenüber dem Anspruch. Erst recht gilt dies, wenn man Speers Verständnis von Architektur zugrunde legt, den Anspruch, den er an seine Bauten stellte, und die unangefochtene Stellung, die er in der nationalsozialistischen Hierarchie genoß. Hinter der Fassade des Unpolitischen versteckte Speer kühl kalkulierend den Griff nach der beherrschenden Stellung in der Machtarchitektur. Er prägte das Gesicht des Dritten Reiches mehr als jeder andere, war rastlos tätig, spornte seine durchweg jungen Mitarbeiter zu Höchstleistungen an und verstand es, sich unentbehrlich zu machen. Wer Speers Arbeitspensum in den Jahren der Etablierung der nationalsozialistischen Macht betrachtet, der begreift, daß Speer später argumentieren konnte, gar keine Zeit zum Zweifeln gehabt zu haben. Die selektive Wahrnehmung war für Speer nicht nur das Rezept seines

---

[29] Albert Speer, Erinnerungen, S. 64.
[30] Ebd., S. 66.

außergewöhnlichen Erfolgs, die äußerste Zurückhaltung, die er sich mit politischen Kommentaren auferlegte, half, daß ein möglicher Konflikt mit seinem Gönner Adolf Hitler gar nicht erst aufkommen konnte.

IV.

Speers eigentliches Feld in den ersten Jahren nach der Machtergreifung war die Architektur. 1934 wurde er Leiter des Amtes »Schönheit der Arbeit« in der Deutschen Arbeitsfront (DAF). Speer wurde zum »Architekt des Führers«. Die ganze nationalsozialistische Nomenklatura bedrängte nun den Vielbeschäftigten mit Aufträgen. Für Göring mußte er dessen gerade mit großem Aufwand fertiggestellte Residenz Carinhall architektonisch überarbeiten. Für den Außerordentlichen und Bevollmächtigten Deutschen Botschafter am Hofe von St. James, Joachim von Ribbentrop, baute er die deutsche Botschaft London um. Den größten Auftrag indes erhielt er 1936 von Hitler selbst: den Auftrag zum Neuaufbau von Berlin als der Hauptstadt des Deutschen Reiches.[31] Bereits 1933 hatte Hitler dem Berliner Oberbürgermeister und Vertretern der Berliner Stadtverwaltung erklärt, daß Berlin als Reichshauptstadt eines 65-Millionen-Volkes städtebaulich und kulturell auf solche Höhe gebracht werden müsse, daß es mit allen Hauptstädten der Welt konkurrieren könne.[32] Immer wieder kam Hitler in den darauffolgenden Jahren im Gespräch mit Speer auf seine Pläne für Berlin zurück, die offenkundig in die Zeit vor dem Ersten Weltkrieg zurückreichten, denn bereits aus dem Jahr 1910 sind Entwürfe Hitlers für eine Nationalgalerie für die Kunst des 19. Jahrhunderts sowie für eine Nationaloper erhalten. Für das zeitgenössische Berlin hingegen hatte Hitler nur Verachtung übrig. »Mit dieser Stadt Berlin ist nichts anzufangen«[33], lautete der wiederkehrende Akkord

---

[31] Vgl. dazu Albert Speer, Erinnerungen, S. 87, wo er Hitler mit den Worten zitiert: »Einen Bauauftrag habe ich noch zu vergeben. Den größten von allen.«

[32] Protokoll einer Besprechung mit Vertretern der Stadt Berlin am 19. September 1933 bei Hitler (BA Ko, Bestand R 43 II/181), zit. nach Matthias Schmidt, Albert Speer, S. 47.

[33] Albert Speer, Erinnerungen, S. 87.

und die durchscheinende Maßgabe an Speer, es mit seinem Entwurf besser zu machen.

In den städtebaulichen Vorstellungen Hitlers, die Speer zur Verwirklichung aufgegeben waren, bildeten die Pariser Champs-Élysées mit ihrem fünfzig Meter hohen Arc de Triomphe den Ausgangspunkt für die Umgestaltung. Bereits in seinen ersten Gesprächen über die Neugestaltung Berlins, Ende 1936, hatte sich Hitler auf die gigantischen Maße auf der Nord-Süd-Achse festgelegt: Mit einem 170 Meter breiten, 119 Meter tiefen, 117 Meter hohen Bogen, der in 80 Metern Höhe eine Öffnung aufwies, hätte der Triumphbogen alle anderen Bauten in seiner Umgebung überragt und in den Schatten gestellt. Zu den anderen Großbauten hatte Hitler Speer im Sommer 1936 auf der Grundlage einer von ihm in den 20er Jahren entworfenen Skizze den Auftrag gegeben: Ein riesiger, überdimensionierter Kuppelbau, die Große Halle, sollte der Höhepunkt der Nord-Süd-Achse sein. Mit einem Innenraum von 250 Metern Durchmesser sowie einem quadratischen Unterbau von 315 Metern Seitenlänge und 320 Metern Höhe hätte die Große Halle ihre Vorbilder, das Washingtoner Kapitol sowie Pantheon und Petersdom in Rom, überragt. Über die pseudoreligiösen Absichten ließ Hitler seinen Architekten dabei nicht im unklaren: »Lassen Sie nur so einen kleinen Bauer in unsere Kuppelhalle in Berlin treten. Da bleibt ihm nicht nur der Atem weg. Der Mann weiß von da an, wohin er gehört.«[34] Architektonische Phantasien und politische Absichten bildeten bei Hitler eine Einheit. Die megalomanen Bauwerke sollten das eigene Volk wie den Gegner beeindrucken, das Individuum auf die Grenzen seiner Macht verweisen und zugleich die unbegrenzte Herrschaft, die der Diktator ausübte, dokumentieren.

Speer wußte um die politischen Absichten der »Tradition megalomanen Bauens«. Seine Bauten, so definierte er 1936, sollten nicht nur das Wesen der Bewegung ausdrücken, sie seien geradezu ein Teil der Bewegung.[35] Ganz im Gegensatz zum Mythos des Unpolitischen, zum Bild des Nur-Technikers und Nur-Architekten, das Speer nach 1945

[34] Albert Speer, Spandauer Tagebücher, Berlin 1975, S. 31.

[35] Albert Speer, Die Bauten des Führers, in: Adolf Hitler – Bilder aus dem Leben des Führers, Hamburg 1936, zit. nach Albert Speer, Vorwort, in: Albert Speer. Architektur. Arbeiten 1933–1942, Frankfurt/M.–Berlin–Wien 1978, S. 7.

sorgsam zu prägen verstand, schrieb er in durchaus klarer Selbsteinschätzung 1936, daß er mit dieser Charakteristik seine »Arbeit als eine extrem politische fixiert [habe]«, eine Bemerkung, die ihm wichtig genug war, um damit auch das Vorwort seines 1978 im Propyläen-Verlag publizierten Querschnitts durch sein architektonisches Gesamtwerk zu beginnen. Im Rückblick bezeichnete Speer die »Lust am Dominieren, ... [die] Entpersönlichung des Menschen, der diesen Bauwerken gegenübertritt«, als den »inneren Gehalt« dieser auf »technizierte Gefühllosigkeit« gerichteten Architektur.[36] In der von ihm geprägten »Theorie vom Ruinenwert« hatte Speer den Ewigkeitsanspruch der nationalsozialistischen Architektur formuliert. Noch als Ruinen müßten diese Bauwerke ansehnlich sein, so wie einst die Bauten des Imperium Romanum als »Standbilder oder Mahnmale einer vergangenen historischen Epoche«[37] geblieben sind.

Bereits seit März 1936 hatte sich Speer mit einem kleinen Team und unter größter Geheimhaltung in seinem Privatbüro im Berliner Westend an die Neugestaltungspläne für die künftige »Welthauptstadt Germania« gemacht.[38] Bei der Neugestaltung der Reichshauptstadt war für Hitler vor allem die Überlegung maßgeblich, daß die modernen Großstädte über keine das ganze Stadtbild beherrschenden Denkmäler mehr verfügten – er nannte diese »überragende Wahrzeichen der Volksgemeinschaft«. Als Speer dann per Führererlaß am vierten Jahrestag der Machtergreifung, dem 30. Januar 1937, zum Generalbauinspektor für die Reichshauptstadt ernannt und mit weitreichenden Vollmachten ausgestattet wurde, waren seine Planungen so gut wie abgeschlossen. Reibungsloses Arbeiten und Effizienz wurden zur Begründung für die neue Konstruktion des Amts des Generalbauinspektors bemüht, in Wirklichkeit ging es Speer um die Ausdehnung seines Machtbereichs. Rechtlich war Speers Behörde damit einem Reichsministerium gleichgestellt und nur dem »Führer« verantwortlich. Die Behörden des Reiches, des Landes Preußen und der

---

[36] Albert Speer im Gespräch mit Adelbert Reif, in: Adelbert Reif (Hg.), Albert Speer. Technik und Macht, Esslingen 1979, S. 42.

[37] Vgl. ebd., S. 49f.

[38] Vgl. dazu und zum folgenden insbes. Hans J. Reichhardt und Wolfgang Schäche, Von Berlin nach Germania. Über die Zerstörung der »Reichshauptstadt« durch Albert Speers Neugestaltungsplanungen, Berlin 1998, S. 49ff.

Reichshauptstadt waren dem Generalbauinspektor bei der Erfüllung seiner Aufgabe untergeordnet. Als der Oberbürgermeister von Berlin, Lippert, als Altparteigenosse und Konfident von Goebbels kein grundsätzlicher Gegner des Ausbaus der Reichshauptstadt, die Wünsche Speers nicht mit der erwarteten Zügigkeit umsetzte, traf ihn der Bannstrahl des Architekten, und Lippert wurde 1940 ohne Umschweife von Hitler seines Postens enthoben. Albert Speer duldete keinen Widerspruch. Wer ihm in die Quere zu kommen drohte, wurde beiseite geschoben. Er nahm seine Aufgabe als Generalbauinspektor ernst, und er erwartete eine entsprechende Entlohnung. Als Maßstab dafür nannte er das Gehalt des Stadtpräsidenten und des Oberbürgermeisters von Berlin.

Nach der offiziellen Ernennung zum Generalbauinspektor konnte der Umzug in die repräsentativen Räume am Pariser Platz, dem einstigen Sitz der Preußischen Akademie der Künste, erfolgen – ein Ortswechsel, der es vor allem Hitler ermöglichte, unbeobachtet über die Ministergärten von der Reichskanzlei zum Büro des Generalbauinspektors zu gelangen. Speers eigentliches architektonisches Werk wurde der Neubau der Reichskanzlei. Zwei Tage vor der offiziellen Übergabe, am 9. Januar 1939, war das Gebäude fertiggestellt. Hitler war voll des Lobes über den Architekten, den er nicht nur mit Gunstbezeigungen überschüttete, sondern der vielmehr in seinen Augen nun auch als genialer Organisator galt.

Seine Stellung als Architekt privilegierte Speer selbst im privaten Kreis auf dem Berghof. Denn Baupläne waren beinahe das einzige Thema, das der Diktator zu jeder Tages- und Nachtzeit überhaupt zu erörtern bereit war. Bisweilen nahm Hitlers Entourage Speer, wenn er gerade mit seinen Plänen auf dem Obersalzberg eingetroffen war, das Versprechen ab, daß er dieses Mal Hitler seine Skizzen nicht zeigen werde. Doch auch diese List verfing nicht immer, da sich der Diktator, mißtrauisch wie er war, nicht selten selbst in der Ankleide auf die Suche nach Speers Skizzen machte. Die zwanghafte Vorstellung, nicht alt zu werden, trieb Hitler zu einem rastlosen Tempo an. Die Nürnberger Bauten, das Märzfeld ebenso wie das riesenhafte Stadion, aber auch die Berliner Bauten, waren auf das Jahr 1950 terminiert. Hitler hätte dann in seinem 61. Jahr gestanden. Unter allen Umständen wollte der Diktator die Fertigstellung noch zu seinen Lebzeiten sehen, da er nur für diesen Fall die beabsichtigte Wirkung vorherzubestimmen meinte, wie er eines Tages seinem Architekten eröffnete: »Das sage ich Ihnen, Speer, diese Bauten sind das Wichtigste! Sie müssen alles dransetzen, sie noch zu meinen Lebenszeiten fertigzustellen. Nur wenn ich selber noch in ihnen gesprochen und regiert habe, bekommen sie die Weihe, die sie für meine Nachfolger brauchen.«[39]

Es paßt ins Bild, daß sich Hitler in Speer einen jungen, beeinflußbaren Architekten erwählte, bei dem er annehmen konnte, daß dieser ihn überleben würde. Zu seinem ersten Architekten, Professor Troost, stand Hitler in einem kritiklos-bewundernden Lehrer-Schüler-Verhältnis. Mit Speer war es umgekehrt. Bei dem jungen Architekten konnte sich Hitler sicher sein, daß das Verhältnis von Bewunderung und ehrfurchtsvollem Respekt geprägt bleiben würde. Es lag an Speers natürlicher Bescheidenheit, seinem unpathetischen, immer auf die Sache hin orientierten Auftreten und seinem zugleich jungenhaften Charme, daß er trotz kometenhaften Aufstiegs, so ganz im Gegensatz zu Hitlers anderen Paladinen, nach außen den Eindruck der Normalität wahrte. Hitler, der bei seinen einstigen Weggefährten aus der Kampfzeit, Hermann Göring und den Gauleitern, die psychologische Deformation der Ankunft an der Macht und das Ausmaß der Korruption feststellen konnte, schien gerade jene natürliche Bescheidenheit und Normalität an Albert Speer besonders geschätzt zu haben.

V.

Spätestens mit der Fertigstellung der Reichskanzlei war Speer zu einem unentbehrlichen Instrument der nationalsozialistischen Herrschaftsausübung, zu einem Vertrauten des Diktators geworden, der aus dem innersten Kreis nicht mehr wegzudenken war. Durch persönliche Freundschaften verstand es Speer, seine Stellung in Hitlers Entourage zu verfestigen. Göring, Ribbentrop und Goebbels war er durch die Erfüllung architektonischer Aufgaben verbunden. Sein Amt

[39] Albert Speer, Spandauer Tagebücher, Frankfurt–Berlin 1975, S. 31, Eintragung 1. November 1946.

als Generalbauinspektor eröffnete ihm die Möglichkeit, mit den höchsten Stellen des Reiches vertrauten Umgang zu pflegen. Erste Konflikte tauchten für Speer erst in den späteren Jahren auf, als ihn seine offizielle Stellung und die Erfüllung seiner Aufgabe in Gegensatz zu seinen Ministerkollegen brachte. Bezeichnend ist, daß er sein Verhältnis zu Hermann Göring als die Beziehung zwischen Architekt und begeistertem Bauherrn in den hellsten Farben schilderte und Spannungen erst entstanden, als Speer im Juli 1943 von Reichswirtschaftsminister Funk die Verantwortung für die Kriegsproduktion übernahm.

Ähnlich verhielt es sich mit Goebbels, der Speer in den frühen Jahren durch seine Aufträge erst den Zugang zum inneren Kreis eröffnet hatte. Solange Goebbels in dem jugendlichen Architekten keinen Konkurrenten fürchtete, schien einem herzlichen Einvernehmen nichts im Wege zu stehen. Denn Speer und Goebbels schätzten sich gegenseitig. »Goebbels war unter diesen Persönlichkeiten zweifellos der weitaus intelligenteste ... Goebbels hat die Fähigkeit gehabt, klar auf weite Sicht zu denken und seine Person von den Tagesereignissen so weit abzusetzen, daß er sich ein unabhängiges Urteil bilden konnte«, rekapitulierte Speer im Sommer 1945.[40] Das ursprünglich gute Verhältnis verdüsterte sich, als sich Speer 1938 auf eine Art und Weise in die privaten Schwierigkeiten von Goebbels einmischen mußte, die ihm Hitlers Propagandist nie vergaß und die im Resultat beinahe die Karriere des ehrgeizigen Goebbels beendet hätten. Ausgelöst wurden Speers gefährliche Verwicklungen durch dessen alten Freund Hanke, den Staatssekretär des Propagandaministers, der eine Affäre mit der Goebbels-Ehefrau Magda begonnen hatte. Magda Goebbels tröstete sich mit Hanke über die notorischen Seitensprünge ihres Gatten hinweg, dessen jüngste Eroberung, die tschechische Filmschauspielerin Lida Baarova, in der Reichshauptstadt einen handfesten Skandal provoziert hatte. Speer schlug sich auf Magdas Seite, die inkognito mit dem Ehepaar Speer und weiteren befreundeten Paaren, darunter Karl und Anni Brandt, zu einer Reise nach Apulien und Sizilien aufbrach. Einzig Hitlers beharrliche Weigerung, in seinem Umfeld einer Scheidung zuzustimmen, verhinderte die dauernde Trennung. Goebbels

[40] Protokoll 2, S. 159.

sollte Speer nicht vergessen, daß sich dieser in sein turbulentes Privatleben eingemischt hatte und daß er darüber »bei Hofe« vorübergehend in Ungnade gefallen war.

Speers wahrer Gegenspieler indes war Martin Bormann, der ehrgeizige Stellvertreter von Rudolf Heß, der es wie kein zweiter verstand, sich unentbehrlich zu machen. Bormann bereitete seinen Griff nach der Schlüsselposition systematisch vor, den er dann nach dem Britannienflug von Heß, Mai 1941, bis zum Kriegsende mit der ihm eigenen rücksichtslosen Brutalität konsequent ausbaute. Von Anfang an mißtraute Bormann Speer, dem es als knapp Dreißigjährigem binnen kurzem gelungen war, Hitlers Vertrauen zu erwerben. Und Speer empfand gegenüber Bormann, wie er Hoeffding eröffnete, eine »instinktive Abneigung, gegen seine Art und Lebensführung«.[41] Doch noch war Speer für Bormann ein zu kleiner Mann, als daß sich ein offen ausgetragener Gegensatz für Bormann lohnte[42], noch war auch Bormanns eigene Stellung bei Hitler nicht stark genug, um aus einem Disput mit Speer siegreich hervorzugehen. Speer witterte den im letzten Kriegsjahr dann offen ausbrechenden Konflikt, zog es aber getreu seiner bewährten, von taktischem Kalkül bestimmten Verhaltensmuster vor, »korrekt und nicht unfreundlich« Abstand zu halten, so sehr, daß er es in den letzten Vorkriegsjahren ablehnte, die persönlichen Bauten von Adolf Hitler auf dem Obersalzberg zu übernehmen.[43]

Albert Speer hatte mittlerweile durchschaut, daß Intrigen, unklare Weisungslagen, Doppelbeauftragungen und diffuse Zuständigkeitsabgrenzungen wesentlich zur Herrschaftspraxis des Dritten Reiches gehörten. »Es gab kaum ein Gebiet, das nicht zwei- oder mehrgeteilt war. Er [Adolf Hitler] liebte es, auch an seinen unmittelbaren Mitarbeitern vorbei, mit deren Untergebenen, selbständig und ohne Information des Chefs Besprechungen abzuhalten und Weisungen zu geben.«[44] Mißtrauen war Hitlers hervorstechender Charakterzug. Die Kunst der Verstellung beherrschte er wie kein zweiter und wurde doch, bei allem schauspielerischen Talent, selbst bisweilen Opfer feinsinniger Verstellungskünste seiner Umgebung. Hitler verstand es tref-

[41] Ebd., S. 145.
[42] Vgl. ebd.
[43] Vgl. S. 146.
[44] Protokoll 1, S. 92.

fend, seine Entourage im unklaren über seine wahren Absichten zu lassen, sie irrezuführen und bewußt zu mißbrauchen. Hitlers Paladine ließen sich auf dieses Spiel ein, weil sie wußten, daß allein die Lebensgesetze der Diktatur hemmungslose Bereicherung und jene Ämterfülle ermöglichten, die wiederum in den von Hitler nach Belieben festgesetzten Grenzen unbegrenztes Herrschen ermöglichte. Wer sich in diesem Kreis der Höflinge behaupten wollte, gegenüber deren Mehrzahl Al Capone wie ein gütiger Philanthrop ausgesehen hätte[45], der mußte selbst mit allen Wassern gewaschen sein. Auf Speer traf dies zweifelsohne zu, denn sonst hätte er nicht das Kunststück zustande gebracht, sich bis zum Schluß im Dunstkreis des Diktators zu halten und aller Intrigen zu erwehren, die darauf abzielten, gerade ihn, einen der Erfolgreichsten in Hitlers Gefolge, zu Fall zu bringen. Speer verstand es, seine Einflußsphären abzustecken und zu erweitern. Sein dabei angewandtes System bezeichnete der »wohl beste Kenner des Wesens Speers« – gemeint ist vermutlich Rudolf Wolters – gegenüber dem Architekten Hermann Giesler als die »Methode, den jeweiligen Konkurrenten dazu zu bringen, sich selbst eine Grube zu graben. Dem Hineingefallenen half er dann stets hilfreich auf die Beine und konnte ärgerlich werden, wenn er sah, daß allzu Diensteifrige auf das Opfer losschlugen.«[46]

Doch noch genügte es, wenn Speer diese Fähigkeiten im begrenzten Bereich seines architektonischen Wirkungsfeldes unter Beweis stellte. Noch war Speer vorrangig mit seinen Bauten beschäftigt. Weltanschauliche Fragen der nationalsozialistischen Ideologie schienen ihn dabei wenig zu interessieren. Zweifel an der Richtigkeit von Hitlers innen- und außenpolitischem Kurs kannte er nicht. Diese Haltung teilte er mit der überwiegenden Mehrheit seiner Landsleute. Denn die Zustimmung der Deutschen zu Hitlers Herrschaft war zu keinem Zeitpunkt größer als in den Jahren unmittelbar vor dem Ausbruch des Zweiten Weltkriegs. 1938/39 befand sich Hitler auf den Gipfeln der Macht. Er hatte die Fesseln von Versailles gesprengt und der Nation ihr Selbstvertrauen zurückgegeben. Die allgemeine Wehrpflicht war wiedereingeführt, die Saar »heim ins Reich« zurückge-

[45] Vgl. Albert Speer gegenüber Eric Norden, *Playboy*, Juni 1971.
[46] Zit. nach Hermann Giesler, Ein anderer Hitler. Bericht seines Architekten Hermann Giesler – Erlebnisse, Gespräche, Reflexionen, Leoni ^{2}1977, S. 344.

kehrt, deutsche Truppen entgegen den Bestimmungen des Versailler Vertrages in die entmilitarisierte Zone des Rheinlands eingerückt. Im Sommer 1936 war das Reich als Gastgeber der Olympischen Spiele für einen kurzen Moment im Visier der Weltöffentlichkeit – Propagandaformeln verschwanden, und die Welt konnte sich überzeugen, wie scheinbar gesittet, wohlorganisiert und human dieses neue nationalsozialistische Deutschland war. 1938 gelang mit dem Anschluß Österreichs ein lange verwehrtes nationales Ziel, das jeden patriotisch denkenden Deutschen mit nationaler Genugtuung erfüllte. Entsprechend überwältigend fiel der Jubel der Angeschlossenen aus. In München, September 1938, konnte sich Adolf Hitler vor der Weltöffentlichkeit als Partner der Westmächte und friedensgeneigter Staatsmann feiern lassen. Das Münchner Abkommen brachte nicht nur die ethnisch begründbare Gebietsabtrennung des Sudetenlandes, es bedeutete aus Hitlers Sicht einen weiteren Erfolg auf dem Weg zur Hegemonialstellung des Reiches in Ostmitteleuropa und verwies die Rest-Tschechoslowakei auf Gedeih und Verderb an die Seite des Reiches.

Speer verfolgte diese Ereignisse von der Zuschauertribüne der Privilegierten. Er hatte bessere Informationszugänge als seine gewöhnlichen Volksgenossen. Hie und da schnappte er aus Hitlers Troß Bemerkungen über einen bevorstehenden Waffengang auf, wurde Adressat vertraulicher Mitteilungen und Augenzeuge der schmählichen Behandlung, wie sie sich etwa der österreichische Bundeskanzler Schuschnigg auf dem Obersalzberg oder der tschechoslowakische Präsident Hacha in Berlin von Hitler gefallen lassen mußten. Doch im großen und ganzen schien sich Speer für die politischen Ereignisse, für die Schachzüge Hitlers auf der internationalen Bühne, wenig zu interessieren. Er billigte die große Richtung, sah den scheinbar überwältigenden Erfolg des Dritten Reiches, auch die Trophäen der Zustimmung, die der Diktator von den Westmächten einzuheimsen verstand, und begnügte sich ansonsten mit seinem Sektor, der Architektur, bei der er von Hitler nicht nur freie Hand eingeräumt bekam, sondern die ihm vielmehr darüber hinaus das Privileg verschuf, den Diktator zum Freund gewonnen zu haben. Speer entging dabei, daß die Fassade des Regimes nur bei oberflächlicher Betrachtung in glanzvollem Licht erstrahlte, sich vielmehr längst schon für den, der es sehen wollte, Risse zeigten, die unangenehme Fragen aufwarfen – Fragen, die den Umgang des Regimes mit seinen Gegnern betrafen, die Einstellung gegenüber den Christen, die sich zu ihrer Religion bekannten, vor allem aber die Haltung gegenüber den Juden, gegen die die SA bereits am 1. April 1933 zum Boykott ihrer Läden aufgerufen hatte und die sich seitdem brutalen Schikanen und zunehmender Verfolgung ausgesetzt sahen. Die Entschuldigung des »Ahnens, aber Nicht-Wissens« der Mehrheit der Deutschen konnte Speer für sich kaum bemühen, denn seine Mitwisserschaft war unbestreitbar. Im nachhinein gab er vor, vor den dunklen Seiten des Regimes die Augen verschlossen zu haben. Dieses offenkundige Wegsehen will so gar nicht zu dem Schuldbekenntnis passen, das Speer in Nürnberg abgab. Moralische Erwägungen schienen bei Speer immer zurückzustehen, wenn es seinen beruflichen Ambitionen im Dritten Reich abträglich war. Ähnlich verhielt es sich mit Speers religiösem Bekenntnis. Die Bindungen zu der neuheidnischen Ideologie waren ihm, dem Mannheimer Protestanten, wichtiger als das traditionell Ererbte. Es entsprach dieser Linie, daß er aus der Kirche austrat und sich, ganz dem neuen Geist seiner Zeit gemäß, als gottgläubig bezeichnete.

Es entsprach auch jener mitläuferischen Haltung des Beiseitestehens, daß sich Speer noch im Sommer 1945 im Gespräch mit Hoeffding an die Umstände, geschweige denn an das genaue Datum der Reichskristallnacht vom 9. November 1938 nicht erinnern wollte. Speer brachte im Rückblick das von ihm nicht näher spezifizierte Ereignis lediglich mit einem Kurswechsel in der Judenpolitik in Verbindung, um dann, auf den präzisierenden Einwurf von Hoeffding hin, von einer »Überraschungsaktion von Goebbels« zu sprechen, bei der über die Reichspropagandaleitung die Volkswut organisiert worden sei und die in allen Städten zu »spontanen Kundgebungen« geführt habe.[47] Die ausführlichere Passage in seinen »Erinnerungen«, in denen er die rauchenden Trümmer der Berliner Synagoge, seinen durch den Anblick der zerbrochenen Schaufensterscheiben zerstörten bürgerlichen Ordnungssinn erwähnte und nach der er für einen Augenblick gespürt haben will, »daß etwas begann, was mit der Vernichtung einer Gruppe unseres Volkes enden sollte«[48], fügte Speer

[47] Protokoll 2, S. 206.
[48] Albert Speer, Erinnerungen, Frankfurt/Main 1969, S. 125.

erst auf Intervention seiner verlegerischen Berater Siedler und Fest ein.[49]

Wie schon bei der Schilderung der Ereignisse des sogenannten »Röhm-Putsches« ist Speers Sensibilität mit Blick auf die Reichskristallnacht im Sommer 1945 deutlich weniger ausgeprägt, als er im Rückblick der »Erinnerungen« glauben machen will. Ganz anders liest sich die Wahrnehmung der Ereignisse der Reichskristallnacht in den nach 1945 verfaßten »Lebensabschnitten« von Speers engstem Mitarbeiter Rudolf Wolters. Wolters, der in Speers Büro als Generalbauinspektor am Pariser Platz gewissermaßen über einen Logenplatz verfügte, räumte ein, seinerzeit den Judenpogrom nicht in seinem ganzen Ausmaß zur Kenntnis genommen zu haben: »Meine Empörung war damals nicht größer als mein Erstaunen darüber, daß sich noch Ende 1938 fast sämtliche Läden Unter den Linden, der vornehmsten Straße Berlins, als jüdischer Besitz auswiesen. [...] Ebenso wie die Röhm-Affäre hielten *wir* [eigene Hervorhebung, U.S.] auch die Kristallnacht für eine unvermeidbare Randerscheinung der von uns im übrigen bejahten nationalsozialistischen Machtergreifung, die erst jetzt ihren revolutionären Charakter offenbarte.«[50] Vieles spricht dafür, daß Wolters eine ungeschminktere, nationalsozialistischere Deutung des Pogroms bietet, die zumindest in ihrer Zeit näher bei Speers tatsächlicher Wahrnehmung gelegen haben dürfte als die von Fest und Siedler inspirierte Passage in Speers eigenen »Erinnerungen«.

Speer konnte sich in den späteren Jahren nur deshalb, systemimmanent betrachtet, so reibungslos einfügen in die Herrschaftsmaschinerie des Dritten Reiches, weil er keine Zweifel empfand und die Frage der Gesamtverantwortung sich für ihn erst im Augenblick des Zusammenbruchs stellte.

Auch noch nach Kriegsausbruch im Herbst 1939 behielt Speer vorerst seine komfortable Beobachterposition. Nur gelegentlich verließ er sie zu spektakulären Unternehmungen wie in jenen Morgenstunden des 24. Juni 1940, als er, zwei Tage nach der Unterzeichnung des deutsch-französischen Waffenstillstandes, in feldgrauer Uniform

---

[49] Vgl. Mitteilung von W. J. Siedler gegenüber G. Sereny, zit. nach Gitta Sereny, Das Ringen mit der Wahrheit. Albert Speer und das deutsche Trauma, München 1995, S. 197.

[50] Rudolf Wolters, Lebensabschnitte II, S. 168, BA Ko, N 318 Wolters, Bd. 55.

zusammen mit dem Bildhauer Arno Breker, seinem Architekten-Konkurrenten Hermann Giesler und mit Adolf Hitler das geschlagene Paris besichtigte und Hitler die Pariser Oper erklären durfte. Eine Siegesparade hatte der Diktator mit dem Hinweis abgelehnt, er sei noch nicht am Ende. Für Speer aber wurde der Blitzbesuch im eroberten Paris zum Ansporn, sich mit dem Entwurf der Welthauptstadt Germania zu beeilen. Er wollte nach dem gewonnenen Krieg mit dem in seinem Glanz erstrahlenden Berlin die Fassade des neuen Deutschland gestalten.

Der deutsche Endsieg, den Reichspressechef Dietrich im Herbst 1941 vorschnell verkündet hatte, ließ indes auf sich warten. Anfang Februar 1942 kam es für Albert Speer zu einer folgenschweren Veränderung. Buchstäblich in letzter Sekunde war es Speers Flugkapitän gelungen, nach einem Frontbesuch beim »Bautrupp Speer« trotz Schneeverwehungen mit einer nur halb aufgetankten Heinkel-Maschine aus dem bereits von Russen mit Panzern eingekreisten Dnjepopetrowsk über die Pripjet-Sümpfe ins Führerhauptquartier nach Rastenburg in Ostpreußen zu entkommen. Dort hatte Speer bereits für den nächsten Morgen Fritz Todts Angebot, mit ihm nach Berlin zurückzufliegen, angenommen. In der Nacht folgte ein langes Gespräch über die Baupläne von Berlin und Nürnberg mit Adolf Hitler. Entgegen seiner ursprünglichen Absichten sagte Speer daraufhin seinen Rückflug mit Todt ab. Am Morgen danach wurde er mit der Nachricht von Todts Flugzeugabsturz aus dem Schlaf gerissen. Nur um Haaresbreite war Speer mit dem Leben davongekommen. Er wurde zu Hitler gerufen, der ihm mit ernster Miene und ohne Umschweife eröffnete: »Es ist ein schwerer Verlust, aber ich habe das Zutrauen, daß Sie ihn ersetzen werden. Ich ernenne Sie zum Nachfolger in allen Ämtern.«[51] Albert Speer glaubte zunächst, daß es sich um ein Mißverständnis handle, doch die Nachfrage und der sich anschließende Führerbefehl ließen keinen Zweifel. Am 15. Februar 1942 leistete der damals 36jährige Albert Speer seinen Amtseid als Reichsminister für Bewaffnung und Munition. Auch die anderen Ämter des Verunglückten gingen auf Speer über, der nun eine wahre Ämterfülle auf sich vereinigte: Generalbauinspektor für das deutsche Straßenwe-

[51] Albert Speer, MS »Nürnberger Entwurf«, S. 6, BA Ko, N 1340 Speer, Bd. 84.

sen, Generalbevollmächtigter für die Regelung der Bauwirtschaft und Generalinspektor für Wasser und Energie. Mit einem Schlag trat Speer heraus aus der geschützteren, halbprivaten Zone des architektonischen Schaffens in die grelleren Regionen der Rüstungswirtschaft und Kriegführung. Im »Nürnberger Entwurf« seiner »Erinnerungen« sprach Speer im Zusammenhang mit seiner Amtsübernahme von einem »ersten Einblick in das politische Leben der Großen«, eines Lebens, das er bis dahin als Architekt »aus einer idealen Perspektive« gesehen haben wollte.[52]

Speer hatte in seinem neuen Amt zunächst ein immenses Pensum zu bewältigen. Er paukte Produktionszahlen, besuchte Truppenübungsplätze, lernte den Steuerknüppel des Panzers zu bedienen und die Unterschiede zwischen einer leichten Feldhaubitze und neuem Pakgeschütz zu erkennen. Speer begriff sich als Mittler zwischen den Heeresstellen und der Heimat. Seine Maxime war ebenso einfach wie einleuchtend: »Ich war Fachmann als Architekt und wußte, daß nur Fachleute die Aufgabe durchführen konnten.«[53] Auch hier zeigte sich Speer als Meister der Menschenbehandlung. Speer kannte die Grenzen seiner Möglichkeiten. »Ich war nicht so eingebildet, meine Vorträge bei Hitler selbst zu führen. Ich brachte dazu meine Fachleute mit und ließ diese meine Gespräche mit ihm führen.«[54] Durch diese geschickt eingefädelten »Führer«-Vorträge gelang ihm mit Hilfe der Fachleute eine Einflußnahme bei Hitler zugunsten der von ihm angestrebten Ziele. Er konnte damit rechnen, daß sich seine Experten weniger leicht beirren ließen und Hitler gegenüber den Fachleuten davor zurückschreckte, seine Meinung auch dann zu vertreten, wenn sie in offenkundigem Gegensatz zum Urteil der Experten stand. Speer bekämpfte den Schlendrian und die Auswüchse der Bürokratie in seiner Umgebung. In seinem Ministerium erwies er sich als Virtuose der Personalführung. Jedem älteren, erfahrenen Teamchef wurde ein Jüngerer – unter 40 – als Stellvertreter zur Seite gestellt, der diesen »boxen« sollte. In keinem anderen Ministerium herrschte folglich eine ähnlich angespannte Atmosphäre wie in der Führungsspitze des

[52] Albert Speer, MS Nürnberger Entwurf, Teil I, S. 7, BA Ko, N 1340 Speer, Bd. 84.
[53] Ebd.
[54] Ebd.

Rüstungsministeriums. Disziplinarische Maßnahmen waren die Regel, selbst die Androhung der Einweisung in ein Konzentrationslager wurde von Speer als Mittel gegen unbotmäßige Mitarbeiter häufiger eingesetzt als von Hitlers anderen Ministern. Zu einem wirklichen Korpsgeist schafften es die Angehörigen des Speer-Ministeriums nie. Dies lag nicht nur daran, daß sich Speer auf die Kernmannschaft seines Vorgängers stützen mußte, die den Neuankömmling mit Mißtrauen betrachtete. Speer war kühl und distanziert; erst spät, 1944, als er den Zenit seiner Machtfülle überschritten hatte, versuchte er eine Auflockerung, etwa indem er an besonders optimistische Mitarbeiter grüne Krawatten verteilen ließ oder eine Witzprämie einführte.[55] Der gigantische Anstieg der Mitarbeiterzahl des Speer-Ministeriums – mit zeitweise über 70 000 Beschäftigten die größte Ministerialbürokratie im Dritten Reich – stand darüber hinaus im Gegensatz zu Speers Anspruch, die Arbeit mit kleinen Stäben zu bewältigen.

Überhaupt hat Speers Vorliebe für große Zahlen, sein Faible für Mathematik und Statistik das öffentliche Bild seiner Amtsführung bis heute beeinflußt. Vor allem die Produktionsziffern der Ära Speer bestimmten dieses Bild: Wurden 1941 noch 23 000 Flugzeugabwehrkanonen im Reich produziert, so waren es 1944 bereits 320 000. Im gleichen Zeitraum stieg die Produktion von Panzerwagen von 5200 auf 27 300 und die der Jagdflugzeuge von knapp 3000 auf 23 800 an. Dieser Umstand ist von der deutschen Propaganda geschickt als Rüstungswunder gefeiert worden, und unter dem maßgeblichen Einfluß von Speer-Chefstatistiker Rolf Wagenführ und den frühen Erhebungen des USSBS nach der Kapitulation hat diese Speer-Legende in die zeitgeschichtliche Literatur Eingang gefunden.[56] Die Wirklichkeit ist weniger spektakulär. Speer konnte bei seinem Amtsantritt auf die umfassenden organisatorischen Reformen seines Vorgängers Fritz

[55] Vgl. Rolf-Dieter Müller, Albert Speer und die Rüstungspolitik im Zweiten Weltkrieg, in: Das Deutsche Reich und der Zweite Weltkrieg, hrsg. vom Militärgeschichtlichen Forschungsamt Bd. 5/2 Stuttgart 1999, S. 300, der sich auf die entsprechenden Seiten in der Speer-Chronik über die Sitzungen der Zentralen Planung am 18. Mai 1944 und am 31. Oktober 1944 bezieht.

[56] Vgl. Rolf Wagenführ, Die deutsche Industrie im Kriege 1939–1945, ^{2}1963; kritisch insbesondere Karl-Heinz Ludwig, Technik und Ingenieure im Dritten Reich, Düsseldorf 1974, und Matthias Schmidt, Albert Speer, insbesondere S. 135ff.

Todt zurückgreifen, die den Übergang vom Blitzkrieg zur totalen Kriegswirtschaft möglich gemacht haben. Einen Teil dieser Maßnahmen hatte Todt noch selbst umsetzen können, ein anderer war wenigstens konzipiert. »Der erste Architekt von Deutschlands späterem, trotz gewaltiger wirtschaftlicher Unterlegenheit geleistetem Widerstand« ist somit nicht Speer, sondern dessen Vorgänger Todt gewesen.[57] In Naturell, Auftreten und politischem Stil waren Speer und sein Vorgänger grundverschieden. Joachim Steffens, Abteilungsleiter des Generalinspektors für die Bauwirtschaft, brachte den Unterschied auf die Formel »Ausstrahlung [bei Todt], bei Speer Empfang und Ausrichtung«.[58]

Mit organisatorischem Geschick setzte Speer Begonnenes fort. Die Zerschlagung des von General Thomas geführten Wehrwirtschafts- und Rüstungsamtes im OKW war dabei ein gelungener Schachzug. Erklärtes Ziel blieb für den neuen Minister die einheitliche Steuerung der Rüstungswirtschaft. Speer bereinigte die Rüstungsplanung, rationalisierte die Produktion, sorgte für eine bessere Auslastung und drängte die Zivilwirtschaft zugunsten der Rüstung zurück. In einzelnen Bereichen wurden die industriellen Kapazitäten erweitert: im Maschinenbau, bei der chemischen Industrie und der Elektroindustrie; diese Maßnahmen waren jedoch weit davon entfernt, die ganze Volkswirtschaft zu betreffen.[59] Auch in der Strategie, bei der Durchführung seiner Aufgabe verstärkt auf den Einsatz von Unternehmern und Ingenieuren in der Kriegsproduktion zu setzen, erwies sich Speer als gelehriger Schüler seines Vorgängers. Neu war allerdings der Umfang, in dem Speer die Großindustrie heranzog. In der im Mai 1942 von ihm geschaffenen »Reichsvereinigung Eisen« wurde unter dem Vorsitz von Hermann Röchling und dessen beiden Stellvertretern Walter Rohland und Alfried Krupp die gesamte Eisen- und Stahlerzeugung gesteuert. In der Fertigungsindustrie gab es keinen Bruch, und selbst das mit Speer verbundene komplexe System der zentrali-

---

[57] Alan S. Milward, Fritz Todt als Minister für Bewaffnung und Munition, in: VfZg 35, 1966, S. 42.

[58] Joachim Steffens, zitiert nach Karl-Heinz Ludwig, Technik und Ingenieure im Dritten Reich, Düsseldorf 1974, S. 421.

[59] Vgl. Hans Mommsen, Der Mythos von der Modernität. Zur Entwicklung der Rüstungsgeschichte im Dritten Reich, Essen 1999, S. 12f.

sierten Ausschüsse kann mit Todt verbunden werden. Speer fügte lediglich die »Industrieringe« für die Zulieferung ein und weitete damit ein aus dem Fluzeugsektor entnommenes System auf Heer und Marine aus. Im Mittelpunkt standen 1942 nach wie vor die Hauptausschüsse für Munition, Panzer und Waffen.[60] Die 1942 geschaffene »Zentrale Planung« – neben Speer gehörten ihr Generalfeldmarschall Milch und, als Vertreter Görings, Staatssekretär Körner an – diente zunächst der Lenkung der Rohstoffzuteilung; sie war eine »Art Börse, auf der jedoch nicht der Preis von Gütern und Investitionsanteilen, sondern Herrschaftsanteile, die Verfügung über Produktionsmittel, gehandelt wurden«.[61] Den protokollarischen Bedürfnissen Görings kam Speer nach Kräften entgegen. Es bedeutete eine nochmalige strategische Verbesserung der Position Speers, als es ihm 1943 nach der Entmachtung von Reichswirtschaftsminister Funk gelang, in seinem Ministerium ein von Hans Kehrl, dem einstigen Generalbeauftragten Funks, geleitetes Planungsamt einzurichten, in dem die Entscheidungen der Zentralen Planung vorbereitet wurden. Nur auf die Zuständigkeit für die Beschaffung ausreichender Arbeitskräfte erhob Speer keinen Anspruch; dies überließ er dem thüringischen Gauleiter Fritz Sauckel, der am 21. März 1942 von Hitler zum Generalbevollmächtigten für den Arbeitseinsatz (GBA) ernannt worden war. Sauckel war es, der nicht zuletzt im Auftrag Speers der deutschen Kriegswirtschaft mit einem brutalen System der Zwangsrekrutierung bis Ende 1944 sieben Millionen zusätzliche Arbeitskräfte zuführte, davon allein fünf Millionen aus den besetzten Gebieten, und Speer wurde dadurch Sauckels »uneingeschränkter Kollaborateur« beim Sklaveneinsatz.[62]

In seiner auf Produktionsziffern fixierten Euphorie hatte Speer 1942 ganz auf eine für Deutschland siegreiche Beendigung des Kriegs hingearbeitet und mit Blick auf den Ostfeldzug den Optimismus der Militärs geteilt. Speers Rüstungspolitik war zu jener Zeit auf ein baldiges Kriegsende, nicht etwa auf einen langdauernden Material- und

[60] Vgl. ebd. S. 414.
[61] Michael Geyer, Deutsche Rüstungspolitik 1860–1980, Frankfurt/M. 1984.
[62] Vgl. Dan van der Vat, Der gute Nazi. Albert Speers Leben und Lügen, Berlin 1997, S. 517; Gitta Sereny, Das Ringen mit der Wahrheit. Albert Speer und das deutsche Trauma, München 1995, S. 393.

Abnutzungskrieg gerichtet. Daran, daß sich Deutschlands militärische Lage immer mehr zuspitzte, konnte auch Speer nichts ändern. Er mußte erfahren, daß Hitler sich immer mehr einigelte, die Ratschläge seiner Generäle mißachtete, in seiner unmittelbaren Umgebung bedingungslose Jasager – Speer nannte sie »Nickesel« – bevorzugte und keine Anstalten machte, den Krieg auf politischem Wege zu beenden. Spätestens 1943 scheint Speer erkannt zu haben, daß die Führungskrise, die das Dritte Reich im vierten Kriegsjahr erfaßt hatte, in Wirklichkeit eine »Führer«-Krise war.

Einen empfindlichen Schlag hatte Speers nationalsozialistisches Glaubensgebäude durch die Ereignisse erhalten, die zur Kapitulation der bei Stalingrad an der unteren Wolga eingeschlossenen 6. Armee am 31. Januar (Südkessel) bzw. am 2. Februar 1943 (Nordkessel) führten und knapp 100 000 Wehrmachtssoldaten den Gang in die sowjetische Kriegsgefangenschaft brachten. Mit seinem kategorischen Rückzugsverbot für den Oberbefehlshaber der 6. Armee, General Paulus, mit Görings wider besseren Wissens wiederholt gegebener Zusage, die bei Stalingrad Eingeschlossenen aus der Luft zu versorgen, hatte Speer alle Etappen der sich abzeichnenden Katastrophe im Führerhauptquartier miterlebt und war damit zum Zeugen des militärischen Debakels und der menschenverachtenden Gesinnung geworden, mit der die nationalsozialistische Führung 150 000 deutsche Soldaten in einen qualvollen Tod schickte. Speers Bruder zählte zu den in Stalingrad Eingeschlossenen. Über dessen Briefe an die Eltern erfuhr Albert Speer von dieser anderen Seite des nationalsozialistischen Regimes, die mit der üblichen Routine im Führerhauptquartier und den Bemühungen von Hitlers Entourage, die immer ausweglosere Situation schönzureden, kontrastierte:

»Mein Bruder schreibt an die Eltern aus Stalingrad letzte Briefe. Er hat die Krankheit der 6. Armee. Gelbfieber, geschwollene Gliedmaßen, Nierenleiden. Ungenügende Ernährung. Er geht in ein Lazarett. Es ist ein Pferdestall ohne Heizung, nur teilweise überdeckt. Im russischen Winter. Ein furchtbares Elend. Tote aus Hunger und Erschöpfung. Er schreibt das nächste Mal. Er ist nicht besser dran, es ist schlimmer geworden mit ihm. Aber er hielt es nicht mehr aus in dem Sterben im Lazarett-Stall. Er hat sich wieder zu seinen Kameraden geschleppt, zu seiner Beobachtungsstelle des Artillerieregimentes. Dort unter den Kameraden fühle er sich wohler. Aber gehen könne er nicht mehr, dazu sei er zu schwach geworden und seine Gliedmaßen zu sehr angeschwollen. Das Schicksal von Zehntausenden. Er ist verschollen.«[63]

Für sich selbst versuchte Speer, Konsequenzen aus der Katastrophe von Stalingrad zu ziehen, freilich ohne grundsätzlich vom Regime abzurücken. Er sondierte bei Goebbels, mit dem er sich einig darüber wußte, daß die Leitung des Reiches auseinandergerissen sei. Beide ventilierten die Möglichkeiten, Hermann Göring zum Verbündeten zu gewinnen. Eine kleine Verschwörung wurde angezettelt, eine Allianz gegen Bormann besprochen, von gegenseitiger Abstützung bei Hitler war die Rede. Göring stimmte grundsätzlich zu, doch als es darauf ankam, erwies sich der Reichsmarschall einmal mehr als Gummilöwe. Die entscheidende Besprechung mit Hitler wurde aufgeschoben. Alles blieb beim alten. Speer suchte daraufhin bei Generalstabschef Zeitzler und dem Befehlshaber des Ersatzheeres, Fromm, Zuspruch. Bei beiden konnte er hoffen, mit seinen Argumenten auf offene Ohren zu stoßen. Doch den Worten folgten keine Taten. 1946 bezeichnete Speer das autoritäre System »als die hohe Schule der Charakterlosigkeit«.[64] Zur offenen Rebellion, gar zur Loslösung von Hitler konnte sich Speer nicht durchringen. Er begann sich von seinem einstigen Gönner zu entfremden und stürzte sich, wie er das immer in bislang schwierigen Situationen getan hatte, in Arbeit.

Die Konzentration in der Kriegswirtschaft, die Ausnutzung der Kapazitäten in den besetzten Gebieten, die Ausweitung der Rüstungsproduktion führte dazu, daß im vorletzten Kriegsjahr der deutsche Rüstungsausstoß sein höchstes Niveau erreichte. Der verlustreiche Rußlandfeldzug und die immer heftiger werdenden alliierten Luftangriffe auf Deutschland hatten den Zwang zur Steigerung der Produktion zu einer kriegsstrategischen Notwendigkeit werden lassen. Auf Grund der Machtfülle, mit der Speer ausgestattet war, auch auf Grund seines Geschicks, mit dem er die wiederkehrenden Auseinandersetzungen der einzelnen Wehrmachtteile umschiffte, wurde Speer zum Inbegriff einer radikalen Mobilisierung, wie sie Goebbels mit seiner

[63] Albert Speer, MS Nürnberger Entwurf, Teil I, S. 18f., BA Ko, N 1340 Speer, Bd. 84.
[64] Ebd., S. 24.

im Februar 1943 verkündeten Parole vom »totalen Krieg« vorschwebte. Für einen kurzen Zeitraum 1943 wurde Speer als möglicher Nachfolger Hitlers gehandelt. Doch zu dem Zeitpunkt, als Speer seine Hochzeit als Organisator des totalen Kriegs erlebte, begann sein politischer Stern bereits zu sinken. Die technisch-wissenschaftliche Basis der deutschen Kriegsproduktion hatte durch fehlende Entwicklungsmöglichkeiten nachhaltig gelitten. Von qualitativer Überlegenheit konnte nicht mehr die Rede sein. Dies hinderte freilich auch Speer nicht daran, bis zum Schluß an der Propagandathese festzuhalten, daß »Masse durch bessere Qualität nicht nur ausgeglichen, sondern besiegt werden kann«.[65] Wunschdenken verzerrte bei der politischen und militärischen Führung des Reiches die Wahrnehmung der tatsächlichen kriegsstrategischen Position, und aus demselben Grund richteten sich übertriebene Erwartungen an technische Neuerungen. Die Diskussion über die Kampfpanzerproduktion 1943/44 und vor allem die ebenso unrealistische wie verantwortungslose Spekulation über Geheimwaffen sind vor diesem Hintergrund zu sehen. Wider besseren Wissens trug Speer ebensowenig zur Demystifizierung dieser Gespensterdebatten bei, wie er vor April 1945 Zweifel am »Endsieg« aufkommen ließ. Trotz des nimmermüden Einsatzes und der nach außen hin glänzenden Erfolge konnte Speer nicht verhindern, daß seine Stellung im Dritten Reich unter den Verdächtigungen und Intrigen seiner Rivalen, insbesondere Bormanns und Himmlers, zu einem geringeren Maße auch Görings, zu leiden begann.

Die Kriegsweihnacht 1943 verbrachte er mit Soldaten der Murmanskfront und Angehörigen der Organisation Todt am Lagerfeuer in Lappland, 100 km nördlich des Polarkreises. Eine Motorpanne über dem Bottnischen Meerbusen zwang Speer kurz nach Neujahr 1944 zur Übernachtung im Freien. Dabei zog er sich eine Entzündung des Knies zu. Zu Görings Geburtstag am 12. Januar 1944 im mit Kunstschätzen aus aller Herren Länder des neuen Europa überladenen Carinhall konnte er sich nur noch mühsam hinschleppen. Eine ärztliche Behandlung und Hospitalisierung war nicht mehr vermeidbar. Mitte Januar 1944 bedeutete der hinzugezogene Orthopäde, Professor Gebhardt, daß sich Speer einer stationären Behandlung in Geb-

[65] Rede Albert Speers im Berliner Sportpalast am 5. Juni 1943, BA Ko, R 3/1547.

hardts Sanatorium Hohenlychen unterziehen müsse. Karl Gebhardt war nicht nur ein bekannter Orthopäde, er war auch ein getreuer Freund und politischer Vertrauter des Reichsführers SS, Heinrich Himmler. Mit zweifelhaften Behandlungsmethoden versuchte er, Speers Krankenhausaufenthalt zu verlängern. Davon jedenfalls war Speer überzeugt. So äußerte sich Speer gegenüber Hoeffding im Sommer 1945, und bei dieser Sicht blieb er auch in seinen 1946 niedergeschriebenen unveröffentlichten Gefängniserinnerungen: »Ich bin in einer Mordzentrale. Denn wie ich im Prozeß mit Grausen feststellte, wurden in dem gleichen Lazarett Operationen an Häftlingen aus Konzentrationslagern vorgenommen.«[66] In den publizierten »Erinnerungen« fehlte dieser Satz bezeichnenderweise. Speer ging in den knapp fünf Monaten in Gebhardts Lazarett durch die Hölle. Er rang mit dem Tod und glaubte, seine Rettung nur der couragierten Intervention seines Freundes, des Chirurgen Karl Brandt, zu verdanken. Von Hohenlychen aus mußte er mit ansehen, wie in seiner Abwesenheit zwei seiner Mitarbeiter, Dorsch und Saur, im Ministerium das Heft in die Hand genommen und mit Erfolg am Hofe Hitlers verbreitet hatten, Speer sei unheilbar krank und werde nicht mehr zurückkommen. Speers Stellung in seinem eigenen Ministerium war in der langen Zeit seiner Abwesenheit zunehmend bedroht. Doch Speer gab nicht auf. Nach Kräften wehrte er sich gegen seine Kaltstellung. Auch vom Krankenlager aus versuchte er den Eindruck von Handlungsfähigkeit zu vermitteln, indem er weiterhin darauf bestand, Briefe und Erlasse seines Ministeriums selbst zu unterzeichnen.

Speers Verhältnis zu Adolf Hitler ging in den langen Monaten in Gebhardts Lazarett durch einen Läuterungsprozeß. In Hohenlychen war Speer aus den Zwängen des hektischen Tagesgeschäfts herausgelöst. Zum ersten Mal seit Jahren fand er wieder Zeit, über sich und seine Situation nachzudenken. In den vergangenen Jahren hatte er hinreichend Gelegenheit gehabt, das auf *divide et impera* und doppelte Auftragsvergabe gerichtete nationalsozialistische System der Machtausübung, die Scheinheiligkeit und das skrupellose Machtstreben von Hitlers Paladinen zu durchschauen. Auf einmal war er, der

[66] Albert Speer, MS Nürnberger Entwurf, Teil I, S. 17, BA Ko, N 1340 Speer, Bd. 84.

die Klaviatur des systemkonformen Umgangs mit Hitlers anderen Unterführern bis dahin so meisterhaft beherrscht hatte, selbst zum Ziel einer lebensgefährlichen Intrige geworden. Er griff zum letzten Mittel und bot an Hitlers Geburtstag 1944 seinen Rücktritt an. Noch konnte er sich darauf verlassen, daß der Diktator seinem Architekten und erklärten Liebling die Treue nicht aufkündigen würde. Noch hatte er im »Führer« seinen mächtigsten Verbündeten, einen Trumpf, den er im Intrigenspiel auszureizen verstand. Doch der Hitler vom Sommer 1944 war nur noch ein Schatten seiner selbst, überarbeitet, frühzeitig vergreist, starrsinnig und für keine Beratung mehr zugänglich. Aus der Einsicht in die Unabwendbarkeit der bevorstehenden Niederlage hatte der Diktator zu jenem Zeitpunkt längst Abschied von der Politik genommen und die Brücken hinter sich abgebrochen. Adolf Hitler wußte, daß er eine Niederlage nicht überleben würde.

VI.

Nach dem gescheiterten Attentat vom 20. Juli 1944 änderte sich das politische Klima in Deutschland grundlegend. Der letzte Widerstand gegen Hitler brach in sich zusammen, der »Führer« glaubte sich von der Vorsehung gerettet, und in seiner Umgebung gewannen die radikalen Kräfte die Oberhand. Auch auf Albert Speer richteten sich nun die mißtrauischen Blicke. Speers Name hatte sich auf den Ministerlisten der Verschwörer gefunden, war von einem Unbekannten jedoch mit einem rettenden Fragezeichen der Ungewißheit versehen worden. Mit dem später wegen seiner Mitwisserschaft hingerichteten Befehlshaber des Ersatzheeres, Generaloberst Fromm, verband Speer eine intensive und vertrauensvolle Arbeitsbeziehung. Noch im Vorfeld des Attentats hatte Fromm vergeblich versucht, Speer für den 20. Juli unter einem dienstlichen Vorwand in den Bendlerblock einzubestellen. Doch Speer hatte sich durch den Hinweis auf eine nicht aufschiebbare Vortragsverpflichtung dieser Verabredung entzogen, die ihm sonst zweifellos eine Anklage wegen Beteiligung am Staatsstreich eingebracht hätte. Fromm selbst, der in die Vorbereitungen des Attentats von seinem Chef des Stabes, Stauffenberg, eingeweiht war, spielte am 20. Juli eine zwielichtige Rolle und wechselte noch am gleichen

Abend, als sich das Scheitern abzeichnete, die Seiten.[67] Aus Furcht, in den Gestapo-Verhören könnte auch für ihn belastendes Material zum Vorschein kommen, verschaffte sich Speer mit Hilfe von Hitlers Fahrer Schreck Zugang zu Kaltenbrunners Verhör-Protokollen, die er in langen Nächten studierte. Speer war erleichtert, als er feststellen konnte, daß seine Befürchtungen unbegründet waren.

Gegen das Mißtrauen linientreuer Parteisoldaten war er weniger gefeit. Speer hatte allen Grund, auf der Hut zu sein. Die Betriebsführer seines Ministeriums mußten sich wiederholter Schikanen erwehren. Bormann arbeitete an seiner Ablösung als Rüstungsminister, und Goebbels erklärte Speer ohne Umschweife, daß er ihn für »reaktionär und parteifremd, wenn nicht sogar parteifeindlich« halte.[68] Ein Rückzug, auch wenn er ihm wiederholt nahegelegt wurde, kam indes nicht in Frage. Speer kämpfte an verschiedenen Fronten. Der Vormarsch der Roten Armee hatte zu drastischen Produktionseinbrüchen geführt. Waffen und Munition waren Mangelware, die Treibstofflage äußerst angespannt. Speer gab sich keinen Illusionen über das Ausmaß der sich abzeichnenden Katastrophe hin: »Panzerdivisionen mit einigen Hundert Mann und einigen Panzern. An jeder Stelle kann der Gegner beliebig weitermarschieren. Er besitzt die technische Überlegenheit.«[69] An der Ruhr drohte das Verkehrssystem unter alliiertem Dauerbombardement lahmgelegt zu werden. Die immer näher rückende Front führte dazu, daß die Schlüsselindustrien des wichtigsten Industriereviers fortgesetzten Bombenangriffen ausgesetzt waren.

Immer mehr wurde Speer in dieser ausweglosen Situation zum Hoffnungsträger derjenigen, die den Wahnsinn begrenzen und dem gesunden Menschenverstand zum Durchbruch verhelfen wollten. Walter Rohland (»Panzer-Rohland«), Speers Mitarbeiter im Rüstungsministerium, hatte seinen Chef während dessen Genesungsaufenthalt bereits im März 1944 in Meran bedrängt, im Amt zu blei-

---

[67] Fromm wurde im März 1945 wegen seiner Mitwisserschaft der Staatsstreichvorbereitungen gleichwohl hingerichtet. Gegenüber Hoeffding hielt Speer an seiner Auffassung fest, daß Fromm zu den Männern des 20. Juli keine Verbindung gehabt habe.
[68] Albert Speer, MS Nürnberger Entwurf, Teil III 17. August 1946, S. 4, BA Ko, N 1340 Speer, Bd. 395.
[69] Ebd., S. 3.

ben, »da das deutsche Volk ihn jetzt dringend brauche, damit er gemeinsam mit anderen die totale Zerstörung der Arbeitsstätten verhinderte«.[70] In der desaströsen Lage des Spätherbsts 1944 traute Rohland allein seinem Vorgesetzten die nötige Zivilcourage zu, um zu retten, was zu retten war.

Bereits Ende September 1944 waren bei der ersten Berührung des Reichsgebietes durch feindliche Truppen in Oberschlesien von fanatischen Gauleitern nach sowjetischem Vorbild Überlegungen zur »Politik der verbrannten Erde« angestellt worden. Gedacht war dabei unter anderem an die radikale Zerstörung der Produktionsanlagen beim Rückzug der Wehrmacht. Speer hingegen hielt nichts von einem heroischen Endkampf, der die unausweichliche Niederlage nur um Wochen verschieben, dafür aber den Tod unzähliger Soldaten bringen würde. Mit Goebbels' Phantastereien von einer *levée en masse*, mit der Beschwörung des Mirakels des Hauses Brandenburg oder des Geistes von 1813 im Sinne einer Neuauflage des antirussischen Befreiungskampfes konnte Speer wenig anfangen. Den Angehörigen des ihm unterstellten Ruhrstabes eröffnete er statt dessen, daß er bei einer drohenden Besetzung eine Evakuierung der Bevölkerung ablehne und in den Betrieben bis zum letzten Augenblick arbeiten lassen wolle.

Anfang Januar 1945 war der Verteidigungskampf um die Ruhr zu Ende, die Ardennenoffensive gescheitert. Auch an diesem letzten, verzweifelten Ausbruchversuch hatte sich Speer auf Hitlers Wunsch mit Bautrupps beteiligt. Weihnachten 1944 verbrachte er unter Frontsoldaten im Westen, erst am Neujahrstag begab er sich zu seinem Oberbefehlshaber ins Hauptquartier nach Bad Nauheim. Vor Beginn der Ardennenoffensive hatte Hitler Speer anvertraut, daß dies der letzte Versuch sei und im Falle eines Scheiterns keine Möglichkeit zu einer günstigen Beendigung des Krieges bestünde.[71] Zwar hatte sich Speer von Walther Hewel, Ribbentrops Verbindungsmann zum Führerhauptquartier, regelmäßig über die geheimen Drähte deutscher Dienste zum Kriegsgegner orientieren lassen. In keinem Fall freilich hat-

[70] Walter Rohland, Bewegte Zeiten. Erinnerungen eines Eisenhüttenmannes, Stuttgart 1978, S. 99.
[71] Vgl. Albert Speer, MS »Nürnberger Entwurf, Teil III, S. 27, BA Ko, N 1340 Speer, Bd. 84.

ten die Friedensfühler das Stadium ernstzunehmender Vorverhandlungen erreicht. Speer mahnte in Gesprächen immer wieder die fehlende diplomatische Initiative an. Doch er selbst wollte sich mit keinem beherzten außenpolitischen Schritt, geschweige denn mit einem Anstoß zu Kapitulationsverhandlungen exponieren. Systemloyalität und rationale Erwägungen gaben dabei vermutlich den Ausschlag.

In mehreren Denkschriften versuchte Speer Anfang 1945, Hitler für eine Begrenzung der Politik der verbrannten Erde zu gewinnen. Wiederholt verlangte er die sofortige Einstellung aller Maßnahmen, die in irgendeiner Weise geeignet seien, die Lebensgrundlagen des deutschen Volkes zu beeinträchtigen. Als am 19. März 1945, dem 40. Geburtstag Speers, Adolf Hitler mit seinem berüchtigten Nerobefehl die vollständige Zerstörung aller Industrie-, Verkehrs- und Versorgungsanlagen anordnete, erreichte Speers Gegenkurs eine neue Stufe. Für Speer begann nun, wie er im Rückblick aus seiner Nürnberger Gefängniszelle gestand, »der erregendste Abschnitt seines Lebens«, denn nun wollte auch er erkannt haben, »daß Adolf Hitler sein Volk dem Untergang entgegenführen wollte«.[72] Die mit dieser Erkenntnis verbundene Enttäuschung stilisierte Speer im nachhinein zur schmerzlichsten, nie verwundenen Erfahrung seines Lebens. »Damals war ich noch von einem Adolf Hitler, der für sein Volk lebt und für sein Volk zu sterben bereit ist, überzeugt. Diese Überzeugung, die doch der Grund war, daß ich ihm 10 Jahre treu und fleißig an seinen Plänen half, meine Familie kaum beachtete, alle persönlichen Wünsche beiseite ließ, brach im Januar 1945 in sich zusammen.«[73]

Seine bedingungslose Hingabe an Hitler, sein bis zum Winter 1945 nie erschütterter Glaube an den Nationalsozialismus hatten dazu geführt, daß Albert Speer immer wieder politischen Fehleinschätzungen aufsaß, so etwa als er gegenüber Hoeffding die Auffassung vertrat, daß »bei einer anderen Ansprache von A.H. und bei einem tatsächlich vorhandenen Oberbefehlshaber des Heeres der 20. Juli nicht gekommen wäre«, selbst »bei genau derselben politischen und militärischen Lage«.[74] Die wirklichen Beweggründe der Männer der deutschen

[72] Ebd., S. 19.
[73] Ebd., S. 19f.
[74] Protokoll 1, S. 128.

Opposition, ihr Eintreten für Freiheit, Recht und Humanität, ihr Bekenntnis zu den Werten der Demokratie und ihren Widerstand gegen einen politisch und militärisch sinnlosen Krieg verstand Albert Speer nie. Sein Bezugspunkt blieb auch dann noch Adolf Hitler, als dieser sich anschickte, Deutschland vollständig zugrunde zu richten.

Mit entsprechender Vorsicht sind deshalb Speers vor dem Nürnberger Prozeß mit viel Liebe zum Detail ausgebreiteten Schilderungen seiner Versuche zu bewerten, den Diktator in seinem Bunker durch ein in die Belüftungsschächte der unterirdischen Festung eingeleitetes Giftgas ins Jenseits zu befördern. Wiederholt haben Kritiker darauf hingewiesen, daß Speers Pläne auf Grund zahlreicher technischer Ungereimtheiten und innerer Widersprüche unglaubwürdig erscheinen und wohl eher als nachträglicher Versuch, sich in den Widerstand gegen Hitler einzureihen, zu bewerten seien.[75] Die diffusen Attentatspläne Speers sind vermutlich auch im Zusammenhang mit den durch den Schock der Enttäuschung über Hitler ausgelösten Orientierungsproblemen Speers zu sehen, der in den letzten Wochen des Dritten Reiches eine Reihe scheinbar irrealer Nachkriegsprojekte ventilierte, darunter die bereits in ihren logistischen Erfordernissen vorbereitete Flucht in einem viermotorigen Wasserflugzeug von Nordnorwegen zu einer Wetterstation nach Grönland.

Trotz oder vielleicht gerade wegen seiner Sabotage von Hitlers Nerobefehl, seiner größten Obstruktion in den zehn Jahren seines Dienstes an »Führer« und Nationalsozialismus, war Speer auch im März/April 1945 weit davon entfernt, sich dem Widerstand anzuschließen. Noch Ende März, nachdem Hitler von Speers Weigerung, den Nerobefehl über die Politik der verbrannten Erde durchzuführen, unterrichtet worden war, versicherte Speer den Diktator seiner Solidarität. Von einem Zerwürfnis konnte keine Rede sein. Speer blieb auch weiterhin der Garant für den totalen Kriegseinsatz und damit für eine Verlängerung des längst aussichtslosen Krieges. Wie wenig Speer auf Distanz zu Hitler ging, zeigt sein waaghalsiger Entschluß, am 23. April 1945 nach Berlin zu fliegen, um kurz nach Hitlers 56. Geburtstag in der Reichskanzlei persönlich Abschied zu nehmen. In

[75] Vgl. u.a. Matthias Schmidt, Albert Speer, Das Ende eines Mythos. Speers wahre Rolle im Dritten Reich, Bern–München 1982, S. 135ff.

seinen »Erinnerungen« hat Speer diesen gespenstischen Besuch festgehalten: Landung auf dem nahezu verlassenen Flughafen Gatow, dann Wechsel in den bereitstehenden Fieseler Storch, Tiefflug über das ausgebombte Berlin, Landung auf der Ost-West-Achse und Fahrt in die Reichskanzlei, die bereits im Artilleriefeuer schwerer sowjetischer Geschütze lag. Speer bestärkte Hitler in seinem Entschluß, bis zum Ende in der Hauptstadt des Reiches zu verbleiben. Davon abgesehen blieb der Inhalt dieses letzten Gespräches unbestimmt: nichts, was als politisches Vermächtnis gedeutet werden könnte, und auch keine Andeutungen auf die Regelung der Nachfolge. Was zu zählen schien, war die Geste des heimkehrenden Sohnes.

Bei Champagner und Konfekt sagte Speer anschließend Eva Braun Lebewohl. Eva Braun bestätigte Speer in seinem Entschuß, nochmals in den Bunker der Reichskanzlei gekommen zu sein. Von ihr erfuhr er auch, daß Hitler angenommen hatte, Speer würde gegen ihn arbeiten, jedoch durch den Besuch in dieser Auffassung widerlegt worden sei.[76] Auf Eva Brauns vergewisserndes »Nicht wahr?« blieb Albert Speer die Antwort schuldig. Er zog es vor, sich in Schweigen zu hüllen. Vielleicht wollte, vielleicht auch konnte er die Antwort nicht geben. Vielleicht war der tiefere Sinn seines letzten Besuches, daß er Hitler wenn nicht im Glauben, so doch in der Hoffnung zurücklassen wollte, daß ihm wenigstens seine »unglückliche Liebe« (Karl M. Hettlage) bis zum Schluß nicht untreu geworden sei. Walter Rohland, der wiederholt in kritischen Situationen Speers Zivilcourage, bisweilen auch dessen Todesmut kennengelernt hatte, deutete den Flug zu Hitler ins belagerte Berlin als »Spiel mit dem Tod« und als »Herausforderung des Schicksals«.[77] Speer hatte sich in Lebensgefahr begeben, um von Hitler Abschied zu nehmen. Die verwegene Aktion läßt sich nur aus der besonderen, in ihren gegenseitigen Anziehungskräften letztlich wohl nie vollständig ergründbaren Beziehung erklären, die am Anfang und am Ende von Albert Speers Weg durch das Dritte Reich stand und die ihm – in des Wortes wahrer Bedeutung – zu seinem Schicksal geworden ist.

[76] Vgl. Albert Speer, Erinnerungen, S. 487.
[77] Walter Rohland, Bewegte Zeiten, S. 103.

VII.

In seinen »Erinnerungen« beschreibt Speer einprägsam, wie er am Abend des 1. Mai 1945, in einer kleinen Kammer des Quartiers von Großadmiral Dönitz, von einem Weinkrampf erfaßt wurde, als er das Bild des am Vortag freiwillig aus dem Leben geschiedenen Adolf Hitler – ein Geschenk des »Führers« – aus der Lederkassette hervorholte und vor sich aufstellte. Erst jetzt, so Speer über jene gespenstische Situation seines endgültigen Abschieds, »war der Bann gelöst, seine Magie ausgelöscht«.[78] Zu Lebzeiten des Diktators hatte sich Speer nicht aus dem Schatten Hitlers befreit. Sollte ihm dies nach 1945 gelingen? In gewollter Theatralik hatte Speer in seinen »Erinnerungen« bewußt vom Pakt gesprochen, den er ähnlich wie Faust mit Mephisto eingegangen sei und den auch er mit Blut bezahlt habe. Für einen großen Auftrag hatte er seine Seele verkauft. Albert Speer als Nachfolger von Goethes Faust und Thomas Manns Tonsetzer Adrian Leverkühn, als Repräsentant der deutschen Seele? Die eigentümliche Verbindung des jungen, künstlerisch begabten Architekten und späteren Rüstungsministers Albert Speer und des »Führers und Reichskanzlers des Großdeutschen Reiches« kennt in der Geschichte des Dritten Reiches keine Parallelen. Das Geheimnis jener seltsamen Liaison waren die Anziehungskräfte, die ihre so wesensunterschiedlichen Persönlichkeiten aufeinander und füreinander ausübten. Nur durch die Ausschließlichkeit der Hingabe, den Fanatismus der Arbeit und die jugendliche Frische ist Speers Verhalten, sind seine Leistungen erklärbar. Die verbrecherischen Züge des Regimes verdrängte er erfolgreich. Er verschloß seine Augen davor, daß er durch seinen Einsatz wesentlich zur Festigung des Regimes beigetragen hatte. Verführung, mißbrauchter Idealismus und jugendliche Einsatzbereitschaft, dies waren die Voraussetzungen für die Entfaltung des nationalsozialistischen Unrechtsregimes, und diese trafen im wesentlichen auch auf das Verhältnis zwischen Albert Speer und Adolf Hitler zu. Der Aufstieg Hitlers und die große Zustimmung der Deutschen zum

[78] Albert Speer, Erinnerungen, S. 491.

Dritten Reich ist nicht erklärbar ohne die eigentümliche Verbindung von industrieller Dynamik und revolutionärem Modernisierungsschub mit innerweltlicher pseudoreligiöser Sinnstiftung, wie ihn talentierte Techniker der Macht wie Albert Speer in rauschhaftem Schaffensdrang ins Werk setzten.

Der Erfolg Speers beruhte dabei auf Methoden, die in einem übertragenen Sinne auch auf das Verhältnis der Deutschen zu ihrem Diktator angewandt werden können. Die ausgesprochene oder unausgesprochene Identifikation der Deutschen mit Speer erklärt den ungewöhnlichen publizistischen Erfolg Speers in der Bundesrepublik. Speers kleine und große Lebenslügen waren genau die Orientierung, die dem Millionenheer aus einstigen Pgs und Mitläufern den scheinbar unbelasteten Neuanfang ermöglichte. Wenn es stimmt, was Sebastian Haffner in seinem *cum ira et studio* verfaßten Frühwerk aus dem britischen Exil, »Germany: Jekyll & Hyde«, geschrieben hat, daß nämlich »zu jedem guten oder schlechten Regierungssystem ... eine besondere Kategorie von Menschen [gehört], die genau zu ihm passen und in diesem System ein prächtiges Leben führen«[79], dann war Albert Speer der Typus des erfolgreichen Nazi schlechthin. Für seine Erfolge im Dritten Reich hatte Speer mit seiner Haft einen Preis bezahlt, auch darin fanden sich viele Deutsche wieder, die durch Internierungslager und Gefangenschaft gegangen waren und am eigenen Leib erfahren hatten, welche Entbehrungen ein verlorener Krieg bedeutete. Nach der Entlassung aus der Spandauer Haft brachte Speer in seinem ersten *Spiegel*-Interview auf den Punkt, was als ungeschriebenes Motto über seiner letzten Lebensphase stand: »Ich habe das Gefühl, nach 20 Jahren Spandau frei zu sein von der Vergangenheit. Aber die Bürde, die mir die ungeheuren Verbrechen auferlegten, werde ich nicht los.«[80]

Speers Weg nach 1945 führte aus dem Schatten Hitlers nicht mehr heraus. Die zwanzigjährige Gefängnishaft in Nürnberg und Spandau und die fünfzehn Jahre, die Speer in Freiheit im elterlichen Haus am Wolfsbrunnenweg in Heidelberg zubrachte, machten darin keinen

[79] Sebastian Haffner, Germany: Jekyll & Hyde. 1939. Deutschland von innen betrachtet, Berlin 1996, S. 61.
[80] Albert Speer im *Spiegel* Interview vom 7. November 1966.

wesentlichen Unterschied. Dabei war Speer alles andere als ein Ewiggestriger. Er war kein Apologet wie Dönitz oder Raeder; er wich der Konfrontation nicht aus, ja, er suchte sie. In Nürnberg hatte er sich zu einer Gesamtverantwortung für die Taten des Dritten Reiches bekannt. Im Gegensatz zu seinen Mitangeklagten hatte Speer auf eine entsprechende Befragung durch den amerikanischen Gefängnispsychologen G. M. Gilbert gleich nach seiner Ankunft in Nürnberg geantwortet: »Der Prozeß ist notwendig, eine Mitverantwortung für solch grauenvolle Verbrechen gibt es sogar in einem totalitären Staat.«[81]

Auch nach der Rückkehr in die Freiheit blieb das Dritte Reich der Bezugspunkt von Speers Leben. Als gefragter Interviewpartner, als Bestseller-Autor und als Auskunftsperson der Zeitgeschichte, als stiller Unterstützer der »Aktion Sühnezeichen« wurde der Rückblick auf seine Zeit mit Hitler und die Deutung des Dritten Reiches für Speer zu seinem ausschließlichen Lebensinhalt. Speer ging dabei immer schärfer auf Distanz zu seinem früheren Leben. In den von ihm für Hitler errichteten Bauten erkannte er nun Züge der Megalomanie. Im eigentlichen Zentrum stand für ihn jedoch die Frage nach seiner Mitwisserschaft und damit Schuld am Mord an den europäischen Juden. Minutiös wies Speer in einer Entgegnung auf den amerikanischen Professor Erich Goldhagen 1975 nach, daß er bei der fraglichen Gauleitertagung am 6. Oktober 1943 in Posen, bei der Himmler auf die Endlösung der Judenfrage zu sprechen kam, vorzeitig abgereist war.[82]

Zweifel blieben dennoch. Am einfühlsamsten hat sie Gitta Sereny in ihren langen Gesprächen Speer selbst entlockt.[83] Die advokatischen Winkelzüge, mit denen sich Speer von seiner unmittelbaren Schuld bei der Ermordung der europäischen Juden zu salvieren versuchte, wollen so gar nicht zu seinem Nürnberger Bekenntnis zur Gesamt-

---

[81] G. M. Gilbert, Nürnberger Tagebuch. Gespräche der Angeklagten mit dem Gerichtspsychologen, Frankfurt/M. 1982 ([1]1962), S. 11.

[82] Erich Goldhagen, Albert Speer, Himmler und das Geheimnis der Endlösung, sowie Albert Speer, Antwort auf Erich Goldhagen, beides in: Adelbert Reif, Albert Speer, a.a.O., S. 383ff. und 395ff.

[83] Vgl. Gitta Sereny, Das Ringen mit der Wahrheit. Albert Speer und das deutsche Trauma, München 1995, insbesondere S. 260ff. und 607ff.

verantwortung passen. Die Schuldfrage läßt sich eben nicht nur auf die unmittelbare Komplizenschaft bei der Ausübung des Verbrechens an den Juden reduzieren. Zur Schuld im weiteren Sinne gehört auch die duldende Kenntnis, das Ahnen, das Alles-nicht-näher-wissen-Wollen, schließlich – und darin ist Speer auch für die ganz gewöhnlichen Deutschen *pars pro toto* – das regimekonforme Verhalten an exponierter Stelle, das die Diktatur festigte und es Hitler erlaubte, den Krieg auch dann noch fortzusetzen, als er schon längst verloren war und noch unzählige Menschen das Leben kostete.

In einem anderen Fall scheute Speer auch vor einer gewissen Form der Dokumentenmanipulation nicht zurück. Als David Irving 1969 ein Originalexemplar eines Jahrgangs der Chronik des Speer-Ministeriums im Londoner Imperial War Museum ans Licht brachte, das, wie Irving feststellte, in Teilen von einer in der Zwischenzeit dem Koblenzer Bundesarchiv von Speer überlassenen, von Rudolf Wolters indes um Speer kompromittierende Passagen »gereinigten« Kopie der Chronik abwich, einigten sich Speer und Wolters schnell darauf, gegenüber dem Bundesarchiv das Original der Chronik als »verloren« zu melden, um sich selbst und vor allem den Bestseller-Autor Speer, dessen »Erinnerungen« soeben ohne die belastenden Aufzeichnungen erschienen waren, nicht unglaubwürdig erscheinen zu lassen. Der ganze Schwindel war erst im Zusammenhang mit den Recherchen für Matthias Schmidts Dissertation aufgeflogen, nachdem der in der Zwischenzeit mit Speer überworfene Wolters der historischen Wahrheit nachgeholfen hatte.[84]

Speer hatte sich *à tout prix* seinen Platz in der Geschichte sichern wollen und war dabei auch vor geschichtsverfälschenden Methoden nicht zurückgeschreckt. Im Resultat beschädigte Speer dadurch seinen Ruf als verläßliche Quelle nachhaltig. Auf beinahe tragische Weise bestätigte Speer damit, was er 1964, damals noch im Gefängnis, Rudolf Wolters in nüchterner Selbsteinschätzung anvertraut hatte: »Ich bin mir ziemlich klar darüber, daß meine Aktivität auf diesem Gebiet [gemeint ist die Beschäftigung mit dem Dritten Reich, U.S.] eine meiner großen Dummheiten sein wird, da sie sich in der Verwirklichung

[84] Vgl. Matthias Schmidt, Das Ende eines Mythos. Speers wahre Rolle im Dritten Reich, Bern–München 1982, S. 24ff., sowie Gitta Sereny, Das Ringen mit der Wahrheit. Albert Speer und das deutsche Trauma, München 1995, S. 261ff.

länger hinzieht, voraussichtlich meine letzte und abschließende. Denn am besten wäre immer noch, sich zurückzuhalten, nicht den Beleuchter auf der historischen Bühne noch zusätzlich auffordern, einen Scheinwerfer auch freundlichst auf meine zweifelhafte Person zu richten.« Nicht ohne resignierend hinzuzufügen: »Aber wahrscheinlich gehört es zu meiner Lebenslinie, solche Dummheiten der letzten Stunden am laufenden Band zu produzieren.«[85]

Die »Dummheiten der letzten Stunden« bestimmten Speers letzten Lebensabschnitt. Zu einem Neubeginn eines bürgerlichen Lebens war der damals 61jährige Speer nach seiner Entlassung aus Spandau im Jahr 1966 nicht mehr fähig. In der unfreiwilligen Klausur seiner Gefängniszelle hatte er eine Zeitlang erwogen, sich nach der Rückkehr in die Freiheit eine neue Existenz aufzubauen und die Chancen für einen Neuanfang als Architekt sondiert. In der Freiheit angekommen, verfolgte er diesen Plan jedoch nicht weiter. Die unablässigen Verpflichtungen als Auskunftsperson der Zeitgeschichte konnten Speer nicht vor einer zunehmenden Vereinsamung bewahren. Das Verhältnis zu den Mitgliedern seiner Familie blieb schwierig. Schon das als »Familientreffen« organisierte 14tägige Wiedersehen in einem vor der Öffentlichkeit geheimgehaltenen Refugium in Holstein unmittelbar nach der Haftentlassung hatte sich als Fiasko erwiesen. Und selbst die Beziehung zu seinem treuesten Freund, Rudolf Wolters, der mit Raffinesse und nimmermüdem Einsatz während Speers Spandauer Haft den regen Austausch von Kassibern sowie das »Hilfskomitee Albert Speer« organisiert hatte, scheiterte an Speers radikaler Form der Vergangenheitsbewältigung, die Wolters als Kotau vor dem Zeitgeist bewertete. Was Wolters Speer nicht abnahm, war dessen Mutation zum schärfsten Kritiker seiner selbst.[86] Wolters, der 1943 in der Reihe »Deutsche Künstler unserer Zeit« selbst ein biographisches Porträt von Speer verfaßt hatte, war letzten Endes an den zahlreichen Wandlungen seines Freundes zerbrochen. Der Lebensrückblick dieses besten Kenners des »Systems Speer« wirft ein ungünstiges Licht auf den einstigen Freund und Förderer: »Speers schneller Aufstieg zur Macht ist nur zu erklären, wenn man seine pragmatische Grundein-

---

[85] Albert Speer an Rudolf Wolters 28. Oktober 1961, BA Ko, N 1340 Speer, Bd. 76.

[86] Vgl. Rudolf Wolters, Lebensabschnitte II, S. 172, BA Ko, N 318 Wolters, Bd. 55.

stellung und sein Geschick im Umgang mit seinen Kontrahenten kennt. Da er sich durch weltanschauliche Vorstellungen nicht gebunden fühlte, sich daher mit großer Flexibilität anzupassen vermochte, schwamm er jederzeit mit dem Strom, nicht gegen ihn. So wandelte sich der Kosmopolit der 20er Jahre nach vorsichtigem, aber noch gerade rechtzeitigem ›Wandel durch Annäherung‹ zum bedingungslosen Bewunderer und Gefolgsmann Hitlers; gegen Ende des Krieges nach vorsichtigem, aber gerade noch rechtzeitigem ›Wandel durch Annäherung‹ zum Widerständler und Retter des Vaterlandes und damit zu neuerlichem Erfolg.«[87]

Es würde indes Speers kompliziertes Wesen verkennen, wenn man ihn als reinen Opportunisten bezeichnen würde. Gerade Speers Weg nach 1966 zeigt, wie wenig er sich an die veränderten Verhältnisse anpassen konnte. Auch war er gänzlich frei von Eigenschaften wie Machtgier und Eitelkeit. Speers Fall ist komplizierter. Er verfügte durchaus über die Fähigkeit zur Wandlung, insbesondere zur Anpassung. Dafür, daß er im Dritten Reich nach Belieben in seinem Feld der Architektur schalten und walten konnte, hatte er sich auf ein persönliches Verhältnis zum Diktator eingelassen, das ihn auf Gedeih und Verderb dem Regime auslieferte. Speer machte sich nicht etwa aus reiner Philanthropie allabendlich zum privilegierten Adressaten von Hitlers Monologen. Wolters erzählte davon, daß er und andere Vertraute Speers von Zeit zu Zeit in die Rolle schlüpfen mußten, die Speer bei Hitler zukam, wenn sie bei Horcher Speers langatmige Monologe über sich ergehen lassen mußten.[88] Überhaupt finden sich wiederkehrende Elemente der Beziehung Hitler–Speer im Verhältnis Speer–Wolters. Am Ende war auch diese einzige tiefe persönliche Beziehung, die Speer neben der zu seiner Ehefrau Margret eingegangen war, gescheitert, ohne daß beide Seiten über die Kraft verfügten, sich ganz davon zu lösen. Der Gegenstand, an dem Speers Freundschaft zu Wolters zerbrach, war die Hitlerzeit, genauer gesagt, die unterschiedlichen Sichtweisen der Auseinandersetzung Speers mit seiner Rolle im Dritten Reich und seiner Schuld, dem Thema seines Lebens.

[87] Ebd., S. 214.
[88] Vgl. ebd., S. 213.

So sehr sich Speer nach 1945 bzw. 1966 in bewußter Abkehr von seiner eigenen Vergangenheit auch abmühte, die Virtuosität, mit der Speer 1942 die Volte von Hitlers Freund und Architekt zum Organisator des totalen Kriegseinsatzes vollzogen hatte, kehrte nie wieder. Von allen Wandlungen Speers war dies die bemerkenswerteste, auch diejenige, die durch Speers Bußfertigkeit und geschickte Vergangenheitspräsentation am unbemerktesten geblieben ist.

Albert Speer erlag im April 1981 in seinem 77. Jahr in einem Londoner Krankenhaus einem Schlaganfall, als er sich auf Einladung der BBC zu einem Interview über das Dritte Reich in London aufgehalten hatte.

Zweiter Teil

Albert Speer im Verhör: die Kransberg-Protokolle

Einführung

Albert Speer entpuppte sich im Sommer 1945 für die Alliierten als auskunftsfreudige, nie versiegende Quelle. Bereitwillig stand er im Kransberger Schloß den verhörenden britischen und amerikanischen Nachrichtendienstoffizieren Rede und Antwort. Speer war der prominenteste Insasse dieses Gefängnisses der besonderen Art, das bei den Briten in nachlässiger Herabschätzung der Insassen unter der Bezeichnung »Dustbin« (Mülleimer) lief. Auf Schloß Kransberg im Taunus hatten die Alliierten vor allem die technische und ökonomische Intelligenz des Dritten Reiches versammelt, darunter den ehemaligen Reichsbankpräsidenten Hjalmar Schacht, den Raketenkonstrukteur Wernher von Braun, den »Vater des Volkswagens« Ferdinand Porsche, die Direktoren der IG Farben, die Großindustriellen Thyssen und Krupp, die Mitarbeiter des Berliner Geologischen Instituts sowie führende Mitarbeiter aus Speers eigenem Ministerium. Die äußeren Umstände der Einvernahme waren erträglich: kein Stacheldraht, dafür freier Blick über die Wälder des Taunus, täglicher Frühsport, allwöchentliches Kabarett und ausreichend zu essen.[1] Speer war nicht nur von alten Bekannten umgeben, er verband mit Schloß Kransberg persönliche Erinnerungen. 1939 hatte Speer die Burg als Hauptquartier Görings ausgebaut. Nun war er selbst in dem für die zahlreiche Dienerschaft des Reichsmarschalls errichteten zweistöckigen Nebengebäude als unfreiwilliger Gast untergebracht.

Die Situation war surreal. Der Zusammenbruch des Dritten Reiches lag nicht einmal ein Vierteljahr zurück, über das künftige Schicksal Deutschlands herrschte Ungewißheit. Speer stand, wie andere in jenen Tagen des Überlebens auch, noch sichtbar unter dem Eindruck der zurückliegenden Ereignisse. Die einstigen Größen des untergegangenen Dritten Reiches waren, soweit sie sich nicht selbst gestellt oder durch Selbstmord entzogen hatten, zum Großteil von den Besatzungsmächten in ihren Verstecken aufgegriffen worden. Genauso wie

---

[1] Vgl. Albert Speer, Erinnerungen, Frankfurt 1969, S. 507.

die anderen Mitglieder der geschäftsführenden Regierung Dönitz war Speer am 23. Mai 1945 in Flensburg von den Briten verhaftet worden. Dabei hatte er auch das gesamte Archiv seines Ministeriums ausgehändigt. Zum Zeitpunkt seiner Festnahme war Speer bereits seit einigen Tagen prominente Auskunftsperson der Alliierten. Denn die Verhöre hatten bereits eingesetzt, als die letzte Etappe des Dritten Reiches noch andauerte. Die Tage nach der bedingungslosen Kapitulation der Wehrmacht am 8. Mai 1945 hatte Speer auf Schloß Glücksburg erlebt, einer Wasserburg aus dem 16. Jahrhundert an der deutsch-dänischen Grenze, die ihm der Herzog von Holstein als Quartier zur Verfügung gestellt hatte.[2] Bereits hier stand Speer Paul Nitze, George Ball und Kenneth Galbraith vom US Strategic Bombing Survey (USSBS) Rede und Antwort, um die Auswirkungen des alliierten Luftkriegs auf Produktionsstärke und Moral der Bevölkerung zu untersuchen, Ergebnisse, von denen sich die Amerikaner Nutzen im noch andauernden Krieg im Pazifik versprachen.[3] Speers Antworten ließen an präzisem Fachwissen und analytischem Sachverstand nichts zu wünschen übrig. Die bizarre Situation, morgens Kabinettssitzung der geschäftsführenden Regierung Dönitz im Gebäude der Alliierten Kontrollkommission in Flensburg, nachmittags gepflegtes Frage- und Antwortspiel mit den verhörenden amerikanischen Offizieren im kleinen Salon des Glücksburger Wasserschlosses, dauerte freilich nur wenige Tage. Diese Vorgeschichte ist jedoch nicht unwichtig, um zu verstehen, unter welchen Umständen sich Speer auf die Verhöre in Kransberg einließ, auch mit welchen Erwartungen Speer den Einvernahmen entgegensah.

Nach kurzer Odyssee durch alliierte Gefangenenlager – zunächst Flensburg, danach das Palace-Hotel im luxemburgischen Grenzort Mondorf-les-Bains und das Trianon-Palace-Hotel in Versailles – war Speer Anfang Juni 1945 nach Schloß Kransberg gelangt. Trotz der bevorzugten Bedingungen tat sich Speer mit seinem neuen Status als

[2] Vgl. ebd., S 501; sowie John Kenneth Galbraith, A life in our times. Memoirs, Boston 1981, S. 207ff.; Paul H. Nitze, From Hiroshima to Glasnost. At the centre of decision – a memoir, London 1990, S. 31ff.

[3] George Ball bezeichnete gegenüber Gitta Sereny Speer als »die einzige interessante Persönlichkeit auf Seiten der Nazis« (zit. nach Gitta Sereny, Das Ringen mit der Wahrheit. Albert Speer und das deutsche Trauma, München 1995, S. 635).

Gefangener nicht leicht. Speer war seinem Wesen nach Einzelgänger. Das Proletarisch-Männerbündlerische der nationalsozialistischen Bewegung hatte ihn immer abgeschreckt. Die letzten zwölf Jahre hatte Speer in rauschhafter Arbeitswut zugebracht. Bis zuletzt hatte er sich in immer neue Aufgaben gestürzt, denn auch mit dem hinausgezögerten Zusammenbruch war Speers Wirken nicht die Grundlage entzogen: Am Schluß hatte sein Kampf auf die Verhinderung der Politik der verbrannten Erde gezielt. Über Nacht befand sich Speer nach der Verhaftung der Regierung Dönitz zum ersten Mal seit Jahren in der Situation, daß er über keine offizielle Aufgabe mehr verfügte. Dies bedeutete für ihn einen folgenreichen Einschnitt.

Für Speer war die neue Situation schwierig und einfach zugleich. Wie schwer sich Speer tat, die neuen Umstände anzunehmen, wird daraus ersichtlich, daß er in den hier vorliegenden Protokollen immer wieder vom Präteritum ins Präsens glitt und damit zum Ausdruck brachte, daß er das Dritte Reich als eine bis in die Gegenwart andauernde Wirklichkeit begriff. Zum anderen zeigen die Bereitwilligkeit, auch der Eifer, mit denen Speer Auskunft gab, daß für ihn die Verhöre einen willkommenen Zeitvertreib bedeuteten. Freilich, hin und wieder beschlichen auch Speer Zweifel, seine Ausarbeitungen könnten für den Papierkorb geschrieben sein, »zwecklos und ohne Möglichkeiten«, wie Speer dem Vorwort zu einem in Kransberg im Juni 1945 verfaßten, etwas weitschweifigen Aufsatz über »Die Zukunft des deutschen Problems in Europa« formuliert hat.[4] Zugleich verrät die im selben Schriftstück gewählte Formulierung Speers, jenseits von Hintergedanken, »unse[r] ehemalige[r] Gegner ... [habe] ein Recht auf eine offene und uneingeschränkte Mitarbeit«, etwas von Speers Grundbereitschaft, auch Verpflichtung zur Kooperation mit den Anglo-Amerikanern.

Wiederholte Bemerkungen, daß die von ihm gemachten Darlegungen keinesfalls den Russen in die Hände fallen dürften, bezeugen nicht nur, wie sehr Speer im Sommer 1945 in den Kategorien des Kalten Krieges dachte; sie lassen auch darauf schließen, daß Speer seine Ausführungen als eine Art Eintrittsbillett für künftige politische Ver-

[4] Vorwort zu MS »Die Zukunft des deutschen Problems in Europa«, Kransberg, 11.–26.6.1945, BA Ko, N 1340 Speer, Bd. 463.

›Wenn Hitler Freunde gehabt hätte, wäre ich einer von ihnen gewesen.« So hatte Albert Speer einst im Rückblick sein Verhältnis zu Hitler beschrieben. In seinen Erinnerungen sprach Speer bewußt vom Pakt, den er wie einst Faust mit Mephisto eingegangen sei und den er mit Blut bezahlte. Seine Stellung als Hitlers Architekt wurde dem jungen Speer schon bald unentbehrlich. Für einen großen Auftrag hatte er seine Seele verkauft.

Das Bild oben zeigt den jungen Speer zusammen mit Hitler auf dem Nürnberger Reichsparteitagsgelände im Jahr 1937, unten auf dem Obersalzberg. (1 u. 2)

»Wie Meteore schießen die Strahlen der Riesenscheinwerfer in den schwarzgrau verhüllten Nachthimmel. In der Höhe vereinen sich die Lichtsäulen an der Wolkendecke zu einem viereckigen, flammenden Kranz. Ein überwältigendes Bild: von schwachem Winde bewegt, schlagen die auf den Tribünen rings das Feld umsäumenden Fahnen langsam in dem gleißenden Licht hin und her«, so zitiert Albert Speer in seinem Buch »Als Hitlers Architekt« den »Offiziellen Bericht« über den Reichsparteitag am 11. September 1937. (3)

»Niemals wurden in der Geschichte größere und edlere Bauwerke geplant, begonnen und ausgeführt als in unserer Zeit. … Deshalb sollen diese Bauwerke nicht gedacht sein für das Jahr 1940, auch nicht für das Jahr 2000, sondern hineinragen gleich den Domen unserer Vergangenheit in die Jahrtausende der Zukunft«, deklamierte Adolf Hitler in seiner Kulturrede auf dem Reichsparteitag 1937. Das Bild zeigt den Eingang der von Albert Speer gebauten Neuen Reichskanzlei, Symbol des nationalsozialistischen Größenwahns. (4)

»Auch das Reichsparteitagsgelände ist der Lebensraum einer Gemeinschaft, er ist das große Forum der Partei, der Feierplatz für ihre höchsten Festtage«, schrieb im September 1938 Wilhelm Lotz, Redakteur der Werkbundzeitschrift »Die Form«. In der altertümlichen Unterteuftheit der alten Handelsstadt Nürnberg inszenierte Albert Speer für die Nationalsozialisten die Parteitage in der Form mittelalterlicher Heerschauen. Die Monumentalität der Macht und die Auslöschung des Individuums im totalitären System zeigte sich im Ritual der symmetrischen Massenaufmärsche des Parteitags. (5)

antwortung begriff. Gleichzeitig sind sie Hinweis darauf, von welch hoher Authentizität und Qualität die Aussagen sind, scheute Speer doch nicht einmal davor zurück, seine Verhörer selbst in hochsensible Sachverhalte einzuweihen. Von dem bevorstehenden Gang zum Nürnberger Kriegstribunal konnte Speer im Sommer 1945 noch nichts wissen. Aus der Kransberger Zeit ist von Speer nichts darüber bekannt, daß er mit einer möglichen Anklage, geschweige denn Verurteilung rechnete. Zudem bestätigte das große Interesse der Alliierten an seinen Auskünften Speer in seiner ausgeprägten Selbsteinschätzung als herausgehobene Persönlichkeit; sie erlaubte ihm, sich von seinen Mitgefangenen abzuheben. Je länger die Haft anhielt, desto mehr ging Speer auf Distanz zu seinen Kransberger Schicksalsgenossen. Nur seine einstige Sekretärin und getreue Mitarbeiterin Annemarie Kempf ließ er an sich heran; sie half bei den schriftlichen Ausarbeitungen und diente als eine Art Privatsekretärin.[5]

Speer lag in wechselnden Umfeldern daran, sich herauszuheben. Seine Manieren waren tadellos, die äußere Erscheinung die eines Gentleman, seine Englischkenntnisse durchaus passabel. Immer war Speers Ehrgeiz darauf gerichtet, *everybody's darling* zu sein. Dies war ihm im Dritten Reich als »Hitlers einzigem Freund« gelungen; diese Rolle war ihm im Nürnberger Prozeß geglückt als vorbildlichem Angeklagten, der sich zur Gesamtverantwortung bekannte und Schuld auf sich nahm, und selbst nach seiner Haftentlassung versuchte er es in einer anderen Zeit mit dem von seinem Verleger Wolf Jobst Siedler treffend ihm zugeschriebenen unausgesprochenen Motto: »Auch im Büßen will ich der erste sein.«[6] Der Eindruck, den der inhaftierte Speer bei seinen frühen Vernehmungsoffizieren gemacht hatte, verfehlte durchaus nicht seine Wirkung. Aus Kransberg sind leider keine alliierten Stimmen erhalten. Doch es kann davon ausgegangen werden, daß sich das Echo nicht wesentlich von dem Eindruck unterschied, den Galbraith zuvor auf Schloß Glücksburg gewonnen hatte: »Albert Speer, forty in 1945, was tall, slender, with dark, slightly sparse hair and a mobile, sometimes amused face. In all respects, including the touch of humor, he was strikingly in con-

[5] Vgl. dazu und im folgenden Gitta Sereny, Das Ringen mit der Wahrheit, Albert Speer und das deutsche Trauma, München 1995, S. 646.
[6] Wolf Jobst Siedler an Rudolf Wolters, BA Ko, N 1340 Speer, Bd. 76

trast with the other Nazis, as he himself was fully aware. And it was evident by his behavior that he had every intention of putting the greatest additional distance between himself and the primitives, as he regarded them.«[7]

Speer nahm in Glücksburg gegenüber seinen Vernehmungsoffizieren kein Blatt vor den Mund. Paul Nitze gewann den Eindruck, daß Speer auf das von ihm in den vergangenen Jahren für die deutsche Kriegsproduktion Erreichte »ungeheuer stolz« sei und nun, da Deutschlands Niederlage feststünde, es als vorrangiges Interesse des deutschen Volkes betrachtete, dem Krieg gegen Japan zu einem raschen Ende zu verhelfen.[8] Die langen Jahre in der Hitlerdiktatur brachten es mit sich, daß sich auch Speer vortrefflich auf die Kunst der Verstellung verstand. Nach außen hin zeigte sich Speer beherrscht und gleichmütig. In Wirklichkeit zehrten die Wochen der Ungewißheit an seinen Nerven. Briten und Amerikanern in Kransberg waren Speers Gefühlsschwankungen nicht entgangen, und es entstand der Plan, über die rein technischen Verhöre hinaus Albert Speer zu grundlegenden Aufzeichnungen zu bewegen, um ihn zu beschäftigen.[9]

Die ersten drei der hier veröffentlichten Protokolle sind das Ergebnis dieser Bemühungen. Sie entstanden parallel zu den rüstungswirtschaftlichen und kriegsstrategischen Einvernahmen, die Gegenstand der Protokolle 4 bis 11 sind. Das früheste der hier abgedruckten Verhöre – dasjenige über »Die Auswirkungen des alliierten Bombenkriegs gegen Deutschland« (hier Protokoll 9) datiert vom 22. Juni 1945; das späteste, die Aufzeichnung über »Nationalsozialistische Außenpolitik und militärische Führung« (hier Protokoll 3) vom 7. September 1945. Damit fällt die Entstehung der hier abgedruckten Protokolle in den gesamten Zeitraum von Speers Aufenthalt im Kransberger »Dustbin«. Der Charakter der Protokolle variiert. In der Regel handelt es sich um Verhöre, die auf Deutsch geführt wurden und Speer im nachhinein zur Autorisierung, gelegentlich auch zur

[7] John Kenneth Galbraith, A life in our times. Memoirs, Boston 1981, S. 207.
[8] Paul H. Nitze, From Hiroshima to Glasnost. At the centre of decision – a memoir, London 1990, S. 33.
[9] Vgl. u.a. Albert Speer, MS »Die Zukunft des deutschen Problems in Europa, BA Ko, N 1340 Speer, Bd. 463.

Überarbeitung vorgelegt wurden. Die Protokolle 1 bis 3 sowie 9 und 10 entsprechen in der Form schriftlichen Ausarbeitungen, bei denen Speer ausreichend Zeit zur Beantwortung gelassen wurde. Bei Protokoll 9 – über den alliierten Bombenkrieg gegen Deutschland – handelt es sich um einen Fragebogen der RAF, um dessen Beantwortung Speer gebeten worden war. Es war ihm auch möglich, sie auf Deutsch zu beantworten.

Auf der Grundlage dieser schriftlichen Ausarbeitungen erstellten die F.I.A.T.-Offiziere in einigen Fällen ihre zusammenfassenden »interrogation reports«, bisweilen auch Übersetzungen ins Englische. Doch auch diese Fassungen stellen keine Eins-zu-eins-Übertragungen aus dem Deutschen dar. Denn der besseren Lesbarkeit halber wurden häufig von den Vernehmungsoffizieren in Speers längere Ausführungen Zwischenüberschriften eingeführt, die den zumeist weniger kundigen Adressaten in Washington und London als Hilfestellung dienen sollten. Nicht nur deshalb sind als historische Quelle durchgängig die O-Töne von Speer vorzuziehen.

An der Entstehung der Protokolle, insbesondere der grundsätzlichen Aufzeichnungen über Hitler und den Nationalsozialismus, hatte vor allem der amerikanische Captain Hoeffding einen besonderen Anteil. Hoeffding war es gelungen, ein besonders enges und vertrauensvolles Verhältnis zu Speer aufzubauen. Gegenüber Gitta Sereny schilderte Speer ihn als »besonders intelligenten und sensiblen jungen Mann«[10], ordnete ihn im Rückblick jedoch irrtümlich dem britischen Geheimdienst zu. Die Vertrautheit Hoeffdings mit der politischen Entwicklung in Deutschland und den technischen Details der Kriegführung befähigten ihn zu bohrenden Nachfragen und trug somit wesentlich zur Erweiterung des in den Protokollen berührten Spektrums bei. Die Niederschrift war, wie vermutlich auch in den anderen Fällen, von Annemarie Kempf besorgt worden. Ursprünglich war von Hoeffding beabsichtigt gewesen, auf der Basis des von Speer verfaßten Rohentwurfs einzelne Aspekte noch eingehender zu erörtern und unklare Begrifflichkeiten zu erläutern. Doch aus Zeitgründen ist es dazu nicht mehr gekommen.

---

[10] Zitiert nach Gitta Sereny, Das Ringen mit der Wahrheit. Albert Speer und das deutsche Trauma, München 1995, S. 647.

Am Wert der Aussagen Speers ändert dies dennoch nichts. Er ergibt sich aus den besonderen Umständen seiner Entstehung. Es handelt sich bei den hier veröffentlichten Dokumenten um die frühesten zusammenhängenden Äußerungen Speers über Hitler, den Nationalsozialismus und den Zweiten Weltkrieg. Taktische Rücksichtnahmen Speers, wie sie für die »Erinnerungen« und die »Spandauer Tagebücher« bezeichnend sind, scheinen in Kransberg eine geringere Rolle gespielt zu haben. Ganz frei ist Speer allerdings auch in Kransberg nicht von taktischen Überlegungen gewesen. Die Verschleierung der verbrecherischen Seiten des Regimes, die überdeutliche Distanzierung von Hitlers anderen Schergen wie Göring und Himmler, das Verschweigen des Ausmaßes seiner eigenen Verstrickung, der Versuch, sich als unpolitischer Techniker und Künstler zu präsentieren, sind durchgängig. Sie mögen noch nicht in prozeßverteidigungspolitischer Absicht erfolgt sein. Es kann jedoch nach der Lektüre der Kransberger Protokolle kein Zweifel daran bestehen, daß Speer schon im Sommer 1945 versucht hat, auf Distanz zu den negativen Seiten eines Regimes zu gehen, dem er in exponierter Funktion gedient hatte und das er in den Grundzügen immer noch verteidigte.

Die Zeitnähe macht den besonderen Wert der Aufzeichnungen aus. Speer schrieb in der Einleitung zu seiner Hitlerstudie klarsichtig: »Sicher könnte ich in einem Jahr manches besser und klarer beurteilen.« Auch wußte er, daß »trotz meines Bekenntnisses, die Objektivität zu wahren und meine persönliche Kritik, die aus den Erlebnissen der letzten Monate herrührt, zurückzustellen«[11], manche subjektive Darstellung enthalten sei. Aber genau daraus ergibt sich der hohe Quellenwert der Dokumente, in denen auf fesselnde Weise die Geschichte des Dritten Reiches von einem ihrer Protagonisten erzählt wird. Durch seine Freimütigkeit erschließt Speer die tieferen Schichten des Dritten Reiches, er läßt etwas ahnen von den Geheimnissen der totalitären Herrschaftsausübung im Hitlerstaat, von der Furcht und der Faszination, die der Diktator verbreitete. Er schildert aus intimer Kenntnis das private und das offizielle Leben des »Führers« und versucht dabei, dem diabolischen Charakter Adolf Hitlers auf den

---

[11] So Albert Speer in der von ihm verfaßten Einleitung zu der hier als Protokoll 1 abgedruckten Aufzeichnung über Adolf Hitler, S. 84.

Grund zu gehen. Die Mitteilung, er sei kein Schriftsteller, der seine Gefühle aufdecken könne, und bislang sei seine schriftstellerische Tätigkeit über einige Denkschriften nicht hinausgekommen[12], ist ebenso zutreffend, wie sie vor dem Hintergrund der dann 25 Jahre später erfolgten Aufnahme Speers in den Kreis der Bestseller-Autoren kokett erscheint. Richtig ist jedoch, daß die Kransberger Protokolle einen authentischeren Speer zeigen, als es der spätere Besteller-Autor war. Das betrifft zunächst die hölzerne, bürokratische Sprache, die nicht nur auf Grund der zeitlichen Nähe zum Dritten Reich deutliche Spuren der L.T.I. aufweist. Im Duktus schließen sich die Protokolle mühelos an Speers Kriegsdenkschriften an. Sie sind nahezu frei von Bekenntnissen persönlicher Betroffenheit. Auch literarische Passagen wird der Leser vergeblich suchen. Der Kontrast zu Speers eigenen »Erinnerungen« ist auffällig. Er hat vor allem etwas damit zu tun, daß Speers Zeugnis über Hitler und den Nationalsozialismus, wie wir es bislang kennen, wesentlich von den Einflüssen Wolf Jobst Siedlers und Joachim Fests sowie den Läuterungen einer zwanzigjährigen Haft bestimmt ist.

Albert Speer war gerade 40 Jahre alt, als er am 23. Mai 1945 zusammen mit den Mitgliedern der Regierung Dönitz verhaftet wurde. Als er im Herbst 1966 das Spandauer Militärgefängnis verließ, stand er in seinem 61. Jahr. Die Zeit zwischen dem 40. und dem 60. Lebensjahr, bei den meisten Menschen in ihrer beruflichen und familiären Entwicklung die entscheidenden Jahre, verbrachte Speer hinter Gefängnismauern. Speer selbst gestand den Einfluß dieser unfreiwilligen zwanzigjährigen Klausur auf seine Sicht Hitlers und des Dritten Reiches durchaus ein. Gegenüber seinem Verleger Siedler gab er Ende der 60er Jahre auf einem gemeinsamen Spaziergang an den Stränden Sylts zu, vor zwanzig Jahren doch ein ganz anderer gewesen zu sein.[13] Schwerer als Speers eigene Wandlungen in der Nachkriegszeit wiegt, daß bei der Endfassung der »Erinnerungen« – Rohentwürfe gab es bereits aus den Jahren 1946 sowie 1953/54 – fremde Federn mit am Werk gewesen waren. Wie aus den nachgelassenen Papieren Speers deutlich wird, haben Speers Verleger Wolf Jobst Siedler und sein

---

12 Vgl. ebd.

13 Zitiert nach Matthias Schmidt, Albert Speer. Das Ende eines Mythos. Speers wahre Rolle im Dritten Reich, Bern–München 1982, S. 21.

historischer Berater Joachim C. Fest »mit drängenden Fragen« die Entstehung der »Erinnerungen« wesentlich beeinflußt.[14] Aus Gründen der *political correctness* und mit Blick auf den angestrebten verlegerischen Erfolg wurde Speer dazu bewegt, Teile seines Opus umzuschreiben, wegzulassen oder neu hinzuzufügen. Fests Hilfestellung bei den »Erinnerungen« betraf, wie Albert Speer selbst eingeräumt hat, vor allem »den Komplex meiner Schuld an den Verbrechen der Zeit Hitlers, die lediglich emotional und dazu unpräzise behandelt waren«.[15] Damit war zugleich der heikelste Bereich von Speers Auseinandersetzung mit dem Dritten Reich berührt. Es ist weniger der Umstand der Hilfestellungen von Fest bei der Genese der Speer-»Erinnerungen«, es sind das heikle Thema und die Art, wie Fest in den Prozeß der Redaktion eingriff, die den Wert der »Erinnerungen« einschränken: »Herr Fest hat in langen Diskussionen mit mir um Formulierungen gerungen, die heute in den ›Erinnerungen‹ zu lesen sind und die die Zustimmung der Weltöffentlichkeit erzielt haben«, heißt es bei Speer.[16] Fest arbeitete zudem seinerzeit am Manuskript seiner 1973 veröffentlichten Hitler-Biographie.[17] Vor dem Hintergrund dieser engen Verbindung ist es verständlich, daß Fests »Hitler« ganz wesentlich von der Beschäftigung mit Albert Speer geprägt ist, so daß das wichtigste Memoirenzeugnis aus der ersten Reihe des Dritten Reiches und die nach wie vor maßgebliche Hitler-Biographie auf Grund der engen Zusammenarbeit und gegenseitigen Befruchtung ihrer beiden Verfasser in einem im einzelnen nur schwer bestimmbaren Einflußverhältnis zueinander stehen. In der Literatur ist bereits bei der Aufnahme der »Erinnerungen« Speers und im Zusammenhang mit der Rezeption der Ergebnisse der Dissertation von Matthias

---

[14] Ebd.; vgl. auch Joachim Fest an Albert Speer, 22. August 1967, BA Ko, N 1340 Speer, Bd. 17: »[...] Es wird zweifellos die Frage auftauchen, ob und seit wann Sie über die Verbrechen des Regimes informiert gewesen sind. Sie wollten eine schon vorliegende Skizze zu diesem Thema ausarbeiten und an geeigneter Stelle einfügen. Die Frage erscheint mir wichtig, wann Sie die ersten Zweifel hinsichtlich der Natur des Regimes verspürt haben und ob sich diese gegebenenfalls in Ihrem Verhalten äußerte. [...] Durchweg verstärkt und zu Teilen überhaupt erst eingefügt werden sollten die persönlichen Erlebnisse, Eindrücke und das persönliche Urteil sowohl aus damaliger wie aus späterer Sicht. Die doppelte Urteilsebene ist kein Handicap.«

[15] Aufzeichnung Albert Speer, 14. September 1979, BA Ko, N 1340 Speer, Bd. 17.

[16] Ebd.

[17] Joachim C. Fest, Hitler, Frankfurt/M.–Berlin 1973.

Schmidt auf die Problematik Albert Speers, auf die »Speer-Legende« (Karl Dietrich Bracher) hingewiesen worden.[18] Der Vergleich der Kransberger Protokolle mit den »Erinnerungen« Speers bestätigt diese skeptischen Einschätzungen. Der unbestreitbare Quellenwert der frühen Kransberger Aussagen liegt somit darin, daß sie einen authentischeren Speer zeigen als jenen bekannten Bestseller-Autor der späten 60er und 70er Jahre, der bis heute *grosso modo* das geläufige Bild seiner Selbst in der Geschichte bestimmt.

Der authentische Speer, der aus den Kransberger Protokollen spricht, das ist vor allem ein präzise antwortender Militärstratege und kühl kalkulierender Rüstungsdiktator. Gerade weil die Protokolle sowohl den privaten Speer zeigen, seine Beziehungen zu Hitler und dessen Entourage ebenso wie Eindrücke vom Leben auf dem Berghof schildern als auch den Speer der Rüstungswirtschaft und Kriegführung erfassen, nehmen sie den ganzen Speer in den Blick. In derselben nüchternen, beinahe teilnahmslosen Sprache, in der Speer über Hitlers Entourage sprach, referierte er über Produktionsziffern, Rüstungsendfertigung und Flächenbombardements. Die Kransberg-Protokolle werfen ein ganz neues Licht auf Speers Persönlichkeit. Denn oft genug ist Speer in der Literatur auf den Architekten und einzigen Freund Hitlers reduziert worden, der Rüstungsmanager wurde quasi *en passant* abgehandelt. Nach den Protokollen scheint es ganz so, als ob für ein tieferes Verständnis, für eine Klärung des Rätsels Speer die Beschäftigung mit der Zeit im Rüstungsministerium einen Schlüssel darstellt.

Wie passen überhaupt diese beiden Seiten Speers zusammen? Zwei Grundzüge Speers werden aus dem Frage-Antwort-Spiel deutlich: Zum einen ist dies die Neigung, besser gesagt, Fähigkeit Speers, sich ins rechte Licht zu rücken. In diesen Zusammenhang gehört sowohl die rhetorische Figur der *humilitas*, die Kunst der Selbstbescheidung, als auch der Versuch, sich mit fremden Federn zu schmücken. Auf beides verstand sich Speer trefflich. Dieser scheinbare Widerspruch löst sich in der Persönlichkeit Speers auf und mag in vielem dessen außer-

[18] Karl Dietrich Bracher, Die »Speer-Legende«, in: Adelbert Reif, Albert Speer: Kontroversen um ein deutsches Phänomen, München 1978, S. 408ff. (zuerst veröffentlicht in: Neue Politische Literatur 15, 1970).

gewöhnlichen Erfolg erklären. Wiederholt verwies Speer darauf, über die allgemeine militärische und politische Entwicklung vor 1942 nur in groben Zügen informiert gewesen zu sein und nicht über nähere Einblicke verfügt zu haben. Selbst an für die Entwicklung des nationalsozialistischen Deutschland so tiefen Einschnitten wie den Röhm-Putsch vom 30. Juni 1934 oder die »Reichskristallnacht« vom 9. November 1938 gab Speer 1945 vor, sich nicht mehr genau erinnern zu können. Und die Aussagen Speers zu den Gründen für Hitlers Entschluß zum Angriff auf die Sowjetunion lassen die rassenideologische Motivation außen vor. Ähnlich verhält es sich mit Speers Ausführungen zur Rüstungspolitik, in denen er bestrebt ist, sich bis 1942 als Außenstehenden darzustellen. So gab er im Verhör auf die Frage nach den Gründen für die geringen Rüstungsleistungen bis 1942 die vielsagende Antwort: »Die Periode bis 1942 ist mir kaum bekannt. Ich kann daher nur folgendes ...«[19] Dabei verschwieg Speer, daß er bereits seit September 1939 Erfahrungen im militärischen Bereich sammeln konnte, als der »Organisation Speer« vom Heereswaffenamt die bauliche Erweiterung des Raketenversuchsgeländes in Peenemünde übertragen wurde.

Im auffallenden Kontrast zu den rückblickenden Ausflüchten steht die Präzision, mit der Speer Fragen aus seiner Ministerzeit zu beantworten vermochte. Mit ähnlich großem Geschick verstand es Speer, Leistungen anderer, insbesondere diejenigen seines Vorgängers Todt, als eigene auszugeben. So entspricht es nicht den Tatsachen, wenn Speer behauptet, die Einstellung des Autobahnbaus sei seine Entscheidung gewesen.[20] Überhaupt waren die entscheidenden Weichen in der Rüstungspolitik noch unter Todt gestellt worden. Todt hatte entscheidende Sparten – Munition, Waffen, Panzerwagen und »Allgemeines Heeresgerät« – mit Ausschüssen »zur Überprüfung der Auftragslenkung« neu geordnet. Bereits im Sommer 1941 hatte Todt den Tätigkeitsbereich auf die Entwicklungsprogramme des Heeres ausgeweitet und damit dem Heer die Kontrolle über die Kriegsmittel entzogen. Straffung und Steigerung der Rüstungsproduktion lauteten die übergeordneten Ziele Todts, an die Speer nahtlos anknüpfen

[19] Protokoll 6, S. 305.
[20] Vgl. Protokoll 6, Fußnote 41, S. 332.

konnte. Vor allem hatte Todt mit der Konzentration der industriellen Produktion auf die Rüstungsendfertigung die entscheidende Stoßrichtung vorgegeben. Und auch das komplizierte Netz von zentralisierten Ausschüssen, Ringen und Reichsvereinigungen ist keine originäre Erfindung von Speer. In der ihm eigenen Art räumte Speer in Kransberg die geistige Urheberschaft Todts durchaus ein, als er auf die Frage, warum er das Prinzip der Verantwortung der Produzenten erwählt habe, antwortete: »Ja. Ich muß allerdings gestehen, daß ich damals nicht so viel darüber nachgedacht habe, wie ich heute darüber sprechen muß. Es wurde mehr oder weniger unbewußt, aus meinen Erfahrungen, die ich als Architekt hatte, zusammen mit den Erkenntnissen, die Dr. Todt kurz vor seinem Absturz gewonnen hatte, heraus geschafft.«[21] Dem tatsächlichen Anteil Todts freilich wird diese Bemerkung nicht gerecht.

Als zweites tritt in den Protokollen hervor, wie stark Speer seine Aufgabe als Kriegsstratege begriff. Der Architekt in Speer tritt dem gegenüber beinahe vollständig in den Hintergrund. Auch im Primat der Technik folgte Speer Todt nach, wenngleich er nicht über dessen Detailkenntnisse verfügte. Speers Technikbegriff ist von eigener Art. Vermutlich hätte Speer gezögert, als Techniker apostrophiert zu werden. Dies hätte auch der natürlichen Distanz der Architekten zu den Ingenieuren widersprochen. Sein Ansatz war politisch, und dies hieß für ihn in erster Linie nationalsozialistisch. Es ging ihm um die Botmäßigkeit der Technik gegenüber dem Regime, und dies hieß vor allem Optimierung des Kriegseinsatzes. »Je technischer der Krieg, desto entscheidender wird der technische Fortschritt der Waffen«[22], lautete ein Schlüsselsatz. Die Geringschätzung des Generalstabs, die immer wieder kritisierte »Frontfremdheit« der hohen Offiziere, die Verachtung für Keitel, die aus den Protokollen sprechen, haben in dieser Auffassung ihre Wurzeln. Was Speer als Konsequenz dieser Einsicht für die militärische Führung formulierte, ist von zeitloser Gültigkeit und weist ihn als modernen Militärstrategen aus. Die oberste militärische Führung müsse den Wert der neuen Waf-

[21] Protokoll 6, S. 310.
[22] Protokoll 4, S. 278.
[23] Ebd.

fen genau kennen, und die neuen Waffen müßten von den »erfahrensten und technisch am besten vorgebildeten Soldaten« bedient werden.[23]

Die Durchführung seiner Aufgabe stellte Speer vorbehaltlos in den Dienst von Hitlers Krieg. Konkrete Nachkriegsplanungen, auch dies räumte Speer ein, wurden von ihm nicht einmal in der Schlußphase des Krieges angestellt – sie hätten ihm als mangelnder Glaube an den Endsieg ausgelegt werden können. Die Aussagen Speers darüber, wann ihm Zweifel am siegreichen Ausgang des Zweiten Weltkriegs für Deutschland gekommen seien, sind ambivalent. Zwar lassen sich Anzeichen finden, daß Speer nach Stalingrad erste Bedenken kamen und ihm spätestens mit der alliierten Luftoffensive zur systematischen Zerschlagung der synthetischen Treibstofferzeugung in Deutschland hätte klar sein müssen, daß sich das Deutsche Reich in aussichtsloser Lage befand. Einmal erklärte er gar, ab Februar/März 1943 der Meinung gewesen zu sein, daß der Krieg verloren sei[24], ein anderes Mal relativierte er diese Erkenntnis durch den Zusatz, daß das Deutsche Reich nach Stalingrad »die Sache noch nicht aufgeben und nicht als verloren ansehen«[25] konnte. Immer wieder scheint Speer, so rational er auch sonst veranlagt war, diese Bedenken beiseite gewischt zu haben. Die Vehemenz, mit der er die These seiner anglo-amerikanischen Vernehmungsoffiziere zurückwies, der Krieg sei nach El Alamein, spätestens nach Stalingrad für Deutschland verloren gewesen, spricht für sich, ebenso wie Speers in eine rhetorische Frage gekleidete Antwort sprechend die Totalkapitulation des Rüstungsministers gegenüber der »Alles-oder-nichts«-Strategie Hitlers ausdrückt: »Wann darf man einen Krieg als verloren ansehen? Meiner Ansicht nach erst sehr spät.«[26]

Auf die Systemloyalität Speers ist es auch zurückzuführen, daß seine Ausführungen über Nachkriegsplanungen um so vager ausfielen, je mehr sich der Krieg seinem Ende näherte. »Friedensgefühle« waren der Industrie nicht erlaubt.[27] Keinesfalls wollte sich Speer man-

[24] Protokoll 11, S. 433.
[25] Ebd., S. 434.
[26] Ebd., S. 433.
[27] Protokoll 5, S. 300.

gelnde Siegeszuversicht nachsagen lassen. Hingegen sind die wenigen Bemerkungen in den Protokollen 7 und 11 über die künftige Ordnung des europäischen Wirtschaftsraums aufschlußreich. Speer war realistisch genug, um die Grenzen des Autarkiestrebens zu erkennen. Seine Besprechungen mit dem französischen Industrieminister Bichelonne vom September 1943 enthielten weit in die Zukunft weisende Gedanken für eine deutsch-französische Entente als Motor einer europäischen Wirtschaftsgemeinschaft. Was Speer über ein »europäisches Wirtschaftssystem« ausführte, fügt sich ein in die Europavorstellungen des Planungsamts im RMRK, wo insbesondere Hans Kehrl und Arnold Köster in ihren Ausarbeitungen einer deutschen Führung der europäischen Wirtschaft in einer »rüstungswirtschaftlichen Kampfgemeinschaft« das Wort redeten.[28] Auch hier wird eine Kontinuitätslinie vom Dritten Reich in die Zeit nach 1945 sichtbar, und es paßt in dieses Bild, wenn Speer in einer geplanten, dann aber auf Grund der Umstände nicht gehaltenen Rundfunkrede das in den besetzten Gebieten errichtete Ausbeutungssystem als Fundament einer »europäischen Zusammenarbeit auf dem Wirtschaftsgebiet« zum »Segen für alle Völker« pries.[29]

Zwar ist es zutreffend, daß sich Speer auf vorhandene Instrumente stützen und diese ausbauen konnte und in vielem die Früchte der Arbeit seines Vorgängers erntete. Die eigentliche »Leistung« Speers bleibt davon unberührt, und auch dies macht die Lektüre der Kransberger Protokolle deutlich. Zug um Zug gelang es Speer, seine Vormachtstellung gegenüber Wehrmachtführung, Göring und Himmler

---

[28] Vgl. beispielsweise Arnold Köster, Ideen zur europäischen Wirtschaftsgestaltung, 19. Oktober 1943, BA Ko, R 3/1941, Bl. 178ff.

[29] Manuskript einer geplanten Rundfunkrede Speers vom 10. April 1945 (Archivdokument), zit. nach Walter Naasner, Neue Machtzentren in der deutschen Kriegswirtschaft 1942–1945. Die Wirtschaftsorganisation der SS, das Amt des Generalbevollmächtigten für den Arbeitseinsatz und das Reichsministerium für Bewaffnung und Munition/Reichsministerium für Rüstung und Kriegsproduktion im nationalsozialistischen Herrschaftssystem, Boppard am Rhein 1994, S. 192.

[30] Rolf-Dieter Müller, Albert Speer und die Rüstungspolitik im totalen Krieg, in: Das Deutsche Reich und der Zweite Weltkrieg, hg. vom Militärgeschichtlichen Forschungsamt, Bd. 5: Zweiter Halbband: Kriegsverwaltung, Wirtschaft und Personelle Ressourcen, Stuttgart 1999, S. 289; Speer spricht an einer Stelle in Protokoll 6 selbst von »Ausräuberung verschiedener Fertigungsgebiete« im Zusammenhang mit der Arbeit der Hauptausschüsse.

auszubauen. Zunächst entledigte sich Speer des Generals Thomas, indem er das WiRüAmt zerschlug. Rolf-Dieter Müller nennt den von Speer forcierten Prozeß der fortgesetzten Machtkonsolidierung und -erweiterung zutreffend »Ausplünderung der militärischen Wirtschaftsstellen«.[30] Diese setzte sich fort mit der Ernennung zum Generalbevollmächtigten für Rüstungsaufgaben im Vierjahresplan (GBRüst) und mit der Bildung der Zentralen Planung, denn damit hatte Speer die rüstungswirtschaftlichen Befugnisse Görings dauerhaft zurechtgestutzt. Mehr als in der kriegswirtschaftlichen Wirkung lag in diesem machttechnischen Aspekt die eigentliche Bedeutung der zentralen Planung, die für Speer vor allem ein Instrument war, »Göring aus der kriegswirtschaftlichen Führung herauszudrängen«.[31] Schließlich gelang es Speer, den Anspruch der SS-Führung auf eine eigene Rüstungsendfertigung zurückzuweisen. Die in den »Erinnerungen« und vor allem im »Sklavenstaat« stilisierten Machtkämpfe Speers mit Himmler und dessen Beauftragten Kammler werden von Speer in Kransberg deutlich nüchterner geschildert. Von einem gesamtwirtschaftlichen Steuerungsanspruch der SS-Führung konnte 1944 jedenfalls nicht die Rede sein. Wie eng die Zusammenarbeit mit der SS war, dies verdeutlicht die Lektüre der Kransberger Protokolle, wenn man zwischen den Zeilen zu lesen versteht. Speer hatte nie größere Hemmungen, ausländische Arbeitskräfte ins Konzentrationslager einweisen zu lassen, dies betrachtete er als legitimes Mittel der Bestrafung und der Steigerung des Arbeitseinsatzes. Welche menschenunwürdigen Bedingungen in den Konzentrationslagern herrschten, darauf verschwendete Speer auch 1945 keinen Gedanken.

Der letzte Coup gelang Speer, als im Juni 1944 das Amt des Generalluftzeugmeisters aufgelöst und ihm die Luftrüstung unterstellt wurde.[32] Die Sonderstellung der Luftrüstung, und damit auch diejenige der Luftwaffe und der Luftfahrtindustrie, waren nun an ihr Ende angelangt. Mit der Errichtung des Jägerstabs im März 1944, dessen

[31] Rolf-Dieter Müller, Albert Speer und die Rüstungspolitik im totalen Krieg, in: Das Deutsche Reich und der Zweite Weltkrieg, hg. vom Militärgeschichtlichen Forschungsamt, Bd. 5: Zweiter Halbband: Kriegsverwaltung, Wirtschaft und Personelle Ressourcen, Stuttgart 1999, S. 303.

[32] Vgl. dazu insbes. Lutz Budraß, Flugzeugindustrie und Luftrüstung in Deutschland 1918–1945, Düsseldorf 1998, S. 847ff.

eigentliche Leitung bei Karl Otto Saur als Stabschef lag, hatte Speer diesem Zustand erfolgreich vorgearbeitet. An dieser letzten Episode der Rüstungspolitik lassen sich noch einmal in verdichteter Form die Methoden, aber auch die Fehlkalkulationen und Illusionen der Ära Speer studieren. Schon die Parole von der »Wiederherstellung des technischen Gleichgewichts«, die seit Ende 1943 ausgegeben wurde, entbehrte einer realistischen Betrachtung. Und auch der von Saur mit Feldwebelmethoden unablässig zu Quantitätssteigerungen angetriebene Jägerstab konnte nicht darüber hinwegtäuschen, daß auf Grund des Standes der Technik die deutsche Jagdflugzeugproduktion mit den alliierten Bombern in dieser Phase des Krieges nicht mehr mithalten konnte.

Am Ende befand sich Speer in einer unanfechtbaren Schlüsselposition. Speer betrieb die Totalisierung des Kriegs, er wurde zum Einpeitscher für den Endsieg, und er erwies sich dabei als Virtuose der Propaganda. Er jonglierte mit immer neuen Zahlen, stellte noch 1944 ein »Rüstungswunder« in Aussicht und suggerierte, der quantitativen Übermacht der alliierten Rüstung könne durch »Qualitätsrüstung« erfolgreich Paroli geboten werden. Die Rationalität, auch die Unermüdlichkeit und Findigkeit, mit der Speer seiner im Grunde unmöglichen Aufgabe nachging, und die faktische, spätestens ab 1943 aussichtslose politische und militärische Lage für das Deutsche Reich bilden einen Grundwiderspruch, den Speer auch nicht in den Kransberger Verhören aufzulösen vermag. Von Anfang an kämpfte Speer auf mehr oder weniger verlorenem Posten. Denn Speers Ernennung war zu einem Zeitpunkt erfolgt, als sich die Waagschale des Kriegsverlaufes bereits zugunsten der Alliierten geneigt hatte. Die Antwort auf die Frage, warum er nicht stärker eine politische Kriegsbeendigung, die naheliegende Folgerung aus der Lage des Deutschen Reichs seit 1942, gesucht hatte, bleibt Speer schuldig. Die Protokolle legen vielmehr eine ganz andere Entwicklung nahe. Denn ungeachtet der aussichtslosen Lage setzte Speer seine Machtkämpfe fort. Mit Hilfe steigender Produktionszahlen gelang es ihm bei immer aussichtsloserer Lage, seine eigene Machtposition immer weiter auszubauen. Selbst die Phase der vorübergehenden Hospitalisierung von Januar bis Mai 1944, in der Speer die Amtsgeschäfte nur vom Krankenlager aus leiten konnte und sich des Griffs seiner Mitarbeiter Saur und

Dorsch nach dem Rüstungsministerium zu erwehren hatte, überstand der Machttechniker Speer trotz politischer Einbußen erfolgreich und mit Blick auf seinen kriegswirtschaftlichen Verantwortungsbereich ungeschmälert.

Albert Speer hat maßgeblich zur Verlängerung des Kriegs und zur Stabilisierung der nationalsozialistischen Herrschaft in dessen Endphase beigetragen. Durch eine geschickte Verteidigungsstrategie im Nürnberger Prozeß und eine publizitätsträchtige Apologie in der Nachkriegszeit hat Albert Speer erfolgreich daran gearbeitet, daß sein Bild in der Geschichte bisweilen diese seine eigentliche Rolle nicht erfaßt hat. Die Kransberger Protokolle sind deshalb als Geschichtsquelle unentbehrlich, weil in ihnen der authentische Speer deutlicher hervortritt. Dies liegt nicht etwa daran, daß Speer hier ehrlicher spräche. Die zeitliche Nähe, die besonderen Bedingungen der Entstehung, gewissermaßen der Geschichtsoffenheit der Lage – zumindest präsentierte sie sich so dem internierten Speer, und diese subjektive Betrachtung ist für die historische Bewertung der Quelle entscheidend – begünstigen die Geschlossenheit der Präsentation. Die Abweichungen gegenüber der späteren Sicht Speers, wie er sie in den Büchern und Interviews nach seiner Haftentlassung schildert, sind es, die den Wert der Kransberger Protokolle ausmachen. Loyalität gegenüber Hitler und dem Nationalsozialismus sind noch im Sommer 1945 die hervortretenden Züge Albert Speers. Daran hat auch der Untergang des Dritten Reiches nichts geändert. Daß dieses Treuebekenntnis immer wieder von Einzelkritik an Charakterzügen Hitlers, an Personen, vor allem an Mißständen und – von Speer so wahrgenommenen – Fehlentwicklungen des Regimes durchbrochen wird, ändert nichts an dieser Grundloyalität. Es ist eine in sich geschlossene, systemimmanente Betrachtung, die sich hier dem Leser bietet und in ihrem rationalistischen Ansatz den Blick auf die Verbrechen des Dritten Reiches vermeidet. Wiederkehrend sind Bemerkungen Speers, daß seine Ausführungen »im gesamten, bei uns seit 1933 gegebenen politischen Rahmen«[33] zu verstehen sind. Deshalb muß nach der Lektüre der Protokolle Speers Selbstpräsentation im Nachkriegs-

[33] Protokoll 6, S. 309.

[34] Albert Speer, Erinnerungen, Berlin–Frankfurt/M. 1969, S. 525.

deutschland, wie er sie im Schlußsatz seiner »Erinnerungen« am prägnantesten ausgedrückt hat – »Entscheidende Jahre meines Lebens habe ich der Technik gedient, geblendet von ihren Möglichkeiten«[34] – in den Bereich der Selbststilisierung und des Weißwaschens verwiesen werden. Denn Speers Dienst hatte nie in erster Linie der Technik, sondern immer dem nationalsozialistischen Regime und Hitler gegolten. Die Technik ist für Albert Speer allein ein willfähriges Instrument gewesen.

Mit Blick auf die Leserfreundlichkeit ist die zeitliche Chronologie bei der Wiedergabe durchbrochen. Am Anfang steht die Aufzeichnung über Adolf Hitler, ihr folgen die Ausarbeitungen über Persönlichkeiten um Hitler, Außenpolitik und Kriegführung, danach kommen die kriegsstrategischen, waffentechnischen und rüstungswirtschaftlichen Verhöre, gefolgt von den beiden von Speer schriftlich beantworteten Fragebögen zum alliierten Bombenkrieg und seinen Auswirkungen auf Deutschland. Protokoll 11 – »Über Kriegsproduktion, Nachkriegsfragen und Deutschland zwischen Ost und West« – bildet den Abschluß der Edition. Es stammt vom 3. Juli 1945 und gehört damit zeitlich zu den früheren Protokollen. Wegen seines Schwerpunkts auf Fragen der künftigen politischen und wirtschaftlichen Entwicklung Deutschlands und den Perspektiven der europäischen Wirtschaft bot es sich jedoch an, diesen Text an den Schluß zu stellen. In seltener Dichte finden sich an dieser Stelle nochmals die zentralen weltanschaulichen, politischen und wirtschaftlichen Auffassungen Speers zusammengefaßt. Von einigen wenigen technischen Ausarbeitungen und einem kurzen Gespräch mit W.G. Friedrich (USSBS) über »Planen« abgesehen[35], werden die Kransberger Verhöre Speers an dieser Stelle vollständig vorgelegt.[36]

Soweit vorhanden, wurden die Originalüberschriften der Verhöre übernommen; die Überschriften der Protokolle 3, 7 und 11 stammen vom Herausgeber. Nicht immer war es möglich, den Vernehmungsoffizier den Protokollen zu entnehmen. Bei den Protokollen 1 bis 3 han-

[35] Manuskript »Persönliche Unterhaltung Friedrich – Speer über das Planen«, 21. Juli 1945, BA Ko, N 1340 Speer, Bd. 474.
[36] Eine Übersicht über die Denkschriften und Interrogations von Albert Speer findet sich in BA Ko, N 1340 Speer, Bd. 466.

delt es sich um Captain O. Hoeffding von der Economic and Financial Branch, F.I.A.T; bei Protokoll 6 um Dr. Graham und Lt. Col Scanlon vom Kriegsministerium in Washington; dem Protokoll 7 lag eine Vernehmung durch W. G. Friedrich vom USSBS zugrunde, Protokoll 8 ist ein Verhör durch Mr. Selvyn, Protokoll 9 ein Fragebogen des Generalstabs der RAF, ebenso Protokoll 10 – in diesem Fall waren die Fragen von Captain Bansson zusammengestellt worden –; die dem Protokoll 11 zugrundeliegende Vernehmung war ein Gemeinschaftswerk von britischem Foreign Office und amerikanischem State Department.

Die Texte werden vollständig abgedruckt. Offensichtliche Schreib- und Interpunktionsfehler wurden stillschweigend korrigiert, falsche Schreibweisen von Namen hingegen belassen und in den Anmerkungen berichtigt. Auch wenn Speer zumeist Gelegenheit zur Überarbeitung der Protokolle gegeben war, ist an einigen Stellen den Texten ihr Ursprung als gesprochenes Wort anzumerken. In den Anmerkungen wird außerdem auf weiterführende Literatur hingewiesen.

Die Protokolle

Das britische Foreign Office über Albert Speers
Kransberg-Protokolle

Wie alles von Speer ist dies ein fesselndes und bemerkenswertes Dokument. Speer steht – und er weiß es – immer noch bis zu einem gewissen Grad in Hitlers Bann, und obwohl er Hitler aus unmittelbarer Nähe und auch kritisch beobachtete, ist es doch gerade diese besondere Nähe seiner Beziehung, die in gewissem Maße sein Urteil verzerrt und verengt. Trotzdem ist dies die bemerkenswerteste Bewertung von Hitlers Charakter und Persönlichkeit, die ich bislang gelesen habe. Ich halte dieses Dokument für jeden künftigen Hitler-Biographen für unverzichtbar.

Con Douglas Walter O'Neill, 2. Dezember [1945]

Ganz im Bann von Hitler, dem Künstler, nicht von Hitler, dem Staatsmann: Was er sagen möchte, ist, daß der Künstler in Hitler von ihm selbst in dem Moment verraten wurde, in dem er aufhörte, sich auf seinen Instinkt zu verlassen, er zum Gefangenen seiner selbst und des von ihm geschaffenen Systems wurde und dabei ganz auf sich allein gestellt war. Dies ist bei weitem die raffinierteste Verteidigung Hitlers, die ich je gesehen habe, und eine Verteidigung ist es, trotz Speers Hervorhebung der Schwächen von Diktaturen und von Hitlers Scheitern als militärischer Befehlshaber. Es ist folglich in gewisser Hinsicht ein Plädoyer der besonderen Art – es wäre interessant zu erfahren, in welchem Umfang es absichtlich weißwäscht. Speer als reumütiger Deutscher oder Möchtegern-Demokrat überzeugt mich nicht – am liebsten würde er sich wohl selbst als möglichen Nachfolger sehen.

Michael Justin Creswell, 25. Dezember [1945][1]

---

[1] PRO FO371/46719/C 8597/20/18

Protokoll 1:
Adolf Hitler
(1. August 1945)[1]

Warnung von einigen Lesern und von Sekretärinnen:[1a]

Zu sehr im Spiel erscheinend, mehr wie es war. Kein Verhör, sondern Wahrheit. Daher alles, was ich weiß. Und dieses Wissen z.T. nachträglich. Durch Erzählungen und Gespräche, die das Bild ergänzen. Eigene Tätigkeit unpolitisch, d.h. nicht weltanschaulich. Zunächst (als) Architekt, und später auch als Minister. Das war als Minister meine Stärke und große Sorge, in die politische Atmosphäre hineingezogen zu werden. Gespräche mit Mitarbeitern.

Noch etwas aufgefallen beim Durchlesen. Spreche in der Charakterisierung nur von meinem Gesichtswinkel der unpolitischen Zusammenarbeit. Also keine Kritik der weltanschaulichen Grundlinie, die ich nie billigte und nicht mitmachte. (Damit) nicht der Eindruck entsteht, daß dies von mir gebilligt wird. Es wäre aber störend, wenn ich immer meine Einstellung zu diesen Dingen mitteilen würde. Dann gibt es eine Abhandlung, die sie nicht vorwärtsbringt.

Bin kein »Selbstmörder«, und möchte daher nicht in eine falsche Beurteilung aus dem Streben heraus kommen, zu helfen, die Wahrheit festzustellen. Ich nehme an, daß (es) fair (ist), das zu erkennen. Könnte so klug sein, auch wenig zu sagen. Das dürfte mir zuzutrauen sein.

Notizen zur vorgesehenen Ergänzung der Ausarbeitung über A.H. usw., September 1945.

---

[1] BA Koblenz, Nachlaß Albert Speer N 1340, Bd. 477.

[1a] Die knappe Vorbemerkung stammt ebenso wie die nachfolgende kurze Einleitung von Speer selbst und wurde von ihm im nachhinein formuliert, nachdem ihm die gesamte Arbeit von Hoeffding vorgelegt worden war.
Das eigentliche Protokoll beginnt mit der ersten Frage unter Ziffer I.

Einleitung

In der bisherigen Ausarbeitung über die einzelnen Persönlichkeiten ist durch die Fragestellung hauptsächlich das Entstehen und der Hintergrund der verschiedenen Mächtegruppierungen, das Typische der einzelnen Charaktere nach der allgemeinen Seite behandelt worden. Es ist dabei immer wieder die Zwangsläufigkeit dieser Auslese und die Entwicklung nach dem Negativen aus dem System und der einen Person, Hitler selbst, abgeleitet worden.

Auch bei der nun folgenden Abhandlung über die Person A.H.s habe ich mich, in Fortsetzung dieser Tendenz, darauf konzentriert, weiter die Grundsätze mit ergründen zu helfen und darauf zu verzichten, die zahlreichen einzelnen Begebenheiten zu schildern, die das Bild erst abrunden. Es ist daher genausowenig eine vollkommene Schilderung der Person A.H.s wie bisher eine seiner Mitarbeiter. Das kann nur aus dem großen Material geschehen, das bei den Untersuchungsbehörden zusammenläuft.

Ein besonderer Mangel der Ausarbeitung ist es, daß die Umgebung und die Stimmung, die das ganze Volk, A.H. oder seine Umgebung in dem letzten Abschnitt des Krieges in konträren Ausdrücken beherrschte, nicht eingehend beschrieben ist. Sie ist zum Verständnis der Vorgänge ebenfalls notwendig. Es ist verabredet, in einer nachfolgenden Ausarbeitung zu versuchen, durch eine chronologische Schilderung meiner persönlichen Erlebnisse die Ereignisse und Stimmungen, etwa vom 1. 12. 1943 an, verständlich zu machen. Dieser »subjektive Querschnitt« wird das Bild erst abrunden.

In dieser Betrachtung fehlt völlig eine Beschreibung der Gesamtstimmung des Volkes, der Ratlosigkeit und aber auch der Gläubigkeit, die das Volk hatte, obwohl es das unentrinnbare Schicksal auf sich zukommen sah, das lähmende Entsetzen, das »der Götterdämmerung« voranging und fast alle in seinen Bann schlug, die Hoffnungen, mit denen sich viele wie Todkranke, die weiterleben wollen, an geringste Möglichkeiten klammerten, aber auch der Fatalismus und die Benommenheit, in die die Zerstörung der Städte, die Schlaflosigkeit und die Angst um das Leben die Bevölkerung trieb.

Durch diese Ausarbeitung sollen in der Hauptsache die vielen, einzelnen Momente gezeigt werden, die zu diesem unheimlich zwangsläufigen Ablauf dieses Schicksals führten, welche Folgen es hatte, daß eine Person allein alle Machtmittel in sich vereinigte, um sie letzten Endes zum Schaden des Volkes zu mißbrauchen.

Trotz diesem für die Welt und für Deutschland tragischen Geschehen ist die Ausarbeitung recht leidenschaftslos und nüchtern ausgefallen. Ich bin kein Schriftsteller, der seine Gefühle aufdecken kann. Ich habe das erste Mal versucht, eine derartige geschlossene Arbeit durchzuführen. Bisher ist meine »schriftstellerische« Tätigkeit über einige Denkschriften nicht hinausgegangen. Nachträglich diese Zusammenhänge klarzustellen, ist nicht so schwer, wie bei ihrem Ablauf selbst einen klaren Kopf zu behalten. Viele der Führenden, die damals auf das äußerste verwirrt waren und versagten, müßten jetzt zu ähnlichen Ergebnissen kommen können.

Sicher könnte ich in einem Jahr manches besser und klarer beurteilen können. Jetzt sind erst drei Monate nach dem Kriegsende vergangen. Die Arbeit selbst ist in nur drei Wochen entstanden, so daß eine Überarbeitung nicht möglich war. So wird manche subjektive Darstellung enthalten sein, trotz meines Bemühens, die Objektivität zu wahren und meine persönliche Kritik, die aus den Erlebnissen der letzten Monate herrührt, zurückzustellen.

Albert Speer

I. Auswahl der Mitarbeiter und seine Arbeit mit ihnen

Es kommt uns darauf an, von Ihnen ein möglichst umfassendes Bild der Persönlichkeit A.H.s zu erhalten. Dabei interessieren uns in der Hauptsache die psychologischen Zusammenhänge seiner Arbeitsweise und seiner Umgebung. Zunächst: Wir haben den Eindruck, daß bei allen Vorgängen, die wir studiert haben, ein Wille die auseinanderstrebenden Teile zusammenfaßte. Stimmt das und war das Hitler persönlich?

Ich mußte bisher bei der Mehrzahl der politischen Persönlichkeiten deren Unzulänglichkeit feststellen. Schließlich hat sich aber von 1933 bis 1942 eine erstaunliche Leistung ergeben, die von einer »abwesenden« Regierung und Parteileitung bestimmt nicht hätte erreicht werden können. Und auch die Widerstandskraft bis zum Jahre 1945 ist – trotz ihres grundsätzlichen Fehlers – zweifellos ein Faktor, der nicht so ohne weiteres übergangen werden kann.

Natürlich hat das Volk im weitesten Sinne – einschließlich seiner Intelligenz – sich voll eingesetzt, die Wehrmacht ihr ganzes, traditionell unterbautes Können zur Verfügung gestellt und die intakte Wirtschaft alles hergegeben, um den Kampf nicht verlorengehen zu lassen. Aber ein zusammenfassender, antreibender Motor muß gewesen sein, gerade in den letzten zwei Jahren. Es ist klar, daß dies nur A.H. sein konnte und es auch in der Tat war.

Wie hat die Auswahl seiner wichtigsten Mitarbeiter stattgefunden? Hat dabei eine methodische Vorarbeit eingesetzt, wurden von A.H. Vorschläge verlangt und von wem?

Die meisten seiner wichtigsten Mitarbeiter waren ihm von der Kampfzeit her bekannt und bereits vorhanden. Ihre damalige Tätigkeit hat oft ihre spätere Verwendung bestimmt. Damals in der Kampfzeit hatte er eine gute Kenntnis von deren Arbeitsleistung, da er oft mit ihnen zusammen war. Aus dieser Perspektive heraus sah er sie auch später und beurteilte die Möglichkeit, sie einzusetzen. Bei der Auswahl wichtiger Mitarbeiter ging er sehr selbständig vor. Er fragte niemand ernsthaft um Rat. Seine Neubesetzungen waren meist Überraschungen. Er liebte es, Außenseiter zu bestimmen. Der Kreis, aus dem er sie nahm, war bevorzugt der seiner alten Parteigenossen. Er vernachlässigte dabei, daß diese unterdessen älter geworden waren und zudem ein Wohlleben begonnen hatten, das der Arbeitsleistung nicht zuträglich war. In einem Buch über die Feldmarschälle Napoleons habe ich gelesen, wie wenig energisch und unbelastet sie zu Anfang und wie sehr verwöhnt, dem Luxus ergeben und unsoldatisch sie am Ende ihrer Laufbahn waren. Auch Napoleon konnte sich von seiner alten Garde nicht trennen. Sie hat zwar die ersten Schlachten gewonnen, aber sicher dazu beigetragen, daß er die entscheidendsten seines Lebens verlor. Auch A.H. hat einen Wechsel nicht durchgeführt. Nachdem er älter und abgespannter wurde, mußte er seine Umgebung immer mehr verjüngen und auffrischen. Ein Beispiel für die Beurteilung seiner alten Mitarbeiter: Bei dem Rückzug an der Saar 1944[2] kam die Meldung, daß Bürckel, der dortige Gauleiter, nach »vorne« gefahren sei, um die rückflutenden Truppen aufzuhalten. In der Lagebesprechung schilderte A.H. seinen militärischen Mitarbeitern, mit welcher Gründlichkeit, Energie und durchschlagendem Erfolg Bürckel das tun werde. Einige Tage später erfuhr ich zuverlässig an der Saar, daß Bürckel über Saarbrücken nicht hinausgekommen und bereits dort so dem Alkohol zugesprochen habe, daß er »ausfiel«. A.H. nahm diese »Benachrichtigung« wortlos entgegen. Er hat daraus aber weder eine Konsequenz gezogen noch eine Untersuchung eingeleitet. Im Gegenteil, je kritischer die Situation wurde, um so mehr glaubte er, daß nur noch seine alten Mitarbeiter aus der Kampfzeit zuverlässig und tatkräftig seien. In Wirklichkeit waren sie verbraucht und so egozentrisch eingestellt, daß sie in der Schlußphase in dem weiteren Verlauf ihres persönlichen Schicksals auch das des Volkes sahen. Das führte zu der ungeheuren Gefahr der Zerstörung der gesamten Lebensbasis des Volkes, die A.H. aus derselben egozentrischen Einstellung heraus zusammen mit ihnen durchführen wollte.

---

[2] Am 30. November 1944 wurde die 1. deutsche Armee hinter die Saar, d.h. auf die Westwallstellung, zurückgenommen.

Welches persönliche Verhältnis hatte A.H. zu seinen engen Mitarbeitern?

Soweit sie nicht zu seinem privaten Kreis gehörten, behandelte er sie mehr oder weniger wesenlos. Wenn er sich äußerlich um ihr persönliches Schicksal weitgehend kümmerte, hat er nicht versucht, zu ihnen in ein persönliches Verhältnis zu kommen. Er verstand es, sich hier auch bei seinen Mitarbeitern, die über lange Zeiträume bei ihm waren, den notwendigen Abstand zu halten. Er war trotz aller Freundlichkeit unnahbar und auch unberechenbar.

Wie, glauben Sie, bekam er Zutrauen zu den Fähigkeiten seiner Mitarbeiter?

Ich hatte den Eindruck, daß er genauso schnell und »intuitiv« seine Mitarbeiter aussuchte, wie er seine Entscheidungen fällte. Das Wort »Intuition« war überhaupt bei uns große Mode. Es ist auch ein herrliches Wort und kann so gut die mangelnde Logik verdecken. Auch bei meiner Berufung zeigte sich diese »Intuition«: Mit 29 Jahren – im Jahre 1934 – hatte ich eine Bauleitung in seiner Reichskanzlei, also eine untergeordnete Beschäftigung. Architekt war sein Professor Troost.[3] Obwohl ich bis dahin noch recht unbekannt war, nahm er mich nach einigen Besprechungen mit zu sich in seine nähere Umgebung, lud mich zu seiner Mittagstafel ein und beschäftigte sich sehr eingehend mit mir. Er hatte »intuitiv« Gefallen an mir gefunden. Meine Laufbahn als Architekt war gesichert. Er hatte mich »entdeckt«. An dem Tag, an dem Dr. Todt abstürzte, war ich zufällig im Hauptquartier. Die Nachricht bekam er etwa um 9 Uhr vormittags, um 11 Uhr ließ er mich zu sich kommen und eröffnete mir, daß ich der Nachfolger Todts wäre. Die Widerrede half nichts. Sie war zwar durchaus begründet, da ich weder vom Ingenieurbau noch von der Rüstung etwas verstand. »Ich würde es schon schaffen; er hätte das Zutrauen zu mir.« Ich war ein typischer Außenseiter, in diesem Fall sowohl für die Soldaten als auch für die Partei und die Wirtschaft.

---

[3] Gemeint ist Hitlers Auftrag an seinen Münchner Architekten Paul Ludwig Troost im Herbst 1933, die Reichskanzleiwohnung von Grund auf umzugestalten. Dabei erhielt Albert Speer, der bereits Goebbels' Ministerwohnung umgebaut hatte, den Auftrag, Troost in Berlin unterstützend zur Hand zu gehen.

Welches Risiko und welcher Leichtsinn lag in dieser »Intuition«. Außenseiter waren letzten Endes auch Ribbentrop, der frühere Sekthändler, als Botschafter und später als Außenminister, Rosenberg, der »Philosoph«, als Minister für die besetzten Ostgebiete. Ich vermute, daß er in seiner Kampfzeit ebenfalls die Besetzungen offensichtlich mehr nach Gefühl als nach Vorbildung vornahm.

Sie halten seine alten politischen Mitarbeiter ehemals für kräftige Personen; wie erklären Sie sich deren bedingungslose Abhängigkeit von A.H.?

Diese Frage ist nahe mit derjenigen verwandt, die auch ich mir immer wieder stelle: Wie weit hat er einen suggestiven Einfluß gehabt? Eines steht ohne Zweifel fest: Alle seine Mitarbeiter, die lange und eng mit ihm zusammenarbeiteten, waren in einem seltenen Umfang von ihm abhängig und ihm »hörig«. So gewaltig sie in ihrem Machtbereich wirken konnten, in seiner Nähe waren sie klein und schüchtern. Diese Schüchternheit gerade seiner alten Mitarbeiter war mir immer unverständlich. Sie hatten nicht den Mut, ihm auch nur das Geringste an Unannehmlichkeiten zu sagen. Das kann nicht Feigheit allein gewesen sein. Sie hatten durch die lange Zusammenarbeit jedenfalls nicht nur einen unheimlichen Glauben an ihn aufgespeichert, sondern waren völlig seinem Einfluß unterlegen. Sie betrachteten alles, was von ihm kam, ohne Kritik, so daß die Gauleiter, wenn sie im Jahr etwa ein- oder zweimal bei ihm waren und er ihnen aus seiner Überzeugung heraus die Unfehlbarkeit des weiteren Kriegsverlaufs schilderte, dann bis in das Innerste davon überzeugt waren und niemals auch nur einen leichten Zweifel oder sogar eine Diskussion aufkommen ließen. Das war auch 1944 noch so. Noch abhängiger von seinem Urteil und seiner Meinung waren die meisten führenden Männer seiner unmittelbaren Umgebung, denen er täglich seinen Glauben und seine Meinung eindringlich klarlegen konnte. Sie waren ebenfalls seinem Einfluß unterlegen und nur Figuren in seiner Hand. Wenn einmal die ausführlichen Stenogramme der Führerlagen ausgewertet werden[4],

[4] Neben den Gesprächsvermerken von Oberregierungsrat Henry Picker aus dem Führerhauptquartier (zuerst veröffentlicht u.d.T. Henry Picker, Hitlers Tischgespräche im Führerhauptquartier 1941-42, hg. von Gerhard Ritter, Bonn 1951) handelt es sich

wird sich hier ein deutliches Bild ergeben. Sie waren in seinem Bann. Sie waren ihm hörig und hatten keinen eigenen Willen. Wie dieser Zustand medizinisch bezeichnet werden muß, ist dabei unerheblich. Während meiner Zeit als Architekt habe ich festgestellt, daß ein Aufenthalt von längerer Dauer in seiner Nähe mich müde, abgespannt und leer machte. Die selbständige Arbeit war gelähmt. Als Rüstungsminister habe ich aus dieser Erfahrung grundsätzlich nur alle 14 Tage bis drei Wochen meine Besprechungen bei A.H. durchgeführt und mich so versucht, selbständig zu erhalten. Auch Dönitz war der Meinung, daß ein andauerndes Arbeiten in seiner unmittelbaren Nähe unmöglich sei, wenn er es auch mit äußerlichen Gründen erklärte.

Wie ist es zu erklären, daß er auch Menschen, die ihm fernstanden, in einer kurzen Besprechung in seinen Bann brachte?

Zweifellos muß bei alledem eine suggestive Überzeugungskraft vorhanden gewesen sein. Jedoch ist hier vorauszuschicken, daß im gesamten Volk eine große einmütige Meinung über A.H. und seinen Wert und seine Mission vorhanden war. Man muß sich vorstellen, mit welchen Gefühlen der Ehrfurcht vor der geschichtlichen Größe die meisten Besucher ihm gegenübertraten, wie wichtig dadurch jedes seiner Worte wurde. Dieser Nimbus gab zweifellos einen außerordentlich guten Boden sowohl für die eindringliche Einwirkung als auch für die Glaubwürdigkeit seiner Begründung ab. Und dann wirkte seine Fachkenntnis, sein Zahlengedächtnis jedesmal außerordentlich, weil sich niemand das so vorstellen konnte. Im übrigen hat er, wenn ausgesprochene Fachgebiete besprochen wurden, immer die Fachleute zuerst sprechen lassen und dann erst seine Meinung formuliert.

Sie sagten neulich, daß er in seiner Umgebung die Minderwertigen bevorzugte?

---

um die weitaus umfangreicheren Aufzeichnungen von Heinrich Heim: Adolf Hitler, Monologe im Führerhauptquartier 1941–1944. Die Aufzeichnungen Heinrich Heims, hg. von Werner Jochmann, Hamburg 1980.

Er hatte das Bestreben, kräftige und ausdauernde Mitarbeiter zu haben. Seine Auswahl ging zunächst sicher nach dieser Richtung. Die alten Mitarbeiter aus der »Kampfzeit« waren alle einmal zäh und stark. Sowohl die Gauleiter als auch seine ersten Mitarbeiter wie Göring, Goebbels, Ley, Himmler, Bormann usw. Diese haben sich weitgehend durch ihr Leben verweichlicht und sich so zur Minderwertigkeit entwickelt. Außerdem trug die Entwicklung seiner Arbeitsweise dazu bei, daß nur Menschen, die auf seine Eigenarten eingingen, auf Dauer in seiner Nähe arbeiten konnten. Ich weiß nicht, ob er früher mehr und öfter Widerspruch vertragen hat, jedenfalls war dies ab 1942 in wichtigen Fragen nur noch in vorsichtiger Form und nie im »frontalen Angriff« möglich.

Wie war seine Arbeitsweise mit Ihnen?

Er wollte im allgemeinen überzeugen. Er holte weit aus und versuchte, möglichst im Grundsätzlichen zu bleiben. Bei Widerstand ließ er seinen Gesprächspartner nur noch selten zu Wort kommen, um sein Ziel zu erreichen. Er begann selten ein Gespräch ohne vorgefaßte Meinung. Meistens kam ein Termin ja auch nur zustande, wenn er etwas mitteilen wollte. Laut und erregt wurde er recht selten. Wenn ein Verhältnis zu seinem Mitarbeiter so weit war, daß er »aus der Rolle fiel«, dann konnte man mit dessen baldiger Verabschiedung oder Kaltstellung rechnen. Es gab selten klare Befehle. Entscheidungen, auch auf dem militärischen Gebiet, waren roh umrissen und oft nur »als Meinung« abgegeben. Trotzdem erwartete er, daß sie als Befehle durchgeführt werden. Daran mußte sich ein Soldat erst gewöhnen; die Politiker kannten diese unbestimmte Art der Befehlsform, die ihre Vorteile hatte.

Wie reagierte er auf irgendwelche günstigen oder schlechten Ereignisse?

Er war durchaus beherrscht, bis zum Schluß. Auch schlechteste Nachrichten konnten ihn nicht aus der Fassung bringen. Als die Nachricht von dem Abfall Badoglios[5] überraschend kam, war ich bei ihm. Er hat

[5] Am 24. Juli 1943 wurde der italienische Diktator Benito Mussolini nach einer Sitzung des Faschistischen Großrats abgesetzt und verhaftet. An seiner Stelle über-

kurze Zeit danach seine nebensächliche Besprechung über Waffen fortgesetzt, in beherrschter Ruhe. Diese Fassung, die er immer bewahrte, bewunderte seine Umgebung in besonderem Maße. Sie gab allen ein Gefühl, einen Menschen vor sich zu haben, der über der Situation steht und sie meistert. Sicher hat diese Art ganz wesentlich zu dem Vertrauen aller in seine Entscheidungen beigetragen. Gemütsbewegungen waren ihm nicht anzusehen, wenn er sie nicht zeigen wollte. In der letzten Zeit bekam er zunehmend öfter feuchte Augen, wenn ihn ein Ereignis menschlich rührte. Er hatte trotz seines schlechten gesundheitlichen Zustandes sich bis zum Ende fest in der Hand. Diese Selbstbeherrschung war ein wesentliches Moment seines Einflusses und eine außerordentliche Leistung seiner unübertroffenen Energie. Wie viele Augen betrachteten ihn seit Jahren, wenn ein kritisches Ereignis gemeldet wurde, und welche Mutlosigkeit wäre wellenförmig davon ausgegangen, wenn er nur einmal die Fassung verloren hätte.

Wenn er mit seinen Mitarbeitern unzufrieden war, wie war das System von deren Ersetzung?

In der Auswechslung von Mitarbeitern, die er als untauglich ansah, war er sehr unentschlossen. Das war ein großer Fehler, der sich seit Röhm immer wieder durchzog. Er hatte eine ausgesprochene Scheu, prominente Mitarbeiter in der Öffentlichkeit auszuwechseln. Die unsichtbare »Kaltstellung« war ihm viel lieber. Eigentlich hatte er es bei seiner Autorität nicht nötig. Er konnte über einen Mitarbeiter wochen- und monatelang schärfste Urteile abgeben, ihn glossieren, ihm damit jede Arbeitsmöglichkeit nehmen und trotzdem an ihm festhalten, und das, obwohl auch seine Umgebung seiner Meinung war.

Es ist dieselbe Unentschlossenheit, mit der er die Ideologie der SS, den Rosenbergschen Mythus[6], die Bormannsche Kirchenpolitik, die

nahm Marschall Pietro Badoglio die Regierungsgeschäfte und leitete insgeheim Kapitulationsverhandlungen mit den Westmächten ein, die zur Überraschung der Nationalsozialisten am 3. September 1943 zum italienischen Kriegsaustritt führten.

[6] Alfred Rosenberg, Der Mythus des 20. Jahrhunderts, München 1930. Speer selbst gab in den Kransberger Verhören an, die verquaste Ideologiebibel des Parteiphilosophen Rosenberg nie gelesen zu haben.

Frauen von Goebbels (vor 1939) ablehnte, sich darüber lustig machte, aber keine Konsequenzen zog und keine Weisungen gab. Dadurch hatte er eine große Zahl von Mitarbeitern, von denen er zwar nicht viel hielt, die dadurch den Autoritätsverlust hatten und die trotzdem im Amt bleiben mußten. Offene Kritik war von ihm nur selten zu erhalten, so angenehm sie jedem persönlich gewesen wäre. Daher hatten viele ein Beobachtungssystem über die Adjutanten, um die wahre Meinung nach einer wichtigen Besprechung usw. zu erfahren. Wenn er jemand kommen ließ, um ihm seine Kritik und Unzufriedenheit mitzuteilen, so war dies bereits eine offizielle Handlung, die mit der baldigen Ersetzung des so Angesprochenen endete. Aber auch diese Ersetzung war nur selten klar ausgesprochen. Am liebsten wählte er den Weg der Beurlaubung oder sonst eine unauffällige, vor der Öffentlichkeit zu tarnende Form. Typisch ist hier die Stellung Backes als Reichsernährungsminister: Darré wurde nur »beurlaubt« und nicht entlassen. Zunächst führte Backe als Staatssekretär die Geschäfte. Als er aus Autoritätsgründen Reichsminister werden mußte, sollte weiter zum Ausdruck gebracht werden, daß Darré nach wie vor beurlaubter, d.h. im Amt befindlicher Minister ist. Daher wurde Backe zum »Reichsminister ohne Geschäftsbereich« ernannt und gleichzeitig mit der »Führung der Geschäfte des Reichsernährungsministeriums« beauftragt. Das ist vielleicht der krasseste Fall, den sich hier unser Reichsnotar Lammers ausdachte, um der gegebenen Weisung gerecht zu werden. Parallel mit dieser Erscheinung lief das Bestreben, für jeden wichtigen Posten möglichst zwei oder drei Kontrahenten zu haben, die er alle unmittelbar beschäftigte, auch wenn sie aus derselben Dienststelle stammten.

Lag in dieser doppelten Beauftragung ein System oder geschah es unabsichtlich?

Nach außen war ein System nicht zu erkennen. Es gab aber kaum ein Gebiet, das nicht zwei- oder mehrgeteilt war. Er liebte es, auch an seinen unmittelbaren Mitarbeitern vorbei, mit deren Untergebenen, selbständig und ohne Information des Chefs Besprechungen abzuhalten und Weisungen zu geben. In diesen Fällen war der eigentliche Chef mehr oder weniger auf die Anständigkeit seiner so unmittelbar angesprochenen Mitarbeiter angewiesen. Selten, daß es gut ging.

Denn für den kleineren Mitarbeiter wirkte die Tatsache der unmittelbaren Ansprache ungeheuer auf dessen Selbstbewußtsein. So stellte er z.B. in meinem Ministerium ein unmittelbares Verhältnis zu Saur und Dorsch her, das ich, auch bei größter Anstrengung, nicht hätte trennen können. Die erfahrenen, alten Mitarbeiter von ihm vermieden es daher ängstlich, ihm ihre besten Mitarbeiter vorzustellen. Die Folge davon war, daß in seiner Umgebung als zweite Klasse sich viel minderwertiger Nachwuchs aufhielt, aus dem er sich oft neue Mitarbeiter auswählte.

Konnte man A.H. Menschenkenntnis zusprechen?

Das ist schwer zu beantworten. Er hat viele gute Griffe getan, er hat umgekehrt vollständig ungeeignete Personen an ihren Posten gestellt und hat sie auch dort gelassen. Er ließ sich auf jeden Fall leicht bluffen. Menschen, die ihm Theater vormachten, wurden nicht erkannt. Er war eigentlich zu den politischen Mitarbeitern zu vertrauensselig. Daß es darunter falsche Menschen gibt, die ihn wissentlich betrogen haben, wollte er nur recht ungern annehmen. Ganz im Gegensatz zu seinen Offizieren, auch schon vor dem 20. Juli. Hier hatte er grundsätzlich Mißtrauen. Eine gute, ausgeprägte Menschenkenntnis hatte er jedenfalls nicht. Letzten Endes zeigt sich seine schlechte Menschenkenntnis in der Auswahl seiner Nachfolger.[7] Hier hat er den größten Fehlschlag erlitten. In einem Gespräch, vielleicht im März 1945, gab er das seinen Sekretärinnen gegenüber auch freimütig und verzweifelt zu: »Zuerst sei ihm Heß als Vertreter verrückt geworden, Göring sei durch sein Leben und durch die Niederlage seiner Luftwaffe im Volk untragbar, und Himmler, der ihm als Dritter möglich erschienen wäre, sei mit der Partei verfeindet und zudem restlos amusisch und daher auch nicht brauchbar. Er wisse nicht, wen er sich noch nehmen könne.« Daß er Himmler für parteifeindlich hielt, war übri-

[7] Bei Kriegsbeginn hatte Adolf Hitler in seiner Rede am 1. September 1939 vor dem Reichstag die Nachfolgeregelung bekanntgegeben: »Sollte mir in diesem Kampfe nun etwas zustoßen, dann ist mein erster Nachfolger Parteigenosse Göring. Sollte Parteigenossen Göring etwas zustoßen, ist der nächste Nachfolger Parteigenosse Heß. [...] Sollte auch Parteigenossen Heß etwas zustoßen, werde ich durch Gesetz nunmehr den Senat berufen, der dann den Würdigsten, d.h. den Tapfersten, aus seiner Mitte wählen soll.« (Der großdeutsche Freiheitskampf. Reden Adolf Hitlers vom 1. September 1939 bis 10. März 1940, hg. von Philipp Bouhler, München 1940, S. 26.)

gens eine Frucht der Arbeit Bormanns, der ihn dadurch bei A.H. »ausstach«.

Hatte A.H. eine Vorstellung von der Sicherung eines geeigneten Nachwuchses auf weiter Sicht?

Hier war, soweit es sich um politischen Nachwuchs handelte, eine klare Linie vorgezeichnet. Sie stammte in ihrer Idee von Ley, war aber von A.H. als richtig akzeptiert. Durch den Bau der Adolf-Hitler-Schulen[8] für die Jugend und der Ordensburgen[9] sollte eine weitgehende Schulung von der frühesten Jugend an für die zukünftigen Führungsstellen garantiert werden. Die darin betriebene Auslese und Schulung war nur geeignet, eine bürokratisierte Parteiverwaltung zu errichten. Die natürliche Auslese, die das Leben und der Lebenskampf in sich birgt, war dabei nicht berücksichtigt, und dadurch wäre es ein Fehlschlag geworden.

Wir haben schon mehrmals festgestellt, daß er in seinen Entschlüssen nicht stark war, daß er oft zögerte. Glauben Sie, daß er über die Auswirkungen seines Handelns in der Innenpolitik im klaren war? Daß er z.B. den »Polizeistaat« kannte?

Wahrscheinlich nicht. Es gab oft am Obersalzberg kleine Zwischenfälle, wenn seine nähere Umgebung ihm irgendwelche Fälle unglaublicher Dummheit der Verwaltungsdienststellen berichtete, wie wenn z.B. den Münchnern das Fahren mit ihren Fahrrädern über einen bestimmten Umkreis ohne Grund oder mitten im Winter der Skilauf verboten wurde. Bei solchen Gelegenheiten wurde er außerordentlich erregt und betonte seinen ewigen und erfolglosen Kampf

---

[8] Bereits im Februar 1933 begannen die Nationalsozialisten mit dem Aufbau eines eigenen Schulsystems. Grundstein für die Erziehung der Staatsjugend waren die Adolf-Hitler-Schulen, die der Hitlerjugend unterstanden. Zu den Aufnahmevoraussetzungen zählte neben dem Erreichen des 12. Lebensjahres die »hervorragende Bewährung« im Jungvolk. Im Gegensatz zu den Adolf-Hitler-Schulen unterstanden die erstmals 1934 gegründeten nationalpolitischen Erziehungsanstalten (NPEA, auch Napola) der SS.

[9] In den drei – bis 1941 von der DAF und später von der NSDAP finanzierten – Ordensburgen in Sonthofen/Allgäu, am Crössinsee/Pommern und »Vogelsang«/Nordeifel wurde der nationalsozialistische Führungsnachwuchs für Staat und Partei ausgebildet. Aufnahmevoraussetzung war eine siebenjährige »Bewährung im Leben«.

gegen diese Dummheit der Bürokratie. Bormann mußte dem Fall nachgehen. Wie das Leben draußen wirklich war, wußte weder er noch seine Umgebung, da sie wirklichkeitsfremd geworden war. Grundsätzliche Konsequenzen hat er aus solchen Einzelbeispielen nicht gezogen. Er war in all diesen Dingen überhaupt merkwürdig unentschlossen. Der Außenstehende stellt sich A.H. als einen sehr scharfen, schnell und brutal reagierenden Diktator vor. Daß er zögernd und sogar fast ängstlich vor Entscheidungen sich vorbeidrückte, wird unfaßbar sein. Es war aber so.

Haben Sie eine Erklärung für diese Unentschlossenheit?

Er erklärte gelegentlich, daß er sich jeweils auf ein Gebiet konzentriere, alle anderen Gebiete dann vernachlässige. Es war bekannt, daß ihn schon lange vor dem Kriege außer Außenpolitik und Wehrmacht – abgesehen von seiner Architektur – nichts weiter interessierte. Es war daher die Hoffnung aller, die die Mißstände kannten, daß er sich später wieder konzentriert mit der inneren Politik beschäftigen und die Mißstände, die im Gegensatz zu seinem Leben sich eingebürgert hatten, ausmistet.

Demnach überließ er die Innenpolitik mehr oder weniger anderen?

Zweifellos war ihm die Innenpolitik entglitten. Diese beherrschte letzten Endes Bormann, der es verstand, ihm das so hinzustellen, als ob er, A.H., weiter die Leitung hätte.

A.H. konnte jedoch jederzeit dieses Gebiet wieder voll in seine Hand nehmen. Er hatte das alte Prinzip des Teilens der Macht, um zu herrschen, weitgehend durchgeführt. Er hatte überall politische Kräfte, die warteten, den anderen mit viel Freude und Genugtuung zur Strecke zu bringen. Einige deutlich ablehnende Worte über Bormann, und alle seine Feinde wären über ihn hergefallen.

Können Sie sagen, wie die Nachrichten und die Meinungen vorgetragen wurden und wie er hauptsächlich über die außenpolitische Stimmung unterrichtet wurde?

Einmal natürlich über Ribbentrop als Außenminister, der laufend Informationen über Hewel brachte. Und vielleicht noch eindringlicher über die Presseinformationen, die Dr. Dietrich täglich zwei bis drei Mal abgab. Hier wurden die Pressestimmen der Welt vorgelegt. Dietrich war ein weicher und bequemer Mann. Er ging den Weg des geringsten Widerstandes. In der Welt wird viel geschrieben. A.H. war immer außerordentlich erfreut, wenn er Nachrichten bekam, die in seiner Linie lagen. Die Freude hierüber und der Ärger über entsprechende andere Nachrichten verführten dazu, weitere Nachrichten dieser Prägung zu bringen. Ich hatte manchmal diesen Eindruck. Jedenfalls war diese tägliche Information eines der wesentlichsten Stimmungs- und Beruhigungsmomente bei A.H. Dr. Dietrich hat sie sicher nicht bewußt gefärbt. Aber der Einfluß und der tägliche Umgang mit A.H. konnten ihn dazu verleiten, unbewußt unobjektiv zu werden. Den Einfluß einer starken Persönlichkeit, wie der A.H.s, unbeeinflußt zu ertragen, ist sicher ein Problem, das in der Geschichte schon mehrmals seine schweren und negativen Auswirkungen hatte.

Wie ist zusammenfassend Ihre Meinung über die Art A.H.s, seine Mitarbeiter auszusuchen und zu beschäftigen?

Seine Methoden mußten zwangsläufig zu schwachen Mitarbeitern führen, denn die willkürliche Auswahl brachte keine fachlich fundierten Personen an die richtige Stelle; und in seiner Nähe mußten die charakterlich Minderwertigen, die dann durch ihr ausschweifendes Leben immer widerstandsloser wurden, gut vorwärtskommen. Sie waren ihm gegenüber ängstlich und konnten keine Meinung vertreten, auch da sie selbst zu sehr schuldbeladen waren. Auf diesem Nährboden mußten die Intrigen mit ihrer nicht faßbaren »Hintertreppenpolitik« gut gedeihen. Je schwächlicher und ängstlicher diese einzelnen Mitarbeiter A.H.s in seiner Gegenwart waren, um so brutaler und egozentrischer waren sie in ihrer Auslegung des Begriffes »Staatsautorität« gegen ihre Untergebenen. Sie waren mit dem richtigen Unterbewußtsein für ihre Schwäche darauf bedacht, sich »Kreaturen« zu halten, die sowohl im Lebenswandel, in der Auffassung von Sitte und Moral und in der geistigen Haltung es mit ihnen gleich taten. Wer bei ihnen nicht in gemeinsamen Nächten mittrinken und in den unsauberen Gesprächen mithalten konnte, war nicht möglich [sic] und ein »Spießbürger«. Er hatte nicht die Möglichkeit, Karriere zu machen. So hatte die Minderwertigkeit mancher führender Persönlichkeit weittragende Folgen auch für die Qualität seiner Untergebenen. Da dieser Prozeß schon über zehn Jahre andauerte, war er teilweise bereits weit in die Tiefe gegangen. Als dann die letzte Phase des Krieges herankam, war dieser korrupte und verbrauchte Teil der Führungsschicht nicht mehr in der Lage, die weitere Entwicklung zu erkennen und im Interesse des Volkes zu meistern. Im Gegenteil, sie verrieten das Volk, von dem sie sich schon lange gelöst hatten, und stellten ihr eigenes Schicksal voran. Ein System, in dem sich die Auslese der Führerpersönlichkeiten nur nach der Beurteilung und letzten Endes der Willkür und der Duldsamkeit des Diktators richtet, führt unaufhaltsam zu diesen Folgen. Hätte bei uns nur in einem bescheidenen Maße eine öffentliche Kritik die Führerpersönlichkeiten kontrollieren und neu bestätigen dürfen, dann wäre eine bessere Auslese entstanden. So war das größte Lob, das die Volksstimme über ihren Führer zu vergeben hatte, die Feststellung: »Er lebt anständig. Er ist ein anständiger Mensch.« Es ist nichts herabsetzender für die Personalpolitik A.H.s, als daß letzten Endes diese doch so selbstverständliche Tatsache des anständigen Verhaltens das höchste Lob darstellte, das vom Volk vergeben werden konnte.

II. Seine Arbeitskraft und die Arbeitsweise

Das Bild, das wir uns von A.H. machen können, ist recht verschieden. Was beeinflußte ihn und sein Handeln, und wie war das am Ende seines Lebens?

Zweifellos hat er eine schwerwiegende Änderung seines Wesens und seiner Arbeitsweise im Laufe der Jahre mitgemacht. A.H. von 1945 ist nicht der von 1938. Das ist zunächst einmal bei allen seinen Mitarbeitern unbestritten. Nur die Art dieses Wandels wird völlig verschieden gesehen. Die einen glauben an eine geistige Verwirrung, die anderen wollen es auf gesundheitliche Störungen zurückführen. Mir scheint es daher ein wichtiges Problem zu sein, das hier eingehend besprochen werden sollte. Nach meiner Meinung kann man als durchgehenden Leitsatz voranstellen, daß er ein »Genie« war. Dabei möchte ich auch die negativen Eigenschaften, die allgemein bei einem

Genie angenommen und beim Künstler noch verziehen werden, damit treffen. Politiker mit nüchterner und rationaler Arbeits- und Denkweise sind sicher nützlicher. Aber er wollte ein »Genie« sein. Bei uns sagt man, daß Genie und Wahnsinn nah beieinander sind. Das trifft auch bei A.H. zu, und zwar recht früh, wenn man darunter den Begriff der »überspannten Ideenbildung« und nicht den psychiatrischen versteht. Er stellte z.B. oft fest, daß seine politische, künstlerische und militärische Vorstellungswelt eine Einheit sei, die er sich bis in die Einzelheiten bereits gebildet hätte, als er zwischen 30 und 40 Jahre alt war. Das sei seine fruchtbare Zeit gewesen. Alles, was er jetzt schaffe, sei nur eine Verwirklichung seiner damaligen Ideen. Aus Andeutungen ging hervor, daß er diese Gedanken im zweiten unveröffentlichten Band seines Buches »Mein Kampf« niedergelegt hat. Dieser zweite Band muß um 1925 geschrieben worden sein.[10]

Vielleicht enthüllt er einmal die ganze Phantastik seines Wesens. In derselben Zeit legte er in Skizzen seine Pläne für Berlin fest, die eine überdimensionale Größe haben und wohl nur zusammen mit seinen politischen Plänen zu verstehen sind.

Ich möchte auf seine Arbeitsweise eingehen. Was können Sie dazu sagen?

Seine Art zu arbeiten gibt einen guten Einblick in sein Wesen, gleichzeitig aber, nach meiner Meinung, auch einen Schlüssel für die Veränderung seines Wesens im Laufe dieses Krieges. Viele in der näheren Umgebung A.H.s waren in den letzten zwei Jahren erschüttert über die starre Linie, die er seinen Entscheidungen zugrunde legte, und die Hartnäckigkeit, mit der er sie verfolgte. Während ihm früher immer wieder neue Varianten und grundsätzlich neue Wege einfielen, die ihn aus unüberwindlich scheinenden Sackgassen elegant herausführten, während er früher, von der Besetzung Österreichs angefangen bis zum Pakt mit Rußland, der Welt und seiner Umgebung immer wieder neue Überraschungen bot, blieb diese Gabe zweifellos zumindest nach 1942 aus.

[10] Hitlers sogenanntes Zweites Buch ist 1928 entstanden und enthält insbesondere außenpolitische Überlegungen; es wurde 1961 posthum veröffentlicht: Gerhard Weinberg (Hg.), Hitlers Zweites Buch. Ein Dokument aus dem Jahre 1928. Geleitwort von Hans Rothfels, Stuttgart 1961.

An welche Möglichkeiten denken Sie?

Ich bin kein Politiker und kann nicht beurteilen, welche Möglichkeiten es noch gab. Aber zumindest hätte er früher Versuche dazu gestartet. Frankreich und auch die anderen besiegten Teile Europas hätten 1940 oder 1941 noch Anlaß zu derartigen Überlegungen geben können. Eine großzügige Politik in dem besetzten Rußland wäre vielleicht eines der Mittel gewesen, um hier Erfolge zu erzielen. Die Auswirkungen seiner Rückzüge und Verluste hätte er sicher mit politischen Mitteln versucht abzumildern. Er hätte sich über seine Gesamtlage Rechenschaft geben können. Und letzten Endes wäre es sicher vermeidbar gewesen, dem Volk ein »heroisches Ende« bereiten zu wollen. In seinem Buch »Mein Kampf« sind für einen verlorenen Krieg einige Erkenntnisse, die vernünftig sind. Daß er sie nicht mehr einhielt, hat viele seiner engsten Mitarbeiter gerade in den letzten Monaten ratlos werden lassen.

Können Sie diese Änderung seines Wesens erklären? Welche Faktoren haben dazu beigetragen?

Es ist hierzu notwendig, zuerst seine Arbeitsweise vor dem Kriege zu beschreiben, um danach den großen Wechsel mit Kriegsbeginn verstehen zu können. Seine Arbeitsweise vor dem Krieg war die eines »Künstlers«: undisziplinierte Zeiteinteilung, keine regelmäßigen Arbeitsleistungen, wochenlange Beschäftigung mit Nebenproblemen, Ausreifenlassen der Grundprobleme und dann plötzliche »Erkenntnis« über die richtige Lösung des anstehenden Grundproblems, kurzes schnelles Arbeiten zur Erfassung und Festlegung dieser Erkenntnisse, dadurch einige sehr intensive Arbeitstage, um danach wieder ein verhältnismäßig wenig mit sichtbarer Arbeit ausgefülltes Leben zu führen.

Er hatte demnach keine geregelte und disziplinierte Arbeitsweise?

Die Zeiteinteilung A.H.s war vor dem Krieg ausgesprochen locker. Es gab nicht viele festgelegte Termine, und auch diese wurden oft nicht eingehalten. Er ließ sich in keiner Weise in die Arbeit hineinhetzen, hatte fast immer Zeit zur Verfügung. Viele Probleme wurden von ihm in dem politischen Kreis bei der Mittagstafel in der Reichskanzlei zur Sprache gebracht. Er beeinflußte dadurch seine engeren Mitarbeiter laufend. Der Mittagstisch war die große Informationsmöglichkeit für alle. Ohne ihn wäre alles recht unorientiert gewesen. Nach dem Essen konnte der eine oder andere wichtige Politiker seine Probleme in improvisierten Besprechungen anbringen, so daß diese gesamte Zeit von 3–4 Stunden am Tag die eigentliche politische Ausrichtungsarbeit A.H.s darstellte. Dann noch ein bis zwei lange Besprechungen mit hohen Offizieren über militärische Fragen oder mit Göring über schwerwiegende Probleme des Vierjahresplanes. Vor dem Abendessen waren dann meistens Besprechungen mit Architekten, die ihm Pläne vorlegten, oder seine eigene Beschäftigung mit Architekturplänen. Das Abendessen in einem kleineren, nicht so ausgesprochen politischen Kreis wie nachmittags, wieder ohne Frauen. Dann anschließend ein bis zwei Filme und danach bis etwa 2 Uhr morgens Gespräche, bei denen er zweifellos versuchte, sich »abzureagieren«; er sprach über seinen Werdegang und über seine Jugend, um sich selbst seine Berufung immer wieder vor Augen zu führen. Denn diese leitete er als Politiker weitgehend aus seinem Lebenslauf ab.

Von Zeit zu Zeit unternahm er mit besonderer Vorliebe Fahrten mit dem Auto durch das Land von oft zwei bis drei Tagen Dauer, angehängt an große Versammlungen, mit Besuchen von Baustellen der Autobahn und anderen Bauten, mit Picknicks im Freien und einer ungezwungenen Lebensweise. Diese Fahrten wurden grundsätzlich, allerdings auch aus Sicherheitsgründen, nicht vorbereitet und angemeldet. Wenn er große Entscheidungen zu fällen hatte, dann ging er auf den Obersalzberg. Hier war das Leben weitgehend auf ihn privat abgestellt. Fräulein Braun, die in Berlin bis auf die letzten ein bis zwei Jahre niemals in Erscheinung trat, gesellte sich zu ihm, und auch sonst war der Kreis, wie bereits beschrieben, ein durchaus unpolitischer. Stundenlanges Auf- und Abgehen mit seinen militärischen Adjutanten und Rekapitulieren derselben Probleme oft in vielfach wiederholten Gesprächen, um mit sich selbst mit immer neuen Nuancen ins klare zu kommen. Spaziergänge vom Obersalzberg, Einkehr in kleinen Gasthöfen brachten ihm, wie er sagte, die innere Ruhe und Sicherheit zu den für die Welt überraschenden Entscheidungen. Hier [erfolgte] eine noch weitgehendere Beschäftigung mit künstlerischen Dingen, mit der Architektur und die Besichtigung von zahlreichen Spielfilmen, die bei seinem ungeheuren Konsum von täglich zwei Filmen oft zwei- oder dreimal gegeben werden mußten.

Wie kam er zu diesen Entscheidungen, waren sie aus der sogenannten »Intuition« entstanden?

Das zusammenfassende Bild dieser Vorkriegstätigkeit, wie ich sie sehen konnte, ist keine fleißige, durch viele Einzelbeobachtungen *erarbeitete* Meinungsbildung, sondern ein aus verschiedenen Einzelmerkmalen sich gefühlsmäßig bildendes Urteil. Und oft, wie es mir schien, mit einer nachträglich vorgenommenen rationalen Beweisführung. Die »Intuition«, die in seinem Schaffen nach seinen eigenen Bemerkungen eine so große Rolle spielte, brauchte die notwendige Umwelt und als Grundlage diese so scheinbar unausgelastete Arbeitsweise. Sie brauchte aber in der Hauptsache eine große Selbstsicherheit, die ihm laufend nur aus dem ihm damals entgegengebrachten Vertrauen des Volkes und seiner eigenen Umgebung gegeben wurde. Er hatte zweifellos in seiner »guten Zeit« eine »Witterung« für Zusammenhänge und kommende Ereignisse, die in Erstaunen versetzen konnte. Er hatte eine »Antenne«. Jede Versammlung und die in ihr erzeugte Bewunderung, jede Fahrt über das Land, mit den von allen Seiten herbeiströmenden Menschen, die seinen Wagen stürmten und ein Vorwärtskommen fast unmöglich machten, seine Umgebung, soweit sie nicht dauernd um ihn war, ehrfürchtig und andächtig, das alles war notwendig, um ihm die Sicherheit für seine Entscheidungen zu geben. Es war seine geistige Nahrung, die ihm auch bei schweren Entschlüssen eine gewisse Leichtigkeit und Ungezwungenheit gab. So war sein Leben vor dem Kriege nicht so, wie sich das Volk es von außen vorstellte. Er hatte aus langer Übung diese Art zu arbeiten sich entwickelt, die seinem Wesen entsprach, [die aber für seine Umgebung durch ihre Unregelmäßigkeit nicht bequem war.][11]

Und als der Krieg begann, änderte sich diese Arbeitsweise weitgehend?

Damals wurde von ihm und auch von seiner engsten Umgebung, die für die Einteilung seines Lebens mitverantwortlich war, eine für die

[11] Im Originaltext ist dieser Halbsatz von Speer handschriftlich gestrichen.

weitere Entwicklung entscheidende Änderung seiner Zeiteinteilung und seines Lebenslaufes durchgeführt. Aus Grundsatz verzichtete er zu Beginn des Krieges auf jede Unterhaltung, da er der Meinung war, daß diese bei den Opfern, die der Soldat zu bringen hat, von ihm nicht mehr verantwortet werden könne. Er sah keine Filme mehr an, er verzichtete in der ersten Zeit völlig, seinen künstlerischen Neigungen nachzugehen, und schloß sich von seinem privaten Kreis weitgehend ab. Seine neue Umgebung waren die Offiziere des OKW und des Generalstabes, dazu noch einige wenige seiner alten Bekannten, sein Begleitarzt Professor Brandt und Professor Morell und seine persönlichen Adjutanten. Seine Arbeit wurde von Jahr zu Jahr strenger und damit seiner Wesensart fremder. Während er sich früher von der Arbeit nicht drängen ließ, wurde er jetzt der Sklave der Arbeit, da er glaubte, vieles selbst durchführen zu müssen. Während er es früher ausgezeichnet verstand, andere für sich arbeiten zu lassen – das war ein Vorteil für A.H. –, begann er jetzt, mit den zunehmenden Sorgen, immer mehr sich um Einzelheiten anzunehmen, die er früher niemals selbst durchgeführt hätte. Er machte sich selbst zum fleißigen und regelmäßigen geistigen Arbeiter, und das lag weder seinem Wesen, noch förderte es seine Entscheidung.

Wie wirkte sich diese Änderung seines Lebens auf seine Person aus?

Jeder aktive Sportsmann kennt den Zustand des Übertrainings. Man kommt in ihn unmerkbar hinein, und wenn der Trainer nicht frühzeitig genug abbricht, ist der Sportsmann oder die Mannschaft auf lange Zeit verdorben und muß ihr Training abbrechen. Auch eine geistige Überbeanspruchung kann ein geistiges »Übertraining« hervorrufen. Diese geistige Überbeanspruchung äußert sich, jedenfalls konnte ich das in den schweren Zeiten des Krieges auch eingehend an mir selbst studieren, in einer fast mechanischen Weiterarbeit der Gedanken bei einem gleichzeitigen Aussetzen des frischen und schnellen Eindrucks und des darauffolgenden Entschlusses. Für alle Menschen, die keine methodischen Arbeiter sind, sondern aus dem Gefühl heraus ihre Entscheidungen treffen, schlägt der Vorteil, den diese gefühlsmäßige Erfassung und die oft leichtsinnige Sicherheit haben kann, mit der sie ihre Entscheidungen bestimmen, dann in eine dumpfe Unsicherheit und gequälte Entschlußlosigkeit um. Sie haben plötzlich den tieferen Sinn ihres eigenen Wesens verloren und bekommen ihre Entscheidungen nicht mehr durch ein wie selbstverständlich arbeitendes Denkvermögen, sondern müssen diese einem gequälten Hirn herauspressen. Der Instinkt sagt frühzeitig, daß und wann eine Pause eingelegt werden muß, um wieder zu frischen geistigen Eigenschaften zu kommen. Zu viel Energie läßt diesen Instinkt leicht ausschalten. Danach ist es schwer, den eigenen Zustand zu erkennen. Wie beim sportlichen Übertraining übrigens auch. Ich habe oft nach Eintreten der geistigen Überbeanspruchung eine andere Tätigkeit eingeschaltet, bin auf Reisen, in die Betriebe oder an die Front gegangen, habe dabei eine grundsätzlich andere Zeiteinteilung des Tages durchgeführt oder ich habe zwei oder drei Tage völlig ausgespannt, so daß es mir durch diese instinktiven Maßnahmen, trotz Ihres Bombenkrieges, bis zum Schluß des Krieges gelang, noch einigermaßen frisch zu bleiben.

Und hat A.H. nichts gegen diese geistige Überbeanspruchung unternommen? Hat er keinen Urlaub genommen oder versucht, sich sonst abzulenken?

Man kann auch die Tage auf dem Obersalzberg nicht als Ruhe- oder Urlaubstage ansprechen. Der Betrieb ging weiter; er hatte keinen Vertreter und wollte keinen haben. Daher wurden auch dort, über Bormann oder über die Adjutanten, ihm laufend Einzelfragen zur Entscheidung vorgelegt. Seine Umgebung nahm auf seine Überlastung keine Rücksicht, beanspruchte und nutzte ihn aus, soweit es nur möglich war. Er hat immer wieder betont, daß er keinen Urlaub nehmen könne. Ich glaube, ab 1943 wäre er ohne die tägliche Anspannung bei einer Unterbrechung zunächst einmal zusammengebrochen. In den ersten Zeiten des Krieges hat A.H. von Zeit zu Zeit Frontreisen eingeschoben. Als jedoch die Ereignisse, vom Rußlandfeldzug an, begannen, einen tragischen Verlauf zu nehmen, und ihm das zweifellos nicht verborgen blieb, wurde sein geistiges »Übertraining«, was rein physisch ihm bereits bis zu diesem Zeitpunkt große Schwierigkeiten bereitete und ihn zeitweise sehr müde erscheinen ließ, zunehmend stärker. Man hatte den Eindruck, daß nur seine Energie ihn noch aufrechterhielt. Zweifellos hatte er neben seiner gefühlsmäßigen »künstlerischen« Arbeitsweise einen starken Willen, der in seiner Umgebung einmalig war, von der Natur mitbekommen. Mit diesem Willen hat er gegen seine Natur seine geistige Überbeanspruchung weit überspannt und damit physisch und psychisch die Grundlage für die spätere gesundheitliche Entwicklung gelegt. Bei dieser Belastung wären zweifellos die meisten anderen Menschen aus natürlichen physischen Gründen zeitweise so zusammengebrochen, daß sie aus dieser Entladung heraus wieder nach einiger Zeit zu neuem freien und frischen Arbeiten befähigt gewesen wären. Oder es hätte sich die Natur durch eine Krankheit geholfen. Hier hat sein behandelnder Arzt, Morell, durch seine Behandlungsweise erreicht, daß diese Erschöpfungszustände durch unnatürliche Überbrückungsmittel überdeckt wurden. Eine Methode, die, wie man weiß, auf dem sportlichen Gebiet jeden Menschen schnell endgültig erledigt. Aber A.H. gewöhnte sich an diese zusätzlichen Mittel, die seine Spannkraft aufrechterhielten, und verlangte sie weiter. Er bewunderte Morell und seine Kunst und war in gewissem Sinne von ihm und seinen Mitteln bald abhängig. Ich glaube, daß eine geistige Überbeanspruchung die für den Körper schädlichste und zerrüttendste Form einer Überbeanspruchung ist.

War diese geistige Übermüdung erst im Krieg aufgetreten oder bestand sie schon früher, vielleicht in anderer Form?

A.H. hatte bereits vor dem Krieg in Berlin derartige Zustände der übermäßigen Ausnutzung, die sich in der Unlust, klare Entscheidungen zu treffen, in einer gewissen geistigen Abwesenheit oder in für den Partner qualvollen Gesprächen ausdrückte. Denn es war dann bei ihm nicht zu erkennen, ob er als Partner dem Gesprächsthema folgte oder anderen Gedanken nachhing. Er war oft völlig schweigsam. Dabei konnte man aber manchmal nachträglich feststellen, daß er sehr aufmerksam das Gesprächsthema aufgenommen hatte, obwohl er fast wortlos oder nur mit einem kurzen Ja oder Nein reagierte. Diese Erschöpfung war jedoch nicht andauernd. Sie wurde mindestens nach einigen Wochen Aufenthalt am Obersalzberg gelöst. Sein Auge wurde wieder frischer und seine Reaktionsfähigkeit schneller und seine Entschlußfreudigkeit größer. Während er vor dem Krieg nur zeitweise überbeansprucht war, wurde er im Kriege durch seine Arbeitsweise, seine Überarbeitung und seine Sorgen in diesen Zustand der geistigen Überbeanspruchung endgültig hineingetrieben, so daß sich dieser Zustand zu einem dauernden entwickelte. Je mehr sich die Bedrängnis verstärkte, in die er durch die Frontlage gebracht wurde, je mehr sein Mißtrauen gegen seine militärische Umgebung stieg und er sich dadurch sein Arbeitsvolumen immer mehr vergrößerte, desto schlechter und krankhafter wurde sein völlig überarbeiteter Zustand, ohne daß man nach meiner Meinung auch zum Schluß von einer geistigen Verwirrung sprechen kann. Ich glaube, daß jeder, der geistig viel arbeitet, sich in diesen Zustand der geistigen Überbeanspruchung hineinversetzen kann. Allerdings wird es kaum jemand geben, der das durch so viele Jahre und mit diesen ununterbrochenen und ständig steigenden Anspannungen durchhielt und der dazu einen Arzt fand, der völlig neue Präparate an ihm ausprobierte, um ihn arbeitsfähig zu halten, und so gleichzeitig ein einmaliges ärztliches Experiment durchführte. Es wird wichtig sein, seine Schrift der letzten Monate zu betrachten. Sie hatte die Unsicherheit eines Greises. Er hat mich in seiner störrischen Art, mit seinen lang dauernden Ausbrüchen des Zorns überhaupt oft sehr an die Eigenschaften vieler Menschen im Greisenalter erinnert. Dieser Dauerzustand wurde ab 1944 nur noch selten unterbrochen. Tage, an denen die Entscheidungen wie früher schnell und frisch gegeben wurden, an denen er entgegenstehenden Argumenten zugängig war, waren auffallend und wurden nachträglich besprochen. Einzelentscheidungen traf er zwar in großer Zahl und gern. Aber er vermied es, in die Tiefe der Probleme einzusteigen. Er arbeitete nicht mehr »intuitiv«, sondern nur nach den rational sich bei ihm bildenden Erkenntnissen, und dieser Teil war bei ihm nicht klar ausgebildet oder geschult. Der Hauptteil seines Wesens war abgeschaltet und ausgelöscht.

Hat Hitler nicht auch in der »Kampfzeit« schwere Sorgen gehabt und sich körperlich und geistig mindestens soviel zugemutet wie in diesem Krieg?

Zweifellos hat er auch damals Zeiten außerordentlicher Überbeanspruchung gehabt, wie ich nachträglich hören konnte, wenn auch nicht so andauernd, so ausweglos und sorgenvoll. Aber damals gab es eine wichtige Ergänzung, die im Kriege völlig fehlte: der dauernde

Wechsel seiner Umgebung, die ihm immer wieder neuen Glauben und Zuversicht gab, durch seine Versammlung, die ihm wahrscheinlich in seiner Erschöpfung mehr Auftrieb und mehr neuen Mut für den weiteren Kampf gab, als er den Versammlungsteilnehmern von sich aus an eigenen Kräften abgeben mußte. Er gab damals zwar an Überzeugungskraft an seine Umgebung und seine engere Gefolgschaft ab, er »akkumulierte« aber aus den täglichen Ereignissen und Personen neue Kräfte, die ihn immer wieder zu neuen Aufgaben befähigten. Nur so kann ich mir sein Durchstehen in seinen »Kampfjahren« erklären, ganz abgesehen natürlich von seinem geringen Alter damals.

Und Sie glauben, daß dies in diesem Krieg und in seiner militärischen Umgebung nicht der Fall war?

Im Krieg war nichts geistestötender als seine Umgebung. Immer dieselben Gesichter, langweilig, für keine allgemeinen Interessen zugänglich, schon gar nicht kulturell interessiert, Offiziere, die in ihren privaten Gesprächen außer der Jagd und ihrer Karriere oder der Karriere ihrer Kollegen, außer Familiengeschichten und den technisch-militärischen Fragen keinerlei Interesse aufbrachten. Diese Umgebung bestimmte seinen Lebenslauf, und diese Umgebung war in keiner Weise geeignet, ihm laufend etwas von dem, was er an Überzeugungskraft ihnen geben mußte, wieder in anderer Form zurückzugeben.

Sie wurde in der langen Zeit fast nicht gewechselt. Er zog sich daher auch immer mehr aus diesem Kreis zurück. Während er zu Beginn des Krieges noch in Fortsetzung der Mittagstafel in der Reichskanzlei mit seinen Offizieren und seiner engeren Begleitung zusammen die Mahlzeiten einnahm, wurde, durch einen äußeren Anlaß ausgelöst, dieser Brauch aufgehoben.[12] Er nahm von da an seine Mahlzeiten allein ein,

[12] Anfang September 1942 kam es im Führerhauptquartier zwischen Hitler und Generaloberst Jodl zu einer folgenschweren Auseinandersetzung über die mangelnden Erfolge der Heeresgruppe A im Kaukasus, bei der Generaloberst Jodl den Befehlshaber der Heeresgruppe A, Feldmarschall List, gegen die von Hitler erhobenen Vorwürfe in Schutz nahm. Seitdem war Hitlers Verhältnis zu Jodl zerrüttet, ohne daß er diesen aus seiner Funktion entließ. In der Folge des Konflikts war Hitler nicht mehr bereit, mit Angehörigen des Führerhauptquartiers gemeinsam die Mahlzeiten einzunehmen.

um nur selten einige von außen kommende Besucher hierzu einzuladen.

Diese selbstgewählte Vereinsamung ist wichtig genug. Wie entwickelte sie sich weiter?

Etwa ab 1944 wurde diese freiwillig gewählte Vereinsamung noch größer. Die Mahlzeiten, die ich gelegentlich mit ihm einnahm, wurden immer eintöniger und gesprächsloser. Oft wurden während einer Stunde nur wenige Worte gewechselt. Später bürgerte sich der Brauch ein, daß er mit seinen Sekretärinnen zusammen aß und mit ihnen belanglose Gespräche führte. Auch der kleine Tee-Kreis, den er bis dahin zu sich lud, um sich hier in leichterer Form zu unterhalten, wurde immer eintöniger dadurch, daß er auch hierzu nur noch seine Sekretärinnen, seinen Arzt Morell und andere einlud, die ihm wirklich nichts Neues geben konnten. Ich hatte den Einruck, daß er in diesem Stadium, ab Herbst 1944, keine Gespräche mehr führen wollte. Alles, was gesprochen wurde, war sehr blaß, ohne jede Eindringlichkeit und bewußt ohne jedes geistige Niveau. Wie auch dieser Kreis sicher so ausgesucht war, daß er sich keinesfalls dazu eignete, irgendwie an die schweren und nicht mehr zu meisternden Probleme zu erinnern. Er war zu einem Verächter der Menschen geworden. Er betonte das auch oft genug. Nur noch Fräulein Braun und sein Schäferhund seien ihm treu und gehörten zu ihm.

Diese Vereinsamung wurde von seiner Umgebung hingenommen? Sah sie keine Gefahr darin?

Bormann konnte es nur recht sein. Es unterstützte sein System, da nur er die Fragen zur Entscheidung bringen wollte. Und dann hat A.H. nicht geduldet, daß man an seiner Lebensweise Kritik übte. Im übrigen sahen wenige diese Entwicklung völlig klar, da sie langsam vor sich ging. Der Außenstehende konnte sich von dieser Vereinsamung durch gelegentliche Besuche kein Bild machen. Allgemein wurde von einer Führungs-Krise gesprochen; es war aber ausgesprochen eine Führer-Krise.

Wie weit sind seine Entscheidungen durch Vernunftgründe, durch rationales Denken entstanden?

Seine intuitiven Entscheidungen verstand er mit Vernunftgründen weitgehend zu unterbauen. Ich hatte oft den Eindruck, daß die Vernunftgründe erst nach der gefühlsmäßigen Erkenntnis geboren waren, um nachträglich die gefühlsmäßige Festlegung zu untermauern. Wenn er versuchte, nur rational und logisch zu arbeiten und zu denken, konnte er oft die letzte reale Erkenntnis nicht erreichen. Den letzten Vernunftgründen wich er aus. Falls Vernunft und Gefühl gegen seine Linie sprachen, schaltete er den »Glauben« an den ihm vorgezeichneten Schicksalsweg ein.

So war er also von seinem unfehlbaren Weg, von seinem guten Stern überzeugt und machte seine Entscheidungen davon abhängig?

Ja, und zwar um so mehr, je schwieriger die Lage wurde. Durch unzählige Einzelheiten hatte er sich die feste Überzeugung zusammengebaut, daß sein ganzer Lebensweg mit den vielen ungünstigen Ereignissen und Rückschlägen, die er überbrücken konnte, ihn zu der von ihm gedachten Aufgabe von einer höheren Vorsehung bestimmt hatte. Bei schwierigen Lagen und Entscheidungen wurde diese Tatsache bei allen Begründungen hervorgehoben. Je mehr er durch seine krankhafte Überarbeitung von seiner ursprünglichen Fähigkeit, sich von den Ereignissen abzusetzen und frei denken zu können, verloren hatte, und je mehr auf der anderen Seite die Ereignisse ihn in die Enge trieben, hat er dieses, sein vorgezeichnetes Schicksal in den Vordergrund gestellt. Die unfaßbare Tatsache, daß er am 20. Juli unbeschädigt davongekommen war, gab ihm hierin erneute Bestätigung. Die Presseveröffentlichungen Dr. Goebbels' über Friedrich den Großen und den Verlauf des Siebenjährigen Krieges bestärkten diese Linie und gaben ihm in der Bestätigung seiner Meinung neuen Auftrieb.
Schließlich glaubte er in dem überraschenden Tod von Roosevelt die Parallelität der Geschichte zu Friedrich dem Großen bestätigt; damals war die Zarin Elisabeth kurz vor Beendigung des Siebenjährigen Krieges gestorben und hatte durch ihren Tod Friedrich dem Großen in hoffnungsloser Lage die Rettung gebracht.[13] Wenn er das auch nur im

[13] Der amerikanische Präsident Franklin D. Roosevelt war nach langer Krankheit am 12. April 1945 verstorben. In der nationalsozialistischen Propagandaliteratur wurde der Tod Roosevelts immer wieder mit dem »Mirakel des Hauses Brandenburg« ver-

Überschwang des ersten Augenblicks zugab, um danach zu einer ruhigen Beurteilung der dadurch hervorgerufenen Lage zu kommen. Jedenfalls hat der Tod Roosevelts dazu beigetragen, ihn und viele seiner fanatischen Anhänger, die mit ihm an das Schicksalhafte seiner Person glaubten, von noch größeren Verzweiflungstaten abzuhalten, die sonst voraussichtlich über Deutschland gekommen wären; denn aus dieser Tatsache nahmen sie neuen Mut und stellten ihre Zerstörungsabsichten zum Teil zurück, da sie nun wieder an eine weitere Existenz ihrer Person glaubten. A.H. wird bis zu den letzten Wochen von seiner Mission und dem zwangsläufig günstigen Ablauf seines Schicksals überzeugt gewesen sein. Seine in den Lagen mit großer Überzeugungskraft vorgetragene Meinung, daß der Krieg nicht verloren sein kann, entsprach daher nach meiner Meinung seiner inneren Überzeugung, war nicht nur eine Lüge, um die anderen Menschen weiter bei Leistung zu erhalten. Er sah zwar das Schwierige und Hoffnungslose der Lage ein, motivierte jedoch seinen Optimismus damit, daß er in seinem Leben schon viele schwierigste Situationen mitgemacht habe, die immer wieder günstig für ihn ausgegangen seien, und daß auch dieses Mal in irgendeiner Form im »letzten Augenblick« eine Wendung für ihn käme. Wenn etwas in den Gedankengängen der letzten Jahre krankhaft war, dann dieser unerschütterliche Glaube an seinen guten Stern. Er ist mir nur durch eine tiefe Selbstsuggestion erklärlich.

Sie bestimmte zum Schluß seine unerklärlichen Schlüsse?

Ich sehe drei Grundlagen seiner Arbeits- und Denkweise, die ich zum Schluß noch einmal zusammenfasse: Durch seine freiwillige geistige Vereinsamung und durch seine krankhafte Überarbeitung hatte er das Vermögen verloren, intuitiv und gefühlsmäßig arbeiten zu können, seine größte Stärke früher; weiter hatte er die Gewohnheit, rational nur bis zu einer gewissen Stufe die Probleme durchzudenken, um danach sein Gefühl einzuschalten, das ihm nun nicht mehr zur Verfügung stand; und als Ersatz dafür schaltete er in zunehmendem

glichen, als der Tod der Zarin Elisabeth am 5. Januar 1762 Friedrich dem Großen im Siebenjährigen Krieg (1756–1763) die ersehnte Kriegswende brachte, da das Ableben der russischen Zarin im Resultat zu einem Ausscheren Rußlands unter Peter III. aus der anti-preußischen Kriegsallianz führte.

Maße seine krankhafte, durch Selbstüberredung unabweisbar festgelegte Ansicht von seinem glückhaften Schicksal als letztes Beweisstück ein. So etwa kamen seine Entschlüsse zustande, je länger und je schwerer der Krieg, um so totaler wurde dieser Vorgang.

Die Verschlimmerung des geistigen und körperlichen Zustandes von A.H. hatte negative Rückstrahlungen auf seine wichtigen Entscheidungen, und damit den Verlauf des Kriegsgeschehens, und beschleunigte so in wechselseitiger Wirkung sowohl die Verschlechterung seines persönlichen Zustandes als auch die unvermeidliche militärische Niederlage. Und daraus entstand dieser eigentümliche Zustand einer Versteinerung und Verhärtung des Gemütes und des Verstandes, einer Unzugänglichkeit allen Problemen gegenüber, der Schärfe, der Ungerechtigkeit und der Hartnäckigkeit. Eines ist aber zusätzlich wichtig festzustellen: Wir haben in den früheren Besprechungen immer wieder gesehen, daß die Auslese seiner Mitarbeiter im Durchschnitt schlecht war, wie wohl bei allen »Diktatoren«. Dieser zwangsläufige Prozeß der negativen Auslese seiner Mitarbeiter verhinderte eine Umgebung, die diese tragische Entwicklung durch ihre Standhaftigkeit oder durch ihre Klugheit auffangen konnte. Während seiner »glückhaften Zeit« konnte er trotzdem allein regieren; in seinem Unglück aber fehlten umso mehr in seiner Umgebung – auch für ihn – die »Männer«. Eifersucht und Zwistigkeiten, wie sie ebenfalls in der Nähe derartiger Diktatoren immer waren und sein müssen, verhinderten grundsätzlich jede Aktion. Es ist dies eine der Zwangsläufigkeiten aller Diktatoren, die nicht nur mit der Eigentümlichkeit seiner Person zusammenhängen. Ist nicht in der Geschichte aus diesem Grunde schon manches ähnliche System in ähnlicher, für das Volk tragischer Weise zusammengebrochen, da niemand mehr da war, der das Unheil abwenden oder mildern konnte? Das entlastet nicht A.H. und sein für die Menschheit unentschuldbar tragisches Wirken. Er baute das krasseste aller diktatorischen Systeme auf, hatte dadurch die größten Fehlerquellen verursacht und damit den größten Zusammenbruch herbeigeführt, der einem Volk beschieden war.

III. Privat

Welches Charakterbild können Sie uns von A.H. geben?

Es ist mir unmöglich, mir über seinen Charakter, seine Methoden und seine Ansichten ein klares Bild zu verschaffen. Ich habe mir vieles überlegt, um mir selbst Rechenschaft zu geben; aber ohne Erfolg. Während alle anderen Personen in diesem Kreis um A.H. mehr oder weniger unkompliziert oder erfaßbar sind, ist seine Person, jedenfalls für mich, ein Rätsel voller Widersprüche und voll krasser Gegensätze. Ich will versuchen, die verschiedensten Merkmale aufzuzeichnen. Der Versuch kann mißlingen, denn für viele Fragen gibt es entgegengesetzte Antworten; je nachdem, welche Periode oder welche Stimmung als vorherrschend zugrunde gelegt wird.

Sie haben also den Eindruck, daß er unausgeglichen und schwankend in seinem Wesen war?

Er vereinigte sicher größte Gegensätze in sich. Er konnte gütig sein und dadurch seine Umgebung für sich begeistern; zweifellos war er trotzdem unbarmherzig und auch ungerecht. Und dies auch nicht nur zu seinen politischen und weltanschaulichen Feinden, sondern oft auch seiner engeren Umgebung gegenüber. Er konnte treu und ehrlich sein, war aber trotzdem letzten Endes amoralisch in seinen Grundauffassungen. Er war außerordentlich großzügig bei seinen Künstlern und Mitarbeitern, sah ihnen ihre menschlichen Schwächen nach, leider zu sehr, und war trotzdem in vielem kleinbürgerlich, was vielleicht aus seiner Abstammung zu erklären ist. Er wollte Politiker sein und war in seiner Arbeitsweise und in seinen Eigenschaften nach viel mehr Künstler als Politiker oder gar »Feldherr«. Er war eben nicht in sich »ruhend«, abgeschlossen und abgeklärt, sondern im Gegenteil in dauernder innerer Bewegung, immer bereit, sprunghaft Entschlüsse zu fassen. Aber auf der anderen Seite gab es oft wichtige Entscheidungen, die er monatelang mit sich herumtrug und bei denen er zu keinem Entschluß kommen konnte, obwohl es dringend notwendig war.

Wie können Sie ihn weiter charakterisieren? Was können Sie dazu sagen?

Er zeigte sich seinen offiziellen Mitarbeitern selten als »Mensch«. In diesem Kreis war er eine undurchsichtige Persönlichkeit, die keinen Aufschluß über ihr inneres Leben zuließ. Als Künstler konnte ich ihn im privaten Leben kennenlernen. Hier hatte er durchaus »Gemüt« wie jeder andere Mensch auch. Er hatte dabei eine fast bürgerliche Lebensauffassung. Er versuchte als guter »Hausvater« zu wirken. Gutmütig, zu Scherzen aufgelegt, für harmlose Witze anderer empfänglich. Selbst humorvoll und mit viel Selbstironie. Das einfache, in dem sonst üblichen Rahmen kleinbürgerliche Leben fiel ihm nicht schwer. Es entsprach ihm, es wirkte dadurch natürlich, und es war kein Opfer für ihn. Es trug ihm viele Sympathien ein und wurde am meisten im Volk besprochen. Es gab ihm viel Kredit für andere unpopuläre Entscheidungen. Im übrigen war seine Einfachheit auch bewußte politische Absicht. Er betonte oft, »Wenn ich einfach bin, dann muß meine Umgebung mit Orden behängt und prunkvoll ausgestattet sein. In diesem Rahmen wirkt meine Einfachheit stärker.« Daher fand er nichts an den »Blechläden«, die sich Göring und andere anhingen. Eine gute Gabe war seine Möglichkeit, mit dem einfachen Mann aus dem Volk zu sprechen und ihn zu offener Aussprache zu bringen. Nach einigen Minuten Gespräch war die Scheu überwunden und oft wurde erstaunlich offen und humorvoll geredet. Eines scheint mir wahrscheinlich: daß er mit seiner Mission nicht glücklich war; daß er lieber Architekt und nicht Politiker gewesen wäre. Seine Abneigung den politischen und noch mehr den militärischen Geschäften gegenüber hat er oft genug zum Ausdruck gebracht. Er äußerte die Absicht, sich nach dem Krieg von den »Staatsgeschäften« zurückzuziehen, sich in Linz ein großes Haus zu bauen und dort sein Leben zu beschließen.

Stellte er sich hierbei nicht vor, doch noch eine politisch einflußreiche Rolle zu spielen?

Es ist vielleicht bezeichnend für seine zeitweilige Resignation, daß er das nicht wollte. Er war der Meinung und sprach das auch offen aus, daß er sich dann völlig zurückziehe. Er könne seinem Nachfolger nichts hereinreden. Er sei dann ohnehin bald vergessen und von allen verlassen. Vielleicht würde der eine oder der andere seiner früheren Mitarbeiter ihn gelegentlich besuchen. Damit rechnen würde er nicht. Außer Fräulein Braun könne er niemanden mitnehmen. Es würde auch niemand freiwillig so lange bei ihm aushalten.

Wann hatte er solche Gedanken?

Das war 1939 und aber noch oft während des Krieges. Er wollte sich nur noch damit beschäftigen, diese Stadt umzubauen, ihr ein Theater, eine Galerie und zahlreiche andere Bauten zu geben. Im übrigen sollten die Gemäldesammlungen A.H.s, die Sie gefunden haben, in ihren besten Stücken auch für Linz bestimmt gewesen sein. Auch noch in den schwierigen Tagen des Krieges, als von den Bauten der anderen Städte schon längst keine Rede mehr war, beschäftigte er sich in Gedanken mit Linz und seinen neuen Bauten.[14] Aber ich wollte das Beispiel nennen, um noch einmal zu zeigen, wie innerlich unausgeglichen er letzten Endes war. Die Spannungen und der Druck, die auf ihm lasteten, brachten die verschiedensten Ausrichtungen auf überraschenden Gebieten.

Er legte demnach großen Wert auf seine Heimat? Dachte und sprach er viel von seiner Jugend?

In seinen Erzählungen nahm seine Jugend einen breiten Raum ein. Er schilderte seinen Vater als einen einfach lebenden Beamten, der ihn außerordentlich streng erzog. Er hing mehr an seiner Mutter; die Einstellung seines Vaters gegen seine künstlerischen Neigungen waren ihm nicht recht. Er betonte, daß die strenge und scharfe Erziehung seines Elternhauses ihm sehr wertvoll gewesen sei. Sich selbst schilderte er als zu vielen Streichen aufgelegt; er sei einer der aktivsten gewesen, wenn es sich darum handelte, eine »Unternehmung« mit seinen Mitschülern durchzuführen. Er sei ein schlechter Schüler gewe-

---

[14] Noch Mitte April 1945 führte er den Linzer Ernst Kaltenbrunner, der mit dem Vorschlag, Kapitulationsverhandlungen mit den Westmächten aufzunehmen, zu Hitler in den Bunker gekommen war, vor ein von Hermann Giesler angefertigtes maßstabsgetreues Modell der Stadt Linz mit den Worten: »Kaltenbrunner, wenn ich nicht wüßte, daß ich diese Stadt Linz, unser Linz, gemeinsam mit Ihnen aus- und aufbauen werde zu einer der schönsten und mächtigsten Metropolen Europas, würde ich mir heute noch eine Kugel durch den Kopf schießen.« (Zit. nach Wilhelm Höttl, Einsatz für das Reich, Koblenz 1997, S. 117.)

sen. In Linz sei ihm in früher Jugend das Nationalitätenproblem Österreichs zum ersten Mal bekannt geworden. Die vielen Tschechen seien ein Problem der Stadt gewesen und die Einstellung aller, auch schon der Schüler, gegen diese Einwanderung einheitlich. Sehr viel habe er von seinem Professor für Deutsch und Geschichte gelernt, der ihn weitgehend beeinflußte und erste politische Vorstellungen bei ihm schuf.[15] Welcher Art, ist mir unbekannt. Im übrigen verehrte er den damaligen Bischof von Linz[16] sehr. Dieser habe durch seine Energie den Bau des Domes zu Linz aus Spenden der Bevölkerung ermöglicht und sei auch sonst immer ein großer Mann gewesen.

Gibt es andere Feststellungen von ihm aus dieser Frühzeit über beeinflussende Elemente auf seine spätere politische Einstellung?

In Wien will er Antisemit geworden sein. Dort habe er die Gefahr des Judentums gesehen und erkannt. Es wäre eine scharfe antisemitische Einstellung auch unter den Arbeitern gewesen. Welche Eindrücke ihn dazu veranlaßten, hat er im einzelnen nicht erzählt. Er verdiente seinen Unterhalt als Bauarbeiter; die sozialdemokratischen Anschauungen habe er damals bereits abgelehnt und sei auch nicht der Gewerkschaft beigetreten, was ihm die ersten »politischen« Schwierigkeiten einbrachte. Wien scheint ihm nicht in guter Erinnerung geblieben zu sein. Wohl aber seine Zeit in München, kurz vor dem Krieg.

Haben seine Weltkriegserlebnisse eine große Rolle für seine weitere Entwicklung gespielt?

Er hat von seinen Weltkriegserlebnissen als seinen Soldatenerlebnissen erzählt, ohne eine politische Tendenz, soviel ich mich erinnern kann. Er betonte später, in diesem Krieg[17], daß seine Erfahrungen aus

---

[15] Es handelt sich dabei um Dr. Leopold Pötsch, den Hitler auch in seinem »Kampfbuch« wegen seiner Heldengeschichten aus der deutschen Vergangenheit lobend erwähnte. (Vgl. Adolf Hitler, Mein Kampf, München 1925, S. 12–13.)

[16] Es handelt sich um Franz Maria Doppelbauer (1845–1908), der von 1889 bis 1906 Bischof von Linz war und dessen Wirken von betont konservativer Ausrichtung und unbedingter Papsttreue gekennzeichnet gewesen ist.

[17] Typische Ausdrucksweise für Speer, der zum Zeitpunkt der Niederschrift noch keine Distanz zu den gerade abgeschlossenen Ereignissen des Dritten Reiches gefunden hatte und den Zweiten Weltkrieg als fortdauerndes Ereignis der Gegenwart begriff.

dem Schützengraben ihm mehr Kenntnisse über viele militärische Einzelheiten gegeben hätten als alle seine militärischen Ratgeber. Daher fühle er sich ihnen oft überlegen. Das stimmte zweifellos auf Teilgebieten; aber für die tatsächliche Führung hatte er sich dadurch keine Kenntnisse erworben. Aus seiner »Schützengrabenperspektive« hatte er ein falsches Bild von den notwendigen Führungsentscheidungen, auch nach der Meinung vieler Offiziere seiner Umgebung. Diese Detailkenntnisse standen ihm vielleicht eher hindernd im Weg.

Fühlte A.H. sich als »Künstler« oder war seine Betätigung eine Spielerei?

Architektur und politische Ziele waren ihm eng verbunden. Er fühlte sich selbst als verhinderter Künstler. Nach seiner Meinung gab es nur drei erstrebenswerte Berufe: »Architekt, Soldat oder Bauer, niemals aber Politiker.« Er glaubte, daß er bei einer anderen Gestaltung seines Lebens ein guter und bekannter Architekt geworden wäre. Als Politiker hat er jedoch das Bauen nicht als Spielerei, etwa wie früher die Könige, zu seiner eigenen »Erbauung« durchgeführt. Nach seiner Meinung wurde die Größe einer Zeit nicht durch die politischen Ereignisse allein gemessen. Kulturelle Leistungen müßten damit verbunden sein. Die Architektur und die Plastik wären hierbei über viele Generationen bleibend.

Welche Vorstellungen hatte A.H. vom Bauen?

Er bevorzugte ausschließlich die klassizistische Haltung. Seine Vorbilder waren die Bauten des 19. Jahrhunderts in Wien, seine bevorzugten Architekten Hansen und Semper, die beide im 19. Jahrhundert lebten und viele Bauten in Wien erstellten. Er hatte eine Schwäche für überladene, reiche Architektur, wie es dieser dem Verfall zuneigende Klassizismus vom Ende des 19. Jahrhunderts an sich hatte. Später kam er mit dem Architekten Troost zusammen, der ihn auf eine ruhige, klassische Linie drängte. In seiner frühen Zeit, etwa 1925 bis 1930, hat er sich in seiner freien Zeit viel mit architektonischen Phantasieprojekten beschäftigt, diese aufgezeichnet und sie in sein politisches Zukunftsbild eingebaut. Seine Pläne waren weitgehend von Paris beeinflußt. Er kannte Paris aus Abbildungen und Architekturwerken genau, und als es 1940 eingenommen war, zog er mit einigen seiner Künstler zu einem kurzen Besuch nach Paris.[18] Es war erstaunlich, wie gut er sich sogar im Inneren der einzelnen Bauten nur durch sein Studium der Pläne auskannte.

Wie weit hat A.H. in die Pläne selbst eingegriffen, da er sich doch auch als Architekt fühlte?

Er skizzierte auch später noch sehr viel und gab oft seinen Architekten dadurch seine genauen Vorstellungen über das Aussehen des geplanten Baues mit. Die Skizzen waren fachmännisch richtig. Er hat bei den Architekten, denen er vertraute, aber immer zugelassen, daß diese trotzdem ihre eigenen Gedanken verfolgten. Sie mußten nicht auf diese Skizzen eingehen. Der Künstler müßte die Verantwortung für seine Werke allein tragen können. Er gebe daher außer der Anregung ihm keine »Befehle«.

Dann hatten es seine Künstler recht gut bei ihm?

Sie hatten eine Sonderstellung. Sie wurden von seinen Politikern und seinen anderen Mitarbeitern beneidet, da sie so freizügig arbeiten konnten. Während er sonst recht abweisend war, hatte er zu seinen, für ihn arbeitenden Künstlern ein offenes und ungehemmtes Verhältnis. Er führte die Gespräche wie zwischen »Kollegen«. Hier konnte auch offen diskutiert und kritisiert werden. Auch an seinen Meinungen.

Hatten Sie den Eindruck, daß er zur Kunst floh, um der politischen Belastung zeitweise zu entgehen?

Sicher war die Beschäftigung mit der Architektur eine Erholung und Ausspannung für ihn. Das hat er auch oft selbst gesagt. Es wäre aber die Tätigkeit zu gering eingeschätzt, wenn sie nur danach beurteilt würde. Er nahm diesen Teil seiner Tätigkeit vor dem Krieg viel ernsthafter und betrachtete ihn als einen sehr wesentlichen Teil seiner selbst gestellten Lebensaufgabe. Als seinen größten Lebenswunsch

[18] Nach der Kapitulation Frankreichs besichtigte Adolf Hitler in den Morgenstunden des 24. Juni 1940 zusammen mit den Architekten Albert Speer und Hermann Giesler und dem Bildhauer Arno Breker das eroberte Paris.

bezeichnete er, seine Bauten noch fertig sehen zu können. Diese waren allerdings so groß, daß sie auch bei angestrengter Tätigkeit fünf bis zehn Jahre zu ihrer Verwirklichung benötigten. Ihre Gesamtkosten jedoch waren viel geringer als unsere Kriegskosten von nur einigen Monaten.

Wie war sein Verhältnis zu anderen Zweigen der Kunst: der Malerei, dem Theater usw.?

Diese waren für ihn erst mit weitem Abstand von Wichtigkeit. Hier versuchte er sich zu erholen und auszuspannen. Bemerkenswert war seine Vorliebe für das 19. Jahrhundert und dessen Schöpfungen auf allen Gebieten. Er hielt das 19. Jahrhundert für eine der größten Kulturepochen; nur sei sie noch nicht erkannt, da sie uns noch zu nah sei. Dadurch seine Vorliebe für die Maler dieser Zeit, die er mit Leidenschaft sammelte.

Diese »Sammeltätigkeit« von Bildern und anderen Kunstgegenständen war weit verbreitet, wie wir feststellten. Aus welchen Motiven sammelte er?

Im Gegensatz zu Göring und vielen anderen tatsächlich für die Allgemeinheit. Er hatte die Absicht, nach dem Kriege Galerien in Linz, in Königsberg, Breslau und anderen Oststädten zu stiften. Er war ärgerlich über die Ansammlung privaten Kunstbesitzes bei Göring oder den anderen, da er wegen seines Wertes der Allgemeinheit nicht vorenthalten werden dürfe. Aber auch hier traf er keine Entscheidung. Sein eigener Kunstbesitz war, im Verhältnis zu den Möglichkeiten, die er sich eröffnen konnte, bescheiden und stammte größtenteils aus der Zeit vor 1939. Viele Kunsthändler wurden von ihm beschäftigt und trieben in gegenseitiger Konkurrenz die Preise und damit ihren Verdienst hoch.

Was ist noch über seine Kunstleidenschaft zu sagen? Z.B. Theater oder Musik?

Im Theater bevorzugte er privat weitgehend die Operette, deren Besuch er zur Ausspannung oft vornahm. Es machte ihm nichts aus, eine Vorstellung, die ihm gefiel, in Abständen zwei- oder dreimal anzusehen. Jedes Jahr besuchte er die Bayreuther Festspiele. Das reichte aber dann für das ganze Jahr aus. Wagner schätzte er sehr. Von den Symphonikern hörte er mit Vorliebe Bruckner, der in seiner Heimat gelebt und gearbeitet hatte. Im Krieg ließ er sich oft und gern Schallplatten vorspielen. Auch hier mit Vorliebe aus Opern und Operetten, selten einmal eine Symphonie von Bruckner. Nur große »Kunstheuchler« konnten sich daran erfreuen. Diese waren aber zahlreich vorhanden. Außerhalb seines Kreises waren sie genausowenig musikalisch wie etwa auch vegetarisch.

Hatte er sonstige Freuden und Leidenschaften im privaten Leben?

Die vornehmen Leidenschaften seiner »hohen« Mitarbeiter wie Jagd- oder Pferderennen verurteilte er. Diese seien letzte Überreste der »Feudalherrschaft« der Fürsten. Er machte sich in jeder Form darüber lustig. Auch den Sport lehnte er für sich persönlich ab. Er war ihm auch bei seinen Mitarbeitern unsympathisch, da er Ausfall durch Sportverletzungen fürchtete. Er hielt aber sehr viel von einer sportlich durchtrainierten Jugend und war übrigens wohl einer der begeistertsten Besucher der Berliner Olympiade. Er sah im Sport einen Teil seines Ideals einer »hellenistischen« Lebensauffassung.

Was verstand er darunter?

Er, A.H., sah in der Kultur und der Lebensauffassung der Griechen – auf jedem Gebiet – die höchste Vollkommenheit. Sie sei das erstrebenswerte Ideal der Jugend. Daher auch seine einseitige Festlegung auf dem Gebiet der Architektur und Plastik: Diese Vorstellungen waren nicht wissenschaftlich unterbaut und studiert.

Wie war sein Verhältnis zu Frauen?

Gerüchte, daß er wie viele seiner Mitarbeiter ein Freund der Frauen gewesen sei, sind falsch. Er war zwar im Frieden gern gesellschaftlich mit Frauen zusammen, die er für schön hielt und die vom Film oder Theater kamen. Die »Sammlung« wurde meist von Goebbels vorgenommen. Aber er scheint der Frau, die er liebte, Fräulein Eva Braun, immer treu geblieben zu sein. Sie bedeutete ihm sehr viel; von ihr sprach er mit großer Achtung und innerer Verehrung. Er wußte, daß er andere Frauen in großer Zahl haben könne [sic]. Er lehnte dies ab; denn er wüßte nicht, wie er spaßend sagte, ob sie ihn als »Reichskanzler« oder als Adolf Hitler bevorzugten. »Geistreiche« Frauen wollte er nicht in seiner Nähe haben.

Wer war Fräulein Braun? Wie wirkte sie?

Sie war und blieb eine bescheidene Frau. Man muß sich immer vorstellen, welche Möglichkeiten sie gehabt hätte und wie sehr sie, genau wie die prominenten Mitarbeiter A.H.s, ihre Stellung hätte ausnutzen können. Das tat sie nicht. Sie war in der sonst recht unzulänglichen Umgebung ein Gewinn. Sie war unpolitisch, wenn auch mit einem gesunden Blick. Bormann war ihr nicht sympathisch. Sie hat aber nie versucht, A.H. ernstlich zu beeinflussen, das hätte A.H. auch nicht geduldet. Für alle Historienschreiber wird sie eine Enttäuschung sein. Sie war sportlich, eine gute Skiläuferin und Bergsteigerin. Nach außen wirkte sie oft eingebildet und zurückweisend. Das war jedoch aus ihren Minderwertigkeitskomplexen zu erklären; denn letzten Endes hatte sie am Obersalzberg eine gesellschaftlich ungeklärte Stellung. Als der Krieg seinem Ende entgegenging, flog sie gegen den Willen A.H.s nach Berlin. Seine Versuche, sie nach München zurückzuschicken, lehnte sie ab. Sie war von allen, die im Berliner Bunker die letzten Wochen zusammenlebten, eine der Tapfersten und wohl auch eine der Klügsten. Sie wollte in Berlin bleiben und mit A.H. gemeinsam sterben. Diesen Vorsatz hat sie nach meiner Meinung auch durchgeführt. Als ich am 24. April 1945 das letzte Mal dort war, hatte sie mit dem Leben abgeschlossen. Sie war ruhig und überlegen und sicher in dieser Zeit für A.H. eine der wenigen Getreuen, vielleicht die einzige. Früher hat A.H. schon immer resigniert betont, daß er nur einen Menschen habe, der ihm in entscheidender Stunde die letzte Treue hielte, das sei Eva Braun. Wir wollten es nicht glauben. Hier hat ihn sein Gefühl nicht betrogen.

IV. Als Oberster Befehlshaber der Wehrmacht und als Feldherr

Wie kam A.H. zu der Meinung, daß nur er die Wehrmacht und das Heer führen könne?

Es war eines der Gebiete, die er als Schwerpunkt behandelte. Er nahm an, daß militärische Führung vorwiegend eine Angelegenheit des Verstandes, der Zähigkeit und der eisernen Nerven sei. Alle diese Eigenschaften glaubte er weit mehr als seine Generäle zu besitzen. Er war davon überzeugt, daß nur er allein diesen Krieg durchstehen könne. Er sei allen Schicksalsschlägen gegenüber hart und unbeugsam. Aus dieser Überzeugung leitete er das Recht ab, die Befehle selbst geben zu müssen. Seine engste militärische Umgebung wagte nicht, an seinem Genie auf diesem Gebiet zu zweifeln; im Gegenteil, sie tat alles, um ihn darin zu bestärken.

Hatte er sich nachträglich eine Vorbildung angeeignet?

Nein. Er hat sicher militärische Bücher gelesen, aber mit Vorliebe auf waffentechnischem Gebiet. Über die militärischen Vorgänge, die ein Befehl auslöst und die vorher bedacht werden müssen, hatte er kein tiefgehendes, durch die Praxis erlerntes Wissen. Er wurde hierüber auch nicht weiter belehrt, denn die Spitzen seiner militärischen Umgebung waren nach dem 20. Juli ausgesprochen ängstlich.

Wie traf er seine Entscheidungen? Im großen und auf weite Sicht oder im einzelnen?

Bis zu den Einzelheiten. Jede Verschiebung jeder Division wurde besprochen. Bei der »Führerlage« mußten auch die belanglosesten Kleinigkeiten vorgetragen werden. Er war bei seinen Entscheidungen Einwendungen zugängig, wenn sie geschickt vorgetragen wurden. Aber im allgemeinen stimmte seine militärische Umgebung ihm letzten Endes zu. Hier hat neben Keitel auch Göring eine oft unheilvolle Rolle gespielt, weil beide vorbehaltlos und bedenkenlos sich den Standpunkt A.H.s zu eigen machten und ihn möglichst noch verstärkt unterstrichen. Auch bei der »Ostlage«, die Zeitzler und später Guderian vortrug, machten sie sich im Gegensatz zum vortragenden Generalstabschef die »optimistische« Meinung A.H.s zu eigen, was manche vernünftige Entscheidung verhinderte. Tragische Dokumente werden hier einmal für das deutsche Volk die Stenogramme über das Schicksal von Stalingrad sein. Hier spielte Göring eine sehr unglückliche Rolle.

Und wurden auch Entscheidungen auf lange Sicht getroffen? Wie wurden sie vorbereitet und besprochen?

Bei weitem nicht in dem Umfange, wie es notwendig gewesen wäre und wie Sie es sich sicher vorstellen. A.H. hatte wenig Neigung, Untersuchungen auf »weite Sicht« machen zu lassen. Das Ergebnis wäre auch ab 1942 immer eindeutiger geworden. Trotzdem hätten, unter Vernachlässigung der grundsätzlichen politischen Fragen, auch die militärischen Entscheidungen natürlich durch derartige Überblicke günstig beeinflußt werden können. Aber es wurde vom Chef Wehrmachtführungsstab selten der Versuch gemacht, derartige Unterlagen anzufertigen und »aufzudrängen«.

Fühlte er sich soweit als »Feldherr« und in seinen militärischen Entscheidungen so unfehlbar, daß dieser Verkehrston möglich war?

Er glaubte, die richtigen Entscheidungen am besten selbst treffen zu können. Seine Feldmarschälle ließ er nur zur »Beratung« zu. Das Bild seiner Entscheidungen war meistens schon vorher feststehend. Ob ihn die Erfahrungen des ersten Rußlandwinters dazu brachten, ist mir unbekannt. Jedenfalls erzählte er oft und eindringlich, wie sehr damals seine Generäle die Nerven und den Verstand verloren hätten und daß es nur seiner Hartnäckigkeit zuzuschreiben sei, daß das Unglück nicht größer wurde. Ich glaube, er hatte in diesem Falle nicht unrecht. Daraus leitete er die generelle Unfähigkeit seiner Generäle ab, selbständig entscheiden zu können. Je schwerer die Situation wurde, umso mehr bestand er darauf, daß seine Meinung diskussionslos durchgeführt wurde. So z.B. im Februar 1945 der Befehl zum Einsatz der 6. SS-Panzerarmee in Ungarn.[19] Es ist bezeichnend für die positive Einschätzung seiner Feldherrnkunst, wie er auf den 20. Juli reagierte; er betonte danach im engeren Kreise, daß der 20. Juli ihn vor der Geschichte in seinen militärischen Entscheidungen rechtfertige, obwohl es in den letzten Jahren nur Fehlschläge gewesen seien. Diese seien aber nur durch den schon lange andauernden Verrat und durch die ungenügende und absichtlich falsche Durchführung seiner Befehle erklärt. Mit der Anordnung, daß sämtliche Führerlagen im Wortlaut mitstenografiert werden, wollte A.H. der Nachwelt beweisen, daß er immer das Richtige gesehen und befohlen habe. In Wirklichkeit sind es vernichtende Dokumente für ihn und seine Umgebung.

[19] Am 12. Januar 1945 wurde die 6. SS-Panzerarmee (Sepp Dietrich) von der Westfront zu einem Entsatzversuch Budapests abtransportiert, das seit Ende Dezember 1944 von den Russen eingeschlossen war. Dieser schlug fehl, da sich die in Budapest Eingeschlossenen nach einem Ausbruchsversuch am 12. Februar ergeben hatten.

Hat Hitler sich demnach als strategisches Genie betrachtet, der zu seiner vorgefaßten Meinung und zu seinen Plänen hielt, sogar wenn sie durch die Tatsachen überholt waren?

Ja, so war es. Und dann, wenn sie sich als fehlerhaft herausstellten, wollte er oft nicht mehr derjenige sein, der die Anordnungen gab. Das war sehr ungerecht und stellte einen Beitrag zum 20. Juli dar. Um seine Ziele zu erreichen, versuchte er übrigens manchmal seine militärische Umgebung durch Bekanntgabe falscher Tatsachen zu täuschen und auf seine Linie zu zwingen. So glaubte er den militärischen Führern den sofortigen Verlust des Krieges bei einem Verlust der Manganbasis in der Ukraine und später der Nickelbasis in Finnland in Aussicht stellen zu müssen, obwohl Vorräte, wie er wußte, noch auf viele Monate vorhanden und gesichert waren.

Wie war die Meinung bei den hohen Offizieren über Hitlers Fähigkeiten, betrachteten sie ihn als Amateur, der sich in ihre Dinge hineinmischte, oder wurde er anerkannt?

Die erste Kategorie der hohen Offiziere, die wir hatten, war sehr selbstbewußt. Fritsch war ihr Vorbild. Sie mußten gehen. Die Offiziere hielten sich daraufhin zurück. Der Generalstab hatte zwar noch gute Offiziere, die jedoch nicht versuchten, sich Geltung zu verschaffen. Diese Enttäuschung und Erkenntnis staute sich auf zum »20. Juli«. Die zweite Kategorie, die schnell hochkam, weil sie durch die Tatsachen um A.H. »gezüchtet« wurde, waren ehrgeizige Offiziere, die manche negative Erkenntnis, die sie wahrscheinlich innerlich hatten, niemals ausgesprochen hätten.

Wie ist es möglich, daß sich der deutsche Generalstab und deutsche Generäle mit diesem Zustand einverstanden erklären konnten, wo sie sonst so selbstbewußt auftraten?

Die Beantwortung dieser Frage führt wieder zu dem Grundfehler aller totalitären Systeme, der schlechten Führerauslese. Mit Keitel begann der unglückselige Zug nach dem Negativen. Er zog seinerseits neue Mitarbeiter seines geistigen Formats nach, schon aus Selbsterhaltungstrieb. Genau wie in der politischen Ebene haben sich auch in der militärischen Arbeit um A.H. Personen geschart, die alles andere als charaktervoll waren. Sie konnten nur bestehen, wenn sie in ihren persönlichen Eigenschaften gleich das mitbrachten, was er seinen alten politischen Anhängern an Unterwürfigkeit im Laufe der Jahre anerzogen hatte. Keitel, Jodl, Warlimont, Winter, Buhle, Scherff waren derartige Erscheinungen. Zeitzler und Guderian, die versuchten zu widersprechen, mußten deshalb beide gehen. Krebs, der Nachfolger Guderians, war ein geschmeidiger Typ, der bestehen konnte. Auch die Kategorie seiner neuen »Nachwuchsfeldmarschälle« wie Rommel, Model, Schörner, Kesselring, Hube, Dietl usw. hatten in seiner Nähe sich immer den Gesetzen der Umgebung angepaßt und nur gelegentlich »leise« ihre Bedenken geäußert. Auch sie gingen auf die Eigenarten A.H.s ein.

Glauben Sie, daß sich das auf die Qualität des Heeres sehr ausgewirkt hat, dieses Hochkommen von Leuten, die sich Hitler so sehr anpaßten?

Nach meiner Meinung wurde dadurch eine grundsätzliche Tatsache ausgelöst. Wichtig bei der deutschen Wehrmacht war die Kritik von unten nach oben. Ein autoritäres System, wie es das Heer in »Reinkultur« darstellt, kann nur bestehen, wenn der Untere dem Oberen gegenüber seine Meinung sagen kann. Daher soll im deutschen Heer grundsätzlich die Kritik erwünscht gewesen sein, um Fehlentscheidungen möglichst zu meiden und der Führung den Kontakt mit den tatsächlichen Ereignissen zu sichern. Schon früher war diese Kritik des Untergebenen aus natürlichen Gründen sehr schwer aufrechtzuerhalten. Durch die Art, wie von oben nach unten durch A.H. und seine Umgebung geschaltet und befohlen wurde, mußte jede freie Meinungsäußerung im Laufe der Zeit abgetötet werden. Niemand in der Umgebung von A.H. hatte den Mut, derartiges entsprechend vorzutragen und dann auch durch seine Person abzudecken. Im Gegenteil, die Kritiker verloren ihre Stellung oder wurden diffamiert. Damit konnten sich in den Führungsstellen der Heeresgruppen nur noch Offiziere halten, die keine Kritik von »unten nach oben« weitergaben, sondern diese bei sich behielten und damit schließlich auch die Kritik der ihnen untergebenen Stellen abtöteten. Am Schluß des Krieges wurden die sinnlosesten Befehle nicht wie früher abgelehnt und kritisiert, sondern wortlos hingenommen, um sie nur scheinbar oder aber auch, bei einem unvernünftigen Befehlshaber, tatsächlich und mit schweren Verlusten durchzuführen.

Wann war die allmähliche Abschaffung der Kritik Tatsache?

1942 war sie bereits in erheblichem Umfang abgeschafft. Ab Frühjahr 1944 war sie kaum noch vorhanden; und nach dem 20. Juli war jede Kritik ausgeschaltet. Von da ab gab es bald nur noch den »Kadavergehorsam«. Dies war eines der nachteiligsten Ergebnisse der unglücklichen militärischen Personalpolitik A.H.s, die aber wieder eine unmittelbare Folge seiner Persönlichkeit und des totalitären Systems war.

Glauben Sie, daß in der Masse des deutschen Heeres Hitler die gleiche Autorität besaß wie in seiner unmittelbaren Umgebung? Glaubte man an ihn als einen genialen Führer, oder gab es viel persönliche Kritik?

Im Offizierkorps des Feldheeres glaubte man bestimmt nicht an ihn als einen großen Feldherrn; und dem kleinen Soldaten war es unmöglich, hier klarzusehen. Er spürte wohl die Unzulänglichkeiten der Befehle am eigenen Leibe, aber er konnte nicht wissen, von wem die Befehle ausgehen. Ich glaube, die Tatsache, daß die militärischen Entscheidungen so weitgehend von A.H. diktiert wurden, war weder im Volk noch beim Soldaten bekannt. Sie glaubten, daß wohl die grundlegenden Entscheidungen von A.H. getroffen, aber die anderen von Keitel und anderen hohen Offizieren verantwortet werden.

Welche Fehlerquellen sind Ihrer Meinung nach noch auf die Persönlichkeit A.H.s zurückzuführen?

Viele Operationen wurden zu spät befohlen oder zu spät abgesagt. Er zauderte mit seinen Entschlüssen und schob sie oft von Tag zu Tag hinaus, obwohl es um Stunden ging. Im Osten konnten oft nur noch mit Mühe große Katastrophen verhindert werden. Kessel entstanden, die nicht beabsichtigt waren, nur weil der Vorschlag des Generalstabes zum Rückzug immer wieder verzögert wurde. Bei Beginn der Invasion im Westen wurde mehrere Tage gewartet, um festzustellen, ob es sich um eine Scheininvasion oder um die richtige handle, und dann erst an Rommel die notwendigen Befehle gegeben. Dabei durften ohne seine Genehmigung weder Truppen verschoben noch eingesetzt werden. Die Oberbefehlshaber der Heeresgruppen waren ohne Selbständigkeit und auch in kleineren Fragen nur Durchführungsstellen. Sie hatten zudem aus der Erfahrung gelernt, sich ihre Befehle möglichst von oben geben zu lassen, um dann bei irgendwelchen Verlusten oder Niederlagen abgedeckt zu sein.

In welcher Form wurden die Befehle A.H.s gegeben?

OKW gab seine Befehle möglichst als unmittelbare »Führerbefehle«. Diese gingen daher in großer Zahl heraus und verminderten so die Schlagkraft eines Befehls des »Staatsoberhaupts« und »Feldherrn«. Es war Absicht dabei. Nach Möglichkeit sollten die Folgen des Befehls auf A.H. fallen. Da aber auch zahlreiche »Führerbefehle« herausgebracht wurden, die nicht auf die Hartnäckigkeit A.H.s, sondern auf Vortrag und Vorschlag des OKW entstanden, war das kein faires Verfahren. Zeitzler dagegen gab sogar die Befehle A.H.s, gegen die er in der Führerlage als einziger ankämpfte, nach der gegen ihn erfolgten Entscheidung als seine Befehle heraus. Er war anständig und wollte sich nicht hinter A.H. verbergen. Nach seiner Meinung hatte er den Befehl zu vertreten, da er trotz der gegenteiligen Entscheidung A.H.s weiter auf seinem Posten blieb und damit den Befehl anerkannte.

Glauben Sie, daß Hitlers Entschluß, seinerzeit den Oberbefehl des Heeres zu übernehmen, auf lange Sicht seinen Einfluß noch ungünstiger machte, oder war es nur eine Formalität?

Das war der unglücklichste Entschluß, den wir im Krieg gehabt haben, weil das Heer damit keinen Oberbefehlshaber mehr hatte. Von einem Oberbefehlshaber verlangt man, daß er sich für seine Truppe einsetzt und Kontakt mit der Truppe hat. Er muß laufend eine Unzahl von Einzelentscheidungen treffen, auch personeller Art, oder die Abgleichungen der Interessen zwischen Heimatheer und Frontheer, die Nachschubfragen usw. entscheiden. A.H. hatte dazu natürlich keine Zeit und auch keine Kenntnis, so daß der Oberbefehlshaber des Heeres ausgefallen war.

Darum hat Hitler sich nicht gekümmert?

Nein, nicht um diese Einzelfragen, da ihm auch die Sachkenntnis fehlte. Mehr oder weniger wurde dieser Teil von Keitel verwaltet, es fehlte der Mann, der die Interessen des Heeres dem Staatsoberhaupt gegenüber vertrat. Das Heer war durch die Tatsache, daß das Staatsoberhaupt selbst sein Oberbefehlshaber war, sehr benachteiligt, so eigentümlich das ist.

Aber die Ausstattung des Heeres fand sein besonderes Interesse?

Ja. Aber auch hier hat er sich anscheinend seit langem erhebliche Kenntnisse angeeignet, die über denen seines militärischen Stabes lagen. Er konnte mit seinen Feststellungen über die Eigenschaften der einzelnen Waffen und Panzer, über die Munitionsarten und ihre Neuerungen bessere Auskunft geben als sie. Eigentlich mehr, als es für seine hohe Stellung gut war. Er kannte die Leistungen des Weltkrieges bis ins letzte einzelne und konnte durch seine Vergleiche zu den Leistungen dieses Krieges uns anfangs in Verlegenheit bringen. Er hatte Freude daran, zu zeigen, was er wußte.

Beschäftigte er sich als Oberbefehlshaber der gesamten Wehrmacht auch mit der Luftwaffen- und Marinerüstung?

Von der Luftwaffenrüstung hielt er sich bis zum Sommer 1944 fern, um Göring nicht zu kränken, der darin sehr empfindlich war. Bei der Marinerüstung ließ er sich nur gelegentlich berichten.

Hatte A.H. denn technisches Verständnis?

Das war zweifellos vorhanden. Er hatte sich schon seit etwa 1930 für technische Einzelheiten, z.B. des Automobilbaus, interessiert und konnte sich schnell in einen technischen Vorgang einarbeiten. Er konnte bei komplizierten Vorträgen geistig folgen, jedenfalls besser als seine Umgebung. Dabei habe ich aus meiner Erfahrung als Architekt bei A.H. ihm in der ersten Zeit die Fachleute der Industrie und des Waffenamtes zugeführt. Deren Argumenten war er zugängig. Auch wenn er vorher eine andere Meinung festgelegt hatte, war diese dadurch umzustoßen. Ich habe festgestellt, daß er auf das Urteil von anerkannten Fachleuten viel gab. Wenn seine militärische Umgebung das frühzeitig erkannt und die erfahrenen Offiziere der Front als »Fachleute« hätte zu Wort kommen lassen, dann wäre manche

Entscheidung besser gefällt worden. Aber sie fürchteten, daß dadurch ihre eigene Unkenntnis zu sehr offenbar würde. A.H. flüchtete sich oft, wie es den Anschein hatte, aus seiner militärischen Verantwortung in die stundenlangen Besprechungen über Rüstung und Kriegsproduktion. Hier fand er eine ähnliche Entspannung wie früher bei der Architektur. Das stellte er selbst auch oft fest, so daß er auch hier, wie vor dem Krieg, ein Gebiet zu verantworten hatte, das aus halboffizieller Leidenschaft sein besonderes Interesse fand.

Wie kam es zum 20. Juli, wie waren die psychologischen Hintergründe?

Der 20. Juli 1944 war nicht nur ein Unternehmen, das aus der Kriegslage entstand. Zwar hatten seine Urheber ein klares Bild von unseren weiteren Aussichten im Krieg und wollten ihn zweifellos beenden. Allerdings ohne zu wissen, wie sie das durchführen werden. Aber ausschlaggebend für die Breite, in der er vorbereitet werden konnte, waren die Zustände im Führerhauptquartier selbst. A.H. hatte schon im Herbst 1943, und dann laufend immer heftiger, seinen Unwillen über die Heeresoffiziere zum Ausdruck gebracht. Diese Äußerungen waren von einer Schärfe, die nicht mehr zu überbieten war. Bemerkungen, daß die Offiziere ehrlos, ohne Verstand, verlogen seien, daß er es am laufenden Band mit Betrügern zu tun habe, wurde von ihm in Gegenwart zahlreicher Offiziere des Heeres oft und erhitzt festgelegt. Keiner aus seiner höheren militärischen Umgebung protestierte dagegen oder versuchte, die Konsequenzen zu ziehen. Dönitz für die Marine oder auch ich für die Rüstung hätten das sicher unverzüglich getan. Schärfste Urteile gegen hohe Offiziere, die Soldaten vor unmöglichen Lagen gerettet hatten, wurden gefällt. Alle die einzelnen Momente, die bisher behandelt wurden, kamen verschärfend hinzu. Der Haß konzentrierte sich immer mehr auf Keitel, der als ein vollständiger Versager bezeichnet wurde, und darüber hinaus immer mehr auf A.H. selbst. A.H. war nicht zu bewegen, eine versöhnliche Sprache zu führen. Im Gegenteil, er verschärfte seine Tonart immer mehr. Und dadurch gewann diese Gegenbewegung immer mehr an Anhängern. Ich bin davon überzeugt, daß bei einer anständigen Sprache von A.H. und bei einem tatsächlich vorhandenen Oberbefehlshaber des Heeres der 20. Juli nicht gekommen wäre. Auch bei genau derselben politischen und militärischen Lage.

Wieso konnte A.H. die Meinung haben, daß er belogen wurde? Gab es hierfür einen Grund?

Letzten Endes ja. Seine eigene Frontfremdheit. A.H. und seine militärischen Mitarbeiter bemühten sich ab 1942 nur selten an die Front. Er lehnte Frontreisen für sich ab und sah es auch ungern, wenn sie durch seine wichtigen Mitarbeiter durchgeführt wurden.

Was war der Grund hierzu?

Während er vor 1940 mutig war und auf seinen Reisen oft alle Vorsichtsmaßnahmen außer acht ließ, z.B. in Cafés, Restaurants usw. einkehrte, wurde die Sorge um sein Leben mit Beginn des Krieges immer größer. Es war sein Standpunkt, schon 1942 in Gesprächen, daß nur er die Härte habe, diesen Krieg durchzustehen. Er betonte, daß außer ihm jeder an dieser Aufgabe scheitern würde. Er sagte dabei im Unterton immer voraus, daß noch schwierigste Situationen zu überwinden wären; dann erst würde er zeigen, wie fest er stehe und wie gut seine Nerven seien. Es sei gut, daß dieser Entscheidungskrieg noch von ihm geführt würde. Aus dieser Überzeugung heraus, die von seinem Glauben an seinen vorgezeichneten Schicksalsweg diktiert war, konstruierte er seine Unentbehrlichkeit für Deutschland und daraus wieder alle seine Maßnahmen, um seine Person und die seiner engsten Mitarbeiter unbedingt zu schützen. Mit der Steigerung der Fliegerangriffe rechnete er mit schweren Bomben auf sein Hauptquartier und ordnete den Bau von überdimensionierten Bunkern und Höhlenstädten an den verschiedensten Orten Deutschlands an, um gesichert arbeiten zu können. Bei dieser Einstellung war es selbstverständlich, daß er es vermied, durch Frontreisen sein Leben irgendeinem Risiko auszusetzen, und wenn es noch so klein ist.

Warum allerdings seine militärischen Führungsorgane auch keine Frontreisen machten, ist unverständlich. Sie wurden von A.H. davor gewarnt; aber trotzdem war eine Durchführung möglich. Zeitmangel konnte es nicht gewesen sein, denn oft war die Front in ein bis zwei

Stunden Autofahrt vom Führerhauptquartier zu erreichen. Ich vermute eher, daß es das schlechte Gewissen, die Angst vor berechtigten Vorwürfen, die Unkenntnis und Frontfremdheit und die Unmöglichkeit, auf die Fragen der Front nach dem weiteren Verlauf des Krieges zu antworten, waren, die sie von diesen Fahrten abhielten. Abgesehen von der persönlichen »Vorsicht« den an sich geringen Gefahren der Tiefflieger und anderen Belästigungen gegenüber. Es war für mich beschämend, wenn ich bei meinen Frontbesuchen zwar freundlich begrüßt, aber die Meinung geäußert wurde, daß ein Besuch von Keitel, Jodl, von Buhle oder Leeb, von Zeitzler oder Guderian bedeutend wichtiger und angebrachter sei. Ich beneidete die Tatsache, daß das bei unseren damaligen Gegnern anders war. Lassen Sie feststellen, welche Frontreisen die wichtigsten militärischen Mitarbeiter A.H.s gemacht haben. Sie werden erschüttert sein.

Dadurch also entstand ein Unterschied zwischen den Tatsachen an der Front und der Kenntnis davon im Hauptquartier und dadurch das Gefühl A.H.s, belogen zu werden. Woher kam das im einzelnen? Wie wirkte sich das aus?

A.H. und seine militärischen Mitarbeiter glaubten, alles von ihren Lagekarten aus führen zu können. Sie kannten weder den russischen Winter und seine Straßenverhältnisse noch die Strapazen der Soldaten, die ohne Quartiere wochenlang, unzulänglich ausgerüstet, im Freien bleiben mußten und deren Widerstandskraft dadurch gebrochen war. Sie waren übermüdet und ausgelaugt. Aber in der Lage wurden diese Verbände als vollwertig betrachtet und von A.H. danach eingesetzt und in ihren Leistungen beurteilt.

Im Westen kannten sie nicht die schweren Angriffe der Flugzeuge, dadurch die Unzulänglichkeit und Schwierigkeit des Nachschubs, die schlechte Bewaffnung der Truppe, das Fehlen von Treibstoff und Munition. In den Städten sahen sie nie die Bombenschäden der feindlichen Luftwaffe und die unmittelbare Bedrohung der Rüstung als Grundlage der Fortsetzung des Krieges. Im ganzen Krieg hat A.H. niemals eine bombardierte Stadt besucht. Durch diese Unkenntnis wurde das Bild in der Führerlage immer falscher und so aufgrund falscher Voraussetzungen von A.H. wichtigste Entscheidungen getroffen.

Die Wirklichkeit war hier bestimmt nicht mehr Grundlage der Entscheidungen. Divisionen, die abgekämpft, ohne Waffen und Munition waren, wurden voll eingesetzt und auf der Karte hin- und herdisponiert. Draußen wußten die Divisionsführer nicht, was sie mit den Befehlen anfangen sollten. Für die Verschiebungen wurden Zeiten angesetzt, die durch die äußeren Umstände nicht durchführbar waren. Die Folge davon war, daß die Spitzen dieser Einheiten, ohne sich zu einer Kampfkraft vereinigen zu können, an den Feind geführt, nach und nach aufgesplittert und vernichtet wurden. Einheiten ohne Waffen, sogenannte Marschbataillone, kamen in das Gefecht, und aus der Luftwaffe wurden die Luftwaffen-Felddivisionen gegründet, die ohne jede Erfahrung, auch ihres Offizierkorps, schwerste Verluste erleiden mußten, nur weil es der Ehrgeiz des Oberbefehlshabers der Luftwaffe war, seine Verbände zu behalten und weil A.H. aus wehrpolitischen Gründen dieses guthieß. Neue Divisionen wurden in großer Zahl aufgestellt, neu mit Waffen versehen und ohne Erfahrung und mit ungenügender Ausbildung zur Front gesandt, während gleichzeitig die alten, guten, kampferprobten Einheiten verbluteten dadurch, daß man ihnen keinen Nachschub an Waffen und Menschen gab. Man vergeudete so Waffen und wertvolles Menschenmaterial.

Der Waffen-SS gab man den besten jungen deutschen Nachwuchs. Sie hatten damit einen Überfluß an wertvollen Anwärtern für Offiziere und Unterführer. Sie waren hier so zahlreich vorhanden, daß sie sich nicht entwickeln konnten und in einfachen Diensten bleiben mußten. Das Heer und die Luftwaffe dagegen hatten einen Mangel an diesen Menschen und mußten zusehen, wie die Unterführer bei ihnen immer schlechter und geringer wurden, während sie in der Waffen-SS in großen Mengen als einfache Soldaten den Tod fanden. Die Division »Hitlerjugend« der Waffen-SS[20] setzte sich aus dem besten Material der deutschen Jugend zusammen. Ohne ein Gerippe alter, fronterfahrener Soldaten wurden sie immer wieder in den Kampf gesandt, so daß hier ein laufender, folgenschwerer Aderlaß an bestem deutschen Nachwuchs ohne militärischen Nutzen entstand.

---

[20] Es handelt sich um die im Frühjahr 1943 gebildete Hitlerjugend-Panzergrenadierdivision, die aus Wehrmachtsoffizieren und Absolventen von Wehrertüchtigungslagern bestand und im Herbst 1943 den offiziellen Namen 12. SS-Panzerdivision »Hitlerjugend« erhielt.

War es nicht Aufgabe der militärischen Umgebung A.H.s, ihn laufend [über den Kriegsverlauf und die tatsächliche Moral] zu unterrichten, und waren daher die Fehler, die zu den laufenden Entscheidungen durch die Frontfremdheit geschahen, nicht von ihr zu verantworten?

Sicher hatten sie diese Verantwortung mitzutragen. Aber trotzdem bleibt der größte Teil der Schuld an diesen Zuständen, die viele Soldaten unnötig das Leben kosteten, bei A.H. als dem Oberbefehlshaber des Heeres. Als Staatsoberhaupt konnte ihm niemand zumuten, regelmäßig an die Front zu gehen. Als Oberbefehlshaber des Heeres und zudem bei seinem System, grundsätzlich bis in die Einzelheiten die Entscheidungen selbst zu treffen, konnte die Truppe es aber verlangen. Daß er es nicht tat, dafür gibt es vor der Geschichte keine Entschuldigung. War er zu krank dazu, dann mußte er einen anderen bestimmen; war er in Sorge um sein Leben, dann durfte er nicht Oberbefehlshaber des Heeres sein. Durch einige Frontreisen hätten er und sein Stab mühelos die grundsätzlichen Fehler feststellen können, die zusätzlich so viel Blut kosteten und die die einheitliche Sorge aller höheren Frontführer waren. Durch die schlechte Unterrichtung über die tatsächliche Frontlage waren letzten Endes fast alle Entscheidungen des Hauptquartiers nicht anwendbar. Durch die Ausschaltung der Kritik von unten nach oben wurden sie entweder tatsächlich oder scheinbar, meist aber ohne den erwünschten und gedachten Erfolg durchgeführt.

Die steigende Hartnäckigkeit A.H.s, der sich dadurch immer mehr betrogen fühlte, und die Weichheit fast aller hohen militärischen Mitarbeiter um ihn machte diesen Prozeß zu einem fortlaufenden, sich immer mehr verschärfenden.

Dazu [kamen] die schlechten Eigenschaften, die ihn als Feldherrn unmöglich machten: seine schlechte Vorbildung, der mangelnde Kontakt zur Front und zur Truppe, die Behandlung der Offiziere, sein verhängnisvolles Zögern und sein bewußtes Glücksspiel auf der anderen Seite, sein willkürliches Opfern von Soldatenleben und seine grundsätzlich amoralische Einstellung, wie sie in der letzten Phase immer sichtbarer wurde, und die zahlreichen verlorenen Schlachten werden die objektive Kriegsgeschichte in seinem Fall ein hartes Urteil fällen lassen. Im deutschen Volk aber ist noch nicht bekannt, wie unzulänglich A.H. die militärische Führung ausübte und wie bedenkenlos in der letzten Phase des Krieges von ihm mit dem Leben der deutschen Soldaten umgegangen wurde. Leider ist das Wort Churchills zu wahr, daß A.H. als Leiter der militärischen Operationen der beste Bundesgenosse der alliierten Nationen war. Da er sich im Krieg mit dem Schwerpunkt seiner ganzen Arbeitskraft nur auf die militärischen Ereignisse konzentrierte, ist sein vollständiger Mißerfolg auf diesem Gebiet genauso ein wesentlicher – ja der wesentlichste – Bestandteil seines Lebens, wie seine Erfolge, die ihn im Volk angesehen und beliebt machten.

Die Vorteile seines Schaffens, seine sozialen Erfolge wurden dem Volk mit großer Propaganda eingeprägt; welche verhängnisvolle Rolle er beim Ablauf des Krieges spielte, ist bis jetzt nur einem kleinen Kreis bekannt. Daß der Krieg für uns verlorengehen mußte, weiß heute das Volk. Er hat aber durch seine Hartnäckigkeit und seine Fehler zahllose Menschen in das Unglück gebracht, viele Soldaten unnötig einem traurigen Schicksal oder dem Tod ausgeliefert, die Bevölkerung durch den Volkssturm versucht, in den Strudel der Ereignisse zu reißen, und wollte letzten Endes mit seinem Untergang auch bewußt das deutsche Volk vernichten, ihm seine letzten Lebensmöglichkeiten nehmen. Damit hat er alles, was er zuerst Gutes für das Volk wollte, mehr als aufgewogen; er hat es ausgelöscht.

Mein Verhältnis zu A.H. war vor 1935 bis zum Beginn des Krieges ein – für jeden Künstler – begeisterndes und fanatisierendes, er ein idealer Bauherr, ich sein Architekt, zu dem er alles Vertrauen hatte. Daraus entstand ein enger Kontakt. Von 1942 ab, als Minister, hatte ich zwar den Vorzug, weiter seinem »privaten Kreis« anzugehören, aber die Ungezwungenheit im Umgang mit ihm war durch die neue Aufgabe verloren, und äußere Umstände trugen dazu bei, daß in diesem mehr dienstlichen Verhältnis erste Trübungen eintraten. Von Anfang 1944 ab wurde die äußere Intrige gegen mich erfolgreicher und andererseits meine Einstellung zu A.H. und den Ereignissen langsam klarer, um im Januar 1945 sich zu aktivem Widerstand gegen die von ihm festgelegten Grundsätze zu wandeln. Ich habe von da an, nicht nur auf meinem Fachgebiet, vieles planen, veranlassen und durchführen müssen, was gegen seine Linie oder gegen ihn selbst gerichtet war. Sein Irrweg nahm furchtbare Folgen an. Er versuchte bewußt, das Volk mit seinem Untergang zu verknüpfen. Es gab für ihn keine geistigen Grenzen mehr. Ein Mensch, der über sein Leben hinweg bereits in das Uferlose hinabgestiegen ist. Obwohl er meine negative Einstellung kannte, hat er mich weiter an seiner Seite gelassen. Auch ich habe in dieser Zeit unterschieden zwischen meiner Pflicht dem Volk gegenüber und meinem persönlichen Verhältnis zu A.H., aus diesem Gefühl heraus, aber gleichzeitig um zu helfen, seinen Endkampf abzukürzen, flog ich wohl als einer der letzten am 24. April 1945 nach Berlin, um mich zu verabschieden oder, falls er es verlange, dort zu bleiben. Trotzdem, nachdem ich damals innerlich mit ihm gebrochen hatte, fiel es mir jetzt schwer, diese Ausarbeitung durchzuführen. Ich fühle mich dazu verpflichtet, seine Fehler, die Ursachen seines für uns und die Welt gleichermaßen tragischen Wirkens ergründen zu helfen. Wenn die Sprache dabei deutlich ist, so möchte ich dennoch nicht zu denjenigen gerechnet werden, die ihn beschimpfen, um sich selbst zu entlasten.

War A.H. als geschichtliche Erscheinung ausgelöst von den Ereignissen des Weltkrieges, eine Folge des Versailler Vertrages, der Revolution und ihrer nachfolgenden Erscheinungen? War er dadurch zwangsläufig gegeben und unvermeidbar?

Ohne diese Ereignisse hätte er zwar nie den Boden gefunden, auf dem seine Tätigkeit sich so breit und schnell entfalten konnte. Er war aber in seiner dämonischen Erscheinung niemals nur eine Folge all dieser Ereignisse. Sie hätte sich ebenso in einem nationalen Führer mittleren Formats ausdrücken können. Er war eines dieser immer unerklärlichen geschichtlichen Naturereignisse, die in der Menschheit in großen Zeitabständen auftreten. Seine Person wurde zum Schicksal der Nation. Nur durch ihn wurde es auf den Weg gebracht und gehalten, der nun in einer so schweren Zukunft endete. Das Volk stand unter seinem Bann wie noch selten ein Volk in der Geschichte. Derartige einmalige geschichtliche Ereignisse, ob sie Französische Revolution, spanische Inquisition, Napoleon, Hitler oder Stalin heißen, sind in ihrem Sinne nicht zu erklären. Wie so vieles auf der Welt.

Schicksal der Menschen war es, gleichzeitig vier gewaltige Männer[21] zu besitzen, die die Gegensätze mit einer Konsequenz austrugen, wie

[21] Gemeint sind Hitler, Stalin, Churchill und Roosevelt.

noch nie auf dieser Erde. Vielleicht wird nach dieser Katastrophe die große, ersehnte Ruhe folgen. Vielleicht werden dadurch gesündere Lösungen möglich sein.

Jeder, der das Ende dieser Tragödie dieses letzten Jahres bei uns miterlebt hat, wird vor der Tragik und Unabwendbarkeit des Schicksals erschauern. Eine Wiederholung der unumschränkten Herrschaft eines einzelnen, umgeben von willenlosen Männern, muß für die Zukunft ausgeschaltet werden. Hierüber darf es noch nicht einmal eine freie Wahl geben. Nie wieder darf der Weg einer Nation so ausschließlich auf zwei Augen ruhen, von dem Verstand und der Einsicht eines einzelnen so abhängig sein wie in der Zeit Adolf Hitlers.

Protokoll 2
Politiker und Politik im nationalsozialistischen Deutschland (20. August 1945)[1]

(Herr Hoeffding bittet Herrn Speer, zunächst eine Reihe von politischen Zusammenhängen aufzuklären. Dabei war der Gedanke, die letzten fünf Monate des Krieges eingehend zu rekonstruieren, weiter geplant worden. Es sei für die geschichtliche Überlieferung jedoch wichtiger, einen Überblick über die gesamte politische Entwicklung im nationalsozialistischen Deutschland, über die Kräftegruppierungen, die persönlichen und politischen Verhältnisse und Schwierigkeiten zu erhalten.

Speer ist davon überzeugt, daß es notwendig ist, die Zusammenhänge so weitgehend als möglich aufzuklären. Doch sei seine grundsätzliche Einstellung, die geschichtliche Wahrheit sei wichtiger als die Rücksicht auf sich und andere. Er betonte, daß trotz seiner Stellung als Hitlers persönlicher Architekt seine Darlegungen bis zum Jahr 1942 hauptsächlich auf Informationen aus zweiter Hand denn aufgrund von eigenen Beobachtungen beruhten. Seit seiner Ernennung zum Rüstungsminister indes war er, seinen eigenen Worten zufolge, »unmittelbar mit vielen politischen Entscheidungen befaßt«. Selbstverständlich sei es heute leichter, zurückschauende Zusammenhänge zu rekonstruieren und klarzumachen, als im Kriegsgeschehen richtig werten und darstellen zu können.

Es wird festgelegt, daß die Zeit bis zum 20. Juli 1944 behandelt wird, hierbei sind auch innenpolitische, außenpolitische und wehrpolitische Fragen aufgegliedert. Danach soll in derselben Untergliederung die Zeit vom 20. Juli 1944 bis zum Mai 1945 besprochen werden, wobei die Schlußphase des Krieges gesondert ausgegliedert wird.)

[1] BA Koblenz, Nachlaß Albert Speer N 1340, Bd. 478.

Wenn ich es richtig verstehe, hatten sich bereits früh gewisse Persönlichkeiten in der Spitze des Reiches so durchgesetzt, daß sie verschiedene Anschauungen vertreten konnten, oder daß sich ein Kreis bildete, der das Ganze leitete und zugleich gewisse Einzelpolitik betrieb. Ich weiß nicht, wie weit Sie zurückgehen können; ich möchte aber, daß Sie das so weit tun, wie Sie aus eigenem Kontakt oder auf andere zuverlässige Weise sich Ihre Meinung über die Kräftebilanz an der Spitze bilden können. Ist das vielleicht ab 1933 möglich?

Meine Auskünfte können bis etwa zum Jahr 1936 oder 1937 zurückreichen. Von da ab war ich als Architekt in dem engeren Kreise, der sich um A.H. privat am Obersalzberg gebildet hatte, gleichzeitig aber auch zur Besprechung der Pläne in der engeren Umgebung in Berlin in der Reichskanzlei.

Wir wollen zunächst über die wichtigsten Personen sprechen, die in der Umgebung Hitlers waren, welche Meinungen sie vertraten und wieweit sie den Unterbau darstellten, der die organisatorischen und politischen Maßnahmen bestimmte. Sagen wir, Hitler war Führer, wer war dann der zweite Mann?

Offiziell natürlich Göring. Das entsprach aber schon lange nicht mehr den Tatsachen. Der wichtigste Mann mußte bei der Art, in der A.H. regierte, derjenige sein, der diese Entscheidung herbeiführen oder auslösen konnte oder der die Möglichkeit hatte, nach seinem Belieben wichtige Entscheidungen zu provozieren. Das konnte nach allem nur jemand sein, der sich immer in seiner unmittelbaren Nähe aufhielt. Für die Außenwelt und auch für die politischen Führer des Reiches und der Partei auf lange Zeit unbekannt, hatte diese Schlüsselstellung einwandfrei Martin Bormann; und zwar bestimmt schon ab 1938. Die Gefahr, die in seiner Person und Stellung lag, wurde damals nicht erkannt, da er es verstand, seine Position zunächst möglichst unscheinbar darzustellen.

Wie war die Vorgeschichte von Bormann?

Bormann hatte, soviel ich mich erinnern kann, in der Partei die sogenannte »Hilfskasse« eingerichtet und ausgebaut. Durch Zwangsbeiträge der Mitglieder der NSDAP wurde eine Versicherung gegen Unfälle in der Parteiarbeit gegründet. Es wurde hier prozentual bedeutend mehr Geld eingenommen als in irgendeiner anderen Versicherung. Er soll dadurch für die finanzielle Sicherstellung der NSDAP in den Jahren 1931 und 1932 einen erheblichen Beitrag geleistet haben.

Bormann war als Stabsleiter der Vertreter von Rudolf Heß in seinen umfassenden Parteivollmachten. Die Daten hierüber sind mir nicht bekannt. Etwa 1935 muß er die persönlichen finanziellen Angelegenheiten A.H.s übernommen haben. Er verwaltete die Einnahmen aus den Büchern und die daraus erstellten persönlichen Bauten, z.B. auf dem Obersalzberg (Berghof), oder den Ankauf von Kunstgegenständen für den persönlichen Besitz A.H.s. Für alle übrigen Bauten, für Geländeerwerbungen, Straßenanlagen auf dem Obersalzberg oder für den Erwerb von Kunstgegenständen für geplante öffentliche Sammlungen (z.B. für Linz) hat Bormann die »Adolf-Hitler-Spende«[1] geschaffen, die aus Mitteln der Industrie es ihm ermöglichte, allen diesen Wünschen finanziell Rechnung zu tragen.

In dieser Eigenschaft verantwortete er alle Bauten auf dem Obersalzberg, und da A.H. über den Ausbau sehr begeistert war, er sich bis ins Detail für jede Bauangelegenheit interessierte, konnte Bormann über diese Aufgabe in einen sehr engen Kontakt mit A.H. kommen. Er entdeckte dabei, daß Bormann ein schneller und zuverlässiger Mitarbeiter ist. Er konnte nicht sehen, daß er dabei sehr ehrgeizig sein konnte.

Mit dieser Position als der private Ratgeber und Vermögensverwalter A.H.s konnte er es sich leisten, unabhängig von seinem eigenen Chef, Heß, die Arbeit des Stellvertreters des Führers durch unmittelbare Führerentscheidungen weitgehend selbst zu bestimmen. Heß hat in den Anfangszeiten hiergegen nichts unternommen, zweifellos war es für ihn bequem, in der unmittelbaren Nähe A.H.s seinen engsten Mitarbeiter zu wissen. Als er die Bedrohung seiner eigenen Stellung feststellte, war Bormann bereits so weitgehend in den Kreis am Obersalzberg eingedrungen, daß er sich einen Kampf gegen ihn nicht

[1] Die Adolf-Hitler-Spende der deutschen Wirtschaft geht auf eine Initiative Martin Bormanns vom Frühjahr 1933 zurück, die die Einzelspenden aus Industriekreisen durch eine Gesamtspende zugunsten Hitlers und der »Bewegung« ersetzen sollte. Der überwiegende Teil des Spendenaufkommens wurde für Hitlers Erwerbungen an Grundbesitz und Kunstgegenständen sowie für Dotationen verwandt.

mehr leisten konnte. Heß resignierte schnell und ließ den Dingen ihren Lauf.

Wissen Sie etwas über seine Herkunft und Bildung?

Bormann stammt, soweit mir bekannt, aus Thüringen. Er hatte Landwirtschaft gelernt und war Gutsverwalter in Pommern. Sein Benehmen blieb auch in seiner späteren Stellung so, als hätte er es weiter mit Kühen und Ochsen zu tun. Er hatte keinen höheren Bildungsgrad. Er war ein brutaler Typ, ohne Herz und ohne Menschlichkeit, der auf jeden Fall das durchsetzte, was A.H. befohlen hatte, ohne über die Richtigkeit nachzudenken, es sei denn, daß es nicht in seine generelle Linie paßte. Er hatte kein Gewissen.

Wie machte sich der Einfluß Bormanns geltend? Welcher Apparat stand ihm zur Verfügung, die Parteikanzlei oder die Gauleiter?

Sein Einfluß war ausschließlich durch seine persönliche Stellung bei A.H. bestimmt. Hätte dieser ihn auch nur für kurze Zeit ausgeschaltet, dann hätte ihn auch sein Apparat nicht weiter unterstützen können. Daher war es notwendig, daß er bei Tag und Nacht bei A.H. war. Er hat aus der Sorge, daß bei längerer Zeit seiner Abwesenheit sein Einfluß auch vorübergehend kleiner würde, niemals eine längere Dienstreise angetreten oder Urlaub gemacht. Sieben oder acht Jahre war er so ununterbrochen der ständige Schatten von A.H. Darin liegt es auch begründet, daß er keinen unmittelbaren Kontakt mit der Außenwelt hatte und wirklichkeitsfremd werden mußte.

Sein eigentlicher Apparat war die Parteikanzlei, die aus vielen jungen, meist juristisch vorgebildeten Mitarbeitern bestand und die fast alle keine »alten« Parteigenossen waren. Sie waren durch die Macht Bormanns sowohl in der Partei wie [im] Staat ebenfalls sehr gefürchtet und konnten zum Teil auch unter dem Firmenschild ihres Chefs eine bis ins einzelne gehende Politik betreiben. Weiter hatte Bormann die Gauwirtschaftsberater, die er sehr geschickt für seine Zwecke auszunutzen verstand. Ich nehme an, daß sie ihm wertvolles Material über die Arbeit der Mittelinstanz (Gaue) lieferten. Im Laufe der Zeit hatte sich Bormann überall da, wo ein Gauleiter vorhanden war, der nicht aus seiner Schule stammte, durch die Ernennung des stellvertretenden Gauleiters, der auf seinen Vorschlag durch A.H. erfolgte, weitere Kontrollorgane geschaffen, die oft im Gegensatz zu ihren Vorgesetzten und Gauleitern standen, ohne daß diese die Möglichkeit hatten, diesen unerwünschten Zustand abzustellen.

Wie hat es Bormann verstanden, diesen Einfluß bei A.H. zu gewinnen?

In der ersten Phase hat er als ständiger Vertreter von Heß die Parteisachen bei A.H. gelegentlich vorgetragen. Er hatte aber im Stab des Stellvertreters des Führers eine ausgesprochene Machtstellung, auch schon 1934 und danach immer stärker werdend. Nachdem er sich in die ständige Umgebung des Führers eingeschmuggelt hatte, konnte er Heß langsam beiseite drängen und seine Position immer mehr stärken. Heß war über diese Entwicklung sehr unglücklich und fing an, sehr stark zu spintisieren – dazu war er ja auch veranlagt.[2]

Als Heß nach England flog, war ich zufällig am Obersalzberg.[3] Ich äußerte damals zu Freunden, daß die Verzweiflung von Heß über die rücksichtslose Arbeit von Bormann, gleichzeitig das Gefühl der Zurücksetzung durch A.H., zu diesem Entschluß am wesentlichsten beitrug.

Nachdem Heß weg war, hat sich Bormann innerhalb einiger Tage seine Machtstellung erheblich ausgebaut. Damals zeigte er das erste Mal und nur für kurze Zeit, welchen Einfluß er tatsächlich besaß. Es gelang ihm, die anderen wichtigen Personen der Partei, in der Hauptsache Dr. Ley, in ihrem Einfluß und in ihren Entscheidungsmöglichkeiten sehr zu beschränken. Während bis dahin Ley ein selbstän-

---

[2] Rudolf Heß beschäftigte sich seit den 20er Jahren intensiv mit Astrologie. Auch die Wahl des genauen Abflugdatums für seinen Britannienflug am 10. Mai 1941 erfolgte nach der Befragung der Gestirne. Insbesondere sein Mitarbeiter Ernst Schulte-Strathaus scheint dabei großen Einfluß auf Heß gehabt zu haben.

[3] Rudolf Heß war am 10. Mai 1941 in einer zweimotorigen Me 110 von Augsburg aus zum Landsitz des Herzogs von Hamilton in Schottland aufgebrochen, um mit seiner selbstgewählten Mission einen Umsturz in Großbritannien und anschließende Friedensverhandlungen mit Deutschland zu ermöglichen. Adolf Hitler erfuhr am Vormittag des 11. Mai auf dem Berghof vom Heß-Flug, als ihm der Heß-Adjutant Pintsch den Abschiedsbrief des Stellvertreters übergab. Albert Speer und eine Reihe anderer führender Nationalsozialisten, die an diesem Tag auf dem Obersalzberg beim »Führer« waren, haben zum Teil voneinander abweichende Schilderungen darüber gegeben. (Vgl. Ulrich Schlie, Kein Friede mit Deutschland. Die geheimen Gespräche im Zweiten Weltkrieg 1939–1941, München–Berlin 1994, S. 313ff.)

diger Gegenexponent zum Stellvertreter des Führers war, hatte er von da ab eine Stellung, die von dem Leiter der Parteikanzlei bestimmt wurde.

Bormann hat mit rücksichtsloser Brutalität durchgesetzt, daß alle Berichte, die von Gauleitern und Reichsleitern an den Führer gingen, nur von ihm vorgetragen werden konnten. Termine wurden ihnen kaum noch gegeben; wenn sie zustande kamen, hatte Bormann den Verlauf und die Auswertung der Besprechung vollständig in seiner Hand. Dazu kam, daß bereits früher Bormann die persönliche Adjutantur des Führers und den übrigen persönlichen Stab unterstellt bekam und damit durch seine Charaktereigenschaften bestimmte und beherrschte. Brückner, der noch die Möglichkeiten gehabt hätte, selbständig zu handeln, war beseitigt; Schaub in keiner Weise geeignet, dieses wichtige Amt durchzuführen; Albert Bormann unzulänglich und, obwohl er mit seinem Bruder sich aus Familiengründen überworfen hatte, zu keinen eigenen Entschlüssen gegen Bormann fähig. Damit wurden die wichtigsten Entscheidungen, die sonst eine persönliche Adjutantur eines Staatsoberhauptes herbeiführen kann, von Bormann gelenkt.

Nach dem Beginn des Krieges hatte sich A.H. auf die militärischen Ereignisse konzentriert und damit die innenpolitischen Zusammenhänge sehr vernachlässigt. Dies stärkte bereits vor dem Flug von Heß die Position Bormanns außerordentlich. Wenn auch vor 1939 sich viele Gauleiter darüber beschwerten, daß sie von A.H. abgeschnitten seien, gelang es doch manchen von ihnen, zur Mittagstafel in die Reichskanzlei zu kommen, hier die allgemeine politische Meinung zu hören und unter Umständen danach, ohne Termin, mit A.H. ein Gespräch zu führen. Die Mittagstafel in der Reichskanzlei war eine Art Restaurant, an dem ein größerer Kreis nach kurzer formloser Anmeldung teilnehmen konnte. Die Teilnehmer wurden von den Adjutanten selbständig entschieden. Es war ein Kreis, dem sowohl die wichtigsten Reichsminister, wichtige Gauleiter und auch Architekten und Bildhauer angehörten; die führenden Soldaten waren in diesem Kreis nicht vertreten. Als diese Einrichtung mit Beginn des Krieges und dem ständigen Aufenthalt A.H.s in seinen Hauptquartieren verschwand, war es Bormann leicht, sich seine Machtposition auf den beschriebenen Umfang total auszuweiten.

Welche Vollmachten hatte Bormann noch?

Er hatte sich zum »Sekretär des Führers« machen lassen.[4] Dies schien zunächst eine ganz untergeordnete Bedeutung zu haben. Es autorisierte ihn aber, auch all die Dinge im Auftrag A.H.s durchzuführen, die nicht parteimäßig waren. Er konnte damit jeden Befehl A.H.s auf jedem beliebigen Gebiet weitergeben. Das hat er in sehr weitem Maße ausgenutzt.

Mit wem arbeitete Bormann eng zusammen?

Er hat sich in der ersten Zeit eng mit Lammers zusammengetan; er hat damit nach außen eine Zweiteilung der »absoluten Abschirmung« von A.H. vorgenommen. Und zwar hat Lammers die Angelegenheiten aller Behörden, und Bormann die Parteisachen offiziell bearbeitet. Für die Wehrmachtsangelegenheiten versuchte Keitel, sich eine ähnliche Stellung zu erringen, jedoch ohne Erfolg. Bormann und Keitel arbeiteten gut und eng zusammen. Nachdem Bormann und Lammers sich zusammentaten, bildeten sie ein einheitliches Sieb für sämtliche Vorgänge, die an A.H. herangetragen wurden. Sein Verhältnis zu Himmler war bis Herbst 1944 ein gutes. Gelegentliche scharfe Reibungen konnten die enge Zusammenarbeit nicht stören. Sie sprachen sich mit dem freundschaftlichen »Du« an, was bei beiden sonst selten war.

Wie war die Arbeitsweise von Bormann?

Weder Reichsleiter oder Reichsminister, noch Gauleiter konnten direkt an A.H. herankommen. Sie mußten ihre Wünsche oder Berichte schriftlich einreichen. Bormann trug sie vor und gab die Meinung von A.H. in Befehlsform weiter, obwohl sie oft nur beratend gedacht war. Dabei ist wichtig, daß er die fachlichen Vorgänge auch der Reichsminister vortrug; Lammers hatte sich den Vortrag über Streitigkeiten grundsätzlicher Art, etwa über Zuständigkeiten, oder den Vortrag über neue Erlasse und Gesetze vorbehalten. Er war damit eine Art »Notar des Reiches«, wie ich ihn oft bezeichnete.

---

[4] Offiziell wurde Bormann im April 1943 »Sekretär des Führers«.

Wie war Lammers seiner Persönlichkeit nach? Hatte er Ehrgeiz oder betrieb er eigene Politik?

Meiner Ansicht nach war er ein trockener Beamter, der keine Phantasie hatte und der keine hohen Ziele kannte. Er war in seiner Stellung davon abhängig, daß nicht jeder Reichsminister für sich allein vortragen konnte. Er wußte, daß seine Stellung nur durch gemeinsames Vorgehen mit Bormann möglich war. Ich halte ihn nicht für einen Mann mit weitgehender Initiative. Er war ein guter Beamter.

Bormann war so anerkannt, daß selbst Goebbels, der auf Grund seiner persönlichen Beziehungen A.H. weiter besuchen konnte, seine Wünsche freiwillig in Form sogenannter »Führer-Informationen« schriftlich über Bormann an A.H. gab. Bormann war so klug, daß er dieses Entgegenkommen dann entsprechend quittierte und die Wünsche und Forderungen von Goebbels zuvorkommend behandelte.

Goebbels und Himmler waren vom zivilen Sektor die einzigen, die außer mir noch Besprechungen mit A.H. haben konnten. Beide respektierten die Haltung Bormanns, indem sie ihre Gespräche vorher mit ihm abstimmten. Ich dagegen lehnte ein Abhängigkeitsverhältnis ab. Göring hat sich in dieser Zeit weitgehend auf die Führung der Luftwaffe abdrängen lassen und war daher für Bormann in diesem Zusammenhang nicht bedeutend.

Welche Hintergründe können Bormann bewogen haben, diese Machtpolitik konsequent zu betreiben?

Man kann das Verhältnis der verschiedenen hohen Führer zueinander nachträglich nur verstehen, wenn man ihr Streben als Kämpfe um die Nachfolgerschaft von A.H. auffaßt. Die »Diadochen-Kämpfe« waren in aller Stille recht früh ausgebrochen. Bormann, Göring und Himmler standen ihrer Macht nach im Vordergrund, nachdem Heß ausgefallen war. Ob Goebbels ebenfalls Ehrgeiz hatte, ist nicht klar zu erkennen gewesen. Er war zu klug, um das sehen zu lassen. Zweifellos lag aber auch er auf der Lauer, um seine Stunde auszunutzen, falls sie kommen sollte. Ich hatte schon lange den Eindruck, daß Bormann dieses Ziel mit Konsequenz verfolgte. Es schien mir, als hätte er aus dem Lebenslauf von Stalin seine Zukunft abgeleitet, da dieser auch einmal Sekretär von Lenin war. Dieser Vergleich wäre aber utopisch gewesen. Auch an Heß konnte er feststellen, daß dieser vom ursprünglichen Sekretär von A.H. zum Stellvertreter des Führers geworden war. Es geht eben selten gut, wenn mit Arbeit überlastete große Persönlichkeiten im Staats- und Wirtschaftsleben einen zu fleißigen und ehrgeizigen Sekretär haben.

War Bormann dazu befähigt, eine solch hohe Stellung auszufüllen?

Er hätte es nur mit seiner rücksichtslosen und brutalen Art durchführen können. Das hätte zu einer weiteren Verschärfung der gesamten innenpolitischen Lage in Deutschland geführt. Seine Kreise hatten zu diesem scharfen Kurs stark beigetragen. Für Deutschland war der Einfluß Bormanns bereits bei A.H. ein nationales Unglück.

Das alles hat mich im April/Mai 1943 dazu gebracht, gegen meine Grundsätze innenpolitisch aktiv zu werden. Ich flog nach Besprechungen mit Funk und Goebbels mit deren Einverständnis und gleichzeitig in deren Auftrag zu Göring, der sich auf dem Obersalzberg resigniert erholte. Ich erklärte ihm, daß er, falls es nicht bereits ohnehin zu spät ist, die Initiative in größerem Umfange wieder aufnehmen müßte. Es sei notwendig, einen »Verein« gegen Bormann zu gründen, weil A.H. sonst letzten Endes restlos isoliert werde. Ich bat ihn, den Ministerrat für die Reichsverteidigung, in dem er den Vorsitz führte und durch den er innenpolitische Entscheidungen treffen könne, wieder zu aktivieren. Hierzu sollte er um einige Persönlichkeiten wie Funk, Goebbels und mich erweitert werden. Wir müßten gegen den Block Bormann–Lammers zusammenstehen, selbst wenn einer von uns anderer Meinung sei. Er war mit allem einverstanden und besprach sich am nächsten Tag allein mit Goebbels, der zu diesem Zweck auf den Obersalzberg nachflog; es fand dann noch eine Besprechung mit Funk, Goebbels und mir bei Göring in Berlin statt, in der er wieder versprach, nun energischer für seine Position einzutreten und sich dabei von uns helfen zu lassen. Aber Göring war damals bereits in einem Zustand der Lethargie und Apathie, es fehlte ihm der Mut, so daß diese Absicht nicht durchgeführt wurde.

Nach diesem mißlungenen Versuch ging ich meine Wege wieder allein; und Goebbels suchte bald bei Bormann Anschluß.

So daß also Sie praktisch der einzige waren, der auf dem zivilen Sektor sich nicht Bormann angliederte?

Außer mir war es noch ein verhältnismäßig untergeordneter Mann, Dr. Brandt[5], der seine Vorträge im Gegensatz zu Bormann unmittelbar bei A.H. erledigte. Wir konnten uns beide das leisten, da wir aus dem »privaten Kreis« am Obersalzberg hervorgegangen waren.

Was verstehen Sie darunter?

Auf den Obersalzberg lud sich A.H. einen Kreis von Personen ein, der unpolitisch ausgewählt war. Er suchte sich diejenigen aus, die ihm persönlich sympathisch sind und nicht durch politische Gespräche seine Gedanken störten. Daher bestand der Kreis dort aus Künstlern, aus einigen Damen, Fräulein Braun, meist die Sekretärinnen, den persönlichen und den Wehrmachtsadjutanten, Botschafter Hewel, Sepp Dietrich, Professor Morell, Esser und deren Frauen. Zu diesem Kreis gehörten neben Bormann auch Brandt und ich. Der private Charakter wurde auch dadurch aufrechterhalten, daß es vollständig ausgeschlossen war, daß z.B. Göring mit seiner Frau, auch wenn er am Obersalzberg in seinem Haus war, gesellschaftlich eingeladen wurde. Auch die übrigen politischen Persönlichkeiten wurden nur zu Besprechungen bestellt und selten zum Essen gebeten. Eine Ausnahme machten hier gelegentlich Goebbels und Schwarz mit ihren Frauen. Zu Ende des Krieges wurde diese strenge Scheidung von Politik und privatem Leben auf dem Obersalzberg nicht mehr eingehalten.

Aus diesem Verhältnis heraus konnte es sich Bormann nicht leisten, Brandt bei A.H. herauszudrängen, nachdem auch ich immer wieder Brandt einfilterte, wenn er abgeschossen war. Bis es dann Bormann Ende 1944 plötzlich gelang, Brandt persönlich und sachlich bei A.H. auszuschalten.

Eine Zwischenfrage – wie war Brandts Stellung außer als Chirurg?

---

[5] Gemeint ist Professor Dr. Karl Brandt, Begleitarzt Hitlers und Reichskommissar für das Gesundheitswesen, mit dem Speer eng befreundet war und der ebenfalls mit Bormann überworfen war.

Brandt war zuerst Begleitarzt von A.H., aber nicht sein Leibarzt. Er begleitete A.H., um bei einem Unfall oder einem Attentat Erste Hilfe leisten zu können. Später wurde er Generalkommissar für das Gesundheitswesen; als solcher hatte er eine Zusammenfassung der gemeinsamen Fragen des Sanitätswesens der einzelnen Wehrmachtteile, der OT[6], des Roten Kreuzes und des zivilen Sektors. Seine Tätigkeit brachte allen Vorteile, da er durch seine Stellung bei A.H. schnelle Entscheidungen herbeiführen konnte. Er übte seine Aufgabe objektiv und zuverlässig aus. Er wurde jedoch von Conti scharf bekämpft, während alle anderen Partner mit seiner Arbeit zufrieden waren. Conti war dabei von Bormann vorgeschoben, der aus einem unerfindlichen Grunde Brandt erbittert und mit allen Mitteln auszuschalten versuchte.

Bei mir war er für die Gasmasken-Produktion tätig, die unbefriedigend verlief. Er hatte hierauf einen Sonderauftrag mit Sondervollmachten von A.H. erhalten, nach dem er die gesamten Gasfragen zu kontrollieren hatte. Er hat sich allerdings in seiner Tätigkeit auf die Gasabwehr konzentriert und die Tatsache, daß wir ab November 1944 unsere Gasproduktion eingestellt hatten, stillschweigend hingenommen. Er war gegen den Einsatz von Gas. Ich hatte Anfang 1945 mit ihm Besprechungen, wie man diesen Einsatz verhindern könne, falls er vorgeschlagen würde.

Wie entwickelte sich Ihr persönliches Verhältnis zu Bormann?

Nach allem, was bisher hier gesagt worden ist, kann es ja nicht gerade gut gewesen sein. Solange ich als Architekt tätig war, hatte ich eine innere instinktive Abneigung gegen ihn, seine Art und seine Lebensweise; ich war aber für ihn ein zu kleiner Mann, als daß sich eine Einstellung von ihm gegen mich damals lohnte.

---

[6] Die Organisation Todt wurde 1938 für den Bau militärischer Anlagen geschaffen und unterstand dem Generalinspekteur für das deutsche Straßenwesen und Generalbevollmächtigten für die Regelung der Bauwirtschaft, Fritz Todt. Die OT war militärisch strukturiert, weitgehend von bürokratischen Strukturen unabhängig und wurde nach Kriegsbeginn vor allem für Bauvorhaben in den besetzten Gebieten eingesetzt. Nach Todts Tod übernahm Albert Speer in dessen Nachfolge als Reichsminister für Bewaffnung und Munition 1942 auch die Leitung der OT.

Wir waren daher auf »Abstand«, korrekt und nicht unfreundlich, um den Frieden des privaten Kreises nicht zu stören. Es war für diese Phase vielleicht die Tatsache bezeichnend, daß ich keine der persönlichen Bauten von A.H. oder der anderen Bauaufgaben auf dem Obersalzberg übernahm. Bormann strebte eine Zusammenarbeit mit mir nicht an.

Von September 1939 bis 1942 hatte ich wenig Kontakt mit der Umgebung A.H.s und damit auch mit Bormann, da Künstler aus dem »privaten Kreis« nur selten zum Hauptquartier kamen. Nach der Ernennung zum Rüstungsminister war zunächst auf ein halbes Jahr das Verhältnis zu Bormann ausgesprochen gut. Er unterstützte mich in auffallender Weise. Ich überspielte damals allerdings Göring im Vierjahresplan, hatte seinen Einfluß entscheidend geschmälert. Dies lag wohl in Bormanns Absichten. Als Ende 1942 meine Aufbauarbeit die ersten großen Erfolge in der Heeresrüstung brachte, ich mit den verschiedenen »Machtfaktoren« des Heeres, Fromm und Zeitzler, einen ausgezeichneten Kontakt hatte, und nachdem A.H. sich außerordentlich anerkennend über den Erfolg seines »Architekten« aussprach, wurde das Verhältnis kühl. Die Streitigkeiten mit Sauckel, verschiedene Reibungen mit Gauleitern und unsere gegenseitige natürliche Abneigung brachte Anfang 1943 ein gespanntes Verhältnis, das aber offiziell »freundlich« war. Es gab überhaupt noch nie so viele freundschaftliche Händedrücke zwischen Männern, die sich gegenseitig anfeindeten und sich bestimmt nichts Gutes wünschten, als in unserer obersten Führungsschicht.

Ab Anfang 1943 verschlechterte sich das Verhältnis mit dem zunehmenden Erfolg, mit der Übernahme der Rüstung der Marine, mit der Übernahme auch der Verbrauchsgüterproduktion des Reichswirtschaftsministeriums. Es hatte die offene Feindschaft von Bormann letzten Endes seinen Grund in meiner Sonderstellung bei A.H., die er nicht beseitigen konnte und auf die ich nicht freiwillig verzichten wollte. Verschiedentliche Äußerungen über die Wertschätzung, die A.H. für mich habe, bestätigten diese Einstellung.

Wen bezeichnen Sie als nächstwichtigen Mann?

Bormann und Lammers waren bis Herbst 1944 als Gruppe besonders mächtig, danach Bormann allein. Alles andere ist aufgesplittert in

Einzelgänger, die gelegentlich und in abwechselnden Kombinationen zusammenarbeiteten. Zweifellos war Himmler derjenige, der sich den weitestgehenden und mächtigsten Unterbau geschaffen hatte und daher bestimmt der nächste Mann hinter Bormann war. Er konnte allerdings nicht A.H. in diesem Umfang für sich einsetzen wie Bormann. Zur Vorbereitung einer Nachfolgerschaft hat zweifellos Himmler sehr systematische Vorarbeit geleistet. Er scheint in seinem Stab schon für jedes wichtige Ressort einen guten Mann geschult zu haben; jedenfalls hatte man den Eindruck einer guten, planmäßigen Nachwuchsarbeit, auch auf den Gebieten, die die SS gar nichts angingen. Ein Beispiel hierfür sind vielleicht Hayler und Ohlendorf, wie diese im Wirtschaftsministerium erscheinen. Während Hayler der Vorgeschobene war, schien Ohlendorf mir derjenige zu sein, der nach Himmlers Absicht später einmal die Aufgaben des Reichswirtschaftsministers übernehmen sollte.

Es war überhaupt das System der SS: Wenn irgendwie eine Lücke sich zeigte, wo geholfen werden konnte oder wo ein Fehler war, sprang die SS ein. So kam auch Kammler in die Rüstung. Zunächst hatte er eine ganz kleine Aufgabe, die Produktion von A 4[7], dann übernahm er das Verschießen, eigentlich eine Heeresaufgabe, schließlich hatte er alle zbV-Waffen und am Schluß dazu noch alle Strahlflugzeuge. Er war damit praktisch Generalkommissar für alle die Waffen, die wichtig waren. Er wurde damit der Mann, der am längeren Hebelarm saß und der mich von da ab leicht in die Ecke hätte drängen können. Bei der ersten Aufgabe war mir noch unklar, daß Kammler derjenige war, der in meinen Sektor hineingeschoben wurde.

Ich glaube, daß der Ehrgeiz der SS, einen allgemeinen Führernachwuchs auch für Fachgebiete zu bilden, schon weit zurückgeht. Vielleicht hat er sich seit dem Röhm-Putsch gebildet. Ich nehme an, daß auch der Name »Reichsführer« in der SS sich in dem Gedanken gebildet hatte, für später prädestiniert zu sein als Nachfolger des Führers des Reiches. Es waren in der SS viele Leute mit gefährlichen Phantastereien, die sich weite Ziele gesetzt hatten.

---

[7] Technische Bezeichnung der Fernrakete V 2; vgl. dazu auch Protokoll 5, Fußnote 21, S. 288.

Was waren das für Phantastereien, meinen Sie die Sache Widukind und Karl der Große[8]?

Das sind so manche Kleinigkeiten, die mich in Erstaunen versetzten. Es wurden z.B. an die SS-Führer Ringe ausgegeben, und wenn einer starb, wurde ihm dieser Ring abgenommen. Dann war irgendwo ein großes Brett, wo die Ringe für »ewige Zeiten« aufgereiht gesammelt wurden.

Ich habe mich mit Ohlendorf unterhalten und hatte den Eindruck, daß er gar nicht der Mann ist, der sich für solche ideologischen Dinge interessieren würde?

Ohlendorf ist in diesen Dingen in der SS zweifellos ein Außenseiter. Meiner Meinung nach ist er ein hochintelligenter Mann, aber durch die Arbeit im SD verdorben. Wer sich im SD hocharbeitet, muß ja charakterlich gebogen werden, sonst läßt sich das meiner Ansicht nach nicht durchhalten. Wenn er diese Laufbahn nicht gehabt hätte, würde ich ihn für den besten Nachwuchs gehalten haben, auf wirtschaftlichem Gebiet. Er hatte gute Ideen.

Abgesehen von dem persönlichen Unterbau, den Himmler sich geschaffen hatte in seinen Mitarbeitern, wie war der Organisations-Unterbau? Es gab so viele kompliziert zusammengesetzte Verbände – SS, Waffen-SS, Polizei, Gestapo usw.?

Praktisch gab es nur einen Unterbau, der einheitlich alle umfaßte, das war die SS – alle die angegliederten Verbände waren in der Spitze immer wieder von der SS besetzt oder von ihr abhängig.

Wie waren die Beziehungen zwischen der SS-Gruppe und der Bormann-Gruppe?

[8] Heinrich Himmler war von dem Gedanken besessen, das Christentum durch eine neuheidnisch pseudoreligiöse Sittenlehre – eine Mischung aus Ahnenverehrung, Unsterblichkeitsglaube und Blut-und-Boden-Mythos – abzulösen. Er verstand sich selbst als eine Reinkarnation König Heinrichs I., dessen 1000. Todestag er 1936 im Quedlinburger Dom mit einer kultischen Feier beging.

Bis zu der Zeit, in der Himmler Innenminister[9] wurde, ausgezeichnet. Sie waren eng miteinander verbunden. Die treibende Kraft, Himmler zum Innenminister zu machen, war ja auch Bormann. Als Himmler Innenminister war, gab es Störungen, die dadurch beseitigt wurden, daß zum Erstaunen von uns allen Himmler vor Bormann in die Knie ging.

Himmler war als Innenminister der zusammenfassende Mann für die Reichsverteidigungskommissare, hatte also die gleichen Möglichkeiten, an die Gauleiter heranzukommen, wie Bormann. Himmler hat aber nie die Reichsverteidigungskommissare zu einer Sitzung nach Berlin zusammenberufen; er hat auch nie versucht, Anordnungen und Befehle an diese in scharfer Form zu geben, sondern hat sich damit begnügt, die politisch weniger herausgestellten Oberbürgermeister und Regierungspräsidenten zusammenzufassen und auf sich abzustimmen.

Auch das war Bormann schon zu viel. In den ersten Monaten gab es gleich harte Auseinandersetzungen. Einige SS-Obergruppenführer, die sogenannten Höheren SS- und Polizeiführer, glaubten auf Grund der neuen Machtstellung Himmlers, den Gauleitern in die Parade fahren zu können; z.B. bei Gauleiter Hanke in Breslau und außerdem auch irgendwo in Österreich. Bormann hat diese Fälle sofort dem Führer vorgetragen und dazu benutzt, seine Position erneut zu verbessern. Er hat Himmler zu unserem Erstaunen schnell als Innenminister in die Ecke gestellt.

Wer waren die einflußreichsten Männer um Himmler, sein engster Kreis?

Soviel ich weiß, gehörte zu seinem engsten Kreis Dr. Brandt als persönlicher Referent[10] – das ist nicht der Begleitarzt von A.H. –, dann als Freund Professor Gebhardt aus Hohenlychen. Diese sollen eine große Rolle bei ihm gespielt haben. Gebhardt stammt aus derselben Stadt wie Himmler. Sie waren auch in der letzten Zeit viel zusammen. Himmler wohnte oft bei ihm. Er soll einen größeren Einfluß gehabt haben. Früher war es Wolff, der dann aber nach Italien gesandt wurde.

---

[9] Himmler wurde am 25. August 1943 Reichsinnenminister und Generalbevollmächtigter für die Reichsverwaltung.
[10] Gemeint ist Rudolf Brandt, der persönliche Referent Himmlers.

Wolff hatte wohl einen ausgleichenden Einfluß. Die Rolle von Fegelein ist recht undurchsichtig.

Wie die einzelnen Faktoren Pohl, Jüttner usw. hierbei zu werten sind, ist mir unbekannt. Diese hatten untereinander meist Streit und verschiedene Interessen. Ein Außenseiter in der SS war Sepp Dietrich, der als einziger im Gegensatz zu Himmler stand, der aber wieder auf Grund seines alten Verhältnisses zu Adolf Hitler von Himmler nicht beseitigt werden konnte.

Was waren das für Differenzen?

Sepp Dietrich war offen und gerade. Er sagte über Zustände in der SS auch dem Führer seine Meinung. Er war über den riesigen Apparat der SS sehr unglücklich. Er brachte seine Bedenken drastisch zur Kenntnis; das kam dann auf Umwegen zu Himmler.

A.H. hatte zwei Leute, die in einem engen Verhältnis zu ihm standen. Der eine war der Fahrer Schreck, der früh gestorben ist, und der zweite war Sepp Dietrich, etwas später kam noch der Flugkapitän Baur als Dritter dazu. Diese drei waren diejenigen, die ihm alles sagen konnten und oft sagten, was das Volk denkt. Ich hatte mit allen dreien ein gutes Verhältnis. Vielleicht ist deswegen auch meine Einstellung zu Sepp Dietrich nur persönlich zu sehen.

Wer war Pohl? War er Verwaltungsbeamter?

Wir haben mit Pohl viel zu tun gehabt wegen der Arbeit der KZ-Leute, die bei uns in Rüstungsbetrieben abgestellt waren. Ich habe ihn wenig gesehen. Aber ich hatte den Eindruck, daß das kein Mann mit viel Geist ist. Bei der SS konnten wir dies leicht durchschauen. Kammler bekämpfte Pohl und Jüttner und umgekehrt, und Sepp Dietrich hatte mit allen dreien Krach. Die SS war das Spiegelbild der Führung des Reiches, in der fast jeder Minister mit dem anderen einen Streit auszufechten hatte. Aber die Persönlichkeit Himmlers war so stark, daß er trotz allem die Lenkung seines Apparates einwandfrei in der Hand behielt. Und das fehlte in der Reichsspitze, da ist alles schließlich auseinandergelaufen. Das hatte seinen Grund darin, daß A.H. zu sehr die militärischen Dinge führen wollte.

Was machte Jüttner?

Jüttner war als Chef Heeresrüstung beim Oberbefehlshaber des Ersatzheeres in der gleichen Tätigkeit, die er vorher bei der Waffen-SS ausgeübt hat. Er hatte diese personell und waffenmäßig zu unterbauen. Er hatte in dieser Eigenschaft sehr viel mit Fromm zusammenzuarbeiten und hat es im Laufe der Zeit verstanden, mit Fromm ein gutes Verhältnis zu bekommen. Er ist auch nach dem 20. Juli zunächst für Fromm eingetreten, dann hat er sich allerdings nicht mehr um ihn gekümmert.

Wie würden Sie Himmler als Persönlichkeit beschreiben? Es ist für uns schwierig, weil wir uns keine direkte Meinung mehr bilden können. Es ist uns vorgekommen, daß er eine unbedeutende Persönlichkeit in bedeutender Stellung war.

Auch ein unbedeutender Mann kann natürlich an einer bedeutenden Stelle sehr bedeutend werden. Die letzte Phase seines Lebens hat in vollem Ausmaß gezeigt, wie unbedeutend er eigentlich war. Ich war nach dem Flug nach Berlin am 25. IV. 45 bei Himmler und hatte ein Gespräch mit ihm.[11] Ich hatte danach den Eindruck, daß er ein schulmeisterlicher Phantast sei. Vorher kam er mir eher pedantisch und kleinlich vor. Er hatte die Geduld, seine Mitarbeiter und Besucher anhören zu können. Er ließ sich zu seinen Entscheidungen Zeit und überlegte sie anscheinend gründlich. Dann muß er zweifellos eine Begabung in der Auswahl seiner Mitarbeiter gehabt haben. Seine Auslese war im Querschnitt die tatkräftigste. Ich glaubte daher früher nicht, daß er eine so unbedeutende Persönlichkeit war. Am Schluß habe ich zu meinem Schrecken sehen müssen, daß er anormale Gedanken hatte. Da ich mit Himmler während meiner Ministerzeit vielleicht fünf bis sechs Besprechungen hatte, kann ich mir kein für Sie wertvolles Urteil bilden.

---

[11] Nachdem er sich von Hitler im Bunker der Reichskanzlei verabschiedet hatte, traf Speer Himmler am 25. April 1945 auf dem Weg nach Hamburg in jener Privatklinik von Professor Gebhardt in Hohenlychen, in der Speer 1944 eine Zeitlang unter merkwürdigen Begleitumständen hospitalisiert war. Himmler schmiedete bereits phantastische Pläne für die Zeit nach Hitler (»Ohne mich kommt Europa auch in Zukunft nicht aus«) und spekulierte auf einen möglichen Eintritt Speers in Himmlers Kabinett. (Vgl. Albert Speer, Erinnerungen, Frankfurt 1969, S. 489.)

Seine Absicht, alle Stämme der Erde mit den Germanen in Verbindung zu bringen, machte ihn nur lächerlich. Himmler suchte Verwandtschaft zu Japan aufzuweisen. Durch die Ähnlichkeit der Runen sollte diese bewiesen werden. Er schickte einen Forscher nach Tibet, Schäfer, ein guter Wissenschaftler, der sich freute, auf diese Art eine Expedition durchführen zu können, um auch dort Gemeinsames mit der germanischen Urrasse zu finden. Außerdem wurden in allen Teilen Europas Ausgrabungen und Forschungen veranstaltet, um gemeinsame Kulturbeweise zu finden. Himmler war eine Mischung zwischen einem klaren Realisten, der eine gute Personalpolitik trieb und genau wußte, worauf er in seinen Zielen hinstrebt, und einem Phantasten seltenen Ausmaßes.

Glauben Sie, daß er sadistisch veranlagt war?

Vielleicht. Nach dem 20. Juli war ich öfter bei ihm, um verschiedene Leute herauszuholen. Das war meist der Zweck meiner Besuche. Man hatte den Eindruck, daß ihn das Schicksal der Betroffenen in keiner Weise bedrückte.

Zum Aufbau der Gestapo usw. mußte man annehmen, daß eine Auslese sadistischer Elemente vorgenommen wurde. Glauben Sie, daß Himmler das persönlich tat?

Das kann ich nicht sagen. Er erzählte einmal bei A.H., daß er als Aufseher über die KZ-Leute Verbrecher genommen habe. Das sah er als eine besonders gute Idee an. Das muß schon 1941/42 gewesen sein. Wir haben Scheu gehabt, weiter nachzufragen. Ich glaube, Sie verstehen das, denn solche Angelegenheiten interessieren den nicht, den es nichts angeht.

War Himmler homosexuell?

Nein, das glaube ich nicht. Soviel ich weiß, hatte er neben seiner Frau noch eine Frau mit zwei Kindern gehabt.

Was war mit Röhm?

Das kann ich nicht sagen. Letzten Endes war es wohl eine Auseinandersetzung zwischen SS und SA, bei der auch viele Personen, die nichts mit dem Putsch zu tun hatten, von der SS beseitigt wurden. Ich habe später den einen oder anderen kennengelernt, der mit Glück am Erschießen vorbeigekommen war.[12]

Wie war Ihr persönliches Verhältnis zu Himmler?

Himmler lebte abgeschlossen, zurückhaltend in seinem Kreis. Er hatte keinen Zutritt zu dem engeren persönlichen Kreis von A.H., aber wohl auch kein Verlangen danach. Daher hatte ich bis 1942 fast keinen Kontakt mit ihm, um so weniger, als seine Ideen über Architektur genauso verschroben waren wie seine geistige Ideologie.

Auch nach 1942 entwickelte sich nur ein Verhältnis gegenseitiger neutraler Zusammenarbeit, ohne in ein persönliches Verhältnis zu kommen. Eine Einstellung Himmlers gegen mich konnte ich nie feststellen. Er galt als loyal in der Zusammenarbeit, im Gegensatz zu den anderen hohen Führern. Diese Erfahrung glaubte auch ich zu machen. Schwankend wurde ich in dieser Einstellung erst, nachdem ich nach langer Krankheit, die ich bei Professor Gebhardt als Spezialisten ausheilen wollte, auf verschiedene Umstände aufmerksam wurde.[13] Er war vollständig amusisch. Es ist mir noch heute unerklärlich, wie dieser Mann zu dieser Macht kommen und sie halten konnte. Er wird immer eine rätselhafte Erscheinung bleiben. Dienstlich hatten wir in

[12] Als »Röhm-Putsch« wird gemeinhin die Abrechnung Hitlers mit parteiinternen Kritikern und konservativen Widersachern bezeichnet, die unter dem Vorwand der Vorbereitung eines Staatsstreichs von SA-Chef Ernst Röhm in der »Nacht der langen Messer« am 30. Juni 1934 zur Ermordung unter anderem von Hitlers einstigen Weggefährten Ernst Röhm, Gregor Strasser, Gustav Ritter von Kahr, der Generäle Kurt von Schleicher und Ferdinand von Bredow sowie des engen Mitarbeiters von Vizekanzler von Papen, Edgar Jung, führte. Der »Röhm-Putsch« markiert auf dem Weg zum »Führer-Staat« eine wichtige Zäsur, da er die letzten innerparteilichen Widersacher Hitlers ausschaltete und der Reichswehr vorerst ihr Monopol als Waffenträgerin zurückgab. Die Mordaktion des »Röhm-Putsches« wurde am 3. Juni 1934 vom Kabinett als »Staatsnotwehr« gebilligt.

[13] Albert Speer wurde Anfang Januar 1944 wegen einer Thrombose sowie infolge einer durch Überarbeitung und einer in den letzten Monaten des Jahres 1943 zunehmenden Entfremdung gegenüber Hitler verursachten Erschöpfung in der Privatklinik des Orthopädieprofessors und Himmler-Freundes Dr. Karl Gebhardt in Hohenlychen bei Berlin stationär behandelt. Er kehrte erst am 8. Mai 1944 an seinen Schreibtisch in Berlin zurück. Speer mutmaßte, daß Gebhardts Behandlungsmethode ihn, auf Geheiß Himmlers, im Resultat ins Jenseits befördern sollte. Erst nach der medizinischen Intervention von Karl Brandt machte seine Genesung Fortschritte.

dieser Zeit recht selten zu tun. Auf private Zusammenkünfte war Himmler nicht eingestellt. Erst mit der Einschaltung Himmlers als Chef HRüst[14], nach dem 20. Juli 1944, waren gemeinsame Fragen vorhanden. Über diese Zeit ist später zu berichten.

Welche Rolle spielte Göring?

Hitler nahm sich mit Beginn des Krieges der militärischen Dinge an. Die innenpolitischen Angelegenheiten wurden von ihm vernachlässigt. Göring hätte danach innenpolitisch durch seinen Auftrag als Vorsitzender des Ministerrates zur Reichsverteidigung die größte Rolle spielen müssen. Er hatte das Recht, Gesetze zu erlassen, und hätte ein »Stellvertretender Reichskanzler« werden können. Dazu ist es nie gekommen. Ich weiß nicht, warum. Dadurch entstand im gesamten Staatsleben ein unausgefüllter Posten, den sich auf der anderen Seite Bormann und Lammers zunutze machten, um ihre Geschäfte durchzuführen.

Göring hatte seine Energien zu Beginn des Krieges bereits verbraucht. In den darauffolgenden Kriegsjahren wurde sein tatsächlicher Einfluß immer geringer und damit ansteigend seine Resignation immer größer. Der Einfluß, den er auf die Geschäfte und auf die Entscheidungen nahm, war nicht sehr bedeutend und sicher geringer, als es nach außen den Anschein hatte. Sein persönliches Leben hat sicher entscheidend dazu beigetragen. Er war zu weich und unentschlossen, und ohne Initiative. Früher in der Zeit, etwa bis 1939, in der Zeit des Vierjahresplanes, war er zweifellos eine sehr mächtige Persönlichkeit, die außerordentlich viel durchsetzte. Es ist sicher, daß der Vierjahresplan in seinem Aufbau zum großen Teil seine Leistung war. Vor allem, wenn man bedenkt, daß er gegen eine Industrie erzwungen wurde, die kein Interesse hatte, Investitionen auf Gebieten vorzunehmen, die in einer normalen Wirtschaft ein großes Risiko in sich trugen. Damals war er tatsächlich der »zweite Mann«. Dabei lag Göring immer in

---

[14] Am 21. Juli 1944 wurde Heinrich Himmler in der Nachfolge des wegen seiner Verstrickung in den Staatsstreich vom 20. Juli entlassenen Fromms mit der Leitung der Dienststelle »Chef der Heeresrüstung und des Ersatzheeres« (Chef HRüst und BdE) betraut. Im Januar 1945 erfolgte mit Blick auf das geplante Wehrmachtrüstungsamt die Trennung der Aufgabenbereiche des Befehlshabers des Ersatzheeres und des Chef der Heeresrüstung.

einer vernünftigeren Linie, in den grundsätzlichen Fragen. Daher war es ungünstig, daß er durch eigene Schwäche so weitgehend ausfiel. Das hat zur politischen Radikalisierung weitgehend beigetragen. Er hatte einen ausgleichenden, mildernden Einfluß. Er versuchte oft, sich für die Beseitigung von Fehlurteilen einzusetzen. Trotz seines luxuriösen Lebens war er noch lange im Volke populär.

Er ist wohl eine ziemlich unproblematische Persönlichkeit!

Ja, Sie haben ihn ja auch unterdessen kennengelernt. Und sicher reichen Ihre Kenntnisse aus, so daß wir ihn abschließen können?

Einverstanden, aber noch Ihr persönliches Verhältnis zu Göring?

Bis zum September 1939 als Architekt. Er als begeisterter Bauherr. Das war ein gutes Verhältnis. Er beauftragte mich mit Plänen für ein neues Reichsluftfahrtministerium, die nie ausgeführt wurden. Danach, als Beauftragter für alle Bauten der Luftrüstung, trat ich auch bei ihm in den Hintergrund dadurch, daß ihn diese Aufgabe bei weitem nicht so interessierte. Bei der Übernahme des Ministeriums von Todt fand ich eine starke Spannung zwischen Göring und Todt vor, da sich Todt auf einem Gebiet des Vierjahresplanes frei und unmittelbar betätigte. Diese Spannung wurde durch das gute alte Verhältnis schnell beseitigt. Es gab zwar zu Anfang schwere Krisen, die durch die starke Ausweitung meiner Aufgaben gleich in den ersten Monaten hervorgerufen wurden. Durch meine Ernennung zum Generalbevollmächtigten für Rüstung im Vierjahresplan und durch die Schaffung der »Zentralen Planung« wurde meine neue Stellung bei A.H., die bereits nach einigen Wochen bedeutend stärker war als die Dr. Todts vorher, auf meinen Vorschlag in den Rahmen des Vierjahresplanes, also in die Hoheit Görings eingegliedert. Hiermit war er zufrieden, ohne mich bis 1944 auf meinem Gebiet zu beeinträchtigen.

Spannungen gab es zwischen Göring und mir nur, als ich im Juli 1943 von Funk die Produktion übernahm. Dies war aber auf eine wissentlich falsche Unterrichtung von Bormann und Lammers zurückzuführen, die ihn schwer gegen mich verstimmte. Die Lethargie von Göring erlaubte es mir, frei und ungehemmt zu arbeiten. Oft war er auf meine Erfolge bei A.H. wohl etwas eifersüchtig, hat dies aber nie durch irgendwelche Aktionen versucht, abzuändern.

Was war die Rolle von Heß als Stellvertreter des Führers?

Er hatte nicht die Eigenschaften, um sein wichtiges Amt wahrzunehmen. Er war ein sehr sensibler Mensch. Ich mochte ihn ganz gerne, weil er offen war und weil er versuchte, seine Ziele ehrlich zu erreichen. Das war eine seltene Ausnahme. Er hat aber nicht die Härte gehabt, um seine Entscheidungen durchzusetzen. Er war zudem sehr labil in seinen Entscheidungen; wenn der nächste kam, gab er auch diesem Recht, so daß viele wichtige Punkte unklar blieben. Daher waren in den ersten Monaten viele führende Leute in der Partei über die Nachfolgerschaft Bormanns froh, weil sie tatsächlich wieder klare Entscheidungen bekamen. Im übrigen hat sich Bormann durch seine brutale Arbeit und seine Hervorhebung der Partei auch weiter bei vielen führenden Männern der Partei Anerkennung trotz aller Kritik verschaffen können.

Heß war einer der großen Phantasten des »Dritten Reiches«, dem es schwer war, Boden unter den Füßen zu behalten. Leider waren in diesem Kriege in unserer Führung diejenigen, die nicht real denken konnten, weitaus in der Mehrheit. Er meinte aber zweifellos das Gute, denn er hatte 1939, kurz vor Kriegsausbruch, eine Rede gehalten, in der er scharf gegen den Krieg Stellung nahm. Ich glaube, sie fand in Königsberg vor den Abgesandten einer Weltorganisation ehemaliger Kriegsteilnehmer statt.[15] Diese Rede wurde ihm von A.H. sehr verübelt. Soviel ich mich noch erinnern kann, hat sie einen großen Krach verursacht. Mir ist nicht bekannt, ob Heß selbst das in der Form weiß. Es war eine der unangenehmen Eigenarten, daß A.H. sich in seinem Kreis sehr offen und schroff über solche Dinge aussprach und schärfste Kritik übte; es aber unterließ, diese dem Betroffenen in derselben Schärfe mitzuteilen.

Wie war die Flucht von Heß und wie sehen Sie die Hintergründe hierzu?

---

[15] Speer meint wohl die bekannteste Rede von Rudolf Heß, die jener bereits am 8. Juli 1934 mit pazifistischem Grundtenor »An die Frontkämpfer der Welt« aus Anlaß des Gauparteitages in Königsberg gehalten hatte. (Vgl. Rudolf Heß, Reden, München 1938, S. 39ff.) Rudolf Heß war im Sommer 1939 erklärter Gegner des Kriegskurses und machte sich während des »phoney war« Hoffnungen auf einen baldigen Friedensschluß, noch bevor der eigentliche Schießkrieg begann.

Ich rekonstruiere mir diese folgendermaßen:

Sie fand kurz vor dem russischen Krieg statt.[16] Wir konnten nur fühlen, daß etwas im Werden war. Wir wußten jedoch nicht, was kommen konnte. Aber ich glaube, daß ein Mann wie Heß Einblick hatte. Heß war tatsächlich sehr für die westliche Seite eingestellt. Dadurch, daß er als Auslandsdeutscher zeitweise in Kairo war, hatte er mehr Einblick in die angelsächsische Welt als bedauerlicherweise die übrige Führung des Reiches. Er hatte wahrscheinlich über die Entwicklung, die für Westeuropa nach einem Kriege mit Rußland kommen könnte, große Sorgen. Haushofer, der ihn in politischen Dingen stark beeinflußte, wird zweifellos eine ähnliche Einstellung gehabt haben.[17]

Er hat, sicher in Verkennung der Tatsachen und Möglichkeiten, gehofft, durch seinen Flug nach England den Krieg nach dem Westen abzustoppen. Er glaubte, daß hier Lord Hamilton eine glückliche Rolle spielen könnte. Seine Sorge war, daß sich Westeuropa in einem gegenseitigen Krieg zerfleischen und schwächen würde und daß es danach Rußland leicht wäre, durch seine großen Menschen- und Materialreserven nicht nur Deutschland, sondern tatsächlich ganz Europa zu überrollen.

Halten Sie das Ganze für sein eigenes Unternehmen?

Vollständig. Ich war an dem Tag, an dem er abflog, auf dem Berghof. Wir standen im Flur vor der großen Halle, die zwei Adjutanten von Heß kamen an und behaupteten, sie hätten einen persönlichen Brief von Heß an A.H. abzugeben. Einer, ich glaube es war Leitgen, wurde hereingerufen und übergab den Brief. Wir hörten draußen die außerordentlich laute Sprache A.H.s. Gleich darauf mußte Bormann auf

---

[16] Rudolf Heß war am 10. Mai 1941 nach Britannien geflogen, der Einmarsch der Wehrmacht in der Sowjetunion, das »Unternehmen Barbarossa«, begann zwölf Tage später, am 22. Juni 1941. Zwar hat Heß gegenüber seinen britischen Vernehmungsoffizieren den geplanten Angriffstermin nicht verraten, doch steht nach allem, was über den Heß-Flug bekannt ist, außer Frage, daß Rudolf Heß den Briten das Angebot einer gemeinsamen deutsch-britischen Wendung gegen die Sowjetunion unterbreitete. Der Entschluß zum Britannienflug war bei Heß bereits im Hochsommer 1940 gereift, also genau zu jenem Zeitpunkt, als Hitler sich zum Angriff auf die Sowjetunion entschied.

[17] Speer meint hier wohl Karl Haushofer, wie aus dem späteren Kontext hervorgeht. Der eigentliche politische Berater indes, der den Entschluß von Rudolf Heß zum Britannienflug maßgeblich beeinflußte, war Karl Haushofers Sohn Albrecht.

schnellstem Wege Telefongespräche mit Göring, Ribbentrop, Goebbels und Himmler herstellen. Sie wurden, nach kurzer telefonischer Rücksprache mit A.H., auf den »Berg« bestellt. Wir selbst konnten erst einige Tage später feststellen, was alles geschehen war.

Die große Sorge von A.H. war, daß England die Ankunft von Heß dazu ausnutzen würde, um einen offiziellen Friedensfühler vorzutäuschen. A.H. meinte damals, daß eine derartige Reaktion das Verhältnis zu Japan hätte umwerfen können. Um dieser Gefahr wenigstens teilweise vorzubauen, gab er schnell die seinerzeit veröffentlichte Pressenotiz heraus; vorher wurde Udet angerufen, um festzustellen, welche Möglichkeit bestände, daß Heß mit dieser zweimotorigen Maschine ohne wesentliche Navigationsmittel und allein zum Ziel gelangen könnte. Die Luftwaffe sagte, daß er bestimmt auf dem Meere landen und sein Ziel nicht finden würde. Daraufhin war die Partei derjenigen, die die Angelegenheit vertuschen wollten, wieder obenauf. Aber A.H. bestand darauf, daß die Notiz herauskam, bevor England etwas bringen könnte. Er hatte mit seiner Meinung, daß sich die Luftwaffe schon zu oft getäuscht hätte, recht behalten. Der Flug von Heß war fliegerisch sicher eine große Leistung. Übrigens wurden die beiden Adjutanten von Heß verhaftet – was bei den Überbringern schlechter Nachrichten nur im asiatischen Teil der Welt üblich war – und blieben bis 1945 in Haft.[18]

Das ist so, wie auch wir es uns vorstellen konnten. Zuerst war auch von einem Friedensauftrag die Rede. Er hat aber bis zu seiner Flucht keine große Rolle mehr gespielt?

Nein. Er war tatsächlich durch Bormann auf die Seite geschoben. Er wird in den letzten 1 bis 2 Jahren in immer größeren Abständen zu A.H. gekommen sein; am Schluß vielleicht nur noch alle zwei bis drei Monate. Er lebte ziemlich zurückgezogen und war über die Zurücksetzung durch A.H. bekümmert und vergrämt.

[18] Zwar wurden die beiden Adjutanten von Rudolf Heß, Alfred Leitgen und Karlheinz Pintsch, zusammen mit den Fahrern und Dienern unmittelbar nach dem Heß-Flug von der Gestapo verhaftet, doch wurden sie später auf freien Fuß gesetzt. Die beiden Adjutanten Pintsch und Leitgen waren vorübergehend im Konzentrationslager Sachsenhausen inhaftiert und wurden, Leitgen erst 1944, zur Bewährung beim Fronteinsatz einem Strafbataillon zugeteilt.

Im Zusammenhang mit Heß erwähnten Sie Haushofer. War sein Einfluß im allgemeinen stark oder nur bei Heß?

Nur bei Heß. Er hatte zwar einen größeren Kreis von interessierten Zuhörern und Anhängern, in der Partei selbst hat er nur mit Heß gearbeitet und ihn beeinflußt.

War er nicht das Gehirn der deutschen Nazi-Außenpolitik?

Nein, ausgeschlossen. Ich glaube, daß auch einige Leute seinen Einfluß bei uns übertrieben haben.

Wie war Ihre persönliche Haltung zu Heß?

Er war mir sympathisch, und ich ihm vielleicht auch. Von meinen großen Bauplänen hielt er gar nichts. Er wollte dafür Wohnungen bauen. Sicher hatte er recht damit. Viel Kontakt hatten wir daher nicht. Zumal er sehr zurückgezogen in seinem eigenen Kreis lebte. Nachdem er nach England flog, wurde er mir noch sympathischer.

Wie stand es mit Goebbels?

Goebbels war unter diesen Persönlichkeiten zweifellos der weitaus intelligenteste. Er hatte eine klare Direktion und war gut geschult. Er war während seiner Studienzeit in Heidelberg ein Schüler von Gundolf, der zu dem Kreis von Stefan George zählte. Daher stammt auch seine gute Sprache, die tatsächlich Gundolfs Sprache ist, wie man beim Lesen von dessen Büchern feststellen kann.

Goebbels hat die Fähigkeit gehabt, klar auf weite Sicht zu denken und seine Person von den Tagesereignissen so weit abzusetzen, daß er sich ein unabhängiges Urteil bilden konnte. Das war bei den anderen, wie Göring, Himmler oder Bormann, nicht möglich. Sie waren zu egozentrische Menschen, die bis zur Schlußphase ihr eigenes Ich so im Vordergrund sahen, daß sie, in die Enge getrieben, keine klaren Entschlüsse fassen konnten.

Goebbels sah etwas früher als die anderen ein, daß der Krieg verlorengehen müsse. Als er das nahende Kriegsende sah, hat er für seine Person den einzig richtigen Entschluß gefaßt, in Berlin zu bleiben. Er wollte, wie er sagte, sein Leben als Politiker nicht durch ein politisch schlechtes Ende abschließen. Er stellte sein Verhalten auf das klarste auf die Gegebenheiten ein und beschloß, in Berlin zu sterben.

Goebbels hat dabei nüchtern und klar festgelegt, daß eine Verteidigung von Berlin keinen Zweck hat und unterbleiben solle. Er hat A.H. vorgeschlagen, die Volkssturmeinheiten, nur soweit sie bewaffnet sind, vor den Toren von Berlin kämpfen zu lassen. Wenn sie dabei verlieren würden, hätten die Russen nach seiner Meinung ungestört in die Stadt einmarschieren können. Diesen Vorschlag machte er A.H. am 20. IV. 1945. Es war unter den gegebenen Verhältnissen das Äußerste, was er vorschlagen konnte.[19] Durch das Verbleiben von A.H. in Berlin wurde dann der sinnlose Kampf um diese Stadt ausgelöst.

War seine Tätigkeit auf die Propaganda beschränkt oder auch auf andere Gebiete ausgedehnt?

Er hat größeren Einfluß gesucht.

Wie standen Sie mit Goebbels?

Im Durchschnitt nicht gut. Er unterstützte zwar meine Rüstungspropaganda, hielt jedoch meine Art, für die Wirtschaft einzutreten, für falsch. Die Partei sollte auch diesen Sektor beherrschen. Darin konnte ich ihm nicht recht geben. Persönlich hatte ich ab 1938 große Schwierigkeiten, die durch familiäre Verhältnisse von Dr. Goebbels ausgelöst wurden.[20] Diese offene Entzweiung wurde jedoch nach 1942 »bereinigt«. Zeitweise war dann das Verhältnis gut durch das gemeinsame Ziel des totalen Krieges nach Stalingrad. Goebbels war so kalt, daß ein persönliches Verhältnis von ihm wohl zu niemandem bestand.

---

[19] Tatsächlich entschloß sich Goebbels schließlich am Abend von Hitlers Selbstmord am 30. April, in Absprache mit Bormann, den Chef des Generalstabs des Heeres, General Krebs, zu Verhandlungen über die Kriegsbeendigung mit Stalin zu beauftragen. Krebs übergab daraufhin dem Kommandeur der in Berlin kämpfenden sowjetischen Truppen, General Tschuikow, ein von Goebbels und Bormann unterzeichnetes Schreiben, in dem Goebbels den Tod Hitlers und die testamentarische Berufung der neuen Reichsregierung mitteilte. Stalin lehnte es indes ab, darauf einzugehen.

[20] Gemeint ist die Ehekrise von Joseph und Magda Goebbels, die 1938 auch dazu führte, daß Goebbels bei Hitler eine Zeitlang in Ungnade fiel. Albert Speer war in dieser Zeit der Vertraute von Magda Goebbels und hatte vergeblich zu vermitteln versucht.

Mobilmachen für den totalen Krieg. Was Goebbels in seiner Berliner Sportpalastrede den Deutschen im Februar 1943 einhämmerte, war dem Rüstungsdiktator Albert Speer längst schon Programm: der totale Krieg, »totaler und radikaler, als wir ihn uns heute überhaupt vorstellen können.« Das Bild zeigt Albert Speer beim »Reichsappell« an die »schaffende Jugend« in einem Berliner Rüstungswerk im Jahr 1943. (6)

Ganz in seinem Element als kühler Rüstungsmanager und leidenschaftsloser Stratege des totalen Krieges. Die Bilder zeigen Speer mit Hitler und K. O. Saur (Mitte) bei der Vorführung neuer Waffen und bei einer Arbeitstagung zu Rüstungsfragen mit Wehrwirtschaftsführern 1943. In der Mitte Generalfeldmarschall Milch, links Staatsrat Dr. Schieber, Chef des Rüstungslieferungsamtes. (7 u. 8)

Speer behauptet, nur ein einziges Mal, März 1943, den Weg in ein Konzentrationslager gefunden zu haben. Das Bild zeigt ihn in Begleitung des Gauleiters Oberdonau, August Eigruber, beim Besuch in Mauthausen. (9)

»Vergeltung« war die Parole, die die nationalsozialistische Propaganda seit den alliierten Luftschlägen zur Steigerung der deutschen Flugzeugproduktion ausgab. Die Anstrengungen konnten freilich nicht darüber hinweghelfen, daß die deutsche Waffentechnik auf dem Gebiet des Luftkriegs Engländern und Amerikanern hoffnungslos unterlegen war. Das Bild zeigt die Maschinenhalle der Junkers-Flugmotorenwerke in Dessau im Jahr 1943. (10)

Zerstreuung inbegriffen. Zur Steigerung der Produktionsziffern scheute das nationalsozialistische Regime keine Mühen. Das Bild zeigt die Wiener Philharmoniker unter Leitung von Wilhelm Furtwängler, die am 20. Mai 1943 für die Belegschaft eines großen Berliner Rüstungswerkes in der Montagehalle spielten. (11)

Er war auch Vorsitzer vom Interministeriellen Luftkriegsschädenausschuß?

Ja, das war er auch. Vor Goebbels hatte jeder Respekt, weil er eine außerordentlich scharfe Sprache führen konnte. In der ersten Phase des Krieges hat er keinen besonderen Ehrgeiz gehabt. Er hatte 1939/40 die Absicht, nach einem siegreichen Ende des Krieges sich dem privaten Leben zu widmen. Er war der Meinung, daß dann die nächste Generation an die Arbeit kommen müsse. Er erkannte dann aber sehr früh, daß der Krieg stärkerer Anstrengungen bedurfte. Er hielt 1943 im Sportpalast die sogenannte Stalingrad-Rede, die sehr scharf war und in der er den totalen Krieg forderte.[21]

Was glauben Sie, wann er an dem Sieg zu zweifeln begann?

Nach Stalingrad war das sicher der Fall.

Ich arbeitete 1942 auf dem Propagandagebiet und hatte im Juni '42 den Eindruck, daß die deutsche Propaganda im Unterton pessimistischer wurde. Später habe ich das nicht mehr verfolgen können. Ich meine damit, daß schon die Fehlschläge der Winteroffensive in Rußland einen gewissen unsicheren Ton aufkommen ließen. Es stimmt doch, daß die Propaganda von Goebbels persönlich geleitet wurde. Ich hatte jedenfalls diesen Eindruck?

Er gab jeden Tag seine Presseparole aus. Diese wurde aber weitgehend von A.H. selbst bestimmt. Nach dem Verlauf des Winters 1941/42, der uns im Gegensatz zu der vorherigen Glückssträhne zeigte, daß nicht jede Schlacht gewonnen werden muß, hatte die Stellung der Propaganda vielleicht auf die Volksmeinung Rücksicht [genommen]. Mir ist Ihre Beobachtung nicht aufgefallen. Vielleicht hat auch die Woll-Sammlung für die Front diese Umschaltung verursacht, um die Spenden zu erhöhen. Aber trotzdem hat er nach meiner Kenntnis die richtigen Zweifel am Sieg erst nach Stalingrad bekommen.

Hat er versucht, das bei Hitler irgendwie vorzubringen?

---

[21] Am 18. Februar 1943, nach der Kapitulation von Stalingrad, hielt Joseph Goebbels im Berliner Sportpalast jene Rede, mit der er den Deutschen die emphatische Zustimmung zum totalen Kriegseinsatz abzwang.

Das hat er versucht.

Wurde der dann mehr – sagen wir – defätistisch oder wollte er den Krieg weiter durchstehen?

Defätistisch wurde er nach außen nicht, aber er sah klar, daß der Krieg durchkämpft werden muß, da es nicht möglich war, eine anständige Kompromißlösung zu finden. Nach Stalingrad trat er dann dafür ein, den sogenannten totalen Krieg zu führen. Er forderte diesen aus der Begründung heraus, daß bei den Offensiven in Rußland oder früher in Afrika immer die letzten 10 bis 20% Kraft fehlten. Er kam darüber in Schwierigkeiten mit Göring, Sauckel und Bormann. Göring war sehr stark von seiner Verwandtschaft abhängig, die sich gegen meine Bestrebungen stellte. Sein Lebensniveau war nicht geeignet, um den totalen Krieg gern zu sehen. Sauckel war dagegen, weil er glaubte, die Frauenarbeit würde gesundheitliche oder sittliche Schädigungen ergeben. Durch solche Widerstände wurde der totale Krieg zunächst abgesagt.

Was halten Sie von ihm als Leiter der deutschen Propaganda? Hat sie zum Durchhalten Deutschlands beigetragen?

Ich habe oft festgestellt, daß Goebbels in seiner Propaganda »Romane« und kein »Germane« sei, natürlich meine ich das nicht im Sinne der SS, und daß seine Propaganda in ihren Grundzügen daher eine »romanische« war. Ich will Ihnen diesen Gegensatz hierzu sagen: Mir wäre es viel lieber gewesen, wenn er in unserer harten Zeit dem Volk die Parole vorangestellt hätte, die Churchill seinem Volk in schwerster Zeit gab: »Blut, Schweiß und Tränen.« Diese Parole war eine herbe und ehrliche, sie wäre dem deutschen Volk angemessen gewesen. Ein Volk, das in harte Schicksalsprüfungen geht, mußte darauf ausgerichtet werden, indem man die Linie der Propaganda auf diese Härte abstellt. Dann geht es entweder frühzeitig zugrunde, oder es wird noch härter.

Goebbels hat dem Volk immer falsche Hoffnungen gegeben, die letzten Endes dazu führten, daß die Propaganda neben der Volksmeinung herlief. Man kann sagen, daß ab Frühjahr 1944 die offizielle Propaganda auf das Volk keine Auswirkungen mehr gehabt hat. Von da ab wirkten nur noch Hoffnungen auf eine Aufspaltung der alliierten Nationen, die kommenden Wunderwaffen und andere falsche Parolen.

Goebbels hat versucht, durch seine Artikel in der Wochenzeitschrift »Das Reich« eine getrennte Propaganda für die intelligente Schicht durchzuführen. Er hat dabei unterschätzt, daß ein Volk viel intelligenter ist, als unsere Propaganda es annahm. Ich konnte oft feststellen, daß gerade die Meinungen der kleineren Leute praktisch die Erkenntnisse ergeben, die sich die Spitze hatte mühsam erwerben müssen. Das Volk bildet sich seine Meinung durch Zusammenfassung vieler kleiner Teilmeldungen und Teilbeobachtungen und zieht sie zu einem Ergebnis zusammen. Das ist einer »Integral-Rechnung« ähnlich. Das Volk wollte z.B. viel früher einen totalen Krieg haben. Es wollte von sich aus alles einsetzen, um den Krieg nicht völlig zu verlieren. Das wurde durch die Propaganda, die Goebbels bis 1944 machte, verwässert. Die Entwicklung zur Härte wurde abgebogen.

Wir hatten zwei Arten Propaganda, einmal die Zeitungs- und Rundfunkpropaganda, zweitens die Mundpropaganda, die über die Leute lief. Wer sie auslöste und wie sie gesteuert wurde, ist mir ein Geheimnis geblieben. Diese Mundpropaganda war wirkungsvoll. Sie streute Gerüchte z.B. über technische neue Waffen oder Wunderwaffen systematisch und mit Detailschilderungen aus, die völlig erfunden waren. Es ist so über die Jahre gelungen, den Glauben hochzuhalten, daß neue Wunderwaffen kommen würden. Ich versuchte mich – ohne Erfolg – gegen diese Propaganda zu wehren, nicht nur aus innerer Ablehnung, sondern weil sie auf einem von mir verantworteten Gebiet Hoffnungen erweckte, die später meine Arbeit in den Augen des Volkes herabsetzen mußte. Die Tatsache der gesteuerten Mundpropaganda wurde mir gegenüber abgeleugnet. In einer Schicksalsstunde darf man ein Volk nicht belügen. Es kann mit Recht darüber erbittert sein, daß es nicht ehrlich behandelt wurde.

Es ist mir oft so vorgekommen, als ob Goebbels selbst sehr stark von unserer Propaganda beeinflußt war, vielleicht stärker als die deutschen Radiohörer, für die diese Sendungen bestimmt waren, und daß er dadurch die Initiative in der Propaganda verloren hat. Es schien so, als machte er nur noch Gegenpropaganda und hätte keine eigene Linie mehr. Wissen Sie, ob das der Fall war und ob er sich hiervon hat leiten lassen?

Nein. Das hing wohl mit dem Kriegsverlauf zusammen. Ein kleines Beispiel: Sobald Sie im Krieg einen Schritt vor uns waren, waren Sie es auch in der Propaganda. Als wir mit den »Stukas«[22] erfolgreich waren, hatten wir einen Begriff, den Sie übernehmen mußten. Dann hatten Sie die »fliegenden Festungen«[23], den mußten wir übernehmen.

Die Führung in der Propaganda ist durch die Führung im Kriegsgeschehen bestimmt worden, so z.B. die propagandistische Vorbereitung der Invasion. Wir konnten nur Gegenpropaganda machen und befanden uns in Ihrem Schlepptau. Sie waren der Erreger, und wir mußten versuchen, die Bakterien abzutöten. Ihr Eindruck ist also der richtige, aber das war ein zwangsläufiger Prozeß der Entwicklung der Kriegslage.

Ich meine das anders. In vielen Reden und Artikeln hat Goebbels fast ausschließlich Argumente beantwortet, die in unserer Radiopropaganda aufgestellt wurden. Nach dem, was wir über das Ausmaß wußten, in dem unser Radioprogramm gehört wurde, schien es mir, daß die Mehrheit des Publikums nichts davon erfahren hätte, wenn nicht Goebbels erst diese Frage aufgegriffen hätte?

Nein, das stimmt nicht. Ihre Propaganda war in weiten Kreisen durch Schwarzhören bekannt. Wenn von Ihnen sensationelle Nachrichten im Rundfunk kamen, konnte man diese als Gerücht sehr schnell im ganzen deutschen Volk hören. Daher war Goebbels auch gezwungen, auf Ihre Propaganda laufend zu antworten.

Welcher Teil unserer Radiopropaganda fand mehr Beachtung, die Nachrichtenübermittlung oder die Propaganda im engeren Sinne, ich meine die bewußte Beeinflussung der deutschen Stimmung?

---

[22] Akronym für die Sturzkampfflugzeuge Junkers Ju 87, die als »fliegende Artillerie« beim Polen- und Westfeldzug den Durchbruch der Panzer unterstützten, jedoch bei der Luftschlacht um England durch die angriffslustigeren und wendigeren britischen Spitfires an die Grenzen ihrer Möglichkeiten verwiesen wurden.

[23] »Fliegende Festungen« (»flying fortresses«) wurden die viermotorigen amerikanischen Langstreckenbomber Boeing B17 genannt. Dieser Flugzeugtyp trug die Hauptlast der amerikanischen Tagesangriffe auf Deutschland.

Ich kann das von mir aus persönlich nicht sagen. Ich würde meinen, daß das Volk von den Berichten über die Weiterentwicklung des Krieges und über die politischen Äußerungen nicht viel hielt. Während die Nachrichtensendungen zumindest den Anschein hatten, daß sie ehrlich waren. Außerdem sah auch der primitivere Mensch es als eine innerdeutsche Angelegenheit an, sich seine Meinung selbst zu bilden, so wie Ihre versuchte Meinungsbildung zu grob aufgetragen war.

Welche Propaganda, glauben Sie, wurde mehr beachtet, vom Osten oder vom Westen?

Die westliche Propaganda. Der Osten war zu gehässig. Bei uns ist das Mißtrauen dem Russen gegenüber eine beim Volk weit verbreitete [Haltung], während der Westen als reeller gilt.

Das fiel uns nicht auf. Sogar als Deutschland militärisch nur vom Osten bedroht wurde, war die ganze deutsche Propaganda auf die Abwehr nach dem Westen eingestellt und die politischen Diskussionen des Kriegsproblems westlich orientiert.

Goebbels war seiner Art nach sehr stark auf den Westen eingestellt. Er gehörte zu den Leuten, wie Heß, die gerne mit dem Westen etwas gegen den Osten unternommen hätten. Ich sagte kürzlich, daß Goebbels die Propaganda allein bestimmt hatte. Ich habe mir das noch einmal überlegt, das stimmt so nicht. Dr. Dietrich gab A.H. laufend die neuesten Pressenachrichten, dieser reagierte mitunter auf einzelne Nachrichten sehr scharf und legte dessen Kommentierung fest. Daraus entstanden meist die ganz scharfen, aggressiven Communiqués. Zum Beispiel während der Jalta-Konferenz diktierte A.H. fast wörtlich, was gesagt werden sollte. Die Entgegnung war so scharf, daß jede Brücke abgebrochen sein mußte, abgesehen davon, daß sie auch von Ihrer Seite nicht da war. Diese Formulierungen arbeitete meist Lorenz aus. Dietrich war ein schwacher Kopf; Lorenz war ein junger, intelligenter Mann und machte praktisch die Arbeit von Dietrich. Diese von A.H. festgelegte Meinung wurde über die Pressekonferenz bekanntgegeben, so daß doch A.H. persönlich sehr stark die Propaganda beeinflußte.

Das größte Fiasko der deutschen Propaganda war die Ansage durch Dietrich – 1941 –, daß Rußland praktisch besiegt sein würde, und zwar wurde das gesagt zu Beginn der Offensive, als man annahm, daß Moskau gefallen sei.[24] Von wem war das veranlaßt?

Ich nehme an, daß es sicher von A.H. ausging. Damals kamen ja auch Befehle, die Produktion der Heeresrüstung abzustoppen und die Luftrüstung gegen England neu anzukurbeln.

Was glauben Sie, war der gesamte Beitrag der Propaganda zu der deutschen Fähigkeit, so lange durchzuhalten?

Meiner Meinung nach hätte Deutschland noch besser durchgehalten, wenn es eine härtere Propaganda gehabt hätte. Das, was von seiten der Propaganda aus überhaupt dazu beigetragen hat, die Widerstandskraft zu erhöhen, gerade im letzten Jahr, war die Lüge von den Wunderwaffen und der Teilbarkeit der alliierten Nationen. Das glaubte nicht nur der einfache Arbeiter, sondern wenn ich auf meinen Frontreisen zu den Generälen kam, mußte ich feststellen, daß selbst diese damit rechneten. Es konnte sich keiner vorstellen, daß man in einer solchen Lage, mit solcher Konsequenz den Krieg weiterführte, wenn nicht etwas im Hintergrund steht, was von einem Tag zum anderen die Möglichkeit offenließ, die Lage zu ändern.

Wir haben demnach durch die Forderung der bedingungslosen Übergabe[25] Goebbels die Sache leichter gemacht?

Ich habe mich oft darüber gewundert. Sie haben alles sorgfältig vermieden, was bei uns zu einem Umschwung oder zu einem Putsch hätte führen können. Sie haben auch A.H. nicht wesentlich angegriffen. Das war mir auffallend, so daß ich der Meinung war, daß Sie es darauf abgesehen hätten, bis zum bitteren Ende diesen Krieg durch-

[24] Am 9. Oktober 1941 hatte Reichspressechef Otto Dietrich verkündet, daß der Feldzug im Osten entschieden sei. Als dann in den darauffolgenden Wochen das Ende der Kampfhandlungen ausblieb, vielmehr Nachrichten über die unzureichende Winterbekleidung des Ostheeres bekannt wurden und Goebbels die Sammlung von warmen Sachen überstürzt einleitete, führte dies zu einem beträchtlichen Rückschlag in der öffentlichen Meinung.

[25] Die Forderung nach »bedingungsloser Kapitulation« wurde von Roosevelt und Churchill auf der Konferenz von Casablanca am 25. Januar 1943 erstmalig aufgestellt.

zukämpfen. Die Forderung der Gesamtkapitulation war dann auch das, was dazu beigetragen hat, daß das deutsche Volk bis zum Schluß am Widerstand festhielt.

Glauben Sie, daß, wenn wir die Invasion verbunden hätten mit politischen Versuchen und Deutschland mehr eine positive Lösung in Aussicht gestellt hätten, hierdurch das militärische Ende beschleunigt worden wäre? Zum Beispiel mit einer Art der 14 Wilsonschen Punkte[26]?

Etwas geschickter hätte es schon sein müssen. Vor Beginn der Invasion glaubte ich es nicht, weil die Argumente unserer Gegenpropaganda, z.B. über den Atlantikwall oder über unsere Kräfte im Westen – das Volk sieht ja nicht, welche Gegenmaßnahmen vorgenommen wurden –, geglaubt wurden. Eine Invasion auf das Festland ist immer ein zweifelhaftes Unternehmen. Ihr Mißlingen hätte die Zukunftsaussichten erheblich gebessert. Daher hätte vor der Invasion diese Art der Propaganda meiner Meinung nach keinen Zweck gehabt [...]

Glauben Sie also, daß gerade die Aussichtslosigkeit in der zweiten Hälfte des Jahres 1944 die Trumpfkarte war für die deutsche Propaganda?

Breite Kreise des Volkes hatten zu A.H. und zu der Ehrlichkeit seiner Reden usw. das größte Vertrauen. Ich erinnere mich an eine kleine Begebenheit im Ruhrgebiet: als ich am Tage Ihrer Luftlandungen über den Rhein – etwa Mitte März[27] – dorthin fuhr, hatte ich durch eine Reifenpanne einen Aufenthalt vor dem kleinen Haus einiger Bergarbeiter. Man erkannte mich in der Dunkelheit nicht. Ich unterhielt mich mit den Leuten und stellte zu meinem Erstaunen fest, daß die Zuversicht über den weiteren Verlauf, daß alles gutginge und daß wir

[26] Am 8. Januar 1918 hielt der amerikanische Präsident Wilson im Zusammenhang mit der in Brest-Litowsk erörterten Friedensfrage eine Rede, in der er 14 Punkte bekanntgab, die als Richtlinien für den Weltfrieden dienen sollten. Beim Abschluß der als karthagisch empfundenen Pariser Friedensverträge von 1919/20 war indes von Geist und Inhalt der 14 Punkte wenig übriggeblieben. Seitdem gelten sie als Paradigma für einen gerechten, »weißen« Frieden.

[27] Am 24. März 1945 überquerte die 21. Alliierte Heeresgruppe (Feldmarschall Montgomery) den Niederrhein. Zur gleichen Zeit landeten die 17. US- und die 6. Britische Luftlandedivision im Raum nördlich der Lippe.

die feindlichen Truppen wieder aus dem Land weisen würden, fest fundiert war. Diese Gläubigkeit war so überraschend groß, daß ich darüber erschüttert war. Dieses Erleben war mit ein Grund, warum ich eine besondere Unternehmung, über die wir schon einmal sprachen[28], absagte und nur noch für einen bestimmten Notfall weiter verfolgt habe.

Es war immer erschütternd zu sehen, wie durch eine verlogene Propaganda das Volk auf falsche Absichten gelenkt wurde. Die Konsequenz, mit der völlig überholte Parolen, wie die der »Vergeltung«, der »neuen Waffen«, des »Sieges«, immer wiederholt wurden, ist ein Werk von Goebbels, der in der Schaltung seiner Propaganda kein Gewissen kannte.

Können Sie etwas über Dr. Ley sagen, seine Persönlichkeit und seinen Einfluß und die verschiedenen Gebiete, auf denen sich sein Einfluß auswirkte?

Zweifellos war Ley im Grunde seines Wesens ein Idealist, der sich stark für die Verbesserung der Lage des Arbeiters einsetzte, mit allem, was er dazu tun konnte. Das hat er vor dem Krieg mit seiner »Kraft durch Freude«[29] versucht. Aber er kennt kein Maß und kein Ziel, überschlägt sich mit seinen Ideen und ist absolut kein Rechner. Dadurch, daß er den Maßstab bei jeder Sache verliert, die er anfängt, hat er zwar manches Gute für die Arbeiter begonnen; er bedachte aber nicht, daß die Durchführung die weitaus größte Energie erforderte. Vor der Verwirklichung der ersten greift er schon wieder die nächste Idee auf und versucht sie hochzutreiben. So brachte er alle zwei Monate etwas Neues, ohne sich um das Schicksal der alten Ideen anzunehmen. Er konnte so kein Schlußresultat erzielen, das den Einsatz der Mittel sichtbar machte. Das trifft für die einzelnen Aktionen von KdF zu, für den Wohnungsbau und für alle anderen Aktionen. Ich

---

[28] Damit spielt Speer auf seinen nie ausgeführten Plan an, Hitler, Bormann, Goebbels und Ley umzubringen, indem er durch die Belüftungsanlage des Bunkers Giftgas in alle unterirdischen Räume leiten wollte. Speer hat später zugegeben, daß sein »Attentatsversuch« nie über das Stadium der Vorüberlegungen hinausgekommen ist.

[29] Die NS-Gemeinschaft »Kraft durch Freude« (KdF), eine Unterorganisation der Deutschen Arbeitsfront, erreichte durch ihr umfangreiches kulturelles und touristisches Freizeitprogramm, u.a. die Organisation von Kreuzfahrten im Mittelmeerraum und nach Norwegen, weithin Popularität.

konnte das in der Zeit feststellen, in der ich das Amt »Schönheit der Arbeit« im KdF aufbaute. Es ist etwas hart und bedeutet viel, über ihn zu sagen, daß er einer der größten Phantasten war, die wir besaßen. Gerade in der letzten Phase, da sieht man es ja am deutlichsten, mußte man erkennen, daß er vielleicht überhaupt nicht zurechnungsfähig war. Da ich dem Rechnung trug, konnte ich gut mit ihm zusammenarbeiten. Er selbst gab sich Mühe, ein einwandfreies Arbeitsverhältnis zu mir zu haben.

Er soll ein starker Alkoholiker gewesen sein?

Es hieß, daß er dem Alkohol abgesagt habe, aber ich weiß nicht, ob das tatsächlich so war. Diese Typen wie Ley, Schwarz, Buch und andere Reichsleiter, das sind Spießbürger, die eine »Revolution« gemacht haben, die aber im Grunde über ihre Bürgerlichkeit doch nicht hinweggekommen sind. Ein großer Unterschied zu ihnen war ein Mann wie Goebbels, der zweifellos sehr scharf und klar denken konnte wie A.H. selbst.

In der DAF[30] *und den Nebenorganisationen hat Ley große Finanzkonzerne aufgebaut. Dank der deutschen Arbeit …*

Aber ich kann mir denken, daß er es geschafft hat, diese bankrott zu machen.

War er auf eine finanzielle Grundlage bedacht oder was wollte er damit?

Er war auf die finanzielle Grundlage bedacht, um seine Pläne unabhängig vom Finanzministerium durchführen zu können, und zwar war das der Bau von Schiffen, der Bau von Ordensburgen zur Erziehung des Nachwuchses usw., alles weniger um die Lage des Arbeiters im einzelnen zu verbessern, sondern eben mehr um große Werke zu schaffen und sich zu »verewigen«. Dazu brauchte er Geld. Er hatte aber von Finanzierungsmethoden keine Ahnung. Seine

[30] Die »Deutsche Arbeitfront« (DAF) war die nach der Zerschlagung der Gewerkschaften am 2. Mai 1933 gebildete Organisation, die die Interessen der Arbeiter wahrnehmen und die Ideale der Volksgemeinschaft voranbringen sollte. Die Entscheidungen fielen in dem von Robert Ley geleiteten Zentralbüro und den Fachämtern der DAF, wie Organisationsamt, Personalamt, Presse- und Propagandaamt.

eigenen Leute waren entsetzt über seine Anschauungen und Methoden.

Aber er beschäftigte sich damit?

Ja.

Hat Ley eigene Politik verfolgt im Gegensatz zu anderen Parteigrößen oder hat er sich auf sein eigenes Wirken in der Arbeitsfront beschränkt?

Solange Heß noch da war, war er sein Gegenspieler. Er hat damals zweifellos angestrebt, in der Partei als Reichsorganisationsleiter mit der erste Mann zu sein. Er hatte anscheinend auch eine Berechtigung dazu, weil die Reichsorganisationsleitung und die gesamte Personalpolitik in seiner Zuständigkeit lag. Nachdem Bormann Heß ablöste, wurde dies mit großer Schnelligkeit geändert. Von diesem Zeitpunkt ab hatte Ley wohl keinen Ehrgeiz mehr entwickelt. Damit war das Rückgrat gebrochen. Er versuchte, sich periodisch gegen Bormann aufzulehnen, aber das hat er jedesmal schwer bezahlen müssen und es schließlich ganz aufgegeben.

Hat er versucht, in der Mittelinstanz durch seine eigenen Organisationen zu wirken? Es gab doch mehrere außerhalb der Arbeitsfront stehende politische Verbände, wie die NSBO[31] *usw.?*

Die gab es früher. Die waren wohl in der DAF aufgegangen. Er hatte aber die Werkschar.

Hat er nicht versucht, diese Organisationen weiter auszubauen?

Ja, wenn ihm die Möglichkeit dazu gegeben worden wäre, hätte er diese sicher ausgenutzt. Da aber schon zwei ähnliche Organisationen, die SA und die SS da waren, die eifersüchtig darüber wachten, daß keine dritte kam, war es unmöglich für ihn, Boden zu gewinnen.

Wie wirkte sich die Tätigkeit der Gauobmänner bzw. der Betriebsobmänner aus?

---

[31] Die »Nationalsozialistische Betriebszellenorganisation« (NSBO) war ein gewerkschaftsähnlicher Zusammenschuß von nationalsozialistisch gesinnten Arbeitnehmern nach kommunistischem Muster, die aus spontanen Gruppenbildungen in Berliner Betrieben bereits Ende der 20er Jahre entstanden war. Die NSBO wurde im Januar 1935 als Hauptamt in die DAF eingegliedert.

Es hätte nahegelegen, eine Politik zu betreiben, die dem Arbeiter geholfen hätte, nicht soviel arbeiten zu müssen. Wenn ich z.B. in der Luftrüstung 72 Stunden in der Woche arbeiten ließ, hätte es von dieser Seite leicht zu Störungen kommen können. Das hat er nicht getan. Er hat meine Arbeit damit unterstützt, was zweifellos für seine Stellung ein Opfer war.

Da hat auch Hupfauer sehr gut mitgewirkt?

Ja, aber es war auch Leys persönliche Meinung, daß im Krieg der Arbeiter eben sehr viel Arbeit hergeben müsse. Es war für mich als dem »obersten Betriebsführer« sehr angenehm, daß er als Vertreter der Arbeiter diese Meinung hatte. Er war ja dazu da, den Arbeiter zu vertreten, damit sie nicht zu sehr ausgenutzt würden. Ich bin im übrigen der Überzeugung, daß dies auch nicht gegen den Willen des Arbeiters geschehen ist und gar nicht möglich war.

Glauben Sie, daß seine Tätigkeit von der Arbeiterschaft als deren Interessenvertretung empfunden wurde?

Im großen ganzen war der Arbeiter während des Kriegs befriedet. Es gab keine Unruhe in den Betrieben. Sonst wären auch die Bombenangriffe nicht durchgehalten worden. Das war aber kein Erfolg der Arbeitsfront, sondern das ergab sich aus dem gesamten sozialen Bild. Wenn der Arbeiter sich geschützt fühlte, war das im wesentlichen durch A.H. selbst, durch dessen Leben, dessen Anschauungen und Pläne für den Frieden, die ihm bekannt waren.

Es war aber weit bekannt, daß Ley mehrere Wohnungen besaß. Ohne Ley und ohne den politischen Teil der Arbeitsfront wäre der Arbeiter wohl genauso fleißig und ruhig gewesen. Eine ähnliche Organisation hätte für den sachlichen Teil natürlich vorhanden sein müssen.

Aber wenn in einem großen Betrieb Differenzen auftraten an internen Fragen, konnte sich die Belegschaft auf den Betriebsobmann stützen oder war dieser ein Staatsbeamter?

Doch, die Belegschaft konnte auf ihn rechnen. Die Stellung des Gauleiters war so stark, daß der Betriebsführer es nicht ohne weiteres darauf ankommen lassen konnte, einen offenen Streit auszutragen. Der

Betriebsobmann hatte die Möglichkeit, den Gauleiter einzuschalten, so daß er schon eine einflußreiche Stellung einnahm. So versuchte der Betriebsführer, von sich aus ein anständiges Verhältnis zu haben und Differenzen auf gütlichem Wege zu regeln.

Bestand in der Arbeiterschaft der Wunsch, die Arbeitsfront durch alte Gewerkschaften zu ersetzen, um eine unpolitische Interessenvertretung zu haben?

Ich glaube nicht. Aber ich kann das nur subjektiv beurteilen. Im großen Ganzen hat der Arbeiter das Vertrauen gehabt, daß die Versprechungen, die ihm gemacht worden sind, nach dem Krieg auch eingehalten werden. Und es ist auch sicher, daß der Führer die ernsthaftesten Absichten hatte, dem Arbeiter seinen Lebensstandard zu erhöhen. Das war neben dem Bauen sein Hauptziel für die Zeit nach dem Kriege. Es wäre zweifellos nach dem Kriege eine scharfe Richtung eingeschlagen worden gegen den »nichtstuenden« Kapitalisten, der von seinen Erträgnissen lebt, ohne zu arbeiten. Der arbeitende Mensch aller Klassen wäre wahrscheinlich zu seinen Lasten gefördert worden.

Die Arbeitsfront war auch mit der Betreuung der ausländischen Arbeiter betraut?

Ja, durch ein Sonderabkommen zwischen Ley und Sauckel, das Ende 1942/43 getroffen wurde. Von da ab hatte die Arbeitsfront die unmittelbare Lagerbetreuung. Aber sie hatte damit etwas übernommen, was sonst grundsätzlich außerhalb ihres Gebietes lag. Ich hatte mich immer gegen die Bestrebungen der Arbeitsfront gewehrt, daß die Betreuung von ihr übernommen wird, weil die Arbeitsfront das Instrument sein sollte, bei dem sich der Betreute im Notfall beschweren kann. Wenn die Beschwerdestelle selbst das Essen ausgibt, ist niemand da, bei dem man sich bei schlechter Betreuung beklagen kann.

Bei den ausländischen Arbeitskräften wurde diese von der Arbeitsfront durchgeführt, und wie ich weiß, hat sie versucht, es so ordentlich als möglich zu machen.

Wie ist die frühere Laufbahn von Sauckel, und wie ist er zu seinem Amt gekommen?

Bormann und Sauckel haben in der frühen »Kampfzeit« in Thüringen eng zusammengearbeitet. Bormann kam in die Reichsleitung, Sauckel wurde Gauleiter von Thüringen. Sie hatten aus dieser Zeit ein enges Verhältnis zueinander.

Als ich 1942 die Heeresrüstung übernahm, war der Arbeitseinsatz Staatssekretär Syrup im Reichsarbeitsministerium unterstellt. Er war schon alt und verbraucht, und er spielte trotz seines Fleißes keine besondere Rolle. Sein Ministerialdirektor Mansfeld bearbeitete den Arbeitseinsatz unmittelbar. Er war gleichzeitig »Bevollmächtigter für Arbeitseinsatz« im Vierjahresplan und damit schon teilweise aus dem Bereich von Syrup herausgelöst.

Wie ich feststellen mußte, war es für Mansfeld unmöglich, Arbeitskräfte für die Rüstung planmäßig zu organisieren, da sich die Gauleiter, gestärkt durch ihre politische Stellung, ohne Verständnis für die Mobilisierung der Arbeitskräfte für die Rüstung zeigten oder zumindest ihre Umsetzung in andere Gaue verhinderten. Daher war die Lösung der Arbeitseinsatzfrage eine politische Machtfrage, die bei unserer politischen Struktur nicht durch Beamte des Arbeitsministeriums allein gelöst werden konnte. Es war notwendig, die Landesarbeitsämter in ihrer Arbeit durch eine Stärkung der Zentrale so abzustützen, daß sie sich den Gauleitern gegenüber durchsetzen konnten.

Ich teilte A.H. diesen Sachverhalt mit und bat ihn, für den Arbeitseinsatz einen besonderen Bevollmächtigten herauszustellen, da es mir unmöglich sei, mit meiner unpolitischen Autorität allein diese Aufgabe zu meistern. Ich schlug Gauleiter Hanke für diese Stelle vor. Er war viele Jahre engster Mitarbeiter von Goebbels, mußte aber wegen schwerer persönlicher Differenzen ausscheiden.[32] Er schien mir geeignet, da er das »Berliner Parkett« kannte und gleichzeitig durch seine neue Stellung als Gauleiter Niederschlesiens Einblick in die Probleme der Mittelinstanz hatte.

---

[32] Das Verhältnis zwischen Goebbels und seinem Staatssekretär im Reichspropagandaministerium kühlte sich 1938 ab, als sich Hanke auf eine Affäre mit Goebbels' wiederholt betroger Ehefrau Magda einließ. Nach der Liaison Goebbels' mit der tschechischen Filmschauspielerin Lida Baarowa war Magda Goebbels zur Scheidung entschlossen, Hitler setzte indes die Versöhnung des Ehepaares durch. Seine öffentlich diskutierte Ehekrise führte dazu, daß Goebbels für längere Zeit bei Hitler in Ungnade fiel. Hanke wurde im Februar 1941 als Gauleiter von Niederschlesien nach Breslau aus Goebbels' unmittelbarer Umgebung hinwegbefördert.

Zunächst war der Führer mit meinem Vorschlag voll einverstanden. Bormann erfuhr jedoch davon und war dagegen. Am nächsten Tag erfuhr ich, daß nicht Hanke, sondern Sauckel den Arbeitseinsatz führen sollte. Als Gründe sagte man mir damals, daß es den alten Gauleitern nicht zuzumuten sei, sich von einem »jungen« Gauleiter, wie Hanke [...], Befehle geben zu lassen. Sauckel würde sich besser durchsetzen als dieser, und zudem hätte er durch die Leitung der Gustloff-Werke gezeigt, daß er wirtschaftliches Verständnis habe. Ley legte auch großen Wert darauf, diese Stellung zu erhalten. Gott sei Dank hat man ihn nicht genommen, denn das wäre noch schlimmer gewesen. Es bestand aber keine Gefahr, da Bormann keine Verstärkung des politischen Gewichtes von Dr. Ley zulassen wollte. A.H. betraute auf Vorschlag von Bormann Gauleiter Sauckel.

Wann war das, schon im Dezember 1942?

Nein, bedeutend früher. Es war bereits im März oder April 1942, denn der Arbeitseinsatz war damals das dringendste Problem für mich.

Wie kam Sauckel nun in sein Amt?

Göring erhob Einspruch dagegen, daß Sauckel außerhalb des Vierjahresplanes den Arbeitseinsatz erhalten sollte. Es wurde daher, als Kompromiß und im Gegensatz zur sonstigen Übung, Sauckel zwar zum »Generalbevollmächtigten für den Arbeitseinsatz im Vierjahresplan« ernannt, aber durch einen Erlaß von A.H. und nicht von Göring als dem Beauftragten für den Vierjahresplan. Diese Ernennung Sauckels im Vierjahresplan durch A.H. war einmalig und gab ihm für die Zukunft eine besondere Position, die er bei meinen zukünftigen Versuchen, ihn anzuweisen, ausnutzte. Obwohl diese neue Stelle auf meinen Antrag geschaffen und obwohl bei der Unterschrift des Erlasses von A.H. Sauckel in Gegenwart von Lammers mündlich erklärt wurde, daß er sich an meine Wünsche zu halten habe und mir zur Verfügung stünde, ist er planmäßig und schnell von dieser Richtlinie abgerückt.[33]

[33] Fritz Sauckel wurde am 21. März 1942 zum »Generalbevollmächtigten für den Arbeitseinsatz« ernannt. (Vgl. Dietrich Eichholz, Die Vorgeschichte des »Generalbevollmächtigten für den Arbeitseinsatz« im Jahrbuch für Geschichte 9, 1973, S. 382f.)

Förmlich war er Ihnen also nicht unterstellt?

Nein.

Wie entwickelte es sich nun weiter?

Sauckel ließ sich in der Arbeit in der ersten Zeit sehr gut an. Er aktivierte seine Arbeitseinsatzbehörden im Lande und hatte durch die Unterstützung von Bormann bei den Gauleitern große Erfolge, so daß sich meine Arbeitseinsatzlage schnell entspannte. Er hatte daher an dem Aufbau der vergrößerten Rüstungsleistungen einen erheblichen Anteil; dieser Beitrag wurde von mir auch immer loyal anerkannt.

Das erste halbe Jahr arbeiteten wir gut miteinander, wie es ja übrigens mit Bormann im ersten halben Jahr ja auch gutging. Vielleicht, weil wir beide damals ein Gegengewicht zu Göring darstellten. Mit der Verschärfung des Verhältnisses zu Bormann hat sich auch Sauckel laufend weiter von mir abgesetzt. Er ließ sich hierzu, um seine Unabhängigkeit nach außen besonders zu dokumentieren, verschiedene Vollmachten von A.H. und außerhalb des Vierjahresplanes geben; Vollmachten, die ihm auch Anweisungsbefugnisse über die Militärbefehlshaber in den besetzen Gebieten gaben.

Arbeitete er mit dem Apparat des Reichsarbeitsministeriums?

Ja. Er übernahm den Apparat des Reichsarbeitsministeriums, soweit er sich mit dem Arbeitseinsatz beschäftigte. Er behielt die alten Mitarbeiter wie Timm, Hildebrandt, Letsch usw. und auch die meisten Präsidenten der Arbeitsämter bei. Zu seiner Unterstützung und Kontrolle setzte er einige seiner Mitarbeiter aus dem Gau Thüringen für die neue Aufgabe in der Zentrale ein.

Wie entwickelte sich nun der Konflikt zwischen Ihnen und Sauckel?

Die Schwierigkeiten in der Zusammenarbeit bestanden auf allen Gebieten, die uns gemeinsam berührten. Genau wie es bei Ihnen in Amerika und England meines Wissens war, hat sich auch in Deutschland die Trennung des Arbeitseinsatzes von dem für die Produktion Verantwortlichen nicht bewähren können. Es stellte sich bald heraus, daß Sauckel in seinen Arbeitsmethoden mir gegenüber nicht loyal war; Streitpunkte nicht versuchte, mit mir vorher abzugleichen, um dann notfalls eine gemeinsame Entscheidung bei A.H. zu erreichen. Durch seine Stellung bei Bormann holte er diese Entscheidungen immer vorweg ein, um mich so laufend vor vollendete Tatsachen zu stellen. Wie meine Mitarbeiter berichten können, ist es Sauckel als einem der wenigen gelungen, mich systematisch bei A.H. sachlich so ins Unrecht zu setzen, daß dessen Entscheidungen fast immer gegen mich ausfielen. Sauckel war in seiner persönlichen Einstellung oft recht gehässig; dies hat vielleicht den Vorteil, daß ich im Gegensatz zu den vielen anderen unsichtbaren Gegnern wußte, woran ich war. Gelegentlich verbesserte sich dieses Verhältnis. Ich von meiner Seite war immer bereit, eine bessere Zusammenarbeit anzustreben, falls meine Grundforderungen angenommen wurden. Gerade im Frühjahr 1944 bot ich nochmals »Frieden« an.[34]

Und wie waren diese Grundforderungen?

Nach meiner Meinung sollte der gesamte Arbeitseinsatz in der Verteilung, zumindestens in der zentralen Planung, zusammengefaßt werden. Es sollte damit erreicht werden und ist mir auch gelungen, die zusammenfassende Steuerung aller bis dahin nebeneinander verplanten Wirtschaftsfaktoren, wie die Verteilung von Kohle, von Eisen oder Energie, die Planung der Rüstung, des Bauens oder der Landwirtschaft, in Übereinstimmung zu bringen. Jetzt stand nur der Arbeitseinsatz noch außerhalb dieser Gesamtplanung.

Sauckel hat sich jedoch der »Zentralen Planung« nie untergeordnet. Er hat sich zwar von ihr einige Male eine Verteilung der Arbeitskräfte »empfehlen« lassen; aber er selbst wollte die Verteilung der Arbeitskräfte vornehmen. Weiter war die Verteilung derjenigen Arbeitskräfte, die von Sauckel insgesamt der Rüstung zugesprochen waren, in der Mittelinstanz seinen Arbeitnehmern verantwortlich

[34] Sauckels und Speers Arbeitsbereiche trafen aufeinander, wenn es um die Bereitstellung von großen Mengen an Fremdarbeitern für die steigenden Anforderungen der Kriegswirtschaft ging. Anfang 1944 kam eine von Hitler anberaumte Konferenz zu dem Schluß, daß weitere vier Millionen Arbeitskräfte nötig seien. Sauckel bezweifelte, diese Zahlen erreichen zu können. In den westlichen Ländern konnte Sauckel nur sehr begrenzt rekrutieren, da Speer hier sogenannte Sperrbetriebe eingerichtet hatte, die ausschließlich für ihn arbeiteten und Sauckel nicht zugänglich waren.

überlassen. Es war nicht möglich, die Einzelzuweisung an die wichtigen Betriebe durch die Mittelinstanz der Rüstung verantwortlich durchzuführen. Dagegen wehrte sich Sauckel mit Erfolg, so daß eine einheitliche Lenkung auf diesem Teilgebiet nicht möglich war. Durch gemeinsame Anordnungen von Dringlichkeiten wurde versucht, die Arbeitskräfte für die Rüstung und Kriegsproduktion mit den übrigen Plänen gleichzuschalten.

Drittens war die Inlandsreserve an Arbeitskräften stärker auszunutzen. Wenn ich unsere Statistiken mit denen anderer Länder verglich, war z.B. der Einsatz der Frauen in Deutschland trotz seiner Notlage geringer als in USA und England und mit Sicherheit auch in Rußland.

Ein weiterer Punkt war meine Forderung, daß die »Hauptausschüsse« innerhalb ihrer Fertigungen beliebig ihre Arbeitskräfte umsetzen können und daß das Arbeitsamt hierzu ohne Prüfung sein Einverständnis geben muß. Auch hier setzte ich mich nicht durch. Allerdings hatte Sauckel zum Teil recht, da die willkürliche Umsetzung von Arbeitskräften und damit oft ihre Entfernung von Wohnung und Familie sonst ein Übermaß hätte annehmen können. Die größten Schwierigkeiten kamen durch unsere Auseinandersetzungen über die Ausnutzung der Industrien der besetzen Gebiete.

Haben bei der Einstellung von Sauckel zur Frage der Ausschöpfung der deutschen Arbeitskräfte, insbesondere der Frauenarbeit, politische Gründe mitgespielt?

Es waren hauptsächlich biologische Erwägungen. Nach Meinung von Sauckel, die von A.H. und Göring geteilt wurde, sollte man der Hausfrau und Mutter Industriearbeit nicht zumuten. Sie könnte an ihrer Gesundheit Schaden nehmen und als Folge hiervon könnte sich die Geburt von Kindern verringern; außerdem müßte die Arbeit in den Fabriken eine Verschlechterung der Moral zur Folge haben. Diese Argumente hatten bis zum Sommer 1944 ihre Wirkung behalten.

Welche Streitpunkte gab es darüber hinaus?

Nachdem ich mich damit abgefunden hatte, daß die Zuweisung der Arbeitskräfte in die Betriebe durch die Arbeitsämter vorgenommen wird, war Sauckel damit nicht zufrieden. Er wollte auch ihre Leistung in den Betrieben überwachen, um festzustellen, ob die Anforderungen des Betriebs für neue Arbeitskräfte berechtigt sind oder ob nicht durch einen besseren Einsatz Arbeitskräfte überflüssig sind und zu anderen Betreibern umgesetzt werden können. Es gab schließlich auf jedem Teilgebiet der gemeinsamen Arbeit von Sauckel und mir Reibungspunkte. Ich glaube, es führt hier zu weit, die einzelnen aufzuführen; sie können gesondert behandelt werden.

Lag Ihr schlechtes Verhältnis zu Sauckel auf persönlichem Gebiet?

Hauptsächlich an den ungeklärten Zuständigkeitsfragen. Sicher wird allgemein das persönliche Verhältnis schlecht sein, wenn derartige sachliche Schwierigkeiten und Auseinandersetzungen notwendig sind.

Allerdings hat Sauckel seine Streitigkeiten mit mir mit besonderer Heftigkeit ausgetragen. Vielleicht stand hier aber Bormann im Hintergrund, mehr verschärfend, als ich damals annahm. Bei den Gauleitern machte Sauckel Stimmung gegen mich, indem er behauptete, daß die Rüstungsindustrie nicht genug leiste. Er war ein Gegner der »Selbstverantwortung« und bekämpfte die ungebrochene Hegemonie der Wirtschaft auf ihrem Gebiet. Ich sei der Industrie hörig und hätte meine Selbständigkeit ihr gegenüber verloren. In halböffentlichen Reden betonte er mehrmals, daß nur eine besondere Schärfe den Betriebsführern gegenüber größere Leistungen hervorbringen könnte. Wenn einige wegen ihrer schlechten Leistungen ihren Kopf verloren hätten, wüßten die anderen, woran sie waren, und ihre Leistung würde sich steigern. Eine Meinung, die bei den Gauleitern und auch bei der Gestapo weit verbreitet war. Um dem entgegenzutreten, hielt ich im Frühjahr 1944 in Essen eine Rede über die »Selbstverantwortung der Industrie« und ihre Verdienste und ließ gleichzeitig aufklärende Aufsätze über dieses System in die deutsche Presse bringen, was zur Verschärfung der Gegensätze beitrug.

Demnach ist dieser Konflikt nicht nur auf fachlichem Gebiet ausgetragen worden?

Ich glaube, daß Sauckel schon ab Frühjahr 1943 politisch gegen mich arbeitete. Das ging allerdings parallel mit der Einstellung Bormanns zu mir. Ich konnte seine Gegnerschaft in ihrer Entwicklung an seiner Einstellung zu drei engen Mitarbeitern, die aus seinem Gau stammten – Schieber als Amtschef, Schaede als Amtsgruppenchef und Schaef als Hauptausschußleiter –, jeweils ablesen. Während Sauckel zuerst sehr stolz darauf war, diese drei Mitarbeiter bei mir zu wissen, ließ er sie von Herbst 1942 ab in immer stärkerem Maße aus seinem Gau angreifen. Wenn Einzelheiten interessieren, so können sie sicher von diesen abgegeben werden.

Haben Sie noch etwas zu Sauckel zu bemerken?

Er gab sich die größte Mühe, den ausländischen Arbeitskräften in Deutschland eine anständige Behandlung und Verpflegung sicherzustellen. Hierfür hat er sich tatsächlich immer mit seiner ganzen Person eingesetzt. Die Verständnislosigkeit war vor seiner Einsetzung groß. Die russischen Arbeiter bekamen, hervorgerufen durch wirtschaftspolitische Vorstellungen über ein künstlich zu erhaltendes Preisgefälle nach dem besetzten Rußland, nur einen Bruchteil des versprochenen Lohnes ausgezahlt; der Rest wurde ihnen »weggesteuert«. Sie kamen hinter Stacheldraht und wurden auch sonst behandelt wie Kriegsgefangene. Die Verpflegung war ungenügend. Sauckel hat durch Besprechungen mit Göring dafür gesorgt, daß sie ihren Lohn zum größten Teil ausgezahlt erhielten. In schweren Verhandlungen mit der Gestapo erreichte er es, daß diese ihre Bedenken, Russen in Deutschland sich bewegen zu lassen, zurückstellten. Man war allgemein der Überzeugung, daß jeder Russe ein Bolschewist und damit besonders gefährlich sei. Wir waren hier ein Opfer unserer Propaganda. Zunächst ist es Ihnen in Deutschland ja auch so ähnlich ergangen. Zusammen mit Backe stellte er die bessere Ernährung der ausländischen Arbeiter sicher. Selbstverständlich war hierbei der Standpunkt maßgebend, daß eine bessere Behandlung der Arbeitskräfte sie freiwillig zu besseren Leistungen bringt und daß es zwecklos ist, sie nach Deutschland zu verbringen, wenn sie doch nicht in genügendem Umfang versorgt werden können. Aber es muß festgestellt werden, daß Sauckel darüber hinaus sich für das Los der ausländischen Arbeiter in Deutschland vorbehaltlos einsetzte und sich damit oft politischen Mißverständnissen bei seinen »Gauleiter-Kollegen« aussetzte.

Dagegen hat er durch seine Methoden, mit denen er aus den besetzten Gebieten die Arbeitskräfte hereinholte, uns in der dortigen Aufbauarbeit große Schwierigkeiten bereitet. Er war hier zweifellos der

Wegbereiter der Partisanen-Bewegung in Rußland, des Maquis in Frankreich und der anderen Widerstandsbewegungen in den übrigen Ländern. Wir waren oft der Meinung, daß er hierfür einen hohen Orden von Ihrer Seite redlich verdient hätte. Schon aus sachlichen Gründen mußten wir in diesen Fragen verschiedenster Meinung sein, da ab Frühjahr 1943 die Nachteile, die die Aktionen und Methoden Sauckels in den besetzten Gebieten brachten, von Monat zu Monat größer wurden als die Vorteile der neuen Arbeitskräfte in Deutschland. Daher meine Bestrebungen, mit allen Mitteln den totalen Krieg im Inland durchzuführen, die dortigen Arbeitskräfte zu mobilisieren und zusätzlich hierzu die Industrien für Verbrauchsgüter der besetzten Gebiete durch die einheimischen Arbeitskräfte stärker auszunutzen als bisher. Dadurch wäre ein doppelter Erfolg möglich gewesen. Die Verbrauchsgüterindustrie in Deutschland sollte dafür stillgelegt werden.

Der Streit um diesen Punkt, der mit wechselnden Erfolgen und mit Erbitterung von beiden Seiten geführt wurde, erreichte einen Höhepunkt durch einige schriftliche Ausarbeitungen von Sauckel an A.H., auf Grund deren Eindruck am 4. 1. 1944 eine Besprechung bei A.H. stattfand, bei der dieses Thema entschieden werden sollte. Unter großer Beteiligung vieler Prominenter wie Himmler, Keitel und Lammers wurde festgestellt, daß die von Sauckel gewünschte Linie im Jahre 1944 weiter verfolgt werden solle. Worauf mein Streit mit allen Mitteln, auch mit Unterstützung der Militärbefehlshaber, von mir »unter der Decke« fortgesetzt wurde.

Hat Sauckel außerhalb des ganzen Komplexes, den wir nun besprochen haben, eine größere politische Rolle gespielt?

Nein, er war ein angesehener Gauleiter. Er gehörte aber nicht zu den »Großen«, die sich gegenseitig bekämpften. Er hatte keinen Ehrgeiz in dieser Richtung; aber abgesehen davon hätte er auch keinen Unterbau gehabt, um hier gleichwertig auftreten zu können. Oder sollte er die Arbeitsämter gegen die SS antreten lassen? Mit Himmler stand er aus mir unbekannten Gründen schlecht.

Ich habe mit Hettlage über den Einfluß der Partei auf die Wirtschaft gesprochen. Er betonte den Einfluß Bormanns auf die Gauleiter durch verschiedene unsaubere Methoden, Erpressungen usw.

Ja, es war auch so. Die Gauleiter waren von Bormann völlig abhängig. Es gab dabei zwei Kategorien: die alten, die etwa vor 1939 schon Gauleiter waren, und daneben eine neue Schicht von Gauleitern, die aus seiner Schule hervorgingen und aus der Parteikanzlei stammten. Es war bekannt, daß diejenigen Gauleiter, die nur den kleinsten Versuch unternahmen, Bormann etwas zu entgegnen, nach einem halben Jahr am Boden lagen. Bormann hatte eine Gabe, die Meinung über einen Menschen Stück für Stück in langsamer und dafür gründlicher Weise bei A.H. ins Negative umzuwandeln. Irgendwann macht dann ein jeder einmal eine Dummheit, die dazu ausreicht, um ihn endlich zu Fall zu bringen. Einer, der es genausogut verstand, auf diese Weise systematisch das Vertrauen A.H.s zu einem Mitarbeiter zu untergraben, war Goebbels.

Sie sind gestern ganz zum Schluß auf die Gauleiter eingegangen. Sie hatten zwei Gruppen beschrieben, die alten Gauleiter und die neuen. Abgesehen von Bormanns persönlicher Vorliebe, wie ging er in der Auswahl der Gauleiter vor? Lagen politische oder innerparteiliche Differenzen zugrunde, die das bestimmten?

Diese neue Serie der Gauleiter sind keine »alten« Parteigenossen. Es entwickelte sich hier eine nächste Stufe der Parteihierarchie, die mehr den geschulten Verwaltungsbeamten nahekam. Die alten Gauleiter waren keine Fachleute. Sie hatten ihren Posten nur auf Grund ihrer politischen Tätigkeit. Die neuen Gauleiter hatten zweifellos mehr Vorbildung und waren dadurch besser befähigt, eine solche Stellung auszuüben, aber auch den Einfluß der Partei systematisch zu stärken.

Können Sie einen typischen Fall beschreiben, wie der Vorgänger durch einen neuen Mann ersetzt wurde?

Ja, nehmen wir das Beispiel Kassel. Da war Weinrich[35] seit langem der Gauleiter. Er hatte Merkmale, die bei vielen anderen der älteren auch zu finden waren. Er war nicht sehr geschickt in seinen Formen und konnte seine Verwaltungsarbeit nicht mit der notwendigen Fach-

---

[35] Karl Weinrich wurde am 13. September 1928 zum Gauleiter Hessen-Nassau (seit 1934 Gau Kurhessen) ernannt.

kenntnis durchführen. Weinrich konnte nicht allzuviel für seinen Gau leisten. Es fehlte ihm das Verständnis, aber auch der Verstand, der dieses Verständnis ersetzen könnte. Er saß früher am Schalter einer Sparkasse.[36] Sein Nachfolger wurde Gerland. Er hatte ab 1934 bei den Parteitagen die Einteilung und Betreuung der Ehrengäste durchzuführen und war in den Zwischenzeiten in der Parteikanzlei tätig. Vor seiner Berufung als Gauleiter in Kur-Hessen war er zunächst stellvertretender Gauleiter des Gaues Niederdonau. Er hatte so in Niederdonau Gelegenheit, sich in die Probleme der Verwaltung eines Gaues einzuarbeiten, und wurde eines Tages nach Kassel geschickt. Ausgelöst wurde die Neubesetzung durch einen schweren Fliegerangriff auf Kassel, nach dem sich Weinreich nicht einwandfrei benommen haben soll. Die Vertrauensleute von Bormann gaben einen scharfen Bericht. Er wurde dem Führer vorgelegt und W., der schon auf Grund seiner früheren Tätigkeit stark angeschlagen war, wurde kurzerhand, von einem Tag auf den anderen, abgelöst. Der Wechsel war, nicht nur von der Parteikanzlei aus gesehen, eine zweckmäßige Maßnahme.

Also im allgemeinen war es ein Versuch, alte Gauleiter aus der Kampfzeit mit Leuten auszuwechseln, die besser vorgebildet [waren] und die auch mehr tun wollten, um das Prestige unter der Bevölkerung zu stärken. War das der allgemeine Gesichtspunkt?

Der allgemeine war eigentlich der: Beim Gauleiter sollten als Reichsverteidigungskommissar sämtliche Geschäfte zusammenlaufen, auch die wirtschaftlichen Angelegenheiten. Das Ziel war, den Gauleiter als Mann der Parteikanzlei auch für alle staatlichen Befugnisse einzusetzen. Dazu brauchte Bormann tatkräftige und vorgebildete Mitarbeiter, die dieses Ziel mitverfolgen konnten. Die alten Gauleiter waren insofern oft recht bequem für uns, als sie aus Unkenntnis der Verwaltung keine durchschlagende Wirkung hatten. Genau wie Bormann in der Spitze alles auf sich konzentrierte, wollte er es auch in den Gauen erreichen. In der Rüstung war das übrigens der Grund, warum ich die Rüstungsinspektionen aufrechterhielt, obwohl sie überholt waren; denn diese hatten militärischen Charakter und stan-

[36] Weinrich war von 1924–1928 Hilfsarbeiter bei der Reichsentschädigungsstelle in Kassel.

den damit außerhalb der Gauleiterfunktionen. Wenn ich sie aufgelöst hätte, um eine vernünftige Mittelinstanz zu bilden, wäre sofort von Bormann gefordert worden, daß diese Mittelinstanz auf der Gauebene zusammengefaßt wird und der Gauleiter an ihrer Spitze stehen müßte. Er hätte in diesem Streit wahrscheinlich recht behalten. Daher vermied ich ihn. Es wäre für mich unmöglich gewesen, einen Nichtfachmann zwischen mein Ministerium und der Rüstung einzuschalten.

Gab es viele alte Gauleiter, die stark gegen Bormann eingestellt waren? Z. B. Sauckel?

Sauckel war ein Parteigänger von Bormann. Er hatte seine Stellung fast ausschließlich Bormann zu verdanken, vor allem, daß er bis zum Schluß gegen mich bestehen konnte. Es gab viele, die im privaten Gespräch sehr erregt waren über ihre Ausschaltung beim Führer, wie z.B. die rheinischen Gauleiter. Sie waren zwar gegen Bormann eingestellt. Aber von ihnen allen hatte nur einer den Mut, gegen Bormann aufzutreten, und das war Kaufmann. Über die Rolle Bormanns sollte Kaufmann befragt werden. Er bezeichnete ihn als »Mephisto des Führers«.

Es interessieren mich noch einige grundsätzliche Fragen über die Gauleiter. Können Sie ihre Stellung im Staat umreißen?

Die Gauleiter hatten die grundsätzliche Einstellung, daß sie Befehle nur von A.H. entgegenzunehmen hätten. Wenn es daher den Gauleitern recht war, erkannten sie Entscheidungen anderer Instanzen an. Wenn sie gegen ihre Meinung gingen, wurden sie nicht durchgeführt. Dies galt auch für Entscheidungen der Ministerien; dabei konnte man zufrieden sein, wenn man die Tatsache der Ablehnung und Nichtdurchführung durch den Gauleiter erfahren konnte. Natürlich gab es zahlreiche vernünftige Gauleiter, mit denen ein einwandfreies Arbeiten möglich war, aber immer nur auf der unausgesprochenen Ebene der Gleichberechtigung und des freiwilligen Einverständnisses. Wem aber die Befehle und Entscheidungen nicht paßten, der berief sich darauf, daß er solche nur von A.H. annehmen könne. Bormann gab, um diese Meinung zu unterbauen, auch seine Befehle fast ausschließlich im »Namen des Führers« heraus und erreichte damit den doppelten Zweck, dem Gauleiter in seiner Mentalität entgegenzukommen und gleichzeitig als der einzige, der laufend derartige Entscheidungen erwirken konnte, seine Stellung zu stärken.

Die Gauleiter fühlten sich als Zar in ihrem Gau und wollten dort alles selbst machen?

Das war ihr Bestreben, aber auch das von Bormann. Bis zum Ende des Krieges hatten sie es, mit wenigen Ausnahmen, auch durchgesetzt. Anfangs gab es neben dem Gauleiter auch den Regierungspräsidenten mit seinen unteren Organen, den Landräten und Oberbürgermeistern, deren unabhängige Stellung jedoch durch rücksichtslose Maßnahmen der Gauleiter und durch die Schwäche des Innenministeriums in einem fortschreitenden Verfall bis zum Ende des Krieges verschwunden war.

Was war das Hauptmotiv?

Jede Stärkung des Gauleiters in der Mittelinstanz ergab eine Stärkung des Leiters der Parteikanzlei. Die totale Macht der Gauleiter im Gau und die Machtstellung Bormanns bei A.H. in gegenseitiger Ergänzung [ergab] vollständige innenpolitische Macht für Bormann. Daher ist die unmäßige Verstärkung der Macht des Gauleiters durch die Parteikanzlei nur innerhalb der Gesamtpolitik Bormanns zu verstehen. Bormann gab ab 1943 Weisung an die Gauleiter, daß sie ihren Schriftverkehr mit den Reichsbehörden nur über die Parteikanzlei zu leiten haben. Den Reichsbehörden war befohlen, Rundschreiben an die Gauleiter nur über den Leiter der Parteikanzlei herauszugeben. So wurde versucht, die Gauleiter als eine Mittelinstanz der Parteikanzlei umzubilden. Mein Versuch im Frühjahr 1944[37], die Gauleiter mehr in die Rüstung einzuschalten, scheiterte z.B. an der Ansicht Bormanns, daß mir unmöglich von den Gauleitern das von mir als

[37] Gemeint ist Albert Speers Denkschrift an Adolf Hitler vom 19. April 1944, die erste einer Reihe mehr oder weniger regimekritischer Ausarbeitungen Speers, in der er Hitler eindringlich vor dem geplanten Bau von sechs riesigen unterirdischen Industrieanlagen warnte und sich mit Nachdruck als vorrangigem Bauprojekt für den raschen Wiederaufbau der durch Bomben beschädigten Betriebe und Arbeiterunterkünfte aussprach.

selbstverständlich verlangte klare Weisungsrecht eingeräumt werden könnte.

Haben Sie die Rüstungskommissionen usw. als Gegengewicht beibehalten?

Ja. Solange ich meine Rüstungskommissionen über zwei oder drei Gaue ausgedehnt hatte, war eine gewisse Unabhängigkeit den Gauleitern gegenüber gewährleistet. Bei den persönlichen Eigenarten der Gauleiter und ihrer Mißgunst untereinander war nicht zu erwarten, daß sie sich gegen seine Organe einig werden könnten.

Mußten Sie die Rüstungskommissionen auf Druck einführen?

Ja, nachdem im Jahr 1943 mein Einfluß bei A.H. abgeschwächt wurde, mußte ich ab Mitte 1944 den Gauleitern gegenüber langsam nachgeben. Die Rüstungsunterkommissionen hatten hierbei ihren Zweck, in diesem Streit Zeit zu gewinnen, erfüllt. Die Unterkommissionen hatten vorwiegend untergeordnete Aufgaben, in der Hauptsache auf dem umstrittenen Gebiet des Arbeitseinsatzes, und konnten mir daher sogar noch Vorteile bringen.

Konnten die Gauleiter alle Arbeit allein machen? Oder hatten sie viele Mitarbeiter?

Nein. Sie hatten eine große Zahl von Mitarbeitern. Da die Gauleiter aber meistens energisch und rücksichtslos waren, hatten sie, wie meist in solchen Fällen, schlechte Mitarbeiter ohne ausgeprägte eigene Ideen und ohne Charakterstärke, die sich ihnen willig fügten.

Es bestand doch die Idee, daß die Gauleiter politisch die Staatsregierung ersetzen sollten? Wozu brauchten sie noch die wirtschaftliche Macht? Sie hatten doch die politische Macht?

Wenn man den Machtanspruch total auffaßt, gehört zur Politik auch das Wirtschaftsleben. Die Macht über die Wirtschaft hatte aber noch eine andere Aussicht eröffnet. Wir sprachen über den Staatssozialismus und stellten fest, daß derartige Bestrebungen nicht vorhanden waren. In den Gauen gab es dagegen sehr bemerkenswerte Ansätze einer wirtschaftlich gefährlichen Tendenz der Zusammenfassung großer, vom Gau abhängiger Unternehmungen, die die Gefahr eines »Gau-Sozialismus« bei einer weiteren Entwicklung in sich trugen.

In vielen Gauen gab es Stiftungen aus »arisiertem« Besitz, von denen eine der bemerkenswertesten die Gustloff-Stiftung[38] in Thüringen war, oder sogenannte »Gau-Unternehmungen«. Auch das Bestreben der Gauleiter, die im Staatsbesitz befindlichen Werke und Anteile auf die Gaue aufzuteilen und selbst zu verwalten, hatte teilweisen Erfolg. So war z.B. auf dem Gebiet der Energiewirtschaft das Streben der Gaue, eigene Energieunternehmen zu gründen und damit die notwendige großräumige Energieplanung zu unterbinden. Der Gauleiter wollte sich dabei finanziell von der Reichsfinanzbehörde unabhängiger machen, um seine vielfältigen Pläne der Nachkriegszeit unkontrolliert durchführen zu können. Hierbei spielten die Baupläne, die jeder Gauleiter glaubte beabsichtigen zu müssen, um die Bedeutung seiner Person auch für die Zukunft zu »verewigen«, eine große Rolle.

Ich habe den Eindruck, daß die Gauleiter ähnlich wie die indischen Maharadschas waren und so ihre großen Bauten ausführten, um ihr eigenes Prestige zu stärken?

Sie hatten nicht viele eigene Gedanken. A.H. war ihnen Vorbild und sie seine Kopisten, soweit es nicht Unbequemlichkeiten im Lebensablauf mit sich brachte. A.H. hatte zunächst nur einige Städte zu einem großen Ausbau vorgesehen: Berlin, München und Nürnberg. Als diese Pläne bekannt wurden, wollten die Gauleiter sich ebenfalls durch einen Ausbau ihrer Gauhauptstadt der »Nachwelt« überliefern. A.H. hatte die Bauleidenschaft, dann mußten sie sie auch haben. Mir war diese Entwicklung sehr unangenehm, denn ich konnte dadurch meine Termine bei den »Führerbauten« nicht halten. Die Gauleiter benötigten das Baumaterial auch für ihre Zwecke. Es bestand die Gefahr, daß sie auch auf diesem Gebiet bestimmten, was aus ihren Gauen für die Reichsaufgaben geliefert wird.

---

[38] Die 1936 geschaffene Wilhelm-Gustloff-Stiftung war eine nationalsozialistische Industriestiftung, die das Vermögen des Weimarer Hauptwerks der Berlin-Suhler Waffen- und Fahrzeugwerke GmbH (seit 1937 mit dem Zusatz »Fritz-Sauckel-Werk«), eines nationalsozialistischen Musterbetriebes, verwaltete. Die Wilhelm-Gustloff-Stiftung wurde 1948 aufgelöst.

Wie finanzierten sich die Gauleiter persönlich?

Sie bekamen ihr Gehalt von der Partei und bezogen darüber hinaus wohl noch Vergütungen aus ihren Stiftungen und Unternehmungen für ihre »Mitarbeit«.

Wie hoch war das Gehalt eines Gauleiters?

Wahrscheinlich 1500,– bis 2000,– monatlich.

War die nationalsozialistische Tendenz bei den Gauleitern noch sehr stark in den letzten Jahren?

Die alten Gauleiter hatten sich während der Kampfzeit sehr energisch und tatkräftig für die Partei eingesetzt. Sie haben in diesen Jahren in irgendeiner Form ihre Lebenskraft aufgebraucht und waren im Durchschnitt zu alt, als sie dann an die »Macht« kamen. Ich hatte den Eindruck, daß sie das meist sehr schwere Leben während der Kampfzeit dazu veranlaßte, nun das Leben genießen zu wollen. Allerdings kann ich für das Verhalten der meisten der Gauleiter trotzdem keine einleuchtende Erklärung finden.

Bei uns gibt es das Sprichwort: »Macht verdirbt den Charakter, absolute Macht verdirbt den Charakter absolut.« Vielleicht trifft das auch hier zu?

Das ist sehr treffend. Jeder, der die absolute Macht hat, müßte es kennen, wird es dann aber wahrscheinlich nicht berücksichtigen.

Waren die sozialistischen Tendenzen bei den Gauleitern noch vorhanden?

Nein, eben nicht mehr; und eine Schicht, die selbst nicht mehr nach einer Idee lebt, die sie propagiert hat, ist ein schlechtes Vorbild für das Volk. Die Gauleiter lebten meistens in einem zu großen Rahmen. Dies war jedoch eine allgemeine Erscheinung fast aller führender Persönlichkeiten im Reich und im Gau, und auch noch im Kriege; die wenigen Ausnahmen, die Sie bei Ihren Untersuchungen feststellen werden, bestätigen nur die Regel.

Sehen Sie darin einen Grund für die mangelnde Ausnutzung aller Möglichkeiten für die Kriegswirtschaft?

Wenn man vom Volk verlangt, sich auf den totalen Krieg einzustellen, so kann das Volk auch verlangen, daß seine Führung dies erst recht tut. Solange die Gauleiter noch im Luxus leben, können sie vom Volk keine großen Opfer verlangen. Hätten sie sich zu einem einfachen Leben entschlossen, dann wären sie sicher die eifrigsten Verfechter dieser Vorbilder für ihre Gaue geworden.

Die Gauleiter konnten also nicht annehmen, daß sie unpopulär werden, wenn sie für den totalen Krieg eintreten?

Aus falschen Überlegungen haben sie es doch getan. Das Volk war immer sehr für den totalen Krieg; gerade die arbeitende Bevölkerung verlangte eine weitgehende Beteiligung der nicht arbeitenden Schichten. Sie hatten Verständnis für jede harte Maßnahme, da sie selbst ein außerordentlich hartes Leben zu führen hatten.

Hat sich das auch auf die Stabilisierung der Arbeitskräfte ausgewirkt, und bis wann?

Die Ausnutzung der Arbeitskräfte war im Jahre 1942, und sogar noch Mitte 1944, in Deutschland ungenügend. Neben der Verständnislosigkeit der Zentrale (Sauckel) war es die Einstellung der Gauleiter, die dies verhinderte. Oft waren es gauwirtschaftliche Gründe, die eine weitgehende Stillegung der Verbrauchsgüterindustrien verhinderte. Niemand wollte seine Friedensproduktion völlig aufgeben. Die Gauleiter, die sich immer weitgehend für die wirtschaftliche Basis ihres Gaues einsetzten, unterstützten diese Wünsche der Interessenten, auch gegen die Befehle der zentralen Instanzen. Auch auf dem Baugebiet hatten die Gauleiter noch im Jahre 1942 und 1943 die Durchführung von Bauten, die reinen Friedenszwecken dienten, durch ihre Machtstellung ermöglicht. Obwohl meine erste Rede als Rüstungsminister an die Gauleiter im Februar 1942[39] sie dazu aufforderte, sämtliche noch fortgeführten Friedensbauten einzustellen, wurden z.B. in Weimar die Parteibauten auch im Jahre 1943 weitergeführt. Diese Bauten, die meist über Bormann von A.H. unmittelbar genehmigt

[39] Es handelt sich dabei um die Rede, die Albert Speer als Reichsminister auf der Tagung der Reichsleiter und Gauleiter der NSDAP am 24. Februar 1942 in München gehalten hat. Der vollständige Text findet sich im Bestand R3/1547 im Bundesarchiv Koblenz.

wurden, bildeten zwar keine Belastung für die gesamte Kriegswirtschaft, sie waren aber einer der Punkte, die von der Bevölkerung aus richtiger Erkenntnis heraus besonders stark angegriffen wurden.

Konnten die Gauleiter nicht dazu gezwungen werden, mehr Disziplin zu üben?

Als Himmler Reichsinnenminister wurde, machte ich den Versuch, seine Macht für eine Stärkung der zentralen Gewalt auszunutzen. In einer Rede vor den Gauleitern in Posen, im Februar 1943, teilte ich diesen mit, daß nun gemeinsam mit dem Reichsinnenministerium von mir die Reichsautorität durchgesetzt würde. Diese Rede erregte großen Unwillen und wurde als eines der Argumente bei A.H. von Bormann gewertet, daß ich mit der Partei keine Zusammenarbeit haben wolle.

Die Macht der Gauleiter, wie sie 1943 und noch stärker im Jahre 1944 vorhanden war, brachte eine zunehmende Zersplitterung der »Reichsgewalt« mit sich. Wenn es auch in der Rüstung gelang, bis zum Schluß eine zusammenfassende Leistung zu behalten, steht jedoch fest, daß die vollständige unumschränkte Konzentration der Macht bei den Gauleitern unaufhaltsam weiterlief. Die Beispiele der letzten Monate des Krieges mit den Vollmachten der Gauleiter beim Volkssturm, den Standgerichten und über die vollständige Zerstörung ihrer Gebiete zeigten dies deutlich. Nur durch das Verständnis einer großen Zahl von Gauleitern über die Unmöglichkeit der Bormannschen Bestrebungen und Ziele war eine Arbeitsmöglichkeit gegeben.

Wie war die Stellung der Fachminister, traten sie als Einzelpersönlichkeiten oder als Gruppe in Erscheinung?

Es waren Einzelpersonen, die durch die politische Konstruktion auch nicht viel miteinander arbeiten konnten. Sie spielten im Parteigeschehen keine Rolle. Die Partei war so klug, diese Fachressorts mit Fachleuten zu besetzen. Auch Bormann war darauf aus, z.B. Darré als Ernährungsminister zu beseitigen, weil dessen Fähigkeiten nicht ausreichten; (so klug waren Bormann und die Leute um ihn herum schon, daß) sie erkannten, daß man auf diesen Gebieten nicht mit den Typen, wie wir sie bisher aufzeigten, auf lange Sicht etwas erreichen konnte.

Darré war ein typischer Vertreter der fanatischen Ideen der SS?

Ja, er gehörte zu der ersten Gruppe, die man fast alle unter dem Sammelbegriff der Phantasten zusammenfassen kann, da sie nicht gewohnt sind, etwas rationell durchzudenken.

Ein paar Fragen noch zu Darré. Darré war hauptsächlich interessiert an der Blut- und Boden-Ideologie?

Ich kenne ihn zu wenig. Er war eine lächerliche Figur geworden. Ich glaube, daß er früher in der Partei mit seinen Theorien – vor 1933 – ernstgenommen wurde.

Von der Parteiseite aus?

Ich kann mir kein Urteil erlauben, weil ich von der Landwirtschaft keine Ahnung habe.

Wissen Sie, ob die Agrarpolitik der Partei von Darré gemacht wurde oder war Hitler selbst an dieser Frage interessiert, z.B. Stärkung des Bauerntums usw.?

In den mir bekannten Gesprächen spielte das keine Rolle. Diese Fragen wurden anscheinend von A.H. nur am Rande behandelt.

Es stand ja im Widerspruch zur Stärkung der Industrie usw. vor dem Krieg. War Backe nur fachlich oder auch politisch tätig?

Backe hat kein politisches Gewicht gehabt. Dem Reichsnährstand[40] hat er, trotz seiner politischen Vergangenheit, eine ähnliche Funktion gegeben, wie sie meine »Selbstverantwortung« darstellte. Man machte sich im Dorf einen Bauern aus, der ein guter Fachmann zu sein schien und der die anderen in ihrer Arbeit mit halbstaatlichen Funktionen steuerte. Diese Organisation wird, soviel ich weiß, als eine gute anerkannt.

War in der Zeit vor Backe die Auswahl der Kreisbauernführer usw. auch nach fachlichen Gesichtspunkten vorgenommen worden?

[40] Der Reichsnährstand, am 13. September 1933 ins Leben gerufen, war die ständische Organisation der nationalsozialistischen Agrarpolitik und stand als Selbstverwaltungskörperschaft unter der Leitung des Reichsbauernführers.

Wie dies geschehen ist, weiß ich nicht. Aber Darré sah in seinem Reichsnährstand eine politische Organisation, eine Zusammenfassung zu einer »Bauernbewegung«. Es gab frühzeitig Schwierigkeiten zwischen Backe und Darré, weil Backe die Probleme mehr von der fachlichen Seite aus ansah.

Ich möchte auf dieses Thema nicht weiter eingehen, da mir die Zusammenhänge unbekannt sind und dadurch ein oberflächliches Bild entstehen könnte.

Können Sie noch etwas dazu sagen, ob Backe in dieser Richtung Äußerungen vornahm?

Ich glaube, nach der Übernahme des Ministeriums durch Backe[41] wurde eine Entpolitisierung des Reichsnährstandes versucht.

Sie haben wohl gelegentlich mehr mit Backe zusammengearbeitet?

Wir hatten nicht viel Berührungspunkte. Er machte seine Ernährung zu unserer Zufriedenheit. Die Arbeit konnte meistens in der unteren Ebene geklärt werden, z.B. die Schwerarbeiterzulage usw., so daß wir verhältnismäßig wenig persönlich zusammenkamen. Wir Fachminister sind erst in steigendem Maße dadurch zusammengetrieben worden, daß unsere Interessen in irgendeiner Form eine gemeinsame Linie verlangten. Dieser Kreis bestand aus Backe, Dorpmüller, Schwerin-Krosigk und mir, dazu gelegentlich Funk. Es war ein »privater« Zusammenschluß.

Was haben Sie besprochen?

Wir haben uns über unsere Stellung im Staatsleben unterhalten und über unsere generellen Schwierigkeiten. Von der Gruppe war ich der einzige, der zu A.H. gehen konnte. Die anderen waren auf die Seite gedrängt, obwohl sie wichtige Fachfragen zu lösen hatten. Sie konnten über meinen Kanal ab und zu ihre Sachen heranbringen, ohne Bormann einschalten zu müssen, daher hatte ich unter ihnen eine gewisse Autorität. Davon wurde nur sehr selten Gebrauch gemacht. Die Stellung eines Reichsministers war nicht so vollwertig, wie Sie es

---

[41] Backe war seit Mai 1942 Leiter des Ministeriums und des »Reichsnährstandes«; offiziell wurde er am 1. April 1944 zum Nachfolger Darrés ernannt.

sich aus Ihrem Staatsleben vorstellen werden. Backe meinte gelegentlich, das Wort Minister sei von »minor«, dem »Minderen« abgeleitet; damit hatte er der Stellung nach nicht unrecht.

Funk war »Generalbevollmächtigter für die Wirtschaft«?[42]

Nur kurze Zeit zu Beginn des Krieges. Funk hatte diese Stellung bald aufgegeben. Noch lange vor meiner Zeit. Und zwar auf Anraten von Landfried.

Ja, das war wohl eine Duplizierung, aber formell wurde das nie abgeschafft.

Doch, das war abgeschafft. Ich weiß das, weil am Schluß des Jahres 1944 die Bestrebungen von Ohlendorf und Hayler danach gingen, den »Generalbevollmächtigten für die Wirtschaft« wiederzuerrichten, um damit ein Instrument über die verschiedenen Fachgebiete, Ernährung, GbArb[43], Wirtschaft und Rüstung zu bekommen. Ohlendorf wollte in der Mittelinstanz die Zusammenfassung dieser Behörden zu einem Kriegswirtschaftsamt durchführen, und an der Spitze sollte dann im Reich als ausgleichende und lenkende Behörde der »Generalbevollmächtigte für die Wirtschaft« stehen. Wir hatten aber bereits die »Zentrale Planung« und das »Planungsamt« für diese Aufgabe.

Können Sie noch weiter über diese Gruppe berichten und ihre Zusammenarbeit mit den anderen Fachleuten?

Diese Fachminister waren einzelne Personen und keine »Gruppe«. Da sie außerordentliche Schwierigkeiten hatten, ihre fachmännische Arbeit im Staat, die wir schon behandelt haben, einwandfrei durchzusetzen, hatten sie gemeinsame Interessen. Es sind niemals vernünftige Bestrebungen dagewesen, die Autorität dieser Fachminister zu steigern. Göring als Vorsitzender des Vierjahresplanes oder Minister-

---

[42] Am 5. Februar 1938 wurde Funk Nachfolger von Schacht als Reichswirtschaftsminister und Generalbevollmächtigter für die Kriegswirtschaft, ab Januar 1939 auch Präsident der Deutschen Reichsbank.

[43] Gemeint ist der »Generalbevollmächtigte für den Arbeitseinsatz«, eine am 21. März 1942 geschaffene Sonderbehörde unter der Leitung Gauleiter Sauckels zur Rekrutierung in- und ausländischer Arbeitskräfte für die deutsche Kriegswirtschaft.

rates bzw. Lammers hätten dafür sorgen müssen. Beide haben nichts dazu getan. A.H. war so abseits bei seinen Geschäften im Hauptquartier, daß er sich nur gelegentlich darum kümmerte. Bormann hat seine Idee, die Stärkung des Gaues, weit in den Vordergrund gestellt. Aus diesem Verhältnis ergaben sich bei den Fachministern außerordentlich starke verwaltungsmäßige Leerläufe und schwere Dispositionsfehler, die im einzelnen jeder dieser Fachminister auf seinem Gebiet ohne weiteres nachweisen kann.

Also die Einmischung der Gauleiter erstreckte sich auch auf ganz unpolitische Gebiete?

Der Gauleiter war gleichzeitig Reichsverteidigungskommissar und als solcher, mit einigen Ausnahmen (Finanzbehörden), der zusammenfassende Faktor für alle Verwaltungsvorgänge.

In solchen Fällen war die Macht der Gauleiter ein dezentralisierender Faktor, der die Koordination erschwerte?

Ja. Und zwar in einem Ausmaß, wie sich das Außenstehende nur schwer rekonstruieren können. Die Ernährungsbilanz von Backe konnte dadurch gefährdet werden, daß, um ein Beispiel zu nennen, sich der Gau Wien mit dem Gau Niederdonau zusammentat und zu Weihnachten Sonderzulagen an die Bevölkerung verteilte, ohne daß der Ernährungsminister vorher hiervon wußte, und zwar aus Produktionen, die als Überschüsse aus diesen Gauen dem anderen Reich zur Verfügung stehen sollten.

Sie haben also im allgemeinen immer nur im Interesse ihres eigenen Gaues gedacht?

Ja; an sich eine löbliche Absicht, aber wenn sie übertrieben wird, führt sie zur Schädigung des ganzen Volkes.

Wenn das so weitergeführt worden wäre, würden also die Gauleiter eine kleine autarke Wirtschaft errichtet haben. Wir haben uns immer das Nazi-Staatssystem als eine sehr starke Zentralisierung vorgestellt?

Das war das Erstaunliche, daß das nicht der Fall war.

Wie wirkte sich das auch auf den anderen Gebieten, wie z.B. Transportwesen, aus?

Die Reichsbahn hatte natürlich auf ihrem Faktor die Sicherheit, ungehindert disponieren zu können. Aber die Reichsbahndirektionspräsidenten standen weitgehend unter den Pressionen der Gauleiter und haben in dem sogenannten internen Reichsbahnverkehr, innerhalb der Reichsbahndirektionen selbst, zweifellos viele Güter befördert, die sie nicht in dem Ausmaß befördern durften.

Ich glaube, kurz nach Ihrer Ernennung wurde die Bereinigung der Mittelinstanzterritorien vorgenommen, damals noch nicht auf der Gaubasis?

Das hatte einen anderen Grund. Meine Grenzen waren Grenzen der Wehrkreise, und diese stimmten nicht überein mit denen der Regierungspräsidenten und Oberpräsidenten. Wichtig war die gemeinsame verwaltungsmäßige Untergliederung.

Wie gestaltete sich die Entwicklung des Transportgebietes? Aus den Hamburger Unterlagen entnahm ich, daß Sie mit der Ernennung von Ganzenmüller zu tun hatten, daß Sie ihn vorgeschlagen haben?

Es war ein gemeinsamer Vorschlag von Dorpmüller und mir. Zu Beginn des Jahres 1942, als ich die Rüstung übernommen hatte, lag der Verkehr außerordentlich darnieder. Die Wagengestellung war die niedrigste seit Jahren, obwohl der Winter schon vorbei war. Das war eine Rückwirkung der Winteroffensive der Russen und unseres hohen Verbrauchs an Lokomotiven in großer Zahl, die ohne notwendige Pflege in Rußland ausgefallen waren.

War das der Grund, der eine weitere Verschärfung der Krise brachte, oder lag es an den vorkriegsähnlichen Vorbereitungen, die von der Eisenbahn in Deutschland ausgeführt worden sind?

Ich weiß nicht, welche Vorkehrungen planmäßig getroffen wurden. Jedenfalls lag das Schwergewicht bis 1939 auf den Reichsautobahnen. An diese stellte die Reichsbahn auch ihr bestes Personal ab.

Aber im ersten Winter in Rußland hatten Sie keine Probleme?

Doch, sehr erhebliche. Aber mehr in der Ausrichtung des Bahnnetzes und seiner Einrichtungen, und dann lag es am überaus scharfen Winter. Wir hatten große Lokomotivausfälle dadurch, daß die Russen sämtliche Wasserstationen, Lokschuppen, eben alle Einrichtungen zur Pflege von Lokomotiven, zerstört hatten, so daß diese im Freien standen und die Lokomotiven durch die Kälte stark beansprucht wurden. Hierdurch traten große Schäden auf.

War dieser Faktor wichtiger als die Abziehung von Fahrmaterial nach Rußland?

Das sind zu sehr Fachfragen. Dazu kann ich wenig sagen. Jedenfalls war die Reichsbahn in ihrer Spitze, 1942, sehr überaltert. Ich hatte daher die Meinung, daß nur eine Verjüngung des ganzen Apparates etwas helfen könne. Die Alten sollten durch Jüngere ersetzt werden. Es sind eine ganze Reihe Bearbeiter, die zwischen 75 und 60 Jahre alt waren, an wichtigen Posten durch jüngere ersetzt worden. So auch Staatssekretär Kleinmann durch Ganzenmüller, der damals 37 Jahre alt war. Er hat mit Dorpmüller ein sehr gutes Verhältnis gehabt. Alle Versuchungen, die an Ganzenmüller in Gesprächen herangekommen sind, etwa daß Dorpmüller zu alt sei und er an seine Stelle rücken müsse, hat er immer sehr scharf abgewiesen, was Dorpmüller ihm auch dankte. Denn immerhin war Dorpmüller als Verkehrsminister im Krieg sehr alt. Durch diese Verjüngung ist die Leistung der Reichsbahn gestiegen.

Funk war auch in diesem Kreis?

Funk gehörte auch in diese Kategorie, hat aber alles bedeutend passiver aufgefaßt. Wenn man Funk charakterisieren will, müßte man sagen, daß er ein etwas philosophischer Mensch ist, der in Ruhe und Abstand die Probleme ansieht, der aber keine Tatkraft entwickelt.

Wissen Sie, warum man Funk für diese Stelle ausgesucht hat? Ich habe ihn nicht selbst gesprochen, aber mein Kollege hatte den Eindruck, daß er überhaupt nicht wußte, was in seinem Ministerium vorging. Er war mit dem Verwaltungsablauf überhaupt nicht vertraut und schien nur für Währungsprobleme Interesse zu haben.

Das stimmt auch. Funk fühlte sich weitgehend zur Reichsbank hingezogen, und die Aufgabe des Wirtschaftsministeriums hat ihn nicht so sehr interessiert. Solange Landfried da war, hat dieser die Aufgaben sehr selbständig gemacht, aber in der Art eines sehr trockenen Verwaltungsbeamten. Landfried hat das Wirtschaftsministerium noch mehr bürokratisiert, als es schon vorher der Fall war. Zweifellos ist die Inaktivität des Wirtschaftsministeriums auch an der schlechten Rüstung bis 1942 mit Schuld. Denn das Wirtschaftsministerium ist im Rahmen der gesamten Rüstung ein wichtiger Faktor. Funk selbst kann man daher in dieser Reihe der Fachminister nur bedingt mitzählen. Wir schätzten ihn, weil er keine Ressortzuständigkeiten kannte.

Also keine Eifersucht ...

Die kannte er nicht.

Aber das machten seine Staatssekretäre für ihn?

Ja. Funk hatte soviel Einsicht, daß er z. B. 1943 einsah, daß die gesamte Produktion bei mir übernommen werden müßte, um sie aktiver gestalten zu können, und hat das auch gegen seinen Staatssekretär Landfried mit mir vereinbart. Es war für ihn ein großes Opfer, weil er damit sehr viel von seinem Aufgabenbereich abgeben mußte. Er wollte sich, nachdem er diese Aufgaben abgegeben hatte, im Wirtschaftsministerium ziemlich stark zurückziehen, denn er hatte damit eigentlich die Geschäfte abgegeben. Er bot mir seinerzeit das gesamte Wirtschaftsministerium an, um ein einheitliches Gebilde bestehen zu lassen. Aber ich wollte nicht die Verteilung der Güter an die Bevölkerung, da dies nur viele Beschwerden der Gauleiter einbringt. Das hätte gerade mich belastet, nachdem ich derjenige war, der die Produktion der Güter abdrosseln wollte. Ich wollte weiter mit den finanzpolitischen Dingen nichts zu tun haben, mit Aktienmehrheiten, Konzernbildungen, mit Außenhandel, Handel, Banken usw. Funk hat in voller Erkenntnis, daß der Teil, den er behielt, der unangenehmere sei, diese Vereinbarung mit mir getroffen. Nachdem Funk so die Sorge um die »Engpässe« in der Wirtschaft genommen war, beschäftigte er sich weiter mit der Beseitigung zahlreicher »Bottlenecks« in den Wirtschaften.

Wie kamen Ohlendorf und Hayler zu Funk?

Nachdem das einige Wochen gutgegangen war und Landfried auch resigniert hatte und damit für mich ein bequemes Arbeiten gegeben war, kam Funk eines Tages vom Hauptquartier zurück und hatte zu aller Überraschung, ich glaube zu seiner auch, einen neuen Staatssekretär und Ministerialdirektor mitgebracht.

Es ist nicht aufgeklärt, wie er zu Ohlendorf und Hayler gekommen ist: Es scheint, daß dies von der anderen Seite, Bormann und Himmler, in irgendeiner Form, gestartet wurde; Ohlendorf und Hayler – Ohlendorf war die treibende Kraft, während Hayler zweifellos derjenige war, der im Schlepptau von Ohlendorf gearbeitet hat – haben dann versucht, die Aufgabe des Wirtschaftsministeriums wieder aufzurichten, indem sie aus dem Erlaß des Führers, der mir die Produktion zusprach, einen Satz herausnahmen, und zwar »daß der Wirtschaftsminister für die wirtschaftspolitischen Angelegenheiten verantwortlich sei«. Diesen Satz legten sie weitmöglichst aus. Darüber gab es bald Auseinandersetzungen, die aber von der anderen Seite mit Vorsicht geführt wurden. Sie ließen es nicht zu einem offenen Streit kommen, da Funk immer derjenige war, der sich ausgleichend einschaltete, wenn Streitigkeiten auftauchten. Die Absichten von Ohlendorf und Hayler wurden klar, als bei der politischen Krise um Schieber und Liebel – etwa im Herbst 1944 – mir angeraten wurde, daß ich als Nachfolger von Liebel Hayler zum Staatssekretär mit dem restlichen Teil des Wirtschaftsministeriums nehmen sollte. Funk sollte auf einen »höheren Thron« gebracht werden, als »Generalbevollmächtigter für die Wirtschaft«, angeblich ohne tätig werden zu wollen. Aber Ohlendorf sollte dort persönlicher Referent sein!

Das war eine etwas zu kluge Idee. Ich bin scheinbar darauf eingegangen, um keine allzu großen Schwierigkeiten zu haben und auch, um keine Gewaltlösungen zu provozieren. Ich habe eines Tages Liebel durch Hupfauer ablösen lassen und über Nacht die Ihnen bekannte Umkonstruktion bei mir durchgeführt und den beiden Interessenten dann das nachträglich mitgeteilt.

Wer war Schwerin-Krosigk?

Er war in unseren Augen einer der saubersten Leute, die wir hatten. Der gerade auf seinem Gebiet als Finanzminister eine klare und anständige Linie vertrat. In seiner politischen Führung war er sehr zurückhaltend. Mit der Partei hatte er keinen Kontakt. Für die Partei war der Finanzminister praktisch durch Reinhardt repräsentiert, mit dem Schwerin-Krosigk kein gutes Verhältnis hatte.

Wer von den beiden war der aktivere?

Die Aufgabengebiete waren klar geteilt: Schwerin-Krosigk hatte die Ausgaben und Reinhardt die steuerlichen Einnahmen. Aber Schwerin-Krosigk faßte beides straff zusammen. Er ist einer von den wenigen Ministern, der in seinem Ministerium gut Bescheid wußte und der, ähnlich wie Backe und ich, die Führung seines Ministeriums tatsächlich durchführen konnte.

Wie war die Machtstellung des Reichsfinanzministers in bezug auf die Ausgabenseite, zu den Ministerien, die das Geld ausgaben? Während des Krieges war die Ausgabenkontrolle wohl sehr stark aufgelockert?

Vor dem Krieg war eine normale Kontrolle. Ich weiß das von meinen Bauten her. Schwerin-Krosigk konnte ein zäher Finanzminister sein.

Wie war die Wehrmachtfinanzierung?

Die Finanzierung und deren Kontrolle war ihm frühzeitig aus der Hand geglitten. A.H. sagte später, es wäre besser gewesen, die Kontrolle dem Finanzminister zu geben, um die Wehrmacht nicht vollständig selbständig arbeiten zu lassen.

Auf der Rüstungsseite hatten Sie keine Schwierigkeiten?

Ich hatte nicht finanziert. Es ging alles über die Wehrmacht. Bis auf das Rüstungskontor, über das Hettlage bereits Aufklärung gab. Übrigens war Schwerin-Krosigk außer mir der einzige Minister, der bei der Gruppe des 20. Juli auf dieser Ministerliste stand.

Weil er adlig war?

Ich glaube nicht, sondern im wesentlichen wegen seines Fachkönnens und weil er als unanfechtbarer Charakter galt. Er lebte sehr bescheiden und machte alle Dinge, die bei uns Männer in seiner Stellung in

Anspruch nahmen, betont – mit einer scharfen Spitze gegen die anderen – nicht mit. Das hat ihm Ansehen eingebracht.

Er hatte wenig Kontaktpunkte mit den Generalstabsleuten im allgemeinen?

Wohl wenig.

Hat er in der Endphase dazu beigetragen, daß er in die Dönitzregierung kam?

Die Dönitz-Gruppe ist nur zufällig zusammengekommen. Es wurde genommen, wer sich im Nordraum einfand.[44] Aber das ist ein Gebiet, das gesondert besprochen werden sollte.

Sie waren eine Art Repräsentant dieser Gruppe der Fachminister bei Hitler?

Nein. Soweit hat sich das nicht ausgewirkt. Das hätte ich mir auch nicht leisten können. Es hätte Widerstände von Bormann, Himmler und Göring gegen mich hervorgerufen. Wir waren mehr eine Vereinigung von »Leidensgenossen«, die sich über ihre verwaltungsmäßigen Schwierigkeiten aussprachen und sich gegenseitig gelegentlich geholfen haben. Wenn wir feststellten, daß z.B. ein Gauleiter in der Ernährung Schwierigkeiten machte, habe ich ihm angedroht, daß er weniger Kohle bekäme, um ihn unter Druck zu setzen. Wir versuchten, die mangelnde Reichsautorität durch primitive Erpressungen auszugleichen. Fachminister zu sein, war in diesem Krieg nicht einfach. Vom Gegner schwer zerbombt und von den Mächtigen des Reiches nicht geschätzt, ohne Schutz und bei jedem Fehler schwer angegriffen. Mir ging es dabei noch am besten.

Bevor wir die innenpolitischen Fragen abschließen, möchte ich Sie noch über Rosenberg fragen, der bei uns als einer der Hauptideologen

---

[44] Großadmiral Dönitz trat am 1. Mai 1945 die testamentarisch verfügte Nachfolge Hitlers als Staatsoberhaupt an und beauftragte am 2. Mai den Reichsfinanzminister Lutz Graf Schwerin von Krosigk mit der Regierungsbildung. Krosigk bezeichnete sich selbst als »Leitenden Minister der geschäftsführenden Reichsregierung«. Die geschäftsführende Regierung Dönitz amtierte, bis am 23. Mai ihre Mitglieder von britischen Truppen verhaftet wurden.

angesehen wurde. Hat er in den letzten Jahren eine große Rolle gespielt?

Nein. Es ist bezeichnend für die Situation bei uns: der Mythus[45] z.B., den ich übrigens bis jetzt noch nicht gelesen habe, dieses Buch wurde von A.H. restlos abgelehnt. A.H. wollte dieses ganze Zurückgehen in mittelalterliche Begriffe und Ideologien, in mythische und mystische Angelegenheiten nicht haben. Er wunderte sich, daß ein derartiges Buch überhaupt eine solche Auflage bekommen könne.

Wurde es nicht als eine Art offizielle Publikation im Parteiverlag herausgebracht?

Das ist eben das Unerklärliche. Das Staatsoberhaupt, der Führer, der diese Machtvollkommenheit in sich vereinigte, übt zwar scharfe Kritik, es bleibt aber alles beim alten und ein solches Buch bleibt als offizielle Angelegenheit der Partei bestehen.

Es ist also als eine Privatideologie Rosenbergs anzusehen?

Ich kann das nicht erklären. Ich halte von »Weltanschauung« überhaupt nicht viel. Ich bin zu sehr Realist, als daß ich mich mit solchen Dingen auseinandersetzen könnte. Ich fand es unverständlich, sich über solche Dinge in der Form den Kopf zu zerbrechen.

Hat Rosenberg eine größere Rolle gespielt, als er zum Minister für die Ostgebiete eingesetzt wurde?

Er ist ein kompliziert und langsam denkender Mensch. Er hat zweifellos manche Rede gehalten, die im Aufbau und dem Inhalt nach sehr lesenswert war; aber zu einer praktischen Arbeit als ein Mann für die besetzten Gebiete war er der untauglichste, den man sich denken kann.

Wissen Sie, warum Rosenberg dazu gewählt wurde?

---

[45] Alfred Rosenberg, Der Mythus des 20. Jahrhunderts, Berlin 1930. Der »Mythus« erklärt die Weltgeschichte als eine Geschichte von Rassenkonflikten und wurde neben Hitlers »Mein Kampf« zum zentralen Werk des Nationalsozialismus, das gleichwohl wegen seines verquasten Stils kaum Leser fand.

Nein. Das war die größte Überraschung für uns. Sie war fast so groß wie damals, als A.H. mich als Architekten zum Rüstungsminister machte.

War es Hitlers persönliche Auswahl, stand er ihm nahe?

Ja. Ich glaube, daß A.H. ihn dazu bestimmte. Rosenberg ist Balte. Vielleicht glaubte man, daß er als Balte die russischen Probleme besser kennen würde und daß er nicht so fremd in dieser Materie wäre wie die anderen. Rosenberg hat die schlechteste Personalpolitik betrieben, die man nur betreiben konnte. Man hätte sicher geeignetere Persönlichkeiten aussuchen können.

Nachdem die Ostgebiete nach und nach verlorengingen, wurde Rosenberg arbeitslos?

Er hat seinen Apparat weiter aufrechterhalten und hat sich auch am Schluß noch viel Arbeit gemacht und große Ideen verplant. Es waren rein theoretische Arbeiten, um das Ministerium weiter zu beschäftigen.

Wissen Sie genug über dieses Gebiet, um sein langfristiges Ziel im Osten charakterisieren zu können. Worauf ging es aus?

Nur sehr wenig. Es waren Gegensätze zwischen Koch und Rosenberg. Rosenberg stand auf dem Standpunkt, mit den Russen, in der Hauptsache mit den Ukrainern, eine gemeinsame Politik zu machen, Hochschulen wiederzuerrichten und möglichst den kulturellen Stand zu heben, um auf diese Weise eine Gefolgschaft zum Westen zu gewinnen.

Hauptsächlich Ukraine?

Ja. Weil er überzeugt davon war, daß die Ukrainer am ehesten für diese Ziele zu gewinnen wären. Der Empfang unserer Truppe in der Ukraine war – nach den Berichten aller Soldaten – sehr freundlich.

Wissen Sie, ob die ukrainischen Separatisten in Rosenbergs Umgebung eine Rolle gespielt haben?

Das weiß ich nicht.

Wieso der Gegensatz zu Koch?

Die Absichten Kochs waren ganz andere. Er wollte keine Schulbildung, keine Niveauhebung dieses Teils vornehmen.

Koch war Gauleiter?

Ja. Und gleichzeitig Kommissar der Ukraine. Beide hatten darüber schwere Auseinandersetzungen. Die Streitigkeiten gehen sehr ins Detail. Rosenberg gab z.B. Schulbücher heraus für die Ukraine, Koch hat sie wieder verboten. Rosenberg konnte sich nicht durchsetzen, weil Koch wieder einer der mächtigen Einzelgänger war, der sich das leisten konnte.

War Koch ihm unterstellt?

Ja. Er war ihm voll unterstellt, aber trotzdem konnte er seine Befehle nicht durchsetzen.

Wer war der Hauptverantwortliche für das Parteiprogramm – für die Ideologie, war das Hitler selbst, und zwar in der Zeit, als es festgelegt wurde?

Keine Ahnung.

Und nach der Machtübernahme, für die Durchführung dieser Punkte?

Die entscheidenden Leute, die immer wieder an diese Punkte erinnerten und die Verflachung und »Verspießung« des Parteiprogramms verhindern wollten, waren in erster Linie wohl Goebbels und Bormann. Diese versuchten laufend, A.H., der mit seinen politischen Linien voll beschäftigt war, zu aktivieren und zu radikalisieren. Seinen Reden nach gehört hier zweifellos auch Ley dazu, jedoch hatte er nicht das Format, um ein wichtiges Wort mitreden zu können.

Himmler gehörte meiner Ansicht nach nur bedingt dazu; er wollte wohl eine sehr radikale Auslegung, aber seine Gedanken gingen, getragen durch die SS, in eine andere Richtung, die Gedanken waren phantastisch, und er wurde wegen dieser Phantastereien von A.H. immer etwas lächerlich gemacht. Ich weiß nicht, ob Sie seine Theorien mit Herzog Widukind und Karl dem Großen kennen? Er hielt große Reden, in denen er Karl den Großen als den »Sachsenschlächter« bezeichnete und stark verurteilte, und diesen Tod vieler »Germanen« als eine große historische Schuld bezeichnete. A.H. sagte ihm, Karl der Große habe sehr gut daran getan, Widukind zu besiegen und die Sachsen zu töten; denn dadurch habe er das Frankenreich und den Einzug der westlichen Kultur in das jetzige Deutschland ermöglicht. Auch seine Ausgrabungen von alten, primitiven Tonscherben und armseligem Hausrat wurden von A.H. immer außerordentlich lächerlich gemacht. Er meinte, wir hätten doch gar keinen Grund, so laut zu betonen, daß unsere Vorfahren vor 2000 Jahren keinerlei Kultur gehabt hätten, in einer Zeit, in der die Griechen und Römer bereits wesentliche Beiträge zu unserem heutigen Kulturstand geleistet haben.

Himmlers Theorien wurden leider nicht bekämpft. A.H. glaubte, daß sie sich von selbst erledigen könnten. Darin hat er sich aber getäuscht, so daß zwei Richtungen in der Ideologie ab 1935 oder 1936 in der NSDAP zu erkennen sind: diejenige, die auf Grund des Parteiprogramms auf politischer Ebene ihre Punkte durchführen wollte, hier dürfte der führende Kopf Dr. Goebbels gewesen sein, und der eigentliche SS-Kult, der in seiner Ableitung aus der germanischen Urrasse sich bemühte, »religiöse« Formen anzunehmen. Dieser zweiten Richtung stand Himmler vor. Bormann war zu realistisch, um sie voll mitzumachen, als SS-Angehöriger zu klug, um sie zu verhindern. A.H. hat diese Bestrebungen der SS in privaten Gesprächen immer scharf abgelehnt. Er sagte einmal, er würde sich im Grabe umdrehen, wenn er von der SS in einigen Generationen heiliggesprochen würde. Er sei Politiker und möchte nicht in diese Sphäre hineinkommen. Obwohl Bormann bei diesen Gesprächen dabei war und die Ernsthaftigkeit, mit der dieser Unsinn verfolgt wurde, kennen mußte, hat er in diesem Fall keine Anstalten getroffen, um ihn abzustellen.

Was verstehen Sie unter dieser SS-Richtung?

Mit der Aufrichtung einer neuen Ideologie war die Bekämpfung der Kirche eng verbunden. Die ganze Mystik, die hier aufgebaut wurde, ist mir immer etwas nebelhaft geblieben. Diejenigen, die nicht der SS angehörten, bekamen hierin keinen Einblick. Aber es würde sich lohnen, gerade diesen Teil intensiv zu studieren, da er für die Geisteshaltung vieler führender SS-Männer zweifellos Aufschluß gibt. Während viele von uns darüber empört waren, daß die Kirche Politik trieb, aber trotzdem von der Notwendigkeit einer »friedlichen« Kirche überzeugt waren, hat der SS-Kreis die Kirche aus Grundsatz bekämpft, in der Hauptsache, weil sie der Aufrichtung ihrer Ideologie auf weite Sicht im Wege stand.

In diesen Kirchenfragen war Bormann der treibende Mann; er war derjenige, der weitaus am schärfsten war und auf den fast alle Maßnahmen der Kirchenfeindlichkeit zurückzuführen sind. Während Goebbels und Himmler mit Abstand folgten, ließ Bormann hier A.H. auch während des Krieges keine Ruhe. Er benutzte jede Gelegenheit, um irgendwelche Maßnahmen durchzusetzen. Er ließ dabei, und das ärgerte mich oft, selbst beim Mittagessen A.H. keine Ruhe, und zwar ließ Bormann sich planmäßig bei solchen Gelegenheiten von einem Zweiten den »Ball« zuspielen; es wurde zunächst laut erzählt, was irgendein Bischof wieder geredet hat, bis schließlich A.H. aufmerksam wurde und fragte, was los sei. Bormann sagte ihm dann, daß wieder irgendeine unangenehme Sache vor sich gegangen sei, er wolle ihn aber beim Essen nicht belästigen. Natürlich frug A.H. weiter, Bormann zog seine bereitgehaltenen Schriftstücke gerne aus der Tasche und hatte den Erfolg, daß sich A.H. außerordentlich aufregte und wieder irgendein Entschluß oder zumindest eine Verschärfung in der Kirchenfrage bei A.H. zustande kam.

A.H. hat sich etwa im Jahre 1942 oder 1943 in Gegenwart von Bormann bei einem Tee-Gespräch auf dem Obersalzberg über seine Stellung zur Kirche weitgehend ausgesprochen.[46] Er betonte dabei, daß er die Kirche als Einrichtung im Staatsleben für unbedingt notwendig hielte. Er sei glücklich, wenn in der Kirche irgend jemand zu finden wäre, der sich durch seine positive Einstellung eignen würde, eine oder möglichst die beiden Kirchen vereint zu führen. Er bedauerte,

---

[46] Vermutlich handelt es sich um das Tee-Gespräch in der Nacht vom 19./20. Februar 1942, bei dem sich Adolf Hitler in Gegenwart von Bormann und Speer ausführlich über die katholische Kirche und katholische Geistliche ausgelassen hat. Der von Speer rekapitulierte Zusammenhang läßt sich allerdings in den durchweg negativen, kirchenfeindlichen Ausführungen Hitlers nicht wiederfinden. (Vgl. Adolf Hitler, Monologe im Führerhauptquartier, 1941–1944. Die Aufzeichnungen von Heinrich Heims, hg. von Werner Jochmann, Hamburg 1980, S. 283ff.)

daß damals der »Reichsbischof« Müller nicht in der Lage war, seine weitgehenden Pläne durchzuführen.

Er verurteilte den Kampf gegen die Kirche, soweit er dazu führen soll, diese zu vernichten. Er bezeichnete in scharfer Weise ein solches Vorgehen als ein Verbrechen an der Zukunft des Volkes; denn es sei unmöglich, durch eine »Partei-Ideologie« die Kirche zu ersetzen. Die Kirche würde es zweifellos verstehen, im Laufe von längeren Zeiträumen sich an eine Ideologie des Nationalsozialismus anzugleichen, wie sie sich auch früher immer als anpassungsfähig erwiesen hat. Eine neue »Parteireligion« aber würde nur einen Rückfall in den Mystizismus des Mittelalters bringen. Das zeige die Schrift Rosenbergs und der SS-Mythos. Er interessiere sich für eine sportlich erzogene Jugend, die in ihren Idealen dem Griechentum sich näher [sei].

Diese Zeit wäre sowohl in der Architektur als auch in ihrer Geisteshaltung die freieste und sauberste gewesen von allen Kulturepochen der Menschheit und ein Gegensatz zu dem, was die SS in ihrer Geisteshaltung propagiere.

Bormann war von dieser Besprechung außerordentlich betroffen. Während er sonst solche Gespräche, die A.H. in diesem Kreise ins »Unreine« sprach, sofort als Weisungen weitergab, falls sie seiner Richtung entsprachen, hütete er sich in diesem Fall, diese absolute Absage an seine und Himmlers generelle Kirchenpolitik weiterzuleiten. Im übrigen übte A.H. in seiner Umgebung nie einen Druck auf den Austritt aus der Kirche aus; er überließ es jedem selbst, wie er sich zu diesem Problem stellen wollte.

Wer war der Hauptexponent des Antisemitismus?

Ich glaube, daß das sehr weite Kreise umfaßte. Treibend waren hier in gleicher Weise sowohl Goebbels als auch Himmler, Bormann, Ley oder Rosenberg. Göring dagegen war weniger beteiligt. Er war in diesen Dingen zurückhaltender.

Waren die Maßnahmen, die auf diesem Gebiet getroffen wurden, mehr die einer Gruppe oder von Einzelpersonen angeordnet?

Das ist schwer zu sagen. Zweifellos waren damals, vor der Arisierungsbewegung, viele führende Leute der Partei mit der Durchführung des Antisemitismus unzufrieden. Ich glaube mich zu erinnern, daß lange Zeit hier eine gemäßigte Linie eingeschlagen war. Ausgelöst wurde, ich weiß nicht mehr wann, der scharfe Kurs durch eine Aktion, in der sämtliche Synagogen im Reich verbrannt wurden.[47]

(Hoeffding: Das war 1938. Ich war zufällig in Berlin.)

Wie ich später erfahren habe, handelte es sich dabei um eine Überraschungsaktion von Goebbels. Er organisierte über die Reichspropagandaleitung die »Volkswut« und führte in allen Städten »spontane« Kundgebungen durch. Erst nach Beendigung dieser Aktion wurde sie in der Reichskanzlei als durchgeführt berichtet. Ich glaube, daß nach dieser Aktion Goebbels lange Zeit weiter die treibende Kraft zur Aktivierung des Antisemitismus darstellte.

Wer war die treibende Kraft für die Rassengesetzgebung, also die Nürnberger Gesetze?

Das kann ich nicht sagen, denn derartige Besprechungen konnte ich damals weder dem Inhalt noch den Teilnehmern nach erfahren. Das waren geheimgehaltene Vorbereitungen, die nur einem kleinen Kreis bekanntwurden.

Wer hatte die Bekämpfung der politischen Opposition? War das Himmler und welche Methoden wurden angewandt?

Natürlich hatte Himmler die Bekämpfung der politischen Opposition in vollem Umfang. Er hatte hier das restlose Vertrauen von A.H. Er hatte allerdings bis zum 20. Juli 1944 keinen Einblick in die Wehrmacht, die unter Canaris ihre eigenen Überwachungsorgane unterhielt. Es ist mir nicht bekannt, wieweit er die Abhörung der Telefon-

[47] Die »Reichskristallnacht« vom 9. November 1938 scheint sich in das Gedächtnis von Albert Speer nicht besonders tief eingeprägt zu haben. Es ist bezeichnend, daß ihm 1945 nicht einmal mehr das Datum, geschweige denn der Zusammenhang gegenwärtig war. In seinen »Erinnerungen« (S. 125f.) schreibt Speer über den Pogrom vom 9. November 1938 ausführlicher. Erst auf Drängen von Joachim Fest erweiterte Speer die später veröffentlichte Fassung seiner »Erinnerungen« um Passagen, in denen er die Verbrechen des Regimes erwähnte.

gespräche auswerten konnte, die im Reichsforschungsamt[48] ausgedehnt über Wirtschaftler und Politiker betrieben wurde. Jedenfalls wurde das Reichsforschungsamt getrennt von Himmler unter Göring geführt.

Ich weiß jedoch nicht, ob man von einer starken Opposition überhaupt bis zum Jahre 1939 sprechen kann. Ich glaube, in den Jahren, in denen Österreich Deutschland wieder zufiel, die Chamberlain-Verhandlungen waren oder der Einmarsch in die Tschechoslowakei stattfand, waren Zeiten eingetreten, die sich das Deutschland von 1918 nie vorzustellen wagte. Wenn damals eine echte Abstimmung stattgefunden hätte, würde diese auch ihm eine große Mehrheit gebracht haben. Das war bis zum September 1939 sicher der Fall. Kerne einer Opposition waren da, aber sicher nicht mit vielen Anhängern im Volk.

Die Konzentrationslager waren doch damals schon angefüllt durch Leute der früheren Parteien usw.?

A.H. konnte es sich damals leisten, den früheren sozialdemokratischen Abgeordneten Severing, Noske und anderen ohne Freiheitsbeschränkung ihre Pensionen nicht nur zu belassen, sondern sogar zu erhöhen, mit der Begründung, daß sie dazu beigetragen hätten, die Monarchie abzulösen und damit eine Vorarbeit für das »Dritte Reich« geleistet zu haben. Die Sozialdemokraten waren eben damals schon sehr bürgerlich. Sie haben sich zurückgezogen und die Pensionen gern entgegengenommen. Dagegen wird die kommunistische Opposition einen großen Teil der Konzentrationslager gefüllt haben.

Die einzige ernsthafte Opposition hatte sich neben den Kirchen beim Heer gebildet, bei dem aus der Schleicher-Zeit durchaus ernsthafte Bestrebungen zu einem Umsturz vorhanden waren. Es ist mir unbekannt, wie weit diese Bestrebungen zurückgingen und welche Kreise daran im einzelnen beteiligt waren. Ich weiß jedoch aus

[48] Gemeint ist das Forschungsamt der Luftwaffe, einer der leistungsfähigsten Nachrichtendienste des Dritten Reiches. 1933 als Behörde des preußischen Staatsministeriums gegründet, wurde das Forschungsamt 1937 von Göring in den Etat des Luftwaffenministeriums übernommen. In den »braunen Blättern« wurden die Ergebnisse der Überwachung des privaten und diplomatischen Fernsprech- und Funkverkehrs zusammengefaßt. Erst Anfang 1945 wurde das bis dahin unabhängige Forschungsamt dem Reichssicherheitshauptamt und damit dem Zugriff der SS unterstellt.

Gesprächen, daß die den Akten, die bei Canaris nach dem 20. Juli gefunden wurden, genaue Detailkenntnisse über ernsthafte Versuche, A.H. zu stürzen, bereits um 1938 geplant waren [sic!]. Schon damals soll Witzleben eine führende Rolle gespielt haben. Ein Studium dieser Akten ist bestimmt aufschlußreich.

Welche Rolle spielte der Sicherheitsdienst?

Der war für uns eine unangenehme Einrichtung. Er war in jeder Behörde und in jedem Werk vorhanden. Ich weiß bis heute noch nicht, wer in meiner Behörde der Mann war, der meine Tätigkeit beobachtete. Es konnte jeder Mann, auch wenn er nicht in der SS war, SD-Mann sein. Er war die umfassendste Organisation, die es auf diesem Gebiet wohl je gegeben hat. Wir hatten den Eindruck, daß er sich anscheinend eingehend mit der Arbeit meines Ministeriums und vielleicht auch mit meiner Person beschäftigt hat.

Wie wurden die SD-Leute rekrutiert? Es erschienen mitunter doch Leute, die sonst politisch nicht tätig waren.

Ich habe es nie verstanden, wie diese Organisation so weitverzweigt geschaffen worden ist. Jedenfalls war sie in der Rüstung für mich unangenehm. Es gab z.B. jede Woche bis 1944 (?) aus dieser SD-Arbeit Berichte über die Wirtschaftslage, die Stimmung der Bevölkerung usw. Sie wurden auch gelegentlich dem Führer vorgelegt. Man versuchte, über diese Berichte Politik zu machen, indem man sie entsprechend färbte und an einflußreiche Persönlichkeiten verteilte.

War das Ohlendorfs Arbeit?

Ja, ich weiß aber nicht, wie lange Ohlendorf darin tätig war.

Ohlendorf sagte mir, daß diese Berichte nur als Ersatz für die öffentliche Meinung aufzufassen waren und daß sie unbeeinflußt die Gesinnung im Volk ausdrücken sollten, um sie den Regierungsstellen zur Kenntnis zu bringen. Ich hatte den Eindruck, daß es zum Teil mit völliger Überwachung verbunden war.

Das glaube ich auch. Ich hatte mit dem SD ein Abkommen getroffen, um ihn für mein Gebiet ungefährlich zu machen: Er mußte mir seine Meldungen zur Untersuchung geben. Dadurch, daß mir alle Vorwürfe zugestellt werden mußten, konnten sie nicht mehr »anonym« Schaden anrichten.

Ein Beispiel: Eines Tages bekam ich vom SD über mein Zentralamt ein großes Aktenstück über Telefunken, über den Einfluß von Generaldirektor May, Rottgart, Geheimrat Bücher, von meinen Leuten wurde Freyberg genannt, der in der Elektrotechnik eine Rolle spielte. Es war darin festgestellt, daß die Direktoren May und Rottgart zusammen mit Bücher von der AEG aus politischen Gründen eine Monopolpolitik auf dem Röhrengebiet betreiben würden. Alle wären alte Zentrumsleute. Lüschen, mein Hauptausschußleiter Elektrotechnik, würde zusammen mit Freyberg diese Bestrebungen unterstützen. Auch sie wären »katholisch«. Dies war eine lächerliche Behauptung, schon weil Lüschen bei Siemens war und niemals eine Monopolstellung des AEG-Bereichs Telefunken unterstützen würde.

Das Material mußte von Mitarbeitern aus dem Betrieb kommen. Bei den Akten befanden sich Abschriften von Schreiben und Vermerken, die eine genaue Detailkenntnis zur Voraussetzung hatten. Nach der erfolgreichen Widerlegung zog der SD zurück. (!) Seine Berichte seien nicht als »wahrheitsgetreu« zu werten. Sie seien nur Informationsmaterial.

Wenn nun solche Unterlagen, z.B. zur Vernehmung von Bücher oder May oder Rottgart, verwendet worden wären und diese ohne meinen Schutz dazu aufgefordert wurden, diese »Mißstände« abzustellen, dann kann man sicher eine wirtschaftliche Pression auf diese ausgeübt haben.

Es mögen mitunter Versuche kleiner Angestellter gewesen sein, die auf Grund ihrer SD-Stellung im Betrieb langsam größenwahnsinnig wurden und sich verpflichtet fühlten, etwas zu starten. Sie sahen es eben als ihre Aufgabe an, in jedem Fall etwas zu finden. Das ist ja die Eigenschaft und Gefahr von jedem Spitzelsystem.

Sie hatten also den Zweck, Meinung zu bilden?

Ja. Ich hatte den Eindruck, daß es nicht der Erforschung der Wahrheit allein diente, sondern der Bildung einer wirtschaftspolitischen Meinung.

Kaltenbrunner war der Chef des gesamten Sicherheitsdienstes?

Ja. Er hatte den gesamten Sicherheitsapparat unter sich, soviel ich weiß, gehörte dazu der SD-Inland, SD-Ausland und die geheime Staatspolizei.

Wer bearbeitete den SD-Ausland?

Wie ich später hörte, war das Schellenberg.

Sie erwähnten das Reichsforschungsamt, das Telefongespräche abhörte. Was war das für eine Einrichtung?

Das Reichsforschungsamt unterstand Göring. Es sollte Telefongespräche abhören. Aus dieser Quelle entstanden die sogenannten »Braunen Blätter«. Die Minister bekamen diese in Teilabschnitten, aber nur verhältnismäßig untergeordnetes Material aus ihrem Ressort. A.H. hatte streng verboten, Minister abzuhören. Ob dies eingehalten wurde, weiß ich nicht. Es wurden in der Hauptsache die Großindustriellen und Wirtschaftler überwacht. Weiter sollen die Botschaften und Gesandtschaften abgehört worden sein.

Das war also so eine Art private Gestapo von Göring?

Es muß ihren Leuten bekannt gewesen sein.

»Reichsforschungsamt« war nur der Deckname hierfür?

Ja, es hat nichts mit dem Reichsforschungsamt zu tun. Es lief unter der Abkürzung »F« und unterstand Körner.

Es war also nicht nur auf die Wirtschaft beschränkt, sondern griff auf das politische Gebiet über.

Das weiß ich nicht im einzelnen. Aber praktisch läßt sich das beim Abhören gar nicht vermeiden. Wenn sie sich in die Gespräche eingeschaltet hatten, werden sie wohl bis zum Schluß mithören, auch wenn es nicht wirtschaftlich ist oder wenn z.B. ich als Minister mit einem Industriellen sprach.

Und das wurde im Kriege fortgesetzt?

Ja, ich lernte diese Einrichtung erst 1942 kennen. Mitunter waren diese Berichte lehrreich. Man hörte auf diesem Wege die Meinung mancher vernünftiger Industriellen, die es sonst aus irgendeinem

Grund vermeiden wollten, mit mir zu sprechen, oder keine Termine bekamen. Mitunter konnte ich Beschwerden gegen einen meiner Mitarbeiter erfahren, die berechtigt waren, und die Amtschefs waren daher sehr überrascht, daß ich diese Detailkenntnisse hatte.

War diese Einrichtung mit dem SD verbunden?

Nein, es war getrennt. Aber ich weiß es nicht genau. Bei uns gab es ja alles doppelt und dreifach.

Es gab doch auch noch die Abteilung für Berufsmoral – das war unter Heß eine private Gestapo?

Ich kenne sie nicht.

Und nun möchte ich gerne von Ihnen etwas über den Interministeriellen Luftkriegsschädenausschuß wissen. Der unterstand doch Goebbels? Was war die Geschichte und Funktion dieser Einrichtung?

Zunächst einmal die Gründe zur Bildung.

Bei einem Bombenangriff mußten die verschiedenen Stellen eingeschaltet werden, um die ersten Folgen zu beseitigen, z.B. die Bahn, Partei, NSV[49], Baugewerbe etc. Diese Stellen waren in den verschiedenen Ministerien vertreten. Da wir keine zentrale Reichsgewalt hatten, diese Ministerien also nicht vom Reichskanzler laufend zusammengefaßt wurden, hat man den Ausschuß errichtet, an dessen Spitze Goebbels stand. Er hatte den Auftrag, als eine Art »Teil-Reichskanzler« alle anderen Ministerien zusammenzufassen; diese Arbeit wurde von ihm sachlich durchgeführt.

Der Ausschuß hatte einen politischen Anstrich. Es hätte eine Aufgabe für Lammers als Chef der Reichskanzlei sein können. Er fühlte sich hier wohl unsicher und wollte nicht aus seiner »notariellen« Aufgabe in die Praxis übergehen. Daher hat Lammers diesen Auftrag an Goebbels geben lassen.

[49] Die Nationalsozialistische Volkswohlfahrt (NSV) war mit 17 Mio. Mitgliedern nach der DAF die größte und in der Öffentlichkeit bekannteste nationalsozialistische Massenorganisation, der u.a. mit dem formal von ihr unabhängigen Winterhilfswerk, dem Hilfswerk »Mutter und Kind« und der Kinderlandverschickung die nationalsozialistische Wohlfahrtspflege als Dienst am Volk und Beitrag zur Volksgemeinschaft oblag.

Warum wurde Goebbels für diesen Vorstand ausgewählt?

Er war kein Fachmann, und der Innenminister hätte diese Aufgabe durchführen müssen. Das war damals Frick, der für jede praktische Aufgabe untauglich war und zudem keine Initiative hatte. Seine Staatssekretäre Stuckart und Pfundtner waren auch nicht viel besser.

Man sah die Aufgabe wohl auch als politische Frage an, mehr noch als vom Gesichtspunkt der praktischen Durchführung, zugleich damit auch die Frage der Partei. Die Beseitigung der ersten Schäden, die Hilfe für die Bevölkerung war nur durch das Einschalten der weitverzweigten Organisationen der Partei möglich. Die Bürgermeister mit ihren Ämtern konnten nicht so schnell improvisieren. Da auch die NSV Goebbels unterstand und die Aufgabe nur eine Persönlichkeit übernehmen konnte, die in diesen schwierigen Fragen mit den Gauleitern umgehen konnte, fiel dann die Wahl auf Goebbels.

Wir hatten das Gefühl, daß, wenn z.B. ein Provinzzentrum angegriffen wurde, der Gauleiter dafür zuständig wäre und bei dem Interministeriellen Luftkriegsschädenausschuß Reichshilfe anrufen konnte?

Das stimmt. Die Hilfe war weitgehend. Es fuhr sofort ein Stab an Ort und Stelle, um die Hilfe zu organisieren. Er hatte die Möglichkeit, nach generellen Abmachungen mit Backe, auf Verpflegungslager zurückzugreifen, NSV-Bestände in Anspruch zu nehmen usw., er organisierte also die Erste Hilfe für die Bevölkerung.

Der Ausschuß war also so eine Art Verbindungsstab der Ministerien?

Nein, er war mehr. Es war notwendig, eine erfahrene Stelle zu besitzen, für die Erste Hilfe, weil die Städte, die das erste Mal angegriffen wurden, keine Erfahrung hatten. Dieser Stab konnte also vor allen Dingen gerade diesen Städten weitgehenden Rat geben.

Abgesehen von den Phantastereien in der SS, gab es grundsätzliche Fragen in der Politik, bei denen zwei Gruppen verschiedener Auffassung waren? Wir nehmen an, daß Himmler auf wirtschaftlichem Gebiet der Vertreter des radikalen sozialistischen Kurses war?

Nein, das war er nicht. Himmler hatte das Bestreben, möglichst viele Betriebe für sich zu bekommen, um damit die Finanzierungsbasis für seine SS zu haben. Andere Bestrebungen habe ich nie feststellen können; das wäre bestimmt einmal bei Funk oder bei mir aufgefallen und besprochen worden. Himmler war das Gegenteil von Staats-Sozialismus.

Gab es in der Partei Leute, die in diesem Punkt für das alte Parteiprogramm eintraten?

Nein, das war verschwunden. Dahin war kein Zug mehr vorhanden. Der einzige, der es hätte vertreten müssen, wäre Ley gewesen. Ley aber war dazu zu wenig programmatisch veranlagt. Es waren zwar auch viele Leute bei ihm, die aus den alten Gewerkschaften gekommen waren; sie haben aber nie Bestrebungen in diesem Sinn erkennen lassen. Praktisch gab es niemanden, der diese Ziele noch verfolgte.

A.H. hat nach meiner Linzer Rüstungstagung die Teilnehmer auf dem Obersalzberg zusammengerufen. Das war etwa im Juli 1944. In dieser Rede nahm der Führer zu den Fragen der Wirtschaftspolitik Stellung[49a]. Er sagte, daß er nach dem Krieg das Prinzip der Privatwirtschaft als richtig aufrechterhalte. Er könne niemals eine Staatswirtschaft anerkennen, weil sie zum Absterben jeder Initiative führen würde. Gerade die Selbstverantwortung der Industrie habe gezeigt, daß nur aus der Privatwirtschaft wertvolle Kräfte kommen, die dann zu den Rüstungsleistungen geführt hatten. Er versprach auf meinen Vorschlag, daß nach dem Krieg auch die Selbstverantwortung der Industrie wieder ausgeschaltet und eine völlig freie Wirtschaft betrieben werden könne.

Das war eine Rede, die Bormann außerordentlich verstimmte. Es war möglich, sonst das Stenogramm einer solchen Rede zu erhalten. Diese habe ich nie bekommen, obwohl sie mein Ressort betraf. Für mich wäre sie wertvoll gewesen, da sie genau in meiner Richtung lag.

Zum Volkswagenwerk.[50] Ging die Initiative von Ley aus und wollte er billige Automobile für das Volk produzieren, oder war es von jemand

[49a] Zwei Tage nach der Linzer Rüstungstagung hielt Hitler am 26. Juni 1944 auf dem »Platterhof« seine Rede, die auf einem von Speer ausgearbeiteten Rohmanuskript fußte.

[50] Im September 1938 wurde bei Braunschweig ein eigenes Werk für den Bau des

anders geplant worden, als ein großes Rüstungswerk mit zunächst friedensmäßiger Basis?

Nein, es war kein Rüstungswerk. Dieser große Fehler wurde gemacht. Die Geschichte des Volkswagenwerks ist klar. A.H. hatte 1939 oder 1940 verlangt, daß ein Volkswagen gebaut wird. Er hatte genauso festgelegt, daß es ein Viersitzer, möglichst zu einem Preis von RM 1000,– sein müßte. Die Automobilindustrie sollte zunächst, unter Allmers, diese Sache übernehmen. Sie sollte in Gemeinschaftsarbeit der Industrie durchgeführt werden. Sie hat lange Zeit mit den Projekten verbracht, ohne es zu fördern. Darüber hat A.H. sich in Gesprächen immer sehr erregt.

Es war also nun eine typische Aufgabe für Ley. Er übernahm es, diese Angelegenheit durchzuziehen, ohne sich über die finanziellen Möglichkeiten Rechenschaft abzulegen. Sein Unvermögen, Berechnungen aufzustellen, verleitete ihn dazu, diesen Plan zu verwirklichen. Das Unternehmen wurde so groß, daß dieses auch finanziell untragbar wurde. Durch Vermittlung von A.H. mußte ein Zuschuß des Reiches gewährt werden.

Daß es nicht für die Rüstung verplant war, weiß ich deshalb, weil ich als Verantwortlicher für die Luftwaffenbauten zum Volkswagenwerk ging, um dort zu sehen, ob dort leerer Fabrikraum vorhanden ist. Ich konnte feststellen, daß bisher kein Liebhaber hierfür aufgetreten war, was doch bestimmt der Fall gewesen wäre, wenn bei der Planung bereits diese Absicht bestanden hätte. Wir haben dann zusammen mit Koppenberg von Junkers im Volkswagenwerk einige kleine Produktionen aufgenommen. Es waren nur einfache Arbeiten, die von Dessau dorthin verlagert wurden und durch die die Hallen nie richtig ausgenutzt wurden. Das Werk kam bis zum Ende des Krieges nie zur Ausnützung. Es wurden dort keine Produktionen aufgezogen, die einem großen Werk entsprachen.

»KdF-Wagens« in der Stadt des KdF-Wagens, Wolfsburg, gegründet, wo das von Ferdinand Porsche konzipierte Auto produziert wurde. Aufgrund der kriegsbedingten Umstellung der Produktion auf Militärfahrzeuge erhielt jedoch keiner der 360 000 Besteller den Volkswagen ausgeliefert.

Protokoll 3
Nationalsozialistische Außenpolitik und militärische Führung (7. September 1945)[1]

Was mich besonders interessiert, wäre die Frage der politischen Kriegsvorbereitungen, obwohl Sie zu der Zeit noch sehr abseits standen. Aber ich möchte Ihre nachträgliche Meinung allgemein hören. Glauben Sie, daß die Außenpolitik, besonders auf den Kriegsausbruch hin, von Hitler bestimmt wurde? Oder wurde er stark von anderen beeinflußt?

Nein. Das wurde ausschließlich von A.H. bestimmt. Die mangelnde Initiative, die er auf innenpolitischem Gebiet zeigte und die sich in der Machtstellung von Bormann ausdrückte, hat sich dadurch ausgeglichen, daß er auf dem Gebiet der Wehrpolitik und der Außenpolitik der aktive und antreibende Mann war, soweit ich das nachträglich sehen kann.

Glauben Sie, daß Hitler in der Mitte der 30er Jahre eine klare Vorstellung von einem langfristigen Programm in der Außenpolitik hatte?

Er hatte meiner Meinung nach eine klare Vorstellung, die aber eine andere Richtung vorsah als die dann tatsächlich eingetretene. Ich kann mich deutlich an die Zeit erinnern, die vor dem Ausbruch des Abessinienkonflikts war, etwa 1935. Ich war damals für einige Tage auf dem Obersalzberg. Er glaubte damals, sich seiner Meinung nach endgültig entscheiden zu müssen, ob er mit den Italienern oder mit den Engländern zusammengehen wolle. Er sah hierin eine Entscheidung auf weite Sicht.[1a]

---

[1] BA Koblenz, Nachlaß Albert Speer N 1340, Bd. 477.

[1a] Im Abessinienkrieg 1935/36 pflegte Hitler ein skrupelloses Doppelspiel, indem er einerseits Mussolini zur militärischen Aktion ermunterte und andererseits durch Waffenlieferungen an den Negus die Kampfhandlungen verlängerte, um Großbritannien und Frankreich an der europäischen Peripherie im Mittelmeer zu binden. Damit bereitete Hitler der gemeinsamen Blockpolitik zwischen dem Deutschen Reich und Italien den Weg und hielt an seiner Strategie des »drohenden Werbens« um

Er hat bereits damals betont, was er später oft wiederholte, daß er bereit wäre, das Deutsche Reich mit seiner Wehrmacht zur Garantie des englischen Empire zur Verfügung zu stellen, wenn England ihm nach dem Osten »freie Hand« lassen könnte. Diese Frage bewegte ihn damals sehr stark, um so mehr, als er deutlich sah, wie unzulänglich der italienische Bundesgenosse sein mußte. Eines der politischen Vermächtnisse, die Hindenburg ihm vor seinem Tode mitgegeben habe, sei gewesen, daß Deutschland niemals wieder mit Italien zusammengehen dürfe. Er war daher in diesen Tagen des Abessinienkonfliktes traurig darüber, daß die Situation es seiner Ansicht nach verlangte, nun mit Italien praktisch gegen England Stellung nehmen zu müssen. Die Einzelheiten der Hintergründe hierzu sind mir nicht bekannt.

Was war seine Vorstellung von »freie Hand lassen nach dem Osten«?

Ich nehme an, daß das, auf weite Sicht gesehen, aggressive Pläne waren. Ausweitungspläne, die, wie man bei uns sagte, die Ausdehnung des deutschen Volkes unterbauen sollten. Er hatte keinen großen Sinn für Kolonien, die von der englischen Flotte abhängig sind. Er wollte wohl seine Ausdehnung nach dem Osten vornehmen, weil er in Deutschland als Landmacht die besten Voraussetzungen für die ferne Zukunft sah. In der großen Konzeption einer großen transkontinentalen Macht, soweit ich das nachträglich sagen kann. Damals war ich noch neu in dem Kreis. Aber aus gelegentlichen Bemerkungen kann ich mir solche Bestrebungen rekonstruieren.

Haben Sie etwas gehört über die Hintergründe des Moskauer Prozesses in den Jahren 1936/37 mit Tuchatschewski, dem in der Anklage vorgeworfen war, daß in Berlin Verhandlungen geführt worden waren?[2]

---

ein Bündnis mit Großbritannien, Hitlers erklärtem Wunschpartner, fest. Im Sommer 1935 hatte dieses Werben durch Hitlers Sonderbotschafter Ribbentrop nach der kühlen Reaktion des britischen Außenministers Samuel Hoare bereits einen empfindlichen Dämpfer erhalten.

[2] Walter Schellenberg zufolge waren Hitler von Heydrich beschlagnahmte Materialien, die der Agent Jahnke aufgrund seiner Beziehung zum japanischen Geheimdienst gesammelt hatte, vorgelegt worden, wonach der sowjetrussische General Tuchatschewski im Zusammenwirken mit dem deutschen Generalstab einen Sturz Stalins beabsichtigte. (Vgl. Walter Schellenberg, Aufzeichnungen. Die Memoiren des letzten

Damals hielt er [A. H.] den ganzen Prozeß für eine Fälschung, um innenpolitische Ziele in Rußland zu erreichen. Später, nach dem 20. Juli [1944], hat er noch des öfteren die Frage vorgelegt, ob nicht doch ein wahrer Hintergrund diesem Prozeß zugrundelag. Er habe zwar nach wie vor keinen Anhalt dafür, daß der russische und deutsche Generalstab untereinander Fühlung hatten und daß Verhandlungen stattfanden, daß er aber jetzt auch nach dem 20. Juli eine Zusammenarbeit für durchaus möglich halte, auch ohne daß er etwas davon wußte.

Es geht daraus hervor, daß A.H. von den damaligen Vorgängen keine Kenntnis hatte. Er betonte übrigens oft, daß Stalin damals das einzig Richtige gemacht habe. Der Prozeß und seine Folgen für den Generalstab sei der entscheidende Schritt für die spätere erfolgreiche Kriegführung der Russen gewesen. Indem er den russischen Generalstab beseitigte, habe er für eine neue und frische Richtung im russischen Heer gesorgt und damit den Grundstein für die Auslese neuer militärischer Führer gelegt. Auch schon vor dem 20. Juli bedauerte er, daß nicht gleichzeitig eine ähnliche Aktion auch bei uns möglich war. Im Kriege selbst sei es dazu zu spät.

Abgesehen davon, haben Sie nichts darüber gehört über die angebliche Verbindung zwischen deutschen Militärs oder Politikern und Russen?

Nein. Auch von den mir nahestehenden Offizieren nicht, weder von Zeitzler noch von Fromm.

Sie haben keinen Grund anzunehmen, daß es ein bewußter Plan war, Rußland ohne Krieg durch eine interne Revolution auszuschalten?

Wenn etwas geplant war, dann wäre es bestimmt in dem Kreis, in dem er sich nach dem 20. Juli geäußert hat, zur Sprache gekommen. Gera-

---

Geheimdienstchefs unter Hitler, hg. von Gita Petersen, Wiesbaden/München 1979, S. 48f.) Hitler entschied sich gegen Tuchatschewski und verfügte, daß die deutsche Wehrmachtführung von der ganzen Tuchatschewski-Affäre nichts erfahren dürfe, um eine vorzeitige Warnung des Marschalls zu verhindern. Die geheimdienstlichen Hintergründe der Tuchatschewski-Affäre, die mit der Hinrichtung des Sowjetmarschalls in einem öffentlichen Schauprozeß 1937 und der Säuberungswelle der Roten Armee endete, sind bis heute nicht vollständig geklärt.

de in einer solchen Zeit der Erregung spricht alles viel freier aus dem Streben heraus, die Zusammenhänge zu erforschen.

Und Sie wissen nicht, ob in den Akten von Canaris etwas darüber gefunden wurde?[3]

Auch das hätte ich voraussichtlich gehört. Über einen Mittelsmann wurden mir zahlreiche Akten über den 20. Juli zugänglich gemacht, die mich interessierten, da eine Menge Bekannte und Freunde in den Fall verwickelt waren. Allerdings nicht die Canaris-Akten.

Glauben Sie, daß Hitler die bewußte Politik verfolgte, die Konkurrenzmächte von innen zu untergraben, um sein Ziel wenn möglich ohne Krieg zu erreichen?

Nein. Ich glaube im Gegenteil, daß er von derartigen Bestrebungen nicht viel hielt. Er kannte die Schwierigkeiten, die sein Weg bis 1933 hatte, und sah keinen Propagandisten in den anderen Ländern, der noch einmal dasselbe erreichen könnte. Er kritisierte Politiker wie Mussert, Mosley usw. recht stark und bezeichnete sie als Kopisten, denen nichts Originelles und nichts Neues einfiele, was in ihrem Lande wirken könne. Von Degrelle hielt er mehr. Aber er versprach sich von keinem von ihnen etwas.

Wie war sein Verhältnis zum Westen? Glauben Sie, daß er subjektiv ehrlich war, wenn er seine Beteuerungen in Frankreich machte, daß er an Elsaß-Lothringen nicht interessiert sei?

Wenn er nach dem Osten als seinem »Interessensgebiet« »freie Hand« gehabt hätte, zweifellos. Er hatte keine Revanchegedanken und wollte den Krieg von 1918 nicht neu aufrollen. Er sagte, daß es sich nicht lohne, wegen des unbedeutenden Gebietsstreifens Elsaß-Lothringen einen Krieg durchzuführen. Zudem sei die Bevölkerung dort durch den dauernden Wechsel der Nationalität so charakterlos geworden, daß sie weder für die eine noch für die andere Seite einen

---

[3] Die Canaris-Akten sind bis heute nicht aufgetaucht. Es existiert lediglich das Canaris-Lahousen-Tagebuchfragment aus den Jahren 1940 sowie 1943 bis 1945, bei dem es sich um unmittelbar nach dem Krieg angefertigte maschinenschriftliche Abschriften von Erwin Lahousen handelt, dessen Kopie im Imperial War Museum in London verwahrt wird.

wertvollen Zuwachs bedeute. Man solle sie lassen, wo sie nun einmal wäre.

Wissen Sie, ob Hitler durch die Passivität auf der Seite der westlichen Mächte bei seinen verschiedenen »friedlichen Eroberungen« – Rheinlandbesetzung, Österreich, Tschechoslowakei – ermutigt wurde, weitere Schritte zu unternehmen?

Die Rheinlandbesetzung[4] hielt er für das gefährlichste aller seiner Unternehmen. Ich war zufällig in seinem Zug auf der Fahrt nach München, als die Rheinlandbesetzung anfing. Ich konnte beobachten, wie sorgenvoll alles darüber war, ob das Ausland kriegerisch reagieren würde. Es wäre damals von unserer Seite keine Möglichkeit gewesen, etwas zu unternehmen, wenn Frankreich oder England auch nur den geringsten Einspruch unter militärischem Druck erhoben hätten. A.H. sagte später, daß die eigenen Kräfte minimal waren und keinen Widerstand ermöglicht hätten. Die Rheinlandbesetzung sei daher sein gewagtestes Unternehmen, viel schwieriger als alle Schritte danach. Damals war die Aufrüstung in den ersten Anfängen. Ich kann mich noch erinnern, daß man dem Einfluß des damaligen Königs von England es zuschrieb, daß die Aktion »friedlich« verlief. Auf ihn setzte er Hoffnungen.

Mir scheint, daß die Unterstützung in Spanien, die früh begann – 1936 –, im Widerspruch steht mit seinem Bestreben, in guten Beziehungen mit dem Westen zu bleiben, falls er Freiheit im Osten hätte?

Ich muß betonen, daß A.H. und auch die wichtigsten Leute, die in der Außenpolitik um ihn herum tätig waren, es oft jahrelang verstanden haben, die übrige Umgebung in einer falschen Meinung zu halten. Daher kann das, was ich hier sage, vollständig falsch sein. Ich kann nur das sagen, was ich aus Gesprächen von A.H. und seiner Umge-

---

[4] Die Reaktionen Großbritanniens und Frankreichs auf den Einmarsch deutscher Truppen in die entmilitarisierte Zone des Rheinlands am 7. März 1936, unter Verletzung der Bestimmungen sowohl des Versailler Vertrages als auch des Locarno-Paktes, beschränkten sich auf laue Proteste. Für Hitler wurde die Rheinlandbesetzung zum erfolgreichen außenpolitischen Testfall seiner Revisionspolitik.

bung weiß. Diese können auch betont in einer falschen Richtung geführt worden sein.

Die spanische Unterstützung wurde während der Bayreuther Festspiele – im August 1936 – ausgelöst und festgelegt.[5] Damals wurde der Entschluß gefaßt, Spanien aktiv zu helfen. Und zwar soll damals ein alarmierender Hilferuf Francos eingetroffen sein, der eine sofortige Entscheidung verlangte. Über diese Vorgänge muß Göring Auskunft geben können, der damals bei diesen Besprechungen mit A.H. zugegen war.

Für uns sichtbar war dieser Krieg in Spanien eine Auseinandersetzung mit den »Roten«, also mit den russischen Kräften. Er wollte kein sowjetisches Spanien haben und fürchtete Rückwirkungen auf eine ähnliche Entwicklung in Frankreich, wenn Spanien erst sowjetisch war. Er wollte nicht im Westen und Osten von Sowjetstaaten umgeben sein. So hat uns A.H. die Zusammenhänge dargestellt.

Er verstand dabei nicht, daß die katholische Kirche nicht positiv auf diese Unterstützung einging, nachdem tatsächlich in den freigekämpften Gebieten die Kirche wieder eingesetzt wurde. Nach den Meldungen, die er bekam, sollen von den »Roten« starke und grausame Kirchenverfolgungen vorgekommen sein. Man hatte das Gefühl, daß er mit dieser Unterstützung in ein günstigeres Verhältnis mit der katholischen Kirche – mit Rom – kommen wollte, zumindest aber, daß die katholische Kirche Verständnis für ihn zeigen müsse.

Kam er dadurch auch in ein Verhältnis zu Italien?

Der abessinische Krieg war ja schon vorher. Er hatte sich also auf eine Zusammenarbeit mit Italien festgelegt. Über die Hilfe, die er Italien gegeben hatte, um Sanktionen zu verhindern, kam ein enges Verhältnis zustande und damit auch die Zusammenarbeit in Spanien. Der

---

[5] Hitler war zu seinem üblichen Aufenthalt bei den Festspielen in Bayreuth, als ihm ein Vertreter der nationalsozialistischen Auslandsorganisation einen Brief General Francos mit der Bitte um Waffenhilfe überbrachte, was Hitler unverzüglich zusagte. Eine Woche zuvor, am 17. Juli 1936, war in Spanisch-Marokko jene Revolte putschistischer Generäle ausgebrochen, die sich gegen die aus den Parlamentswahlen siegreich hervorgegangene Volksfront der Linksparteien des spanischen Mutterlandes richtete.

Abessinien-Konflikt war eben der Wendepunkt. Von da ab begann die italienische Freundschaft. Damals wurde die Macht Italiens von ihm und den militärischen Ratgebern überschätzt. Die italienische Flotte mit ihren modernen Einheiten oder die große Zahl der U-Boote wurden real in ihrem Wert eingesetzt. Wie sich dann im Krieg herausstellte, waren die Italiener alles andere als Seeleute, sie konnten mit ihrer großen Flotte nichts anfangen. Daß sie dabei keine Soldaten sind, wurde zu wenig beachtet. Der Einfluß Mussolinis auf die Nation und ihren »kämpferischen« Geist wurde weit überschätzt. Das war das erste Opfer einer »Propaganda«, dem später noch viele folgten. Aber auch England scheint sich damals ein falsches Bild von der Kraft Italiens gemacht zu haben.

Ging Hitler bewußt davon aus, verwandte Ideologien im Ausland zu stärken und wenn notwendig ans Ruder zu bringen, wie Franco in Spanien und die Rexisten[6] in Belgien?

Nein. Soweit ich das beurteilen kann, war ihm das gleichgültig. Er betrieb mit den ausländischen Staaten ein reines Schachspiel der Machtfaktoren. Die politische Gestaltung des Landes war ihm dabei gleichgültig. Er hat im Gegenteil oft im engen Kreis betont, daß es ein Fehler sei, die Ideen des Nationalsozialismus in das Ausland zu bringen. Er war der Meinung, daß dies nur zu einer unerwünschten nationalen Stärkung dieser Länder führen müßte, die Demokratien deswegen zu einer Schwächung der Kampfkraft.

Seine außenpolitische Einstellung ist wohl mit der Zeit vor 1933 zu vergleichen, in der er sowohl mit den Kommunisten als auch mit dem Zentrum und den Deutschnationalen Verhandlungen unter der Decke geführt haben soll, um in irgendeiner Weise in ein Gespräch über die Macht zu kommen. Er hat sich auch damals nicht an den Ideologien der einzelnen Parteien gestört. Diese »Großzügigkeit« hatte er in der letzten Phase nicht mehr. Er legte sich auf einer schmalen Spur fest und lehnte jeden Friedensfühler und jedes Gespräch mit den Russen oder dem Westen auf das schärfste ab.

---

[6] Als Rexismus bezeichnet man jene faschistische Bewegung in Belgien, die 1930 von Léon Degrelle gegründet wurde und um das Verlagshaus »Christus Rex« in Leuven entstanden war.

Wissen Sie, ob der Anschluß von Österreich auch als großes außenpolitisches Risiko angesehen wurde?[7]

Nein, nicht in dem Umfang; er sah die Zusammenarbeit mit Italien in diesem Fall für gesichert an. Er glaubte, daß Deutschland und Italien zusammen zunächst eine so starke Gruppe darstellten, so daß die anderen Mächte wegen Österreich in keinem Fall etwas Ernsthaftes unternehmen werden.

Er hat diese damalige politische Hilfe Italiens immer hoch bewertet und sie als ein Opfer Mussolinis hingestellt, weil nach der Vereinigung von Österreich und Deutschland auch für Italien die Grenzprobleme schwerwiegender wurden.[8] Die deutschen Truppen am Brenner hielt er für eine innenpolitische Belastung Mussolinis, daß Österreich vorher zwischen Deutschland und Italien lag, eine für den Italiener angenehmere Lösung. Bei Angriffen auf Mussolini hat er ihn mit der Begründung in Schutz genommen, daß er ihm damals einen wertvollen und selbstlosen Dienst geleistet hätte, den er ihm danken müsse. Leider war er in diesem Fall wirklich bündnistreu; es war aber die für uns ungünstigste Festlegung.

Haben Sie etwas über die Wirkung des Münchner Abkommens feststellen können?

A.H. brachte damals für uns – soweit wir es sehen konnten – einen sehr positiven Eindruck mit nach Hause.[9] Wir hatten nicht das Gefühl, daß er diese Sache nur als Zwischenstufe betrachtete. Er schien

---

[7] Hitler gab den Befehl zum Einmarsch in Österreich am 11. März 1938, nachdem sich der österreichische Bundespräsident Miklas geweigert hatte, dem von Deutschland ultimativ unter Androhung militärischer Gewalt geforderten Rücktritt Bundeskanzler Schuschniggs und der Ernennung des Nationalsozialisten Seyß-Inquart zuzustimmen. Hatte Hitler bei Einmarschbeginn am 12. März ursprünglich noch vorgehabt, Österreich in einer Union mit Deutschland zu verbinden, entschloß er sich angesichts der überwältigenden Zustimmung der Österreicher spontan zur Anschluß-Lösung.

[8] Anders als 1934 hatte Mussolini im Februar 1938 vor dem deutschen Truppeneinmarsch signalisiert, daß er nicht eingreifen werde.

[9] Das Münchner Abkommen vom 29. September 1938, das auf Vermittlung Mussolinis zustandegekommen war und mit der Abtretung des Sudetengebietes an das Deutsche Reich sowie weiterer tschechischer Gebietsabtretungen an Polen und Ungarn und einer Garantieerklärung der Westmächte an die »Resttschechei« endete,

der Meinung, daß die Tschechoslowakei sich ihm nun ohnehin annähern müsse, da nach diesem Abkommen die wertvollen und mit den damaligen Mitteln kaum bezwingbaren tschechischen Festungsanlagen zu seinem Gebiet gehörten und damit die Täler nach der Tschechoslowakei offen seien. Er hat auch Andeutungen gemacht, daß er die Tschechoslowakei zu seiner Interessenssphäre rechnen könne, wenn seine Selbständigkeit erhalten bleibe.

Was führte zu den weiteren Vorgängen in der Tschechoslowakei?

Das verstand ich damals nicht. Ein Ereignis fiel mir nachträglich ein: Eines Tages – etwa im März 1938 – fragte mich A.H. in dringendster Form, in welchem Zeitraum ich eine großzügige Erweiterung der Reichskanzlei durchführen könne.[10] Es würde alles darauf ankommen, in der kürzesten Zeit, die nur möglich ist, diesen Bau zu erstellen. Er hätte für eine weitere Entwicklung seiner Politik große Bedeutung, da er einen repräsentativen Bau brauche. Er machte Andeutungen, daß es sich um spezielle Fälle handle. Seine Forderung war sehr scharf, ganz gegen seine sonstige Art bei mir. Innerhalb von 24 Stunden sollte ich den Bautermin nennen. Ich sagte die Fertigstellung in 9 bis 10 Monaten zu. Diesen Termin bezeichnete er als genügend und gab mir als Architekt alle Vollmachten. Ich habe es tatsächlich in dieser Zeit geschafft. Der Fertigstellungstermin war Januar 1939. Er ist wohl in die außenpolitischen Ereignisse einzubeziehen. Als der Bau pünktlich fertig war, betonte er [...] seine außerordentliche Nützlichkeit. Wenn nun die »kleinen« Völker kämen, müßten sie großzügig empfangen und behandelt und tief beeindruckt werden. Dazu wäre dieser Bau geeignet. Eine der ersten Besprechungen war der

war aus Sicht Hitlers ein weiterer wichtiger Schritt auf dem Weg zur Hegemonialstellung des Reiches in Mitteleuropa. Es bildete den letzten Versuch, durch territoriale Absprachen im Sinne traditioneller Großmachtpolitik einen Ausgleich zustandezubringen. Am 30. September 1938 unterzeichneten Hitler und Chamberlain die deutsch-britische Nichtangriffs- und Konsultationserklärung, die den britischen Premier einmal mehr in seinem Glauben an das Gelingen einer friedfertigen Einbindung des deutschen Diktators bestärkte.

[10] Am 11. Januar 1938 beauftragte Adolf Hitler »Generalbauinspektor Professor Speer« mit dem Neubau der Reichskanzlei in der Voßstraße/Ecke Wilhelmstraße, vom 12. Januar 1939 bis zum Ende des Krieges Amtssitz Hitlers.

Empfang von Hacha im März 1939 und später der Besuch des Prinzregenten Paul von Jugoslawien.

Also, Sie glauben, daß er die Reichskanzlei fertig haben wollte, um die kleinen Völker, die nach und nach seine Vasallen werden sollten, mit dem notwendigen Aufwand empfangen zu können?

Ja. Ich glaube nachträglich auch, daß die großzügige Neugestaltung von Berlin im gesamten Rahmen der großen politischen Machtziele betrachtet werden muß. Er hat sich zwar begreiflicherweise nie darüber geäußert, aber nachträglich fällt manche kleine Äußerung auf. Auch den Bau des großen Stadions in Nürnberg mit 350 000 Zuschauern begründete er damit, daß hier später alle Olympiaden stattfinden werden. Für einen Architekten waren dies allerdings begeisternde Aufgaben.

Noch etwas anderes, auf einem der Parteitage – wahrscheinlich dem von 1938 – hat A.H. in den Schlußworten seiner großen Rede das »germanische Reich deutscher Nationen« für die Zukunft proklamiert.[11] Damals wurde darüber gesprochen, daß das ein großer Abschnitt in der großen Politik sei, von dem noch vieles ausgehen würde, was wir als kleine Leute nicht verstehen könnten.

Der Bau der Reichskanzlei, die Neugestaltung von Berlin als Reichshauptstadt und diese Schlußrede hängen zeitlich und politisch zusammen. Damals müssen große Entschlüsse gefallen sein.

Glauben Sie, daß die Wirtschaftspolitik, die damals auf dem Balkan betrieben wurde, vorwiegend wirtschaftlich bestimmt war oder bereits das politische Motiv hatte, diese Länder in Abhängigkeit zu bringen?

Dazu kann ich gar nichts sagen. Alles, was ich hier berichte, sind ohnehin nur gefühlsmäßige Empfindungen eines Mannes, der am

---

[11] Gemeint ist die Rede Hitlers vom 12. September 1938, mit der der »erste Reichsparteitag Großdeutschland« endete, der zugleich der letzte Parteitag der NSDAP überhaupt war. Der für September 1939 angekündigte »Reichsparteitag des Friedens« fand nicht mehr statt. Hitler sprach darin mit einer von ihm geprägten Wortschöpfung vom »germanisch-deutschen Reich«, das »keine Macht der Welt« wieder entfernen könne. (Vgl. Max Domarus (Hg.), Hitler. Reden und Proklamationen 1932–1945, Band I: Triumph, Zweiter Halbband 1935–1938, München 1965, S. 897ff.)

Rande eines in diesen außenpolitischen Fragen abgeschlossenen Kreises steht; bei aufmerksamen Beobachtungen ergeben die kleinen Bemerkungen, die nach außen dringen, ein nachträgliches Bild. Aber Details darüber festzustellen, ist für mich ausgeschlossen.

Ihr Eindruck war, daß das Münchner Abkommen als eine dauerhafte Lösung betrachtet wurde?

Ich hatte das Gefühl, daß diese Meinung bestand. Ich glaube auch, daß die Entsendung von Ribbentrop nach Paris eine ernsthafte Absicht war.[12] Ich bin der Überzeugung, [daß] wenn statt Ribbentrop ein lebendigerer und günstigerer Mann gefahren wäre, damals etwas Positives hätte erreicht werden können.

Wann, glauben Sie, daß Hitler einsah, daß der Krieg im Westen unabwendbar wurde?

Das kann ich nicht beantworten. Er und seine politische Umgebung haben anscheinend auch bei der Polenfrage angenommen, daß, ähnlich wie bei der Tschechoslowakei, hier ein Absetzen des Westens von den Ereignissen zu erreichen sei.

Sie meinen, daß Polen eine Kraftprobe war?

Nicht als Kraftprobe zum Westen, sondern als weitere Bereicherung der gesamten Machtsphäre. A.H. hatte wohl nicht die Absicht, von Polen nur den Korridor und Danzig zu bekommen. Das wird bei Ihnen durch Dokumente geklärt werden. Aber es war ihm nicht bewußt, daß bei der polnischen Frage der Westen sein Wort einlösen würde. Ich erinnere mich, daß Attolico einige Tage vor dem Angriff auf Polen aufgeregt in der Reichskanzlei erschien. Später hörte ich, daß der Beginn des Angriffs auf Polen auf einen bestimmten Tag und Stunde festgelegt war. Attolico brachte die Nachricht mit, es war zwei oder drei Tage vor dem vorgesehenen Angriff, daß Italien nicht mit in

---

[12] Am 6. Dezember 1938 unterzeichnete Ribbentrop nach dem Modell der zwischen Hitler und Chamberlain am 30. September 1938 ausgetauschten Erklärung eine deutsch-französische Nichtangriffsvereinbarung in Paris. Der von Ribbentrop im Gespräch mit Außenminister Bonnet geknüpfte Faden nach weiterreichenden Vereinbarungen mit dem Ziel, Deutschland »freie Hand im Osten« zu gewähren, wurde von französischer Seite nicht aufgegriffen.

den Krieg gehen könne, wenn der Westen den Krieg erklären würde, es also sein Bündnis nicht einhält. Man rechnete bis dahin wohl mit dem Kriegseintritt Italiens. Daraufhin wurde der Angriff auf Polen um einige Tage verschoben. Die verantwortlichen Offiziere erklärten es für fast ausgeschlossen, die entsprechenden Befehle noch rechtzeitig der Truppe übermitteln zu können, so daß keine Gewähr für einen teilweisen Beginn des Angriffs übernommen werden könne. Diese Verschiebung kam zustande, weil A.H. durch die Italienabsage zunächst einen Schock bekam wegen der Westseite.[13]

A.H. glaubte, daß Italien als Druckmittel für den Westen diesen vom Kriegsbeginn abhalten könne, während, wenn er allein stehe, die Gefahr zu einer kriegerischen Verwicklung mit dem Westen eher gegeben sei. Ich weiß nicht, welche optimistische Einstellung dazu führte, daß er doch in Polen einmarschierte. Es waren jedenfalls sehr nervöse Tage, und es wurde in Verkennung der Tatsachen die mögliche Kriegserklärung des Westens als nicht sicher hingestellt.

Glauben Sie, daß das Datum des Angriffs auf Polen festgelegt war, bevor die Verhandlungen mit Moskau über den Nichtangriffspakt abgeschlossen waren?

---

[13] Der Staatssekretär des Auswärtigen Amtes, Ernst von Weizsäcker, der durch sein diplomatisches Geschick im Zusammenwirken mit Mussolini bereits in München 1938 erfolgreich einen Krieg verhindert hatte, versuchte den ebenfalls vermittlungsbereiten italienischen Botschafter Bernardo Attolico mit einer Demarche ins Spiel zu schicken, um Hitler durch den Hinweis auf die italienische Neutralität im Falle eines Kriegs gegen die Westmächte vom Waffengang abzuhalten. (Vgl. Marion Thielenhaus, Zwischen Anpassung und Widerstand. Deutsche Diplomaten 1938–1941, Paderborn 1985, S. 135ff.)

[14] Der deutsch-sowjetische Nichtangriffspakt mit seinem ganz geheimen Zusatzprotokoll wurde beim Besuch Ribbentrops in Moskau am 23. August 1939 von den Außenministern Ribbentrop und Molotov unterzeichnet. Bereits am Vortag, dem 22. August, hatte Hitler in einer Rede vor den Führern der Wehrmacht den bevorstehenden Abschluß eines deutsch-sowjetischen Abkommens angedeutet, mit dessen Hilfe Polen in einer isolierten Aktion zerschlagen werden könne. (Vgl. Winfried Baumgart, Zur Ansprache Hitlers zu den Führern der Wehrmacht am 22. August 1939. Eine quellenkritische Untersuchung, in: Vierteljahrshefte für Zeitgeschichte 16, 1968, S. 120ff.) Am 24. August war Hitler, dem Eindruck seiner Umgebung zufolge, noch einmal von Zweifeln gegenüber einem kriegerischen Vorgehen gegen Polen erfaßt. Erst am darauffolgenden Tag, dem 25. August, wich die Unsicherheit Hitlers einer entschlossenen Haltung zum Krieg gegen Polen.

Ich nehme an, daß die Absicht hierzu vorher bestand; ich kann mir aber kein Urteil darüber bilden, ob er es aufgegeben hätte, wenn die Verhandlungen scheiterten.[14]

Nehmen Sie an, daß der Nichtangriffspakt eine Rückversicherung war und nicht eine Vorbereitung?

Es war jedenfalls die Entscheidung.

Als die Verhandlungen mit Rußland liefen, waren A.H. und sein privater Kreis auf dem Obersalzberg. Es gab unbestimmte Gerüchte, daß etwas mit Rußland im Gange sei. Wir waren beim Abendessen, als ihm ein Zettel hereingebracht wurde. A.H. las ihn und wurde außerordentlich erregt, sprang auf und schlug auf den Tisch und rief laut: »Ich habe es, ich habe es.« Das war ein Gefühlsausbruch über diesen entscheidenden Erfolg, der ganz gegen seine sonstige beherrschte Art war. Erst als danach Telegramme mit Stalin gewechselt wurden, sagte er uns, daß es sich an diesem Abend um die Nachricht Ribbentrops über den Paktabschluß gehandelt habe.

Konnten Sie später feststellen, ob er diesen Pakt als Dauerlösung ansah oder nur als Zeitgewinn – für die Dauer des Krieges mit dem Westen?

Das kann ich nicht sagen. Nach meiner Meinung handelte es sich um Politik auf lange Sicht, aber nicht auf unbeschränkte Zeit.

Also demnach war von Hitlers Seite auch der Angriff auf Polen ein großes Risiko, aber Ihrer Meinung nach war er unter dem Eindruck, daß die Westmächte nicht eingreifen würden?

Meiner Ansicht nach ja. Ich kann mich noch daran erinnern, daß er die Kriegsandrohungen des Westens nicht als unabwendbar ansah. A.H. sagte damals, und ich glaube auch Göring, daß England vielleicht nur scheinbar den Krieg erklärt [habe], um seiner Bündnispflicht vor der Welt nachzukommen, um dann bald auf politischem Wege die Dinge zu bereinigen und wieder nachzugeben. Die Hoffnung, daß es sich nur um das politische Prestige bei der Kriegserklärung handle, wurde erst begraben, als bekannt wurde, daß im englischen Kriegskabinett Churchill eine maßgebende Rolle spiele. »Erst das bedeutet den Krieg mit England«, wurde erklärt. Vielleicht ist so auch sein Friedensangebot nach dem Polenfeldzug aufzufassen. Ich habe es damals so gedacht.[15]

Also Chamberlain wurde nicht so ernst genommen?

Nach meiner Information war kurz vorher ein englischer Generalstabsoffizier in Polen, um sich über die Stärke der polnischen Rüstung zu unterrichten. Es hieß, daß seine Meldung sehr ungünstig aussehe. Man war der Meinung, daß der englische Generalstab alles tun würde, um von der Beteiligung am Krieg abzuraten, da Polen sehr schnell zusammenfallen müßte. Soviel ich mich erinnere, wollte man wissen, daß eine derartige Empfehlung dieses Offiziers an den Generalstab bestünde. Daran knüpften sich wieder Hoffnungen, daß England nicht in diese Auseinandersetzung ernsthaft einsteigen würde.

Sie glauben also, daß Hitler sich 1939 nicht darüber klar war, daß er einen Weltkrieg eingeleitet habe?

Ich muß nach allem annehmen, daß er nicht die Absicht hatte. Er wollte nach dem Muster der Tschechoslowakei in seinen Plänen einen Schritt weitergehen. Auch die Aufrüstungspläne sprechen dagegen. Wenn man einen Krieg für 1939 voll vorbereitet, führt man nicht Unternehmungen wie den Bau der Schlachtschiffe, überhaupt das große Schiffsbauprogramm mit den großen Schleusenanlagen in Wilhelmshaven, durch. Alles war doch auf viel spätere Termine abgestellt. Auch der Vierjahresplan lief ohne Intervall 1939 glatt durch, soweit mir bekannt ist. Wenn man 1939 als Termin vorgesehen hätte, wäre zu diesem Zeitpunkt wenigstens ein Teilabschluß gefordert worden. Die ganze Rüstung war in einer durchlaufenden Linie; sie nahm keine Rücksicht auf einen derartigen Zeitpunkt. Ein Studium dieser Frage

[15] Am 6. Oktober 1939 hatten bei Kok und Lublin die letzten polnischen Truppen vor der deutschen Wehrmacht kapituliert. Der Polenfeldzug war damit früher zu Ende, als Hitler je erwartet hatte. Noch am selben Tag unterbreitete er in seiner Rede vor den Reichstagsabgeordneten in der Kroll-Oper Großbritannien ein – von ihm so verstandenes – »großzügiges Angebot« und fragte rhetorisch: »Weshalb soll nun der Krieg im Westen stattfinden?« Eine knappe Woche später wies der britische Premier Chamberlain im Unterhaus Hitlers Angebot als »vage, unzuverlässig und ohne Anhaltspunkte, wie das Unrecht an Polen und der Tschechoslowakei wiedergutgemacht werden kann« zurück.

dürfte diesen Eindruck bestätigen. Ich habe von dieser Zeit zu ungenaue Kenntnisse, um erklären zu können.

Dagegen steht allerdings folgende Überlegung: Nach dem militärischen Stärkeverhältnis muß 1939 der beste Zeitpunkt zum Beginn des Krieges gewesen sein, besser als zwei oder drei Jahre später. Der Grund: Wir hatten in der Aufrüstung vor dem Krieg doch zweifellos einen gewissen Vorsprung, z.B. in der Luftwaffe. Und zwar sowohl in den überlegenen Typen als auch in der Gesamtzahl der Flugzeuge. Nehmen wir theoretisch an, dieser Vorsprung war 5:1. Dieses gute Verhältnis war doch nur dadurch möglich, daß Sie noch eine ganz geringe Rüstung hatten. Wenn Sie mit Ihren Vorbereitungen anliefen, mußte daher schnell diese Überlegenheit relativ zueinander absinken; denn wir konnten niemals diese mehrfache Produktion erreichen.

Sie meinen also, daß Deutschland relativ auf der Spitze seines Potentials stehend in den Krieg ging?

Das kann ich nicht beurteilen, es ist möglich.

Göring sagte, daß es günstiger gewesen wäre, wenn noch zwei Jahre Zeit gewesen wären. Was schätzen Sie?

Nein, das ist ein Denkfehler. Dieses günstige Verhältnis, das sich zu unserer Überraschung – wir Außenstehende waren ja über das Verhältnis vorher nicht im Bilde – in Polen und Frankreich zeigte, wäre später nicht mehr erreicht worden.

Ich glaube trotzdem nicht, daß es der Zeitpunkt war, zu dem A.H. eine große Auseinandersetzung haben wollte. Ich glaube überhaupt nicht, daß A.H. eine Auseinandersetzung mit dem Westen wollte, sondern daß er mit den Polen eine Teilbereinigung zu erreichen versuchte und durch diesen Erfolg soweit gestärkt sein wollte, daß ihm der Westen nicht mehr gefährlich war, so daß er sich in die weitere Ostentwicklung nicht mehr einmischen würde. Ich nehme an, daß er zum Schluß auf die Grundidee zurückkommen wollte, wieder mit England zusammenzugehen. Er wird dabei angenommen haben, daß England endlich einsieht, daß seine Macht nicht mehr zu brechen ist. Den Ostraum und den Bolschewismus wird er als große Aufgabe gesehen haben. Ich glaube subjektiv, daß das die große Linie war, die er etwa verfolgte.

Wissen Sie etwas über Hitlers Einstellung aus dieser früheren Zeit zu Japan? Was waren seine politischen Grundsätze?

Die japanische Angelegenheit war eine Bereicherung seiner Macht, die er auf Grund seiner inneren Überzeugung nicht gerade ablehnte, aber der er für eine fernere Zukunft negativ gegenüberstand. Er hatte dieses Problem, ob er mit der sogenannten »gelben« Rasse gegen die »weiße« Rasse zusammengehen dürfe, in Gesprächen manchmal berührt und hatte dabei immer einen Ton des Bedauerns.[16] Aber er betonte, sich keine Vorwürfe deswegen machen zu müssen, da auch England im Weltkrieg mit Japan gegen uns gegangen wäre und wir nun keinen Grund hätten, anders zu handeln, wenn sich [die] Gelegenheit dazu biete. Er sah es als eine Lösung an, die notwendig war, um seine Ziele zu erreichen; aber ich glaube nicht, daß es eine »ewige« Bindung zwischen japanischen und deutschen Interessen sein sollte. A.H. hielt Japan für den einzigen Bundesgenossen, der tatsächlich eine Großmacht darstellte, während Italien sich gleichzeitig von Jahr zu Jahr für ihn mehr als unmöglicher Bundesgenosse herausstellte.

Glauben Sie, daß Hitler Japan vorwiegend als einen Bundesgenossen zur Einkreisung Rußlands ansah oder als Macht, die England und Amerika im Fernen Osten binden könnte?

Ich habe nicht erkennen können, wie es gedacht war. Das war wahrscheinlich eine reine Zweckmäßigkeitsfrage. Wenn Japan gegen Rußland geholfen hätte, wäre es an der russischen Beute beteiligt worden, wenn nach dem Westen, wäre es nach der anderen Seite beteiligt worden.

Wie wurden in der Vorkriegszeit die Vereinigten Staaten bei den Plänen und Gedanken eingesetzt. Haben Sie Anzeichen dafür?

In der Reichskanzlei waren keine Männer, die irgendeine weltweite Sicht hatten. Der dort vereinte Kreis war über Deutschland nicht hin-

---

[16] Nach dem Fall Singapurs – 7. bis 15. Februar 1942 – äußerte Hitler in vertrauter Runde, daß er den Briten am liebsten 20 Bataillone zur Verfügung gestellt hätte, um der »gelben Gefahr« Herr zu werden. (Vgl. Tagebücher Walther Hewel, Februar 1942, Sammlung David Irving, IfZ München.)

ausgekommen. Wenn einer eine Vergnügungsreise nach Italien unternommen hatte, war das schon sehr viel. Auch A.H. hat von der Welt nichts gesehen und hatte von ihr keine eigenen Erkenntnisse. Er sah in England das Inselreich. Die Macht des Empire hat er unterschätzt, und erst recht die Macht der USA.

Es gab zwei Personen, die versuchten, ihn zu beraten: Der eine war der zweite Adjutant namens Wiedemann. Er drängte auf politische Gespräche mit Amerika; es müsse doch möglich sein, Verbindungen herzustellen. A.H. sandte ihn aus Ärger darüber – als Strafversetzung – als Generalkonsul nach San Francisco und sagte, er möge dort von seiner Einstellung geheilt werden.[17] Er nahm an, daß eine Möglichkeit, mit Amerika zusammenzuarbeiten, nicht bestünde. Er hat im übrigen nicht glauben wollen, daß tatsächlich ein amerikanisches Volk als Einheit existiere, diese Neuschöpfung eines Volkes, wie wir sie heute kennenlernen. Er sah Amerika etwa als eine noch nicht vollständig vereinte Masse von vielen einzelnen Einwanderern an.

Hatte er nichts gelernt von dem Eintritt Amerikas in den Ersten Weltkrieg?

Davon hielt er nicht viel. Er sagte, daß der Amerikaner damals nicht stark in Aktion getreten wäre. Er hätte keine großen Blutopfer gebracht. Es sei noch kein hartes Volk. Es würde sich bei derartigen Prüfungen herausstellen, daß es eben keine geschlossene Nation im europäischen Sinne sei. Dieselbe Meinung hatte er von dem amerikanischen Kampfwert auch in diesem Krieg. Die Amerikaner würden keine großen Kämpfer sein und einer großen Belastungsprobe nicht standhalten. Das war ja auch der tiefere Sinn der Ardennenoffensive[18] und der Hoffnungen, die er auf sie setzte. Er glaubte, daß

---

[17] Zwar ist es richtig, daß Wiedemann entschieden für eine Friedenslösung eintrat und als Generalkonsul in San Francisco auch nach Kriegsausbruch zu dem britischen Agenten Sir William Wiseman mit Blick auf eine Friedensvermittlung zwischen den Kriegsgegnern Deutschland und Großbritannien Verbindung aufnahm, doch war seine »Verbannung« nicht vorrangig aus politischen Gründen, sondern wegen der von Hitler nicht goutierten Liaison mit Stephanie von Hohenlohe (geb. Richter) erfolgt.

[18] Der Überraschungsschlag der deutschen Ardennenoffensive (»Unternehmen Wacht am Rhein«) am 16. Dezember 1944 zwischen Monschau und Echternach unter Generalfeldmarschall von Rundstedt scheiterte innerhalb von vier Tagen.

auch innenpolitisch die größten Schwierigkeiten entstehen würden, wenn von den Amerikanern tatsächlich Belastungsproben verlangt werden.

Waren im allgemeinen die Gedanken, die er in internen Kreisen über die westlichen Demokratien aussprach, die gleichen wie die, die er in seinen Reden und öffentlichen Äußerungen vertreten hat, d.h. die Einstellung, daß die Weltdemokratien degeneriert und überaltert und im Absteigen wären?

Ja, im großen Querschnitt stimmt das. Die Engländer hat er noch höher eingeschätzt, die Franzosen, Belgier und Holländer als gering. Und auch von dem Amerikaner hielt er im Kampfwert nicht viel.

Außer Wiedemann hat Botschafter Hewel, der auch versuchte, entsprechend auf ihn einzuwirken, oft schwere Vorwürfe von ihm bekommen. Botschafter Hewel war lange in Batavia. Er muß 1923/24 mit A.H. zusammengewesen sein. Hewel war der ständige Vertreter von Ribbentrop bei A.H., er betonte immer wieder, daß man Amerika und England unterschätze; sie seien viel härter, als er annehme. A.H. hat ihn immer wieder zurückgewiesen, und zwar glaube ich, schon aus innerer Überzeugung und nicht, um uns bei guter Stimmung zu erhalten.

Wichtige Tage aus der Vorkriegsgeschichte des Krieges waren, als Ribbentrop 1938 zum Außenminister gemacht wurde; und später, im Februar 1938, als Blomberg fiel und Keitel kam, Hoßbach als Wehrmachtsadjutant plötzlich durch Schmundt ersetzt und Göring rangältester Offizier der Wehrmacht wurde. Es waren einige sehr aufregende Tage vorhergegangen, so daß man annehmen mußte, daß eine Entscheidung gefallen war, die sich in der Personalpolitik auswirkte. Ich bin überzeugt, daß ein Studium der Vorgeschichte dieser Tage manche Aufklärung geben müßte, die nicht nur auf personellem Gebiet liegt. Jedenfalls war es der Entschluß, sich ein Gremium zusammenzuholen, das aktiv, scharf und folgsam war.

Wissen Sie aus Ihren persönlichen Beobachtungen, wieweit der Einfluß von irgendwelchen Ratgebern, z.B. Ribbentrop, bei außenpolitischen Entscheidungen mitwirkend war? Seit 1933?

Ich glaube, es steht fest, daß auf dem Gebiet der Außenpolitik, genau wie bei militärisch wichtigen Entscheidungen, A.H. sehr hartnäckig seinen Standpunkt verfolgt hat. Das wird sich in allen Protokollen, die Sie darüber finden, immer wieder zeigen. Trotzdem hätte ein guter Ratgeber die Möglichkeit gehabt, ihn von seinen Entscheidungen und von seiner Linie etwas abzurücken, falls er es verstand, mit ihm umzugehen.

Darin gab Ribbentrop eine unglückliche Figur ab. Genausowenig, wie er es in England verstanden hat, seine Person angenehm erscheinen zu lassen, genausowenig verstand er es bei A.H., schmiegsam und wie ein Diplomat zu arbeiten. Er war genauso robust und ohne Eleganz, wie er es bei Ihnen gezeigt hat.

Ich habe in Ribbentrop immer nur den Mann gesehen, der Entschlüsse von A.H. mit großer Härte und ohne Überlegungen durchführte. Wir haben oft gehört, daß A.H. mit Ribbentrop deswegen zufrieden war, weil er in den Verhandlungen mit den kleinen Staaten sehr scharf umging und letzten Endes die geforderte Linie durchzusetzen und in den Verträgen zu formulieren verstand.

Hatte Hitler eine hohe Meinung von Ribbentrops Fähigkeiten?

Goebbels war ein scharfer Gegner von Ribbentrop und wollte ihn unbedingt auf die Seite drücken. Er sprach gelegentlich einer Anwesenheit auf dem Obersalzberg – wohl 1944 – mit A.H. darüber und bekam zur Antwort, er würde ihn vollständig verkennen. Ribbentrop wäre ein »zweiter Bismarck«. Das hat Goebbels sehr erschüttert, und uns nicht weniger, als er uns das berichtete.

War es die energische und kategorische Art, in der Ribbentrop Entscheidungen traf, mit der es ihm gelang, Hitler zu bluffen?

Das ist mir unverständlich. Auf der anderen Seite hat A.H. immer wieder schlechte Eigenschaften von Ribbentrop im Gespräch geschildert. Darunter verstand er aber mehr die unangenehme Art, sich bei ihm in zäher Weise für einen Standpunkt einzusetzen und nicht nachzugeben, was für A.H., wie er angab, unbequem war. Besprechungen A.H.s mit Ribbentrop dauerten daher zu seinem Kummer oft stundenlang, aber meistens soll es sich um »Zuständigkeitsfragen« gehandelt haben, in denen Ribbentrop mimosenhaft empfindlich war.

Ich weiß nicht, wie A.H. zu der Wertschätzung kommen konnte. Wir waren alle erschüttert darüber. Es gab keinen Mann in der gesamten Reichsregierung, der so einhellig in den letzten Jahren als verderblich für Deutschland angesehen wurde. Das soll schon etwas heißen, nachdem sonst größte Uneinigkeit unter uns herrschte. Gerade auch in der Zeit, als es uns militärisch gutging, war kein Ansatz da, diese Erfolge außenpolitisch auszunutzen. Sie konnten wahrscheinlich gar keinen besseren Partner haben.

Bestanden persönlich enge Beziehungen zwischen Hitler und Ribbentrop?

Nein.

Wurde er von seiten Bormanns oder Himmlers unterstützt?

Nein, auch nicht. Auch Bormann und Himmler waren gegen Ribbentrop eingestellt, zumindest ab 1943.[19] Wie das Verhältnis vorher war, kann ich nicht sagen.

Haben Sie den Eindruck, daß Ribbentrop wirklich der alleinige Leiter der Außenpolitik war, abgesehen von Hitler, oder gab es verschiedene Richtungen, z.B. in der Partei?

Nein, diese Aufgabe hat Ribbentrop in der Hand gehabt. Er hat eifersüchtig darüber gewacht, daß auf diesem Gebiet auch nicht die kleinsten Dinge außerhalb des Auswärtigen Amtes vor sich gingen. Ich erzählte kürzlich schon das Beispiel meiner europäischen Produktionsplanung, die er sofort als ausschließliche Angelegenheit des Auswärtigen Amtes für sich in Anspruch nahm. Die Wirtschaftspolitik im

---

[19] Der Gegensatz zwischen Himmler und Ribbentrop vertiefte sich, nachdem im April 1943 der Versuch des Unterstaatssekretärs im Auswärtigen Amt, Martin Luther, fehlgeschlagen war, Ribbentrop zu stürzen und ihn wegen Inkompetenz anzuklagen. Himmler, der ursprünglich Luther zu seiner Geheimaktion ermuntert hatte, distanzierte sich nach dem offenkundigen Scheitern davon, und Luther wurde nach seinem Sturz bis Kriegsende ins KZ Sachsenhausen verbracht. Durch fortgesetzte Kompetenzstreitigkeiten und als Konsequenz seines dünkelhaften Auftretens war es Ribbentrop gelungen, die gesamte nationalsozialistische Führungsriege gegen sich aufzubringen. Der »Sekthändler« und »Märzgefallene« war von den alten Parteigenossen nie als ihresgleichen angesehen worden.

Ausland wurde ausschließlich von Ribbentrop geführt. Auch die Wirtschaftler, die hier und da hätten helfen können, waren von ihm ausgeschaltet, weil er den Standpunkt der absoluten Herrschaft des Auswärtigen Amtes verfolgte.

Waren Clodius und solche Leute seinen Direktiven unterstellt?

Ja, sie gehörten zum Auswärtigen Amt. Wenn sie zu Funk oder zu mir kamen, mußten sie oft durch die Hintertür gehen.

War das Auswärtige Amt unter Ribbentrop mit Wirtschaftsfachleuten ausgebaut?

Meiner Meinung nach ungenügend. Er war zu mißtrauisch, um Wirtschaftler zu beschäftigen, die ihm nicht voll unterstanden. Es ist aber nicht Sache von Beamten eines Auswärtigen Amtes allein, Wirtschaftspolitik zu treiben. Das war sehr unglücklich für uns.

Man hatte den Eindruck, daß Ribbentrop, nachdem er aus England zurückkam und Außenminister wurde, sehr stark unter dem Eindruck und den Erfahrungen in England stand und mit Minderwertigkeitskomplexen behaftet war?

Sicher. Er war sehr von der Wichtigkeit seiner Person eingenommen. Das war bei uns sogar in dem Rahmen all der anderen hohen Persönlichkeiten auffallend.

Sie bauten die Londoner Botschaft um; haben Sie hierüber etwas zu berichten?

Ich wurde nach London gerufen, um die neue Botschaft umzubauen. Zur »Coronation« sollte sie fertig sein, um bei den gesellschaftlichen Ereignissen besonderen Eindruck zu machen.[20] Der Ehrgeiz ging von Frau von Ribbentrop aus, die vielleicht eine größere Rolle spielte, als nach außen sichtbar wurde. Es mußte bei der Botschaft alles übertroffen werden, um einen großen gesellschaftlichen Rahmen zu erhalten. So wurde hieraus eine Sache, die ganz und gar nicht dem

[20] Die Krönung von Georg VI. Windsor fand nach dem Thronverzicht seines Bruders Edward VIII. wegen der Heirat mit einer geschiedenen Amerikanerin (Wally Simpson) am 12. Mai 1937 in Westminster Abbey statt.

Geschmack der Engländer entsprach, sondern eine ausgesprochen snobistische Angelegenheit war. Ich habe mich damals mehr und mehr von dem Bau zurückgezogen und ihn anderen Architekten überlassen.

Welchen Eindruck hatten Sie über seine Stellung als Botschafter?

Er war von der Ausschließlichkeit seines Auftrages überzeugt. Telegramme von Neurath erregten ihn, weil sein Auftrag von A.H. unmittelbar sei. Er war sicher zunächst der Meinung, daß er mit England zusammenkommen würde.

Mir ist aus dieser Zeit noch ein Detail in Erinnerung. Ich war für ein paar Tage auf dem Bau in London und flog mit Ribbentrop mit seinem Flugzeug zurück. Er erzählte mir, daß er zu einem besonders wichtigen Ereignis nach Berlin fliegen müsse. Ich wollte nicht weiter fragen, aber er erzählte mir trotzdem, daß er am nächsten Tage einen Geheimvertrag mit Japan unterschreiben werde.[21] Mir kam diese Sache ungeheuerlich vor. Ich hatte auf dem Obersalzberg den Eindruck gewonnen, daß A.H. außerordentlich daran interessiert war, mit England in ein gutes Verhältnis zu kommen. Seine Mission in England mußte aber mehr als fragwürdig sein, wenn man dort erfahren würde, daß er so taktlos ist und gleichzeitig so ehrgeizig, mit den Japanern Verhandlungen zu führen. Ich hielt das für eine unmögliche Situation für einen deutschen Botschafter in London, der seinen Auftrag an der Wurzel abschneiden mußte.

Hat Neurath eine außenpolitische Rolle gespielt, nachdem er ausgeschieden war? Hatte er nicht einen Titel, der darauf hindeutete?

Nein. Er ist nicht mehr in der Außenpolitik in Erscheinung getreten. Die Verleihung eines Titels war bei uns eine übliche Lösung, wenn

[21] Das geheime Zusatzprotokoll des am 25. November 1936 abgeschlossenen Antikominternpaktes sah wohlwollende Neutralität für den Fall vor, daß einer von beiden in einen Krieg mit der Sowjetunion verwickelt sein würde. Hingegen blieben die Anstrengungen Ribbentrops erfolglos, das »weltpolitische Dreieck« Berlin–Rom–Tokio zu einem deutsch-japanisch-italienischen Militärbündnis mit anti-britischer Stoßrichtung umzuorientieren.

jemand ausgewechselt wurde. So wie bei mir die Beförderung in den »Rüstungsrat«.

Waren Sie später in der Kriegszeit in mehr oder weniger Fühlung mit Ribbentrop und seinen Leuten?

Nein, das hat er abgelehnt. Ribbentrop hat sich als Minister immer um eine Stufe höher gefühlt als wir anderen Minister. Er hat grundsätzlich mit uns nur seine Staatssekretäre verhandeln lassen, oder die Minister mußten zu ihm kommen. Das war auch eines der Zeichen für seine hochmütige Art.

Glauben Sie, daß Ribbentrop eine klare Stellung einnahm in der Wahl zwischen West- und Ostpolitik, auch während des Krieges?

Diese Frage kann ich nicht beantworten. Ich kann zu wenig die Einzelheiten übersehen.

Es gab soviel Umschwünge in der Politik, Nichtangriffspakt mit Rußland, dann Krieg gegen Rußland usw.?

Ich kann zu diesen Fragen immer nur die Stimmung wiedergeben und keine klaren Tatsachen beweisen. Ich habe Ribbentrop nur etwa alle zwei bis drei Monate gesehen. Ich könnte dazu nur berichten, wie er gewirkt hat, wenn er zu A.H. kam.

Welche Rolle hat Hewel in außenpolitischen Fragen gespielt?

Hewel hat eine besondere Rolle gespielt. Er hat immer versucht, die Außenpolitik aufzulockern, und hat hierüber auch viele Gespräche mit A.H. zustande gebracht.

Ribbentrop versuchte, ihn zu beseitigen. Aber es gelang ihm nicht, weil Hewel mit Hitler bekannt war. Seine Linie war die westliche. Er warnte ständig vor der Unterschätzung der Engländer und Amerikaner und mußte dafür oft sehr scharfe Entgegnungen von A.H. einstecken.

Ist es zu Konflikten zwischen Ribbentrop und Hewel gekommen?

Ja. Es war ein andauerndes Mißtrauen. Übrigens ist es Hewel genauso gegangen wie mir. Hewel hatte einen Unfall und war dann schon lange gesund, ohne seinen Dienst wieder aufnehmen zu können. A.H.

wurde noch lange in dem Glauben gehalten, daß er noch krank wäre.[22]

Hat die SS eigene außenpolitische Bestrebungen betrieben, und kannten Sie den SS-Exponenten für die Außenpolitik? War Ribbentrop SS-Anhänger?

Nein. Er hatte zwar einen SS-Rang. Früher müssen sich Ribbentrop und Himmler gut verstanden haben, etwa zu der Zeit, als Ribbentrop noch Botschafter in London war. Da war Ribbentrop zweifellos auch für die SS ein kommender Mann gegen den ihrer Meinung nach schwachen Kurs von Neurath. Nach seiner Ministerernennung haben sie sich schnell verfeindet. Ich habe übrigens Ribbentrop auch selten in SS-Uniform gesehen.

Die SS hat in den letzten Monaten sicher versucht, eigene Politik unter Schellenberg zu machen.[23] Vorher hat die SS wohl manchmal über ihren Auslandsdienst eigene Meldungen bekommen. Ich erinnere mich an einen Fall, das war vor dem Abfall von Rumänien. Die SS soll einen ziemlich zutreffenden Bericht über die Lage in Rumänien gebracht haben. Der Bericht wurde von Ribbentrop stark bekämpft – und das war das Typische an ihm –, nicht die Tatsache des zutreffenden Berichtes interessierte ihn zunächst, sondern die Nachforschung, wer von seinem Auswärtigen Amt ohne seine Genehmigung daran beteiligt sein könnte.

---

[22] Walther Hewel war im April 1944 nach einem Flugzeugabsturz mit schweren Verwundungen und inneren Verletzungen hospitalisiert worden. Seine Aufgabe als Verbindungsmann des Reichsaußenministers beim »Führer« war in der Zwischenzeit vom Gesandten Franz von Sonnleithner übernommen worden. Hewel wurde erst im Dezember 1944 in seiner alten Funktion wiedereingesetzt, obwohl er bereits seit längerem genesen war. (Vgl. dazu Franz v. Sonnleithner, Als Diplomat im »Führerhauptquartier«, München/Wien 1989, S. 83f.)

[23] Walter Schellenberg hatte auf geheimdienstlichen Kanälen über Mittelsmänner in Spanien (Prinz Hohenlohe) und in der Schweiz (Reinhard Spitzy) bereits seit Anfang 1943 vergeblich die Möglichkeiten eines separaten Friedensschlusses im Westen sondieren lassen. 1944 scheiterte ein über Coco Chanel geplanter Versuch, mit Blick auf einen separaten Waffenstillstand zum britischen Premier Churchill Verbindung aufzunehmen (»Operation Modellhut«). Über seine Beziehungen zum Schweizer Nachrichtendienst (Oberstbrigadier Masson) und dem schwedischen Unterhändler Folke Graf Bernadotte versuchte Schellenberg noch im Frühjahr 1945, die Kampfhandlungen durch separaten Waffenstillstand im Westen abzukürzen.

Ich habe mir überlegt, wer von der SS als Kandidat für die Außenpolitik anzusehen wäre, ich bin aber auf keinen gekommen. Auch Schellenberg halte ich nicht für den »kommenden Mann«. Eher glaube ich, daß Himmler das selbst machen wollte.

Hat die Wehrmacht aktive Außenpolitik betrieben?

Das weiß ich nicht. Für uns sichtbar jedenfalls nicht. Wären Versuche bekannt gewesen, hätte man bestimmt hierüber aus einem Streit zwischen Ribbentrop und der Wehrmacht etwas erfahren können. Aus dem gleichen Grunde glaube ich es auch von der SS nicht allzu sehr, abgesehen von der letzten Zeit.

Wissen Sie, ob sich aus den Akten von Canaris etwas über seine eigene außenpolitische Tätigkeit ergeben hat?

Ich habe nur von verschiedenen Putschversuchen im Inland, die ab 1938 schon geplant waren, gehört. Ich weiß es nicht, ob über Außenpolitik etwas darin enthalten ist.

Wie war die Stellung Keitels als Chef OKW?

Keitel war bis zum Sturz Blombergs dessen rechte Hand. Er wurde dann zum Erstaunen aller Chef OKW. Er konnte gleich von Anfang an diese Stelle nicht ausfüllen. Während Blomberg noch die Funktion und das Ansehen eines »Kriegsministers« hatte, war Keitel aus einer vorhergehenden Stellung als erste Hilfskraft Blombergs gekennzeichnet. Er konnte sich von dieser Einschätzung seiner Arbeit nie absetzen, weder bei A.H. noch bei seinen Untergebenen.

Er machte dann den großen, entscheidenden Fehler, sich ständig in die unmittelbare Nähe des Führers zu setzen, so daß er tagtäglich von morgens bis abends zur Verfügung stand. Die meisten Personen, die auf diese Weise ständig zur Verfügung standen, verloren bei A.H. zwangsläufig an Wert oder erlagen seinem Einfluß vollständig. Er war dadurch zu keinen eigenen Entschlüssen fähig.

Welches waren die Gründe für Blombergs Sturz, und wie kam es zu der Auswahl Keitels?

Als offizieller Grund wurde die Heirat gesehen, die unter falschen Voraussetzungen vorgegangen war. Ich muß nochmals sagen, daß die unausgesprochenen Hintergründe für den gesamten Kurswechsel damals – Blomberg, Fritsch usw. – einer Betrachtung wert zu sein scheinen. Keitel war als Mitarbeiter von Blomberg sehr eifrig. Es ist mir unbekannt, auf wessen Vorschlag Keitel dann erwählt wurde oder ob A.H. dies aus eigener Initiative tat. Jedenfalls war dies für Deutschland ein unglücklicher Entschluß. Ein aktiver und aufrechter Mann an seiner Stelle hätte manches abwenden können. Aber wahrscheinlich hätte er sich nicht lange behaupten können.

Wie war die Einstellung von Blomberg und Fritsch zu Hitlers Politik?

Fritsch war zweifellos ein sehr nüchterner Mensch. Ich habe Fritsch nur einmal näher kennengelernt. Ich hatte den Eindruck, daß er zu weite Ziele erkämpfte oder mindestens die Hoffnungen, die hinter den Plänen auf weite Sicht standen, durch seine nüchternen Betrachtungen einschränkte. Fritsch machte einen sehr klaren und energischen Eindruck. Er schien entschlossen genug, auch seine Meinung zu sagen, so daß der Wechsel zweifellos für A.H. die Bequemlichkeit mit sich brachte, nicht mehr so unangenehme Mahner in seiner Nähe zu haben.

Der Kurswechsel ging damals so weit, daß auch der Wehrmachtsadjutant, Hoßbach (später Befehlshaber einer Armee), plötzlich gegen Schmundt ausgewechselt wurde. Hoßbach kann über die Zusammenhänge wahrscheinlich mehr sagen.

Glauben Sie, daß die kritische Einstellung von Beck und Fritsch usw. auf ihrer Einschätzung der strategischen Lage beruhte oder auf ihrer politischen Ablehnung des Nationalsozialismus?

Nationalsozialisten waren bestimmt beide nicht. Das ist sicher. Aber das war bei der Wehrmacht bei uns nicht notwendig; es wurde angenommen, daß auch ohne diese Voraussetzung der persönliche Einsatz für die gestellte Aufgabe vollständig war. Die Annahme war im allgemeinen richtig.

Glauben Sie, daß Keitel mehr an der politischen Seite des Nationalsozialismus interessiert war als sein Vorgänger?

Keitel war kein Verfechter des Nationalsozialismus, wenn ihn auch A.H. dafür hielt. Ich habe keine politischen Bemerkungen bei ihm feststellen können. Der ganze OKW-Kreis – mit Jodl usw. – war vom Parteigeschehen abgesetzt. Es hat aber auch niemand von ihnen verlangt. Sie waren wahrscheinlich allein mit der Tatsache zufrieden, daß die Wehrmacht immer größer und stärker wurde.

Nach dem 20. Juli wurde über Kaltenbrunner eine Analyse ausgearbeitet, in der gesagt wurde, daß die höheren Offiziere zu alt wären, daß sie zu viele Veränderungen mitgemacht hätten und zu oft den Treueid leisten mußten, so daß sie eine zu schwache Einstellung hätten. Glauben Sie, daß das der Fall war?

Nein. – Der 20. Juli hatte andere Gründe.

Wurde die Ernennung Keitels vom Offizierskorps gebilligt?

Nein. Wie die Ernennung sich auswirkte, ist mir noch unbekannt. Die Tätigkeit Keitels war für das ganze Offizierskorps eine Herabsetzung seines Wertes, weil Keitel in seinen Augen keine Qualifikationen hatte, diese Stellung auszufüllen, in der Hauptsache charakterlich. Keitel ist einer derjenigen, die ihre eigene Meinung bei A.H. nicht vortrugen, sondern blindlings und in unwürdiger Form der Meinung ihres Chefs nachliefen, selbst wenn sie wußten, daß diese in der verkehrten Linie war. Der Kreis um Keitel hatte durchweg dieselbe Eigenschaft. Im Vorzimmer hatten sie noch eine ganz vernünftige Meinung über den Ablauf der Ereignisse. Wenn dann in der Lage diese Dinge zur Sprache kamen und A.H. seine Meinung festlegte, haben die einen dann geschwiegen, während Keitel oft derjenige war, der die falsche Entscheidung mit »Überzeugung« zu bekräftigen versuchte. Auch bei Fehlentscheidungen über militärische Führung hat er sich nie für eine Revision des Urteils von A.H. eingesetzt, obwohl diese in ihrer Schärfe und Ungerechtigkeit auf die Moral des Offizierskorps sich nur schlecht auswirken konnten. Das Heer wußte aber, daß bei der SS Himmler oder bei der Marine durch Dönitz derartige, aus augenblicklichen Verstimmungen hervorgerufene Entscheidungen A.H.s verbessert oder aufgehoben werden konnten. Göring setzte sich ebenfalls für seine »Fälle« ein, wenn auch nicht mit der Konsequenz wie die beiden anderen.

Es war bekannt, daß Keitel in der Vertretung der Interessen des Heeres bei A.H. schwach war. Das Heer hatte aber nur ihn als Repräsentanten. Dadurch konzentrierte sich die große, durch zahlreiche Einzelfälle angestaute Erbitterung auf ihn als den scheinbar Verantwortlichen. Nur diejenigen, die die inneren Zusammenhänge kannten, sahen ihn als zwar schwach und verantwortungslos, aber nicht als auslösenden Faktor an. Im Volk war weit verbreitet, daß er der Feldherr im Hintergrund sei, das traf aber tatsächlich nicht im geringsten zu. Die Personen um Keitel konnten natürlich nicht tapferer sein als ihr Chef, da er sie in diesem Augenblick fallenließ. Damit bestimmten die Eigenschaften Keitels den »Tapferkeitsgrad« der »OKW-Umgebung« von A.H.

Glauben Sie, daß Hitler ihn deswegen ausgesucht hat?

Unbewußt für A.H. hat seine Arbeitsweise diese Auslese der »Unterwürfigen« gefördert; obwohl er ein aufrechtes Wort durchaus vertragen konnte. Aber auf die Dauer nicht von Personen, die täglich um ihn waren. Außerdem wollte A.H. die Steuerung der militärischen Ereignisse selbst vornehmen. Er hat daher mehrmals gesagt, daß Keitel an seinem Posten für ihn bequem wäre. Meine Versuche und Hinweise, daß es besser wäre, auch von Seiten der Rüstung, eine zusammenfassende, energische Persönlichkeit für alle drei Wehrmachtsteile zu haben, hat er abgelehnt, indem er sagte, daß er auf Keitel nicht verzichten könne. Keitel sei ihm »treu wie ein Hund«, wobei er das nicht im herabsetzenden Sinn meinte. Jedoch charakterisiert das seine Einstellung zu Keitel wohl am besten.

Welche Mitarbeiter brachte Keitel mit?

Einer der engsten war Warlimont, und dann später Buhle – neben Jodl.

Was war Warlimont?

Warlimont war sehr zweideutig. Er verstand es, in Nebensätzen das wieder aufzuheben, was in Hauptsätzen festgelegt werden sollte. Diese biegsame Art, Befehle herauszugeben, war eine Spezialität des OKW. In der militärischen Sprache war das eine Neuerung. Bis dahin gab es möglichst klare Befehle. Diese ungerade Art, die bei Fromm oder bei Zeitzler nicht üblich war, ist darauf zurückzuführen, daß das OKW wegen seines Chefs auf allen möglichen ungeraden Wegen versuchen mußte, zum Ziel zu kommen. Das hat sie so verbogen, daß sie nur noch durch »krumme Wege« ihr Ziel erreichen konnten. Warlimont spielte im OKW eine große Rolle.

Wie trat Jodl in Erscheinung?

Jodl hätte als Chef des »Wehrmachtführungsstabes« die Aufgabe wahrnehmen müssen, die Koordination aller Kriegsschauplätze herbeizuführen und dafür zu sorgen, daß nach einheitlichen Gesichtspunkten auf lange Sicht der Krieg geführt wird. Diese Aufgabe war ihm genommen, weil A.H. von derartigen Untersuchungen auf weite Sicht nicht viel hielt. Es war eine seiner schlechten Eigenschaften, daß er militärisch ab 1942 alles nur auf verhältnismäßig kurze Termine sah und sich nicht auf grundsätzliche Untersuchungen über die wehrpolitische Lage einließ, so daß größere Untersuchungen des Wehrmachtführungsstabes zwecklos wurden. Damit war Jodl eigentlich arbeitslos geworden. Um überhaupt ein Tätigkeitsfeld zu haben, eignete sich der Wehrmachtführungsstab Kriegsschauplätze an. Und damit waren beim Heer zwei Generalstäbe vorhanden.

Es ergaben sich hieraus große Schwierigkeiten. Für alle Fragen, die beide Generalstäbe betrafen, war keine unparteiische Stelle vorhanden, die den Ausgleich vornehmen oder wenigstens A.H. Vorschläge machen konnte. So entstand in den »Führerlagen« ein Handeln und Streiten um die Verschiebung jeder Division von Ost nach West und umgekehrt. Dabei nahm Jodl rücksichtslos Partei für den Kriegsschauplatz, den er verantwortete. Es entstanden hieraus viele Verzögerungen. So lag z.B. die Überlegung, wann die Ardennen-Offensive abgebrochen werden soll und ob die Divisionen nach dem Osten herüberzubringen sind, ausschließlich bei A.H. selbst.

Wie waren die Beziehungen zwischen Keitel und Jodl?

Das Verhältnis war gut. Sie arbeiteten eng zusammen. Verstimmungen waren nicht feststellbar. Sie haben sich allerdings gegenseitig nicht gestört. Keitel hatte keinen Ehrgeiz, in Jodls Angelegenheiten hereinreden zu wollen, weil er davon nichts verstand und wohl auch, weil er die gelegentliche Unzufriedenheit von A.H. nicht über sich ergehen lassen wollte. Es war ihm lieber, wenn Jodl das auf sich nahm.

War Jodl genauso schmiegsam zu Hitler wie Keitel?

Ja, aber etwas aktiver. Jodl hat eher einmal bei A.H. eine Kritik geübt und seine Meinung geäußert.[24] Aber letzten Endes war auch er viel zu weich und hätte eine als falsch erkannte Situation nie in der notwendigen Schärfe vorgetragen. Jodl war auch nicht viel mehr als eine Hilfskraft. Er hat die Verantwortung in der erforderlichen, seiner Stellung entsprechenden Form A.H. gegenüber nicht getragen.

Ließ Hitler sich durch unmittelbare Ratgeber beeinflussen bzw. wären Keitel und Jodl, die es hätten tun müssen, dazu fähig gewesen?

Er hätte auf die Dauer einen Rat nur von jemand entgegengenommen, der die Lage noch optimistischer sah als er. Das gab es aber selten. Daher konnte ihm niemand etwas raten. Ich hatte durch meine Frontreisen viele Bekannte unter den Frontgenerälen. Alle waren erschüttert über die dumpfe und unaufrichtige Atmosphäre, die im Hauptquartier herrschte, und über die Ahnungslosigkeit den Frontsorgen gegenüber.

Keitel wäre aber auch aus seinen Unkenntnissen heraus dazu nicht fähig gewesen. Er war ein schlechter Offizier in den Augen der Fachleute. Jodl dagegen schien mir bedeutend klüger. Er schwieg sich über seine Gedanken aus und versuchte so, die persönlich schwierige Situation zu überbrücken. Gelegentliche Äußerungen zeigten, daß er einen besseren Einblick in die Zukunft hatte als Keitel.

Welche Funktionen hätten Ihrer Meinung nach das OKW und Keitel ausüben müssen?

Wir hatten leider nie einen zusammenfassenden Generalstab für die drei Wehrmachtteile. Das war ein großer Nachteil. Denn dadurch konnten alle Streitigkeiten unmittelbar an A.H. herangetragen werden, der dann zwischen den drei Wehrmachtteilen – ohne eingehendes Studium der Fragen – entschied. Sicher wollte er diesen Zustand haben und aufrecht erhalten, aber auch von seiten des OKW wurden keine Anstrengungen unternommen, um eine einheitliche

[24] Nach dem Zusammenstoß zwischen Hitler und Jodl über die Beurteilung des Scheiterns der deutschen Kaukasus-Offensive Anfang September 1942 sollte sich das Verhältnis der beiden zueinander nicht mehr erholen.

Führung des Krieges durch einen Generalstab zu bekommen. Der Wehrmachtführungsstab wurde kein Generalstab für alle drei Wehrmachtteile.

Auch ein Kriegsminister, der die Wirtschaftskriegführung im eigenen Lande und gegen den Gegner vorbereitete und befehlen konnte, war nicht vorhanden. Soweit es Rüstungsfragen waren, wurden sie von mir mit den drei Wehrmachtteilen besprochen und entschieden.

Das OKW gab im allgemeinen keine Befehle an die drei Wehrmachtteile, es begnügte sich damit, als eine Art »Wehrmachtbüro des Führers« ihm bei seinen Entscheidungen zu helfen, Keitel hatte dabei keine bessere Stellung als die eines »Generalsekretärs dieses Büros«. Keitel konnte sich nicht den Oberbefehlshabern der drei Wehrmachtteile gegenüber durchsetzen und traf aber auch gar keine Anstalten, um seine Stellung im Interesse des Kriegsverlaufs zu stärken.

Wie waren aber die Funktionen des OKW, woraus erklärt sich seine schwache Stellung?

Der Gedanke des OKW war gut, aber trotzdem war das OKW eine ohnmächtige Behörde. Das lag an Keitel, der keine Macht hatte und auch nicht der Mann war, sich durchzusetzen.

Als der putschende Generalstab seine Organisationspläne für die Umbildung nach dem 20. Juli aufstellte, hatte er einen sogenannten »Großen Generalstab« vorgesehen, in dem alle drei Wehrmachtteile eingeordnet waren. Also eine Verstärkung des Gedankens des OKW. Überhaupt hatten die Organisatoren des 20. Juli gute Gedanken über die notwendigen Reformen in der Verwaltung und in der Wehrmacht, da sie den notwendigen Anstand hatten, um die grundsätzlichen Fehler zu erkennen.

War es ein Teil von Keitels Aufgaben, die Vereinigung der drei Wehrmachtteile herzustellen?

Auf dem Papier ja. So scheiterte es aber daran, daß sich niemand Keitel unterstellen wollte. Es wäre nur möglich gewesen, wenn eine anerkannte Persönlichkeit denselben Posten ausgeübt hätte. Es war den Wehrmachtteilen nicht zuzumuten, sich Keitel zu unterstellen, da dann ihre Interessen außerordentlich schlecht vertreten worden wären.

Worauf ist die Schwäche des OKW Ihrer Meinung nach noch zurückzuführen?

Es gab hier einen grundsätzlichen Fehler: Bei der Gründung des OKW wurde vom Generalstab des Heeres eine falsche Personalpolitik getrieben. Der Generalstab behielt seine guten Leute bei sich und stand wahrscheinlich auf dem Standpunkt, daß das OKW möglichst schwach besetzt sein soll, damit der Generalstab weiter seine Selbständigkeit behält. Das war ein verhängnisvoller Fehler, wie viele junge Generalstabsoffiziere mir nachträglich erklärten.

Wann wurde Halder ersetzt? Wer war Zeitzler?

Halder wurde durch Zeitzler im Sommer 1942 ersetzt, kurz nachdem ich Minister wurde. Die erste mißlungene Offensive im Kaukasus war die Ursache. Während Halder, den ich nur noch kurze Zeit erlebte, sehr zurückhaltend, verbraucht und gebrochen war, vertrat Zeitzler seine Meinung sehr scharf. Er war in dem militärischen Kreis um A.H. der einzige, der offen und unbeeindruckt durch die oft laute und harte Sprache von A.H. bei seiner Meinung blieb. Durch Zeitzler wurde die Differenz in den grundsätzlichen Anschauungen zwischen Generalstab und Führer offenbar. Bei Halder kam das nicht so klar zum Ausdruck. Im ersten Jahr hatte Zeitzler das unbedingte Vertrauen von A.H.; mit der zunehmenden Kritik desselben und der Verschlechterung der Lage war er nicht mehr geschätzt.

Wie war Zeitzlers Einstellung zur Kriegslage und Aussicht?

Zeitzler sah – wie Fromm auch – die Kriegslage im Osten ab 1943 als unbefriedigend und unlösbar an, wenn nicht der Krieg zumindest nach einer Seite zu Ende geht. Er glaubte aber, eine Stabilisierung im Osten auf längere Sicht durchführen zu können, wenn frühzeitig genug eine planmäßige Verkürzung der Front im Osten durchgeführt wird. Diese hatte im Jahr 1943 einen ungünstigen Verlauf. Zeitzler und der Generalstab wollten hierzu einen hinhaltenden Widerstand organisieren, der dem Gegner möglichst viele Verluste beigebracht und der uns die Möglichkeit gegeben hätte, mit geringen Verlusten dieses Gebiet bis zu einer gut ausgebauten Linie zu räumen. Er hielt die Offensiven in unserer Lage für Verschwendung.

Unterstützt wurde er in diesen Bestrebungen von Manstein, der die Heeresgruppe Süd führte und der im Heer als der intelligenteste Taktiker angesehen wurde. Zeitzler war mit Recht stark von ihm beeinflußt.

Zeitzler ist kein Mann mit den Gaben und der Laufbahn, die ein Chef des Generalstabes haben muß. Er wußte selbst, daß er seinen Posten nicht voll ausfüllen kann. Er ist zwar ein sehr energischer und offener Mensch gewesen, der Rückgrat hatte und von der übrigen Umgebung A.H.s abstechen mußte.

Wurde er in den großen Entscheidungen von Hitler überstimmt? Solche Unternehmen wie Stalingrad müssen wohl gegen seinen Rat gewesen sein. Gegen solche Entscheidungen konnte er sich nicht durchsetzen?

Stalingrad wurde gegen den Rat des Heeres gehalten. Über solche Fälle hatte Zeitzler immer sehr erregte Auseinandersetzungen mit A.H. gehabt. Es ist sicher, daß bei einer vernünftigen Taktik, wie sie der Generalstab vorschlug, im Osten schwere Verluste, auch Materialverluste, hätten vermieden werden können. Es war dann noch nicht entschieden, ob dann die russische Offensivkraft früher erlahmen mußte oder ob unsere Defensivkraft vorher erschöpft war. Am Kriegsausgang hätte dies allerdings grundsätzlich nichts ändern können.

Zeitzler machte in der Lage oft wochenlang vorher darauf aufmerksam, welche Rückzüge gemacht werden müßten, um schwere Verluste zu vermeiden. Er mußte aber befehlsgemäß die Truppen vorn stehen lassen; sie wurden dadurch in eine ungünstige Lage gebracht, um sie – zu spät – in großer Eile herauszuziehen. Ungünstiges Wetter, Schlamm oder Schnee und Eis erhöhten die Ausfälle an Material gewaltig.

Waren die Igelstellungen u.a. Ausfallerscheinungen, die entstanden, weil Hitler sich nicht früh genug für einen Rückzug entscheiden konnte, oder hat er bewußt die Strategie verfolgt, solche Stellungen zurückzulassen?

Nein, es war keine Absicht, weil sie einen großen Verlust an allem, was die Truppe braucht, mit sich brachten. A.H. war im übrigen der Meinung, daß das Ostheer ohne Halt aus Rußland zurückgehen wollte. Er mißtraute der dortigen Führung seit Mitte 1943. Er verweigerte aus diesem Grunde den Bau einer rückwärtigen Stellung. Er glaubte, daß dadurch die Rückzugsabsichten nur beschleunigt würden, da jeder nach der neuen Stellung sehe und wünsche, in ihr zu kämpfen.

Diese Stellung würde dann aber auch nicht gehalten werden, dahinter müsse wieder eine Stellung vorgesehen werden. Das sei ein Vorgang ohne Ende. Zeitzler und ich unternahmen oft den Versuch, eine Stellung 200–300 km hinter der Front zu bauen. Bei einer Ausbauzeit von 6–8 Monaten und der genügenden Energie wäre etwas Dauerhaftes zu erstellen gewesen. Diese Pläne wurden verboten.

War keine Stellung im Osten vorbereitet?

Nein. Später – Ende 1943 – baute z.B. die OT[25] in der Heeresgruppe Manstein in Schwarzarbeit am Bug eine Stellung. Das wurde beim Führer bekannt und löste schwere Vorwürfe gegen Zeitzler aus. April 1944 habe ich noch einmal schriftlich an A.H. festgelegt, daß ich Baukräfte in Rußland-Süd zur Verfügung stellen könnte, um eine Stellung zu bauen. Mein Angebot wurde abgelehnt. Es durften darüber keine Diskussionen mehr stattfinden. Erst an der Grenze Deutschlands wurden dann – zu spät – Stellungen errichtet.

Glaubte Hitler nicht an die Möglichkeit einer solchen defensiven Stellung, oder wollte er die Mentalität vermeiden?

Beides. Er glaubte, daß jede rückwärtige Stellung die Truppe nach rückwärts zöge, da die Kunde über eine solche Stellung nach vorn kommen würde, noch ehe die neue Stellung fertig sein könnte. Damit würden die Soldaten ihre alte Stellung zu früh und mit den größten Hoffnungen auf die neue verlassen.

Bezieht sich das auf die Soldaten an der Front? Hitlers Kritik müßte dabei mehr auf den Generalstab gerichtet gewesen sein.

Bei Manstein hielt er es für eine bewußte Absicht, beim Soldaten für eine psychologische Frage.

---

[25] Die Organisation Todt (OT) umfaßte während des Krieges ca. 800 000 deutsche und ausländische Arbeitskräfte. Seit Dezember 1941 war der »Baustab Speer-Ostbau« mit Baumaßnahmen in den besetzten Gebieten der Sowjetunion befaßt. (Vgl. dazu auch Franz W. Seidler, Die Organisation Todt. 1938–1945, Koblenz 1987.)

Das scheint mir eine sehr geringschätzige Einstellung Hitlers nicht nur zu den hohen Führern, sondern auch zu der ganzen Armee zu sein?

Es ändert aber nichts an der Tatsache, daß es so war.

Wie entwickelte sich die Stellung Zeitzlers weiter?

Zeitzler stand persönlich nicht über der Situation. Er war weitgehend von der Meinung seines Generalstabes abhängig. Er wurde daher [von] ihm stark gesteuert und war mehr oder weniger sein Sprachrohr. Wobei er das mit großer Energie verfolgte, was er als richtig annahm.

Er war, obwohl ihm nach dem 20. Juli das Gegenteil nachgesagt wurde, zweifellos ein Mann, der trotz aller inneren Schwierigkeiten am 20. Juli nicht unmittelbar beteiligt und vorher nicht eingeweiht war. Das ist meiner Ansicht nach sicher. Er war über die Ausdehnung, die der 20. Juli innerhalb seines Generalstabes hatte, sehr erschüttert. Trotzdem wurde er unter entehrenden Bedingungen aus dem Heer entlassen, ohne je die Vorwürfe, die gegen ihn erhoben wurden, gehört zu haben.

Welche Rolle hat Fromm gespielt?

Fromm war im Heer neben Manstein wohl der intelligenteste Kopf. Er wurde durch die Stellung des Führers als Oberbefehlshaber des Heeres und durch dessen Vertretung von Keitel zu stark ausgeschaltet, so daß er seine Intelligenz und seine Meinung nicht mehr anbringen konnte. Das führte sehr frühzeitig zu großen Verstimmungen zwischen Fromm und Keitel, um so mehr, da Keitel es verstand, Fromm immer mehr von jeder Besprechung beim Führer fernzuhalten und sein Aufgabengebiet einzuschränken und die wichtigsten Angelegenheiten Fromms selbst – aber unsachgemäß – vorzutragen. Gelegentliche Vorträge Fromms brachten diesem jedesmal einen Erfolg, da er in seinen Vorträgen sehr geschmeidig und diplomatisch war, so daß er trotz der ungünstigen Konstellation sein Ziel erreichen konnte. Aber mehr als ein- bis zweimal im Jahr ist Fromm nicht vorgelassen worden. A.H. war durch ständige Beeinflussung von Keitel gegen Fromm voreingenommen. Er war auch der einzige, der den Posten Keitels ausfüllen und mit Schwierigkeiten der Persönlichkeit A.H.s vielleicht hätte fertig werden können.

Wie überhaupt das enge Verhältnis zwischen Zeitzler, Fromm und mir in erster Linie auf unserer Ablehnung von Keitel, dem Wehrmachtführungsstab und der übrigen militärischen Umgebung A.H.s mit ihrer Unzulänglichkeit zurückzuführen ist. Das und die damit zusammenhängenden verhängnisvollen Fehlentscheidungen hatten uns weitgehend zusammengebracht.

Auch Fromm hatte mit dem 20. Juli keine Verbindung.[26] Die Vernehmungen seiner Mitarbeiter, die wegen Fromm verhört wurden, haben kein belastendes Material gegen ihn bringen können. Obwohl das eine außergewöhnliche Tatsache war, wenn man bedenkt, daß fast alle seine wesentlichen Mitarbeiter am 20. Juli beteiligt waren, wurden Vorwürfe gegen ihn so lange »gesucht«, bis er zum Tode verurteilt wurde. Meine schriftliche und ausführlich begründete Forderung, als Zeuge für Fromm aufzutreten, wurde auf Vortrag des Reichsjustizministers von A.H. abgelehnt. Mein Schreiben durfte nicht zu den Gerichtsakten genommen werden. Er war ein aufrechter und anständiger Mann. Er war daher für den Kreis um A.H. unbrauchbar.

War Ihr Trio eine reine Diskussionsangelegenheit oder haben Sie auch Möglichkeiten erforscht, was sich machen ließ?

Wir hatten keine festen Pläne. Wir wollten innerhalb des Heeres und innerhalb der gesamten politischen Konstellation möglichst eng zusammenarbeiten und nach Möglichkeit die militärische Umgebung des Führers sprengen. Wir strebten einen Oberbefehlshaber des Heeres, einen energischen Chef des OKW und unter ihm einen guten Generalquartiermeister für die gesamte Wehrmacht an. Wir wollten Keitel und seine Umgebung auf friedlichem Wege beseitigen. Hinter Fromm und Zeitzler stand der weitaus größte Teil des Heeres, der wußte, wie die Zustände in der obersten Führung waren. Mit dem 20. Juli brach diese Zusammenarbeit auseinander. Für die letzten Monate des Krieges war dies ungünstig.

[26] Generaloberst Fromm, Befehlshaber des Ersatzheeres, war in die Attentatspläne und Staatsstreichvorbereitungen seines Chefs des Stabes, Oberst von Stauffenberg, eingeweiht, wechselte jedoch am Abend des 20. Juli, als das Scheitern des Attentats immer offenkundiger wurde, die Seiten und versuchte, sich zu salvieren, indem er Stauffenberg, Haeften und die anderen Verschwörer standrechtlich erschießen ließ. Gleichwohl ließ ihn Himmler am darauffolgenden Tag »wegen Feigheit« und seiner Mitwisserschaft festnehmen. Fromm wurde deshalb am 12. März 1945 hingerichtet.

Wann haben Sie selbst versucht, auf Hitlers Kriegführung Einfluß zu nehmen?

Das versuchte ich, aber nur in Detailfragen, die der Rüstung benachbart waren. Oder in der Personalbesetzung der führenden Stellen, denn nur über diesen Wechsel und damit durch eine ständige Beeinflussung konnte der militärische Kurs von A.H. auf Dauer geändert werden. Gelegentliche Äußerungen waren hier ohne jede Auswirkung und damit zwecklos.

Hitler war seit 1943 schon so verhärtet und in seinen Meinungen festgelegt, daß ihn nicht ein einzelner umstimmen oder auf andere Bahnen bringen konnte. Dazu mußte vorher eine einheitliche, ausdauernde und steife Front in seiner Umgebung sein. So war es das Gewissen, das einen trieb, zu sagen, was man gesehen hat. Aber es war klar, daß es keinen durchschlagenden Erfolg haben könnte.

Wir haben früher schon festgestellt, daß der Wehrmachtführungsstab und der Chef OKW nur nominell existierten, daß Hitler selbst wohl überwiegend an der Armee interessiert war. Hat Hitler der Luftwaffe im Rahmen der Kriegführung große Bedeutung zugemessen?

Im Aufbau, vor 1939 und dann noch bis 1942, wurde die Luftwaffe als entscheidender Wehrmachtteil angesehen. Danach wurden diese richtigen Erkenntnisse nicht mehr aufrechterhalten. Der Gegner hatte unterdessen die Überlegenheit errungen, und die Führung wollte die daraus sich ergebenden Konsequenzen für den weiteren Verlauf dieses Krieges sich nicht eingestehen.

Überließ Hitler den Aufbau und die Luftkriegführung Göring?

Der Aufbau war Göring überlassen. Er hatte bis Anfang 1944 sein volles Vertrauen und konnte frei auf seinem Gebiet arbeiten.

Leitete Göring auch den operativen Einsatz?

Ja. Bis 1943 selbstbewußt. Auch im Jahr 1944 hat Göring die Luftwaffe persönlich noch weitgehend geführt, obwohl A.H. ihm nicht mehr das volle Vertrauen gab. Göring war sehr eifersüchtig darauf bedacht, daß alle Befehle A.H.s über ihn gingen und daß er auch nach außen als Oberbefehlshaber der Luftwaffe ausschließlich in Erscheinung trat. Das wurde von A.H. auch bis zum Sommer 1944 respektiert.

Das Problem der strategischen Koordination ist bei weitem nicht so groß gewesen wie bei uns?

Nein. Wir hatten zum Schluß eine unseren »ärmlichen« Verhältnissen nicht angepaßte Konstruktion dadurch, daß unsere Luftwaffe von unten bis oben parallel und streng getrennt vom Heer aufgestellt war. Das soll von dem Zeitpunkt an, als die Luftwaffe keine großen taktischen Ziele im Hinterland mehr durchführen konnte, sondern nur noch zur Unterstützung der Truppe eingesetzt wurde, sehr störend gewesen sein. Der horizontale Ausgleich zwischen Heer und Luftwaffe in den Frontabschnitten war erschwert. Jede Heeresgruppe und die Armeen hatten wohl einen Verbindungsoffizier zur Luftflotte. Es war sehr schwer, schnelle Befehle durchzubekommen.

Soviel ich weiß, hat die Zusammenarbeit zwischen Heer und Luftflotte unseren Leuten, z.B. im Anfang der Westoffensive und auch in Afrika, sehr imponiert, und wir haben viel davon gelernt.

Ja, solange noch ein »Fundus« da war. Als aber die Luftflotte keine Luftflotte mehr war, war wahrscheinlich die Ausnutzung des Restgebildes durch diese Konstruktion schlechter, als sie normalerweise hätte sein können.

Lag die Verantwortung bei Göring, daß keine Reform, kein Anpassen an die Verhältnisse durchgeführt wurde?

Das lag in der Hauptsache an Göring und dem Bestreben, vor seinen Männern in der Luftwaffe im Ansehen nach außen bestehen zu bleiben.

Wurde von seiten des Heeres versucht, Göring abzudrängen in eine untergeordnete Stellung?

Nein. So schwach war Göring nicht, daß es gelingen konnte. Während er sich innenpolitisch weitgehend zurückgezogen hatte, bedrängte ihn bei A.H. auf dem Gebiet der Wehrpolitik kein mächtiger Gegenspieler. Keitel war Göring gegenüber schwach. Er hat Streitigkeiten mit Göring nachgegeben, so daß er hier noch eine große Machtposition hatte. Bei den Lagebesprechungen versuchte Göring, auch auf dem Gebiet der Heeresführung einen Einfluß auf A.H. auszuüben. Er war leider, neben Keitel, einer von denjenigen, der die reale Situation nicht sehen konnte und dessen Rat daher schlechten Einfluß auf den Ablauf der Ereignisse hatte. Mit Zeitzler hatte er daher ein gespanntes Verhältnis.

Gab es in der Luftwaffe in der Spitze andere bedeutende Persönlichkeiten, die Einfluß hatten?

Bei der Luftwaffe war, ähnlich wie beim Heer, auch eine Teilung in Heimatorganisation und Generalstab, die hier, im Gegensatz zu dem Verhältnis Fromm–Zeitzler, ständig zu großen Auseinandersetzungen geführt hat. Die Feindschaft zwischen Jeschonnek und Milch wurde erbittert ausgekämpft. Durch die unmittelbare Zusammenarbeit des Generalstabs der Luftwaffe mit Göring verschob sich das Schwergewicht immer mehr zum Generalstab, so daß Milch in seinem Einfluß in der Heimatorganisation immer stärker zurückgedrängt war. Milch hatte zudem nicht das Vertrauen von Göring. Sie liebten sich beide nicht.

Habe ich Sie richtig verstanden, daß Göring ein genauso unverbesserlicher Optimist war wie Hitler selbst?

In den Führerlagen schien er optimistisch zu sein. Hauptsächlich bei der Beurteilung der Einzelprobleme. Ich möchte bezweifeln, daß dies immer seine innere Einstellung war. Oder vielleicht wollte er sich die Schwierigkeit der Lage selbst nicht eingestehen. Viele hatten einfach nicht den Mut, sich über die Tatsachen Rechenschaft zu geben.

Bei der Marine gab es einen großen Personalwechsel durch die Ersetzung Raeders durch Dönitz, warum?[27]

Raeder war stark verbraucht und gesundheitlich geschwächt. Der Wechsel zu Dönitz war ein Vorteil für uns. Dönitz war eine gute

[27] Am 30. Januar 1943 ersetzte der Führer der U-Boote, Karl Dönitz, Erich Raeder als Oberbefehlshaber der Kriegsmarine und wurde zum Großadmiral ernannt. Zwischen Hitler und Raeder, der den Zweifrontenkrieg vermeiden wollte, war es seit Kriegsbeginn wiederholt zu Differenzen über die militärische Strategie gekommen.

Erscheinung im militärischen Kreis um A.H. – klar, präzise, Fachmann auf seinem Gebiet. Dönitz war unsachlichen Diskussionen unzugänglich und hielt sich streng an sein Aufgabengebiet. Er duldete es allerdings auch nicht, daß sich andere bei ihm einmischten, und verstand es, bis zum Ende seine Marine von allen äußeren Einflüssen und Einwirkungen fernzuhalten. Er stand gegen Keitel und hatte persönliche Spannungen mit Göring, der ihm unsympathisch war. Unser Verhältnis zueinander war gut. Wir hatten durch das Schiffsbauprogramm gemeinsame Sorgen. Er zeigte bei dieser Zusammenarbeit, daß er auch in schwierigen Situationen loyal blieb. Sein Verhältnis zu A.H. war durch unbedingte Treue und Anstand festgelegt.

War Raeder selbst ein Exponent des Baues der Hochseeflotte und der Großschlachtschiffe?

Ja. Er hat es damit verhindert, daß wir mit einer größeren U-Boot-Zahl in den Krieg gingen.

Was war Hitlers Einstellung?

Er war eigentümlicherweise auch lange für die Schlachtschiffe. Ich kann mir das nachträglich nicht erklären. Das war nach meiner Meinung der größte Denkfehler in der Vorbereitung des Krieges.

Aber der Fehler wurde doch frühzeitig abgestellt?

Erst im Krieg wurde der Bau der Schlachtschiffe eingestellt. Vielleicht ist es aber mit ein Zeichen dafür, daß man noch im Jahre 1939 nicht an eine Verwicklung mit England und Frankreich glaubte. Soviel Einsicht muß A.H. gehabt haben, daß er sonst den U-Boot-Bau frühzeitiger hätte anlaufen lassen. Er hat sich über die Wichtigkeit eines U-Boot-Krieges oft geäußert.

Aber in der ersten Phase des Krieges, bis zum Rücktritt von Raeder, kam der U-Boot-Bau nicht sehr vorwärts?

Doch. Er wurde auf Grund der Erfolge stark gefördert; aber es fehlte der Mann, der die weitere Entwicklung mit den notwendigen Detailkenntnissen vorwärtstreiben konnte. Das OKM und die Seekriegsleitung gaben auf die Forderungen von Dönitz nicht viel. Er hatte viele Widersacher im OKM.

A.H. hat im Jahre 1943 von sich aus den Unwert der Schlachtschiffe eingesehen und schon zu Zeiten Raeders gefordert, daß Schlachtschiffe abgebaut werden müßten. Die Batterien sollten an der Atlantikküste, die Mannschaften für den U-Boot-Krieg eingesetzt werden. Das war die Forderung auch an Dönitz. Aber auch Dönitz hat unsere Hochseeflotte erhalten.

Hat er es durchführen wollen?

Ja. Es ist aber für einen Marineoffizier nicht über das Herz zu bringen, ein modernes Schlachtschiff abzuwracken.

Sie haben doch immerhin etwas geleistet. Unsere Konvois mußten ziemliche Rücksicht nehmen, wenn ein paar Schlachtkreuzer auftauchten.

Das hat A.H. nicht gesehen. Er hat ihren Wert gering eingeschätzt.

Sie hätten das doch an unserem Unternehmen merken können, das wir anstellten, um die Bismarck einzukesseln. Wir haben dazu fast die gesamte englische Flotte zusammengezogen.

Damals war nach Meinung A.H.s auch noch ein Wert vorhanden. Der Verlust der Bismarck brachte die ersten schweren Zweifel. Während vorher, zusammen mit der Tirpitz, noch eine respektable Kampfkraft vorhanden war – durch ihre moderne Ausstattung war sie größer, als es sich in der Zahl der Schiffe ausdrückte. Mit dem Verlust dieser Einheit wurde unserer Hochsee-»Flotte« das Rückgrat gebrochen. Die Jagd auf die Bismarck waren aufregende Tage am Obersalzberg.[28]

Hat Dönitz sich auf die Marineführung beschränkt, oder versuchte er, auf die Kriegführung Einfluß zu nehmen?

Er hat sich aus allem anderen herausgehalten und hat dafür von vornherein systematisch seine Marine von allen außenstehenden Einflüs-

[28] Das Schlachtschiff »Bismarck« wurde beim Marsch durchs Kattegat bereits am 20. Mai 1941 von der Luftaufklärung des britischen Nachrichtendienstes erfaßt. Nach Torpedoangriffen und einer fortdauernden Jagd wurde die »Bismarck« schließlich am 27. Mai 1941 durch überlegene britische Kräfte niedergekämpft, das Wrack durch Eigensprengung vernichtet.

sen freigehalten, was ihm auch gelungen ist. Er war neben Zeitzler einer der wenigen aufrechten Männer. Er hat seine Meinung klar vertreten und hat den beiden anderen Wehrmachtteilen bewiesen, daß man mit dem klaren Vertreten einer Meinung auch Erfolg haben kann. Wenn A.H. eine andere Absicht hatte, ist es ihm fast immer gelungen, seine Meinung durchzudrücken. Und trotzdem war sein Verhältnis zu A.H. gut, der ihn als Fachmann anerkannte und in der letzten Phase als Persönlichkeit sehr hoch schätzte. Er hat es allerdings immer vermieden, sich in die Probleme der Politik oder der Gesamtkriegführung einzumischen. Das erleichterte seine Situation A.H. gegenüber.

Was hat Dönitz von dem Bündnis mit Japan gehalten?

Er hat vor allem die Erfolge der Japaner nicht für glaubwürdig gehalten, die Versenkungserfolge.

Er hat nicht an die Möglichkeit einer integrierten Strategie geglaubt? In Verbindung der deutschen Erdmacht auf der einen Seite und der japanischen Seemacht auf der anderen?

Ich weiß es nicht. Dönitz war auf seinem Arbeitsgebiet schweigsam.

Wann wurde der Ausbau der Waffen-SS begonnen?

Ich kann das nur andeuten. Begonnen hat es mit der Leibstandarte. [Der Plan], eine Waffen-SS zu bilden, um dem Heer gegenüber bewußt ein Gegengewicht zu haben, ist wahrscheinlich Ende 1942 schon vorhanden gewesen. Von da ab hat A.H. außerordentlich getrieben, damit möglichst viele Waffen-SS-Divisionen aufgestellt werden.

Warum hat Hitler das betrieben?

Er hat nie völliges Zutrauen zu der politischen Zuverlässigkeit der Heeresführung gehabt. Es waren ja mehrere Krisen sichtbar geworden; zuerst die Schleicherkrise[29], dann Fritsch, Blomberg, Halder.

[29] General Kurt von Schleicher hatte als Reichskanzler (Dezember 1932–Januar 1933) vergeblich den (linken) Strasserflügel der NSDAP durch eine gewerkschaftsfreundliche Politik abzuspalten versucht.

Er hat schon im Winter 1942/43 – sogar sehr öffentlich in den »Lagen« – über die Generäle allgemein scharfe Urteile gefällt, sie als Nichtskönner, als charakterlos gekennzeichnet. Wir haben uns gedacht, daß diese Bekanntgabe nicht zur Besserung der Situation beitragen würde. Diese Urteile wurden in weite Kreise getragen und haben indirekt den 20. Juli mitvorbereitet. Aus den Stenogrammen der Lagebesprechungen ist das genau zu ersehen.

Also der Ausbau der Waffen-SS wurde aus dem Gedanken heraus betrieben, eine Parallele zur Wehrmacht zu schaffen? Und nach dem 20. Juli wurde dies nochmals verstärkt betrieben? Sollte die ganze Wehrmacht durch die Waffen-SS ersetzt werden?

Nein. Die Tatsache, daß Heer, Luftwaffe und Marine nicht vereinigt waren, entstand aus der Grundanschauung A.H.s, daß eine Zusammenfassung eine politische Gefahr für den Staat bedeutet. Ich hatte ihn mehrmals aus Nachschubgründen darauf angesprochen, daß eine Konzentration viel besser wäre. Ich trat dabei für eine Stärkung des OKW-Gedankens ein. A.H. lehnte dies immer wieder ab. Er sagte, durch diese Aufteilung würde es nicht möglich sein, daß die Wehrmacht den Staat diktatorisch gegen den Willen des Staatschefs beherrschen könnte. Er hat zu der Waffen-SS auch nicht das Vertrauen gehabt, ihr diese Macht allein anzuvertrauen. Ihm war es sehr erwünscht, daß alle Wehrmachtteile getrennt waren; für die Kriegführung war dies allerdings sehr schlecht.

War die Waffen-SS auf das Heer beschränkt, oder waren dabei auch fliegerische Verbände?

Sie war auf das Heer beschränkt. Ganz zum Schluß kam eine fliegerische Betätigung insofern dazu, als sie die Ein-Mann-Flugzeuge übernahmen, die »Natter«[30], die gegen amerikanische Bomber eingesetzt werden sollten – auch eine Kammleraktion. Aber der Einsatz ging mit Unterstützung der Luftwaffe vor sich. Dazu kamen die Einheiten von Skorzeny, die im russischen Hinterland eingesetzt wurden. Aber mit Flugzeugen der Luftwaffe.

---

[30] Beiname des Raketenjägers Bachem Ba 349, der seit Sommer 1944 gegen die viermotorigen US-Bomber entwickelt wurde.

Und die Marine?

Die Marine hat sich vollständig rein gehalten. Dönitz hat es verstanden, seinen Wehrmachtteil über alle Gefährdungen, die von außen kamen, hinwegzubringen und voll selbständig zu bleiben. Er konnte machen, was er wollte.

Protokoll 4
Generalstab, Rüstung und technischer Fortschritt (25. Juni 1945)[1]

Welchen Einfluß nahm der deutsche Generalstab auf die technische Entwicklung und auf den technischen Fortschritt?

Der Generalstab hatte das Recht, auf Grund seiner taktischen Erkenntnisse festzulegen, wie die neuen Waffen auszusehen haben. Er hatte dabei allerdings keine Ahnung davon, was technisch möglich ist, da ihm hierzu die Vorbildung fehlte. So wurde z.B. im Jahre 1942 ein Aufklärungspanzer in Auftrag an den Chef HRüst gegeben.[2] Dieser sollte größer, schneller, schwerer gepanzert, mit einem größeren Aktionsradius und leichter sein! Derartige Entwicklungsaufträge mußte Chef HRüst an das Waffenamt[3] weitergeben und dieses mußte die

---

[1] BA Koblenz, Nachlaß Albert Speer N 1340, Bd. 464.

[2] Speer nimmt damit Bezug auf den sich 1942/43 hinziehenden Streit über die Produktion des Panzertyps VI, der aufgrund von Auffassungsunterschieden zwischen den Firmen Henschel und Porsche dazu führte, daß eine »Panzer-Tiger-Kommission« entschied, beide Typen (»Porsche-Tiger« und »Henschel-Tiger«) parallel fertigen zu lassen.

[3] Das Heereswaffenamt war eines der fünf Ämter, aus denen das OKH bestand: Generalstab, Allgemeines Heeresamt, Heerespersonalamt, Heeresverwaltungsamt und eben Heereswaffenamt. Meist verkürzt als Waffenamt bezeichnet, war es Nachfolger des Waffen- und Munitionsbeschaffungsamts (» Wumba«) aus dem Ersten Weltkrieg. An seiner Spitze stand, bis zu seinem Freitod im April 1940, Professor Karl Becker, danach General der Artillerie Emil Leeb. Das Heereswaffenamt war zuständig für die Bereiche Forschung, Entwicklung, Erprobung und Abnahme. Über das allgemeine Heeresamt leitete der Generalstab des Heeres seine Forderung für die taktisch-technische Gestaltung und Fertigung von Waffen, Gerät und Munition an das Waffenamt. Das Allgemeine Heeresamt war über sogenannte Waffeninspektoren eng mit dem Generalstab des Heeres verbunden, wobei die Waffeninspektoren dem Oberbefehlshaber des Heeres unmittelbar unterstellt waren. Die Kontrolle bzw. die Überwachung des Fertigungsprozesses oblag dem Wehrwirtschafts- und Rüstungsamt im OKW. Bereits durch diese Aufteilung war eine gewisse strukturelle Rivalität zwischen OKW und OKH gegeben. Im Krieg unterstand das Waffenamt dem Chef der Heeresrüstung, der zugleich auch Befehlshaber des Ersatzheeres war, eine Funktion, die nach dem 20. Juli 1944 vom Reichsführer SS, Heinrich Himmler, übernommen wurde. Luftwaffe und Marine verfügten jeweils über eigene Waffenämter. Mit der Berufung

Industrie mit derartig unsinnigen Forderungen als Entwicklungsaufträge belästigen. Es gibt noch viele andere Beispiele über die Unfähigkeit unseres Generalstabes, technisch zu denken; in einem Schreiben an den Chef des Generalstabes im Mai oder Juni 1942 habe ich diese Schwierigkeiten auseinandergesetzt.[4] Das Schreiben muß in meinen Akten gefunden sein.

Woher kam dieses Unvermögen des Generalstabs, technisch zu denken, nur war es tatsächlich in diesem Ausmaß vorhanden?

Der Generalstab hatte seine besondere Laufbahn. Die älteren Generalstabsoffiziere dieses Krieges waren bereits im Weltkrieg in den rückwärtigen Stäben als Gehilfen in den Heeresgruppen usw. beschäftigt. Wenn man die Kriegserinnerungen des Kronprinzen Wilhelm oder andere liest[5], trifft man immer auf junge Offiziere in ihrem Stab, die heute Armeen oder Heeresgruppen führen. Auch die Frontkommandos dieser Generalstabsoffiziere waren Abordnungen zu den Frontstäben und meistens keine unmittelbare Truppenführung. So betrieb der Generalstab in seinem Nachwuchs eine Inzucht in sich. Es bestand kein Kontakt mit der kämpfenden Truppe und dadurch kein Verständnis für die tatsächlichen Bedürfnisse der Front. Aber auch jedes technische und wirtschaftliche Verständnis ging dem Generalstab ab. Er hatte überhaupt keinen Nachwuchs, der sich als Fachmann in der Technik auskannte, und es waren weiter keine Kenntnisse von der Wirtschaft der Länder vorhanden. So war unser Generalstab durch seine langjährige Tradition und seine einseitige Nachwuchsbildung vollständig einseitig festgefahren. Er sah nur operative und taktische Gesichtspunkte, wie sie ihm auf der Kriegsschule gelehrt wor-

---

eines Reichsministers für Bewaffnung und Munition (RMBM) im März 1940 (seit Herbst 1943 in Reichsministerium für Rüstung und Kriegsproduktion umbenannt) wurde diesem die Verantwortung von nicht-militärischen Belangen aus dem Zuständigkeitsbereich des Heereswaffenamtes übertragen. (Vgl. Fritz Hahn, Waffen und Geheimwaffen des deutschen Heeres, 1933–1945, Bd. 2: Panzer, Sonderfahrzeuge, »Wunderwaffen«, Verbrauch und Verluste, Koblenz 1987, sowie Emil Leeb, Aus der Rüstung des Dritten Reiches. Das Heereswaffenamt 1938–1945, Beiheft 4 der Wehrtechnischen Monatshefte 1958.)

[4] Nicht ermittelt.

[5] Erinnerungen des Kronprinzen Wilhelm: Aus den Aufzeichnungen, Dokumenten, Tagebüchern und Gesprächen, hg. von Karl Rosner, Stuttgart–Berlin 1922.

den waren. Die Hauptsache eines technischen Krieges, der Wert der technischen Überlegenheit und die Wichtigkeiten des Einsatzes blieben ihm bis zum Schluß fremd. Natürlich gab es einzelne Sachbearbeiter, die sich recht gut auskannten, diese spielten aber eine vollständig untergeordnete Rolle. In einem technischen Krieg müßte man verlangen, daß die führenden Generäle im Generalstab eine ausgezeichnete Detailkenntnis von ihren wichtigsten Waffen haben. Das war nicht der Fall. Man konnte dies bei Vorführungen erleben; so hat z.B. bei einer Geschützvorführung vor dem Führer Feldmarschall Keitel sämtliche Geschützarten miteinander verwechselt. Wenn Sie sich ein Bild von der Unkenntnis des hohen Offiziers im Generalstab über technische Dinge machen wollen, dann fragen Sie einmal einige von ihnen über primitive technische Einzelheiten. Sie werden feststellen, wie wenig sie davon wissen. Die aktiven Offiziere kannten diesen Mangel und waren sehr erbittert darüber. Die hohen Offiziere des Wehrmachtführungsstabes und des Generalstabes ließen sich selten an der Front sehen; auch diese Tatsache führe ich auf ihre technische Unkenntnis zurück. Sie hätten sich bei Frontbesuchen dadurch stärkster persönlicher Kritik ausgesetzt.

Wenn der Generalstab des Heeres technisch so ungebildet war, ließ er dann auf der anderen Seite das Heereswaffenamt frei arbeiten?[6]

Das Waffenamt mußte in erster Linie die technischen Forderungen des Generalstabs bearbeiten. Es hatte darüber hinaus aber die Möglichkeit, selbständig nach Ideen des Chef HRüst oder nach eigenen Ideen Entwicklungen durchzuführen und sie dann dem Generalstab anzubieten.

War das Heereswaffenamt ein Teil des Generalstabs oder stand es außerhalb?

Das Heereswaffenamt stand außerhalb. Es unterstand aber den Weisungen des Generalstabs.

---

[6]In einer »Ergänzung zur Interrogation am 25. 6. 45« vom 14. Juli 1945 wurde der Fragetext wie folgt modifiziert: Frage: »*Hat der deutsche Generalstab eingesehen, daß heutzutage, mehr denn je, es die Waffen sind, welche Taktik und Strategie bestimmen?*«

Haben die Generalstabsoffiziere auf die technischen Offiziere im Heereswaffenamt herabgesehen, war ihre Einstellung etwa verächtlich?

Die Generalstabsoffiziere hielten sich für eine Auslese für sich und als besonders qualifiziert. Sie hielten von den technischen Offizieren nicht viel und betrachteten sie in der Tat im Gegensatz zu ihrer Laufbahn als etwas Untergeordnetes. Die technischen Offiziere bei uns hatten überhaupt einen schweren Stand. Die übrigen Offiziere erkannten sie nicht als vollwertig an, und nachdem in meiner Zeit die Rüstung von der Industrie selbst geführt wurde, bekamen sie auch von dieser Seite die Führung, die größere Fachkenntnisse hatte; was aber die vernünftigen technischen Offiziere auch als richtig einsahen.

Wann hat der Generalstab eingesehen, daß im neuzeitlichen Krieg der Generalstab seine Pläne nach den neuen Waffen machen muß, die er hat, und nicht umgekehrt?

Das hat er nie eingesehen. Er war viel zu sehr im operativen und taktischen Denken erzogen, als daß er den Wert von neuen Waffen in sein operatives Denken mit einbeziehen konnte. Bereits der Nachschub und seine Organisation wurden weitgehend in ihrer Bedeutung unterschätzt; das zeigte der Verlauf der Ardennenoffensive.

Hat Ihnen das Heereswaffenamt bei der Schaffung Ihres Ministeriums und der Ausweitung Ihrer Befugnisse Schwierigkeiten bereitet?

Nein, das war bereits überstanden. Als Todt 1940 den Auftrag bekam[7], hat sich das Heereswaffenamt ursprünglich dagegengestellt. Die Beziehungen zwischen beiden waren zunächst schlecht. In meiner

---

[7] Todt wurde am 17. März 1940 von Hitler zum Reichsminister für Bewaffnung und Munition ernannt. Sein Auftrag bestand darin, »alle in der Waffenherstellung und Munitionserzeugung im Großdeutschen Reich sowie im Generalgouvernement für die besetzten polnischen Gebiete tätigen Stellen zu höchster Leistung zusammenzufassen«. (Reichsgesetzblatt 1940, I, S. 130, zit. nach Franz W. Seidler, Fritz Todt. Baumeister des Dritten Reiches, München–Berlin 1986, S. 239; vgl. dazu auch Seidlers Darstellung des persönlichen und politischen Werdegangs von Fritz Todt.) Bereits während der Westwallarbeiten hatte sich Todt über die geringe Kooperationsbereitschaft der Wehrmacht beklagt. Widerstand gegen die Beauftragung Todts kam vor allem aus dem WiRüAmt, weil General Thomas eine Ausweitung seiner eigenen Machtbefugnisse anstrebte. Insbesondere beim Heereswaffenamt stellte man sich lange Zeit gegen den »Umbruch der Organisation der deutschen Rüstungsindustrie«.

Zeit war das Verhältnis immer gut. Ich hatte in der Hauptsache ein sehr gutes persönliches Einvernehmen mit Generaloberst Fromm.[8] Außerdem hatte das Waffenamt allen Grund, sich über meinen Einsatz zu freuen, denn es war von da ab beim Führer unmittelbar vertreten, was ihm Vorteile bringen mußte.

Wie kamen die Führerentscheidungen auf technischem Gebiet zustande, und waren diese in den Augen der Bearbeiter des Heereswaffenamtes richtig?

Vor meiner Zeit hat bereits der Führer viele technische Weisungen selbst ausgegeben und sich dabei um den Generalstab und seine Meinung nicht gekümmert. Er bekam viele Berichte von der Front und hatte ein großes technisches Verständnis und bestimmt mehr Kenntnis von den Eigenschaften und den Voraussetzungen der Waffen als alle höheren Generalstabsoffiziere seiner Umgebung. Er gab seine Befehle an den Chef des OKW Keitel oder an einen hohen Offizier seiner Umgebung weiter, die aber aus technischem Unverständnis gar nicht dazu in der Lage waren, seine Gedanken weiter zu verfolgen. Da [sie] aber diese »Führerweisungen« nicht umstoßen konnten, mußten die anderen Fachbearbeiter in vielen Fällen Dinge bearbeiten, die falsch verstanden waren und sich schnell hätten aufklären lassen. Zu meiner Zeit habe ich dann eingeführt, daß die technischen Forderungen beim Führer in Besprechungen mit den Majoren und Obersten des Waffenamtes stattfanden, dabei waren noch Konstrukteure aus der Industrie und manchmal Vertreter der Front anwesend. Es konnte sehr offen debattiert werden und zuerst eine richtige Entscheidung erzielt werden. Um diese Offiziere nicht unfrei zu machen, wurde auf meinen Wunsch davon abgesehen, Keitel, Fromm oder andere höhere Offiziere an diesen Besprechungen zu beteiligen.

Dieses Verfahren stärkte wohl das Ansehen der Offiziere im Waffenamt und ihre Stellung den Waffenamtsoffizieren gegenüber?

Die Offiziere des Waffenamtes waren sehr froh darüber, auf diese Weise ihre Gedanken unmittelbar anbringen zu können. Denn sie

[8] Generaloberst Friedrich Fromm war von 1939 bis zum 21. Juli 1944 Chef der Heeresrüstung und Befehlshaber des Ersatzheeres; vgl. dazu auch die Ausführungen in Fußnote 21 dieses Protokolls.

hatten dadurch ein bedeutend leichteres und schnelleres Arbeiten. Allerdings muß gesagt werden, daß es ja keine organisch saubere Lösung in einem Staate ist, wenn das Staatsoberhaupt mit derartigen Entscheidungen befaßt wird. Später, ab Ende 1943, wurden diese Einzelbesprechungen auch aufgehoben und die Entscheidungen gingen von den zwischen Generalstab-Entwicklungsstellen der Industrie und Waffenamt gemeinsam gebildeten Entwicklungskommissionen meines Ministeriums aus. Trotzdem hat sich Hitler nach wie vor alle technischen Entscheidungen vortragen lassen.

Hatte Hitler selbst eine gute technische Kenntnis?

Er hatte gute technische Kenntnisse, auch in den Einzelheiten. Er hatte in der Hauptsache ein gutes technisches Einfühlungsvermögen. Er traf daher in der Zeit bis Frühjahr 1944 auf dem technischen Gebiet klare Entscheidungen. Erst als er durch die Kriegslage stark in die Enge getrieben war, wurden seine Entscheidungen unklar und unlogisch.

Der Generalstab, wie Sie ihn uns beschrieben haben, war an sich nicht auf das technische Gebiet ausgerichtet. Er war in seinem Machtbereich nicht so umfassend, wie er hätte sein sollen in der neuzeitlichen Kriegführung?

Das stimmt. Der deutsche Generalstab war auf Grund seiner einseitigen Auslese weder nach der wirtschaftlichen noch nach der kriegstechnischen Seite ausgebaut. Es fehlten ihm Fachleute aus der Industrie, die ihm hätten helfen könne. Der Generalstab war aber in der Auffassung von der Führung eines Krieges zu unmodern, als daß er von sich aus auf eine derartige Forderung gekommen wäre. Es wäre notwendig gewesen, die Einrichtung des Generalstabes dadurch zu reorganisieren, daß man eine ganz andere Gruppe von Offizieren in ihn gebracht hätte. Diese hätten sich aus bewährten Frontoffizieren, aus Wirtschaftlern und Technikern zusammensetzen müssen, die dann für die Vorbereitung des Krieges oder während des Krieges eine Uniform angezogen hätten. Natürlich wäre es ideal gewesen, daß dadurch die taktische Überlegung, der Nachschub, die technische Entwicklung und der Wirtschaftskrieg an einer Stelle zusammengefaßt waren. Es hätte der Generalstab sein können.

Wie war die Führung zwischen dem Heereswaffenamt und der Industrie zwischen dem Weltkrieg und dem Kriegsausbruch 1939?

Sie haben unmittelbaren Kontakt miteinander gehalten.[9] Dabei hatte bis zu meiner Zeit das Heereswaffenamt die einwandfreie Führung und Befehlsgebung an die Industrie.

Gab es in der technischen Entwicklung eine gegenseitige Befruchtung?

Diese war immer weitgehend. Das geht auch daraus hervor, daß das Waffenamt seine Entwicklungsaufträge an die Industrie gab und selbst keine Entwicklungen durchführte. Ich glaube, daß allerdings vor 1935 das Waffenamt damals nicht den Mut hatte, die verbotene Entwicklung von Rüstungsgegenständen selbst zu betreiben.

Hatte der Generalstab eingesehen, daß die operativen Pläne auf die Waffen und auf ihre Leistungsfähigkeit Rücksicht nehmen mußten und nicht umgekehrt?

Die operativen Pläne wurden ohne Rücksicht auf neue Waffen geplant und durchgeführt. Der Generalstab wußte zwar, daß es auf die Menge der Waffen ankommt, um eine Operation durchzuführen. Er richtete sich dabei nach der von mir vorausgesagten Waffenerzeugung, von der er annehmen mußte, daß es die Höchsterzeugung ist, und er mußte sich mit seinen Plänen entsprechend danach einrichten.

Wurde es vom Generalstab eingesehen, daß heutzutage es die Waffen sind, welche die Taktik und die Strategie bestimmen, und daß es nicht die Strategie ist, welche die Waffen bestimmt?

---

[9] Vor 1940 war das Verhältnis zwischen der Wehrmacht und den Rüstungsbetrieben rein privatwirtschaftlich. Auch im Rüstungsbereich herrschte das für die Wirtschaftspolitik im Dritten Reich charakteristische Wirrwarr vielfältiger, sich überlagernder und beschneidender Kompetenzen. Die Forderung nach einer klaren Verantwortung und einer einheitlichen Befehlsgewalt wurden deshalb kurz nach Kriegsausbruch im Dezember 1939 von führenden Vertretern der deutschen Industrie in aller Nachdrücklichkeit erhoben. Bereits ab 1933 waren zahlreiche militäreigene Fabriken gegründet worden. (Vgl. dazu Karl-Heinz Ludwig, Technik und Ingenieure im Dritten Reich, Düsseldorf 1974, S. 346ff.)

Bei den taktischen und strategischen Überlegungen nahm man auf die Waffenwirkungen keine Rücksicht.[10] Auch sehr schwerwiegende Waffeneinwirkungen wurden nicht in Rechnung gestellt. Die Unterschätzung des Einflusses Ihrer Fliegerangriffe z.B. auf die Nachschubstrecken wollte der Wehrmachtführungsstab nicht in vollem Umfange anerkennen.[11]

Wurde z.B. eingesehen, falls unsere Panzer besser gewesen wären, daß die Deutschen aus Nordafrika hätten fortmüssen?[12]

Nein, die materielle und personelle Überlegenheit wurde überschätzt in ihrer Bedeutung, die Wichtigkeit des Qualitätsunterschiedes nicht genügend beachtet.[13]

Konnte der deutsche Generalstab seine taktischen Überlegungen auf technischen Fortschritten basieren?

Der deutsche Generalstab hat es nicht verstanden, die Fortschritte und die technische Entwicklung der Waffen bei seinen taktischen Überlegungen zu Grunde zu legen. Er hat es versäumt, sich die hierzu notwendigen Kenntnisse zu verschaffen. Die hohen Offiziere des deutschen Generalstabs haben dadurch eine unverhältnismäßig geringe Kenntnis von unseren technischen Fortschritten gehabt.

Hat das Waffenamt den technischen Fortschritt des Gegners beobachtet und ausgewertet?

---

[10] Ganz im Gegensatz dazu stand Speers Auffassung – »je technischer der Krieg, desto entscheidender wird der technische Fortschritt der Waffen für den Kriegsverlauf« –, was er am Ende dieses Protokolls ausführt.

[11] In einer »Ergänzung zur Interrogation am 25.6.45« vom 14. Juli 1945 wurde der letzte Satz wie folgt modifiziert: »Der Einfluß Ihrer Fliegerangriffe z.B. auf die Nachschubstrecken wurde vom Wehrmachtführungsstab im allgemeinen unterschätzt.«

[12] In einer »Ergänzung zur Interrogation am 25.6.45« vom 14. Juli 1945 wurden Frage und Antwort wie folgt modifiziert: Frage: »*Wurde die deutsche technische Überlegenheit in den Anfangsphasen des Feldzugs in Libyen und Cyrenaica vom Generalstab erkannt?*« – Antwort: »Eine Beantwortung ist leider nicht möglich, da ich zu dieser Zeit noch keinen Einblick in die militärischen Ereignisse hatte.«

[13] Die zeitliche Darstellung ist so von Speer nicht korrekt. Speer trat sein Amt als Reichsminister für Bewaffnung und Munition am 15. Februar 1942 an. Rommel begann zwar seinen Gegenangriff am 21. Januar 1942. Die entscheidenden Bewegungen, der Übergang zur Verteidigungsstellung, nachdem der Durchbruch nach El Alamein nicht gelang, erfolgte jedoch im September 1942, also zu einem Zeitpunkt, als Speer schon mehrere Monate in Amt und Würden war.

Das Heereswaffenamt hat laufend die erbeuteten Waffen und Geräte und die Nachrichten in der Fachpresse ausgewertet. So wurden laufend, z.B. in Kummersdorf[14], alle erbeuteten Panzertypen durch eingehende Fahrversuche und andere Vergleiche mit den deutschen neuesten Entwicklungen verglichen und daraus für unsere weitere Entwicklung viel gelernt, der Weg zur Industrieauswertung dauerte jedoch sehr lange. Schlecht organisiert war der Austausch der unmittelbaren Fronterfahrungen der Truppe zum Heereswaffenamt. Der Berichtsweg ging hier über alle Zwischeninstanzen von der Front zum Generalstab und von diesem wieder über alle Instanzen zur entsprechenden Abteilung im Heereswaffenamt. Der Weg dauerte mindestens drei Monate, dazu waren die Berichte durch die verschiedenen Zwischenstellen so stark abgeändert, daß sie nicht mehr die unmittelbare Fronterfahrung darstellten. Nur in einigen Fällen gelang es dem Waffenamt, unmittelbar Fronterfahrung durch eigene Offiziere zu sammeln.

Wie wurden die technischen Fortschritte vom Waffenamt an den Generalstab herangetragen, und wie hat der Generalstab sie angenommen und das Weitere eingeleitet?

Die Vorschläge des Heereswaffenamtes gingen über den Chef Heeresrüstung und Befehlshaber des Ersatzheeres (früher Fromm) an den Chef des Generalstabes. Dieser entschied, ob er den Vorschlag praktisch gebrauchen kann oder nicht, und gab dann entsprechende Weisung über Chef HRüst an das Heereswaffenamt in Befehlsform. In meiner Zeit war dieses Prinzip stark aufgelockert und durch viele unmittelbare Führerentscheidungen umgangen.

Hat das Heer staatliche Institute oder Einrichtungen gehabt, in denen die angewandte Forschung und die Entwicklung auf dem Waffen- und Gerätegebiet durchgeführt wurden?

Im allgemeinen wurde Entwicklung und Forschung durch die Industrie und Hochschulinstitute durchgeführt. Als Ausnahme gab es bei

[14] Eine Hauptgruppe des Heereswaffenamtes waren die Waffenprüfämter. In der Heeresversuchsstelle Kummersdorf (Kreis Teltow) befand sich der Prüfplatz des Waffenprüfamtes für Infanteriewaffen, zwei Schießbahnen bis 14 km und eine 3 km lange Hindernisbahn für Fahrzeuge aller Art. (Vgl. dazu Wolfgang Fleischer, Die Heeresversuchsstelle Kummersdorf, 2 Bde, Wölfersheim–Berstadt 2000.)

dem Heer ein Institut in Kummersdorf, das von Professor Schumann geleitet wurde.[15] Seine Ergebnisse waren aber von untergeordneter Bedeutung. Das Arbeiten dieses Instituts hat sich als sehr teuer und langsam erwiesen, und das Ergebnis war oft unbrauchbar. Es beschäftigte sich z.B. auf dem Gebiet der Hohlladungen[16] und hatte hier im Verhältnis zur Industrie keine Erfolge und entwickelte den N-Stoff[17], für den eine Fabrik gebaut wurde und bei dem sich nachträglich herausstellte, daß er völlig unbrauchbar ist. Eine zweite Entwicklung des Heeres war die Heeresversuchsanstalt in Peenemünde, in der in zwölf-

[15] Der Physiker Professor Erich Schumann leitete die maßgeblich an der Konzeption und Entwicklung neuer Waffen beteiligte Forschungsgruppe (F) in der Hauptgruppe der Waffenprüfämter. Schumann, der Ordinarius an der Universität Berlin war, hielt über die Forschungsabteilung den Kontakt zur universitären und außeruniversitären Forschung. Die Forschungsabteilung verfügte über ein großes Laboratorium in Gottorp bei Hillersleben, nahe Magdeburg. Es war eine Schallmeßversuchsstätte.

[16] Die Hohlladung wurde von Schumann im Forschungslabor Gottorp entwickelt. Mit ihr konnten starke Panzerungen auch ohne den Einsatz des Mangelrohstoffes Wolfram wirkungsvoll bekämpft werden. (Vgl. dazu Peter Zimmermann, Technik für Rüstung und Krieg: Bd. 5. Die Rolle der Technik im Zweiten Weltkrieg, Ms, Institut für Mechanik, Fakultät für Luft- und Raumfahrttechnik, Universität der Bundeswehr München, S. 15.)

[17] Mit N-Stoff wird eine Brandflüssigkeit auf der Basis einer Chlor-Fluor-Verbindung (ClF_3) bezeichnet, deren Schmelzpunkt bei –82,6 °C liegt. Unter der Bezeichnung »C-3«wurde es von den Seewerken in Falkenhagen hergestellt. (Vgl. Fritz Hahn, Deutsche Geheimwaffen 1939–1945, Heidenheim 1963, S. 61.) N-Stoff sollte den notorischen Phosphormangel in Deutschland ausgleichen. Speer widersetzte sich 1944 erfolgreich den Versuchen, die N-Stoff-Produktion aus der Heeresrüstung in den Bereich des RFSS zu übertragen.

[18] Seit Sommer 1936 wurde unter Oberst Dornberger an den Grundlagen für eine Fernrakete neuen Typs gearbeitet, mit der die Schußweite erheblich gesteigert werden konnte. Aufgrund der Bestimmungen des Versailler Vertrages, die den deutschen Truppen starke Waffenbeschränkungen auferlegt hatten, war dem Waffenamt v.a. an der Entwicklung von Waffen gelegen, mit denen man die Schußweite steigern konnte. Für die A 4 war ein Startgewicht von 12 Tonnen vorgesehen. Bei einer Ausströmgeschwindigkeit der Gase von 2100 m/s wurde für die Rakete eine maximale Geschwindigkeit von 1500 m/s angestrebt. Die Brennzeit betrug 60 Sekunden; für einen Schub von 25 Tonnen waren einschließlich des für die Verbrennung mitzuführenden Sauerstoffes etwa 8 Tonnen Treibstoff nötig. (Vgl. Fritz Hahn, Waffen und Geheimwaffen des deutschen Heeres 1933–1945, Bd. 2: Panzer und Sonderfahrzeuge, »Wunderwaffen«, Verbrauch und Verluste, München 1987, S. 162ff.) Der erste erfolgreiche Versuchsschuß glückte in der Heeresanstalt Peenemünde am 3. Oktober 1942. Danach erhielt das A 4-Programm die höchste Dringlichkeitsstufe in der Rüstung. Speer wurden in seiner Eigenschaft als RMBM am 25. Juli 1943 von Hitler per Erlaß die Befugnisse zur Steuerung des A 4-Programms übertragen. Bei der unterirdischen Produktion der A 4 im thüringischen Nordhausen wurden seit Sommer 1943 auch Häftlinge aus dem KZ Buchenwald herangezogen.

jähriger Arbeit die A 4 (V 2)[18] entwickelt wurde. Auch hier hat sich herausgestellt, daß ein derartiges Unternehmen besser von der Industrie geführt wird, daher wurde es am Schluß weitgehend privatisiert. Die Erfahrungen auf dem Gebiet der Entwicklung und Forschung haben gezeigt, daß es notwendig ist, diese möglichst auf privater Grundlage zu lassen, um ein schnelles und schlagkräftiges Instrument zu haben.

Gab es nicht eine Abteilung für Sonderwaffen im Heereswaffenamt?

Diese wurde 1944 eingerichtet. Es wurde in ihr die Gruppe der Werfermunition und Raketenwaffen bearbeitet.[19] Sie unterstand General Dornberger. Ursprünglich war die Entwicklung der A 4, wie die gesamte Entwicklung der Werfermunition, in der Munitionsentwicklung untergebracht, wo sie auch hingehört.

Welche Funktion hatte Keitel im OKW? War er etwa Chef des Generalstabes für die drei Wehrmachtteile zusammen und gleichzeitig eine Art Kriegsminister?

Wir hatten leider nie einen zusammenfassenden Generalstab für die drei Wehrmachtteile. Das war ein großer Nachteil, da alle Streitigkeiten unmittelbar an den Führer herangetragen wurden, der dann zwischen den drei Wehrmachtteilen entschied. Sicher wollte er diesen Zustand aufrechterhalten, aber auch von Seiten des OKW wurde nichts unternommen, um eine einheitliche Führung des Krieges durch einen Generalstab zu bekommen. Auch der Wehrmacht-

[19] Aufgrund des überstürzten Rückzugs nach der Invasion der Alliierten und der dabei erlittenen Munitionsverluste spitzte sich die ohnehin prekäre Lage des Munitionsnachschubs 1944 dramatisch zu. Trotz verstärkter Anstrengungen gelang es Speer nicht, die Krisenlage der Munitionsversorgung in den Griff zu bekommen. Zu den Hauptproblemen der deutschen Granatwerferproduktion gehörte deren Qualitätsstand. Der qualitativ höherwertige 12-cm-Granatwerfer erreicht 1943/44 nur ein Zehntel der Gesamtproduktion. Zu lange hatte die Wehrmacht auf den Einsatz von Infanteriegeschützen gesetzt. Die vergeblichen Bemühungen, die Bomber-Offensive der Alliierten zu stoppen, führte 1943/44 verstärkt zur Entwicklung einer Reihe von Sonderwaffen, zu denen neben Bordkanonen großen Kalibers zahlreiche Waffen zählten, die durch photoelektrische und magnetische Auslösegeräte abgefeuert wurden, außerdem verschiedene Kleinkampfmittel. (Vgl. dazu Fritz Hahn, Deutsche Geheimwaffen 1939–1945, Heidenheim 1963, S. 112ff., und ders., Waffen und Geheimwaffen des deutschen Heeres 1933–1945, Bd. 1, Koblenz 1986, S. 197ff.)

führungsstab wurde kein Generalstab für alle drei Wehrmachtteile. Er hat sich dann damit »beschäftigt«, die westlichen Kriegsschauplätze als Generalstab selbst zu führen. Auch einen Kriegsminister gab es bei uns nicht, der die Wirtschaftskriegführung im eigenen Lande und gegen den Gegner vorbereitete und befehlen konnte. Soweit es Rüstungsfragen waren, wurden sie von mir mit den drei Wehrmachtteilen unmittelbar besprochen und entschieden. Das OKW gab daher keine Befehle, es begnügte sich damit, als eine Art Wehrmachtsbüro des Führers ihm bei seinen Entscheidungen zu helfen; Keitel hatte dabei keine bessere Stellung als die eines Generalsekretärs dieses Büros.[20] Das lag daran, daß sich Keitel nicht den Oberbefehlshabern der drei Wehrmachtteile gegenüber durchsetzen konnte, aber auch gar keine Anstalten traf, um seine Stellung im Interesse des Kriegsverlaufes zu stärken.

Hatte Keitel nicht die Entscheidungen des Wehrmachtführungsstabes auf militärischem Gebiet zu verantworten?

Nein. Diese Funktion übte Jodl aus, der hierüber dem Führer unmittelbar vortrug und daher auch ihm gegenüber die Verantwortung hatte, obwohl er Keitel unterstellt war. Er war offiziell Chef des Wehrmachtführungsstabes.

Wie waren aber die Funktionen des OKW, woraus erklärt sich seine schwache Stellung?

Der Gedanke des OKW war gut, aber trotzdem war das OKW eine ohnmächtige Behörde. Das lag an Keitel, der keine Macht hatte und auch nicht der Mann war, sich durchzusetzen. Als der putschende Generalstab seine Organisationspläne für die Umbildung nach dem 20. Juli [1944] aufstellte, hat er einen sogenannten großen Generalstab vorgesehen, in dem alle drei Wehrmachtteile eingeordnet waren.

---

[20] Nach der Ablösung des Reichskriegsministers von Blomberg und des Oberbefehlshabers des Heeres v. Fritsch in der Blomberg-Fritsch-Krise hatte Hitler selbst das Amt des Reichskriegsministers übernommen und General Wilhelm Keitel zum Leiter seines persönlichen Militärbüros als Chef des Oberkommandos der Wehrmacht ernannt. Auf Grund seiner schwachen, Hitler-hörigen Persönlichkeit gelang es Keitel nie, seinen Beratungsaufgaben gerecht zu werden, geschweige denn eigene Statur zu entwickeln.

Also eine Verstärkung des Gedankens des OKW.[21] Überhaupt hatten die Organisatoren des 20. Juli gute Gedanken über die notwendigen Reformen in der Verwaltung und in der Wehrmacht, da sie den notwendigen Abstand hatten, um grundsätzliche Fehler zu erkennen.[22]

War es ein Teil von Keitels Aufgaben, die Vereinigung der drei Wehrmachtteile herzustellen?

Auf dem Papiere ja. So scheiterte es aber daran, daß sich niemand Keitel unterstellen wollte. Vielleicht wäre es besser gewesen, wenn eine anerkannte Persönlichkeit denselben Posten ausgeübt hätte. Es war den Wehrmachtteilen nicht zuzumuten, sich Keitel zu unterstellen, da dann ihre Interessen außerordentlich schlecht vertreten worden wären.

Zu Kriegsausbruch, als Brauchitsch, Göring und Raeder die Wehrmachtteile selber leiteten, waren diese drei Wehrmachtteile so stark, daß sie sich selbständig behaupten und z.B. ihre eigene Materialbeschaffung durchführen konnten?

---

[21] Seit Ende 1941 waren Bemühungen im Gange, maßgeblich von Henning von Tresckow und Claus von Stauffenberg betrieben, eine »Änderung der Spitzengliederung« der Wehrmacht, insbesondere des Heeres, herbeizuführen, um das Nebeneinander und Durcheinander der Führungsgewalten zu beenden, das die Kriegführung durch Unklarheit, Mangel an Verläßlichkeit und Kontinuität stark behinderte. In letzter Konsequenz hätten diese Überlegungen indes dazu geführt, daß Hitler zu seiner eigenen Ablösung als Oberbefehlshaber des Heeres hätte bewegt werden müssen. Dies war illusorisch, die Überlegungen der Verschwörer daher zum Scheitern verurteilt. (Vgl. Peter Hoffmann, Der militärische Widerstand in der zweiten Kriegshälfte 1942–1944/45, in: Aufstand des Gewissens. Militärischer Widerstand gegen Hitler und das NS-Regime 1933–1945, Herford [2]1985, S. 405ff.)

[22] Von Seiten der militärischen Opposition gegen Hitler gab es im Vorfeld des Attentatsversuchs vom 20. Juli 1944 mehrere Versuche, den Kontakt zu Rüstungsminister Albert Speer zu suchen. So hatte der Befehlshaber des Ersatzheeres, Generaloberst Fromm, Speer mehrfach bedrängt, ihn am Tag des Attentats, am 20. Juli zum Mittagessen mit anschließender Besprechung in die Bendlerstraße einzuladen. Die nachträglichen Sympathien für gewisse wehrpolitische und administrative Reformvorstellungen der Männer des 20. Juli sind aus der Perspektive Speers vom Sommer 1945 durchaus glaubwürdig. Daraus auf eine Sympathie für die Anliegen des Staatsstreichversuches, geschweige denn auf eine Zugehörigkeit zum 20. Juli zu schließen, ist jedoch verfehlt. Auch Fromms Rolle beim 20. Juli war von tiefem Zwiespalt gekennzeichnet.

Ja. Bis zur schrittweisen Übernahme der Gesamtrüstung und damit Materialbeschaffung durch mein Ministerium haben die Wehrmachtteile ihre Geräte unabhängig voneinander beschafft, was jede Planung und die einheitliche Ausnutzung der Industriekapazität unmöglich machte. Die Oberbefehlshaber der drei Wehrmachtteile nahmen Weisungen nur vom Führer als dem obersten Befehlshaber der Wehrmacht an. Es ist mir bekannt, daß sie sich verschiedentlich aus Grundsatz weigerten, derartige Weisungen vom OKW, auch wenn sie im Auftrage des Führers gegeben waren, anzunehmen. Sie wollten auf keinen Fall merken, daß das OKW über ihnen steht. Diesen Grundsatz konnten die Oberbefehlshaber der Wehrmachtteile Göring und Dönitz bis zum Schluß aufrechterhalten.

Worauf ist die Schwäche des OKW Ihrer Meinung nach zurückzuführen?

Es gab hier einen grundsätzlichen Fehler: Bei der Gründung des OKW wurde vom Generalstab des Heeres eine vollständig falsche Personalpolitik getrieben. Der Generalstab behielt seine guten Leute bei sich und stand auf dem Standpunkt, daß das OKW möglichst schwach besetzt sein soll, damit der Generalstab weiter seine Selbständigkeit behält. Das war ein verhängnisvoller Fehler, wie viele junge Generalstabsoffiziere mir nachträglich erklärten. Ebenso waren die Offiziere, die von der Luftwaffe und der Marine an das OKW abgegeben wurden, nur drittklassiges Material. Es wollte jeder Wehrmachtteil seine besten Offiziere bei sich behalten. Dadurch war das OKW auch in seinem Unterbau sehr schwach und hatte bei den übrigen Wehrmachtteilen keine Durchschlagskraft.

Wie ist es möglich, daß, wie wir wissen, die Wehrmachtteile von einem Soldaten Keitel keine Befehle entgegennahmen, während andererseits die Befehle von Ihnen, einem Architekten, von den drei Wehrmachtteilen angenommen wurden?

Vor meiner Zeit hatte ja das Rüstungsamt im OKW die Aufgabe gehabt, festzustellen, welche Forderungen der drei Wehrmachtteile durchgeführt werden konnten. Diese Feststellungen waren sehr pessimistisch. Man glaubte, nur eines der drei Programme durchführen zu können, und drängte auf die Entscheidung, ob Heer, Luft oder

Marine zu bevorzugen sind. Als ich das Ministerium übernahm, hatte ich eine einzige gute Idee, nämlich mit der Industrie und ihren führenden Leuten eng zusammenzuarbeiten und ihnen die Verantwortung für die Rüstung zu überlassen. Die Industrie stellte bald fest, daß es möglich war, viel mehr herauszustellen, als bis dahin geleistet worden war. Die darin liegenden Möglichkeiten haben die drei Wehrmachtteile in der Reihenfolge Heer, Marine, Luft erkannt und mir dann freiwillig ohne Befehl des Führers die Verantwortung über ihre Teilrüstungen zu [sic] übertragen. Aber bereits am Beginn meiner Tätigkeit habe ich mir die Verteilung der Rohstoffe (Stahl, Kupfer, Aluminium usw.) übertragen lassen, das hat die Wehrmachtteile veranlaßt, sich mit mir gut zu stellen und meine einzelnen Weisungen zu befolgen.

Welche Vorbildung hatte[n] General Thomas und seine Mitarbeiter?

General Thomas war Generalstabsoffizier.[23] Aber unter ihm waren Wirtschaftler als Offiziere. Diese hatten jedoch kein großes Format; wer etwas konnte, gab seine Industriestellung nicht auf, so daß die guten Leute, die tatsächlich helfen konnten, in der Industrie blieben.

Wurden viele Generalstabsoffiziere des Ersten Weltkrieges, die unterdessen in der Wirtschaft waren, in der Wehrmacht wiederaufgenommen?

Das ist mir unbekannt.

Wie kam es, daß bei Beginn der deutschen Kriegslähmung der Generalstab eine klare Vorstellung betreffend des totalen Krieges hatte und daß man es danach unterließ, eine solche Mobilmachung zu ermöglichen?[24]

[23] Georg Richard Thomas trat nach seinem Abitur im September 1908 als Fahnenjunker in das Infanterieregiment 63 ein. Er erlebte den Ersten Weltkrieg als Kompanieführer und Regimentsadjutant an der Westfront und wurde noch vor Kriegsende in den Generalstab versetzt. (Vgl. dazu die einführenden Bemerkungen von Wolfgang Birkenfeld, in: Georg Thomas, Geschichte der deutschen Wehr- und Rüstungswirtschaft (1918–1943/45), Boppard/Rh. 1966.)

[24] In einer »Ergänzung zur Interrogation am 25.6.45« vom 14. Juli 1945 wurden Frage und Antwort wie folgt modifiziert: Frage: »*Wie kam es, daß der Generalstab einen totalen Krieg plante und unternahm, obwohl, wie es an Ihren Aussagen klar ist, er nicht die Notwendigkeit einer totalen Mobilmachung s[einer] Mittel erkannte?*« – Antwort: »Es

Es war hier meiner Ansicht nach folgender Fehler unterlaufen: Wir hatten bereits im Frieden eine Art Wirtschaftsmobilmachung durch den Vierjahresplan[25], dort waren alle die Organe vorhanden, die eine wirtschaftliche Mobilmachung im Kriege hätten vorplanen müssen. Das geschah aber nicht, und zu Beginn des Krieges tauchte eine vollständig neue Organisation des Rüstungsamtes auf, um den Krieg wirtschaftlich zu führen. Die Offiziere, die damit beauftragt waren, hatten nicht die notwendigen Fachkenntnisse und stießen auf die Generalbevollmächtigten im Vierjahresplan. Das gab sofort erhebliche Auseinandersetzungen. Göring behauptete, daß er auf Grund seiner Vollmachten die wirtschaftliche Mobilmachung zu verantworten hätte, und dieser Standpunkt setzte sich beim Führer durch. Er und seine Mitarbeiter hatten aber nicht die Meinung, daß eine totale wirtschaftliche Kriegsführung notwendig sei, so daß unsere Industrie bis zum Jahre 1943 nicht voll für den Krieg eingesetzt war. Daraus sind auch die verhältnismäßig geringen Waffenlieferungen bis 1943 zu erklären. Die Organisation der »Selbstverantwortung der Industrie« hat dann im Jahre 1942 begonnen, die wirtschaftliche Ausnutzung Deutschlands für die Rüstung energischer zu betreiben. Durch die Übernahme der Gesamtproduk-

---

muß ein Mißverständnis vorliegen. Der Generalstab bzw. das Rüstungsamt des OKW hatten die Notwendigkeit der totalen Mobilmachung aller Mittel zu Beginn des Krieges erkannt gehabt. Die Vorbereitungen hierzu waren getroffen. Es ist nachträglich schwer zu beurteilen, ob der Generalstab bzw. das Rüstungsamt bei der Durchführung seiner Pläne eine totalere und zweckmäßigere Mobilmachung hätte durchführen können, als dies dann bis 1942 in so mangelhafter Weise geschehen ist. Über die Schwierigkeiten, die sofort nach Kriegsausbruch auftraten, gibt die ursprüngliche Fassung [...] Auskunft.«

[25] Adolf Hitlers geheime Denkschrift vom August 1936 zum »Vierjahresplan« umriß programmatisch das Ziel, Wirtschaft und Armee innerhalb von vier Jahren in Kriegsbereitschaft zu versetzen. Am 22. Oktober 1936 wurde Hermann Göring von Hitler als Beauftragter für den Vierjahresplan eingesetzt. Die private Wirtschaft wurde gezwungen, sich den Erfordernissen des Vierjahresplans anzupassen. Staat und Partei griffen durch verordnende Programme dirigierend in den Produktionsprozeß ein. Die Aufrüstung schuf Arbeitsplätze, vor allem sicherte sie hohe Gewinne, schränkte jedoch auch die Konsumgüterproduktion für die Bevölkerung ein. Neben der Rohstoffbeschaffung und Erzeugung von Ausgangsprodukten wie Gummi, Treibstoff, Stahl- und Leichtmetallerzeugnissen erhielt die Herstellung von Endprodukten wie Waffen und Munition einen immensen Auftrieb, der auch kleinen Zulieferbetrieben zugute kam. Görings Vollmacht wurde 1940 von Hitler um weitere vier Jahre verlängert.

tion vom Reichswirtschaftsministerium im Sommer 1943 war dann die endgültige Möglichkeit gegeben, innerhalb der Wirtschaft eine totale Mobilisierung durchzuführen. Der totale Krieg wurde jedoch auf dem Gebiet des Arbeitseinsatzes trotz der militärischen Schwierigkeiten nicht in dem Umfang durchgeführt wie in England und Amerika. Das zeigen die Zahlen über die Beschäftigung der Fragen in der Rüstung. Hier waren politische Meinungen herrschend (Sauckel).

Wieso war Ihrer Meinung nach der Rüstungsapparat der Wehrmacht und des Heeres nicht geeignet, eine totale Rüstung durchzuführen, und worin lagen die Fehler?

Es war ein großer Unterschied zum Weltkrieg. Damals wurde erstmalig ein technischer Krieg geführt, und es hatte niemand Zeit, sich vorher zu überlegen, wie man so etwas organisiert. Daher war der Apparat, der zur Rüstung dem Heer zur Verfügung stand, außerordentlich klein. Es war die sogenannte Wumba (Waffen- und Munitionsbeschaffungsamt), der außer der Marinerüstung alle anderen Beschaffungen übertragen war. Der ganze Apparat war nur 100 Mann stark. Alles andere wurde von der Industrie unmittelbar in eigener Verantwortung durchgeführt, wobei damals Rathenau eine ausschlaggebende Rolle spielte. Auf diese Weise wurde der Hindenburgplan im Jahre 1917/18 mit großem Erfolg durchgeführt. Die Leistungen waren damals bedeutend höher als unsere Rüstung in den Jahren 1939/42. Im Gegensatz dazu hat man bei uns nach 1918 viel zu viel Zeit gehabt, um über die Organisation einer technischen Rüstung nachzudenken.

Es wurde im Laufe der Zeit – die Einzelheiten sind mir nicht bekannt – ein ungeheurer Apparat aufgebaut, der für die Rüstung verantwortlich sein sollte, und zwar aus Offiziersbeamten. Dieser große Apparat hatte auch seine Ursache darin, daß bei dem Verbot einer Rüstung durch den Versailler Vertrag die Industrie keine große Lust hatte, sich mit derartigen Fragen ernsthaft zu beschäftigen. Daher hat die Wehrmachtsorganisation es notwendig gehabt, diese schwarzen Vorbereitungen selbst durchzuführen, und mußte daher alles, was sonst von der Industrie geplant wird, organisatorisch selbst durchführen.

Sie selbst glauben demnach, daß die wirkliche Ursache eine gründliche und zu lange Planung ist?

Ja. Ich bin der Überzeugung, daß dieser Rüstungsausstoß von 1939/43 bedeutend höher gewesen wäre, wenn die Wehrmachtteile sich nicht so lange mit der Planung beschäftigt hätten und dadurch ihre Apparate kleiner gewesen wären. Sie wären dann gezwungen gewesen, wie 1914/18 mit der Industrie unmittelbar zusammenzuarbeiten, da sie dann keinen eigenen Apparat gehabt hätten, von dem sie glaubten, daß er größere Erfahrungen hat als die Industrie selbst.

Glauben Sie demnach, daß man den Schluß ziehen kann, daß ein totaler Krieg nicht allein von der Wehrmacht geführt werden kann, sondern daß man die Industrie in die Führung mit einschalten muß?

Unbedingt, ohne die Industrie, nur mit den Offizieren, läßt sich das nicht machen. Nur eine gegenseitige Ergänzung führt zum Erfolg. Dabei darf man auch nicht glauben, daß Offiziere, die aus der Industrie in die Wehrmacht übernommen werden, eine Aufgabe übernehmen können. Denn nach einigen Jahren sind auch sie industriefremd. Es ist notwenig, daß man die technischen Industrieleute unmittelbar heranzieht; auf die Konzernleiter kann man dabei verzichten, sie haben genauso wie die meisten Großkaufleute zu sehr die Interessen ihrer eigenen Unternehmungen im Sinn, während die Techniker in den Betrieben nach unseren Erfahrungen sich von ihren Betriebsinteressen freimachen, wenn sie eine übergeordnete Aufgabe finden.

Was ist das beste Prinzip der Kriegführung im Gegensatz zu den alten Grundsätzen der Kriegführung, z.B. Zusammenfassung der Mittel: Glauben Sie, daß man den technischen Fortschritt und die technische Initiative als das wichtigste Element betrachten kann?[26]

[26] In einer »Ergänzung zur Interrogation am 25.6.45« vom 14. Juli 1945 wurde der Frage- und Antworttext wie folgt modifiziert: Frage: »*Würden Sie sagen, daß die Erringung und Erhaltung der technischen Initiative über den Gegner das wichtigste Prinzip im modernen Krieg und dessen Vorbereitung ist?*« – Antwort: »Die Frage ist durch den ersten Satz zustimmend beantwortet. Gleichzeitig ist [die nachfolgende Frage] eine Ergänzung zu dieser Antwort.

Für die Durchführung eines modernen Krieges ist sicher der technische Forschritt bei den Waffen das Entscheidendste. Es ist dabei aber notwendig, daß man mit den modernen Waffen mit dem höchsten Nutzeffekt an den Feind kommt. Das heißt:

1. Die oberste Führung muß den Wert der neuen Waffen genau kennen, um sie richtig und an entscheidender Stelle einsetzen zu können. Das hat Hannibal bereits mit seinen Elefanten richtig getan.[27]
2. Die Führung der Truppeneinheiten muß auf das genaueste über die einzelnen Vorteile ihrer Waffen Bescheid wissen, um ihre Vorteile am Feind auch tatsächlich auswerten zu können. Dann müßten gerade für die neuen Waffen die erfahrensten Frontoffiziere ausgesucht werden.
3. Die Soldaten, die die neuen Waffen bedienen, müssen ebenfalls die erfahrensten und technisch am besten vorgebildeten Soldaten sein. Wer einen Königstiger[28] in den Kampf fährt, müßte als Panzerfahrer erfolgreich alle vorhergehenden Typen im Kampf kennengelernt haben und so den Wert seines Fahrzeugs besonders schätzen.
4. Der Nachschub für diese modernen Waffen müßte diese Spezialtruppen vor allen anderen immer wieder auffrischen, damit ihre Kampfkraft möglichst voll erhalten bleibt.

Alle vier Punkte wurden bei uns nicht eingehalten; die oberste Führung konnte den Wert einer neuen Waffe nicht einschätzen und hat daher keinen Versuch unternommen, hieraus einen Schwerpunkt zu bilden; die neuen Waffen wurden neuaufgestellten Divisionen zugewiesen, die weder in der Führung noch in den Mannschaften die notwendigen Erfahrungen hatten. Daher konnte der Wert der neuen Waffen nicht ausgenutzt werden; und der Nachschub an die Fronttruppen war nur zehn bis zwanzig Prozent der monatlichen Neuerzeugung, so daß die alten Verbände ihre Kampfkraft schnell verlieren mußten und ihre Kampferfahrungen bei den neuen Waffen nicht aus-

---

[27] Im Kampf um die Vorherrschaft im Mittelmeerraum überschritt der Karthager Hannibal 218 v. Chr. mit 38 000 Fußsoldaten, 8000 Reitern und 37 Elefanten die verschneiten Alpen, erschien völlig unerwartet in der Po-Ebene und schlug die Römer in mehreren Schlachten.

[28] Königstiger ist die Bezeichnung für den Panzerkampfwagen VI, Tiger II, Ausf. B, der von ausgesprochen starker Feuerkraft war. Im Zeitraum zwischen Januar 1944 und März 1945 sind davon 485 produziert worden.

gewertet werden konnten. Darin liegt die Erklärung, warum trotz der zeitweiligen Überlegenheit unserer Panzer und der verhältnismäßig großen Produktion diese niemals den Gegnern entsprechend gegenübertrat.

Nachdem es sich herausgestellt hat, daß es zwecklos ist, einen Erfolg gewinnen zu wollen durch Truppen, die mit minderwertigem Gerät ausgestattet sind, ist daher das Element des technischen Fortschritts der Waffen als entscheidend anzusehen?[29]

Je technischer der Krieg, desto entscheidender wird der technische Fortschritt der Waffen für den Kriegsverlauf. Eine überlegene Waffe kann bei richtiger Anwendung ohne weiteres eine vielfache materielle Übermacht besiegen. Die Entscheidung wird immer dann durch die modernere Waffe gegeben sein, wenn der Generalstab und die Truppenteile in der Lage sind, diesen Fortschritt zu erkennen und auszunutzen. Nach den Erfahrungen dieses Krieges scheint es jedoch fast schwieriger zu sein, dies total zu erreichen, als neue Waffen zu konstruieren und zu bauen. Technische Kriege werden meist durch die größeren Dummheiten der Gegner gewonnen.

Welche Behörde oder Persönlichkeit war verantwortlich für die Koordination des Panzers mit dem darauf zu montierenden Geschütz?

Der Geschützturm mit dem Geschütz wurde von der Entwicklung Waffen, der übrige Teil von der Entwicklung Panzer des Heereswaffenamtes verantwortet. Entsprechend dieser Teilung hat die Entwick-

[29] In einer »Ergänzung zur Interrogation am 25. 6. 45« vom 14. Juli 1945 wurde der Frage- und Antworttext wie folgt modifiziert: Frage: »*Ist es auch Ihre Meinung, daß es möglich ist, für eine Streitkraft, welche technisch überlegen ist, eine zahlenmäßig weit größere Streitkraft zu besiegen, welche technisch unterlegen ist?*« – Antwort: »Theoretisch muß es möglich sein, mit einer technisch überlegenen eine zahlenmäßig größere Streitkraft zu besiegen, wenn die Führung die Vorteile der Waffe auszunutzen ve[rmag]. Nach den Erfahrungen, die wir mit neuen und überlegenen Waffen gemacht haben, scheint es mir jedoch wichtig zu sein, auf den richtigen Einsatz und die richtige Ausbildung der damit ausgestatteten Truppen nochmals hinzuweisen. Nur dadurch und durch eine technisch verständnisvolle Führung kann theoretisch dieser technische Vorsprung ausgenutzt werden (siehe auch ursprüngliche Beantwortung der Frage [...]).«

lung der Panzerfahrgestelle z.B. die Firma MAN und die Entwicklung des dazugehörigen Turmes mit Geschütz die Firma Krupp oder Rheinmetall vorgenommen. Zusammengefaßt wurde diese Aufgabe theoretisch durch den Chef WaPrüf im Waffenamt. Dies war jedoch ein unbefriedigender Zustand. In Tatsache wurde der gesamte Panzer von der Entwicklung der Panzer im Heereswaffenamt verantwortet, die auch die Zusammenfassung der Firmen vornahm.[30]

[30] Nachsatz von Speer: Da das Stenogramm unvollständig [war], wurde die Besprechung von mir rekonstruiert und ergänzt.

Protokoll 5
Generalstab, Heereswaffenamt, SS-Rüstung und Flakpanzer (3. Juli 1945)[1]

Warum bestand keine engere Zusammenarbeit zwischen dem Heereswaffenamt und dem Generalstab? Warum war das Heereswaffenamt nicht im Generalstab in irgendeiner Form eingegliedert?

Das lag an der Zweiteilung, die wir im Heer hatten.[2] Dem einen Teil unterstand die Aufstellung des Ersatzheeres.[3] Das Ersatzheer hatte als Unterabteilung das Waffenamt, um für die Front und das Ersatzheer die Waffen zu beschaffen; als zweiter Teil der Generalstab, der den Einsatz der Truppen an der Front hatte. Das ganze Verhältnis wäre einwandfreier gewesen, wenn wir einen gemeinsamen Oberbefehlshaber des Heeres gehabt hätten.

Der also Ersatzheer und Feldtruppenanteil zusammengefaßt hätte? Gab es den nicht?

Den gab es noch zu Brauchitschs Zeiten.[4] Aber nachdem Brauchitsch weg war und Hitler diese Dinge selbst machte, wurde praktisch im

---

[1] BA Koblenz, Nachlaß Albert Speer N 1340, Bd. 469.
[2] Die Wehrmacht-Spitzengliederung war immer wieder Gegenstand von Auseinandersetzungen. Das Oberkommando des Heeres (OKH) mit dem Generalstab des Heeres beanspruchte für sich die Leitungsfunktion bei der Reichsverteidigung. Dem stand das Oberkommando der Wehrmacht (OKW) gegenüber, das seine Abteilung Landesverteidigung zum Wehrmachtführungsamt, seit August 1940 »Wehrmachtführungsstab«, ausbaute. Parallel und getrennt geführte Kriegsschauplätze unter der Leitung von OKW und OKH behinderten eine erfolgreiche Kriegführung und führten zur Zersplitterung der Führungsorganisation der Wehrmacht.
[3] Der Chef der Heeresrüstung war zugleich Befehlshaber des Ersatzheeres. Vgl. Protokoll 4, Fußnote 7.
[4] Generaloberst Walther von Brauchitsch trat im Februar 1938 die Nachfolge des nach einer Intrige zurückgetretenen Generaloberst Freiherr von Fritsch als Oberbefehlshaber des Heeres an. Brauchitsch wurde im Zusammenhang mit der Winterkrise vor Moskau im Dezember 1941 von Hitler entlassen.
[5] Generalstabsoffizier Helmut Stieff war seit Oktober 1942 als Chef der Organisationsabteilung des Heeres für den Aufbau und die Gliederung des Kriegsheeres

Detail nicht mehr geführt. Hitler hat nur die großen taktischen Angelegenheiten angeordnet.

Im Generalstab war niemand, der technische Kenntnisse hatte?

Da gab es niemanden. Derjenige, der technisch vorgebildet sein müßte, war Stief [sic!] als Chef der Organisationsabteilung (bis zum 20. Juli)[5]; er hatte aber keine technischen Kenntnisse. Oberstleutnant Giese, ein Bearbeiter unter ihm, war der einzige, der etwas technisches Verständnis hatte, der aber mit seinen oft vernünftigen Meinungen nicht durchkam. Die Unvernunft in technischen Fragen, wie ich sie bereits beschrieben habe, war täglich gegeben.

Die Organisation vom Waffenamt hat sich doch ab 1. Februar 1945 geändert, indem es direkt dem Feldheer unterstellt wurde?

Das stimmt nicht. Ab 1. Februar 1945 ist das Waffenamt direkt zu Buhle gekommen.[6] Es war damit praktisch dem OKW zugeteilt, nicht dem Heer.

---

zuständig. Seit den frühen 30er Jahren gehörte er zu den Gegnern Hitlers und des Nationalsozialismus. Über Oberstleutnant i.G. Henning von Tresckow stieß Stieff im Sommer 1943 zum engeren Kreis der Opposition. Trotz ethischer Bedenken gegen ein Attentat verwahrte Stieff den für den Anschlag bestimmten Sprengstoff sowohl Ende Oktober bis Ende November 1943 (damals in seiner Privatwohnung und im Hauptquartier in Ostpreußen) als auch mehrere Wochen im Frühjahr 1944 im Schreibtisch seines Büros und seiner Privatwohnung. Am 21. Juli 1944 wurde er wegen seiner Beteiligung an der Verschwörung verhaftet, vom Volksgerichtshof zum Tode verurteilt und hingerichtet in Berlin-Plötzensee.

[6] Speer bezieht sich damit auf die Umorganisation vom 15. Februar 1945, mit dem ein Heeres-(Wehrmachts-)Waffenamt geschaffen wurde, wobei der Chef des Heeres-(Wehrmachts-)Waffenamtes dem Chef der Heeres-(Wehrmacht-)Rüstung unterstand. Dieses neugeschaffene Amt gliederte sich in die Amtsgruppen Waffen, Munition, Motorisierung und Kampfwagen, Elektrik, Allgemeines Wehrmachts- und Kampfgerät und hätte damit erstmals die Waffenämter von Heer und Marine sowie des Generalluftzeugmeisters unter einem Dach zusammengefaßt, wie dies heute im Bundesamt für Wehrtechnik und Beschaffung der Fall ist. In der Praxis hatte die neue Gliederung vom Februar 1945 keine Auswirkungen mehr. (Vgl. dazu Hartmut Knittel, Deutsche Kampfpanzerproduktion und Fertigungstechnik 1939–1945 im Spannungsfeld von Stab, Wehrmacht und Industrie, in: Roland G. Förster/Heinrich Walle (Hgg.), Militär und Technik. Wechselbeziehungen zu Staat, Gesellschaft und Industrie im 19. und 20. Jahrhundert, Herford–Bonn 1992, S. 267, sowie Emil Leeb, Aus der Rüstung des Dritten Reichs (Das Heereswaffenamt 1938–1945). Ein amtlicher Bericht des letzten Chefs des Heereswaffenamtes, in: Wehrtechnische Monatshefte 55, 1958, Beiheft 4, S. 60.)

Und das OKW war eine Sache, die nicht richtig funktioniert hat, dadurch, daß Keitel zu schwach war und zu wenig Durchschlagskraft hatte?

Ja, aber Buhle war bei allen Führer-Lagen anwesend und hat da unmittelbar die verschiedenen Verteilungswünsche von Hitler angenommen. Hier konnte er gleich zurückreferieren, was an Waffen und Munition zur Verfügung stand. Es wurde, wie etwa an einer Börse, sofort verteilt. Es war allerdings ein ungesunder Zustand, der sich aber aus unserer damaligen Lage und unserer unglücklichen [...][7] ergeben hatte.

Buhle war Chef der Heeresrüstung beim OKW?

Buhle war Chef des Heeresstabes beim OKW, unter Beibehaltung dieser Eigenschaft wurde er Chef der Heeresrüstung, also damit praktisch Chef des Heereswaffenamtes. In der letzten Phase war er Chef der Wehrmachtsrüstung.

Das ist aber nie zur Auswirkung gekommen?

Nein. Aber alle diese Sachen kann man nicht als Änderungen aus organisatorischen Gründen ansehen. Das sind Dinge, die auf persönlichen Gebieten liegen. Jüttner, der der Vertreter von Himmler in der Heeresrüstung war, hatte sich sehr stark die Ansichten von Fromms früheren Mitarbeitern angeeignet. Die Meinung von diesen war, daß das Waffenamt und der Chef Heeresrüstung wieder mehr Einfluß bekommen und die Industrie und deren Selbstverantwortung zurückgedrängt werden müßte. Während es zu Zeiten Fromms durch mein freundschaftliches Verhältnis zu ihm gelungen war, diese Bestrebungen zurückzuhalten. Als Jüttner hier stark vorprellte, war es notwendig, etwas dagegenzusetzen. Wir wären sonst in einen andauernden Streit geraten. Das konnten wir aber nicht vertragen, denn ich war ja darauf angewiesen, daß das Waffenamt mit den Hauptausschüssen usw. engen Kontakt hielt. Mein System war auf diese[r] Zusammenarbeit aufgebaut und wäre bei einer Feindschaft zusammengebrochen.

[7] Handschriftliche Ergänzung unleserlich.

Was war Jüttners Zweck hierbei?

Jüttner wollte die Industrie zurückdrängen und das Waffenamt wieder mehr in die Verantwortung der Beschaffung einfügen. Sie kennen ja die Arbeit der Selbstverantwortung der Industrie, das Prinzip der Hauptausschüsse, Ringe usw.[8] Diese Organisation wollte er zurückdrängen und die Offiziere wieder mehr in den Vordergrund bringen. Daher mußte Jüttner fallen und Buhle an seine Stelle treten. Dies gelang durch einen scharfen Angriff von Saur bei A.H. gegen Jüttner, was Himmler nicht freundlich stimmte.

Bei der Gelegenheit ist noch eine Frage, die allerdings wohl schon früher behandelt wurde: Was wissen und dachten Sie zu den SS-Bestrebungen, eine Art SS-Waffenamt aufzubauen. Es gab z.B. schon ein Technisches Amt beim Reichssicherheitshauptamt?

Das ist bei der SS nicht in der Form gebildet worden.[9] Es ist gelungen, bis zum Schluß des Krieges die gesamte Beschaffung aller Waffen und Geräte, auch für die Waffen-SS, vom Heereswaffenamt durchzu-

[8] Bei der Neuordnung des Beschaffungswesens wollte Speer eine umfangreiche Zentralverwaltung vermeiden und setzte ganz auf die Selbstverantwortung der Industrie. Die sogenannten Ausschüsse und Ringe bildeten den organisatorischen Rahmen für die industrielle Selbstverantwortung. Die Hauptausschüsse und Ringe wiederum waren ihrerseits in Ausschüsse und Ringe, diese wiederum in Unterausschüsse, Unterringe und Arbeitsausschüsse unterteilt. Rolf Wagenführ, Speers Mitarbeiter, faßte in seinem Standardwerk (Die deutsche Industrie im Kriege 1939–1945, Berlin 1955, S. 40) die Vorzüge dieser Organisationsform für die betriebs- und produktnahe Lenkung wie folgt zusammen: »a) Feststellung der Arbeitszeiten und Arbeitsverfahren mit dem Ziel, Bestzeiten zu ermitteln und durchzusetzen; b) Austausch von Patenten und technischen Produktionsverfahren; c) Vereinfachung der Herstellungstechnik v.a. durch Typenrationalisierung; d) Beobachtung des Materialeinsatzes je Stück mit dem Ziel der Minderung der Einsatzgewichte; e) Ausbau rationeller Beziehungen zu den Zulieferungsindustrien; f) Belegung der Kapazitäten, die für die betreffende Fertigung zur Verfügung standen.«

[9] Die Absicht der Waffen-SS, sich ein eigenes Waffenamt zuzulegen, begleitete und erschwerte Speers Wirken während seiner ganzen Amtszeit. Immer wieder setzte die SS zu Nadelstichen gegen die Arbeiten des Heereswaffenamtes an. Das SS-Waffenamt, seit 1944 mit der Bezeichnung »Technisches Amt der Waffen-SS«, unterhielt eigene Kontakte zu zivilen Rüstungsdienststellen und machte sich dabei die guten Beziehungen des »Freundeskreises Reichsführer SS« zur Industrie zunutze. Speers Reaktion auf die Ambitionen der Waffen-SS blieb in der Spannung zwischen Besitzstandswahrung und Konfliktvermeidung ambivalent. (Vgl. dazu auch Karl-Heinz Ludwig, Technik und Ingenieure im Dritten Reich, Düsseldorf 1974, S. 477ff.)

führen. Es ist da auch nichts Wesentliches schwarz beschafft worden. Es ist jedenfalls nichts bekannt geworden, abgesehen von kleineren Aufträgen im Protektorat, das die SS immer als eine Domäne von sich angesehen hat.[10] Es lief fast eine Bestellung auf Zugkraftwagen bei der Böhmisch-Mährischen Maschinenfabrik[11], die aber gestoppt werden konnte. Es gab dort auch eine »Schwarz«-Entwicklung der SS, einen 48-long-Granatwerfer, Kaliber – 8 cm – der Brünner Waffenwerke.[12]

Das Technische Amt der SS ist also nicht in Erscheinung getreten? Ich hatte den Eindruck aus anderen Unterredungen, daß Bestrebungen in dieser Richtung im Gang waren?

Diese Bestrebungen waren immer da. Aber es gelang, diese abzuwehren. Mir sind nur wenige unbedeutende Fälle bekannt. Über die eine Sache sprach ich schon einmal – das ist der Manfred-Weiss-Konzern in Ungarn, den sich die SS aneignete.[13] Er sollte die Grundlage sein,

---

[10] Das Protektorat Böhmen und Mähren war durch Hitlers Erlaß vom 16. März 1939 als sich selbst verwaltendes Gebiet des Großdeutschen Reiches »im Einklang mit den politischen, wirtschaftlichen und militärischen Belangen des Reiches« geschaffen worden. An seiner Spitze stand der Reichsprotektor. In der Nachfolge Konstantin von Neuraths bekleidete dieses Amt vom 27. September 1941 bis zu seiner Ermordung am 27. Mai 1942 der einstige Chef der Sicherheitspolizei und des SD, Reinhard Heydrich. Das strategische Interesse der SS am Protektorat beruhte auf den reichen Rohstoffvorräten an Manganerz, Schwefelkies und Holz sowie in der Kontrolle und Indienstnahme der tschechischen Rüstungskapazitäten, insbesondere der Skoda-Werke in Pilsen sowie der Brünner Waffenwerke.

[11] Die Böhmisch-Mährische Maschinenfabrik in Prag, auch bekannt unter ihrem früheren tschechischen Namen CKD, hatte bis 1938 den PzKpfw 38 (t), einen hochwertigen Panzer, für die tschechische Armee entwickelt. Der Beginn der Serienproduktion verzögerte sich durch das Münchner Abkommen; nach dem deutschen Einmarsch in Böhmen und Mähren im März 1939 übernahm die Wehrmacht nicht nur die nunmehr umbenannte Fabrik, sondern begann mit der Serienproduktion und Weiterentwicklung des Panzers. Er wurde u. a. im Rußlandfeldzug eingesetzt. Ab 1941 wurde hier auch der Marder Panzerjäger entwickelt und gebaut.

[12] Die Erste Brünner Maschinen-Fabriks-Gesellschaft, Brünn, gehörte zu den Reichswerken Hermann Göring. Hier wurde der Karabiner K 98 k hergestellt. Das weiterentwickelte tschechische Modell war mit dem deutschen identisch, nur die Hülse fiel etwas schmaler aus. Das 99,5 cm lange »Gewehr 33/40« besaß einen 490 mm kurzen Lauf und wurde insbesondere von den Gebirgsjägern mit großer Beliebtheit benutzt. Es konnten sogar Zielfernrohre des Typs ZF41 verwendet werden.

[13] Der von der jüdischen Familie gegründete und aufgebaute Manfred-Weiss-Konzern war das bedeutendste Industrieunternehmen Ungarns, das Waffen, Maschinen und zahlreiche andere Produkte herstellte. Im Mai 1944 eignete sich die SS unter Führung

auf dem die SS ihren eigenen großen Waffenkonsum aufbauen wollte. Im übrigen war es 1944 ihr Bestreben, daß, wenn die SS aus den Konzentrationslagern Arbeitskräfte abgeben sollte, sie zur Bedingung machte, daß der Betrieb voll mit Konzentrationslagerinsassen arbeitete und wir die technische Leitung an die SS abstellen sollten, so daß der gesamte Betrieb in die Leitung der SS überging. Aber das konnte ich in allen angestrebten Fällen verhindern.

Hitler hat sich in der Sache also auf Ihre Seite gestellt und unterstützt, daß die SS zurückgedrängt wurde, was einen seltenen Fall darstellt?

Ja, weil Hitler nicht für große Staatsunternehmungen war. Er war z.B. auch kein Freund der Hermann-Göring-Werke[14] in der Zusammenballung und hat verlangt, daß diese auseinandergezogen würden. Das wurde dann auf dem Papier durchgeführt, aber nie in Wirklichkeit. Er hatte insofern aber eine geteilte Meinung, weil er es auf der anderen Seite gern sah, daß die SS eigene Betriebe hatte, um sich unabhängig vom Reichsfinanzministerium, d.h. vom Reichshaushalt erhalten zu können. Er meinte, es könne später eine staatliche Konstitution kommen, die nicht so SS-freundlich wäre, und für diesen Fall sollte ihr eigenes Fundament gesichert sein. Trotzdem gab er mir in dem Fall Manfred-Weiss-Konzern auf meinen Einspruch recht, obwohl der Abschluß zwischen den jüdisch-ungarischen Besitzern und Himmler vorbereitet war. Aber Sztoja [sic][15] – dies war der damalige ungarische Ministerpräsident – fiel um, und bevor Veesenmeyer es bei Himmler

von Himmler und mit Billigung Hitlers in einem undurchsichtigen Verfahren den Konzern an, bei dem die jüdische Großfamilie erpreßt und Geiseln genommen wurden, um die Familie zum Stillschweigen zu verpflichten. Dafür durfte sie in die Schweiz und nach Portugal emigrieren. Die ungarische Regierung unter dem prodeutschen Ministerpräsidenten Sztojay protestierte zwar gegen eine ausschließliche deutsche Kontrolle des größten ungarischen Unternehmens und setzte einen ungarischen Direktor im deutschen Verwaltungsrat durch. Dies änderte jedoch nichts an der völligen Beherrschung des Unternehmens durch die SS. (Vgl. Jehuda Bauer, Freikauf von Juden? Verhandlungen zwischen dem nationalsozialistischen Deutschland und jüdischen Repräsentanten von 1933–1945, Frankfurt/M. 1996, S. 316ff.)

[14] Die Reichswerke Hermann Göring, eine Aktiengesellschaft für Erzbergbau und Eisenhüttenwesen, wurden von Hermann Göring, Hitlers Beauftragtem für den Vierjahresplan, im Juli 1937 gegründet. Unter ihrem Vorstand Paul Pleiger vereinigten sie nach Kriegsausbruch zahlreiche europäische Großkonzerne unter einem Dach.

[15] Die korrekte Schreibweise des ungarischen Ministerpräsidenten lautet Sztojay.

vortragen konnte, war der Vertrag durch Sztoja's [sic] Zustimmung endgültig geworden.[16] Saur war bei der Besprechung damals dabei. Diese ungarische Firma war ein sehr bedeutendes Rüstungsunternehmen.

Können Sie uns die Gründe sagen, warum die A 4 und die anderen V-Waffen von Kammler gelenkt wurden?

Ich habe gestern gerade darüber gesprochen, daß es scheint, als ob bei der SS immer ein »Kronprinz« für jedes wichtige Ministerium bereit war. Das war Kammler für die Rüstung. Z.B. war Ohlendorf zweifellos für das Wirtschaftsministerium vorgesehen.[17] So war meine Meinung seit 1944, daß Kammler für die Rüstung und Kriegsproduktion vorgesehen war. Diese Männer wurden bei jeder Gelegenheit, wenn sich z.B. irgendwo eine Lücke bot oder ein Fehler zu beseitigen war, in diese Lücke hineingeschoben und eroberten sie [sic] dann Stück für Stück.

Das war also Ihr Nachfolger?

So ungefähr; das habe ich aber erst sehr spät gemerkt.

Und der andere Mann?

---

[16] Vgl. dazu Fußnote 13 in diesem Dokument.

[17] Hans Kammler, Chef der WVHA-Amtsgruppe C, hatte bereits im Februar 1942 detaillierte Vorschläge für die »Aufstellung von SS-Baubrigaden für die Ausführung von Bauaufgaben des Reichsführers SS im Kriege und Frieden« vorgelegt, in denen er sich ausführlich mit den Bauvorhaben der Nachkriegszeit beschäftigte. Der »Sonderstab Kammler«, institutionell und personell aus der Amtsgruppe des SS WVHA hervorgegangen, entfaltete mit fortschreitendem Kriegsverlauf in zunehmendem Maße ein Eigenleben. Er vereinigte Teilbefugnisse der SS, der Wehrmachtführung, des RMRK und der staatlich-industriellen Rüstungsindustrie. Naasner nennt die Entwicklung des »Sonderstabes Kammler« als Beispiel dafür, daß der »Substitutionsprozeß in der Kriegswirtschaft nicht abgeschlossen war« und in eine neue Phase getreten sei, »als das Regime in der Endphase des Krieges unbegründete Hoffnungen in die Fortschritte der Luftrüstung und namentlich der Raketenfertigung setzte«. (Vgl. Walter Naasner, Neue Machtzentren in der deutschen Kriegswirtschaft, 1942–1945: die Wirtschaftsorganisation der SS, das Amt des Generalbevollmächtigten für den Arbeitseinsatz und das Reichsministerium für Bewaffnung und Munition, Reichsministerium für Rüstung und Kriegsproduktion im nationalsozialistischen Herrschaftssystem, Boppard/Rhein 1994, S. 446.)

Ohlendorf versuchte es zu aktivieren. Er hatte große Ideen.[18] Er wollte die Vereinigung von Sauckel[19], Ernährung, Rüstung und Wirtschaft herbeiführen.

Unter Heraussetzung von Sauckel?

Nein, über den Umweg im Vierjahresplan. Es waren ernsthafte Bestrebungen und auch Besprechungen von Funk mit Göring und Lammers, einen Generalbevollmächtigten für Wirtschaft zu schaffen, der als ständiger Vertreter des Vierjahresplans alle Funktionen zusammenfassen sollte.[20] Offiziell sollte es Funk machen, Ohlendorf wollte sein Vertreter sein. Damit hätte Ohlendorf die Entscheidung über die Lenkung der Gesamtwirtschaft gehabt.

War das für die unmittelbar nächste Zukunft vorgesehen?

Das wurde angestrebt ab Oktober/November 1944. Es wäre aber nicht zur Durchführung gekommen, weil ich da nicht mitmachen konnte.

---

[18] SS-Brigadeführer Otto Ohlendorf, Chef des RSHA-Amtes SD Inland, vormals Leiter der Einsatzgruppe Sipo und des SD, trat im November 1943 als Stellvertreter von Staatssekretär Franz Hayler im Rang eines Ministerialdirektors in das Reichswirtschaftsministerium ein. Von Hayler und Ohlendorf stammen weitreichende Überlegungen für die künftige Gestalt der nationalsozialistischen Friedenswirtschaft, die nicht mit den Grundlinien der von Speer verantworteten Rüstungswirtschaft übereinstimmten. In der Literatur ist indes umstritten, inwieweit Ohlendorf einen Auftrag Himmlers zu verwirklichen suchte, Speers Machtfülle zu beschneiden (so Ludolf Herbst, Der totale Krieg und die Ordnung der Wirtschaft. Die Kriegswirtschaft im Spannungsfeld von Politik, Ideologie und Propaganda, 1939–1945, Stuttgart 1982, S. 274); anders hingegen Walter Naasner, der zu Recht auf den Mangel an Sukkurs für Ohlendorf in der SS-Führung hinweist. (Walter Naasner, Neue Machtzentren in der deutschen Kriegswirtschaft, 1942–1945: die Wirtschaftsorganisation der SS, das Amt des Generalbevollmächtigten für den Arbeitseinsatz und das Reichsministerium für Bewaffnung und Munition, Reichsministerium für Rüstung und Kriegsproduktion im nationalsozialistischen Herrschaftssystem, Boppard/Rhein 1994, S. 446.)

[19] Gemeint ist der Generalbevollmächtigte für den Arbeitseinsatz, die am 21. März 1942 von Hitler ins Leben gerufene Sonderbehörde zur Rekrutierung in- und ausländischer Arbeitskräfte für die deutsche Kriegswirtschaft unter der Leitung des Gauleiters von Thüringen, Fritz Sauckel.

[20] Die Vierjahresplanbehörde, eine aufwendige bürokratische Institution im Rang einer obersten Reichsbehörde, ging aus dem von Hermann Göring im April 1936 geschaffenen Rohstoff- und Devisenstab hervor. 1940 wurde Görings Vollmacht als Beauftragter für den Vierjahresplan von Hitler verlängert.

Über diese Raketenwaffen wollte sich also Kammler in das Rüstungsministerium hineinarbeiten, indem er die wichtigsten, interessantesten Gebiete an sich riß?

Ich nehme es an. Die Fertigung der A 4 – von Kammler übernommen – war mir noch ganz angenehm, weil es eine Kapazität bedeutete, die vollständig neu aufgebaut werden mußte. Ich hatte keine Reserven mehr an Arbeitskräften, und deswegen war mir die Tatsache, daß Kammler sich hierum kümmerte, ganz angenehm.

Ursprünglich hatte er nur die Flüssigkeitsraketen[21] und später auch die Pulverraketen[22]?

Die Pulverraketen waren sehr viel später. Nach der Übernahme der Fertigung von A 4 bekam er zunächst deren Verschießen. Er hatte hierzu die sogenannte Division zbV[23] aufgestellt. Ich merkte dann, daß Kammler sehr viel Ehrgeiz hatte, und war sehr froh, daß er auf

[21] Bereits 1932 entwickelte und testete Wernher von Braun Flüssigkeitsraketen in der Raketenversuchsstelle des Heereswaffenamts im brandenburgischen Kummersdorf. Seine Promotion in Physik über »Konstruktive, theoretische und experimentelle Beiträge zu dem Problem der Flüssigkeitsrakete« galt als »geheime Kommandosache« und durfte nicht veröffentlicht werden. Seine A 1- und A 2-Raketenmodelle, »Max« und »Moritz« genannt, erreichten eine Höhe von 2200 Metern. Nach dem erfolgreichen Start einer A 3-Rakete wurde Braun 1937 Leiter der neu gegründeten Heeresversuchsanstalt in Peenemünde (Usedom). In den nächsten Jahren arbeiteten dort bis zu 20 000 Menschen an der Entwicklung von Trägerraketen. Mit der »A 4« (»Aggregat 4«) hatte Braun 1942 die erste einsatzfähige militärische Großrakete konstruiert. Die A 4 hatte eine Reichweite von mehr als 300 km und eine Geschwindigkeit von 5000 km/h, sie konnte 1000 kg Nutzlast transportieren und wurde 1944 als »V 2« (»Vergeltungswaffe«) im Kampf gegen England eingesetzt. Im Gegensatz zu den Feststoffraketen ist der Aufbau einer Flüssigtreibstoffrakete deutlich komplizierter und kostenintensiver. Der Brennstoff (meist Kerosin, Wasserstoff oder Spiritus) und der Oxidator (meist flüssiger Sauerstoff) werden in getrennten Tanks aufbewahrt und beim Zusammenfluß zur Entzündung gebracht. Nachteilig war die Massenherstellung, da das Innere ein ganzes Laboratorium enthielt, das teilweise nicht genügend transportsicher und zudem feuchtigkeitsempfindlich war. Die ursprünglich erwartete Schußweite von 250 km wurde mit mehr als 300 km deutlich übertroffen. Monatlich wurden etwa 400 Raketen produziert, deutlich weniger als die ursprünglich geplante Stückzahl von 1800.

[22] In der Pulverrakete, auch Feststoffrakete genannt, verbrennt eine Art Schießpulver; durch die chemische Reaktion entsteht ein Gas, das sich in eine Richtung ausdehnen kann; der Rückstoß treibt die Rakete nach vorn.

[23] Gemeint sind Kammlers Baubrigaden, die aus KZ-Häftlingen bestanden.

dieses Gebiet des Heeres kam, und wollte dafür sorgen, daß er auch die anderen V-Waffen zum Verschießen übertragen bekam. Er wäre damit mit seinem Ehrgeiz auf eine andere Richtung gelenkt worden.

Hatte Kammler technische Kenntnisse?

Er kam vom Bau und war Dr. Ing. Früher war er in der Bauabteilung der Luftwaffe tätig.[24]

Das Waffenamt hat sich das so ohne weiteres abnehmen lassen oder war sogar darüber erfreut, oder hat es darum gekämpft?

Es hat sehr stark darum gekämpft.

Wer waren die Leute im Waffenamt?

In der Hauptsache Dornberger und seine Leute.[25]

Wie war Hitlers Einstellung in diesem Kampf, warum hat er diesen Wechsel erlaubt?

Kammler war von Himmler einige Male vorgeführt worden bei Hitler. Er machte ja einen außerordentlich energischen und frischen Eindruck. Sein guter Eindruck hat dazu beigetragen, daß man diese wichtige Sache bei ihm ließ.

Hatten Sie, als derjenige, bei dem alle Wünsche in Bezug auf Waffen zusammenkamen, den Eindruck, daß im Heer ein starker Ruf nach einem Flakpanzer – einem guten Flakpanzer bestand, der nicht nur

---

[24] Bis 1941 war Kammler im Luftverwaltungsamt tätig. Am 1. September 1943 wurde Hans Kammler, seines Zeichens Chef der Amtsgruppe C im Wirtschaftsverwaltungshauptamt der SS, durch Reichsführer SS Himmler zum Sonderbeauftragten des Reichsführers SS für das A 4-Programm ernannt. Die Gesamtverantwortung für das A 4-Projekt lag jedoch weiterhin beim Ministerium Speer. Kammler war lediglich für die Bauarbeiten sowie die Versorgung mit Arbeitskräften, zumeist aus den Konzentrationslagern, verantwortlich. In seinem Buch »Der Sklavenstaat« (Der Sklavenstaat. Meine Auseinandersetzung mit der SS, Stuttgart 1981, S. 332) bezeichnet Speer Kammler als »rücksichtslosen, aber befähigten Roboter«.

[25] Oberst Walter Dornberger war Leiter der V-Waffen-Programme des Heeres. Unter dem Eindruck der Erfolge der sowjetischen Raketenwaffe, der sogenannten Stalinorgeln, verstärkten sich 1942 die Forderungen nach der Entwicklung eines neuen Raketengeschosses.

improvisiert, sondern ausschließlich zu diesem Zweck konstruiert ist?[26]

Erst sehr spät. – Man hat hier die Lehren aus den Erfahrungen und Berichten, die Rommel aus El Alamein mitbrachte[27], zunächst nicht ausgewertet. Der Ruf nach einem Flakpanzer wurde erst zu dem gleichen Zeitpunkt laut, an dem Sie die Invasion begonnen haben.[28]

Von wem? War das Guderian?

Guderian[29], d.h. von seiner Dienststelle des »Generalinspekteurs der Panzertruppe«, und hier vor allem Thomale.

---

[26] Den Angriffen der Jagdbomber waren die Panzerfahrzeuge nahezu wehrlos ausgesetzt. Aufgrund der deshalb erlittenen Verluste wurde im Oktober 1943 der Umbau von 140 tschechischen Panzern 38 (t) zu Selbstfahrlafetten mit einer 2-cm-Flak genehmigt.

[27] Am 3. Juli 1942 war die deutsch-italienische Panzerarmee unter Rommel bis El Alamein, 90 km westlich von Alexandria, vorgestoßen. Ein weiteres Vordringen nach Ägypten (»Vorstoß zum Nil«) scheiterte auch an der mangelnden Versorgung mit Treibstoff. Von den für August zugesagten 24 000 Tonnen Treibstoff hatte Rommel nur 110 Tonnen erhalten. Die am 31. August begonnene Offensive des Afrika-Korps mußte nach drei Tagen wieder abgebrochen werden. Das X. italienische Korps war aufgerieben und die Achsentruppen gingen auf der Linie Tel el Eisa–Bab el Kattar–El Taka zur Verteidigung – mit schweren Verlusten – über. Die Anzahl der einsatzfähigen Panzer war von Ende September (224) bis Ende Oktober (81) gesunken. Nach der Landung der Alliierten in Marokko und Algerien (»Operation Torch«) erfolgte am 15. November die Aufgabe Tobruks. Auch hier verhinderte Treibstoffmangel den Abtransport von über 12 000 Tonnen Versorgungsgütern.

[28] Das Unternehmen »Overlord«, die alliierte Landung in der Normandie, begann am 6. Juni 1944. Zur Abwehr der Invasion standen auf deutscher Seite von den 59 im besetzten Frankreich stationierten Divisionen lediglich 9 Panzer- und eine motorisierte Division zur Verfügung. Der Gegenangriff der Panzergruppe West unter General der Panzertruppe Geyr von Schweppenburg am Ostteil der Invasionsfront mußte am 9. Juni abgebrochen werden.

[29] Heinz Guderian, 1938 Chef der »Schnellen Truppen« und General der Panzertruppen, hatte maßgeblichen Anteil am gezielten Aufbau der deutschen Panzertruppe und machte sich im Polen- und Frankreichfeldzug einen Namen als erfolgreicher Panzerführer. 1940 zum Generaloberst befördert, stieß er im Rußlandfeldzug mit seiner 2. Panzerarmee bis Tula vor. 1941 wurde er nach Differenzen mit Hitler und Generalfeldmarschall von Kluge wegen seines Eintretens für einen begrenzten Rückzug im Dezember 1941 entlassen. Nach dem Fall Stalingrads wurde Guderian im März 1943 reaktiviert und auf den Posten des Generalinspekteurs der Panzertruppen berufen.

Hat Balck eine Rolle gespielt, kennen Sie ihn?

Nein, das ist mir nicht bekannt. Ich habe Balck bei einem Besuch an der Front erst 1944 kennengelernt. Damals war der Flakpanzer schon in Vorbereitung.

Also, Rommel hat ihn schon verlangt?

Nicht direkt. Rommel hat zunächst darauf aufmerksam gemacht, wie die Folgen solcher Fliegerangriffe sind, ohne direkt einen ausgesprochenen Flakpanzer zu verlangen. Die Forderung nach einem Flakpanzer wurde dann sehr stark von Hitler erhoben. Dazu ist noch folgendes zu sagen: Bis 1944 hatten wir das Unikum, daß mit allen Flakwaffen auch der Flakpanzer Sache der Luftwaffe waren. Dadurch waren die Flakpanzer, die bis dahin entwickelt worden waren, auch nicht recht vorwärtsgekommen, oder sie waren absolut frontfremde Fehlentwicklungen.

Die Entwicklung lag nicht beim Heereswaffenamt?

Das war eben die eigentümliche Sache. Bei der Flak gab es den General von Renz.[30] Er hat die Flakentwicklungen verantwortet. Erst die Durchführung wurde dann vom Heereswaffenamt vorgenommen. Es war so, daß auch die Aufträge zur Entwicklung von der Luftwaffe gegeben wurden. Die Beschaffung lag dann beim Heereswaffenamt. Auch die C-Serie wurde durch die Luftwaffe bestellt. Durch diese Tatsache, daß die Luftwaffe praktisch den Flakpanzer zu entwickeln hatte, kam dann diese Verzögerung.

Als Rommel einen Schutz für seine Kräfte verlangte, waren Sie noch nicht Rüstungsminister?

Doch, El Alamein war ja im Jahr 1942.[31]

---

[30] General Otto Wilhelm von Renz war von 1936 bis 1938 Chef der Abteilung Ballistik und Munition im Heereswaffenamt/WaPrüf I und von 1942 bis 1944 Chef der Amtsgruppe Flakentwicklung beim Generalluftzeugmeister/Flak E/ im Reichsluftfahrtministerium und als solcher für die Flakentwicklung verantwortlich.

[31] Die Offensive der 8. Armee unter Gen.Lt. Montgomery an der El-Alamein-Front begann am 23. Oktober 1942.

Hat er sich direkt an Sie gewandt?

Nein, das war nicht üblich. Das durfte er nicht. Ich hatte einmal mit ihm ein privates Gespräch.

Also, ein General durfte nicht direkt mit Ihnen darüber verhandeln?

Dies gab immer Aufregung. Aber es wurde zum Schluß dadurch von mir umgangen, daß ich zu ihnen regelmäßig bei meinen Frontbesuchen hinfuhr.

Er hatte doch eine Feldpostnummer für solche Dinge – ich glaube, 12 000 war es?[32]

Ja, aber ein General schreibt nicht an eine Feldpostnummer. Dies hatten wir auch gegen den Willen der anderen bei Hitler durchgedrückt.

Haben Sie damit gute Resultate erzielen können?

Durchaus. Das hat das Ergebnis gezeigt. Es wurden viele Wünsche auf kleine Änderungen und interessante Vorschläge eingereicht. Die Auswertung dieser Feldpostnummer wurde in einer Zeitschrift an die Soldaten gegeben.

Enthielt die Zeitschrift die Vorschläge?

Vor allem das, was wir auf Grund der Vorschläge verbessern konnten, wurde wieder an die Front gegeben. Die Zeitschrift hieß »Von der Front für die Front«. Sie wurde herausgegeben auf meinen Vorschlag vom OKH, Heereswaffenamt. Hierdurch wurden gleichzeitig die Soldaten zu mehr solchen Ideen angeregt. Ich hielt dies für eine ganz ausgezeichnete Einrichtung.

Sind diese Verbesserungen wieder durch das Heereswaffenamt gegangen?

Ja.

Können Sie uns ein Beispiel sagen?

---

[32] Die Feldpost regelte den Brief- und Paketverkehr zwischen der Heimat und der Front. Das System von Feldpostnummern sollte es der Feindaufklärung erschweren, die Standorte der Adressaten und Truppenteile zu finden.

Nehmen wir z.B. die Maschinenpistole 40 an.[33] Sie hatte außerordentlich viele Fehler. Wir bekamen über jeden dieser Fehler Hunderte oder Tausende von Feldpostbriefen, so daß praktisch zugleich auch eine Abstimmung über die Fehler der Waffe stattfand. Wenn also Tausende von Schreiben über den gleichen Fehler kamen, sahen wir, daß es unbedingt notwendig war, diesen abzustellen. Saur kann Ihnen sicher noch viele Einzelbeispiele hierzu nennen.

Wir möchten noch gerne wissen, ob Sie bei den Plänen für einen Flakpanzer untersucht haben, ob die neue 5,5-cm-Flak in Frage kam oder ob Sie die für zu schwer gehalten haben?

Es ist nicht der Vergleich des Kalibers wesentlich, sondern die Zahl der Geschosse, die in einer festgelegten Zeiteinheit eine miteinander zu vergleichende Sprengstoffmenge an das Ziel bringen können. Wir haben genaue Berechnungen angestellt und so die tatsächliche Wirkung der 5,5-cm-Flak mit der 3-cm-Zwillingsflak verglichen. Hierüber kann Ihnen Herr Saur die notwendigen Detailauskünfte geben.

War der 38 D[34], für den doch die Ideen zirkulierten für einen Dieselmotor, luftgekühlt, mit einer geplanten Monatsproduktion von 1000 Stück, als Flakpanzer erwogen?

Im Endziel waren 1000 Stück Monatsproduktion geplant. Er war auch als Flakpanzer vorgesehen. Wir hatten ja im Endprogramm nur noch den Tiger[35], Panther[36] und 38 D oder T. Die Fahrgestelle der Panzer

---

[33] Bei der Maschinenpistole 40 handelt es sich um eine Schnellfeuerwaffe für Wehrmacht und Waffen-SS, die im wesentlichen der MP 38 entsprach, jedoch im Gegensatz zu dieser vollständig aus Blechprägeteilen gefertigt war. Ihre Gesamtlänge beträgt 622 mm, die Lauflänge 240 mm, das Gewicht 4300 g. (Vgl. Ludwig Baer, Die leichten Waffen der deutschen Armeen, 1841–1945, Schwäbisch Hall [2]1992, S. 105.)

[34] Gemeint ist der Jagdpanzer 38 »Hetzer«, der seit 1944 bei Panzerjägerabteilungen der Infanteriedivisionen zum Einsatz kam.

[35] Gemeint ist der Panzerkampfwagen VI »Tiger I«, der seit 1943 bei selbständigen schweren Heerespanzerabteilungen, teilweise auch bei Regimentern zum Einsatz kam. Der seit 1944 produzierte Panzerkampfwagen VI »Tiger II« beseitigte die technischen Mängel beim Antrieb von Tiger I.

[36] Mit »Panther« ist der Panzerkampfwagen V gemeint, der seit 1943 in steigender Anzahl bei Panzerregimentern als Ergänzung und Ersatz des Panzerkampfwagens IV zum Einsatz kam.

III/IV[37] waren weggefallen, so daß im endgültigen Programm der Flakpanzer auf dem 38 D aufgebaut worden wäre.

Über die Bestückung sind Sie nicht informiert worden?

Nein, das wird Ihnen auch Saur sagen können.

Wir haben Ihren Bericht gelesen, über den Mangel an technischen Kenntnissen im Generalstab. Wir hätten gern gewußt, wie Sie – vom Jahr 1936 gesehen – den Generalstab und das Waffenamt zusammenbringen würden, oder ob Sie das überhaupt von Grund auf anders machen würden?

Ich möchte erst die Fehler sagen. Dadurch, daß das Waffenamt dem Ersatzheer unterstellt war[38], bekamen im Kriegsfall alle neuen in der Heimat aufgestellten Divisionen bevorzugt die erzeugten Waffen und die Front, d.h. der Generalquartiermeister[39], wurde erst in zweiter Linie versorgt. Es ist ja klar, wer zuerst dran ist, schöpft den Rahm ab. Das war der grundsätzliche Fehler unseres Nachschubs während des ganzen Krieges. Das konnte nur vermieden werden, wenn der Generalquartiermeister im Generalstab für beides verantwortlich ist, sowohl für die Belieferung der Front als auch der Ersatztruppenteile, dann kann er dafür sorgen, daß die Front den hohen Prozentsatz bekommt, der als Nachschub für die kämpfende und fronterfahrene Truppe notwendig ist.

Sie würden also das Heereswaffenamt unter den Generalquartiermeister setzen? Wo würden Sie den Generalquartiermeister hinsetzen?

Man müßte also den Generalquartiermeister an eine Stelle setzen, wo er beides zu verantworten hat. Es muß eine Stelle sein, die beides gemeinsam verteilt.

---

[37] 1937 als Nachfolger von Panzerkampfwagen I und II eingeführt, zählte er von 1940 bis 1942 zur Hauptausstattung der Panzerregimenter. Ihm folgte 1943 der Panzerkampfwagen IV nach.

[38] Der Chef der Heeresrüstung, dem das Waffenamt im Kriegsfall unterstellt war, war gleichzeitig Befehlshaber des Ersatzheeres.

[39] Der Generalquartiermeister ist Leiter der Dienststelle eines Wehrmachtteils für Versorgungs- und Verwaltungsfragen.

Wo wäre diese Stelle?

Wenn man es so nennen will, zweckmäßigerweise im »Generalstab«. Aber das ist ein falscher Begriff. Praktisch ist »Generalstab« gleich »Führungsinstrument des Heeres«. Der Oberbefehlshaber des Heeres braucht unter sich einen Apparat, der ihn laufend berät und seine Entscheidungen für alle Sektoren vorbereitet. Das ist der Generalstab des Heeres, und hierin müßte als Unterabteilung der Generalquartiermeister sein, dem gleichzeitig dann die gesamte Beschaffung der Waffen untersteht. Also beim Oberbefehlshaber des Heeres der Generalstab und unter ihm der Generalquartiermeister mit dem Waffenamt.

Dann würden Sie aber ein Heereswaffenamt haben, nicht ein Wehrmachtswaffenamt?

Ein Wehrmachtswaffenamt würde ein unübersichtliches Mammutunternehmen bilden. Ein Heereswaffenamt sollte aber gleichgeartete Aufgaben der anderen Wehrmachtteile mit übernehmen. Z.B. auf dem Gebiet der Geschütze oder Munition, der automatischen Waffen, der Nachrichtenmittel usw.

Der Generalstab und der Generalquartiermeister wären auf demselben Niveau über beiden – über Feld- und Ersatzheer?

Ja. Der Generalquartiermeister verantwortet auch die Ausstattung des Ersatzheeres. Und wenn man noch einmal auf das Jahr 1936 zurückgehen will, hätte ich das Waffenamt auf einen Bruchteil des Bestandes zurückgeschraubt. Dadurch wären ihm auch die Bestrebungen, die Industrie auszuschalten, automatisch nicht mehr möglich gewesen, weil es dann einfach keinen Apparat mehr dazu gehabt hätte.

Um ihn zu zwingen, mit der Industrie eng zusammenzuarbeiten?

Ja, während ich im Krieg – im Gegensatz zu unserem Verfahren – einige gute Industrielle als Art »Ein-Dollar-Mann«, soweit es sich um die Rüstungsproduktion handelt, einfach in eine Uniform gesteckt hätte und sie mit in den Generalstab hineingesetzt hätte. Sie sollten dort unmittelbare Gespräche führen und dafür sorgen, daß der Generalstab nach der technischen und wirtschaftlichen Seite hin ergänzt wird. Ihre Hauptaufgabe ist es, technischen und wirtschaftlichen Unsinn des Generalstabs am »Quell« zu verhindern. Selbstverständlich muß die Durchführung der Produktion in einer eigenen Behörde liegen.

Sie glauben nicht, daß das Schwierigkeiten bereitet hätte?

Sie haben mich ja nach der ideellen [sic] Lösung dieser Frage gefragt. Bei uns war das nicht zu machen.

Hätte man nicht den Generalstab anders aufziehen können, abgehend von den alten Moltke-Gedanken[40], durchsetzend mit technischen Kenntnissen?

Ich glaube, daß unser Generalstab so stark an den traditionellen Dingen hängt, daß es unmöglich sein würde, eine Reform mit einfachen Mitteln durchzuführen. Da müßte man fast alle »hochgehen« und eine ganz neue Art entstehen lassen. Wenn die Tradition so tief in das Denken aller eingegangen ist wie bei uns, dann ist durch »gutes Zureden« daran nichts zu ändern.

Wir haben Ihnen also einen Gefallen damit getan, daß wir den Generalstab ausrotteten bzw. ausschalteten. Wir geben Ihnen damit die Möglichkeit, junge Offiziere heranzuholen.

Sie geben uns keine Möglichkeit mehr. Wenn Sie 1936 dagewesen wären und hätten den Generalstab ausgerottet und wir ohne ihn den Krieg hätten vorbereiten können, wäre das zweifellos ein großer Vorteil gewesen.

[40] Helmuth von Moltke (1800–1891) war 1858 preußischer Generalstabschef geworden. Sein Name bleibt mit den großen militärischen Leistungen der preußischen Armee in den drei »Reichseinigungskriegen« 1864–1871 aufs engste verbunden. Moltkes Leistung bestand darin, den preußischen Generalstab zu der im Krieg die Operationen leitenden einheitlichen Planungs- und Führungsinstanz zu entwickeln und damit den Weg zur obersten Heeresleitung der Zukunft zu bahnen. Ohne die strategische Begabung Moltkes wäre der Aufstieg Preußens zur stärksten Militärmacht der Welt im 19. Jahrhundert nicht denkbar gewesen.

Sie halten unser System, die Industrie heranzuziehen, obwohl es unmilitärische Leute sind, für richtig?

Absolut. Ich habe zu diesen Dingen am 20. Juli [1944] eine Denkschrift[41] an A.H. geschrieben, die bei Ihnen vorliegt.

War das Zufall?

Ja, ich diktierte, als der Putsch gerade mitten im Gange war.[42] Damals sagte ich, daß man den Krieg als die Auseinandersetzung zweier Systeme ansehen müsse, eines überalterten, traditionsgebundenen, europäischen, gegen das junge Amerikas und Rußlands. Die Geschichte würde eines Tages feststellen, daß diese jungen Systeme den Krieg gewinnen müßten. Wenn Sie den Krieg genauso lange vorbereitet hätten wie wir, wären bei Ihnen dieselben Erscheinungen aufgetreten.

Haben Sie hier die russische Parallele studiert, sind Sie damit vertraut?

Studiert nicht. Wir hatten nur gefühlsmäßige Eindrücke. Ich glaube, daß der Russe z.B. im Nachschub mit noch weniger Mitteln auskam als Sie – weil er auch ärmer ist.

Ärmer, und sie können daher besser improvisieren. Wir sind in gewissen Dingen schon wieder verwöhnt. Sind Sie über den industriellen Aufbau der Russen informiert?

In einigen Dingen – vielleicht haben Sie Einzelfragen?

---

[41] Albert Speer, Denkschrift an Hitler vom 20. Juli 1944, BA Ko R3/1522. Tatsächlich hatte Speer seinen Erlaß über die Konzentration der Rüstung und Kriegsproduktion bereits am 19. Juli im Hauptquartier vorgelegt, jedoch erst am 22. Juli veröffentlicht. Diese zeitliche Abfolge hat bei Kaltenbrunner Mißtrauen im Zusammenhang mit den Attentatsvorbereitungen hervorgerufen, die auch nicht durch Speers Schilderungen über den tatsächlichen Verlauf gegenüber SS-General Jüttner am 10. August 1944 gänzlich ausgeräumt werden konnten. (Vgl. dazu Gregor Janssen, Das Ministerium Speer. Deutschlands Rüstung im Krieg, Berlin 1968, S. 270.)

[42] In Wirklichkeit hielt Speer am Vormittag des 20. Juli 1944 in den Räumen des Propagandaministeriums vor 200 geladenen Gästen einen Vortrag, in dem er zum verstärkten Kriegseinsatz der Heimat aufrief. (Vgl. die Darstellung in Speers Erinnerungen, Frankfurt–Berlin 1993 ([1]1969), S. 390f.; siehe hierzu auch die Ausführungen in der vorhergehenden Fußnote).

Waren Sie nicht auch erstaunt, als der Russe plötzlich mit seinem technisch außerordentlich gut entwickelten T 34 aufkam, während man annahm, daß die russische Technik zurück war?[43]

Der T 34 brachte praktisch den Umschwung im ganzen Panzerbau. Wir hatten zufällig Einblick dadurch, da ein Mann namens Grothe [sic][44] bei den Russen als Panzerkonstrukteur tätig war.

Ist das der Grothe mit der »Maus«[45]*?*

Der 1500 t Panzer und nicht die »Maus« war seine Idee. Er hat mir einmal berichtet über das große Interesse, das die führenden Russen an der Panzerentwicklung hatten und wie systematisch und wissenschaftlich sie das durchführten. Sie haben sich übrigens von allen Staaten Panzer kommen lassen und diese sehr intensiv studiert.

Was ist mit Herrn Grothe geschehen?

Er wird schwer aufzufinden sein. Er ist übrigens nicht brauchbar, weil er ein Wirrkopf ist. Wir haben ihn auch nicht weiter verwandt.

Er war in Ihrem Technischen Amt?

Ja, er hat die Verbindung von uns zur Marine gehalten – in einer früheren Zeit. 1943 wurde er abgelöst.

Haben Sie eine Ahnung, wie groß das Heereswaffenamt personalmäßig am 1. Februar war?

---

[43] Der aus dem Schnellkampfwagen BT hervorgegangene sowjetische Panzerkampfwagen T 34 – seit 1941 in steigender Anzahl Hauptausstattung der Panzerbrigaden in den großen, schnellen Verbänden – war bei seinem ersten Auftreten nach Feuerkraft, Panzerung und Beweglichkeit allen anderen Typen überlegen. Aufgrund seiner breiten Ketten erwies er sich insbesondere als ausgesprochen schlamm- und schneegängig.

[44] Korrekt: Dipl. Ing. Grote.

[45] Versuchsfahrzeug »Maus«, 1944 erprobter Prototyp eines von Hitler gewünschten 100-Tonnen-Panzerkampfwagens; die weitere Entwicklung wurde eingestellt, da die taktische Verwendbarkeit als zweifelhaft galt. Das Fahrzeug wurde nicht mehr voll erprobt. Zur Irreführung des Gegners wurde als Deckname für den überschweren Panzer die Bezeichnung »Maus« gewählt.

Das wird Ihnen Saur sagen können. Ich glaube, es werden 2000–2500 Menschen gewesen sein, aber ohne Abnahmebeamten, nur die Berliner Zentrale.[46]

Diese Zahlen umfassen das gesamte Personal einschl. Hilfskräfte, Reinemachefrauen etc.?

Ja, aber nicht die Privatfirmen, die technische Arbeiten durchführten.

Was haben Sie von den deutschen Versuchen in den Kama-Gebieten gehalten, waren Ihnen diese bekannt?[47] Das sind die Gebiete östlich von Moskau, wo in den Jahren 1923–1935 Versuche von Panzern, Flugzeugen usw. durchgeführt wurden. Das waren deutsche Versuchsgebiete für den Generalstab, der nach dem Versailler Vertrag hierzu keine Möglichkeit hatte. Es war ja praktisch eine enge Zusammenarbeit mit den Russen.

Ich habe nur mit Offizieren gesprochen, die auch nach Jahren sehr beeindruckt waren, wie sie dort behandelt worden sind. Es war ein enger Kontakt zwischen den russischen und deutschen Offizieren. Sie haben nicht allein für sich gearbeitet. Die Russen hatten ja mehr davon.

Ich glaube, die Russen haben zuviel profitiert, insofern, als sie überall hereinschauen konnten, aber nicht umgekehrt. Ist dabei praktisch etwas erreicht worden, oder war es nicht zu weit abgelegen?

---

[46] Handschriftliche Randbemerkung: »Saur fragen.« 1944 waren noch 8000 Abnahmebeamte beim Heereswaffenamt beschäftigt, und damit lediglich ein Drittel des Bestandes von 1940, als das Heereswaffenamt 25 000 Abnahmeinspektoren beschäftigte.

[47] Gemeint ist die Panzerschule von Kazan (Kama) an der Wolga, deren Einrichtung im März 1926 zwischen der Heeresleitung der Reichswehr und Josif Unslicht, dem stellvertretenden sowjetischen Kriegskommissar, in Berlin vereinbart wurde. Erst 1929 konnte die Schule ihren wirklichen Betrieb aufnehmen, 1933 wurde sie geschlossen. Vorrangiges Ziel war die Entwicklungs- und technische Erprobungsarbeit insbesondere deutscher Panzer. (Vgl. hierzu, wie auch zur Zusammenarbeit zwischen Reichswehr und Roter Armee nach dem Versailler Vertrag insgesamt Manfred Zeidler, Reichswehr und Rote Armee 1920–1933. Wege und Stationen einer ungewöhnlichen Zusammenarbeit, München 1993, bes. S. 188ff.)

Dazu kann ich wenig sagen. Der Vorgänger von General Holzhäuser [sic][48], General Fichtner, war längere Zeit drüben.[49]

Können Sie uns sagen, wo er zuletzt sich aufhielt?

Ich werde es überlegen, wo er sein könnte.[50]

Haben Sie einmal die Zeit gehabt oder eine Gelegenheit gefunden, sich zu überlegen, wie man die deutsche Kriegsindustrie in die Friedensindustrie umwandeln könnte, entweder bei einem siegreichen oder verlorenen Krieg?

Ja, persönlich. Aber Planungen sind darüber nie angestellt worden. Es bestand die Gefahr, daß, wenn derartige Themen in die Diskussion geworfen werden – die Industrie frühzeitig »Friedensgefühle« bekommt. Ich glaube, in Amerika ist es Ihnen einmal so ergangen. Es sind also rein persönliche Überlegungen, die ich mir für einen normal[en] Ablauf des Krieges gemacht hatte.

Normal ist siegreich?

Siegreich nicht – aber so, daß die Existenz des Reiches selbständig blieb. Von meinem Standpunkt aus, von dem ich nicht wußte, wieweit er durchgeführt werden könnte, hielt ich es für wichtig, die Aufträge auf die gesamte Rüstungsproduktion bis zum Auslauf der Vormaterialien weiter zu belassen. Der Durchlauf des Vormaterials dauerte etwa fünf bis sechs Monate. Während dieser Zeit mußte das Nachfließen des Vormaterials für die Friedensproduktion und die Umstellung hierauf erfolgen. Ich hätte also fast ein halbes Jahr gebraucht, um von der Kriegsrüstung auf die Friedensproduktion voll umzuschalten, dabei aber eine Arbeitslosigkeit vermieden.

Hätten Sie einzelnen Produktionen die Umstellung schon früher erlaubt?

Aber selbstverständlich. Jeder, der dazu in der Lage gewesen wäre, hätte dies früher tun können. Aber auf breiter Basis wäre es erst nach Verlauf von fünf bis sechs Monaten möglich gewesen.

---

[48] Gemeint ist General Friedrich Holzhäuer.
[49] Handschriftliche Randbemerkung: »Saur«.
[50] Handschriftliche Randbemerkung: »Saur«.

Hätten Sie das den Industriellen überlassen oder wäre es bestimmt worden?

Ich hätte es sehr weitgehend der privaten Initiative überlassen. Ich dachte weiter daran, daß der Fabrikpreis der Friedensproduktion bei allen normalen Gütern auf 30 bis 40 Prozent gegenüber den Vorkriegspreisen gesenkt würde. Ich glaubte dazu berechtigt zu sein, weil die Investitionen an Werkzeugmaschinen und laufenden Bändern, die wir während des Krieges finanziert haben, die Betriebe zu einer verbilligten Produktion befähigen müßten. Wir hatten ja vor dem Kriege keine rationalisierte Industrie; es war bei uns alles praktisch »serienmäßige Handwerksarbeit«; wir haben die Industrie in diesem Krieg erst gezwungen, sich auf einheitliche Typen zu verständigen. Die Senkung der Fabrikpreise könnte nun zu einer gesunden Entwicklung führen.

Das ist eine neue Idee. Sie verstehen unter den in Frage kommenden Gütern kurzfristige Verbrauchsgüter?

Nicht nur das. Z.B. alles, was Eisen verarbeitete, eben alle die Friedensfertigungen, die während des Krieges für Kriegsgerät sehr viel Werkzeugmaschinen bekommen und sich auf Grund der Kriegskonjunktur amortisiert haben. Ich dachte weiter daran, daß man auf die Verkaufspreise von vor dem Krieg einen 20prozentigen Aufschlag nimmt – das deutsche Volk würde diesen Aufschlag unbedingt bezahlen, da es ja zufrieden ist, überhaupt seinen Bedarf wieder kaufen zu können. Außerdem ist die Kaufkraft des einzelnen unbillig stark gestiegen im Kriege. Diese 20 Prozent sind ihm gleichgültig. Diese 30 bis 40 Prozent vom Fabrikpreis und zusätzliche 20 Prozent vom Verkaufspreis sollte der Staat haben, um einen Teil seiner Kriegskosten zu amortisieren. Da gleichzeitig durch die Standardisierung der Gegenstände hätte mehr gefertigt werden können als vor dem Krieg, wäre die Kaufkraft schneller abgeschöpft und die erheblichen Kriegslasten verringert worden. Ähnlich wird das übrigens auch in Rußland gemacht, dadurch, daß durch Erhöhung der Preise oder Geldabschöpfung über Produktionsgüter Finanzierungsschwierigkeiten gelöst werden.

Würden Sie damit bei der kleineren Industrie angefangen haben oder bei der großen?

Ich hätte unsere Grund- und Festpreise, die steuerliche Vergünstigungen besonderer Art haben, als Einrichtung beibehalten. Wer zu diesem Preis lieferte, kann steuerliche Vergünstigungen haben, die sehr groß sind. Umgekehrt wären die Steuern für diejenigen, die nicht zum Festpreis lieferten, so hoch, daß kein Verdienst blieb und das Unternehmen nur gerade so gehalten werden könnte. Das war auch unser Trick im Kriege, der wesentlich zur Rationalisierung beitrug. Dadurch würden viele Unternehmer im Laufe der Zeit auf die Festpreise eingehen, und dann müßten sie ihre Fabrikation standardisieren. Es hätte aber trotzdem nicht den Nachteil, daß die anderen, die wegen mangelnder Einrichtungen nicht darauf eingehen konnten, bankrott wurden. Der Absatzmarkt war durch den Krieg so groß, daß beide ihre Waren absetzen konnten.[51]

[51] Maschinenschriftlicher Zusatz am Ende des Dokuments: »Zahlenangaben sind mit Saur abgestimmt.«

Protokoll 6
Industrielle Mobilmachung für den Krieg vor 1942 und andere Fragen (9. August 1945)[1]

Wieweit können Vorbereitungen in Friedenszeiten getroffen werden für einen Krieg, dessen Ausbruch, Ausmaß und Länge nicht feststeht? Wieweit ist ein Krieg wirtschaftlich vorzubereiten?

Wenn ich von der normalen Friedensrüstung absehe, die zur Ergänzung des Bedarfs der Wehrmachtteile, zur Erreichung der von den militärischen Stellen für notwendig gehaltenen Lagerbestände und zur ständigen Modernisierung der Ausrüstung notwendig ist, kann es meiner Ansicht nach nur von Nachteil sein, wenn sich die militärischen Stellen zu eingehend mit der Planung, Vorbereitung und Umstellung der Friedensproduktion auf die Kriegsproduktion theoretisch beschäftigen. Dies muß zwangsläufig zu Fehlerquellen führen, wie sie bei uns eingetreten sind. Wenn mir auch die Entwicklung des organisatorischen Aufbaus der Dienststellen, die sich mit der Aufrüstung Deutschlands beschäftigten, bis 1942 aus eigener Anschauung nicht bekannt ist, so konnte ich nach Beginn meiner Tätigkeit doch feststellen, welche großen grundsätzlichen Fehler hier vorlagen.[2] Viel-

---

[1] BA Koblenz, Nachlaß Albert Speer N 1340, Bd. 473.

[2] Zum Zeitpunkt der Amtsübernahme von Speer war die deutsche Kriegswirtschaft durch organisatorische Widersprüche nachhaltig beeinträchtigt. Einer einheitlichen Rüstungsplanung standen die gegenlaufenden Interessen der drei Wehrmachtteile entgegen. General der Infanterie Georg Thomas, der mit seiner Behörde des Wehrwirtschafts- und Rüstungsamts in allen Fragen der Wirtschaft und Rüstung der Wehrmacht die Verantwortung trug, befand sich rasch im Gegensatz zu Speer, der die Dienststelle von Thomas in ein Wehrwirtschaftsamt und ein Rüstungsamt aufteilte, wobei er das Rüstungsamt dem Organisationsbereich seines Ministeriums zuordnete. De facto lief das Wirken Speers auf die Zerschlagung der militärischen Wehrwirtschaftsorganisation hinaus, und es lag in dieser Konsequenz, daß General Thomas zunächst von seinem in Personalunion wahrgenommenen Amt als Chef des Rüstungsamts am 17. November 1942 zurücktrat sowie mit Wirkung vom 15. Januar 1943 auch seine Aufgabe als Chef des Wehrwirtschaftsamtes niederlegte. Damit war die militärische Laufbahn von General Thomas abrupt an ihr Ende gelangt, denn von da an war seine Aufgabe als »Vertreter und Berater [des Chefs OKW] in allen

leicht hat mich gerade der Umstand, daß ich frisch und unvoreingenommen in eine Entwicklung einsteigen mußte, die lange Zeit vorher bereits eine falsche Richtung eingenommen hatte, dazu befähigt, eine Änderung des Kurses herbeizuführen. Jedenfalls ist es auffallend, welche geringen Rüstungsleistungen trotz aller Anstrengungen bis 1942 vollbracht worden sind und wie schnell durch das »neue System« von diesem Zeitpunkt ab die Produktion sich zu einer auch vom Gegner beachteten Höhe entwickeln konnte, obwohl die äußeren Umstände, die immer stärker zunehmenden Fliegerangriffe, die weiteren Einziehungen von wertvollen Arbeitskräften zur Wehrmacht, dagegen sprechen mußten.[3]

Auf welche grundsätzlichen Fehler führen Sie diese Minderleistung zurück?

---

wehrwirtschaftlichen Fragen des In- und Auslandes beschränkt«. Die von Thomas in dieser Zeit im Auftrag von Keitel verfaßte »Geschichte der deutschen Wehr- und Rüstungswirtschaft« war sowohl Beschäftigungstherapie als auch Apologetik und konnte trotz offenkundigen Bemühens die tiefe Gegnerschaft, auch Verbitterung über Speers Ministerzeit nur mühsam verbergen. Im Zusammenhang mit seiner Verstrickung in die Vorbereitungen des Staatsstreichs vom 20. Juli 1944 am selben Tag verhaftet, wurde Thomas nach dem 15. August 1944 zunächst in die Führerreserve beim OKH versetzt und von Oktober 1944 bis Kriegsende in der Prinz-Albrecht-Straße und in verschiedenen Konzentrationslagern inhaftiert. (Vgl. Georg Thomas, Geschichte der deutschen Wehr- und Rüstungswirtschaft (1918–1943/45), hg. von Wolfgang Birkenfeld, Koblenz 1966.)

[3] Die Blitzkriegstrategie erforderte noch keine totale Mobilisierung der Bevölkerung; allerdings war es, wenn auch in geringerem Umfang, schon vor Speers Amtsantritt zu Zwangsmaßnahmen gekommen. Die Lage änderte sich, als das Blitzkriegsstadium Ende 1941 mit dem Scheitern des deutschen Vormarsches vor Moskau zu Ende ging. Seit 1942 wuchs innerhalb der nationalsozialistischen Führung die Einsicht in die Notwendigkeit einer Intensivierung der Kriegsanstrengungen und die dafür notwendige Mobilisierung der Bevölkerung für den »totalen Krieg«. Die gesetzlichen Grundlagen für die entsprechenden Maßnahmen lieferte der geheime »Führer«-Erlaß vom 13. Januar 1943 über den »umfassenden Einsatz von Männern und Frauen für Aufgaben der Reichsverteidigung«, an dessen Entstehung die zentralen Führungsgremien Hitlers, und damit auch Speer, beteiligt waren. Ziel war, »alle wehrfähigen Männer für den Fronteinsatz freizumachen« und damit auch die bislang uk.-gestellten 5,2 Millionen Arbeitskräfte zu mobilisieren, die im wesentlichen in den Rüstungsbetrieben arbeiteten. Diese Lücken sollten durch Umschichtungen und Stillegungen anderer Industrien sowie das Heranziehen bislang nicht verwendeter Arbeitskräfte, d.h. Frauen und ausländische (Zwangs-)Arbeiter, geschehen. (Vgl. Ludolf Herbst, Der Totale Krieg und die Ordnung der Wirtschaft. Die Kriegswirtschaft im Spannungsfeld von Politik, Ideologie und Propaganda 1939–1945, Stuttgart 1982, S. 207ff.)

Die Periode bis 1942 ist mir kaum bekannt. Ich kann daher nur folgendes vermuten. Die Reichswehr hat sich theoretisch mit den Problemen der Rüstung beschäftigt. Die Industrie hat im allgemeinen keine große Neigung dazu gehabt, an dieser vorbereitenden Arbeit teilzunehmen. Daher war die Wehrmacht gezwungen, nach 1933 Verwaltungsstellen aufzubauen, die sich in einem größeren Umfang, als das aus den Erfahrungen des Weltkriegs notwendig war, mit industriellen Problemen im Detail zu beschäftigen. Aus diesen Dienststellen entstanden sehr schnell anwachsend die großen Gebilde des Wehrwirtschafts- und Rüstungsamts des OKW mit schätzungsweise 3000 Personen[4], des Heereswaffenamtes mit 8000 Personen, des Generalluftzeugmeisters mit 5000 Personen, weiter des Marinewaffenamtes und der Feldzeuginspektion. Diese Körperschaften, die aus Offizieren und Verwaltungsbeamten bestanden und ihre theoretischen Überlegungen über eine Wiederaufrüstung anstellten, wurden so groß, daß sie sich in sich selbst beschäftigten. Es wurde eine geistige Inzucht betrieben, und als eine Aufrüstung Deutschlands aktiv betrieben wurde, waren bereits alle die Fehler, die später aus dem überraschend geringen Rüstungssausstoß führten, im Keim vorhanden. Wir hatten also dadurch einen großen Nachteil, daß wir die Aufrüstung vorher zu lange theoretisch vorbereitet haben.

Unsere Rüstungsleistungen waren auch nach Beginn des Krieges weit unter denen des Weltkrieges in den Jahren 1917/18, obwohl doch die Industrie unterdessen weitere Forschritte gemacht hatte und leistungsfähiger sein mußte.[5] Die großen Verwaltungskörper der Wehrmacht waren nicht in der Lage, die vorhandene Kapazität auszunut-

---

4 Handschr. Anmerkung: »Thomas«.

5 Speer übersieht dabei allerdings, daß neben der moralischen Belastung der Niederlage und der als »Schmach« empfundenen Bestimmungen des Versailler Vertrages die Ausgangslage der deutschen Wehrwirtschaft nach 1918 nachhaltig geschwächt war. Zu den Reparationssachleistungen kamen Versorgungsengpässe mit Nahrungsmitteln infolge des Verlusts von stark landwirtschaftlich geprägten Gebieten wie Posen und Westpreußen sowie der Verlust von Rohstoffen in Elsaß-Lothringen, Oberschlesien, die Abtretung der Kohleerzeugungsgebiete in Ostoberschlesien, die Ruhrbesetzung sowie die zeitweilige Einziehung der Saar-Kohle hinzu. Dem politischen und militärischen Zusammenbruch Deutschlands war nach dem Ersten Weltkrieg ein dramatischer Wirtschaftseinbruch gefolgt, dessen Erholung auf das Niveau von 1918 im Jahre 1928/29 durch den erneuten Kollaps der deutschen Wirtschaft im Zuge der Weltwirtschaftskrise 1929 wieder zunichte gemacht worden ist.

zen. Die wertvollen Kräfte hatten in der Industrie eine lohnendere Beschäftigung und wurden aber auch nicht zur Mitarbeit herangezogen. Auf der anderen Seite konnten sich bei der nach unseren Grundsätzen des Beamtenstaates aufgebauten Verwaltung – mit seinen Folgen des meist nur unterdurchschnittlichen Könnens – Talente schwer durchsetzen. Hierzu kommt noch erschwerend, daß bei den Offizieren die Beschäftigung mit derartigen wirtschaftlichen und technischen Problemen als »Etappen«-Tätigkeit angesehen wurde und daß der Generalstab daher, sowohl den technischen als auch den wirtschaftlichen Offizier als eine vollständig untergeordnete und nicht vollwertige Laufbahn betrachtete.[6] Das, was ein derartiger Apparat nicht durch sein Wissen und Können erreichen konnte, wurde durch eine »straffe Befehlsgebung«, die unserem autoritären Staatsgefüge durchaus entsprach, ersetzt.

Ich habe in einer Denkschrift an A.H. vom 20. Juli 1944 dargelegt, daß Rußland und Amerika zu beneiden sind, weil sie äußere Umstände dazu zwingen, zu improvisieren.[7] Amerika mußte seine Wehrmacht schnell aufstellen, dadurch konnte es auf die aktiven Kräfte aus der Wirtschaft, der Politik, dem öffentlichen Leben bei diesem Aufbau nicht verzichten. Es mußte die tüchtigsten Kräfte nehmen, wo sie zu finden waren, ohne Rücksicht auf militärische Ränge und Vorbildung. Ich weiß nicht, ob es zutrifft. Aber mir scheint die amerikanische Auffassung von dem Aufbau eines Offizierskorps und von der Bedeutung der Wirtschaft und Technik in diesem [Punkt] grundsätzlich vorurteilsfreier zu sein als bei uns. Sie hatten den Vorteil, die lebendigen Kräfte der Wirtschaft durch eine schnelle Umstellung auf ein neues Problem anzusetzen und sie dort arbeiten zu lassen, solange sie noch die frischen Eindrücke aus ihrer praktischen Tätigkeit hatten. Bei uns dagegen waren die Kreise, die sich mit der Kriegsproduktion beschäftigten, beamtete Offiziere, in sich abgeschlossen und ohne Zufuhr neuer Kräfte von außen. Daraus ergeben sich bei uns die Folgen einer »industriefremden« Wirtschaftsführung, durch die die im Verhältnis zum vorhandenen Potential weitaus zu geringe Rüstung erzeugt wurde.

---

[6] Anmerkung Speer: »Hierüber hat General Heydenreich in einer Interrogation vom 25. Juni 1945 Auskunft gegeben. Weitere Auskünfte kann Oberst Geist, z.Zt. hier, erteilen.«

[7] Albert Speer, Denkschrift an Hitler vom 20. Juli 1944, BA Ko, R3/1522.

Wären wir 1936 und 1937 dazu gezwungen gewesen, improvisiert eine Rüstungsproduktion zu organisieren, dann wäre sicher die Produktion deswegen höher gewesen, weil sie mit einem kleineren Führungsapparat nur mit Hilfe und unter Ausnutzung der Kräfte der Industrie hätte durchgeführt werden können.

Man vergleiche mit den wirtschaftlichen Führungsapparaten, die wir zu Beginn des Krieges hatten, das Führungspersonal, mit dem Deutschland im Weltkrieg auskam, um eine höhere Leistung zu erzielen. Damals war es der »Wumba« (Waffen- und Munitionsbeschaffungsausschuß).[8] Es scheint allerdings der Wirtschaftler Rathenau dafür gesorgt zu haben, daß damals ein entscheidender Einfluß der selbständigen Wirtschaft bei der Planung der Rüstung durchgeführt wurde.[9] Daher hat, nach meiner Überzeugung, die lange theoretische Vorbereitung der Aufrüstung den Hauptanteil an den Minderleistungen der deutschen Rüstung bis zum Jahr 1942. Im Jahr 1942, dem ersten Kriegsjahr [sic], war bei uns ein frischer Enthusiasmus, der einen großen Impuls gab und den wir vielleicht nicht gehabt hätten, wenn wir zwei oder drei Jahre vorher mit Vorbereitungen begonnen hätten.

Ist es Ihre Ansicht, wenn man zu lange immer wieder Wolf! Wolf! ruft, daß man gar nicht so intensiv mit dem Wolf rechnet?

Eine echte Kriegsbegeisterung gab es bei uns nicht.[10] Es wäre schon wert gewesen zu untersuchen, wieso bei uns auch in der Zeit der

---

[8] Das Waffen- und Munitionsbeschaffungsamt (Wumba) war während des Ersten Weltkriegs eine Unterabteilung des Kriegsamtes, in dem die kriegswirtschaftlichen Abteilungen des Kriegsministeriums, vor allem die Rohstoff- und Ersatzabteilung, zusammengefaßt wurden. Es war für alle Waffengattungen mit Ausnahme der Marinerüstung zuständig.

[9] Walther Rathenau hatte als »Zivilist« 1914 die Kriegsrohstoffabteilung im preußischen Kriegsministerium aufgebaut. In den zeitgenössischen Publikationen der Zwischenkriegs- und Kriegsjahre wurde dies jedoch mit Schweigen übergangen. (Vgl. Karl-Heinz Ludwig, Technik und Ingenieure im Dritten Reich, Düsseldorf 1974, S. 446.)

[10] Anders als 1914 konnte beim Ausbruch des Zweiten Weltkrieges, im September 1939, von Kriegsbegeisterung keine Rede sein. Die vorherrschende Stimmung war statt dessen von Resignation, Verwirrung, Apathie, Betäubung, Bedrückung und Gleichgültigkeit geprägt. In seinen »Erinnerungen« gibt Speer diesen Eindruck treffend wieder: »Anders als bei Beginn des Ersten Weltkriegs zog keines der Regimenter

großen Siege im Volk und auch in weiten Führungskreisen kein Gefühl der Befreiung und der Sicherheit aufkam. Ich möchte damit hier nicht gegen die von Ihnen in der Propaganda aufgestellten Dogmen etwas feststellen, was zur Entlastung dienen soll. Aber es scheint mir, als ob die Gesamtverfassung des Volkes nach dieser Seite hin nicht so war wie in früheren Kriegen. Der Krieg wurde mit außerordentlichem Ernst und Gewissenhaftigkeit vom Volk geführt. Die freudigen Ereignisse aber, die großen Taten der erfolgreichen Heerführer, der U-Boot-Kommandanten, der Flieger, wurden nicht so gefeiert, wie das im letzten Krieg der Fall war. Vielleicht kommt es daher, daß die Spannung, in der wir schon lange vorher lebten, es stumpfer gemacht hat als bei Ihnen. Trotzdem ist dies kein Grund, der die schlechte Rüstungsleistung rechtfertigte; denn das Volk hat später bei den zunehmenden Fliegerangriffen gezeigt, daß es in der Arbeit wohl die Energie aufbrachte, mehr zu leisten, als von ihm nach früheren Erfahrungsgrundsätzen verlangt werden konnte.

Der zweite Punkt, der uns hemmte, die mögliche Rüstungsleistung besser auszunutzen, war die im totalen Krieg übliche Arbeitsweise. Wenn in unserem System ein grundsätzlicher »Schaltfehler« oder eine Fehlleistung in der Zentrale gemacht wurde, dann konnte er, ohne daß jemand in der Zentrale das wahrnimmt, irgendeine Produktion auf die Hälfte des Möglichen reduzieren. Hierfür gibt es zahlreiche Beispiele. Ob dies durch einen fehlerhaften Erlaß oder durch ein falsches System der Verteilung der Werkstoffe, des Eisens oder der Metalle hervorgerufen wird, ist gleichgültig. Zu starke Maßnahmen aber stellen die Kritik ab und setzen die Intelligenz in einen Zustand des fatalistischen Abwartens. Man läßt die Ereignisse treiben, selbst wenn die Fehler erkannt werden. Bei Ihnen ist auf Grund der Erziehung und des Systems, das Sie haben, anzunehmen, daß bei derartigen Schaltfehlern eine scharfe Kritik von unten nach oben sich geltend macht. Bei uns war dies seit 1939 abgestellt, so daß keine starken Strömungen gegen falsche Maßnahmen entstehen konnten. Ich habe

---

mit Blumen geschmückt in den Krieg. Die Straßen blieben leer. Auf dem Wilhelmplatz fand sich keine Menschenmenge ein, die nach Hitler rief.« (Albert Speer, Erinnerungen, Frankfurt/M. 1969, S. 181.) Die nationalsozialistische Führung wußte dies und nahm auf die Stimmungslage der Bevölkerung bis weit in den Krieg hinein mehr Rücksicht, als es die militärische Gesamtlage erlaubt hätte.

gleich zu Beginn meiner Tätigkeit die Betriebsführer zur Kritik aufgefordert. Es war fast ohne Erfolg. Keiner glaubte, daß ihm daraus nicht persönliche Nachteile erwachsen würden. Ein anderer Weg, den ich beschritt, um die Kritik der Soldaten an ihren Waffen zu erhalten, hat dagegen sehr viel Erfolg gehabt. Anfangs waren die militärischen Stellen dagegen, später setzte sich das Verfahren durch und sie unterstützten diese Art der sachlichen Kritik.

Wir haben zuviel Kritik gehabt.

Es ist besser, zuviel Kritik zu haben als gar keine.

Bei uns besteht für jeden die Möglichkeit, z.B. an die Zeitung einen Brief zu schreiben, diese greift die Angelegenheit evtl. auf, es werden Untersuchungen eingeleitet. Die Kritik erfolgt also bei uns auf dem Weg über die Öffentlichkeit.

Selbstverständlich ist es unbequem, wenn man zuviel Kritik hört. Freie Kritik macht sie aber gleichzeitig ungefährlich. Die Allgemeinheit weiß, daß bei einer solchen Kritik 80 Prozent Unsinn sind; aber aus den restlichen 20 Prozent können die Führenden lernen. Wenn aber die Schicht der »Regierten«, in meinem Fall die Betriebsführer, den Schwung verloren haben, nach oben zu berichten, da ist die Gefahr, daß man oben geistig eintrocknet und keine Kenntnis von den tatsächlichen Auswirkungen hat, sehr groß.

Kommt es in diesem totalitären System, dessen Fehler Sie beschrieben haben, vor, daß z.B. der Führer sich in eine Idee verrannt hat, die von verhängnisvollen Folgen war, und wie war es möglich, eine Änderung herbeizuführen?

Über diese grundsätzliche Frage der verhängnisvollen Folgen des Systems habe ich eine Ausarbeitung gemacht, die ich Herrn Hoeffding gegeben habe.[11] Diese müssen Sie durchlesen. Denn man kann diese wirtschaftspolitischen Betrachtungen nur im gesamten, bei uns seit 1933 gegebenen politischen Rahmen verstehen.

---

[11] Gemeint ist Speers Interrogation über Adolf Hitler vom 1. August 1945, abgedruckt als Protokoll 1 dieser Edition.

Die Selbstverantwortung der Industrie

Und darum erwählten Sie das Prinzip der Verantwortung der Produzenten?

Ja. Ich muß allerdings gestehen, daß ich damals nicht soviel darüber nachgedacht habe, wie ich heute darüber sprechen muß. Es wurde mehr oder weniger unbewußt, aus meinen Erfahrungen, die ich als Architekt hatte, zusammen mit den Erkenntnissen, die Dr. Todt kurz vor seinem Absturz gewonnen hatte, heraus geschaffen.[12] Zudem hatte ich durch meinen Auftrag, die Fabriken der Luftrüstung zu betreuen, in den zwei Kriegsjahren genügend Gelegenheit gehabt, die Unzulänglichkeiten und die Fehlerhaftigkeit des alten Systems kennenzulernen, die Kritik der Betriebsführer an den Maßnahmen der militärischen Rüstungsdienststellen zu hören und sie als viel vernünftigere und praktischer denkende Leute kennenzulernen als die in der Rüstung führenden Offiziere.[13] Ich hatte schon immer eine gewisse Abneigung gegen die »Beamten«.

Über den Sinn der Selbstverantwortung der Industrie habe ich im Juni 1944 in Essen eine Rede gehalten, deren Wortlaut ich Ihnen geben werde.[14] Darin sind alle Gedanken, die zum Bau der Selbstverantwortung der Industrie führten, festgelegt. Im übrigen habe ich bei allen den neuen Organisationsformen, wie Hauptausschüsse, Hauptringe oder Entwicklungskommissionen, versucht, etwas im

[12] Die Einteilung nach Hauptausschüssen hatte bereits Speers Vorgänger Fritz Todt im Dezember 1941 auf den Weg gebracht, weil er – ebenso wie nach ihm Speer – eine Rüstungssteigerung allein mit Hilfe der Wehrmachtsdienststellen für ausgeschlossen gehalten hatte.

[13] Auch dieser Gedanke geht auf Fritz Todt zurück, der dazu übergegangen war, jeweils die Mitglieder der Ausschüsse aus dem sie betreffenden Industriezweig zu rekrutieren (Tex für die Waffen, Geilenberg für Munition und Rohland für den Panzerbau). Speers Verdienst besteht darin, die von Todt entwickelten Ideen fortgeführt und mit den »Ringen« der Luftrüstung synchronisiert zu haben. (Vgl. Gregor Janssen, Das Ministerium Speer, Frankfurt/M.–Berlin 1968, S. 42ff.)

[14] Gemeint ist die Rede Albert Speers vom 9. Juni 1944 vor Vertretern der Rheinisch-Westfälischen Industrie über die »Selbstverantwortung der Industrie«, in: Der Prozeß gegen die Hauptkriegsverbrecher vor dem Internationalen Militärgerichtshof, Nürnberg. 14. November 1945 bis 1. Oktober 1946, Bd. XLI, Nürnberg 1949, S. 401ff.

Gegensatz zu den Prinzipien des autoritären Systems, die zehn oder zwölf verantwortlichen Männer, die sowohl bei der Wehrmacht als auch bei der Wirtschaft die gleichen Probleme bearbeiteten, wieder »an einen Tisch« zu bringen. Den Vorsitz hatte in der Regel ein Mann aus der Industrie. Dieser hatte das Recht und die Pflicht, Entscheidungen zu treffen. Er wurde dazu aufgefordert, sie autoritär zu treffen. Aber es wurde von ihm erwartet, daß er mit den anderen sich vorher beraten hatte. An den Namen dieser Organisationsteile wie »Ausschüsse«, »Kommissionen« oder »Ringe« ersehen Sie nachträglich den Charakter, der diesen Einrichtungen zugedacht war. Erleichternd kam bei dieser Konstruktion hinzu, daß A.H. mir bei ihrer Gründung zusagte, ihren unpolitischen Charakter auch in Zukunft anzuerkennen. Dadurch hatte ich die Möglichkeit, ähnlich wie die Wehrmacht auf ihrem Gebiet, ohne politische Beurteilung mir meine Führungskräfte aus der Industrie herauszusuchen. Zweifellos hat diese Tatsache, mehr als mancher große grundlegende Gedanke, dazu beigetragen, daß die Selbstverantwortung der Industrie bei uns ein großer persönlicher Erfolg wurde. 1942 mußte ich schon feststellen, daß oft die Bearbeiter untereinander keine Verbindung hatten, daß alle Organisationen senkrecht nach unten gingen, daß aber keine Querverbindungen zwischen diesen Organisationen vorhanden waren. Um diese Querverbindungen zu schaffen, wurde die Organisation der Ringe gebildet, die die Zusammenfassung gleicher Interessen und gleicher Arbeitsgebiete bei verschiedenen »senkrechten« Organisationen vorzunehmen hatte.[15]

Welches ist Ihre Ansicht über folgendes: Wo im allgemeinen und in speziellen Gebieten hätte man eine Linie ziehen sollen zwischen einer Anspornung und einer Anreizung und Zwang, um Leute dazu zu brin-

[15] Die fünf Hauptringe hatten Eisenerzeugung, Eisenverarbeitung, Metalle, Produktionsmittel/Maschinenelemente und elektrotechnische Erzeugnisse zum Gegenstand. Ihnen standen 14 Hauptausschüsse gegenüber. Die lose Struktur war allerdings nur auf dem Reißbrett effizient. In Wirklichkeit galten für die »Hauptringe« »die gleichen Ziele wie für die Ausschüsse, mit dem einzigen Unterschied, daß sie in der Grundstofferzeugung respektive -aufbereitung und der Herstellung von solchen Vorprodukten auftraten, die in allen Bereichen der Waffen-, Fahrzeug- und Geräteherstellung der deutschen Rüstung benötigt wurden, also etwa Schmiedestücke und Zahnräder«. (Vgl. Lutz Budraß, Flugzeugindustrie und Luftrüstung in Deutschland 1918–1945, Düsseldorf 1998, S. 743.)

gen, ihre eigenen Interessen für die Verfolgung einer gemeinsamen Anstrengung in der Kriegsrüstung und für die Kriegführung beiseite zu stellen? Wir haben selbst die Erfahrung gemacht, daß man eine Armee und einen Krieg nicht auf demokratischer Grundlage führen kann! Wieweit ist es Ihrer Ansicht nach möglich, Zwangsmaßnahmen anzuwenden, um einen optimalen Erfolg zu erzielen? Wenn man überspannt hat, hat man nicht mehr den gewünschten Erfolg.

Zum Teil wurde diese Frage bereits beantwortet. Ergänzend ist dazu noch zu sagen: Die Zwangsmaßnahmen sind bei uns ja in einem außerordentlichen Umfang bereits vor dem Krieg vorhanden gewesen. Bei uns war der Bogen bereits überspannt. Und zwar weitgehender als in demokratischen Ländern. Sie hatten die eigene Initiative, die Verantwortung des einzelnen war schon ausgeschaltet. [Sic!] Der Zwang darf nur soweit angewendet werden, daß der einzelne noch weiß, wie weit er seine Anstrengungen noch steigern muß, aber die Verantwortung muß bei ihm bleiben. Sowie er seine Tätigkeit ausschließlich aus dem Zwang heraus ausübt, hört seine eigene Initiative auf, zum Teil aus Furcht, zum Teil aus Bequemlichkeit. Daher glaube ich auch, daß ein Teil meines Erfolges darin bestand, daß ich auch für die Wirtschaft eine Auflockerung durchführte und in den Reden betonte, daß in einem derartigen Krieg das Vertrauen zu den Mitarbeitern und zu ihrem selbständigen und selbstlosen Arbeiten nach meiner Meinung berechtigt und notwendig ist, und ich gleichzeitig meine Auffassung, Zwangsmaßnahmen in der Wirtschaft abzulehnen, verbreitete.

Selbstverständlich hatten die Betriebsführer keine Freiheit darüber, was sie produzierten. Das wurde von den Organen der »Selbstverantwortung« festgelegt. Allerdings gab es bei uns eine zweite Richtung, von der SS und auch von Teilen der Partei angeführt, die der Meinung war, daß der Betriebsführer nur durch größeren Zwang zu größeren Leistungen gebracht werden müsse. Erst wenn »einige Betriebsführer erschossen seien«, würden die anderen schon durch bessere Leistungen reagieren, hieß es damals, auch in Reden.[16] Um dem entgegenzutreten, hielt ich damals die Rede in Essen. Später, als die Beschuldi-

[16] Handschriftliche Randbemerkung: »Rede Sauckel«. Gemeint ist die Rede Sauckels auf der »Kriegstagung der Thüringischen Rüstungsindustrie« am 4. Dezember 1943; Thüringisches HSTA Weimar, RSt, Nr. 190, Bl. 5ff.

gungen der Partei größer wurden, habe ich meinen Grundsatz noch mal in einer Denkschrift vom 20. September 1944 an A.H. niedergelegt.[17]

Auch bei der Luftrüstung hat man gegen die Betriebsführer, die ihre Forderungen nicht erfüllt haben, Kriegsgerichtsverfahren eingeleitet und versucht, sie damit zu bedrängen und durch diese abschreckenden Beispiele die Leistungen allgemein zu erhöhen. Nach der Übernahme der Luftrüstung habe ich aus denselben grundsätzlichen Erwägungen sämtliche Kriegsgerichtsverfahren gegen die Betriebsführer in der Luftrüstung abgesagt, weil sie meiner Auffassung, daß man Leistungen nicht durch Zwang, sondern durch Schaffung einer Vertrauensbasis erzielt, entgegenstanden.[18] Es ist mir meiner Ansicht nach gelungen, die Industrie in der Selbstverantwortung der Industrie dazu zu bringen, letzten Endes so uneigennützig zu arbeiten, daß sie ihre eigenen Interessen auf die Seite stellte. Die Sorgen über den Kriegsausgang und damit der Druck auf den einzelnen Betriebsführer[19], aber auch die Verbundenheit zwischen jedem einzelnen Techniker und Betriebsleiter mit der Front schon allein durch die Tatsache, daß jeder von ihnen sich um irgendwelche Familienangehörigen dort sorgte, brachte für jeden die Verpflichtung, der Front möglichst weitgehend zu helfen, ein ungleich größerer Druck als in den anderen kriegführenden Ländern, die eine derart abnorm große Anspannung aller Kräfte und Bedrängungen, auf der einen Seite durch Fliegerangriffe, auf der anderen Seite durch verlorene Schlachten, durch Munitionsmangel und die Ungewißheit des Schicksals, nicht kannten. Diese Tatsache, zusammen mit der Erleichterung, die darüber empfunden wurde, frei und ungebunden in einer unpolitischen Organi-

---

[17] Albert Speer an Adolf Hitler, 20. September 1944, in: Der Prozeß gegen die Hauptkriegsverbrecher vor dem Internationalen Militärgerichtshof, Nürnberg. 14. November 1945 bis 1. Oktober 1946, Bd. XLI, Nürnberg 1949, S. 394.

[18] Der Erlaß zur Unterstellung der Luftrüstung und die entsprechende Durchführungsverordnung sind auf den 20. Juni 1944 datiert. Am 15. September schuf Speer für die Luftrüstung die »Entwicklungshauptkommission Flugzeuge«. Der Erlaß ist im Rundschreiben des Zentralamtes vom 23. Juni 1944 (R3/1023, Bd. 103) abgedruckt. Der Amtsbereich des Generalluftzeugmeisters (GL) verschwand, und damit war auch die Sonderstellung der Luftrüstung zu Ende. (Vgl. Lutz Budraß, Flugzeugindustrie und Luftrüstung in Deutschland 1918–1945, Düsseldorf 1998, S. 871.)

[19] Im Originalmanuskript ist hier eine Seite 11 vermerkt, die indes fehlt. Es handelt sich um einen typographischen Irrtum, da der Text ohne Sinnentstellung weitergeht.

sation arbeiten zu können, gab dieser Organisation den inneren Schwung und den Enthusiasmus, der es ihr ermöglichte, die großen Schwierigkeiten, die sich anfangs der Durchführung der neuen und doch so einfachen Erkenntnisse in den Weg stellten, zu überwinden und was im allgemeinen selten ist, im Laufe eines Jahres eine aus völlig neuen Führungspersönlichkeiten bestehende Organisation zu schaffen, die tatsächlich auch in schweren Zeiten eine Einheit bildet.

Aus welchen Persönlichkeiten setzte sich diese Organisation zusammen, aus welchen Kreisen der Wirtschaft wurden sie genommen?

Ich habe nur selten und ungern die großen Konzernleiter beauftragt. Bei der Rüstung, d.h. bei der Organisation der Ausschüsse, Ringe und Kommissionen wurden bevorzugt leitende Techniker aus den Werken für diese Aufgabe von mir ausgewählt.[20] Die abgeschlossene technische Vorbildung war im allgemeinen eine Vorbedingung für die Auswahl der Mitarbeiter. Und ich habe dabei festgestellt, daß diese Techniker die ihnen gestellten technischen Aufgaben so begeistert aufgenommen haben, daß sie hierbei die Interessen ihres Betriebes vergessen konnten. Dabei hatten diese Techniker oft Schwierigkeiten mit der kaufmännischen Betriebsführung, weil sie ihre übergeordnete Aufgabe so uneigennützig, über den Rahmen des eigenen Betriebs hinaus, erfüllten. Ich mußte daher in Essen die Drohung aussprechen, daß der Wirtschaft das System des Zwangs nicht erspart werden könne und sie alle Vorteile des jetzigen Systems der Freiwilligkeit aufgeben müsse, wenn sie nicht die Selbstverantwortung der Industrie als richtiges Prinzip anerkennen würde.[21]

---

[20] Speer gelang es, für den Vorsitz der einzelnen Kommissionen jeweils ausgewählte Persönlichkeiten der Industrie zu gewinnen. So wurde z.B. Wehrwirtschaftsführer Hermann Röchling Vorsitzender des Vorstands der RVE und gleichzeitig Leiter des Eisenrings, Paul Pleiger, Leiter der Reichswerke Hermann Göring in Salzgitter, wurde Leiter der RVK. In seinen »Rüstungsrat«, der an die Stelle von Todts engerem Rüstungsbeirat trat, hatte Speer binnen kurzem eine große Anzahl von führenden Vertretern der Großindustrie berufen, darunter Alfried Krupp von Bohlen und Halbach, Hans Malzacher (Alpine Montan »Hermann Göring«), Ernst Poensgen, Albert Vögler (beide Vereinigte Stahlwerke) und Wilhelm Zangen (Mannesmann).

[21] Speer bezieht sich hier wieder auf seine Rede vom 9. Juni 1944 vor Vertretern der Rheinisch-Westfälischen Industrie über die »Selbstverantwortung der Industrie«. Siehe Fußnote 9 dieses Protokolls.

Es ist selbstverständlich, daß die kaufmännisch vorgebildeten Fachleute in den Betrieben für meine Aufgabe nicht so bevorzugt geeignet waren, da sie in einem anderen Denken erzogen waren, wie der technische Betriebsleiter, der in seiner Stellung im Betrieb die technische Aufgabe, nicht die kaufmännische, »gewinnmäßige« des eigenen Betriebes im Vordergrund sieht.

Im Ministerium selbst hatten wir, was für Deutschland auffallend war, wenig Beamte, jedenfalls nur selten und ohne technische Vorbildung. Später, durch die Übernahme eines Teiles der Beamten des Wirtschaftsministeriums, wurde das Prinzip, auf nicht-technische Beamte zu verzichten, durchbrochen. Die Zusammensetzung einzelner Ämter war in ihrer Struktur verschieden. Während das Technische Amt, das die Rüstungsendfertigung durchzuführen hatte, sich ausschließlich aus Technikern zusammensetzte, war das Planungs- und Rohstoffamt weitgehend mit kaufmännisch vorgebildeten Personen besetzt, so daß im Ministerium das Spiegelbild eines normalen deutschen Betriebes wiederkehrte, in dem der Kaufmann die ausschlaggebende Planung und die Grundlagen zu liefern hat, während dem Techniker die Fertigung übertragen war. Soviel haben wir uns allerdings damals bei der Zusammenstellung dieser Ämter nicht gedacht. Es kam durch die verschiedene Auffassung der beiden Persönlichkeiten Kehrl/Saur, die die beiden wichtigsten Ämter leiteten, aber ihre Auswahl war auf ihre spezifische Aufgabe abgestimmt.[22] Die Selbstverantwortung der Industrie wurde ab Frühjahr 1944 immer weitgehender durch »Beauftragte« des Ministeriums in den wichtigsten Werken geschwächt. Diese Entwicklung war gegen meine

[22] Hans Kehrl war zum Zeitpunkt von Speers Amtsantritt als Rüstungsminister noch Hauptabteilungsleiter im Reichswirtschaftsministerium; im September 1943 wechselte er ins Speer-Ministerium, war jedoch bereits im Frühjahr 1942 maßgeblich an den Umstrukturierungsmaßnahmen beteiligt; von 1943 bis 1945 war er Leiter des Rohstoffamts zunächst im RWM, das später ins RMRK überführt wurde, und parallel ab November 1943 Leiter des Planungsamtes im RMRK. (Vgl. Rolf-Dieter Müller, Hans Kehrl – ein Parteibuch-Industrieller im »Dritten Reich«, in: Jahrbuch für Wirtschaftsgeschichte 1999/2, S. 195ff.) Karl Otto Saur, der seit 1936 bereits Mitarbeiter Todts war und auch als »Todts tönende Wochenschau« (vgl. Walter Rohland, Bewegte Zeiten. Erinnerungen eines Eisenhüttenmannes, Stuttgart 1978, S. 80) bezeichnet wurde, trat 1940 in das Rüstungsministerium ein. Im Februar 1942 wurde er zum Leiter des Technischen Amtes ernannt. Hitler hatte ihn zum Nachfolger Speers als Rüstungsminister vorgesehen.

grundsätzliche Ansicht. Sie wurde durch die zahlreichen Fliegerangriffe hervorgerufen, die zum »Improvisieren« zwangen, war aber auch Gegenstand grundsätzlich verschiedener Auffassungen im Ministerium. Auch diese Werks-»Beauftragten« waren meist aus der Industrie selbst ausgewählt. Die Erfahrungen mit ihnen waren unterschiedlich, da ihr Wirken ausschließlich von ihrer Persönlichkeit abhing. Im Grundsatz war durch dieses System der Werksbeauftragten die Führung der Rüstung »überstimmt«, d.h. es gab ein Befehlsorgan zuviel. Es wurde von mir durch einen Erlaß die Tätigkeit dieser Werksbeauftragten beschränkt. Allerdings nur mit teilweisem Erfolg.

Wie dürfte sich der große Mangel an speziellen Fähigkeiten und Schulungen zeigen, wenn es zu einer Umstellung von Friedens- auf Kriegsproduktion kommt, falls man das Problem nicht von vornherein studiert hat? Das bezieht sich auf Fachkräfte, Ingenieure usw.

Ich glaube, daß in einem industriell hochentwickelten Staat kein Mangel an derartigen Kräften sein dürfte; denn eine Friedenswirtschaft ist immer vielfältiger und komplizierter als die Kriegswirtschaft mit ihren Notwendigkeiten, wegen des Nachschubproblems alles zu rationalisieren. Der Mangel dürfte nur in der oberen Führung auftreten. Diese muß in der Lage sein, die technischen Probleme, die die Wehrmacht stellt, industriell umzuwerten, d.h. für die Industrie brauchbar zu machen und jede »Industriefremdheit« zu vermeiden. Wenn die Umschaltstelle personell in Ordnung ist, ist es für ein industrielles Land eine Kleinigkeit, mit dem Stamm an vorhandenen Fachleuten diese Umstellung in Kürze durchzuführen.

Sei meinen also nicht einen Mangel an Aufsichtsorganen wie Werkmeister, Ingenieure und dergleichen, sondern den Mangel im höheren Niveau?

Ja. Es ist kein Mangel an sich; denn auch diese Kräfte sind in jeder Friedenswirtschaft in genügendem Umfang vorhanden und müssen nur für diese »Schaltstelle« herausgezogen werden. Es ist nur notwendig, einen fachmännischen Apparat zu bilden, der diese Friedensindustrie auf Kriegsbedürfnisse durch zentrale Weisungen umschaltet. Bei uns hat sich gezeigt, daß nur dann die Industrie in der Lage ist, mit einem guten Wirkungsgrad zu arbeiten, wenn dieser Apparat mit

Fachkräften durchsetzt ist. Daher kann festgestellt werden – um auf die ursprüngliche Frage zurückzukommen –, daß es falsch war, für diese Aufgabe einen Apparat zu bilden, der lange vor dem Krieg als dauernde Beschäftigung diese Aufgabe plante und dann durchführte. Je länger er an dieser Aufgabe arbeitete, desto industriefremder wurde er und desto größer waren die Fehlerquellen. Je kürzer der Anlauf ist, in der man die Organisation der Kriegswirtschaft aus der Friedenswirtschaft herauszieht, um so mehr ist die Gewähr gegeben, daß die tatsächlich besten Fachleute aus der Friedenswirtschaft diese Aufgabe übernehmen und daß der Kontakt mit der Praxis garantiert ist.

Ausnutzung der Friedensproduktion zu Kriegszwecken

Es gibt während des Krieges eine Reihe von Industrien, die für wichtigste Verbrauchsgüter wieder arbeiten müssen. Gab es aber eine genügend breite Masse von Grenzfällen von Industrien, die von der Friedensproduktion ausgeschaltet und auf Kriegsproduktion umgestellt werden konnten? Hat man untersucht, ob man einen solchen Komplex von Grenzfällen hat, die leicht umgestellt werden können? Welche Fabrikausnutzungen und Kapazitäten erschienen als die wichtigsten, die für die Vorbereitung einer Kriegsproduktion bereitgestellt waren? Man hat bei uns gefunden, nachdem wir die Vorbereitung nicht vorher durchgeführt haben und keine bestimmten Kapazitäten dafür reserviert haben, daß sich gewisse Industrien dafür geeignet hätten, eine ganz andere kriegswichtige Produktion herzustellen. Hat man diese Möglichkeiten bei Ihnen vorbereitend studiert? Hat man Industrien gefunden, die sich besonders dazu eigneten, und hat man diese als Reserve-Kapazität für einen Kriegsfall ansehen können?

Ich bin in diesen Detailfragen über die Zeit vor dem Krieg und bis 1942 nicht unterrichtet. Wir haben vor dem Krieg wohl einige Schattenfabriken gebaut; das Heer hatte z.B. die sogenannten »Montanbetriebe«, die nur für den Zweck der Rüstung gedacht waren. Die Ausnutzung der allgemeinen Industrie für die Rüstung war bis 1942 nicht vollkommen durchgeführt. Während 1942 nur 40 Prozent der Rohstahlmenge für die Rüstung und der Rest für die übrige Industrie zugeteilt wurde, erhielt die Rüstung 1944 60 Prozent, und nur noch 40 Prozent wurden in der Grundproduktion und für alle anderen Zwecke verwandt.[23] Als man 1939 in den Krieg ging, war die Meinung weit verbreitet, daß die Ausschöpfung unserer Industrie für die Rüstung bereits ab 1937 größtenteils vollzogen sei. Göring und Funk glaubten und legten das auch A.H. gegenüber fest, daß man eine weitere Drosselung der »allgemeinen Produktion« nicht zulassen könne.[24] Es scheint mir, als ob [sie] hier durch die Industrie getäuscht wurden, da selbstverständlich jede Industrie zunächst – und das ist bei Ihnen genauso gewesen – ihren Verdienst und ihre Existenz über ihren Patriotismus stellt. Mit dieser Voraussetzung muß man an das Problem herangehen. Den Industrien kam bei dem Bestreben, möglichst ihre alten Werkzeugeinrichtungen zu erhalten, um nach dem Krieg ihre alte Produktion weiterführen zu können, unsere unübersichtliche Organisationsform und die Unkenntnis der Bearbeiter in den Ämtern der Wehrmacht zugute. Dazu noch folgendes: Wie Sie wissen, ist unser Land in Gaue aufgeteilt gewesen, und diese hatten eine sehr weitgehende Selbständigkeit. Die Industrie, die Gauleiter und deren Organe waren gemeinsam bestrebt, den Wohlstand ihres Gaues für die Zeit nach dem Krieg zu sichern. Hier hatten sie, ausnahmsweise, gemeinsame Interessen. Dazu kam das psychologische

---

[23] Die Schwankungsbreiten dürften etwas geringer gewesen sein als Speer hier darstellt. Laut Wagenführ wurden 1943 und 1944 jeweils knapp 53% der Eisenquoten im Jahresdurchschnitt für die Rüstungsprogramme verwandt. Für 1942 lag der Anteil der Verwendung der Eisenquote bei der direkten Rüstung im Jahresdurchschnitt bei ca. 45%. (Vgl. Rolf Wagenführ, Die deutsche Industrie im Kriege 1939–1945, Berlin 1963, S. 168f.) Angaben zu Rohstahl liegen nicht vor.

[24] Ursprünglich war Reichswirtschaftsminister Funk als Generalbevollmächtigter für die Wirtschaft speziell darauf vorbereitet worden, die zentrale Führung der deutschen Kriegswirtschaft und ihre rigorose Umsetzung, einschließlich scharfer Begrenzungen des Konsums und der zivilen Einkommen der Bevölkerung sicherzustellen. Im Dezember 1939 wurde Funk jedoch bereits als Generalbevollmächtigter abgelöst und dessen Aufgaben auf Göring unter gleichzeitiger Bildung eines »Generalrats für die Wirtschaft« übertragen. Zuvor hatte Funk in mehreren Reden geäußert, daß die Wirtschaft nicht in dem vollen Umfang umgestellt werden müsse, so wie es die Mobilisierungspläne eigentlich vorsahen, und daß scharfe Maßnahmen zu Lasten der Bevölkerung aus psychologischen Gründen nicht tragbar seien. Die wirtschaftliche Mobilmachung wurde daher auf ein Minimum beschränkt. (Vgl. Rolf Wagenführ, Die deutsche Industrie im Kriege 1939–1945, Berlin 1963, S. 25ff.; Ludolf Herbst, Der Totale Krieg und die Ordnung der Wirtschaft. Die Kriegswirtschaft im Spannungsfeld von Politik, Ideologie und Propaganda 1939–1945, Stuttgart 1982, S.108f.)

Moment, daß wir schon in der ersten Zeit des Krieges große Erfolge hatten. Diese brachten die Chance mit sich, daß der Krieg bald zu Ende sein könnte und dann das große Geschäft in Europa beginnen müsse. Das wollte jeder mitnehmen. Aus diesen Gründen wollten lieber auch die, die für eine Kriegsproduktion noch aktiv hätten mitarbeiten können, auf den Kriegsverdienst verzichten. Sie machten sich möglichst klein und unsichtbar, um dadurch weniger aufzufallen und nicht »umgestellt« zu werden.

Haben die Gauleiter einen großen Einfluß gehabt?

Ja. Der Gauleiter ist die entscheidende Instanz gewesen für viele wirtschaftliche Dinge, und es bedurfte schon einer großen Autorität in der Zentrale, um gegen die Gauleiter etwas durchsetzen zu können.[25]

Welche Maßnahmen waren vor Ihrer Zeit getroffen worden, um die Umschaltung vorzunehmen?

Vor dem Krieg war alles vorbereitet, um im Vierjahresplan einen »Generalbevollmächtigten für die Wirtschaft« zu ernennen, der alle Befugnisse haben sollte, um die Industrie auf Kriegszwecke umzustellen. Diese Organisationsabsicht wurde sehr unvollkommen durchgeführt. In den ersten Monaten des Krieges hat das OKW einen Plan in Kraft gesetzt, nach dem das Rüstungs- und Wehrwirtschaftsamt (OKW) diese Dinge zu verantworten hatte, mit Offizieren, die für diese Wirtschaftsangelegenheiten »vorbereitet« waren. Das führte zu Auseinandersetzungen zwischen Thomas bzw. Keitel und dem Beauftragten für den Vierjahresplan, Göring. Göring hat nach einigen Monaten bei diesen Auseinandersetzungen gesiegt, und es wurde von A.H. festgelegt, daß der Vierjahresplan die Wirtschafts-

[25] Wiederholt kam es zu Auseinandersetzungen zwischen Speer und den Gauleitern, die sich gegen Betriebsstillegungen wandten. Insbesondere seit Herbst 1943 nahmen die Konflikte zu, nachdem Speer in seiner Rede vom 6. Oktober harsche Kritik an einzelnen Gauleitern mit Blick auf vereitelte Stillegungen in der Verbrauchsgüterindustrie geübt und angekündigt hatte, künftig nach 14tägiger Frist sich bei Stillegungen über die Bedenken des jeweiligen Gauleiters hinwegzusetzen. (Vgl. Speer, Erinnerungen, S. 325.) Die Sondervollmachten Speers bei der Zentralisierung der Kriegswirtschaft waren für Bormann Vorwand, die Opposition der Gauleiter gegen Speer zu organisieren. (Vgl. Peter Hüttenberger, Die Gauleiter. Studie zum Wandel des Machtgefüges in der NSDAP, Stuttgart 1969, S. 183.)

ausnutzung des Potentials durchzuführen habe.[26] An sich war das eine richtige Maßnahme, weil ja die Organe des Vierjahresplanes vor dem Krieg auch schon in gewissem Sinne ein »Kriegsmobilmachungsorgan« darstellten. Aber es wurde nicht versucht, für die gesamte Wirtschaft eine »zentrale Kriegsmobilmachungsstelle« zu bilden. Im Vierjahresplan gab es nebeneinander die verschiedenen Generalbevollmächtigten für die Bauwirtschaft, die Chemie usw., die – abgesehen von Göring selbst – keine zusammenfassende Spitze hatten. Göring hat sich aber in dieser Zeit ausschließlich um die Führung der Luftwaffe gekümmert und ist mit A.H. in das Hauptquartier gezogen. Dadurch hatten die vielen täglichen Streitfragen, die aus der Umstellung zur Kriegswirtschaft sich ergaben, keine entscheidende Stelle. Was besonders fehlte, war aber eine ausgleichende zentrale Stelle, die auch die Materialanforderungen aufeinander abstimmt. Daher war es eine meiner ersten Maßnahmen, daß ich die sogenannte »Zentrale Planung« schuf, in der die einzelnen Bedarfsträger einschließlich Landwirtschaft zusammentreten mußten, um ihre Anforderung zu begründen und die endgültige Entscheidung zu erhalten.

Die Idee des Generalbevollmächtigten für die Wirtschaft ist wohl fallengelassen worden, nachdem Herr Funk diese Sache führte?

Funk hat wohl hierzu keine allzu große Neigung gehabt.[27] Der Generalbevollmächtigte für die Wirtschaft wäre allerdings auch nur bei einer anderen personellen Besetzung ein Erfolg gewesen.

Die Stelle des GBW war im Vierjahresplan vorgesehen?

Ja. Es wäre die zusammenfassende Stelle geworden, die so fehlte. Es gab kein zusammenfassendes Büro im Vierjahresplan. Der ständige Vertreter von Göring war Körner. Aber Körner war unzulänglich.

---

[26] Mit seiner geheimen Denkschrift vom 26. August 1936, die als Grundprogramm für die nationalsozialistische Wirtschaftsordnung angesehen werden kann, beendete Hitler den Konflikt zwischen Göring und dem OKW zugunsten Görings. (Vgl. Wilhelm Treue, Hitlers Denkschrift zum Vierjahresplan 1936, in: VfZg 3, 1955, S. 144ff.)

[27] Mit dem von Göring unterzeichneten Erlaß vom 4. September 1943 wurden Speers Zuständigkeiten als GB Rüst auf alle Fragen der Produktion erheblich erweitert. Funk wurde darin zum Mitglied der Zentralen Planung ernannt, nahm aber nur selten an den Sitzungen der Zentralen Planung teil.

»Qualitative Überlegenheit« war eine der mythenhaften Vorgaben, mit denen Speer 1943 im Landkrieg das Blatt zugunsten des Deutschen Reiches zu wenden versprach. Die Erwartungen in eine kriegsentscheidende Wirkung waren indes illusorisch. Auch das im November 1942 verabschiedete Adolf-Hitler-Panzerprogramm konnte die Verluste im Ostkrieg nicht ausgleichen. Das Bild aus dem Jahr 1942 zeigt die Sturmgeschütz-III-Endmontage mit 7,5 cm-Sturmkanone 40 L/48 und 10,5 cm-Sturmhaubitze 42 L/28 als Hauptbewaffnung. (12)

1942/43 war es zu Auffassungsunterschieden zwischen den Firmen Henschel und Porsche über die Produktion des neuen Panzertyps gekommen. Die »Panzer-Tiger-Kommission« entschied, den »Henschel-Tiger« und den »Porsche-Tiger« nebeneinander zu fertigen. Das Bild zeigt, vorn im Panzer sitzend, Albert Speer, rechts auf dem Panzer sitzend, in Zivil, Ferdinand Porsche, bei der Erprobung eines Panzerfahrgestells für den neuen Typ »Ferdinand« auf dem Schlammgelände des Nibelungenwerkes bei Linz, 1943. (13)

Seit Sommer 1936 wurde unter Oberst Dornberger an den Grundlagen für eine Fernrakete neuen Typs gearbeitet. Der erste erfolgreiche Versuch gelang in Peenemünde im Oktober 1942. Danach erhielt das A4-Programm höchste Priorität, die angekündigte kriegsentscheidende Wirkung blieb jedoch aus. Das Bild zeigt die Vorführung verschiedener Raketenwerfer mit Feststoffraketen in Kummersdorf 1942. Vorn ein 28-cm/32-cm-Nebelwerfer 41, dahinter ein schweres Wurfgerät. (14)

Kummersdorf-Schießplatz, Kreis Teltow. In Kummersdorf unterhielt das Heereswaffenamt eine Heeresversuchsstelle. Das Heereswaffenamt war Nachfolger des Waffen- und Munitionsamts »WUMBA« aus dem Ersten Weltkrieg und eines der fünf Ämter, aus denen sich das OKH zusammensetzte. Das Bild zeigt in den 30er Jahren errichtete Betonplattenziele auf der Schießbahn West. An ihnen wurde die Leistungsfähigkeit betonbrechender Munition und die Festigkeit unterschiedlich armierten Stahlbetons erprobt. (15)

Kurz vor seiner Rede auf dem Platterhof am 24. Juni 1944: Hitler mit Generalfeldmarschall Erhard Milch, Willy Liebel, dem Chef des Zentralamts und Oberbürgermeister von Nürnberg, Hans Kehrl, dem Leiter des Planungsamts, und Kurt Waeger, dem Chef des Rüstungsamts in Speers Ministerium. (16)

Den Autobahnbau, Hitlers Steckenpferd, hatte Speers Vorgänger Todt bereits 1941 eingestellt. In der zweiten Kriegshälfte erwies sich einmal mehr ihr strategischer Nutzen. Die ebenso großzügigen wie zugigen Tunnel der Autobahnen wurden zu Rüstungsproduktionsstätten unter Tage umfunktioniert. Auf die Bedürfnisse der Rüstungsarbeiter, häufig KZ-Häftlinge, wurde dabei wenig Rücksicht genommen. (17)

Warten auf die Wunderwaffe. Bei Kriegsende waren im verbliebenen Reichsgebiet immer noch 300 000 bis 400 000 bombensichere Produktionsanlagen in Betrieb. Fast alle V-Waffen sowie zwei Drittel der Flugmotoren und ein Großteil der Munitionsproduktion fand unterirdisch statt. Das Bild zeigt die Produktion der V2 im unterirdischen »Mittelwerk« im Kohnstein bei Nordhausen/Harz. 1945. (18)

Ich hatte von Körner gehört, daß er nicht schöpferisch ist?

Das hängt wieder mit dem Grundfehler zusammen, auf den man ab und zu zurückkommen muß: In unserem Staatsleben haben sich die hohen Führer gehütet, in ihre Nähe sehr tüchtige Fachkräfte zu ziehen, die dadurch in den Mittelpunkt der Ereignisse gekommen und vielleicht auch die Aufmerksamkeit A.H.'s auf sich gezogen und dadurch vielleicht den führenden Nichtfachmann in den Schatten gestellt hätten. Daher sind die zweiten Leute, wie in diesem Falle bei Göring, meistens recht unscheinbare Personen. Zunächst war die Zentrale Planung ab 1942 auf meine Forderung im Rahmen des Vierjahresplans gegründet.[28] Außer mir waren Milch und Körner, als ständiger Vertreter Görings, vertreten. Mit Milch hatte ich ein gutes Verhältnis. Wir drei haben gemeinsam beschlossen. Funk wurde erst Mitglied, nachdem die gesamte Produktion aus dem Wirtschaftsministerium zu mir kam. Zu diesem Zeitpunkt trat auch Kehrl zu mir über, und danach wurde das Planungsamt in meinem Ministerium

[28] In seiner Besprechung mit Speer am 4. April 1942 hatte sich Hitler mit der Schaffung eines Zentralen Planungsamtes einverstanden erklärt. Am 22. April hatte Göring als Chef des Vierjahresplans den von Speer entworfenen Erlaß zur Errichtung der Zentralen Planung unterschrieben. Die Aufgaben der Zentralen Planung lauteten im einzelnen: »a) die Entscheidung über die Notwendigkeit oder Weiterführung vorhandener Planungen; b) die Entscheidung über die Schaffung neuer oder im Ausbau vorhandener Rohstofferzeugungsstätten; c) die Verteilung der vorhandenen Rohstoffe, insbesondere von Eisen und Metall, auf alle Bedarfsträger; d) den Einsatz der Kohle und Energie in der Fertigung; e) die Abstimmung der Forderungen der Gesamtwirtschaft an das Transportwesen«. (Vgl. Guntram Schulze-Wegener, Die deutsche Kriegsmarine-Rüstung 1942–1945, Hamburg u.a. 1997, S. 28.) Bereits 1939 hatte General Thomas die Idee einer Zentralen Planung gehabt, konnte sich damals gegen die verschiedenen Wehrmachtteile jedoch nicht durchsetzen. Speer verfolgte nach 1942 neben den notwendigen Rationalisierungsbemühungen vor allem das Ziel, Göring aus der kriegswirtschaftlichen Führung hinauszudrängen und damit seinen Einfluß auf Ressorts zu sichern, die formell nicht seinem Machtbereich unterstanden.

[29] Am 2. September 1943 unterzeichnete Hitler den »Erlaß über die Konzentration der Kriegswirtschaft«. Mit diesem Erlaß wurde das RMBM in das RMRK umbenannt. Im Rahmen dieser Umstrukturierung war es Speer gelungen, aus dem Reichswirtschaftsministerium die Hauptabteilung II unter der Leitung von Hans Kehrl herauszulösen und in sein Ministerium einzugliedern, obwohl das RWM unter Minister Funk damit seines Kerns beraubt wurde. Kehrl hatte sich zunächst gegen eine Eingliederung ins Speer-Ministerium gesträubt, da er die von ihm aufgebaute allgemeine »Kriegsproduktion« nicht zugunsten einer Priorisierung der Rüstungsproduktion, wie sie Speer wünschte, aufgeben wollte und den Sinn der Gründung eines

gegründet.[29] Das Planungsamt hatte von da ab die Beschlüsse der Zentralen Planung durchzuführen und vorzubereiten.

Wie waren Ihre Maßnahmen, um die allgemeine Produktion der Kriegsproduktion nutzbar zu machen, und welche Erfolge hatten Sie dabei?

Ein Zugriff auf die allgemeine Produktion war für mich erst nach der Übernahme der Gesamtproduktion aus dem Reichswirtschaftsministerium im September 1943 möglich. Es führten bis dahin zwei getrennte Instrumente, die gegeneinander stehen mußten: das Reichswirtschaftsministerium für die Vertretung der allgemeinen Produktion und mein Ministerium für die Rüstung. Wenn ich auch über die Zentrale Planung durch die Kontingentierung die Möglichkeit von Drosselungsmaßnahmen hatte, war es trotzdem nicht möglich, den notwendigen Einblick zu bekommen und die erforderlichen Maßnahmen durchzuführen. Es war ein Nachteil, daß bis September 1943 keine Lenkung der Gesamt-Kriegsproduktion durch eine Dienststelle durchgeführt wurde. Es hätte zu einer besseren Ausnutzung der Friedenswirtschaft für die Rüstung geführt. Als ich die gesamte Produktion übernahm, war mein erster Plan, den verschiedenen Hauptausschüssen zur »Ausräuberung« verschiedene Fertigungsgebiete der allgemeinen Produktion verantwortlich zu überlassen und ihnen zwar die Auflage zu einer genau festgelegten Teilproduktion zu machen, aber im übrigen die Ausnutzung des ihnen überantworteten Sektors für ihre Rüstungszwecke den Hauptausschüssen zu überlassen. Dieser Gedanke kam nicht zur Verwirklichung, obwohl er, wie nachträglich feststeht, der einzige gewesen wäre, der zu einer radikalen Ausbeutung der Reserven in diesem Teil der Industrie geführt und gleichzeitig die Erfahrungen der Hauptausschüsse und ihrer Mitarbeiter für diesen noch unbearbeiteten Teil der Industrie schnell ausgenutzt hätte. Allerdings war die Möglichkeit, daß hier in großem Umfang Schwierigkeiten und Schäden auftreten, die durch die das Improvisieren gewohnte und entscheidungsfreudi-

Planungsamtes angesichts einer von ihm mittelfristig erwarteten Niederlage der Wehrmacht bezweifelte. Speer setzte sich jedoch über Kehrls Widerstand hinweg. (Vgl. Hans Kehrl, Krisenmanager im Dritten Reich. 6 Jahre Frieden – 6 Jahre Krieg, Düsseldorf 1973, S. 310ff.)

ge Einstellung der Hauptausschüsse hervorgerufen worden wären, gegeben. Ich ließ mich von meinen Beratern aus der allgemeinen Industrie damals davon überzeugen, daß der von mir vorgesehene Weg nicht richtig gewesen sei.

Der dann eingeschlagene Weg, das Prinzip der Selbstverantwortung der Industrie auch auf die Produktion der Verbrauchsgüter, des Maschinenbaus usw. auszudehnen, war falsch. Er gab diesem Industriezweig staatliche Funktionen, die in diesem Fall im Gegensatz zu der bisherigen Selbstverantwortung der Rüstungsindustrie keinen Erfolg hatten. Während bei der Rüstungsindustrie die Organe der Selbstverantwortung der Industrie den Betrieben durch die Nationalisierungs- und andere Maßnahmen gleichzeitig erhebliche, auch finanzielle Vorteile brachten und so ihre Autorität damit wahrscheinlich recht erheblich untermauern konnten, mußte ich von meinen Beauftragten in den »Produktionsausschüssen« der Verbrauchsgüterindustrie verlangen, daß sie ihre Industrie zu Gunsten der Rüstung möglichst weitgehend ausbeuteten, und das bedeutete eine Existenzgefährdung für viele der großen Firmen, noch dazu in dieser schwierigen Phase des Krieges.[30] Es waren diese Produktionshauptausschüsse eher Interessenvertretungen gegen die Ausnutzung und Zusammenstreichung ihrer Industrien. Der Einzelkampf gegen diese Erscheinungen war nutzlos, es war ein falsches Prinzip der Selbstverantwortung. So hat z.B. der Maschinenbau es verstanden, auf diesem Weg seinen Kriegsbeitrag nur ungenügend zu leisten. Und die Textilindustrie hat sich auch nur sehr zögernd und unvollkommen umgestellt. Ein weiteres Beispiel für die Unzulänglichkeit der Selbstverantwortung der Industrie auf diesem Gebiet dürfte die ungenügende Umstellung der Nahrungsmittelindustrie und hier im besonderen der Brauereibetrieb sein.

Nach welchen Richtlinien wurde diese Umstellung der Verbrauchsgüterindustrie vorgenommen?

Auch hier ist durch die Selbstverantwortung der Industrie zunächst ein grundsätzlicher Fehler gemacht worden. Diese Organisation woll-

[30] Speer bezieht sich hier wieder auf seine Rede in Essen vom 9. Juni 1944 vor Vertretern der Rheinisch-Westfälischen Industrie über die »Selbstverantwortung der Industrie«. (Vgl. Fußnote 14 dieses Protokolls.)

te auch bei der Verbrauchsgüterindustrie Rationalisierungsergebnisse aufweisen. Daher wurde bei der Materialzuteilung, die ohnehin durch die Kriegserfordernisse knapper waren [sic!] als die Kapazität der entsprechenden Industrie, den am rationellsten arbeitenden Betrieben möglichst viel zugewiesen, um gute Durchschnittsergebnisse zu erzielen. Damit wurden die vielen Kleinbetriebe ungenügend mit Material versorgt und versuchten, sich durch Kurzarbeit aufrechtzuerhalten. Diese Kleinbetriebe lagen fast immer in ärmlichen Gegenden, denn nur dort konnten sie sich, durch den niedrigen Lohn, der modernen Industriekonkurrenz gegenüber noch wirtschaftlich behaupten. Die rationell arbeitenden Betriebe dagegen waren meistens in der Nähe von Industriegegenden. Die Materialzuteilung sollte so umgeschaltet werden, daß die Klein- und Mittelbetriebe in den ländlichen Gegenden das Material voll, ohne Rücksicht auf ihre unrationelle Arbeitsweise zugeteilt erhalten und daß dadurch Großbetriebe in größerem Umfang, zunächst innerhalb der Rüstungszentren, stillgelegt werden können. Das hätte zusätzlich Fabriken und Arbeitskräfte am richtigen Ort gegeben. Die Aktion wurde durch die anderweitigen Interessen der »Selbstverantwortungsorgane« nicht konsequent durchgeführt.

Welches sahen Sie als die erfolgreichste Methode an, um die Produktion der Verbrauchsgüter auf das Maß zu beschränken, das notwendig ist, um eine gesunde Wirtschaft aufrecht zu erhalten?

In erster Linie, nach den Erfahrungen, die wir auf diesem Gebiet mit der Selbstverantwortung der Industrie gemacht haben, nur durch eine staatliche Lenkung. Dabei ist der Maßstab, nach dem man die Produktion der Verbrauchsgüter und anderer allgemeiner Güter während der Kriegszeit beschränken kann, davon abhängig, mit welcher Ausstattung die Bevölkerung in den Krieg eintritt und welche Opfer ihr zugemutet werden können. Daher kann man diese Fragen nicht allgemein gültig beantworten. Sie gingen bestimmt mit einer höheren Ausstattung und mit größeren Reserven, die aus Ihrem allgemeinen Wohlstand herrührten, in den Krieg und konnten sich daher generelle Verbote auf vielen Gebieten eher gestatten als wir. Wir hatten dazu noch durch die Fliegerangriffe die Notwendigkeit, verschiedene Verbrauchsgüter auf jeden Fall weiter laufen zu lassen, damit auch nur die primitivsten Bedürfnisse der Bevölkerung befriedigt werden konnten.[31] Im übrigen zeigte uns erst der Bombenkrieg auf die Städte, mit wie wenig Bedürfnissen im Krieg das Volk auskommen kann und daß die Bevölkerung trotzdem nicht den Mut verliert und weiter seine Pflichten erfüllt. Allerdings hat hier das deutsche Volk eine besonders vorbildliche Haltung gezeigt. Jedenfalls wurde der totale Krieg uns von Ihren Bombern vorexerziert, ohne daß wir daraus frühzeitig Konsequenzen gezogen haben. Daß er uns Erleichterungen in unserem Kampf gegen die eigene Bürokratie gab, war eine vorteilhafte Nebenerscheinung.

Ist die Reduzierung der Verbrauchsgüterproduktion nicht auch die Folge einer geschickten Propaganda?

Ja. Jedoch werden Sie feststellen, daß bei uns diese Propaganda nicht in dem Umfang betrieben wurde, wie Sie sie in Amerika anwandten und wie ich sie aus Ihren Zeitschriften kenne. Ich habe A.H. und Goebbels mehrmals auf Ihre Propaganda hingewiesen. Während Sie die Werbung jeder einzelnen Firma, die Friedensartikel fertigte, auf die Kriegspropaganda und auf die Notwendigkeit des *Entbehrens* dieser Güter einstellten, war unsere Propaganda noch von der alten Tendenz ausgehend, den Wunsch zum *Besitzen*[32] des Gegenstandes zu erwecken.

Und wie haben Sie die Beschränkung der Produktion der Verbrauchsgüter durchgeführt und welche Erfahrungen haben Sie dabei gemacht?

---

[31] Konsumgüter des täglichen Gebrauchs waren mit fortschreitendem Kriegsverlauf immer knapper geworden. Insbesondere die zunehmenden Bombenangriffe führten vielfach zum Verlust des gesamten Besitzes der Betroffenen und zur Notwendigkeit der Ersatzbeschaffung. Auch wenn Hans Kehrl mit seinen Überlegungen zur Einführung einer »Haushaltskarte« zum Bezug der wichtigsten Konsumgüter des täglichen Gebrauchs scheiterte, da ein solches Bezugsprogramm wegen der Bombenangriffe nicht umzusetzen war, so war das Ministerium Speer doch bestrebt, ein Minimum an Konsumgüterversorgung sicherzustellen, um die Bevölkerung nicht noch weiter zu demoralisieren. (Vgl. Hans Kehrl, Krisenmanager im Dritten Reich. 6 Jahre Frieden – 6 Jahre Krieg, Düsseldorf 1973, S. 269f.) Mit dem Argument der Versorgung der Bevölkerung mit Konsumgütern zum Erhalt einer positiven Stimmung war in den ersten Jahren des Krieges die Umstellung von der Friedens- auf die Kriegsproduktion verhindert worden.

[32] Betonung im Original.

Wir haben den Fehler gemacht, daß wir vielen einzelnen Firmen gestattet haben, einen Teil ihrer Produktion an Verbrauchsgütern weiter durchführen zu lassen. Damit gaben wir diesen Firmen einen »Freischein« dafür, daß sie zwar offiziell sich militärische Aufträge in großem Umfang geben ließen, aber nur zu einem kleinen Prozentsatz ihre Betriebe mit dieser Kriegsproduktion beschäftigten. Bei unserer Aktion zur Betriebsausnutzung sind wir auf zahlreiche Betriebe gestoßen, die in den Listen der Rüstungsinspektion zwar als Kriegsbetriebe geführt wurden und trotzdem 90 Prozent ihres Betriebes weiter auf Friedensproduktion arbeiten ließen.[33] Sie hatten sich Schubladenaufträge besorgt. Es wäre also die richtige Maßnahme gewesen, um den Verbrauch der Bevölkerung zu befriedigen oder um die notwendigen Exportgegenstände herstellen zu können, die dazu notwendigen Produktionen auf einzelne Betriebe zu konzentrieren, diese dann aber mit ihrer vollen Kapazität diese Friedensgüter fertigen zu lassen. Bei einem solchen System kann auch die Verteilung dieser Produktion von Friedenserzeugnissen besser kontrolliert werden. Bei uns war es leider üblich, daß die Firmen einen Teil dieser Erzeugung an die zahlreichen Personen, die sie zu betreuen oder zu beaufsichtigen hatten, verkauften – und auch der Verkauf ist bei dem Überfluß an Geldmitteln und dem Mangel an derartigen Artikeln dazu geeignet, die Moral der beaufsichtigenden Dienststelle zu untergraben.

Welche wirtschaftlichen Lockmittel wurden angewendet, um die Erzeugung zu einem Übergang in der Kriegsproduktion zu bringen und zu höchstmöglichen Leistungen zu bringen? Wie wurden die Preise, die für die Rüstung gezahlt wurden, gestellt und welches war das Verhältnis zur Lohnpolitik?

Wirtschaftliche Lockmittel haben wir bewußt nicht angewandt. Das würde auch die Umstellung von Friedens- auf Kriegsproduktion wenig unterstützen, denn der Vorteil, eine Friedensproduktion im Krieg aufrechterhalten zu können, ist so groß, daß man diesen mit staatlichen Lockmitteln gar nicht ausgleichen kann. Zum Teil haben

[33] An dieser Stelle mußten bei der Übertragung Satzteile gestrichen werden, da aus offenkundigen Schreibfehlern im Originaltyposkript sinnentstellende Wiederholungen vorhanden waren.

die sogenannten »Festpreise« dazu beigetragen, einen Anreiz zur Übernahme einer Kriegsproduktion zu geben, weil durch sie steuerliche Vergünstigungen möglich waren. Der Kriegszuschlag zur Einkommenssteuer ist dadurch z.B. für diejenigen Güter in Wegfall gekommen, die auf Festpreise abgerechnet wurden. Die Festpreise haben gleichzeitig sehr wesentlich dazu beigetragen, den Betriebsführer dazu zu bringen, möglichst wenig Arbeitskräfte einzusetzen und möglichst rationell zu arbeiten. Vor der Einführung der Festpreise war die sogenannte LSÖ (Leitsätze für die Selbstkostenabrechung für öffentliche Aufträge), die die Preisgestaltung in primitivster Form durch eine Umrechnung des Arbeitsstundenaufwandes ergab. Zweifellos war diese Ordnung gerade für diejenigen Betriebe, die nicht rationalisiert waren, eine gerechte Maßnahme, aber im Krieg soll man derartige Maßnahmen sehr auf die nüchterne Zweckmäßigkeit abstellen.[34]

Bei uns bestand in der Praxis die Möglichkeit, über die Festsetzung der Preise neuerlich zu verhandeln, wenn sich herausstellte, daß diese Preise nicht angemessen waren. War das bei Ihnen auch so?

Bei uns waren die Festpreise – zunächst auf zumindestens [sic] ein Jahr, später auf ein halbes Jahr – für alle Betriebe, ganz gleich, welchen Rationalisierungsstand sie haben, festgesetzt. Sie wurden nach Bedarf, wenn die Rationalisierung einen höheren Stand erreicht hatte, neu festgelegt. Dabei wurden sie so festgelegt, daß für die sehr

[34] Im Rahmen des Vierjahresplans war ein Reichskommissar für die Preisbildung für angemessene Preise innerhalb des Aufrüstungsprogramms verantwortlich, weil wegen der Auftragsmengen die Selbstregulierung der Märkte nicht mehr funktionieren konnte, da nicht mehr nur die günstigsten Lieferanten, sondern alle verfügbaren Betriebe ohne Ausschreibungen Aufträge erhielten. Zu diesem Zweck wurden bereits 1938 u.a. »Richtlinien für die Preisbildung öffentlicher Auftraggeber« sowie »Leitsätze für die Preisermittlung auf Grund der Selbstkosten bei Leistungen für öffentliche Auftraggeber« (LSÖ) erlassen. Sie waren für alle Unternehmen verbindlich und enthielten genaue Vorschriften für die Ermittlung des Selbstkostenpreises. Trotz dieser Vorschriften kam es aufgrund unterschiedlicher Rationalisierungsgrade der Betriebe immer noch zu Preissteigerungen. Daher wurden Mitte 1942 Einheits- und Gruppenfestpreise auf Basis der LSÖ-Preise für Rüstungsgüter und den Bedarf der Wehrmacht festgelegt, die durch die vom RMBM gesteuerte Konzentration der Aufträge auf die leistungsstärksten Betriebe zu einer Preissenkung von mehr als 10 Prozent führten. (Vgl. Georg Thomas, Geschichte der deutschen Wehr- und Rüstungswirtschaft (1918–1943/45), hg. von Wolfgang Birkenfeld, Koblenz 1966, S. 134ff.)

gut rationalisierten Betriebe ein sehr guter Gewinn möglich war, aber auch die mittelmäßigen Betriebe immer noch Festpreise annehmen konnten. Wer die Festpreise für sich nicht annehmen wollte, hatte die Möglichkeit, nach den alten Grundsätzen zu arbeiten (näheres weiß Prof. Dr. Hettlage).[35]

Verschiedenes

Saur erwähnte, daß er der Ansicht ist, daß die Frage des Nachwuchses bei den Wissenschaftlern vernachlässigt wurde, daß nichts getan wurde, die Wissenschaftler zu unterstützen?

Das stimmt, aber das ist kein Versäumnis, das sich in diesem Krieg ausgewirkt hat, erst in zehn bis zwanzig Jahren hätte der Nachwuchs gefehlt.

Bei der Atombombe z.B. wäre er, materiell gesehen, vernachlässigt worden, nachdem die Wissenschaftler nicht die Mittel bekommen, um die Forschung weiterzutreiben.

Das stimmt.[36] Die Wissenschaft ist bei uns, im Verhältnis zu den sonst für alle möglichen anderen Sachen aufgewendeten Geldmitteln, sehr schlecht behandelt worden. Wenn Sie in eines unserer wissenschaftli-

---

[35] Dr. Karl M. Hettlage war während des Krieges Vorstand der Commerzbank und zugleich Leiter der Finanz- und Wirtschaftsabteilung in Speers Rüstungsministerium.

[36] Werner Heisenberg soll sich bei einem Treffen mit Speer im Sommer 1942 über die Vernachlässigung der Kernforschung durch das Erziehungsministerium sowie unzureichende finanzielle und materielle Ausstattung beklagt haben. Außerdem wies er darauf hin, daß sich durch die Einberufung deutscher Wissenschaftler und Hilfskräfte ein Know-how-Abfluß bemerkbar mache, durch den Deutschland in Forschungsgebieten wie der Atomforschung, in denen es bislang international führend gewesen sei, merklich hinter Länder wie Amerika zurückfalle. (Vgl. Speer, Erinnerungen, S. 240.) Schwerer als die unzureichende finanzielle Ausstattung wog jedoch der Konflikt zwischen wertfreier, unvoreingenommener Forschung und nationalsozialistischer Ideologie, die beispielsweise in der Physik die Erkenntnisse Albert Einsteins und anderer jüdischer Wissenschaftler negierte, sowie die Priorisierung einer »politischen Universität« vor hoher Sachkompetenz bei der Besetzung von Positionen in wissenschaftlichen Einrichtungen. (Vgl. dazu Karl-Heinz Ludwig, Technik und Ingenieure im Dritten Reich, Düsseldorf 1974, S. 210ff.)

chen Institute kommen, werden Sie sehen, daß viele noch auf dem Stand von 1890/1900 sind. Nur wenn die Industrie Unterstützung gab, waren dieses Institute etwas fortschrittlicher eingerichtet. Aber das war schließlich für den Staat sehr beschämend. Zahlreiche jüngere Fachkräfte wurden als Soldaten eingezogen. Das gab erhebliche sofortige Minderleistungen.

Wissen Sie, wie das bei der Medizin war?

Auch schlecht. Die Institute, in denen auch Leute wie Sauerbruch ihre Versuche machten[37], sind noch die alten seit 1890 und danach nicht mehr umgebaut. Wenn etwas zusätzlich getan wurde, dann von der Industrie.

Welches waren Ihrer Ansicht nach die Maßnahmen, die in der Zeit von 1933 bis 1939 getroffen wurden, die am meisten zu Deutschlands Fähigkeiten beigetragen haben, einen verlängerten Krieg zu führen, und welches waren die hauptsächlichen Fehlschläge?

Die einzige planmäßige Maßnahme war der Auftrag zum Vierjahresplan. Ich hoffe, daß in meinen Akten die Denkschrift gefunden wird, die A.H. an Göring gab. In dieser hat er seine Bedingungen und Grundsätze zum Vierjahresplan niedergelegt.[38] Es ist gewissermaßen das »Auftragsschreiben« an Göring.

Hatte Göring eigentlich eine wissenschaftliche und gründliche Organisation zur Durchführung dieses Planes, oder handelte er mehr nach Einfällen und Improvisation?

Er hatte das Glück, in Oberst Löb von der Luftwaffe einen sehr guten Mann zu haben, dem er anfangs die Vierjahresplanarbeiten über-

---

[37] Ferdinand Sauerbruch war seit 1928 Chef der chirurgischen Klinik an der Charité in Berlin, wo er u.a. bahnbrechende neue Operationsmethoden entwickelte. Sauerbruch verantwortete darüber hinaus seit Frühjahr 1937 das Fachgebiet Medizin in dem vom General der Artillerie Karl Becker geführten Reichsforschungsrat, der sich aus 14 vornehmlich mathematisch-naturwissenschaftlichen Fachgliederungen – von der Physik über die Forst- und Holzforschung bis hin zum Berg- und Hüttenwesen – zusammensetzte.

[38] Gemeint ist Hitlers geheime Denkschrift vom 26. August 1936, die als Grundprogramm für die nationalsozialistische Wirtschaftsordnung angesehen werden kann. (Vgl. Fußnote 26 dieses Protokolls.)

trug.[39] Als aber Löb zu stark in den Vordergrund kam und eine angesehene Figur wurde, ist er in seinem Einfluß von Göring herabgestutzt worden, weil dieser etwas eifersüchtig wurde, auf die Stellung, die sich Löb errungen hatte. Wenn Sie darüber etwas Näheres hören wollen, kann Ihnen Oberst Geist mehr sagen, der jetzt hier ist. Löb hatte einen guten Mitarbeiterstab und hatte eine gründliche Wirtschaftsplanung aufgebaut. Ich glaube, daß das, was im Vierjahresplan gemacht wurde, eine saubere Arbeit war. Was vernachlässigt wurde, war der Ausbau der Kohle. Diese wurde nicht in den Vierjahresplan hineingenommen, so daß bei einem vollen Ausbau des Vierjahresplans die Kohle zweifellos knapp geworden wäre. Wir versuchten 1943, diese Lücke zu schließen. Wenn Sie nicht durch die Fliegerangriffe dafür gesorgt hätten, daß wir weniger produzierten als vorgesehen war, hätte die Kohle uns voraussichtlich daran gehindert, die Werke voll auszunutzen.

Göring sagt, daß er alles vorbereitet hatte, daß nur mehr Arbeiter abgestellt zu werden brauchten, um mehr Kohle zu produzieren. Stimmt das?

Der Kohle-Bergarbeiter muß sehr lang vorher geschult sein, um unter Tage zu arbeiten. Das war nicht vorbereitet, soviel ich weiß.

Göring macht den Eindruck eines Mannes mit Ideen?

Er ist klug, hat sprunghafte Ideen, viele Erkenntnisse, aber nicht die Zähigkeit, diese durchzusetzen. Ein großer Teil seiner Erkenntnisse sind so schlecht, daß sie seine Klugheit wieder aufheben. Er greift zu viel auf. Seine Ideen waren zugleich seine Gefahr, weil er nicht realistisch genug war.

Die Bergleute gehören also z.B. zu der Frage, nach der Spezialisten gefehlt haben. Wäre es nicht ratsamer gewesen, sie zu schulen, selbst

---

[39] General Fritz Löb war zu jener Zeit Leiter des neuerrichteten Amtes für deutsche Roh- und Werkstoffe im Vierjahresplan. Bei der Errichtung neuer Produktionsstätten spielte Löb in der frühen Phase nicht zuletzt aufgrund der von im verfaßten Programmschrift (»Löbs Bibel«) eine maßgebliche Rolle. (Vgl. Karl-Heinz Ludwig, Technik und Ingenieure im Dritten Reich, Düsseldorf 1974, S. 163.) Löbs Ehrgeiz zielte nach Einschätzung von Kehrl darauf ab, Schacht als Wirtschaftsminister zu beerben. (Vgl. Hans Kehrl, Krisenmanager im Dritten Reich. Sechs Jahre Frieden – sechs Jahre Krieg, Düsseldorf 1973, S. 108.)

wenn man sie nicht im Bergbau einsetzte, um sie zu haben, wenn sie gebraucht wurden?

Das war nicht notwendig. Wenn man die jungen Jahrgänge im Bergbau gelassen und sie nicht eingezogen hätte, wäre derselbe Erfolg billiger zu erreichen gewesen. Das ist zum Teil auch geschehen, aber nicht scharf genug. Ich möchte zu Göring noch sagen: Bis zum Jahre 1939 hatte er in guter geistiger Form am Vierjahresplan gearbeitet und zweifellos gegen den Willen der Industrie die großen Werke durchgeführt. Damals hat er eine große Energie gezeigt mit guten und mit schlechten Eigenschaften. Nach 1939 ist die Energie verfallen und es blieben meist schlechte Eigenschaften übrig. Die Durchführung des Vierjahresplans [ist] die einzig große Leistung, die vor dem Krieg gemacht wurde, auf wirtschaftlichem Gebiet, die Anerkennung finden kann. Wenn sie sich auch erst ab 1941 und später auswirkte.

Können Sie die verschiedenen wissenschaftlichen und staatlichen Organisationen und Institute nennen, die sich mit Kriegsmaterial befaßt haben? Es bezieht sich auch auf die vorbereitende Zeit. Was wurde an statistischen Unterlagen gesammelt, das sich später als nützlich erwiesen hat, und was ist an Nachforschungen angestellt worden, in Bezug auf Bevölkerung, Verteilung der Rohstoffe usw.?

Darüber kann ich keine Auskunft geben. Dafür wäre General Thomas am besten geeignet. Vielleicht noch Wagenführ, der schon früher im statistischen Reichsamt gearbeitet hat.[40]

Was ist Ihre Ansicht über den Erfolg von wirtschaftlichen Vorbereitungen auf dem Gebiet des Transportes? Welches war der militärische Wert der Autobahnen? Wieweit spielten militärische Überlegungen

[40] Mit Kehrls Erlaß vom 16. September 1943 wurde Wagenführ beauftragt, eine Hauptabteilung Planstatistik für das Planungsamt aufzubauen, die alle Bereiche umfassen sollte. Zu ihren vorrangigen Aufgaben zählte es, den Reichsminister über Produktion und Bedarf fortlaufend zu unterrichten und die Rüstungsendfertigung in die Berichterstattung mit einzubeziehen. Wagenführ wurde von seinem Chef Kehrl als eine Art »Geheimwaffe« betrachtet. Auf seinen Vorschlag geht die Entwicklung eines Indizes der deutschen Rüstungsendfertigung zurück. Wagenführ kam mit seinem Expertenteam aus dem Deutschen Institut für Wirtschaftsforschung. (Vgl. dazu Hans Kehrl, Krisenmanager im Dritten Reich. 6 Jahre Frieden – 6 Jahre Krieg, Düsseldorf 1973, S. 319f.)

bei ihrer Konstruktion und auch der örtlichen Auswahl eine Rolle? Gingen diese weiter als die Möglichkeiten der Ausnutzung? Wurde die Eisenbahn im Vergleich zu diesem Programm vernachlässigt?

Die Autobahnen wurden von A.H. für strategische Zwecke mitgeplant und die Linienführung wurde weitgehend nach strategischen Voraussetzungen festgelegt, die A.H. glaubte zu Grunde legen zu müssen.[41] Auch die Breite der Bahnen, der Mittelstreifen – alles dies war weitgehend von Kriegsüberlegungen mitbestimmt. Durch den Bau der Autobahnen vor dem Krieg wurden die notwendigen Bauten und Investitionen für die Reichsbahn vernachlässigt. Die Reichsbahn wurde gezwungen, an die Autobahnen die besten Führungskräfte abzugeben, so daß dort nur überalterte Kräfte übrig blieben, die keine Stoßkraft hatten. A.H. hatte, wie bekannt, an den Autobahnen eine große persönliche Freude, und in dieser Freude gab er sich auch einer gewissen Selbsttäuschung über ihren strategischen Wert hin. Er glaubte, mit diesem Werk – ähnlich den Straßen Napoleons – für ferne Zeiten sich ein bauliches Denkmal zu schaffen. Diese Tatsache hat ihn so weitgehend beeinflußt, daß er über ihren militärischen Wert nicht zu sehr nachdachte. Die Wehrmacht selbst legte auf die Autobahnen keinen großen Wert. Sie wäre mit normalen Straßen zufrieden gewesen. Sie war der Meinung, daß ein Ausbau der Bahnanlagen bedeutend zweckmäßiger gewesen wäre. Die Autobahnen wurden im ganzen Krieg in ihrer Kapazität noch nicht einmal zu einem Teil ausgenutzt. – Vielleicht waren Sie die ersten, die sie ausnutzen konnten! – A.H. stellte manchmal fest, mit welch großer Geschwindigkeit er von einer Seite Deutschlands nach der anderen Truppen verschieben könnte und daß das für ein »Land in der Mitte« ein großer Vorteil sein müßte.

---

[41] Bereits unmittelbar nach der nationalsozialistischen Machtergreifung forcierte Hitler den Autobahnbau. Seit der »Kampfzeit«, als Hitler von Versammlungsort zu Versammlungsort meist im Auto reiste, war sein Bewußtsein für die Bedeutung des Straßenbaus geschärft. Am 27. Juni 1933 folgte das »Gesetz über die Errichtung eines Unternehmens ›Reichsautobahnen‹«. Für die Linienführung und Ausgestaltung der Kraftfahrbahnen wurde Dr. Fritz Todt als Generalinspektor für das deutsche Straßenbauwesen ernannt, der den Auftrag erhielt, ein Netz zusammenhängender Autobahnen zu bauen. (Vgl. Franz Seidler, Fritz Todt. Baumeister des Dritten Reiches, München 1986, S. 97ff.)

Bis wann wurde der Bau der Autobahnen eigentlich fortgesetzt?

Die Autobahnen wurden noch bis 1942 gebaut. Als ich kam, habe ich sie stillgelegt.[42] 1941 wurden sie noch weitergebaut nach Ostpreußen und in Richtung auf Posen.[43]

Welche Überlegungen lagen der relativ großen Betonung der Befestigung im Westen im Vergleich zum Osten zu Grunde?

Als der Westwall gebaut wurde[44], hatte A.H. die Absicht, sich so zu wehren, daß er in seiner Politik nach dem Osten mit dem ganzen militärischen Schwergewicht antreten konnte. In der Tat war auch während des Krieges in Polen die Zahl der Divisionen im Westen eine außerordentlich geringe. Übrigens ist die Leistung am Westwall das erste Beispiel für die spätere Selbstverantwortung der Industrie und zeigt deren großen Vorteil. Zuerst war die Durchführung den Pionieren des Heeres übertragen. Die haben diese Aufgabe in einer organisatorisch unzulänglichen Art durchgeführt. Als Dr. Todt dann den Auftrag bekam, hat er die Durchführung der Bauindustrie unmittelbar übertragen und dazu nur einen ganz kleinen Apparat von Bauingenieuren zur Führung und Kontrolle abgestellt.[45]

---

[42] Dies ist so nicht richtig. Bereits Speers Vorgänger Fritz Todt hatte um die Jahreswende 1941/42 angeordnet, die Baumaßnahmen an den Reichsautobahnen einzustellen.

[43] In Richtung Ostpreußen ist die Streckenführung Berlin–Stettin–Falkenburg–Bütow–Elbing–Königsberg–Gumbinnen gemeint. Bei der Autobahn in Richtung Posen irrt Speer, es handelte sich um die Autobahn von Berlin über Cottbus nach Breslau, die weiter ins oberschlesische Industriegebiet Richtung Kattowitz führen sollte. In Richtung Posen gab es keine Autobahn.

[44] Der Westwall, eine ca. 630 km lange Befestigungslinie entlang der deutschen Westgrenze von der Schweiz bis in den Raum Kleve, wurde zwischen Mai 1938 und September 1939 von der OT gebaut. Mit der »Verordnung zur Sicherstellung des Kräftebedarfs für Aufgaben von besonderer staatspolitischer Bedeutung« vom 22. Juni 1938 wurden die Voraussetzungen für einen gigantischen Arbeitseinsatz geschaffen. Insgesamt kamen beim Bau der Bunkeranlagen und Betonstände eine halbe Million Menschen zum Einsatz. Speer bestätigt mit dieser Aussage die tatsächliche Fixierung von Hitlers außenpolitischem Programm auf »Lebensraum im Osten«, zu dessen Erreichung der 1939 entfesselte Krieg geführt wurde.

[45] Es bestand Einigkeit, daß nach der Mobilmachung des tschechoslowakischen Heeres am 20. Mai 1938 der Aufbau eines Verteidigungswalls nach Kräften forciert werden sollte. Die ursprünglich damit beauftragte Pionier-Inspektion der Westbefestigungen war damit überfordert und übertrug den Auftrag dem Heeresgruppen-

Haben in Ihren Plänen für den Wiederaufbau von Berlin militärische Überlegungen, wie z.B. eine verhältnismäßige Unverletzlichkeit durch Bombenangriffe, eine Rolle gespielt?

Gar keine. Es war zwar eine Forderung der Experten des Luftfahrtministeriums, hierauf Rücksicht zu nehmen. Ich habe dagegen erklärt, daß man entweder Städtebau treiben oder Höhlen bauen soll, aber daß beides nicht miteinander zu vereinbaren sei. Aber ich sah das damals einseitig nur vom Standpunkt des Architekten.

Würden Sie heute überhaupt einen Plan machen, wenn doch einmal wieder alles zerstört wird?

Natürlich. Und hoffentlich hat das Zerstören jetzt aufgehört. Allerdings mit sehr hohen Bauten. Die Hochhäuser haben sich als unverletzlich erwiesen, wenn sie einigermaßen stabil gebaut sind, und sie bieten auch sonst größere Vorteile in der Großstadt. Wenn ich in die Höhe baue, habe ich mit gleicher Baudichte eine sehr viel kleinere bebaute Fläche, mehr Erholungsflächen für die Bevölkerung und gleichzeitig eine entsprechend geringe Wahrscheinlichkeit des Treffens der Bombe.

Inwieweit wurden wirtschaftliche Überlegungen anerkannt bei der ursprünglichen Bestimmung von militärischer Strategie, und inwieweit wurde die militärische Strategie geändert durch ökonomische Überlegungen?

Hierüber ist in der Interrogation vom 8. August 1945 mit Mr. Selwyn bereits ausführlich berichtet.[46]

Glauben Sie, daß es Gebiete gab, auf welchen eine bessere Verteilung von Rüstungsmaterial durch die Wehrmacht den Druck auf die Pro-

kommando II in Kassel. Doch auch der Generalstab des Heeres erfüllte die Anforderungen nicht zu Hitlers Zufriedenheit. Vor allem Göring hatte die Vorarbeiten der von Generaloberst Adam geführten 36 Infanterie- und 30 Pionierbataillone in einer Besprechung mit Hitler am Berghof am 14. Juni 1938 als völlig unzureichend herabgewürdigt. (Vgl. dazu Franz W. Seidler, Fritz Todt. Baumeister des Dritten Reiches, München 1986, S. 163ff.)

[46] Gemeint ist die Interrogation vom 8. August 1945 über »Bedarf der Wehrmacht, Programmgestaltung, Lieferungen vom Ausland, einschließlich besetzte Gebiete«, abgedruckt als Protokoll 8 dieser Edition.

duktion erleichtert hätte, d.h. wenn die einzelnen Wehrmachtteile nicht gewisse Vorräte aufgestapelt hätten und – sagen wir – es von der Produktion bis zum Einsatz etwas zu lange gedauert hat, und man verlangte von Ihnen mehr, anstatt durch eine bessere Ausnutzung des vorhandenen Materials den Druck auf die Produktion zu erleichtern? Welche wichtigen Verbesserungen hätten gemacht werden können in den Methoden, die die Wehrmacht anwendete, um ihren Bedarf festzustellen? Wir haben gehört, daß 90 Prozent der Rüstungsproduktion an die Heimattruppe und 10 Prozent an die Truppe im Feld gegangen sind?

Diese vorstehenden drei Fragen sind durch die Interrogation vom 13. Juli mit Oberst Struble [...] bereits beantwortet.[47]

Welches waren die großen Hindernisse, auf die Sie bei der Durchführung Ihres Programms stießen, im Konflikt von Persönlichkeiten oder Behörden?

Hierüber ist in der Ausarbeitung der Fragen von Herrn Hoeffding über die politischen Zusammenhänge im Reich eingehend Auskunft gegeben worden.[48] Mit Sauckel hatte ich einen dauernden Streit über sachliche Angelegenheiten. Nachdem Goebbels die Einziehungen zur Wehrmacht übertragen waren, außerdem weitgehende Schwierigkeiten mit ihm und mit Bormann, der die Bestrebungen von Goebbels unterstützte. Obwohl die Luftwaffenrüstung bis zum Juli 1944 außerhalb meines Ministeriums stand, hatte ich keinen Streit mit Milch, weil dieser sehr viel Verständnis für diese schwierige Lage mitbrachte.

Und das OKW?

Das OKW war eine schwache Behörde, mit der man keinen Streit zu haben brauchte. Auch mit Göring hätte ich Streit haben müssen, aber er hat es genauso vermieden wie ich auch.

Und die Radikalisten?

---

[47] Nicht abgedruckt.

[48] Vgl. die Interrogation »Politiker und Politik im nationalsozialistischen Deutschland« vom 20. August 1945, abgedruckt als Protokoll 2 dieser Edition.

Das waren zweifellos Bormann, Sauckel und Kaltenbrunner, die gegen mein System der Selbstverantwortung grundsätzlich eingestellt waren. Allerdings ging dieser Kampf von ihnen in aller Stille. Vieles davon habe ich erst jetzt erfahren.

Es wurden zuweilen, wenn es schlecht ausgesehen hat, drohende Reden gehalten gegen die, die nicht folgen würden. Gegen wen war das wohl gemünzt?

Ich kann mich nicht daran erinnern. Gegen die Leistungen der Arbeiter wurden keine Reden gehalten. Ihre Leistungen wurden immer als sehr anerkennenswert hervorgehoben. Die einzige Rede, die mir in Erinnerung ist, ist von Sauckel gegen die Betriebsführer.[49] Aber auch diese wurde, soviel ich weiß, in einem kleineren Kreis gehalten und nicht veröffentlicht.

Was ist Ihre Ansicht über die richtige Funktion von Statistik in der Kriegsproduktion für das Planen, für die laufende Kontrolle und für die Bemessung der Leistung? Glauben Sie, daß die Statistiken voll ausgenutzt wurden, daß man ihnen übertriebene Bedeutung beigemessen hat?

Wir haben meiner Ansicht nach zu wenig saubere Statistik im Detail betrieben.[50] Die spezialisierte Statistik, die sich auf einzelne vergleichbare Vorgänge bezieht, hat meiner Ansicht nach den größten Wert, denn durch diesen statistischen Vergleich kann man die besten Produktionsvoraussetzungen studieren. Wenn man z.B. die Erzeugung eines Panzers zerlegt, in Panzerwannen, Panzermotoren usw.,

---

[49] Gemeint ist die Rede Sauckels auf der Kriegstagung der thüringischen Rüstungsindustrie am 4. Dezember 1943 (vgl. Fußnote 25 dieses Protokolls).

[50] Der Erlaß über die »Richtlinien für die Statistik und Planung im Lenkungsbereich«, der die Grundlage für die Statistik der Reichsstellen schuf, war vom Reichswirtschaftsminister am 16. Juni 1943 verabschiedet worden. Auch wenn Speer den Chef des Planungsamtes im Vierjahresplan, Hans Kehrl, im Herbst 1943 als Chef des neuentstandenen Planungsamtes einsetzte und ihn mit seinem Apparat vom Reichswirtschaftsministeriums in das Rüstungsministerium »abwarb«, schienen Speer, der zeit seines Lebens eine Vorliebe für Zahlen und Statistiken hatte, die Bemühungen um ausreichende statistische Angaben immer noch unzureichend. Daran änderte auch offenkundig nichts die Tatsache, daß mit Rolf Wagenführs Ernennung zum Hauptabteilungsleiter Planstatistik ein ganzes Team von ausgewiesen Statistikern im RMRK arbeitete.

und dann statistisch festlegt, wie sich der Arbeitsaufwand, Materialeinsatz usw. bei den einzelnen Firmen entwickelt hat, dann können daraus unmittelbare Schlüsse gezogen werden. Die Gesamtstatistik ist, und das ist wohl eine Meinung in allen wirtschaftlichen Ländern, außerordentlich schwer objektiv und einwandfrei herzustellen, denn es ist schwer, hierfür einen gemeinsamen neutralen Nenner zu finden. Wir haben versucht, den Preis als Nenner zu Grunde zu legen, aber auch hier gab es zunächst kein klares Bild, denn die Gegenstände entwickeln sich im Preis ganz verschieden und die Erfolge der Rationalisierungen, die sich in einer Preisreduzierung ausdrückten, erbringen dadurch eine flachere Kurve, als es der tatsächlich erreichten Produktion entspricht. Schließlich sind wir dazu übergegangen, stabile Einheitspreise von einem gewissen Datum zu Grunde zu legen. Aber auch das ist noch keine einwandfreie Lösung der Probleme.

Haben Sie nicht die Festpreise angenommen?

Die sogenannten Festpreise sind ja auch laufend herabgesetzt worden, aber wir haben dann eben die Preise durchgehend für die Statistiken festgelegt.

Gab es Statistiken, die feststellen konnten, wie die Produktion eines Arbeiters an einem bestimmten Produkt war?

Nein, im Detail nicht. Ich habe neulich von einem Ihrer Herren eine Statistik gesehen, in der er nachträglich versuchte, die deutsche Flugzeugproduktion mit den beschäftigten Arbeitskräften zu vergleichen. Diese Statistik dürfte nur einen ungefähren Anhalt geben. Sie ist nicht genau. Schon die Frage, was man als unproduktive und produktive Stunden annimmt, wird bei den verschiedenen Firmen umstritten sein, wenn eine Firma sehr viele neue Typen einführt, hat sie zunächst viele unproduktive Stunden hierfür aufzubringen.

Protokoll 7
Rüstung und Produktion in den besetzten Gebieten (21. Juli 1945)[1]

Können Sie uns sagen, warum Deutschland in den Jahren 1939/40 Frankreich, Tschechoslowakei usw., industriell betrachtet, nicht besser ausgenutzt hat? Wir haben späterhin – etwa in den Jahren 1943/44 – eine erhöhte Aktivität feststellen können. Welche Pläne lagen hierzu zugrunde?

Zunächst ist festzustellen, daß die Rüstung in den besetzten Gebieten mir unterstand, und zwar unabhängig von den Militärbefehlshabern. Das war ein Erbe, das ich mit dem Rüstungsamt vom OKW übernommen hatte.[2] Denn mit der Übernahme des Rüstungsamtes kamen die militärischen OKW-Stellen in den besetzten Gebieten in meine Befehlsgewalt. Dadurch konnte ich den komplizierten Weg über die Militärbefehlshaber bei meinen Entscheidungen vermeiden. Dagegen war die vom Reichswirtschaftsminister übernommene allgemeine Produktion in den besetzten Gebieten den Militärbefehlshabern formell unterstellt. Die Ausnutzung dieser Gebiete für unmittelbare

[1] BA Koblenz, Nachlaß Albert Speer N 1340, Bd. 474.
[2] Zu den vorrangigsten Aufgaben Speers bei der Übernahme des Reichsministeriums für Bewaffnung und Munition am 9. Februar 1942 zählte eine straffe Organisation der Wehrwirtschaft. Vor allem das Wehrwirtschafts- und Rüstungsamt im OKW unter General Thomas hatte die unübersichtliche Lage dazu genutzt, nach zahlreichen Gebieten jenseits des rein militärischen Aufgabenbereichs zu greifen. Schritt für Schritt gelang es Speer nach Amtsantritt, alle Belange der Rüstungsführung in seinem Ministerium zusammenzufassen und den Einfluß des WiRüAmts zurückzudrängen. Am 1. März 1942 wurde Speer zum Generalbevollmächtigten für die Rüstung ernannt und am 22. April 1942 der »Erlaß des Reichsmarschalls des Großdeutschen Reiches über die Errichtung einer Zentralen Planung im Vierjahresplan« verabschiedet; am 7. Mai 1942 erging der »Erlaß des Führers über eine einheitliche Steuerung der Rüstungswirtschaft«, der eine aufgabenbezogene und personelle Trennung des WiRüAmts begründete. Mitte November 1942 konnte Generalmajor Waeger die Leitung des nun dem Speer-Ministerium zugeschlagenen Rüstungsamts übernehmen. Am 10. Januar 1943 schließlich wurde dem Reichsministerium für Rüstung und Kriegsproduktion (RMRK) vom Amt für den Vierjahresplan die gesamte Kontrolle über die Rüstungswirtschaft der besetzten Gebiete übertragen.

Rüstungsgegenstände hielt ich nicht für richtig. Sie werden überall feststellen, daß wir verhältnismäßig wenig Panzer, Flugzeuge, Geschütze usw. dort gefertigt haben. Der Wechsel der Typen bereitete uns schon in der Heimat viel[e] Sorgen, genauso die Zurverfügungstellung der Werkzeugmaschinen, so daß ich es für richtiger hielt, in den besetzten Gebieten in erster Linie Zulieferungen für die Rüstung herzustellen und in zweiter Linie die Verbrauchsgüter-Industrie für uns arbeiten zu lassen – um damit wieder im Inland die eigene Verbrauchsgüter-Industrie stillegen zu können und mehr Rüstungsgut [zu produzieren]. Die Zulieferungs-Industrie in den besetzten Gebieten hat für uns ganz erheblichen Nutzen gebracht.[3] Das gilt in der Hauptsache für Frankreich, Belgien, Holland und Italien.[4] Italien war für mich besonders wertvoll, weil es eine ausgedehnte Elektrostahl-Industrie hatte und damit meinen Engpaß im Inland etwas entlastete.[5] Aber auch in Italien sind wir dazu überge-

---

[3] Speer versuchte seit Ende 1942, die Volkswirtschaften der besetzten Gebiete systematisch in den Dienst der deutschen Kriegswirtschaft zu stellen. Dies führte dazu, daß die unmittelbare Plünderung und Ausbeutung von Menschen und Ressourcen zurückging, Lieferbeschränkungen in die besetzten Gebiete reduziert wurden und die Industrieproduktion in den besetzten Gebieten steigen konnte.

[4] Seit März 1943 wurde die französische und belgische Wirtschaft für alle Zwecke der Produktionsplanung als zu Deutschland zugehörig betrachtet. Auch wenn die Produktionszahlen nie ihr Soll erreichten, so ist doch seit 1943 gegenüber 1942 eine deutliche Steigerung zu verzeichnen – in Belgien von 32 auf 48%. In Frankreich hatte der deutsche Abtransport von Rohstoffen und Maschinen bereits unmittelbar vor den Waffenstillstandsverhandlungen begonnen. In den späteren Kriegsjahren wurde die Rüstungsproduktion – insbesondere die Fertigung von Flugzeug- und Maschinenersatzteilen sowie Motoren – in beträchtlichem Umfang ins besetzte Frankreich verlegt, zumal sich die Anwerbung von Zwangsarbeitern durch deren Verweigerung immer schwieriger gestaltete. (Vgl. dazu Alan Milward, Der Zweite Weltkrieg, München 1977, S. 153.) Die Niederlande waren vor allem wegen ihrer Rohstoffvorkommen – insbesondere Roheisen, Stickstoff und Kohle – für die deutsche Rüstungswirtschaft von Belang. (Vgl. dazu Gerhard Hirschfeld, Fremdherrschaft und Kollaboration. Die Niederlande unter deutscher Besatzung 1940-45, Stuttgart 1984, sowie Konrad Kwiet, Reichskommissariat Niederlande. Versuch und Scheitern nationalsozialistischer Neuordnung [= Schriftenreihe der Vierteljahrshefte für Zeitgeschichte Nr. 17], Stuttgart 1968.)

[5] Im Gegensatz zum westlichen Ausland war in Deutschland zur Panzerherstellung nur Elektrostahl zugelassen. Nicht nur die schädlichen Phosphor- und Schwefelgehalte, die sich im Elektroofen am niedrigsten halten lassen, führten zur ausschließlichen Benutzung des Elektroofens, sondern auch die Genauigkeit der Schmelzführung, die sich am besten mit relativ kleinen Schmelzen von durchschnittlich 15 t erreichen ließ. Elektrostahl brachte nicht nur den Vorteil der großen Reinheit,

gangen, hauptsächlich Zulieferungen zu fabrizieren, und haben auch dort Endfertigungen der Rüstung kaum durchgeführt.[6]

Wie war die allgemeine Richtung in den ersten zwei bis drei Kriegsjahren?

Ich glaube, daß die Ausnutzung der besetzten Gebiete für uns, genau wie die eigentliche Rüstung auch, erst Ende 1942 richtig begann und daß vorher in den besetzten Ländern verhältnismäßig wenig für unsere Interessen herauskam. Dieses System der Zulieferungen aus den besetzten Westgebieten brach durch die Verkehrsschwierigkeiten, die ja im Westen sofort nach der gelungenen Invasion und auch vorher schon durch die vorbereitenden Fliegerangriffe uns stark zu schaffen machten, in sich zusammen. Das gleiche galt für Italien durch die Unterbrechung der Brennerstrecke und durch Ihre Erfolge bei den Verhandlungen mit der Schweiz, den Transitverkehr zu verhindern.[7] Dadurch hatten wir zwar in den Westgebieten eine gut laufende Zulieferungsindustrie, aber sie nützte uns nicht mehr, da sie nicht mehr an den Ort kam, wo sie gebraucht wurde. Als ich feststellte, daß der

---

sondern auch den der guten Schweißbarkeit. Die leistungsfähige italienische Elektrostahlindustrie war vor allem in Oberitalien in den Räumen Mailand und Turin ansässig. Die kriegswirtschaftliche Ausbeutung Italiens begann mit der deutschen Besetzung im Herbst 1943.

[6] Von besonderem Interesse für die Deutschen waren dabei neben den umfangreichen Rohstoffen und Fertigprodukten die industriellen Kapazitäten in Norditalien sowie die italienische Landwirtschaft. Speer hatte sich die Ausbeutung Italiens per Führerbefehl vom 13. September 1943 sichern lassen, der Widerstand der Italiener gegen die deutsche Besatzungsherrschaft in Oberitalien dauerte bis Kriegsende an.

[7] Aufgrund der alliierten Bombardements war die Brennerlinie als Versorgungsstrang für die in Italien stehenden deutschen Verbände ausgefallen, so daß die strategische Bedeutung des Transits durch den Schweizer Gotthard-Tunnel in der zweiten Kriegshälfte zunahm. Nach der deutschen Besetzung Oberitaliens im September 1943 hatte der Druck der Alliierten, den Transitverkehr zwischen dem Deutschen Reich und dem besetzten Teil Italiens – insbesondere mit Blick auf den Eisen- und Kohletransfer, eigentliches Kriegsmaterial war bereits seit Oktober 1941 nicht mehr zugelassen – erheblich zugenommen. Die Schweiz berief sich auf die in Artikel 7 des V. Haager Abkommens geregelte Transitfreiheit, kam in der Praxis ungeachtet des Beharrens auf der Rechtsposition mit fortschreitendem Kriegsverlauf jedoch den immer restriktiveren alliierten Forderungen zunehmend entgegen. (Vgl. dazu Richard Ochsner, Transit von Truppen, Einzelpersonen, Kriegsmaterial und zivilen Gebrauchsgütern zugunsten einer Kriegspartei durch das neutrale Land, in: Rudolf Bindschedler u.a. (Hgg.), Schwedische und schweizerische Neutralität im Zweiten Weltkrieg, Basel 1985, S. 216ff.)

Hauptschwerpunkt der Angriffe von Ihnen auf den Verkehr ging, habe ich in Italien noch versucht, eine Änderung der inzwischen überholten Produktionspolitik vorzunehmen. Es sollten dort, den Forderungen der Heeresgruppe entsprechend, Endfertigungen vorgenommen werden, damit der Nachschub von Deutschland für die Truppe dorthin nicht mehr notwendig wäre, oder [um] zumindest eine Endmontage vornehmen zu können, um durch Verladen fertiger Einzelteile geringeres Verpackungsvolumen zu benötigen und den Nachschub in dem erforderlichen Ausmaß über den Brenner zu bringen. Dieser Plan ist in Italien nur sehr bedingt durchgeführt worden, da letzten Endes eine regelmäßige Planung nicht mehr möglich war.

Wir hatten den Eindruck, daß in den ersten Besetzungsmonaten in Frankreich andere Absichten bestanden haben müssen, da man Maschinen von Frankreich nach Deutschland abtransportieren ließ. War der Grund darin zu sehen, eine spätere Ausnutzung der französischen Industrie zu erschweren, z.B. 1941?

Das kann ich nicht genau sagen.

Ich weiß, daß es Ihre Absicht war, die Fabrikanlagen an Ort und Stelle auszunutzen, anstatt sie nach Deutschland zu bringen. Aber damals war das noch nicht der Fall, und das hat doch wahrscheinlich eine Begründung gehabt?

Ich weiß nicht, ob damals dieser Sache irgendwelche chauvinistischen Ideen zu Grunde lagen, also der Gedanke, die französische Industrie ohnmächtig zu machen und unsere Industrie zu stärken. Darüber müßte General Thomas gefragt werden.[8]

Die französische Flugzeugindustrie hatte doch eine ganz anständige Kapazität gehabt. Es ist wirklich nicht begreiflich, warum früher diese

[8] Handschriftliche Randbemerkung: »und Herr Saur«. General Georg Thomas war seit 1938 Leiter des Wehrwirtschafts- und Rüstungsamts (WiRüAmt) im OKW und von Speer sukzessive nach seinem Amtsantritt entmachtet worden. Thomas' eigene Darstellung ist trotz apologetischer Tendenzen für die Darstellung der deutschen Wehr- und Rüstungswirtschaft im Zweiten Weltkrieg unentbehrlich (Georg Thomas, Geschichte der deutschen Wehr- und Rüstungswirtschaft 1918–1943/45, hg. von Wolfgang Birkenfeld, Koblenz 1966). Karl Otto Saur, von 1942 bis 1945 Chef des Technischen Amtes im RMBM/RMRK, geriet durch seinen machtbewußten Griff nach den Kompetenzen des Rüstungsamtes von Anfang an in Gegensatz zu Thomas.

Kapazität nicht ausgenutzt worden war, nachdem Frankreich auch nicht so viel[e] Angriffe hatte?

Die Flugzeugindustrie in Frankreich wurde auch zu meiner Zeit schlecht ausgenutzt. Es wurden dort nur einige Ju 52 gebaut.[9] Wir haben bewußt darauf verzichtet, weil bei uns die Flugzeugprogramme so oft wechselten, daß ein sehr enger Kontakt zwischen Flugzeugwerk und Besteller notwendig war. Bei dem schnellen Wechsel der Programme wäre man in Frankreich nicht mitgekommen, und dieser Wechsel war eine Folge unserer schlechten Rüstungslage. Das konnte man in der Heimat durchführen, aber in dem besetzten Gebiet, wo man nicht voraussetzen kann, daß die Betriebsleitung und Gefolgschaft mit Begeisterung herangehen, ist das nicht möglich.

Wie war das in den Jahren 1943/44 gedacht, haben Sie angefangen, z.B. für die Verbrauchsgüterindustrie systematische Pläne zu entwickeln, und für welche Industrien haben Sie solche Studien gemacht?

Für die Textil-Industrie, alle Marketenderwaren, praktisch die gesamte Verbrauchsgüterindustrie. Die Studien haben wir nicht selbst gemacht. Ich habe im Jahre 1943 dem damaligen französischen Produktionsminister Bichelonne die Vollmachten gegeben, in seinem Lande selbständig arbeiten zu können. Bichelonne war mit mir gleichaltrig, wir verstanden uns gut.[10] Ich hatte zu ihm das Vertrauen,

---

[9] Ende der 20er Jahre plante der deutsche Flugzeughersteller Junkers eine vergrößerte Ausführung der Junkers W 33/34, um dem gestiegenen Frachtaufkommen gerecht zu werden. Geplant war eine einmotorige Maschine mit 2000 kg Nutzlast und einer Reichweite von 800 km, die Ju 52/1. Auf dem Gebiet der Passagiermaschinen sollte sich die 1932 erstmals beim »Internationalen Alpenflug« der Öffentlichkeit vorgestellte dreimotorige Ju 52/3m, im Volksmund »Tante Ju« genannt, ebenso großer Beliebtheit erfreuen wie im deutschen Luftverkehr bewähren. (Vgl. Janusz Piekalkiewicz, Die Ju 52 im Zweiten Weltkrieg, Stuttgart 1988, S. 11.) Die Fertigung lief bis 1944, wobei im Kriege nur noch Transportvarianten hergestellt wurden. In Frankreich wurde noch während des Krieges auf Veranlassung der Vichy-Regierung mit der Produktion von Ju 52 begonnen. Nach der Befreiung Frankreichs wurden die Fertigungsanlagen weiter genutzt und noch 415 Maschinen unter der Bezeichnung A.A.C.1 »Tucan« gebaut. Diese Maschinen waren bei der Air France und der Armée de l'Air im Dienst.

[10] Speer war dem französischen Minister für Arbeit und Industrieproduktion Bichelonne erstmalig bei den Gesprächen im September1943 in Berlin begegnet. Bichelonne, Jahrgang 1904, und Speer, Jahrgang 1905, waren nicht nur beinahe gleich-

daß er das Abkommen einhält. Ich fragte ihn, was er von meinen Programmwünschen erfüllen könne, und sicherte ihm dann die Rohstoffe, z.B. Zellwolle usw. zu, die er aber in eigener Verantwortung verwaltete. Die Durchführung bis zur Ablieferung haben also die Franzosen allein gemacht, darum habe ich mich nicht mehr im einzelnen gekümmert.[11]

Und die Automobilindustrie?

Sie war bei meinem Abkommen mit Bichelonne schon in vollem Gange. Auf diesem Gebiet war Lenideux [sic][12] derjenige, der sich sehr stark darum kümmerte. Dadurch ist sie, statt zu steigen, etwa auf derselben Höhe geblieben. Das hing mit der Zulieferungsindustrie zusammen. Dadurch, daß die Zulieferungsindustrie zum Teil ihre Sachen nach Deutschland lieferte, war es nicht möglich, die französische Automobilindustrie zu steigern. Das Heer hatte aus Gründen der Typenreinheit ein Interesse daran, möglichst viele deutsche Wagen zu erhalten.

Sie planten also, die Automobilproduktion nach Frankreich zu verlagen, oder umgekehrt?

Ich habe geplant, daß möglichst viel[e] deutsche Wagen in Deutschland gemacht werden, und habe die Zulieferungsteile von Frankreich beziehen wollen. Selbst auf die Gefahr, daß dafür z.B. weniger Citroën oder Renault gefertigt wurden. In Deutschland wären wir ohne Flugzeugangriffe im Ausstoß um etwa 30 bis 40 Prozent gestiegen, während die Franzosen ihren Stand halten sollten. Wenn Sie übrigens

---

altrig, beide ähnelten sich auch in Temperament, Wesen und in ihrem Berufsethos. (Vgl. zu Bichelonne: Guy Sabin, Jean Bichelonne. Ministre sous l'occupation 1942–1944, Paris 1991, S. 53ff.)

[11] Speer und Bichelonne verständigten sich bei ihrem Treffen vom 16.–18. September 1943 in Berlin auf die Einrichtung sogenannter Schutzbetriebe (S-Betriebe) in Frankreich, die statt der von GBA Sauckel geforderten Zwangsrekrutierung französischer Arbeiter in deutsche Produktionsstätten Auftragsfertigung für die deutsche Kriegswirtschaft übernahmen (vgl. ebd., S. 72ff.).

[12] Gemeint ist François Lehideux, der Vorgänger Bichelonnes als Minister für Industrieproduktion. Er stand seit 1935 der Luftfahrtsparte von Renault vor und war in der Vichy-Regierung von Juli 1941 bis April 1942 Minister für die Industrieproduktion, danach wieder, wie bereits seit August 1940, Kommissar für die Automobilproduktion. Nach dem Krieg war er Vorstandsvorsitzender von Ford France.

bei Ihren Untersuchungen in Frankreich auf unsere sogenannte »Panzerproduktion« in Paris kommen, möchte ich jetzt schon sagen, daß das eine »schwarze Fertigung« von General Feuchtinger war, der sich eine Division zusammenstellte aus alten französischen Panzern, die auseinandergenommen und neu zusammengebaut wurden.[13]

Hat man mit den vielen hundert französischen Flugzeugen etwas anfangen können?

Damit wurde nichts angefangen, weil sie zu altmodisch und überholt waren.

Wie waren Ihre Absichten in Bezug auf Osteuropa?

Rumänien, Bulgarien, Slowakei und Ungarn wurden als selbständige Länder behandelt. Hier hatte ich keine Vollmachten, etwas zu unternehmen. Das mußte alles über das Auswärtige Amt gemacht werden, auf dem Wege der Wirtschaftsverhandlungen, genau wie z.B. mit Schweden und der Schweiz. Ich ließ z.B. Clodius für meine Wünsche seine Vorstellungen mitteilen.[14] Ich hatte keine Möglichkeit, eine eigene Planung aufzustellen.

Wenn es sich z.B. um die Flugzeugproduktion in Ungarn handelt ...?

Auch dann nicht. Wobei man allerdings die letzte Phase ausschließen muß, seitdem die sogenannte faschistische Regierung tätig war. Von da ab galt es praktisch als besetztes Land, genau wie Italien.[15] Es bestand

---

[13] Unterstreichung im Original. General Edgar Feuchtinger war seit August 1943 Kommandeur der 21. Panzerdivision in Frankreich.

[14] Karl August Clodius, Gesandter I. Klasse, war stellvertretender Leiter der Handelspolitischen Abteilung des Auswärtigen Amtes und Sonderbeauftragter für die Führung von handelspolitischen Verhandlungen.

[15] Speers Ausführungen sind so nicht richtig. Ungarn hatte nach 1933 sich über den Weg einer engen Handelspartnerschaft immer mehr in die wirtschaftliche Abhängigkeit des Dritten Reiches, um den Preis des allmählichen Verlusts politischer Handlungsfähigkeit, begeben. Auch nach dem ungarischen Kriegseintritt an Deutschlands Seite nahmen Deutschlands Forderungen insbesondere nach industriellen Rohstoffen und landwirtschaftlicher Produktion zu. Trotz des weitgehenden Entgegenkommens blieb Ungarn die militärische Besetzung nicht erspart. Am 18. März 1944 befahl Hitler den deutschen Einmarsch und ernannte Edmund Veesenmayer zum Reichsbevollmächtigten in Ungarn, dem ein »Beauftragter für die Wirtschaft« für Verhandlungen mit der ungarischen Regierung an die Seite gestellt wurde. Der frühere ungarische Gesandte in Berlin, Sztojay, wurde Ministerpräsident einer zwar formal

lediglich ein Gedankenaustausch über die Waffenmuster, wie mit allen verbündeten Staaten. Daher einigte man sich nicht auf einheitliche Typen. Jede Nation hatte andere Waffentypen, so daß z.B. auch die Motoren usw. immer andere waren. Ungarn wurde nur noch ganz zum Schluß in meine Produktion einbezogen. Aber zu der Zeit war es nur noch ein Teil von Ungarn, und dieser Zustand erstreckte sich nur noch auf ein paar Monate. Die Slowakei hatte insofern eine Ausnahmestellung, als sie zwar als selbständiger Staat behandelt wurde, das Arbeiten war aber dort für mich erleichtert, weil die meisten Unternehmen ihren Sitz in der früheren Tschechei hatten, Brünn, Skoda[16] usw., so daß wir unsere Wünsche über die Stammwerke angeben konnten, ohne die Regierung einschalten zu müssen. In der Slowakei waren wichtige Firmen mit sehr weitgehenden Rüstungsfertigungen.[17] In der Tschechei – wir nannten diesen Teil das »Protektorat« – hatten wir produktionsmäßig die volle Planung, genau wie in den Westgebieten. Bis 1943 haben wir auch dort die Produktion schlecht

---

selbständigen, de facto jedoch ganz an Berlins Bedürfnissen ausgerichteten Regierung. Im Juni 1944 wurde ein Protokoll über die »Einbeziehung der ungarischen Wirtschaft in die gesamteuropäische Planung« sowie ein ergänzendes Finanzierungsabkommen verabschiedet, die die vollständige Ausbeutung der ungarischen Wirtschaft im Dienst der deutschen Kriegswirtschaft ermöglichten. Die Kapazitäten der ungarischen Rüstungsindustrie standen vollständig der deutschen Wirtschaft für Verlagerungsaufträge zur Verfügung. (Vgl. Michael Riemenschneider, Die deutsche Wirtschaftspolitik 1933–1944. Ein Beitrag zur Interdependenz von Wirtschaft und Politik unter dem Nationalsozialismus, Frankfurt/M. u.a. 1987, insbes. S. 265ff.)

16 Die Erste Brünner Maschinen-Fabriks-Gesellschaft, Brünn (1941 mit einem Kapital von 65 Mio. K), sowie die AG vorm. Skodawerke, Pilsen (1941 mit einem Kapital von 687 Mio. K), waren Bestandteil der Reichswerke Aktiengesellschaft für Waffen- und Maschinenbau »Hermann Göring«. Sie gehörten zu den größten Waffenproduzenten der früheren Tschechoslowakei.

17 Nach der Kriegswende bei Stalingrad im Februar 1943 wurde die Wirtschaft im »Schutzstaat« Slowakei grundsätzlich nach den Bedürfnissen der deutschen Rüstungsindustrie ausgerichtet und nach kriegswirtschaftlichen Gesichtspunkten umgestaltet. Die Rüstungsproduktion war zwischen 1940 von knapp 132 Mio. KS (knapp 12 Mio. RM) auf 3 Mrd. KS Ende Juli 1944 gestiegen, die Kapazität der slowakischen Rüstungsfabriken wurde im Rahmen der sogenannten Rüstungsverlagerung ständig erweitert. Anfang 1944 waren 26 slowakische Unternehmen mit einer Gesamtbelegschaft von 40 000 Arbeitern im Dienst der deutschen Rüstungswirtschaft. Sie lieferten u.a. Flugzeugmotoren, optisches und Nachrichtengerät sowie Waffen und Rohstoffe nach Deutschland. (Vgl. Johann Kaiser, Die Politik des Dritten Reiches gegenüber der Slowakei 1939 bis 1945. Ein Beitrag zur Erforschung der nationalsozialistischen Satellitenpolitik in Südosteuropa, Diss. Univ. Bochum 1969, S. 511ff.)

ausgenutzt.[18] Von Ende 1943 ab waren die Rationalisierungsorgane aus der Selbstverantwortung der Industrie mit der Arbeit bei uns fertig, so daß sie im Protektorat damit beginnen konnten. Das war sehr notwendig, weil die Industrie in der Tschechei noch aus dem Frieden her wie ein Kaufladen war. Skoda hatte von leichtem bis zum schwersten Geschütz alles gefertigt. Es war keinerlei Fließarbeit vorhanden. Wir haben dann nach moderaten Prinzipien versucht, größere Serien aufzulegen, vor allem den 38 T, in einer Monatszahl von 1000 Stück.[19] Wir haben versucht, von der Zulieferung an, einen Kreislauf im Protektorat zu machen, um Transportschwierigkeiten zu vermeiden und gleichzeitig auch die Organisationstalente im Lande zu wecken, dadurch, daß alles innerhalb des Landes gefertigt wurde.[20]

Wie war die Aufteilung in den Gebieten, die unter der direkten deutschen Verwaltung standen, also der frühere polnisch-oberschlesische Teil, der Teil des Warthelandes, der genau wie Deutschland behandelt wurde? Welche Gründe haben zu der grundsätzlichen Änderung der Maßnahmen geführt, die im Anfang des Krieges auf eine Desindustrialisierung hinzustreben schienen, die Deutschland tatsächlich geschwächt hat, statt eine Industrialisierung durchzuführen? Hätte diese früher angefangen, wäre sie für Deutschland eine Stärkung geworden.

---

[18] Neben den umfangreichen Rohstofflieferungen (Kohle, Roheisen, Rohstahl) profitierte die deutsche Kriegswirtschaft v.a. von der verarbeitenden Industrie der Tschechei, die große Teile der sogenannten »Führerprogramme« produzierte: U-Boot-Kanonen, Flak, das Panzerprogramm T 38, Teile für die V 1- und V 2-Rakten, Munition, Flugzeugmotoren und LKW. Seit Juli 1944 sank aufgrund überlasteter Maschinen, sinkender Arbeitsmoral und den Auswirkungen alliierter Luftangriffe die Produktivität im Protektorat erheblich. (Vgl. Detlef Brandes, Die Tschechen unter deutschem Protektorat, Bd. 2, München–Wien 1975, S. 41ff.)

[19] Gemeint ist der Jagdpanzer 38 »Hetzer«, der seit 1944 eingesetzt wurde. Der »Hetzer« wurde in einer Stückzahl von 1000 pro Monat gefertigt und basierte auf dem Fahrgestell des von den Skodawerken entwickelten tschechischen Panzers 38. Die Schweizer Armee verwendete ihn bis in die 50er Jahre unter der Bezeichnung G 13.

[20] Im November 1942 wurde eine »Rüstungskommission« bei der Rüstungsinspektion Prag gebildet, um die Rüstungsfertigung im Protektorat besser zu koordinieren. Hier kam es zwischen Speer und Reichsprotektor Karl Hermann Frank zu Kompetenzstreitigkeiten. Es gelang Speer bis Kriegsende nicht, alle rüstungswirtschaftlichen Kompetenzen innerhalb des Protektorats in seiner Hand zu vereinigen. (Vgl. Detlef Brandes, Die Tschechen unter deutschem Protektorat, Bd. 2, München–Wien 1975, S. 43ff.)

An sich ist es so, daß natürlich die Zusammenarbeit zwischen dem polnisch-oberschlesischen und deutsch-oberschlesischen Gebiet große Vorteile brachte, denn die wirtschaftliche Grenze war eine unorganische Trennung.[21] Auf der anderen Seite waren hierdurch die Industrien, die die Polen im Generalgouvernement, im Radomer Raum, aufgebaut hatten, benachteiligt. Die Erzeugnisse aus dem polnisch-oberschlesischen Raum flossen jetzt direkt nach dem Westen und wurden in dem großen Gebiet verarbeitet. Auch die gesamte Kohleplanung, die bis dahin kaum Kohle nach Berlin verfrachtete, wurde umgestellt, so daß die Grenze des Raumes, der mit oberschlesischer Kohle beliefert wurde, sich immer mehr nach Westen verschob, besonders seitdem die Kohle von der Ruhr immer weniger wurde.[22] Dadurch wurde die Ausnutzung der Industrie in dem alten Polen uninteressanter, weil die Industrieausnutzung in Oberschlesien ja von der Kohle abhängt.[23] In Lodz und den anderen Städten des Warthegaues, die verwaltungsmäßig zu uns geschlagen wurden, wurden große Verlagerungen, die aus Berlin und dem sonstigen Westen in

---

[21] Die Eingliederung und Verschmelzung der polnischen Gebiete (Polnisch-Oberschlesien, Generalgouvernement, Warthegau etc.) mit den Wirtschaftsstrukturen des Reiches wurde mit Hilfe eines 1940 aufgelegten Sonderprogramms zum Um- und Ausbau ihrer Wirtschaft auf allen Ebenen forciert. Dazu wurden vielfach polnische Betriebe von deutschen Unternehmen übernommen, polnischer und jüdischer Grundbesitz enteignet und Gauwirtschaftskammern statt der alten Industrie- und Handelskammern geschaffen.

[22] Der dramatische Produktions- und Lieferungseinbruch der Ruhrkohle – 1944 um fast ein Drittel – hatte mehrere Ursachen: Zur Einberufung deutscher Bergleute zur Wehrmacht und ihrem Ersatz durch Kriegsgefangene und Zwangsarbeiter mit deutlich geringerer Produktivität kamen der Verschleiß nicht ersetzbarer Maschinen sowie die zunehmenden Bombenangriffe der Alliierten auf Bahn- und Schiffahrtswege hinzu. Oberschlesien stellte daher Ende 1944 fast die Hälfte der im Reich verbrauchten Kohle; jedoch waren die erschlossenen Vorräte fast verbraucht. Mit dem Verlust Oberschlesiens an die Rote Armee Ende Januar 1945 brach die Kohleversorgung im Reich zusammen. (Vgl. Rolf Wagenführ, Die deutsche Industrie im Kriege 1939–1945, Berlin 1955, S. 99ff.; auch die Protokolle 9 und 10 dieser Edition.)

[23] Die Maschinen- und Eisenindustrie im Wartheland mit ihren kleinen metallurgischen Industriebetrieben sowie ausgelagerten Rüstungsbetrieben stand wegen permanenten Elektrizitätsmangels als Folge ausbleibender Steinkohlelieferungen aus Oberschlesien häufig still. Speer hatte in der Führerbesprechung vom 29. März 1943 bereits auf diesen Mißstand hingewiesen. Auch der kurzfristig forcierte Abbau von Braunkohle konnte an der knappen Elektrizitätsversorgung nichts ändern. (Vgl. C. Madajczyk, Die Okkupationspolitik Nazideutschlands in Polen 1939–1945, Berlin (Ost) 1987, S. 569.)

diesen oberschlesischen Raum hereingekommen waren, aufgebaut. Wir haben noch versucht, den polnischen und deutsch-oberschlesischen Raum zu einem Rüstungszentrum zu gestalten. Bis dahin war es in diesem Raum noch nicht möglich, Waffen fertig zu machen. Ich fand in Malzacher, einem Österreicher, einen sehr tüchtigen Mann, der als Vorsitzender der dortigen Rüstungskommission die Aufgabe hatte, den oberschlesischen Raum möglichst weitgehend auszubauen.[24]

Ist man an die Planung eines solchen Raumes systematisch herangegangen, oder war es den Einzelnen an Ort und Stelle überlassen?

Die Aufgabe von Malzacher bestand darin, die oberschlesische Industrie in der Quantität zu heben und gleichzeitig einen inneren Kreislauf herzustellen. Oberschlesien war bis dahin Kohleausfuhrgebiet und hatte auf dem Gebiet der Schwerindustrie wenig geleistet. Es fertigte Zulieferung, aber keine Endproduktion.[25]

Hat er die Möglichkeit gehabt, eine Expansion der Fabrikanlagen durchzusetzen?

Das war der Sinn seiner Aufgabe. Um Oberschlesien auszunutzen, mußten neue Zulieferungswerke erstellt werden. In einem Ort, in Malapane[26] z.B., wurden große Werke gebaut, weiter waren neue Blechwerke, große Gießereien, Preßwerke usw. fertig oder in Bau, um von unten herauf die einzelnen Produktionen für die Zulieferungsteile zu bekommen, damit man an die Endmontage herangehen konnte. Und das ist dort auch gelungen. Wir haben dort ein sehr weitgehendes Waffenzentrum gehabt. Man braucht nur an Markstädt[27] zu

---

[24] Gemeint ist Hans Malzacher, IHK-Vizepräsident, Leiter des Bereichs Industrie, zugleich Generaldirektor der Berg- und Hüttenwerksgesellschaft Karwin-Trzynietz AG und später Vorstandsvorsitzender von deren Muttergesellschaft Berghütte. In seiner Funktion als Vorsitzender der Rüstungskommission im Warthegau verantwortete Malzacher die gesamte oberschlesische Rüstungsindustrie.

[25] Die Eisenindustrie des Reiches kämpfte vor dem Krieg mit großen Rohstoffschwierigkeiten und leistete erbitterten Widerstand gegen einen Ausbau der oberschlesischen Konkurrenz. Bis 1942, als die neu gegründete Reichsvereinigung Eisen die Erweiterung der oberschlesischen Hüttenkapazitäten beschloß, lieferte Oberschlesien nur 6 Prozent der Roheisenerzeugung Deutschlands.

[26] In Malapane, heute Ozimek (Grafschaft Glaz, Oberschlesien), besteht seit Beginn des 19. Jahrhunderts ein Hüttenwerk. Ab Februar 1944 wurden im Oberschlesischen Hüttenwerk, Werk Oberhütten Malapane, Panzer des Typs Jagdtiger gefertigt.

denken, wo 300 bis 450 leichte Feldhaubitzen im Monat gefertigt wurden, und an Kattowitz mit etwa 150 Stück Flak im Monat.[28]

Welche Rückwirkungen hatten die Bombenangriffe auf die angrenzenden Länder in bezug auf die Verlagerungen? Deutschland änderte seine ursprüngliche Politik, alleiniges Industriezentrum zu bleiben, und begann, auch die umliegenden Länder industriell zu entwickeln.

Ich stand auf dem Standpunkt, daß unsere europäische Politik grundverkehrt war und daß es für uns günstiger sein müsse, mit einer vernünftigen Politik die europäischen Länder mit eigenem Leben zu versehen und sie nicht als Vasallenstaaten zu benutzen. Ich habe hierfür früher ein Beispiel in der Wirtschaftsentwicklung in der Tschechei gesehen. Dort waren z.B. große Streitigkeiten zu erwarten um den Raum Mährisch-Ostrau, der ein gutes Industriezentrum war.[29] Nachdem die Zollgrenzen wegfielen, war das alles vollständig gleichgültig. Es fand eine gemeinsame Planung statt, und kein Mensch hat mehr davon gesprochen, ob es bei Deutschland oder dem Protektorat bleiben müsse. Beide Länder hatten aber einen großen wirtschaftlichen

---

[27] In Markstädt bei Fünfteichen (Kreis Ohlau), heute Lascowice, wurde seit 1942 die Fried. Krupp Berthawerk AG als Musterbetrieb für die Fließbandmassenproduktion errichtet. Hier wurden für das HWA monatlich 400 leichte und 100 schwere Feldhaubitzen gefertigt. Nachdem Speer im Streit mit Himmler bei Hitler den Einsatz von KZ-Häftlingen auch in der privaten Rüstungsindustrie durchgesetzt hatte, erhielt Markstädt eine Außenstelle des KZ Groß-Rosen. Häftlinge aus dem Speerschen Baustab der OT wurden nicht nur beim Bau des Werkes eingesetzt, sondern Speer bot sie der Werksleitung auch für den Einsatz in der Produktion an. Diese reagierte zunächst ablehnend mit Verweis auf die fehlende Qualifikation der Häftlinge, gleichwohl arbeiteten seit März 1944 verstärkt Kriegsgefangene und KZ-Häftlinge im Berthawerk. (Vgl. den Beitrag von Werner Abelshauser in: Lothar Gall (Hg.), Krupp im 20. Jahrhundert, Berlin 2002, bes. S. 384f., 394, 418ff.) Die Präzision der Angaben zeigt erneut, daß Speer bestens informiert war.

[28] Vermutlich meint Speer die Sprengstoffwerke Oberschlesien in Kattowitz.

[29] Mährisch-Ostrau wurde zusammen mit zwölf bis dahin selbständigen Gemeinden am 20. Juli 1941 zu einer »Stadt mit eigenem Statut« erhoben. Das gesamte ostmährische Wirtschafts- und Industriegebiet wurde damit von einer »zielbewußte[n], einheitlichen deutschen Führung« kontrolliert. (Vgl. Verwaltungsbericht Oberlandrat in Mährisch-Ostrau vom 20. Juli 1941. Archivdokument, zit. nach Detlef Brandes, Die Tschechen unter deutschem Protektorat, Teil 1: Besatzungspolitik, Kollaboration und Widerstand im Protektorat Böhmen und Mähren bis Heydrichs Tod (1939–1942), München–Wien 1979, S. 166.) In der ebenfalls zu den Reichswerken Hermann Göring gehörenden Witkowitzer Bergbau- und Eisenhütten Gewerkschaft Mährisch-Ostrau wurden u.a. Teile für den Jagdpanzer IV hergestellt.

Nutzen an der Vereinigung des Raumes. Wenn man eine Befriedigung des Raumes haben will, kann man es am ehesten erreichen, indem man die wirtschaftlichen Gegensätze beseitigt, und zwar durch eine Grundplanung der einzelnen Produktion für alle Länder gemeinsam. Ich wollte damals nicht etwa eine große Dachorganisation aufziehen, sondern zunächst klein damit anfangen. Ich wollte z.B. einen Kohlering bilden, dem Deutschland, Frankreich, Belgien, Holland, Tschechei usw. angehörten; einen gleichen Ring für die Eisenerze oder für Aluminium, für Kraftfahrzeuge, für Stromerzeugung usw.

Wann war das?

Im Jahr 1943. Aber ich muß gleich sagen, daß dieser Gedanke nie durchgeführt wurde. Es war auch zu spät hierzu. Ich wollte diese einzelnen Produktionsringe grundsätzlich mit dem besten Mann besetzen, der dafür in den einzelnen Ländern zu finden war. Ich hatte von A.H. die Genehmigung, z.B. auch einen Holländer, Franzosen oder Belgier an die Spitze zu setzen, ohne Rücksicht, ob er aus einem »besiegten« Land stammte oder nicht. Meine Bedingung war, daß der Geschäftsführer immer ein Deutscher sein müsse. An die Spitze dieser einzelnen Ringe wollte ich abschließend als Dachorganisation die »europäische Produktionsplanung« setzen. Ich war der Meinung, daß, wenn die militärischen Ereignisse nicht weitere Rückgänge gebracht hätten, die anderen Länder wie Schweden, Schweiz, Portugal usw. mindestens ihre Fühler in diese Organisation stecken würden. Eine derartige Organisation hätte, mehr als alle diplomatischen Versuche, viele politische Streitigkeiten in kurzer Zeit beseitigt. Wenn ich z.B. eine einheitliche Erzplanung in einem einheitlichen Zollgebiet habe und dadurch überall das Erz den Bedürfnissen entsprechend verteilt wird, ist die Minette[30] kein Streitobjekt mehr, um das der Krieg geführt wird.

Was hat man sich unter einer gemeinsamen Planung vorzustellen?

Es wäre die Voraussetzung gewesen, daß man in diesem großen Wirtschaftsgebiet die Zollgrenzen aufhebt und erst dadurch tatsächlich eine gemeinsame Produktion macht. Für jeden, der weiter denkt,

---

[30] Die Minette ist ein oolithisches Eisenerz. In Lothringen befand sich ein großes Abbaugebiet von Minetten, die in den saarländischen Stahlhütten verarbeitet wurden.

ist klar, daß die Grenzen, die wir in Westeuropa haben, untragbar sind. Nur so ist die Möglichkeit gegeben, etwas Großzügiges zu schaffen.

Wenn man die Zollgrenze aufhebt, so hätte man das Problem zu lösen, wie man die Auswirkungen dieser Aufhebung vor sich gehen lassen soll. War dieses Problem studiert?

Nein. Der damalige französische Produktionsminister Bichelonne, mit dem ich diese Dinge besprach, und ich dachten etwas weiter.[31] Uns interessierte das schon für eine nächste Phase. Wir sagten, wir sind beide jung, wir müssen eine Lösung anstreben, die eine vernünftige Lösung auf Dauer ist. Dabei war mir die deutsche Vormachtstellung unwichtig; ich war europäisch eingestellt. Hätten wir den Krieg gewonnen, wäre natürlich das Zentrum in Berlin gewesen; aber ich wollte auf jeden Fall die wirtschaftliche Gleichberechtigung der anderen Partner durchführen. Als ersten Schritt gab ich Bichelonne seine Vollmachten zurück. Damals wurde z.B. die gesamte eisenschaffende Industrie Frankreichs an Bichelonne zurückgegeben. Ich habe damit die Wirtschaft in die Autorität Frankreichs zurückgelegt. Aus meinen Plänen wurde aber nichts, weil das Auswärtige Amt schnell merkte, daß man auch über Wirtschaftspolitik Außenpolitik machen kann.[32]

---

[31] Bereits vor seinem Zusammentreffen mit Speer am 16. und 17. September 1943 hatte Bichelonne Vorstellungen von einer neuen europäischen Wirtschaftsordnung mit einer deutsch-französischen Entente als Kern entwickelt. Die weit in die Zukunft greifenden Ideen sollten den Gedanken einer europäischen Neuorganisation auf der Basis der Aussöhnung der Völker voranbringen. Die Vorstellungen vom »neuen Europa« kamen jedoch über den Zustand bloßer Absichtserklärungen nicht hinaus und waren für die nationalsozialistische Außenpolitik kaum mehr als ein Lippenbekenntnis. (Vgl. Guy Sabin, Jean Bichelonne. Ministre sous l'occupation 1942–1944, Paris 1991, S. 57f. und Hans-Werner Neulen, Europa und das III. Reich. Einigungsbestrebungen im deutschen Machtbereich 1939–1945, München 1987.)

[32] Pläne zur europäischen Neuordnung wurden nach Kriegsbeginn im Auswärtigen Amt immer wieder angestellt. Am 5. April 1943 wurde dazu im Ribbentrop-Ministerium eigens ein Europaausschuß eingerichtet, in dem 14 Angehörige des Auswärtigen Dienstes unter Leitung von Legationsrat von Trütschler arbeiteten und dem »die Sammlung von Material und die Vorbereitung von Unterlagen für die bei Kriegsende zu treffenden Regelungen der europäischen Neuordnungen« oblag. (Zit. nach ebd., S. 41.) Die dabei formulierten Pläne über die wirtschaftliche Neuordnung Europas – beispielsweise die von Karl August Clodius in der »Wolfsschanze« am 20. August 1943 verfaßte Aufzeichnung über die wirtschaftliche Neuordnung Europas – waren als Antwort auf die Wirtschaftsentwürfe der Westalliierten gedacht, kamen jedoch nicht über das Stadium propagandistischer Verlautbarungen hinaus (ebd., S. 121).

Herr Schacht hat 1940/41 irgendwelche Pläne in dieser Richtung entworfen, die vielleicht Ihren Plänen vorausgegangen sind?

Seine Pläne sind mir unbekannt, zu der Zeit war er nicht mehr im Amt.[33] Die Pläne sind richtig, weil es meiner Ansicht nach auch in der jetzigen Situation keine andere Möglichkeit gibt, wenn man Europa lebensfähig erhalten will. Im Augenblick wäre es ein schlechtes Geschäft für die anderen, sich mit uns zusammenzutun. Aber als fernes Ziel wird um eine ähnliche Lösung nicht herumzukommen sein.

Haben Sie mit irgendwelchen Mitarbeitern über Ihre Gedanken gesprochen?

Abgesehen von Bichelonne habe ich mit Herrn Kehrl und Herrn Hettlage diese Dinge überlegt, allerdings nur im grundsätzlichen.[34] Die Durchführung wurde dann auch schnell zurückgezogen, weil das Auswärtige Amt Einspruch erhoben hatte und sagte, daß solche Fragen nur über seine Stellen geregelt werden könnten.

Haben Sie auch die Planung der europäischen Automobilindustrie besprochen?

Nein, hierfür gab es früher schon eine Stelle unter Oberst Theunissen, die allerdings auch keine positive Arbeit leistete. Meine Planung ist über die Pläne in der Zentrale nicht hinausgekommen – sie hat also keine Folgen gehabt.

Hat man bei der Produktionsplanung auch die Investitionsplanung im Auge gehabt, d.h. wollte man vom Reich aus auch die Investitionen in anderen Ländern kontrollieren?

Das lag auf einem anderen Gebiet. Ich war in der glücklichen Lage, daß ich mich um die Finanzdinge nicht zu kümmern brauchte. Ich

[33] Hjalmar Schacht war zu diesem Zeitpunkt (bis 1944) zwar noch Reichsminister ohne Geschäftsbereich, spielte seit seinem Zerwürfnis mit Hitler und seinem Abgang als Reichsbankpräsident (1935 bis 1939 und gleichzeitig 1935 bis 1937 Reichswirtschaftsminister und Generalbevollmächtigter für die Kriegswirtschaft) in der Führung des Dritten Reiches keine herausgehobene Rolle mehr.

[34] Hans Kehrl war zu diesem Zeitpunkt Leiter des Planungsamtes im RMRK; Karl Maria Hettlage war Leiter der Finanz- und Wirtschaftsabteilung im RMRK und zugleich Leiter des »Rüstungskontors«.

habe dies vom Wirtschaftsministerium nicht mit übernommen. Also Investierungen usw. gingen mich nichts an.

Aber die materialmäßigen Entscheidungen für Fabrikbau haben Sie vornehmen müssen? Und wie wurde das gemacht?

Sie kennen doch die Organisation der Selbstverantwortung der Industrie mit ihren Hauptausschüssen und Ringen, die aufgeteilt war z.B. in Eisenerzeugung, Eisenverarbeitung, Automobile, Panzer usw.[35] An der Spitze stand jeweils ein Industrieller, und dieser hatte ab Mitte 1943 auch die Planung für die besetzten Gebiete. Wenn eine solche Ausweitung hätte stattfinden können, wären [sic!] sie von diesem Hauptausschußleiter vorgenommen worden.

Wenn z.B. 4000 Werkzeugmaschinen aus Österreich nach Rumänien verlagert werden sollten, wer hätte das entschieden?

Der Hauptausschußleiter für seine Fertigung.

Wer hat die Verantwortung für die Folgen zu tragen?

Auch der Hauptausschußleiter.

Er ist doch ein Privatmann und kein Staatsbeamter.

Die Verantwortung lag aber bei ihm. Er war zwar weiter in seinem Betrieb tätig, galt aber in seiner Eigenschaft als Hauptausschußleiter gewissermaßen als »ehrenamtlicher« Staatsbeamter – ähnlich wie Ihr »Ein-Dollar-Mann«; – er hat aber alle Vollmachten gehabt, im Reichsgebiet und später in den besetzten Gebieten alle Belegungen der Werke vorzunehmen.

Und die finanzielle Verantwortung?

Um alle normalen finanziellen Vorgänge brauchte er sich nicht zu kümmern, denn die Abrechnung ging über den Wehrmachtteil. Wenn

---

[35] Zu Speers Konzept der Hauptausschüsse und Ringe im Rahmen seines Programms zur Selbstverantwortung der Industrie vgl. die Erläuterung in Fußnote 8, Protokoll 5 dieser Edition. Eine Übersicht über die Hauptausschüsse, Hauptringe, Spezial-Sonderausschüsse und Spezial-Sonderringe findet sich bei Dietrich Eichholz, Geschichte der deutschen Kriegswirtschaft, Bd. 2, Berlin (Ost) 1985 (Sonderkartenblatt im Anhang).

Sonderausgaben auftraten, die nicht in diesen Rahmen hineinpaßten, mußte oft das Rüstungskontor einspringen.[36]

Wieviel Kapital hatte das Rüstungskontor?

Darüber hatte ich keine Ahnung. Am besten fragen Sie danach Hettlage.[37]

Also, die ursprüngliche Politik, die Deutschland verfolgt hat, war gegen das deutsche Interesse, und hätte man die Politik, die Sie später betrieben haben, früher in Angriff genommen, wäre ein tatsächlicher Vorteil, der ziemlich wichtig sein konnte, erzielt worden. Die Intensivierung der Flugzeugproduktion, die großartig war, hat wahrscheinlich den Krieg verlängert oder zumindest einen Einfluß auf den Fortgang des Krieges gehabt?

Ich gehe noch weiter. Wenn der Einsatz der vielen Flugzeuge, die wir gemacht haben, nicht so falsch gewesen wäre, wäre es uns vielleicht gelungen, Ihre Bomberoffensive auf Deutschland erfolgreich abzuwehren, so daß sie die deutsche Industrie nicht mehr in dem Umfang hätte angreifen können. Ich habe mit Ihren Herren darüber gesprochen, und allen war unklar, wo die 2000 Jäger, die wir produzierten, eigentlich geblieben sind.

Das ist doch inzwischen aufgeklärt?

---

[36] Verschiedene staatliche und halbstaatliche Investitions-Rüstungsbanken und Finanzierungsinstitute, so auch die »Rüstungskontor GmbH«, sollten die Investitionsvorhaben der Betriebe unterstützen und teilweise subventionieren. Sie hatten häufig Tochterunternehmen zur Beteiligungsverwaltung. Das Rüstungskontor, von Speers langjährigem Finanzberater Karl Maria Hettlage geleitet, war das am weitesten entwickelte Finanzierungsinstitut. Es verwaltete nicht nur Kreditgeschäfte, sondern auch Beteiligungen in großem Umfang (so z.B. die Mittelwerk GmbH, die mit angeschlossenem KZ » Dora« – berüchtigt für die katastrophalen Lebens- und Arbeitsbedingungen der Häftlinge – für die unterirdische Produktion der A 4-Raketen zuständig war), zahlte Zuschüsse und Subventionen und finanzierte die Sonderprojekte des Rüstungsministers, für die keine anderen Finanzierungsmöglichkeiten vorhanden waren. Der Reichsfinanzminister beschwerte sich wiederholt über die »Vielzahl bedenklicher oder zumindest undurchsichtiger Fälle« (vgl. Dietrich Eichholtz, Die Geschichte der deutschen Kriegswirtschaft, Bd. 2, Berlin (Ost) 1985, S. 522ff.).

[37] Das Rüstungskontor war im April 1942 mit einem Stammkapital von 1 Mio. RM gegründet worden; Anfang 1944 wurde es auf 25 Mio. Reichsmark erhöht. Es verfügte über Hunderte von Millionen RM für seine Sonderprojekte, die der Reichsfinanzminister pauschal zur Verfügung stellen mußte.

Ja, aber bevor Sie unsere Produktionszahlen kannten, wurde angenommen, daß wir 700 Jäger monatlich produzieren würden. Der Rest der 1300 Maschinen ist nicht sichtbar geworden, weil sie schlecht eingesetzt worden waren. Wenn die Pläne auf dem Gebiet des Einsatzes, die Galland und ich hatten, durchgeführt worden wären, hätten sie mehr Nutzen gebracht und die Bomber schwer geschädigt. – Am Endergebnis hätte es auch nichts ausgemacht.

Nach vielen Gesprächen, die wir hatten, ist noch immer nicht klar, ob es materialmäßig und auch sonst möglich gewesen wäre, die Flugzeugproduktion noch weiter zu steigern, als sie gestiegen ist, und ob dies auch frühzeitiger hätte sein können?

Ja, das ist leicht festzustellen, und zwar von der Aluminiumbasis und von der Basis für die Flugmotoren, der Edelstahlbasis, aus. Beide waren für bedeutend höhere Zahlen von Flugzeugen ausgelegt. Wenn man eine genaue Übersicht haben will, muß man praktisch die Aluminiumzahl, die monatlich gegeben ist, durch die Einsatzgewichte dividieren, um festzustellen, wieviel Flugzeuge hätten gefertigt werden können. Diese Zahlen sind aber nicht erreicht worden. Die Aluminiumproduktion war bei uns fast gleichlaufend; wir haben sie ab 1942 kaum steigern können.[38] Trotzdem war es noch am Schluß möglich, die hohen Zukunftsprogramme zu beliefern, so daß also von dieser Seite aus keine Schwierigkeiten gewesen wären.

Wenn man aber auf der anderen Seite zu dem Schluß kommen müßte, daß Deutschland 20 000 Flugzeuge weniger produziert hat, weil es durch Bombenangriffe in der Fertigung gestört worden ist, dann muß man sich fragen, ob Aluminium und Stahl da waren, um in den Jahren 1943 und 1944 die 20 000 Flugzeuge zusätzlich zu erzeugen?

Wir haben die Meinung, daß die Flugzeugproduktion im Jahr 1943 trotz der Fliegerangriffe hätte höher sein können, das können wir beweisen. Als wir im März 1944 die Flugzeugproduktion übernommen haben – gerade als Sie so stolz darauf waren, im Februar 1944 als Schwerpunkt die Flugzeugindustrie zerbombt zu haben –, haben wir

[38] Vgl. Rolf Wagenführ, Die deutsche Industrie im Kriege 1942–1945, Berlin 1955, S. 169.

trotzdem ab März die Produktion steigern können, trotz Ihrer Angriffe.[39] Das ist der klare Beweis, daß in dieser Industrie Reserven waren, die nicht ausgenutzt wurden. Wenn jetzt die Luftwaffenfachleute sagen, sie wären in der Dringlichkeit benachteiligt oder in der Zulieferung schlecht beliefert worden, dann ist das nicht stichhaltig. Erst in sechs bis sieben Monaten hätte sich ausgewirkt, wenn durch eine Erhöhung der Dringlichkeit oder eine größere Zulieferung die Produktion gesteigert worden wäre. Beides war auch nicht notwendig, denn es war bereits geschehen, soweit es von der Luftwaffe angefordert war.

Verstehen Sie unter Dringlichkeit die Priorität bestimmter Produktionsteile, die automatisch das Material bekommen?

Ja, so war dies bei uns.

Wann wurde das geändert?

Die Dringlichkeitsstufen haben wir Ende 1944 – mit Stichtag 1. Mai 1945 – aufgehoben, um eine neue Organisation hierfür einzuführen. Das wurde dann von Ihnen besorgt. Jede »Dringlichkeitsstufe« ist zuerst ganz vernünftig. Aber eine höchste Dringlichkeit darf nur eine schmale Spitze sein. Nach kurzer Zeit, nach etwa zwei Monaten, rechnet schon wieder alles mögliche dazu; dadurch war die Spitze stumpf geworden und so breit, daß sie nicht mehr als höchste Dringlichkeit genügte. Es mußte dann eine neue Dringlichkeitsstufe eingeführt werden, und diese entwickelte sich in Kürze ebenso. Dieses Spiel wurde in regelmäßigen Zeiträumen wiederholt. Zum Schluß hatten wir fünf Dringlichkeitsstufen: S, SS, I, II und DE, und alle fünf waren nichts mehr wert. Wir halfen uns dadurch, daß wir den Werken Lieferungsauflagen gaben. Wir mußten so die Auftragssteuerung in der Zulieferung vornehmen, das war die tatsächliche »Dringlichkeitsregelung« bis in das Werk.

Warum hat man die Aluminiumerzeugung zu einem bestimmten Zeitpunkt herabgesetzt; mußte die elektrische Kraft abgenommen werden, weil diese nicht voll gearbeitet hat oder weil zuviel vorhanden war?

[39] Vgl. ebd., S. 182.

Ja. Das war aber erst in der Schlußkatastrophe, erst ab Spätherbst 1944. Wir hatten zu wenig Strom, weil der Kohletransport von der Ruhr nicht mehr funktionierte. Wir standen vor der Entscheidung, ob Elektrostahl oder Aluminium gefertigt werden sollte. Da außerdem Tonerde und Bauxit knapp werden mußten, weil Jugoslawien und Italien nicht mehr in Ordnung waren[40], entschieden wir uns für Aluminium.

Das Programm der Flugzeugproduktion wurde schon mehrmals diskutiert, aber man konnte noch nicht feststellen, ob man das Programm schon 1943 expandieren konnte, ohne daß man mit den Motoren in Schwierigkeiten gekommen wäre. Wäre es theoretisch möglich gewesen, 20 000 Flugzeuge mehr zu bauen und Motoren dafür zu haben?

Soweit sie im Industrieprogramm vorgesehen waren, hätten sie zur Verfügung stehen müssen. Ein neues Flugzeugprogramm wurde erst dann herausgegeben, wenn sich die Motorenindustrie bereit erklärt hatte, die Forderungen zu erfüllen.

Das hat sie. 18 000 waren tatsächlich geplant, aber nicht ausgeführt. Die Programme sind nicht realisiert worden.

In welcher Zeitspanne?

Ich glaube, Ende 1942 bis Anfang 1944 – nach dem wurden sie eingehalten und vorher auch. Aber in dieser Zeitspanne waren mehrere Programme unterboten worden. Das Resultat ist ein Minus von 18 000 Flugzeugen. Hätte man dieses Programm, wenn man nicht das äußerste, aber das zu realisieren erscheinende Programm als Maßstab annahm, erfüllen können?

Voraussichtlich ja. Obwohl uns gerade in der Zeit zwischen 1942 und 1944 die Kurbelwellen große Sorgen machten. Bei den Motorenzahlen müssen Sie berücksichtigen, daß die Flugmotoren zum großen Teil in den Nachschub gehen. Hier kann weitgehend verschoben werden. Unsere Flugzeugzahlen sind am Ende auch dadurch aufrechter-

[40] Kroatien war mit seinen Erzgruben bei Mostar während des Zweiten Weltkrieges der zweitgrößte Lieferant von Bauxit für das Deutsche Reich. Die OT versuchte noch bis zum Herbst 1944 unter großen Mühen, Förderung und Abtransport aufrechtzuerhalten. Mit Abzug der Wehrmacht wurden die Gruben aufgegeben.

halten worden, daß wir Motoren vom Nachschub wegnahmen, um damit neue Maschinen fertig zu machen. Das ist immer ein schlechtes Geschäft.

Gab es in Deutschland eine Übersicht über den Maschinenpark?

Ja. In der Maschinenstelle, soweit es ging. Der Leiter war Herr Schinnagel, später kam diese zum Hauptausschuß Maschinen unter Herrn Lange.

Protokoll 8

Bedarf der Wehrmacht, Programmgestaltung, Lieferungen vom Ausland, einschließlich besetzte Gebiete (8. August 1945)[1]

Vorbemerkung

Verschiedene Fragen sind eingehend besprochen und niedergelegt worden in den Interrogationen vom 26. Juni mit General Evett über »Generalstab, Rüstung und technischen Fortschritt«[2], [und] vom 13. Juli mit Oberst Struble über »Errechnung und Planung von Wehrmachtforderungen« und »War der Nachschub ausreichend«.[3]

Zum Verständnis der Beantwortung der Fragen ist allgemein festzustellen:

Das OKW ist bei allen diesen Dingen kaum in Erscheinung getreten, weil es zu schwach war. Wir wollten ein kräftiges OKW haben; es hätte vieles erleichtert. Aber Feldmarschall Keitel war dazu nicht geeignet. Er hatte über die drei Wehrmachtteile und ihre Oberbefehlshaber keine Autorität und hat daher keine Entscheidungen getroffen. Wir sahen in diesem Krieg als größten Organisationsfehler an: das Fehlen eines tatsächlich starken OKW und unter ihm eines Generalquartiermeisters der gesamten Wehrmacht.

Wehrdienstbedarf

Wie haben die verschiedenen Dienste (Heer, Luft und Marine) ihren Bedarf für die Rüstung kalkuliert? War dieser Bedarf kalkuliert für so und so viele Divisionen plus geschätzte Verluste und Reserven? Weiter, als diese Kalkulationen gemacht worden sind, hat man an einen bestimmten Angriff gedacht, z.B. Ardennenoffensive? Gab es ein lang-

[1] BA Koblenz, Nachlaß Albert Speer N 1340, Bd. 474.
[2] Siehe Protokoll 4 der vorliegenden Edition.
[3] Nicht abgedruckt.

fristiges Programm und auch ein bestimmtes Programm für jeden neu ausgearbeiteten Angriff?

Es ist mir unbekannt, ob die verschiedenen Wehrmachtteile ihren Bedarf für die Rüstung kalkuliert haben. Die von mir genannten Persönlichkeiten können hierüber eingehend Auskunft geben. Jedenfalls wurde für die Heeresrüstung unserem Ministerium ab 1942 ein langfristiger, aufeinander abgestimmter Bedarf der verschiedenen Rüstungsgegenstände nicht bekanntgegeben. Das ist dadurch erklärlich, daß A.H. gleich zu Beginn meiner Tätigkeit mir erklärte, daß die Forderungen des Heeres von ihm gestellt würden.[4] Er erhöhte die bis dahin in der Rüstung bekannten Forderungen erheblich. Es ist mir unbekannt, ob hierbei einzelne Forderungen des Heeres zugrunde lagen. Es ist aber nicht anzunehmen. Auch in den darauf folgenden Jahren ist es nur vereinzelt vorgekommen, daß das Heer Forderungen an A.H. oder an mich stellte, die über diesen Führerforderungen lagen [...]. Diese Forderungen hätte ich auch zurückgewiesen, da ich auf allen Gebieten der Heeresrüstung, ohne Rücksicht auf den Bedarf, nach dem Befehl von A.H. die Höchstmenge zu produzieren hatte. Diese Höchstmenge wurde in Programmen an A.H. und über ihn

---

[4] In der »Führer«-Weisung zur »Rüstung 1942« vom 10. Januar 1942 heißt es: »Im Rahmen der ihnen zur Verfügung gestellten Mittel und *nach meinen Forderungen* steuern die Oberbefehlshaber der Wehrmachtteile ihre Rüstungen selber in eigener Verantwortlichkeit.« [Hervorhebung durch den Herausgeber] (Zit. nach Willi A. Boelcke (Hg.), Deutschlands Rüstung im Zweiten Weltkrieg. Hitlers Konferenzen mit Albert Speer 1942–1945, Frankfurt 1969, S. 62.) Nach Rolf-Dieter Müller stellte die »Führer«-Weisung vom 10. Januar 1942 »den letzten Versuch der militärischen Rüstungsbürokratie« dar, »die Kriegswirtschaft nach den Zielvorgaben und Bedürfnissen der Wehrmacht zu dirigieren«. (Bernhard Kroener, Rolf-Dieter Müller, Hans Umbreit, Das Deutsche Reich und der Zweite Weltkrieg, Bd. 5/1: Kriegsverwaltung, Wirtschaft und personelle Ressourcen 1939–1941, Stuttgart 1988, S. 677.) Binnen kurzem war die Verwirklichung dieser Zielvorstellung an den unüberwindbaren Gegensätzen gescheitert. In seinen Besprechungen mit Hitler unmittelbar nach Amtsübernahme war wiederholt die Frage einer größeren Zentralisierung und Vereinfachung der Kriegswirtschaft angesprochen worden. Die dabei erteilten weitgehenden Vollmachten für Speer erklärten sich aus der Einsicht Hitlers in die vorhandenen Mißstände und dem drängenden Wunsch nach einer Verstärkung der Aktivitäten auf diesem Gebiet. (Vgl. Aktennotiz Thomas vom 3. März 1942 über Besprechung mit Minister Speer am 2. März 1942, abgedruckt in: Georg Thomas, Geschichte der deutschen Wehr- und Rüstungswirtschaft (1918–1943/45), hg. von Wolfgang Birkenfeld, Koblenz 1966, S. 535ff.)

dem Heer gegeben. Mit diesem Zahlenmaterial wurden die Berechnungen über die Aufstellung neuer Divisionen oder über den Beginn eines Angriffs gemacht. 1944 konnte wegen der unsicheren Produktionsverhältnisse, verursacht durch die Fliegerangriffe, eine Produktionsvorausschau nur noch für einige Monate gegeben werden. Selbst wenn uns bekannt war, daß zu einem gewissen Termin ein neuer Angriff stattfinden sollte, war es uns nicht möglich, im Hinblick auf dieses kommende Ereignis unsere Leistungen zu erhöhen, so daß die Rüstungsleistungen im wesentlichen unabhängig von der Vorbereitung der großen Offensiven durchgeführt wurden. Lediglich die letzten acht Wochen vor Abschluß der Lieferungen zu einem geplanten Angriff wurde versucht, in einem »Zwischenspurt« vorübergehend eine höhere Leistung durch Vorwegnahme des Zulieferungsmaterials und erhöhte Arbeitsstundenleistung zu erreichen. Es ist jedoch auch diese Leistung keine zusätzliche, sondern nur eine um etwa vierzehn Tage vorgezogene Konzentration der Produktion gewesen, die sich durch ein entsprechendes Nachlassen an der Produktion nach dem gestellten Termin auswirkte. Es gab also kein bestimmtes Programm für die jeweils vorgesehenen Angriffe.

Wir haben ein Schreiben an das Heereswaffenamt gefunden, wieviel Waffen für so und soviel Divisionen gebraucht wurden. Gab es diese Anforderungen jedes Jahr?

Ich habe ein derartiges Programm nie gesehen. Ich nehme aber an, daß diese Anforderungen den Bedarf für die Neuaufstellung von Divisionen in der Heimat darstellt. Da der Befehlshaber des Ersatzheeres gleichzeitig Chef der Heeresrüstung war, hatte er die Aufstellung der neuen Divisionen in der Heimat vorzunehmen. Es ist wahrscheinlich, daß er für diese neuen Divisionen, die mit festen Terminen bereitgestellt werden mußten, sich ein Ausrüstungsprogramm aufstellte. Während wir bei den Heeresprogrammen, die wir an A.H. und an das Heer abgaben, nicht die Industrieprognosen, sondern ein reduziertes Programm bekanntgaben, das auch trotz der Fliegerangriffe im allgemeinen erreicht wurde, hat die Luftwaffenrüstung, solange sie selbständig war, ihre Industrieprogramme im Original dem Generalstab der Luftwaffe gegeben. Ich hielt dies für irreführend und habe es dem Generalluftzeugmeister in einem Schreiben vom 20.

Dezember 1943 mitgeteilt.[5] Ich hatte den Eindruck, daß diese Programme in ihrer Zusammensetzung vom Generalstab bzw. dem Oberbefehlshaber der Luftwaffe bestimmt und durch deren Eingreifen in die jeweilige Umschaltung von einem Typ auf den anderen verursacht wurden. Während das Reichsluftfahrtministerium als aufstellende Behörde dieser Programme ein Interesse an einer ruhigen, langfristigen Programmgestaltung hatte, wurde es durch das Eingreifen des Generalstabes der Luftwaffe dauernd notwendig, Programmänderungen durchzuführen. Die Marine legte uns bei der Übernahme der Marinerüstung ein fertiges Marinebauprogramm vor, das nach Möglichkeit erfüllt werden sollte.[6] Es war allerdings von vornherein feststehend, daß dieses Programm ein Idealprogramm sei und daß es auf vielen Gebieten nicht erreicht werden konnte. Wir konnten der Marine dieses Programm nicht zusichern.

Wenn diese Programme gefertigt waren, haben die drei Dienste (Heer, Luftwaffe und Marine) zusammen diese Programme überprüft, d.h. hat man versucht, sicherzustellen, daß alle drei Dienste auf dasselbe strategische Ziel hinarbeiteten, als sie ihren Bedarf kalkulierten?

Eine zusammenfassende Bearbeitung der Programme der drei Wehrmachtteile bei einer Wehrmachtsdienststelle wurde nicht vorgenommen. Es wäre die Aufgabe des OKW gewesen, diese Arbeit durchzuführen. Es war zweifellos ein großer Fehler, daß es nicht gemacht wurde. Da das OKW diese Aufgabe nicht erfüllte, war es den einzelnen Wehrmachtteilen oder der Vernunft der dortigen Bearbeiter überlassen, wieweit sie sich untereinander über gemeinsame strategi-

---

[5] Anlage 1 zur Interrogation, nicht abgedruckt, BA Koblenz, Nachlaß Albert Speer N 1340, Bd. 474.

[6] Die Entscheidung zur Übernahme der Marinerüstung durch das Speer-Ministerium fiel am 20. Juni 1943, als Speer sich mit Dönitz einigte, die Durchführung des Bauprogramms 43 zu übernehmen. Dönitz war zu diesem Zeitpunkt wegen der sich abzeichnenden Niederlage in der Atlantikschlacht angeschlagen und erhoffte sich von Speers Garantie eine rasche Verdoppelung der – allerdings nie erreichten – Höchstproduktion auf 40 U-Boote größerer Bauart im Monat. Bereits am 21. Juni 1943 konnte Speer den Hauptsamts-, Amts- und Abteilungschefs seine Vorstellungen auf dem Gebiet der Marinerüstung vortragen. Salewski bezeichnet die Entscheidung vom 20. Juni 1943 in der Geschichte der deutschen Marine als die »tiefgreifendste«. (Michael Salewski, Die deutsche Seekriegsleitung 1935–1945, Bd. 2: 1942–1945, München 1975, S. 290.)

sche Ziele verständigten. Selbstverständlich wird das zu einem großen Teil erfolgt sein, jedoch nicht mit der notwendigen Konzentration, wie sie nur eine zentrale Dienststelle hätte aufbringen können. Es war z.B. keine Zusammenarbeit zwischen der Luftwaffe und der U-Boot-Waffe über die Modernisierung der See-Aufklärung herbeizuführen.[7] Die Forderungen von Dönitz auf eine weitreichende Seeaufklärung mußten daher von diesem bei A.H. zur Entscheidung gebracht werden, wobei A.H. sich den Forderungen von Dönitz anschloß.[8] Aber trotz seiner Entscheidung hat die Luftwaffe keine ernsten Anstrengungen unternommen, um den Forderungen von Dönitz gerecht zu werden.

Hat man einen Unterschied gemacht zwischen dem Bedarf, der auf einer strategischen Basis ausgearbeitet war (siehe Frage 1) und den langfristigen Produktions-Programmen?

Die Frage ist im Grundsatz durch Frage 1 schon beantwortet. Es war im Interesse einer möglichst hohen Rüstungsproduktion nicht möglich, diese auf eine strategische Basis abzustellen. Noch vor 1942 wur-

---

[7] Obwohl der Befehlshaber der U-Boot-Flotte (BdU) von Anfang an den Einsatz der Luftwaffe zur Luftaufklärung gefordert hatte, mangelte es der Seekriegführung an der notwendigen Luftwaffenunterstützung. Dönitz hatte als OBM und BdU in seiner Denkschrift vom 8. Juni 1943 die Luftwaffenunterstützung als Voraussetzung für die erfolgreiche Wiederaufnahme des U-Boot-Tonnagekriegs gefordert, ohne daß dies in der Praxis zu hinreichenden Konsequenzen geführt hätte. Eine funktionierende Luftaufklärung war Voraussetzung für das erfolgreiche Aufspüren gegnerischer Konvois. (Vgl. dazu Michael Salewski, Die deutsche Seekriegsleitung 1935–1945, Bd. 2: 1942–1945, München 1975, S. 508ff.)

[8] Speer umschreibt hier elegant seinen eigenen Beitrag zur Ablösung Raeders als Oberbefehlshaber der Kriegsmarine, dessen Ersetzung durch den U-Boot-Kommandanten Karl Dönitz und seinen Machtkampf mit Dönitz um die Verantwortung für die Marinerüstung. Die Marinerüstung war seit Kriegsbeginn weit unter Plan geblieben. Raeders Versuch, diesen Mißstand zu beheben, scheiterte an Speer, der Raeders Forderungen nach weiteren Stahlzuteilungen und Arbeitskräften mit Verweis auf sein Panzerprogramm ablehnte. Hinzu kamen Differenzen zwischen Raeder und Dönitz, nachdem Dönitz sich im Sommer 1942 direkt und ohne Einbeziehung Raeders mit Speer über den Bau von U-Boot-Bunkern am Atlantik verständigt hatte. Mit dem Hinweis auf Verzögerungen beim U-Boot-Programm brachte Speer die Querelen zwischen Raeder und Dönitz bei Hitler zur Sprache und erwirkte Raeders Ablösung. Dönitz wurde am 30. Januar 1943 Oberbefehlshaber der Kriegsmarine und setzte bei Hitler gegen den Willen Speers die Zuteilung größerer Stahlkontingente durch. Dennoch gelang es Speer, durch seine Verantwortung für die Zuteilung kriegswichtiger Rohstoffe für die Marinerüstung eine Unterordnung von Dönitz zu erreichen.

den z.B. die Munitionsanforderungen des Heeres vor bevorstehenden militärischen Ereignissen auf unmöglich zu erreichende Monatsproduktionszahlen vom Generalstab festgelegt, um sofort nach den Ereignissen wieder stark gedrosselt zu werden. Generalmajor Henrici[9] kann hierüber nähere Auskunft geben. Diese laufend wechselnden Forderungen des Heeres hatten nur zur Folge, daß durch die verursachten Umschaltungen in der Industrie, die industriefremd waren, im Durchschnitt eine geringere Munitionsproduktion, als für das Heer benötigt wurde, durchgeführt werden konnte [sic]. Daher wurden zu meiner Zeit, auf meinen Vorschlag die Erzeugungsprogramme möglichst auf lange Sicht durchgeführt, die, wie bereits festgestellt, auf einzelne strategische Termine mehr Rücksicht nahmen. Zudem waren ja bereits zu Beginn meiner Tätigkeit durch die verlustreiche Winterschlacht 1941/42 in Rußland die Lagerbestände weitgehend verloren, so daß von da ab ein akuter Materialmangel auf allen Gebieten eintrat, der bis zum Ende des Krieges nicht mehr beseitigt werden konnte.

Sind die Anforderungen von den verschiedenen Wehrmachtdiensten widerspruchslos als unumstößlich hingenommen worden?

Wie bereits festgestellt wurde, hat das Heer nur selten Forderungen aufgestellt, die über den bereits von A.H. festgelegten Programmen lagen. Wenn dies geschah, konnte ich das Heer nur darauf hinweisen, daß wir die höchste Produktion, die unter den gegebenen Umständen erreichbar ist, versuchen durchzuführen und daher eine erhöhte Forderung des Heeres keinen erhöhten Ausstoß bringen kann. Durch Verlagerungen des Schwerpunktes von einer Waffengattung zur andere oder von einer Munitionsart zur anderen wurden gelegentlich Erhöhungen vorgenommen, die der Frontlage gerecht wurden. Jedoch habe ich mich auch hier gegen eine zu weitgehende Umschaltung mit Erfolg zur Wehr gesetzt, da die anlaufende größere Rüstungsproduktion nur durch eine Stetigkeit der Programme gewährleistet war. Diese Stetigkeit der Programme wurde ohnehin durch unser Bemühen, einen qualitativen Vorsprung zu erreichen und

[9] Es handelt sich um Oberst Hans Henrici, der zunächst Abteilungschef im OKH/Heereswaffenamt, dann Amtsgruppenchef Allgemeine Rüstung im RMRK war. Hervorhebungen im Original.

dadurch Änderungen in der bereits laufenden Serie durchzuführen oder neue modernere Typen aufzulegen, oft genug gestört. Im übrigen sind auch diese Forderungen meistens unmittelbar von A.H. selbst vorgenommen wurden, der sie aus der Lage heraus uns unmittelbar befohlen hat. Hierüber geben die Führerprotokolle eingehend Auskunft.[10] Wir haben es uns grundsätzlich verboten, daß die Wehrmachtteile die Erfüllbarkeit ihrer Forderungen als unumstößlich hinstellten. Ich konnte darauf hinweisen, daß wir ohnehin das Höchstmaß der Rüstungsproduktion durchführen und daß darüber hinaus keine Leistungen möglich seien. In einem Schreiben an Generaloberst Zeitzler, etwa September 1942, das sich bei meinen Akten befinden muß, ist ihm dieser Standpunkt klargelegt worden.

Gab es wichtige Gelegenheiten, wo der Bedarf schlecht errechnet wurde, d.h. hat man je gefunden, daß man zuviel von einem Gerät produziert hatte und zuwenig von einem anderen?

Solche Fälle gab es zweifellos vereinzelt, z.B. bei dem allgemeinen Gerät oder bei den Waffen zeitweise beim 8-cm-Granatwerfer.[11] Grundsätzlich hatte die deutsche Rüstung im Jahr 1944 eine Überproduktion, wenn man die mit den Waffen auszustattenden Menschen im Verhältnis zu normalen Verlusten betrachtet. Normale Maßstäbe können jedoch in der Rüstungsproduktion bei uns nicht angewendet werden, da ab 1942 die Rückzüge und verlorenen Schlachten laufend neue Ausstattungsprobleme brachten und niemand vorher feststellen konnte, wo sich die Verluste besonders bemerkbar machten, so daß eine theoretische Überproduktion durch die Ereignisse immer ausgeglichen wurde. Die Produktion der einzelnen Rüstungsgegenstände war in Größenordnung so aufeinander abgeglichen, daß sie etwa den Verhältniszahlen entsprachen, die bei der Rüstung einer Division notwendig sind. Auf dem Gebiet der Hee-

[10] Vgl. Willi A. Boelcke (Hg.), Deutschlands Rüstung im Zweiten Weltkrieg. Hitlers Konferenzen mit Albert Speer 1942–1945, Frankfurt/M. 1969.

[11] 1932 hatte Rheinmetall den 8 cm-Granatwerfer entworfen, der sich als sehr zuverlässige Waffe erwies. Die Truppe besaß bei Ausbruch des Zweiten Weltkriegs 4624 Stück, Anfang März 1945 gab es noch 1791 Stück, davon 278 in Zeugämtern. (Vgl. Fritz Hahn, Waffen und Geheimwaffen des deutschen Heeres 1933–1945, Bd. 1: Infanteriewaffen, Pionierwaffen, Artilleriewaffen, Pulver-, Spreng- und Kampfstoffe, Koblenz 1986, S. 68.)

resrüstung kenne ich daher keine wesentlichen Beispiele für eine tatsächliche Überproduktion.

Wo kam es vor, daß man mehr oder weniger forderte?

Die Höhe unserer Rüstungsprogramme wurden von Heeresstellen des öfteren als zu hoch bezeichnet, und zwar in der Hauptsache auf dem Gebiet der Waffenerzeugung; denn man war der Überzeugung, daß für die große Zahl der Geschütze, die gefertigt werden sollten, die von mir in Aussicht gestellte Munitionserzeugung zu gering sein müsse. Das traf theoretisch auch zu. In der Praxis war jedoch der Verlust an Geschützen so groß, daß die theoretische Überproduktion auch hier reichlich ausgeglichen wurde.[12] Auch alle Berechnungen, die feststellten, daß wir im Verhältnis zur Treibstofferzeugung zu viel[e] Flugzeuge und zu viel[e] Panzer machten, waren dadurch falsch, daß sowohl Panzer als auch Flugzeuge in einem ungewöhnlich hohen Ausmaß ausfielen und dadurch die theoretisch errechneten Bestandszahlen für Flugzeuge und Panzer an der Front, die auf Grund der Produktion hätten erreicht werden müssen, niemals im entferntesten zur Verfügung standen [...]. Eine Schwierigkeit bereitete lediglich die Bereitstellung der Ersatzteile. Zweifellos wurden im Verhältnis zu den fertigen Erzeugnissen zuwenig Ersatzteile in diesem Krieg von uns geliefert. Der Ehrgeiz der Industrie, möglichst viele Fertiggeräte abzuliefern, hat hier die Ersatzteilfrage vernachlässigen lassen. Hinzu kam, daß sowohl A.H. als auch der Leiter des Technischen Amtes in allen Fällen, in denen eine Reduzierung des Ausstoßes zugunsten einer erhöhten Ersatzteilfertigung gefordert wurde, sich für die erhöhte Produktion an fertigen Geräten entschieden. Allerdings sprechen viele Punkte dafür, im Zweifelsfalle eher ein neues Gerät statt der Ersatzteile zu liefern. Die Ersatzteile sind übrigens auch das einzige Gebiet, auf dem das Heer laufend Forderungen, auch im einzelnen, aufstellte. Ein weiteres Gebiet, auf dem Forderungen des Heeres gestellt wurden, war das der Zugkraftwagen.

---

[12] So war etwa die für die Truppe verfügbare Zahl von Infanteriekanonenhaubitzen, die v.a. im Ostfeldzug eingesetzt wurden, zwischen Ende 1943 und März 1944 von 1815 Stück im Jahr 1943 auf 225 im März 1944 gesunken. (Vgl. Fritz Hahn, Waffen und Geheimwaffen des deutschen Heeres, Bd. 1: Infanteriewaffen, Pionierwaffen, Artilleriewaffen, Pulver-, Spreng- und Kampfstoffe, Koblenz 1986, S. 118.)

Ist es je vorgekommen, daß aus Produktionsgründen ein militärischer Plan abgeändert werden mußte? Gab es einen bestimmten Weg, bei dem die strategische Planung und die Produktionsmöglichkeiten zusammen ausgearbeitet werden können [sic]? Konnte eine Seite hierbei auf die andere einwirken?

Während meiner Tätigkeit ist mir kein Beispiel hierfür bekannt. Der einzige große Plan, der aus Produktionsgründen abgesagt wurde, war die Invasion gegen England.[13] Es gab dagegen zweifellos typische Beispiele dafür, daß Offensiven begonnen wurden, bevor die Ausstattung und Bevorratung der Truppe abgeschlossen waren.

Hat die Produktion der V-Waffen die strategischen Pläne beeinflußt oder war das eine ganz unabhängige Planung?

Der Beschluß, sie zu bauen, hat meiner Ansicht nach mit strategischen Dingen nichts zu tun gehabt. Die V 2 wurde ja 1934 in der Konstruktion angegangen[14], und die V 1 war ein Konkurrenz-

---

[13] Die Vorbereitung der Invasion der Britischen Inseln (»Unternehmen Seelöwe«) war von Hitler 1940 allerdings nur halbherzig betrieben worden. Selbst zum günstigsten Zeitpunkt, dem September 1940 – nach der Hauptphase der Luftschlacht um England –, waren die strategischen Voraussetzungen nicht gegeben: Die unkalkulierbare Wetterlage, das verbliebene Großaufgebot britischer Jäger zur etwaigen Abwehr der Invasionskräfte sowie die Überlegenheit der britischen Flotte hätten einem schnellen Erfolg entgegengestanden. Hinzu kam, daß Hitler 1940 noch immer den Gedanken einer Verständigung mit Großbritannien, freilich zu seinen Bedingungen, verfolgte. Am 17. September 1940 entschied Hitler, die Invasion »bis auf weiteres«, am 12. Oktober, dies präzisierend, »auf Frühjahr 1941« zu verschieben.

[14] Hier irrt Speer. Die ersten Arbeiten an der V2-Rakete – dies war der Propagandaname für die Fernrakete A 4 – begannen im Sommer 1936. Sie bauten auf den Forschungen auf, die das Heereswaffenamt bereits seit den späten 20er Jahren an Fernraketen durchführte. Wernher von Brauns 1934 vorgelegte Dissertation über »Konstruktive, theoretische und experimentelle Beiträge zu dem Problem der Flüssigkeitsrakete«, die er auf dem Versuchsgelände des Heereswaffenamtes in Kummersdorf erarbeitet hatte, enthielt die Grundlagen dafür. Seit 1937 wurden die Arbeiten an der V2-Rakete in Peenemünde fortgesetzt, wo schließlich 1942 nach mehreren Fehlstarts der erste Probeflug über 120 km glückte. Anders als bei der V1-Rakete war eine direkte Abwehr der überschallschnellen Fernrakete nicht möglich. Ihre Reichweite lag bei 340 km. Die Serienfertigung verzögerte sich mehrfach durch alliierte Luftangriffe und wurde schließlich in die unterirdische Fabrik/KZ »Mittelbau« verlegt. Von 1944 bis zum Kriegsende wurden 5940 Exemplare zum Stückpreis von 119 600 RM, ohne Sprengkopf, hergestellt. Ursprünglich sollten sie v.a. im Kampf gegen England zum Einsatz kommen, wurden jedoch erheblich häufiger auf kontinentale Ziele, z.B. Paris und Den Haag, abgefeuert. Vgl. auch Protokoll 4, Fußnote 17.

unternehmen der Luftwaffe hierzu.[15] Erst als die Invasionsgefahr auftauchte, dachte man daran, eine Störung der Invasion durchzuführen und sie in ihrer Wirkung auf die Häfen in England richten zu können.

Wie wurde der ewige Konflikt zwischen der Serienproduktion einerseits und Qualität andererseits gelöst, während der verschiedenen Phasen des Krieges?

Ich stand auf dem Standpunkt, daß die Qualität vor der großen Produktion stehen muß. Wenn eine erhöhte Qualität gemacht werden konnte, mußte unter Umständen eine geringere Serie in Kauf genommen werden; denn unser Vorteil konnte nur darin liegen, mit größerer Qualität die Masse zu besiegen. Wir konnten daher nie eine reine Massenproduktion betreiben. Wenn wir dieses Ziel allein verfolgt hätten, wäre es von vornherein ein aussichtsloses Unternehmen gewesen. Deswegen haben wir auch in der Heeresrüstung die Entwicklung und Einführung neuer Panzer (Tiger und Panther) vorgenommen.[16]

Und wer hatte das letzte Wort der Entscheidung?

Diese Frage konnte nur gemeinsam mit dem Wehrmachtteil entschieden werden; denn auf der einen Seite hatte ich bei jedem Neuanlauf eine verringerte Serienproduktion zu erwarten, und demgegenüber mußte das Heer feststellen, ob die neue Waffe diesen geringeren Ausstoß rechtfertigte. Allerdings sind auch diese Entscheidungen im allgemeinen von A.H. persönlich gefällt worden. Aus diesem Grund habe ich auch grundsätzlich die Verantwortung für die Entwicklung

---

[15] Bei der Raketenentwicklung gab es seit 1933 Rivalitäten zwischen Heereswaffenamt und Luftwaffe, da Luftwaffenchef Göring »alles, was fliegt« kontrollieren wollte. 1934 begann die Luftwaffe unter der Leitung von Dr. Paul Schmidt mit der Entwicklung eines unbemannten aerodynamischen Flugkörpers, der seit 1941 bei den Gerhard-Fieseler-Werken in Kassel unter den Decknamen V 1, »Fi 103« »Kirschkern« oder »FZG 76« produziert wurde und speziell zum Fernkampf gegen London konzipiert war. In Großserie wurde die V 1 jedoch erst ab März 1944 produziert. Bei einem Gesamtgewicht von 2180 kg konnte sie einen 850-kg-Gefechtskopf bis zu 370 km weit transportieren. Insgesamt wurden 30 329 Exemplare zum Stückpreis von 5060 RM gefertigt.

[16] Zum Tigerpanzer vgl. Protokoll 4, Fußnote 27, sowie Protokoll 5, Fußnote 35; zum Panzer »Panther« vgl. Protokoll 5, Fußnote 36.

der Waffen und Geräte bei den Wehrmachtteilen gelassen, da diese für ihre taktische Brauchbarkeit der Truppe gegenüber die Verantwortung [übernahmen].

Aber die Entwicklungskommission hat die Arbeit gemacht?

Nein, das kann zwar von außen den Anschein haben. Die Entwicklungskommissionen waren jedoch eine »parlamentarische« Einrichtung, in der sowohl die Offiziere des Generalstabes, des Waffenamtes, als auch die Ingenieure, die die technische Entwicklung durchführten, und die Fachleute für die Fertigung an einem Tisch zusammensaßen. Wenn auch der Vorsitz und die Entscheidung von einem Mann meines Ministeriums getroffen wurde, hat der Wehrmachtteil die Möglichkeit gehabt, in der Sitzung gegen die Entscheidung seinen Einspruch einzulegen, der zur Folge hatte, daß in diesem Fall die Entscheidung von dem Oberbefehlshaber des Wehrmachtteils zusammen mit mir in gegenseitigem Einvernehmen getroffen werden mußte. Falls dieses Einvernehmen nicht herzustellen war, sollte eine Entscheidung bei A.H. herbeigeführt werden. Ein derartiger Weg ist selten beschritten worden, denn im allgemeinen haben sich in der Kommission die Fachleute mit den Offizieren der Wehrmachtteile geeinigt.

Möglichkeiten des Programms

Welche Organisation sicherte, daß die ganzen Programme für die Wehrmacht durchgeführt wurden und die Zusammenfassung von Arbeitskräften, Rohstoffen und industrieller Kapazität herbeigeführt wurde?

Bis zu meinem Amtsantritt 1942 gab es keine Stelle, die eine Zusammenfassung und Verteilung aller zur Ausnutzug der Industrie-Kapazität notwendigen einzelnen Faktoren wie Eisenverteilung, Metallverteilung, Verteilung der Kohle, des Stroms oder der Arbeitskräfte nach einheitlichen Gesichtspunkten vornahm. Für die Wehrmachtteile sollte diese das OKW (Rüstungsamt) vornehmen, das aber diese Aufgabe nur unvollkommen durchführte. Im April 1942 wurde auf meinen Vorschlag die »Zentrale Planung« im Vierjahresplan gegründet.[17] Sie wurde von Feldmarschall Milch, Staatssekretär Körner als ständigem Vertreter Görings im Vierjahresplan und mir gemeinsam geführt. Durch diese Einrichtung wurde die Verteilung aller wichtigen Engpaßprodukte sowohl auf die drei Wehrmachtteile als auch auf den zivilen Sektor und die Grundindustrie vorgenommen. Nach der Übernahme der Gesamtproduktion aus dem Reichswirtschaftsministerium im September 1943 wurde in meinem Ministerium das Planungsamt gegründet, das von nun an die Verteilung der Rohstoffe in Einzelverhandlungen mit den »Kontingentträgern« klärte und damit die Entscheidungen der »Zentralen Planung« vorbereitete. Der spätere Leiter des Planungsamtes, Herr Kehrl, hat im übrigen bereits von Beginn der Zentralen Planung an – damals von seiner Stellung im Reichswirtschaftsministerium noch aus – die Verteilungsvorschläge für die Zentrale Planung vorbereitet. Während es gelungen war, die Verteilung aller Materialien und Energiequellen vorzunehmen, wurde die Verteilung der Arbeitskräfte gegen meine Ansicht vom Generalbevollmächtigten für den Arbeitseinsatz unmittelbar vorgenommen, der sich nur Vorschläge zur Verteilung von der Zentralen Planung machen ließ.[18] Die Anforderungen und Zuteilungen der drei Wehrmachtteile erfolgten an die Zentrale Planung nicht über eine zentrale Wehrmachtsdienststelle (OKW), sondern wurden unmittelbar von jedem einzelnen Wehrmachtteil bei der Zentralen Planung vertreten. Da die durch die Zentrale Planung beschlossenen Vertei-

[17] Vgl. dazu die Ausführungen zur Zentralen Planung im Protokoll 6.

[18] Über die Anwerbung ausländischer Arbeitskräfte für die deutsche Rüstungswirtschaft kam es zu einem heftigen Streit zwischen Speer und dem Generalbevollmächtigten für den Arbeitseinsatz, Fritz Sauckel. Nachdem Sauckel entgegen seiner Zusagen an Hitler nicht die notwendigen Arbeitskräfte aus den besetzten Ostgebieten herbeischaffen konnte, bemühte er sich um verstärkte Deportationen aus den Westgebieten. Hier geriet er mit Speer in Konflikt, der in den besetzten Westgebieten im Rahmen der Zentralen Planung eine effiziente Kriegsproduktion vor Ort aufzubauen versuchte. Diese geriet in Gefahr, da die lokale Bevölkerung sich angesichts von Sauckels rabiaten Maßnahmen verweigerte, teilweise in den Untergrund abtauchte und damit auch Speer nicht mehr in den lokalen Produktionsstätten zur Verfügung stand. Speer gelang es nicht, Hitler im Konflikt mit Sauckel auf seine Seite zu ziehen. Sauckels Zwangsrekrutierungen kamen wegen des erbitterten Widerstands der Bevölkerung im Sommer 1944 jedoch fast völlig zum Stillstand. (Vgl. Hans Pfahlmann, Fremdarbeiter und Kriegsgefangene in der deutschen Kriegswirtschaft 1939–1945, Darmstadt 1968, sowie Dietrich Eichholz, Geschichte der deutschen Kriegswirtschaft, Bd. III: 1943–1945, Berlin 1996.)

lungen die Grundlage für die Höhe der Rüstung der einzelnen Wehrmachtteile abgab, wurde damit die Erfüllung der Programmforderungen A.H.s beim Heer bzw. den beiden anderen Wehrmachtteilen von der Zuteilung der Zentralen Planung abhängig gemacht. Ein Einspruchsrecht gegen die Entscheidung der Zentralen Planung war in der Praxis nur bei A.H. selbst gegeben, wurde jedoch nur selten ausgeübt. Die Verteilung der den einzelnen Wehrmachtteilen zugeteilten Materialien auf die einzelnen Rüstungsgegenstände war in der ersten Zeit diesen überlassen. Ab Mitte 1943 wurde dann die Zuteilung unmittelbar an die Hauptausschüsse vorgenommen und den Wehrmachtteilen nur noch von dieser Zuteilung der Materialien Kenntnis gegeben.

[...] Wie wurde der nicht mit der Rüstung verknüpfte Sektor der Industrie behandelt?

Auch der nicht mit der Rüstung verknüpfte Sektor der Industrie wurde in seiner Größenordnung von der Zentralen Planung durch die Zuteilung der Materialien genau so gesteuert wie die Produktion der Wehrmachtteile. Die Erzeugung der zivilen Verbrauchsgüter war bis zur Übernahme der gesamten Produktion des Wirtschaftsministeriums durch mich vom Reichswirtschaftsministerium genauso unabhängig bearbeitet worden, wie etwa die Luftrüstung bis zur Übernahme durch mich von der Luftwaffe. Nachdem ich im Sommer 1943 die Produktion übernommen hatte, wurde durch die Einteilung meines Ministeriums in einzelne [Ämter] dafür gesorgt, daß durch die Schaffung eines eigenen Produktionsamts für Verbrauchsgüter unter Herrn Seebauer dieses seine Interessen unmittelbar bei mir geltend machen konnte, so daß eine weitgehendere Ausschaltung dieser Industrie zugunsten der Rüstungsfertigung nur durch meine Entscheidung vorgenommen werden konnte.[19]

---

[19] Mit dem »Erlaß über die Konzentration der Kriegswirtschaft« vom 2. September 1943 gingen die Zuständigkeiten für Rohstoffe und die Produktion in Industrie und Handwerk von Funks RWM an das jetzt in RMRK umbenannte Speer-Ministerium über. Dies war Voraussetzung für eine Neuordnung für eine Aufgabenverteilung der Kriegswirtschaft, wie sie der von Kehrl formulierte »Bandwurmerlaß« vom 29. Oktober 1943 festlegte. In diesem Zusammenhang wurde auch das Produktionsamt für Verbrauchsgüter unter Leitung von Dipl.-Ing. Georg Seebauer geschaffen.

Für welche Waffengattungen hat man versucht, entweder vor oder während des Krieges die Produktionsbasis so zu gestalten, daß die Führung eines langfristigen Krieges möglich war? Inwieweit war die Steigerung der Waffenproduktion das Ergebnis einer erfolgreichen Improvisation? (Diese Frage bezieht sich sowohl auf die Erweiterung der Rohstoffquellen als auch auf die Bereitstellung der notwendigen Fertigungsmittel, den Fabrikneubau, das Anlernen von Arbeitern usw.)

Die Führung eines langfristigen Krieges war nicht so sehr abhängig von einer bedeutenden Ausweitung der Fertigung von Rüstungsgerät an sich, als vielmehr von der Ausweitung der hierzu notwendigen Grundproduktion und Zulieferung. Es wurden zwar bereits im Jahr 1942 Pläne aufgestellt und auch durchgeführt, die auch für Waffen, Panzer, Munition und dergleichen neue, große, rationell eingerichtete Fabriken vorsahen und die im Herbst 1943 oder im Frühjahr 1944 in Betrieb genommen wurden, aber darüber hinaus war das Hauptproblem der Rüstung, die notwendigen Bleche und Röhren auswalzen zu können, Guß- und Schmiedestücke, Kurbelwellen usw. bereitzustellen. Diese Aufgabe war die schwierigste und wichtigste, um ein erhöhtes Rüstungspotential zu bekommen, wenn man die Wirkungen der Fliegerangriffe außer acht läßt. Um diesen Engpaß in der Zulieferung für alle drei Wehrmachtteile zu beseitigen, wurde von mir in meinem Ministerium, auch für die beiden anderen Wehrmachtteile, deren Rüstung mir damals noch nicht unterstand, bereits [im] April 1942 das Rüstungslieferungsamt gegründet, durch dessen Arbeit der Engpaß der Zulieferung trotz der schnell ansteigenden Rüstung weitgehend behoben wurde.[20] Da unsere Gesamtproduktion 1942 nur unzulänglich von der Friedensfertigung auf die Kriegsproduktion

[20] Eine der ersten Maßnahmen Speers nach seiner Amtsübernahme war die Aufteilung des Munitionsministeriums in Ämter. Während der Ingenieur Karl Otto Saur das Technische Amt leitete, das in Zusammenarbeit mit dem Heereswaffenamt für die laufende Entwicklung der Waffen- und Munitionsprogramme zuständig war, war der Chemiker Walter Schieber Chef des Rüstungslieferungsamts. Das Rüstungslieferungsamt verantwortete die »Sicherung der Voraussetzungen der ordnungsgemäßen Durchführung der Rüstungsprogramme«, d.h. die Beschaffung von Rohstoffen und Arbeitskräften sowie die Organisation sämtlicher Unter-, Vor- und Zulieferungen für Saurs Endfertigung. (Vgl. Gregor Janssen, Das Ministerium Speer. Deutschlands Rüstung im Krieg, Berlin 1968, S. 41.)

umgestellt war, war es notwendig, die hierdurch eingetretenen zahlreichen Verschiebungen in den Qualitätsansprüchen und in der Verarbeitung zu bewältigen. In der Friedensproduktion wird weitaus weniger Qualitätsstahl benötigt, da ein großer Teil der Rohstahlproduktion in das Bauen und andere primitivere Fertigungen geht. Daher war eine der vordringlichsten Aufgaben, die Produktion an Edelstahl (Elektrostahl) zu erhöhen und auf der anderen Seite der Verwendung von Thomasstahl, das zahlenmäßig im Überfluß vorhanden war, neue Gebiete in der Rüstung, in der Hauptsache in der Munition zu erschließen.[21] Beides ist weitgehend gelungen. Bei den auszuwalzenden Profilen haben die Kleinprofile, die bedeutend mehr Walzenstraßen und Zeit benötigen, um dieselbe Tonnenzahl zu bearbeiten, eine wesentliche Rolle gespielt, so daß auch hier zunächst Schwierigkeiten auftraten, um die vorhandenen Rohstahlmengen in den neuen Profilen zu verarbeiten. Der Mangel an Zulieferungen ging bis zur Bereitstellung der notwendigen Schrauben, deren Fabrikation ebenfalls eine erhebliche Ausweitung notwendig hatte. Die Ausweitung der Rüstungsindustrie und ihrer Zulieferung wurde nach meiner Ansicht, die ich erstmalig bereits im April 1942 A.H. zur Entscheidung vorlegte, auf weite Sicht vorgenommen. Ich stellte im Februar 1943 erstmals den Antrag, daß alle Vorhaben, die am 1. Januar 1945 nicht in die Fabrikation kommen, endgültig abgestoppt werden müssen, um das damit freiwerdende Eisen der unmittelbaren Rüstung zuzuführen. Diese meine Absicht wurde jedoch trotz mehrmaligen Antrags von A.H. abgelehnt, der die Ausweitung der Produktionsanlagen auf weite Sicht forderte.[22] Bei den erfolgreichen Flieger-

---

[21] Beim Thomasverfahren wird flüssiges Roheisen in einen birnenförmigen Konverter gefüllt. Durch 100 bis 150 Bohrungen im Boden des Konverters wird kalte Luft durch die Roheisenfüllung gedrückt. Der Blasvorgang dauert etwa 20 Minuten. Der Konverter ist mit Steinen aus gebranntem Dolomit ausgefüttert, so daß auch phosphorreiches Roheisen (z.B. aus Minette) unter Zugabe von gebranntem Kalk bzw. bei Einsatz kalkhaltiger Erze in Stahl verwandelt werden kann. Insgesamt ist die Gewinnung von Thomasstahl von untergeordneter Bedeutung gewesen. Durch das Thomasverfahren war jedoch der Aufschwung der lothringischen Stahlindustrie mit seinen phosphorreichen Minettenerzen im 19. Jahrhundert erst möglich geworden. Durch die rigorose Ausbeutung der lothringischen Minettevorkommen durch die Deutschen während des Zweiten Weltkriegs ist der hohe Anteil an Thomasstahl in der deutschen Kriegsproduktion zu erklären.

[22] Sitzung der Zentralen Planung vom 12. Februar 1943.

angriffen des Jahres 1944 war allerdings dann diese vorhandene Überkapazität eine der Möglichkeiten, um die überraschende Höhe der Rüstungsproduktion dieses Jahres – trotz der Ausfälle durch Bombenschäden – zu erreichen.[23]

Es ist schwer zu sagen, ob die Steigerung der Waffen-Produktion das Ergebnis einer Improvisation oder einer gesunden Planung ist, denn beides zusammen hat diese Steigerung verursacht. Die Fliegerangriffe zwangen dazu, die Waffenproduktion weitgehend improvisiert durchzuführen – der Mangel an Zulieferungen jedoch erforderte eine gesunde Grundlage – [und] damit eine Planung auf weite Sicht.

Im Gegensatz zur Luftrüstung wurden die Programme des Heeres auf weite Sicht aufgelegt. Wenn sie auch oft neu aufgestellt wurden, so ergab dies trotzdem eine Stetigkeit, da es sich immer um dieselben Typen handelte. Jedenfalls hat die deutsche Industrie in diesem Krieg gezeigt, daß sie eine außerordentliche Fähigkeit zum Improvisieren und zum Ausgleichen besitzt, die ihr vorher von A.H. nicht zugetraut wurde. Selbstverständlich ist, daß diese erhöhte Produktion und die schnelle Beseitigung der Auswirkungen der Fliegerangriffe auf ein weitgehendes Beiseiteschieben anderer Produktionen geschah, wie Einrichtungen für die Grundproduktion oder Maschinen für den Export oder für die Verbrauchsgüterindustrie. Dieser Prozeß war insofern oft improvisiert, als, durch die stärkere Durchsetzungsmöglichkeit, die Rüstungsfertigung automatisch die anderen Fertigungen bei Notständen auf die Seite schob, ohne daß dem vorher eine Planung zugrunde gelegen hätte.

Was geschah, wenn man fand, daß z.B. die Heeres- und die Marineanforderungen für ein bestimmtes Gerät, eine Waffe u. dgl. miteinander konkurrierten? Wer hat endgültig entschieden, welcher Seite der Vorrang bei der Belieferung zu geben sei?

[23] Die alliierten Bombenangriffe – insbesondere diejenigen des RAF Bomber Command – konzentrierten sich zwischen Mitte Oktober und Mitte Dezember 1944 auf das Ruhrgebiet mit seinen Bergwerken, der Eisen- und Stahlindustrie sowie seinen Transportwegen. Zum Teil mehrfach wurden in diesen Wochen Oberhausen, Duisburg, Dortmund, Gelsenkirchen, Wanne-Eickel, Castrop-Rauxel, Sterkerade-Holten, Essen und Bochum schwer bombardiert. Die Schäden an den Industrieanlagen waren jedoch nicht so groß, wie Speer sie darstellt. Gravierender waren die Schäden an den Verkehrswegen, die so zum Nadelöhr für die Betriebe wurden.

Das kam natürlich vor. Soweit es eine Waffe war, die von einem Wehrmachtteil für die beiden übrigen gefertigt wurde (z.B. Flak, Maschinengewehre, Gewehre, Lastkraftwagen usw.), wurde die Verteilung vom OKW vorgenommen. Dabei wurden den Wehrmachtteilen auf lange Sicht Quoten in der Gesamtfertigung zugeteilt. Soweit die Wehrmachtteile einzelne, annähernd gleiche Gegenstände bestellten und dadurch bei den Firmen in Konkurrenz kommen konnten, waren die Ämter des Ministeriums diejenige Stelle, die den Ausgleich in der Dringlichkeit der Belieferung vornahm. Dabei wurden von mir im einzelnen Richtlinien für die verschiedenen Dringlichkeiten der Bewertung des Gegenstandes dem Hauptausschuß gegeben, wenn nicht A.H. unmittelbar über Herrn Saur seine Weisungen gab, was ab 1944 fast ausschließlich der Fall war.[24]

Welches waren die Engpässe der deutschen Kriegswirtschaft, wie wurden sie überwunden und wie wechselten diese Engpässe im Verlauf des Krieges?

Der größte Engpaß, über den die Rüstung gesteuert wurde, war die Stahlproduktion.[25] Hierbei kann man jedoch nicht den Rohstahl an sich nehmen, sondern man muß vom Qualitätsstahl ausgehen, also dem Siemens-Martin- und Elektrostahl.[26] In diesem Qualitätsstahl

[24] Karl Otto Saur, Leiter des Technischen Amtes im RMRK und verantwortlich für die Rüstungsendfertigung und damit für die monatlichen Produktionsziffern, hatte 1944 die mehrmonatige, krankheitsbedingte Abwesenheit von Speer dazu benutzt, erfolgreich gegen seinen Minister zu intrigieren. Es gelang Saur, Hitlers Vertrauen soweit zu erwerben, daß er spätestens seit der Jahreswende 1944/45 zu einem ernsten Rivalen für Speer als Rüstungsminister aufgestiegen war. In Hitlers Testament war Saur als Speers Nachfolger im Amt des Rüstungsministers vorgesehen gewesen. (Vgl. Albert Speer, Erinnerungen, Frankfurt/M. 1969, S. 330 und 432ff.)

[25] Handschriftliche Randbemerkung: »Aber nicht Arbeitskräfte«. – Der Eisen- und Stahlsektor war die Achillesferse der deutschen Rüstungs- und Kriegsproduktion. Ohne eine spürbare Erhöhung der Produktionsmengen war eine Verstärkung der Rüstungsanstrengungen nicht möglich. Dabei konnte Deutschland die rückläufige Förderung von Eisenerzen im eigenen Land durch Lieferungen aus den besetzten Ländern, v.a. Frankreich, Schweden und der Ukraine, mehr als ausgleichen. Mit der Gründung der Reichsvereinigung Eisen (RVE) Mitte 1942 wurde ein Instrument geschaffen, das das Rationalisierungspotential in der Schwerindustrie erkannte und damit bisher ungenutzte Produktionsreserven für die Kriegswirtschaft erschloß.

[26] Zu Elektrostahl siehe 7. Protokoll, Fußnote 5. Beim Siemens-Martin-Verfahren erfolgt die Stahlerzeugung in einer Schmelzwanne, in die Roheisen und Schrott eingebracht werden. Über diesen Einsatz ziehen oxidierende Flammengase. Die Oxidation des Kohlenstoffs und der übrigen Fremdelemente im Roheisen erfolgt über den Sauerstoffgehalt des Metallbades, der sich in Abhängigkeit vom Sauerstoffgehalt der

gab es wieder besondere Engpässe, und das waren die Grob-, Mittel- und Feinbleche und das Auswalzen der Röhren sowie verschiedene Guß- und Schmiedestücke, also Zulieferungsgegenstände. Diese Engpässe waren von 1942 bis zum Ende des Krieges vorhanden. Sie wurden in ihrer Bedeutung z.T. erst verhältnismäßig spät (Sommer 1943) so analysiert, daß sie eine entsprechende Berücksichtigung bei den gesamten Kontingentverfahren fanden. Diese Engpässe wurden nicht überwunden, da ja die Endfertigung laufend stieg und immer ein kleines Stück vor der Beseitigung der Engpässe voraus war.

Im Aluminium hatten wir als Engpaß das Auswalzen der Feinbleche, die für die Flugzeugproduktion von ausschlaggebender Bedeutung waren.[27] Außerdem gab es in der Zulieferung als zweitwichtigen Engpaß, der den ganzen Krieg über angehalten hat, die Fertigung der Kugellager und der Kurbelwellen, wozu allerdings auch die Fliegerangriffe wesentlich beitrugen.[28] Ein weiterer Engpaß war die Bereitstellung von Einzweck- und Sonderwerkzeugmaschinen. Die Arbeitskräfte hätten erst nach den Einziehungen im Herbst 1944 größere Schwierigkeiten gemacht, da die damaligen Einziehungen ohne Rücksicht auf die Betriebseigenarten durch eine selbständige Aktion der Partei vorgenommen wurden.[29] Dadurch wurde ein großer Mangel an Facharbeitern hervorgerufen. Die Folgen dieser Einziehungen sind jedoch nicht mehr sichtbar geworden, da ab Herbst 1944 durch die

Schlacke einstellt. Beim Siemens-Martin-Verfahren können große Mengen Schrott eingesetzt werden; zudem wird eine höhere Stahlqualität erreicht als beispielsweise beim Thomasstahl.

[27] Auch in der Aluminiumproduktion, in der Deutschland vor dem Krieg eine Spitzenposition einnahm, konnte der Bedarf vor allem für die Luftrüstung kaum mehr gedeckt werden. 1943 wurde nur noch die Hälfte des Bedarfs hauptsächlich durch das Recyceln deutscher und ausländischer Flugzeugwracks befriedigt.

[28] Vgl. hierzu auch Speers Aussagen in Protokoll 9 dieser Edition.

[29] Im Sommer 1942 standen 8,7 Mio. Wehrmachtssoldaten 5,1 Mio. uk-gestellte Fachkräfte gegenüber. Seit Herbst 1943 wurden v.a. wegen hoher Verluste an der Ostfront weitere Mobilisierungen von uk-Kräften erforderlich. Speer hatte sich für die Rüstungs- und Mineralölindustrie frühzeitig bei Hitler Führerweisungen gegen die Einberufung seiner Arbeitskräfte beschafft. Auch die Parteiorganisationen der NSDAP stellten ihre Mitglieder uk. Nach Stalingrad wurden per Führererlaß vom 18. Februar 1943 nur noch unmittelbaren Rüstungsbetrieben uk-Arbeitskräfte belassen. Die Einberufungen zur Wehrmacht trafen nun v.a. mittelständische Zulieferfirmen der Rüstungswirtschaft. Speers Bemühungen zur Rationalisierung und Konzentration der Produktion in Großbetrieben führten daher zum faktischen Aus vieler mittelständischer Unternehmen.

verstärkten Fliegerangriffe und deren Auswirkungen die Arbeitskräfte nicht mehr in vollem Umfang beschäftigt werden konnten, so daß teilweise eine Arbeitslosigkeit eintrat, die jedoch nach außen nicht in Erscheinung trat, da die Betriebe zunächst bei sich genügend Auffangarbeiten hatten. Trotzdem hätten wir auch ab Herbst 1944 ohne diese Einziehungsaktion zweifellos mehr produziert, da es nicht gelingen konnte, bei den unberechenbaren Fliegerangriffen deren Auswirkungen mit den Einziehungen dadurch gleichzuschalten, daß man aus der durch Fliegerangriff notleidenden Fertigung die Einzuziehenden herausnahm. Im Gegenteil, die Einziehungen wurden auf breiter Ebene aus allen Betrieben vorgenommen und damit zweifellos ein Produktionsausfall bei den Firmen verursacht, die nur zufällig gleichzeitig Kohle und Strom hatten, ihre Zulieferungen trotz Transportkatastrophe bekamen und dazu nicht durch Fliegerangriffe auf das Werk selbst geschädigt waren. Bei den Metallen hatten wir nach 1942 keinen Engpaß, da einerseits durch verschiedene Umstellungs- und Einsparungsmaßnahmen, andererseits durch eine erhöhte Einfuhr und Erzeugung sowie Erfassung von Altbeständen die gesamte Metallage sich 1942 bis 1943 verbesserte, statt zu verschlechtern, trotz der wesentlich größeren Produktion.

Lieferungen (Einfuhr) vom Ausland

Wie haben die Deutschen die Anlieferungen aus den sogenannten »freien« Ländern – wie z.B. Italien – und wie aus den besetzten Gebieten gesichert und geordnet?

Mit den »freien« Ländern Italien, Rumänien, Ungarn, Bulgarien, Spanien, Portugal – wurden alle Verhandlungen – leider – nur über das Auswärtige Amt geführt. Das Auswärtige Amt hat bis zum Schluß verstanden, diese Stellung zu behalten und alle Bestrebungen des Wirtschaftsministeriums, sich in diese Wirtschaftsverhandlungen führend einzuschalten, zunichte gemacht. Soweit Waffenlieferungen durchgeführt wurden, bestimmte das OKW die Zahl und die Art der Waffen, die geliefert wurden, oft in unmittelbaren Verhandlungen mit den militärischen Stellen der Länder, was zur Folge hatte, daß diese Lieferungen oft nicht zur Erhaltung von Rücklieferungen ausgenutzt wurden. Die Lieferungen aus den besetzten Gebieten wurden, soweit ich dafür zuständig war, von mir bestimmt, d.h. daß bis zur Übernahme der Marinerüstung die Marine, bis zur Übernahme der Luftwaffenrüstung die Luftwaffe unmittelbar ihre Bestellungen in den besetzten Gebieten unterbrachten und verfolgten, obwohl das Rüstungsamt des OKW eine gemeinsame Dienststelle für die drei Wehrmachtteile in den besetzten Gebieten eingerichtet hatte. Da es die Verhältnisse unklar gestaltet hätte, habe ich eine geringere Einschaltung in den besetzten Gebieten als im eigenen Lande durchgeführt. So hatten die drei Wehrmachtteile ihre eigenen Beschaffungsstellen für diese Gebiete behalten. Die übrigen Produktionen (Verbrauchsgüter) wurden vom Wirtschaftsministerium vertreten und über die Behörden der Militärbefehlshaber bearbeitet. Zusammen genommen waren die organisatorischen Verhältnisse in den besetzten Westgebieten recht verworren. Herr Kehrl kann hierüber bestimmt bessere Auskunft geben. Erst als Italien nach dem Badoglio-Putsch[30] und Ungarn nach dem Sturz von Horthy[31] in unsere unmittelbare Interessensphäre kamen, wurde die Produktion dieser Länder nach denselben Richtlinien bestimmt wie in den besetzten Gebieten.

Können Sie etwas über das Ausmaß dieser Lieferungen aus solchen nichtdeutschen Ländern sagen?

Über die Lieferungen aus den »freien« Ländern kann neben dem Bearbeiter im Auswärtigen Amt noch Hayler, ehemaliger Staatssekretär im Reichswirtschaftsministerium – oder Kehrl vom Planungsamt Auskunft geben, – für die besetzten Westgebiete (Frankreich, Belgien, Holland) bearbeitete Herr Kehrl alle gemeinsamen Fragen im Ministerium –, die Produktion in Italien wurde im Ministerium von

[30] Auch hier bedient sich Speer der L.T.I. Gemeint sind die Ereignisse des 25. Juli 1943, als Mussolini König Victor Emanuel III. seinen Rücktritt als Regierungschef anbot. Beim Verlassen des Palastes wurde er verhaftet. Der neue Regierungschef, Marschall Badoglio, erklärte, den Krieg an der Seite Deutschlands fortsetzen zu wollen; das faschistische Regime brach sang- und klanglos zusammen. Die wirtschaftliche Ausplünderung wurde in Form von Verwaltungsvorschriften rücksichtslos durchgeführt.
[31] Am 18. März 1944 stimmte der ungarische Reichsverweser Horthy auf Druck Hitlers der deutschen Besetzung zu. Am folgenden Tag marschierten deutsche Truppen in Ungarn ein; Budapest fiel kampflos. Ungarn wurde nicht wie die anderen besetzten Gebiete behandelt, de jure behielt Ungarn seine Souveränität.

Herrn Schieber betreut. Die Ausnutzung des Protektorats und des Generalgouvernements wurde in unmittelbarer Zusammenarbeit mit den deutschen Stellen vorgenommen. Im einzelnen ist zu den Lieferungen der besetzten Gebiete folgendes zu bemerken: Die besetzten Gebiete waren auf die Produktion von fehlenden Zulieferungsteilen konzentriert; auf die Fertigung von Rüstungsgerät wurde weitgehend verzichtet. Die Luftwaffe hat zwar einige Flugzeuge in französischen Flugzeugfabriken gebaut, jedoch in der Hauptsache überholte Muster (Ju 52, Siebel).[32] Weiter habe ich in den besetzten Westgebieten ein großes Programm der Verlagerung von Verbrauchsgütern ab Mitte 1943 anlaufen lassen, um damit die deutsche Verbrauchsgüterindustrie zu entlasten und in die Rüstung einzugliedern.

Die Tschechoslowakei war politisch aufgegliedert in das Protektorat und die Slowakei.[33] Das Protektorat, das politisch in das Großdeutsche Reich eingegliedert war, hat durch seine alten Waffenfabriken Rüstungsgerät in großem Umfang geliefert und auch an den Entwicklungen neuer Waffen Anteil genommen. Die Slowakei wurde als selbständiges Land behandelt und lieferte über normale Verträge den Zweigfabriken von Skoda usw. Waffen aller Art.

Polen war politisch weit auseinandergerissen. Im Wartheland wurden große Verlagerungen aus den luftgefährdeten Gebieten vorgenommen. Hier war eine neue Rüstungsindustrie im Entstehen und zum Teil im Liefern. Der oberschlesische Raum war mit dem deutschen oberschlesischen Raum politisch zusammengeschlossen worden und hatte dort ebenfalls eine wesentliche Ausweitung als neues Rüstungszentrum erfahren. Der im Generalgouvernement liegende Teil Polens wurde jedoch rüstungsmäßig nur ungenügend ausgenutzt, was durch die schlechten wirtschaftlichen Verhältnisse und die Desorganisation der deutschen Verwaltung dort erklärlich war. In Rußland hatten wir

---

[32] Zur Ju 52 siehe Protokoll 7, Fußnote 9. Die Siebelwerke, auch unter dem Namen Flugzeugwerke Halle bekannt, waren als Lizenznehmer an der Fertigung des Standardbombers Ju 88 beteiligt. Die Produktion der Ju 88 erfolgte im Rahmen einer dezentralen Großteilfertigung, des sogenannten ABC-Programms, bei dem verschiedene Flugzeugproduzenten jeweils nur noch Großteile herstellten, die dann bei Junkers zusammengefügt wurden. Fritz Siebel, Göring-Intimus seit den 20er Jahren, war aufgrund seiner guten Beziehungen im Rahmen des Ju-88-Programms für den Leitwerksbau verantwortlich.

[33] Vgl. hierzu und zum folgenden Protokoll 7, S. 345.

in der Ukraine mit dem sogenannten »Iwan-Programm« ein Munitionsprogramm anlaufen [lassen], das kurz vor seinen ersten Ergebnissen durch die militärischen Erfolge der Russen nicht mehr zur Auswirkung kam.[34] Die gute Vorratswirtschaft der Russen, die an Rohstahl, an Erzen (Mangan), erhebliche Vorräte hatten, ermöglichte einen Abtransport erheblicher Mengen, noch bevor die neue Produktion angelaufen war. Zu Ende unserer Besatzung des russischen Gebiets war die Aufbauarbeit bei den Grundstoffen erfolgreich, so daß sowohl Manganerze als auch Kriwoj Rog- und Donez-Kohle in größerem Umfang gefördert wurden und in Kürze eine eigene Stahlproduktion anlaufen sollte.[35]

Wer hat die Aufträge nach diesen Ländern erteilt und wie wurde die ausländische Produktion in den Rahmen der deutschen Produktionsplanung eingepaßt? Wer sorgte im besonderen dafür, daß Luftwaffe, Heer und Marine ihren Anteil aus den nichtdeutschen Produktionen bekamen, oder hing es nicht manchmal davon ab, daß der entsprechende Dienstzweig innerhalb einer der genannten Waffengattungen besser organisiert war und daher im Besorgen des Anteils erfolgreicher war?

Es ist auch hier zu unterscheiden zwischen den »freien« Ländern und den besetzten Gebieten. Die freien Länder haben keine wesentlichen Rüstungslieferungen nach Deutschland geleistet. Es wurde von den Waffenämtern der Wehrmachtteile versucht, eine Zusammenarbeit

---

[34] Speer hatte von Anfang an große Hoffnungen auf die Ausnutzung der Produktionskapazitäten in den neutralen, besetzten und verbündeten Ländern des deutschen Machtbereiches gesetzt. Mit dem »Iwan-Programm« wurde die Munitionserzeugung in der besetzten Sowjetunion für die Ostfront bezeichnet; daneben gab es u.a. den »Pulverplan Frankreich« zur Entlastung der deutschen Chemieindustrie oder ein »GenQu«-Programm zur Befriedigung des allgemeinen Bedarfs der Truppe.

[35] Speer spricht hier von den drei großen ukrainischen Rohstoffzentren: In Nikopol befanden sich die größten Manganerzvorkommen Europas; Kriwoj Rog war ein wichtiges Eisenerzrevier; das Donez-Becken war das größte ukrainische Abbaugebiet von Steinkohle. Der Abtransport der Haldenbestände über 2400 km zu den deutschen Hüttenwerken nach der deutschen Besetzung der Ukraine im Juli 1941 löste bereits die dringendsten deutschen Versorgungsprobleme. Jedoch mußten die drei beim sowjetischen Rückzug stark zerstörten Industriegebiete zunächst wieder aufgebaut werden, bevor ihre Ausbeutung fortgesetzt werden konnte. Die Erhöhung der deutschen Stahlproduktion war ab 1942 nur durch die Einfuhr von Mangan- und Eisenerzen aus den besetzten Gebieten möglich. (Vgl. Bernhard Kroener, Rolf-Dieter Müller, Hans Umbreit (Hgg.), Das Deutsche Reich und der Zweite Weltkrieg, Bd. 5/2: Organisation und Mobilisierung des deutschen Machtbereiches: Kriegsverwaltung, Wirtschaft und personelle Ressourcen 1942–1944/45, Stuttgart 1999, S. 428f.)

mit den verbündeten Ländern durchzuführen, jedoch ohne durchgreifende Erfolge. Die Zahl der verschiedenen Waffentypen in diesem Teil Europas war außerordentlich groß. Es gelang dem Heer nicht, durch freiwillige Verhandlungen Ordnung zu bekommen. Die Verhandlungen der Waffenämter mit diesen Ländern gingen unabhängig vom Rüstungsministerium, das sich ausschließlich mit der innerdeutschen bzw. der Produktion in den besetzten Gebieten befaßte. In den besetzten Gebieten arbeiteten Heer, Luftwaffe und Marine bis zur Zusammenfassung auch der innerdeutschen Rüstung getrennt nebeneinander, wobei zweifellos die Luftwaffe es verstand, den meisten Vorteil für sich zu erringen.

Inwieweit wurde die deutsche Strategie durch den Umstand beeinflußt, daß es sich [als] notwendig erwies, ausländische Quellen für Rohstoffe oder die Kriegsproduktion zu gewinnen oder zu behalten? Wie hat sich im Zusammenhang mit dieser Frage ausgewirkt:

1. *die Invasion von Holland, Belgien und Skandinavien*
2. *die Führung des Krieges gegen die Sowjetunion*
3. *die Schlacht um Stalingrad*
4. *der Italienkrieg in den Jahren 1943/44*
5. *der letzte deutsche Gegenangriff in Ungarn*
6. *die wechselnde Situation in Finnland*
7. *die Situation in den neutralen Ländern Europas und*
8. *die Zurücklassung großer Truppenkörper (Divisionen etc.) am Balkan, in Norditalien, in den östlichen Randstaaten, Norwegen etc. während der Endphase des Krieges?*

Für die Zeit vor 1942 kann ich keine sicheren Auskünfte geben, darüber müßte General Thomas befragt werden.

Zu 1. Die Invasion [in] Holland, Belgien und Frankreich war meiner Ansicht nach nicht produktionsmäßig bedingt, sondern eine rein militärische Maßnahme. Selbstverständlich hat der Besitz der Minette[36] für die weitere Kriegführung eine erhebliche Entlastung gegeben. Im übrigen wurden die besetzten Westgebiete produktionsmäßig ungenügend ausgenutzt, zweifellos ein Erfolg des stillen und ge-

[36] Gemeint sind die lothringischen Minetteerzvorkommen. Vgl. Protokoll 7, Fußnote 30.

schickten Widerstandes der französischen Regierung. Bei der Besetzung Norwegens war nach Gesprächen, an die ich mich erinnere, der Gedanke bestimmend, daß dieses Land wohl in der Hauptsache für die R.A.F. eine Luftbasis abgeben könnte und daß dessen Besetzung unmittelbar bevorstand. Man befürchtete ein weiteres Vordringen nach Schweden und damit Startplätze der R.A.F. in unmittelbarer Nähe Berlins.[37]

Zu 2. Soweit der Krieg gegen die Sowjetunion wirtschaftliche Ziele mit verfolgte, kann nur die Erweiterung der Ernährungsbasis und die Beseitigung der Treibstoffsorgen eine Rolle gespielt haben.[38]

Zu 3. Die Schlacht um Stalingrad war nicht durch wirtschaftliche Gründe bestimmt. Es war eine rein militärische Maßnahme, die in ihrer Tragik für uns noch heute unverständlich ist. Über die Versorgung der in Stalingrad eingeschlossenen Soldaten durch die Luftwaffe kann Milch befragt werden, der damals als Sonderbeauftragter von A.H. in Rostow war.[39]

Zu 4. Auch der Italienkrieg in den Jahren 1943/44 war nicht wirtschaftlich bedingt. Ich hatte zwar durch die gute Elektrostahlindustrie

[37] Das neutrale Norwegen hatte sowohl für Deutschland als auch für die Alliierten hohe strategische Bedeutung, da über den norwegischen eisfreien Hafen Narvik 40 Prozent des Eisenerzexports aus Schweden liefen, von dem wiederum die deutsche Kriegswirtschaft entscheidend abhängig war. Seit dem sowjetisch-finnischen Winterkrieg im November 1939 war sowohl die Lage für Norwegen als auch die Alliierten komplizierter geworden. Ein britisches Eingreifen zugunsten Finnlands hätte über norwegisches Territorium verlaufen müssen und damit die norwegische Neutralität verletzt, andererseits hätte für Britannien die Möglichkeit bestanden, entweder den Hafen Narvik oder aber – unter der Voraussetzung schwedischer Zustimmung – gleich die schwedische Eisenerzregion zu besetzen und damit die Deutschen von den benötigten Rohstoffen abzuschneiden. Nach Hinweisen des norwegischen nationalsozialistischen Führers Quisling auf britische Absichten, die norwegische Küste unter Verletzung der norwegischen Neutralität zu verminen (tatsächlich geschehen am 8. April 1940), überraschte Hitler Alliierte und Norweger mit dem deutschen Einmarsch am 9. April 1940. (Vgl. Patrick Salmon, Norway, in: European Neutrals and Non-Belligerents during the Second World War, hg. von Neville Wylie, Cambridge 2001, S. 63ff.)

[38] Über die »weltanschaulichen« Ziele des Kriegs gegen die Sowjetunion – »Lebensraum im Osten« – und seine Qualität als »rassenideologischer Vernichtungskrieg« schweigt Speer bezeichnenderweise.

[39] Auch hier sind Speers Aussagen nicht präzise. In seiner Weisung Nr. 45 für die Fortsetzung der Operation »Braunschweig« befahl Hitler am 25. Juli 1942 der Heeresgruppe A, die bereits bei Rostow am Don stand, die Besetzung der Schwarzmeerküste sowie den Vorstoß zu den kaukasischen Ölfelder um Baku am Kaspischen Meer,

Oberitaliens einige Vorteile in der Rüstung, die jedoch nicht so ausschlaggebend waren, daß wegen dieser zusätzlichen Lieferungen eine Verteidigung Norditaliens notwendig gewesen wäre.[40]

Zu 5. Der letzte deutsche Gegenangriff in Ungarn hatte angeblich die Sicherung der ungarischen Erdölquellen als Grund gehabt. Hierzu war jedoch nach meiner damaligen Meinung keine Offensive notwendig, da die Front weit genug von diesen Erdölvorkommen entfernt war. Nach einem Besuch dieser Erdölvorkommen im Februar 1945 habe ich diese Meinung A.H. gegenüber nochmals festgelegt. Die ungarischen Erdölvorkommen waren zwar für unsere Treibstoffversorgung von ausschlaggebender Bedeutung, da sie etwa das Vierfache der Erdölvorkommen in Zistersdorf an Benzin ergaben. A.H. glaubte, mit der Offensive in Ungarn auch einen größeren militärischen Erfolg haben zu können.[41]

---

während die Heeresgruppe B Stalingrad, Rüstungszentrum und Verkehrsknotenpunkt an der Wolga, einnehmen und anschließend entlang der Wolga ebenfalls bis zum Kaspischen Meer vorstoßen sollte. Die Schlacht um Stalingrad endete in der Katastrophe, nachdem die 6. Armee und die 4. Panzer-Armee seit dem 22. November 1942 von sowjetischen Truppen eingekesselt und die 6. Armee gespalten wurde, Hitler dem Oberbefehlshaber der 6. Armee, General Paulus, jedoch den Ausbruch verbot und die ohnehin unzureichende Luftversorgung der deutschen Truppen Mitte Januar 1943 zusammenbrach. Am 31. Januar kapitulierten die Verbände des Nord-, am Februar 1943 diejenigen des Südkessels. Etwa 150 000 deutsche Soldaten fanden den Tod, 91 000 gerieten in sowjetische Gefangenschaft.

[40] Am 13. Oktober 1943 hatte die Regierung Badoglio vom provisorischen Regierungssitz Bari aus dem Deutschen Reich den Krieg erklärt. Die von Mussolini in Oberitalien gebildete Italienische Faschistische Republik (Repubblica di Salò) blieb bis zu ihrem ruhmlosen Ende ein Satellitenregime, Südtirol und das adriatische Küstengebiet waren dabei direkt deutscher Verwaltung unterstellt.

[41] Am 6. März 1945 begann die letzte deutsche Offensive in Ungarn nördlich des Plattensees mit der 6. SS-Panzerarmee unter Oberstgruppenführer Dietrich sowie der 6. Armee unter dem General der Panzertruppe Balck. Ziel war der bessere Schutz des ungarischen Ölgebietes bei Nagy Kanisza. Am 15. März mußte der Angriff wegen der schweren Gegenangriffe der sowjetischen Truppen endgültig eingestellt werden. Am 25. März wurde die deutsche Front von der 2. und 3. Ukrainischen Front durchbrochen. Am 2. April 1945 wurde das ungarische Ölzentrum von Nagy Kanisza von der 57. sowjetischen Armee der 2. Ukrainischen Front besetzt. Speer war Mitte Februar 1945 noch im Erdölgebiet gewesen und beobachtete dort den unverhüllten Aufmarsch einiger SS-Divisionen zu einer Überraschungsoffensive. (Vgl. Speer, Erinnerungen, S. 441.) Auch in seiner Fünften Hydrierdenkschrift vom 19. Januar 1945 hatte Speer auf die besondere Bedeutung des ungarischen Rohöls für die Versorgung des Heeres aufmerksam gemacht (abgedruckt in: Wolfgang Birkenfeld, Der synthetische Treibstoff 1933–1945, Göttingen 1964, S. 262). Bei Zistersdorf handelt es sich um das österreichische Erdölgebiet nordöstlich von Wien.

Zu 6. Finnland war für mich von großer Bedeutung wegen der dortigen Vorkommen von Nickel, das nach der Einführung der Strahlflugzeuge[42] besonders notwendig wurde.[43] Jedoch war Nickel für eine längere Dauer als Chrom vorrätig, so daß nach dem Verlust der Verbindung mit der Türkei und den Chromerzgruben auf dem Balkan auf Finnland verzichtet werden konnte.

Zu 7. Ab 1942 waren keine Möglichkeiten, die übrigen neutralen Länder Europas militärisch zu besetzen; denn damals waren schon die ersten Niederlagen und die großen Verluste in Rußland eingetreten. Von der Produktionsseite hätte ich eine militärische Erweiterung des Einflußgebietes nicht für erfolgreich gehalten, schon aus der Erkenntnis heraus, daß meistens in den besetzten Gebieten die Produktion zunächst absinkt, da die Militärverwaltungen zusammen mit dem geheimen Widerstand der besetzten Länder zunächst immer eine Minderlieferung ergeben.

Zu 8. Leider gab es in diesem Krieg keine große militärisch-wirtschaftliche Planung, die als Aufgabe der Wehrmachtführungsstab hätte durchführen müssen. Wir waren durch die großen Räume, die wir besetzt hatten, unbeweglich geworden. Sie banden [die] großen Truppenmengen, die zur Verteidigung der Schwerpunkte gebraucht

---

[42] Kaum eine andere technologische Entwicklung des Zweiten Weltkriegs hat die Luftfahrt so sehr verändert wie der Strahlantrieb. Das erste Strahltriebwerk der Welt wurde von Hans von Ohain bei der Firma Heinkel in Warnemünde entwickelt, dem zweitwichtigsten Flugzeugbauer in Deutschland nach den Junkerswerken und bekannt für ihre breite Modellpalette und hohe Flexibilität. Am 24. August 1939 startete das erste Strahlflugzeug der Luftfahrtgeschichte, die He 178, zum erfolgreichen Jungfernflug. Ausgelöst von dieser Pionierleistung begann bei deutschen Flugzeugfirmen die Entwicklung von Strahlflugzeugen für verschiedenste Einsatzzwecke: Heinkel baute mit dem Jagdflugzeug He 280 das erste zweistrahlige Flugzeug der Welt, das aber nicht in Serie ging. Messerschmitt folgte mit der Me 262, dem ersten operationellen Strahljäger. Arado entwickelte den zwei- und vierstrahligen Aufklärer und leichten Bomber Ar 234, der ebenso wie der einstrahlige Jäger He 162 in den letzten Kriegsmonaten noch zum Einsatz kam. Als Prototyp entstanden bei Junkers der große vierstrahlige Bomber Ju 287, der zur sechsstrahligen EF 131 weiterentwickelt wurde, bei Horten der zweistrahlige Jäger Ho IX und bei Messerschmitt die Me 328, das erste Flugzeug mit Pulsostrahltriebwerk.

[43] Nickel ist ein wesentlicher Bestandteil zur Herstellung von hochwertigen Rüstungsstählen, z.B. zur Herstellung von Panzerplatten. Bei Kriegsausbruch hatte Deutschland einen Nickelvorrat von sechs Monaten gehabt. Durch zunehmende Importe aus den nordfinnischen Petsamo-Minen gelang es, die Vorräte immer wieder aufzufüllen.

worden wären. Am 19. August 1944 ließ ich mir von A.H. den Auftrag geben, die Rohstoffsicherung der Rüstung zu untersuchen, wenn nur ein kleinerer Raum in unserem Besitz gehalten würde, den ich mit der Theißlinie für Ungarn, mit der Savelinie in Kroatien, in Italien mit dem Südrand der Alpen (einschließlich Triest) angab.[44] Weiter war bei dieser Untersuchung vorausgesetzt, daß der übrige Balkan, Norwegen und Finnland aufgegeben und der Import von Schweden, Spanien und Portugal ausfiele. Die Ausarbeitung, die in einer Denkschrift an A.H. vom 5. September 1944[45] übergeben wurde und die über unsere Vorratslage auf dem Gebiet der Mangelmetalle und Erze Aufschluß gibt, hatte das von mir erwartete Ergebnis, daß durch den Verlust der Chromerzgruben auf dem Südbalkan und durch die Einstellung der Chromerzlieferungen aus der Türkei Chrom zum engsten Querschnitt der Rüstung geworden war. Unter der Annahme der vollen Weiterproduktion der Edelstähle wäre Chrom am 1. Juni 1945 zum letzten Mal verteilt worden, so daß am 1. Januar 1946 nach Aufbrauchen der Umlaufmenge und der Vorlaufzeiten die Rüstungslieferungen vollständig zum Stillstand gekommen wären. Nach dieser Denkschrift hatten wir nach diesem Zeitpunkt in diesem beschränkten Raum, unter der Voraussetzung normaler Produktionshöhe, folgende Produktionsmöglichkeiten einschließlich der Umlaufmengen auf dem Gebiet des:

Nickel: bis zum 1.6.1946, also 5 Monate länger als Chrom,
Wolfram und Molybdän: bis zum 1.4.1946, also 3 Monate länger als Chrom,
Zink: bis zum 1.8.1948, also 31 Monate länger als Chrom,
Kupfer: bis zum 1.7.1947, also 17 Monate länger als Chrom,
Manganerze: bis zum 1.6.1946, also 5 Monate länger als Chrom.

Während Aluminium bis zum 1. Januar 1946 volle Auslieferung gestattete und danach eine Reduzierung um 25 Prozent eintrat und

---

[44] Speer war vom 18. bis 20. August 1944 im Führerhauptquartier und erhielt von Hitler den Auftrag, für einen »Minimal-Wirtschaftsraum« im einzelnen festzustellen, wie lange mit den vorhandenen Vorräten und den dort angesiedelten Produktionen eine gesteigerte Rüstung durchgeführt werden konnte. (Vgl. Willi A. Boelcke (Hg.), Deutschlands Rüstung im 2. Weltkrieg. Hitlers Konferenzen mit Albert Speer 1942–1945, Frankfurt 1969, S. 401.)

[45] Nicht ermittelt.

die Rohstahlproduktion durch die Erzlage bis zum 1. September 1949 voll laufen konnte, um danach auf 70 Prozent abzusinken. Ich habe diese Denkschrift außer A.H. auch dem Chef Wehrmachtführungsstab Generaloberst Jodl gegeben und ihn dazu aufgefordert, seinerseits die notwendigen militärischen Vorschläge und Feststellungen aus dieser Tatsache zu folgern. Dies ist jedoch, wie so manches andere, nicht geschehen. Abschließend ist zu dieser Frage noch festzustellen, daß A.H. of seinen militärischen Führungsstellen gegenüber seine Forderungen auf unbedingtes Halten der vom gegnerischen Vormarsch bedrohten Gebiete mit den sonst entscheidend schweren Ausfällen in der Rüstung begründet hat. So war der Generalstab von ihm dahingehend unterrichtet, daß eine Aufgabe von Kriwoj Rog und Nikopol ein Aussetzen innerhalb einiger Monate zur Folge hätte. Mit meiner Denkschrift vom 11. November 1943 an ihn[46], die ich nach Verständigung mit dem Chef des Generalstabes absandte, stellte ich demgegenüber fest, daß die Manganerzvorräte 18 bis 24 Monate ausreichen. Auch als die Finnlandfrage akut wurde[47], hatte er dem Wehrmachtführungsstab mitgeteilt, daß unsere Nickelvorkommen bis zum Juni 1946 die Produktion sichern könnten. Diese meine Auskünfte erbitterten A.H. In einer Besprechung am 4. November 1944 kam A.H. nochmals sehr scharf auf die Frage meiner damaligen Auskunft über die Vorratslage in Mangan- und Eisenerzen zurück und betonte, daß der militärische Verlust des Gebietes von Kriwoj Rog und Nikopol auf meine für ihn ungünstige Auskunft zurückzuführen sei. Ich hätte ihn mit meiner Auskunft damals im Stich gelassen. So hat A.H. des öfteren seinen Generälen gegenüber Gründe über die Dringlichkeit der Sicherung der Produktionsquellen in den Vordergrund

---

[46] In seiner Denkschrift vom 11. November 1943 hatte Speer Hitler über die anteilmäßigen Auswirkungen der Kriwoj-Rog-Erze und der Schwedenerze auf die deutsche Eisenproduktion sowie die Möglichkeit der Eisenmehrerzeugung berichtet. Die Erzförderung in Kriwoj Rog war schon im Oktober 1943 wegen der Nähe zur Front zum Erliegen gekommen, auch wenn das Gebiet erst Anfang Februar 1944 endgültig von den Deutschen geräumt wurde. Speer stellte fest, daß die Lieferungen von Erzen aus Schweden, Norwegen und Spanien den Verlust der ukrainischen Erzgruben ausgleichen könnten. (Vgl. Willi A. Boelcke (Hg.), Deutschlands Rüstung im 2. Weltkrieg. Hitlers Konferenzen mit Albert Speer 1942–1945, Frankfurt 1969, S. 310.)

[47] Finnland, das sich am deutschen Angriff auf die Sowjetunion beteiligt hatte, kapitulierte gegenüber der Sowjetunion am 19. September 1944 und mußte dabei u.a. das nickelerzreiche Petsamo-Gebiet abtreten.

geschoben, um sie damit zu einer erhöhten Aktivität zu bringen, ohne daß die dabei zu Grunde gelegten Produktionsvoraussetzungen tatsächlich eine wichtige, von mir zu vertretende Tatsache waren.

Abgesehen von der Beantwortung unserer Frage nach der produktionsmäßigen Seite möchten wir Sie bitten, uns die Namen der Militärs zu nennen, die militärisch gesehen dieselben Fragen beantworten können?

Für die Zeit vor 1942 für OKW General Thomas,

beim Heer:

1. Für Generaloberst Fromm – Generalmajor Löhr und Generalmajor Köhler, die nacheinander Chefs des Stabes bei Fromm waren, und General Waeger, der zuerst Chef des Stabes beim Heereswaffenamt war, dann Chef des Stabes einer Armee in Rußland, um dann das Rüstungsamt zu übernehmen.
2. Für den Generalstab des Heeres – nach dem 20. Juli 1944 – der Generalquartiermeister Toppe, der vorher Quartiermeister einer Heeresgruppe in Rußland war.
3. General Thomale schlage ich für Panzerfragen vor. Er war Chef des Stabes beim Generalinspekteur der Panzertruppe.
4. General Buhle als Mitarbeiter A.H.s im OKW für Heeresfragen.

bei der Luftwaffe:
Feldmarschall Milch und sein Mitarbeiter, Generalmajor Selchopp [sic][48], und für die Zeit unter Udet Oberst Ploch und Oberst Tschersich [sic].[49]

bei der Marine:
Admiral Backenköhler für die Zeit unter Dönitz und Generaladmiral Witzell, der unter Raeder gearbeitete hat.

[48] Es handelt sich um Generalmajor Heinrich Selschopp, der seit 1941 Amtsgruppenchef im Industrieplanungsamt war und 1944 als Beauftragter für Industrieverlagerungen bei der BMW AG in München beurlaubt wurde.
[49] Gemeint sind Oberst August-Albert Ploch, Chef des Stabes des Luftgau-Kommandos II, und Oberst Günther Tschersisch, Abteilungschef im RLM.

Protokoll 9
Die Auswirkungen des alliierten Bombenkriegs gegen Deutschland (22. Juni 1945)[1]

In welchem Stadium des Krieges fing die strategische Bombardierung Deutschlands an, dem Oberkommando und der Regierung ernste Bedenken zu machen, und aus welchen zu diesem Zeitpunkt vorwiegenden Gründen?

Der erste schwere Angriff auf Hamburg 1943 machte einen außerordentlichen Eindruck.[2] Wir waren der Meinung, daß eine schnelle Wiederholung auf sechs andere deutsche Städte den Willen zu einer Weiterführung der Rüstung und Kriegsproduktion erlahmen lassen müßte. Es wurde damals von mir die erste mündliche Meldung an den Führer erstattet, daß eine Fortsetzung dieser Angriffe ein schnelles Ende des Krieges zur Folge haben könnte. Die Angriffe wurden in dieser Wucht zunächst nicht wiederholt, und in der Zwischenzeit war es der Bevölkerung möglich, sich diesen Fliegerangriffen stimmungsmäßig und in den Erfahrungen anzupassen, und auch die Rüstung konnte wertvolle Erfahrungen sammeln.

Die Angriffe auf die Kugellager in Schweinfurt, Juli 1943 [sic], brachten eine erneute Krise, die ebenfalls sofort in der ganzen zu erwartenden Schwere dem Führer mitgeteilt wurde.[3] Auch hier hat die

[1] BA Koblenz, Nachlaß Albert Speer N 1340, Bd. 474.

[2] Gemeint sind die schweren britischen Luftangriffe auf Hamburg, die Operation »Gomorrha«, vom 24.–30. Juli 1943, bei denen 30 482 Menschen ums Leben kamen, 277 330 Wohnungen völlig zerstört und im Hafen Handels- und Hafenfahrzeuge mit 180 000 BRT versenkt wurden.

[3] Am 17. August 1943 flog die 8. USAAF ihren sogenannten »Jubiläumsangriff« auf Schweinfurt und Regensburg. Den größten Schaden richtete jedoch der Angriff auf die Wälzlagerfabriken in Schweinfurt vom 14. Oktober 1943, ebenfalls von der 8. USAAF, an, bei dem insgesamt mindestens 304 Menschen ums Leben kamen und die Produktionsstätten der Kugelherstellung am schwersten getroffen worden waren. Trotz dieser großen Verluste war dabei die Kugellagerindustrie nicht entscheidend beeinträchtigt. Selbst wenn Schweinfurt 1943 ganz ausgefallen wäre, hätten die Kugellagervorräte noch bis Kriegsende gereicht. (Vgl. Werner Wolf, Luftangriffe auf

Zeitfolge der Angriffswiederholungen uns die notwendige Zeit zu Abwehrmaßnahmen gegeben.

Die Angriffe im Frühjahr 1944 auf die Flugzeugindustrie[4] und auf die Panzermotoren brachten erneut schwere Sorgen und Bedenken; nachdem es sich jedoch herausgestellt hatte, daß unsere Industrie auch hier elastischer ist als zunächst angenommen werden konnte, wurden unsere Sorgen auf diesem Gebiet geringer.

Die konzentrierten Angriffe bei Tage und bei Nacht auf die Verkehrsanlagen des Ruhrgebietes brachten erstmalig im Mai und Juni 1944 schwerste Bedenken über die weitere Entwicklung mit sich[5], da die Versorgung der übrigen Industrie des Reiches mit den zahlreichen Produkten des Ruhrgebietes, von der Kohle bis zu den einzelnen Zulieferungen, aus Transportgründen sich im Ruhrgebiet stauten und nicht mehr zu den Empfängern gebracht werden konnten. Wenn sich diese Auswirkungen auch nicht sofort bemerkbar machten, dann nur, weil in der gesamten Industrie des Reiches erhebliche Vorräte an Zulieferungen vorhanden waren und weil bei der Kohle in der guten Jahreszeit des Sommers eine für die Rüstung und Kriegsproduktion bevorzugte Lieferung unter Zurückstellung des Hausbrandes und der Winterbevorratung durchgeführt werden konnte. Über die Sorgen im

---

die deutsche Industrie 1942–1945, München 1985, S. 109; Friedhelm Golücke, Luftkrieg gegen Kugellager. Der amerikanische Luftangriff vom 14. Oktober 1943 auf Schweinfurt als Modellfall des »strategic bombing«, Würzburg 1974.)

[4] Mit Blick auf die Vorbereitung der Invasion konzentrierten sich die alliierten Luftangriffe seit Anfang 1944 v.a. auf die Lahmlegung des Verkehrsnetzes. Hauptziel waren im Januar und Februar 1944 die deutschen Flugzeugwerke, insbesondere zur Herstellung von Jagdflugzeugen, und ihre Zubehörindustrie (Kugellager etc.). Georg Feuchter (Der Luftkrieg. Vom Fesselballon zum Raumfahrzeug, Frankfurt/M.–Bonn 1962, S. 255) nennt folgende Schwerpunktsetzung: »Januar: Flugzeugmotoren- und Zubehörfabriken, Verkehrsziele (v.a. Eisenbahnanlagen), V1-Anlagen, Flugplätze. Februar: V1-Anlagen (Tag und Nacht), Flugplätze, Verkehrsziele (Eisenbahnanlagen). März: Verkehrsziele (in erster Linie wieder Eisenbahnanlagen), Flugzeug- und Motorenfabriken und deren Zubehörindustrie, V1-Anlagen, Küstenbefestigungen, Flugplätze).«

[5] Durch die gezielten Angriffe auf die Verschiebebahnhöfe im Ruhrgebiet wurden die Transportkapazitäten der Reichsbahn nachhaltig behindert. Die Transportbombardierungen in der Kohle- und Stahlproduktion führten zu nicht auszugleichenden Verlusten. Anfang Januar 1945 waren die fatalen Folgen der Bombardierung der Reichsbahn für die Reichswirtschaft offenkundig: Die Kohlevorräte in der herstellenden Industrie waren signifikant zurückgegangen, die Gasvorräte in vielen Fällen erschöpft. (Vgl. Alfred C. Mierzejewski, Bomben auf die Reichsbahn. Der Zusammenbruch der deutschen Kriegswirtschaft 1944-45, Freiburg 1992, S. 165.)

Ruhrgebiet gibt eine Denkschrift von mir an A. Hitler vom Juni 1944 Auskunft.[6]

Die mit dem 12. Mai 1944 begonnenen planmäßigen Angriffe auf die Chemie brachten die ersten schwerwiegenden Einbrüche in unentbehrliche Grundprodukte und damit größte Sorgen für die Weiterführung des Krieges.[7] Hierüber geben die verschiedenen Denkschriften an den Führer vom Juni 1944 Auskunft, in denen mehrmals die Weiterführung eines technischen Krieges verneint wird.[8] Ich hatte den Eindruck, daß mit dem Beginn dieser Angriffe die schon lange erwartete und befürchtete Serie von planmäßigen Wirtschaftsangriffen beginne würde, und zwar auf einem Gebiet, das durch seinen komplizierten Aufbau besonders schwer wiederherzustellen und nicht zu dezentralisieren war. Tatsächlich hat auch diese Art der Angriffe das Ende des Krieges am entscheidendsten beschleunigt.

Die Angriffe auf den Verkehr brachten erst mit zunehmender Verdichtung der Angriffe schwerwiegende Folgen mit sich. Das Verkehrssystem hat sich als sehr zäh erwiesen, so daß immerhin bis zum Spätherbst 1944 für die Rüstung und Kriegsproduktion ein notdürftiger Verkehr ermöglicht werden konnte. Hier hat auf meine Veranlassung die Reichsbahn laufend von Herbst 1944 ab dem Führer über die ernsten Sorgen, die die weitere Entwicklung mit sich bringen mußte, schriftlich Meldung gemacht.[9]

---

[6] Gemeint ist die von der OT-Einsatzgruppe Ruhrgebiet erstellte Denkschrift vom 20. Juni 1944 über die Sicherung der Rheinbrücken gegen Luftangriffe und die Vorbereitung zur Aufrechterhaltung des Straßen-, Eisenbahn- und Schiffahrtsverkehrs nach etwaiger Zerstörung. (Vgl. Willi A. Boelcke (Hg.), Deutschlands Rüstung im Zweiten Weltkrieg: Hitlers Konferenzen mit Albert Speer 1942–1945, Frankfurt/M. 1969, S. 379.)

[7] Am 12. Mai 1944 begann die alliierte Luftoffensive mit dem Ziel der systematischen Zerschlagung der Werke zur synthetischen Treibstofferzeugung. (Vgl. Fußnote 23.)

[8] Am 19. Juni 1944 erging Hitlers Erlaß über die Konzentration der Rüstungs- und Kriegsproduktion. Wiederholt hat Speer anhand von Aufstellungen über die systematischen Angriffe auf Raffinier- und Hydrieranlagen in Rumänien, Ungarn und Deutschland auf die zu erwartenden katastrophalen Folgen für die deutsche Kriegführung hingewiesen. Vgl. dazu Speers »Erste Hydrierdenkschrift« vom 30. Juni 1944 sowie die Zweite Hydrierdenkschrift vom 28. Juli 1944, abgedruckt bei Wolfgang Birkenfeld, Der synthetische Treibstoff 1933–1945. Ein Beitrag zur nationalsozialistischen Wirtschafts- und Rüstungspolitik, Göttingen u.a. 1964, S. 238–243 und S. 243–249.

[9] Bis Anfang 1944 konnte die Reichsbahn ihre Verkehrsleistungen sogar noch steigern. Ein signifikanter Einbruch erfolgte erst Mitte 1944, verschärfte sich dann

Welche spezifischen Maßnahmen wurden dann getroffen, um der kommenden Drohung vorzubeugen? Glaubte die deutsche Regierung, damit die Auswirkungen der Bombardierung abwehren zu können, und letztlich haben diese Maßnahmen die versprochene Auswirkung tatsächlich gehabt, und wenn nicht, worauf war das Mißlingen zurückzuführen?

Leider wurden in der Jägerrüstung keine energischen Maßnahmen getroffen. Seit Hamburg, im August 1943 [sic], hatten Milch, Galland und ich zusammen den bevorzugten Bau von Jägern gefordert und deren Einsatz in der Heimat als dringender hingestellt als den Fronteinsatz.[10] Trotzdem wurde von der Führung der Bau von Bombern weiterhin befohlen, da sie der Meinung war, daß nur durch Vergeltungsangriffe die gegnerischen Angriffe auf die deutschen Städte zur Einstellung gebracht werden könnten. Daher wurde sogar noch im Jahre 1945 (!) der Bau von 4motorigen Bombern erneut angeordnet. Außerdem wurde im Kampf gegen die Bomber dem Flakprogramm eine bedeutend höhere Bewertung gegeben. Das Flakprogramm war zeitweise, und zwar ab Herbst 1944, in der Dringlichkeit über dem Jägerprogramm befohlen.[11] Der Führer gab mehrmals Befehl, die Produktion der Flugzeuge zu reduzieren, um mehr Flakgeschütze zu bauen. Die Befehle waren jedoch undurchführbar.

---

aber von Monat zu Monat. Von September 1944 an wurden Eisenbahnanlagen und Wasserwege verstärkt ins Visier der alliierten Bomber genommen, von Januar 1945 bis März 1945 waren Eisenbahnanlagen sogar das Hauptziel der Bombenangriffe.

[10] Gemeint sind die alliierten Luftangriffe vom 24.–30. Juli 1943 (siehe Fußnote 2). Seitdem wurde die Nachtjagd besonders forciert. Neue Ortungsgeräte ermöglichten indes der alliierten Luftwaffe, auch dann Angriffe zu fliegen, wenn die deutschen Jäger aufgrund des schlechten Wetters am Boden bleiben mußten. Mit der nachlassenden Heimatverteidigung wurden verstärkt Rüstungswerke von der alliierten Luftwaffe ins Visier genommen. Die deutsche Jagdflugzeugproduktion war gegenüber den Alliierten in Rückstand geraten. Vor diesem Hintergrund forderten Milch, Galland und Speer wiederholt energische Anstrengungen beim Luftwaffenprogramm. Mit der Gründung des Jägerstabes im April 1944 war Göring de facto aus der Lenkung der Luftrüstung herausgedrängt. Nach Milchs Rücktritt als Generalluftzeugmeister konnte auch dessen Arbeitsgebiet auf das Rüstungsamt und das Technische Amt im RMRK ohne Probleme übertragen werden.

[11] Galland schildert in seinen Memoiren, wie groß Hitlers Verärgerung über das »Versagen« der Jagdwaffe war und wie Hitler seine und Speers Argumente Mitte 1944 mit den erregten Worten beiseite wischte: »Ich werde die Jagdwaffe auflösen. Ich werde, von einigen mit modernen Flugzeugen ausgerüsteten Jagdgruppen abgesehen, die

Neben diesen aktiven Maßnahmen wurde erstmalig beim Angriff auf die Kugellager in Schweinfurt eine Verlagerung dieser Industrie nach Niederschlesien und [eine] Aufteilung in verschiedene Werksgruppen im fränkischen Raum durchgeführt. Die Aufteilung von wichtigen Werken nach Schwerpunktangriffen wurde vorgenommen. Weiter wurde ab Frühjahr 1944 die Verlagerung unter die Erde mit einem Programm von 3 Millionen Quadratmeter Fläche, von denen bis Februar 1945 1,2 Millionen Quadratmeter durchgeführt waren, vorgesehen. Ich war nicht der Meinung, daß die Auswirkung planmäßiger Bombardierung auf Wirtschaftsziele durch derartige Maßnahmen abgewehrt werden könnte. Es lag ausschließlich in der Hand des gegnerischen Bombers, wann sie mit genügender Konsequenz Wirtschaftsziele angriffen. Mit »Beton gegen Bomben« kann man dem Luftkrieg nicht begegnen. Der Gegner in der Luft kann sich seine Ziele aussuchen. Dabei kann er jede beliebige Schwerpunktbildung in einer Konzentration vornehmen, wie sie im Kriegsgeschehen aller Zeiten noch nicht möglich war. Eine Abwehrmöglichkeit gab es daher nicht. Trotzdem sind bis zum Frühjahr 1944 die gegnerischen Fliegerangriffe ohne entscheidende Erfolge geblieben. Dieses Mißlingen, das in den Fertigungszahlen der Rüstung 1943 und 1944 sich ausdrückt, ist in der Hauptsache auf den zähen Einsatz der deutschen Arbeiter und Betriebsführer zurückzuführen. Und weiter auf die unkonsequente, zu sehr streuende Angriffsweise des Gegners, der bis zum Angriff auf die Hydrierwerke keine klar erkennbare Wirtschaftsplanung seinen Angriffen zu Grunde legte.

Welchen Einfluß haben diese Maßnahmen gehabt in Bezug auf Produktion und auf die Zuteilung von Menschenkraft im Reich?

Bis zum Jahr 1944 haben weder die Fliegerangriffe noch die Abwehrmaßnahmen die Rüstungsproduktion geschädigt. Denn bis dahin konnten aus der gesamten industriellen Produktion noch erhebliche

---

Luftverteidigung nur mit der Flakartillerie weiterführen. Speer, ich erteile Ihnen den Befehl, mir sofort neue Programme vorzulegen. Die Produktion ist von Jagdflugzeugen auf Flakartillerie umzustellen und gewaltig zu steigern!« (Zit. nach Adolf Galland, Die Ersten und die Letzten. Die Jagdflieger im Zweiten Weltkrieg, Darmstadt 1953, S. 319f.) In der Praxis sollte es freilich nicht zur Verwirklichung dieses Befehls kommen, da eine Umstellung der Leichtmetallrüstung auf Kanonenproduktion schon aufgrund des vorherrschenden Munitionsmangels nicht realisierbar war.

Reserven für die Rüstungsproduktion aktiviert werden, wobei der Maschinenbau einen wertvollen Beitrag zu leisten in der Lage war.

Die Wiederinstandsetzung der Industrie wurde im übrigen durch die Bestellungen und Ausbauten, die zur laufenden Erhöhung des Ausstoßes in Ausführung begriffen waren, ermöglicht. Besonders bei der Chemie gelang es, längere Zeit die Materialien für den Wiederaufbau aus den stillgelegten Ausbaustufen zu befriedigen.

Bis Herbst 1944 hat die Abstellung der Arbeitskräfte zu Luftschutzbauten, zur Beseitigung von Fliegerschäden die übrige Produktion gestört, da bis dahin ein Fehlbedarf an Arbeitskräften in der Industrie vorhanden war.[12] Von Herbst 1944 ab waren die Einwirkungen durch Fliegerangriffe so bedeutend, daß schnell zunehmend ein Überfluß an Arbeitskräften vorhanden war. Die Zahl der bei den Fliegerschäden eingesetzten Arbeitskräfte kann schätzungsweise mit ein bis anderthalb Millionen Menschen angenommen werden. Der Gesamtschaden, den die Rüstungsprogramme im Jahre 1943 durch Fliegerangriffe erlitten, ist unbedeutend. Dagegen kann im Jahre 1944 angenommen werden, daß im Durchschnitt 30 bis 40 Prozent weniger produziert wurde, denn ohne die Fliegerangriffe wären die Programme mit Sicherheit erreicht worden; die Differenz von den Programmen zum tatsächlichen Ausstoß entspricht diesem Prozentsatz.[13]

Hat die strategische Bombardierung jemals das OKW in einer seiner Gattungen dazu gezwungen, einen vorgesehenen operativen Einsatz auf eine spätere Zeit zu verlegen oder vollkommen aufzugeben? (Beispiel)

Es ist mir nicht bekannt, daß ein vorgesehener operativer Einsatz durch Bombardierungen wesentlich im Zeitpunkt verlegt oder vollkommen aufgegeben wurde. Das hat seinen Grund jedoch nicht darin, daß durch die Fliegerangriffe kein wesentlicher Schaden vor Beginn dieser Operation eingetreten war; sondern mehr in der Tatsa-

---

[12] Wagenführ beziffert die Arbeitsstundenausfälle durch Fliegerschäden im März 1944 auf 3 Prozent der Industrieerzeugung, im Oktober 1944 bereits 6 Prozent. Er bezieht sich auf eine Erhebung der Reichsgruppe Industrie, wobei die am meisten getroffenen Gebiete, das Rheinland und Westfalen, in der Erhebung im Oktober nicht mehr berücksichtigt waren. (Vgl. Rolf Wagenführ, Die deutsche Industrie im Kriege 1939–1945, Berlin 1963, S. 93.)

[13] Handschriftliche Randbemerkung: »Siehe Rechenschaftsbericht 1944.«

che, daß die oberste Führung die daraus sich ergebenden Folgen nicht sehen und nicht erkennen wollte.

Ich kann als Beispiel hiefür den Beginn der Ardennenoffensive angeben.[14] Der Angriffsbeginn wurde befohlen, obwohl die Truppe nur ein bis zwei Versorgungssätze an Treibstoff bei den Verbänden hatte, der Nachschub für Brückenbaugeräte noch vollständig im rückwärtigen Gebiet lag und auch die übrige Bevorratung der Truppe für das weit gesteckte Ziel ungenügend war. Feldmarschall [sic] Model und Obergruppenführer [sic] Dietrich machten auf diese Umstände aufmerksam, und trotzdem mußte der Termin eingehalten werden.[15] Der mangelnde Nachschub war zweifellos auf die durch die Bombenangriffe verursachte Verkehrsschwierigkeit zurückzuführen.

Welche Angriffsart (d.h. Tag, Nacht, Massen oder vereinzelte) in den verschiedenen Stadien des Krieges hat die größte Wirkung gehabt hinsichtlich der Abschwächung des totalen deutschen Kriegseinsatzes?

Nur der Masseneinsatz bei Tag. Da dieser nach Gesichtspunkten geflogen wurde und dadurch die Punktziele schwerer beschädigte. Verschiedene Bumerang-Nachteinsätze mit Moskito[16] auf das Gol-

---

[14] Das »Unternehmen Wacht am Rhein«, die deutsche Ardennenoffensive zwischen dem Hohen Venn und dem Nordteil Luxemburgs gegen die 1. US-Armee am 16. Dezember 1944, gelang zunächst als Überraschungsschlag, weil das schlechte Wetter (geschlossene Wolkendecke) das Eingreifen der alliierten Luftstreitkräfte gegen die rund 1000 deutschen Panzer verhinderte. Mit Beginn der Ardennenoffensive wurde Antwerpen unter Beschuß von V1 und V2 genommen. Nach Aufklaren war die alliierte Luftwaffe vier Tage später wieder Herr des Luftraums, und die letzte deutsche Offensive im Zweiten Weltkrieg war gescheitert.

[15] Generalfeldmarschall Model (Heeresgruppe B) und Oberstgruppenführer Dietrich (6. SS-Panzerarmee) stellten unter dem Oberbefehlshaber West (Generalfeldmarschall von Rundstedt) die maßgeblichen Kräfte für die deutsche Ardennenoffensive. Im Vorfeld der Entscheidung war es zwischen Hitler und seinen Generälen einmal mehr zu einer Auseinandersetzung gekommen. Von Rundstedt, Model und Dietrich hatten vergeblich für die »kleine Lösung«, einen sicheren Vorstoß bis zur Maas, plädiert, wohingegen Hitler als »große Lösung« die Rückeroberung Antwerpens anstrebte.

[16] Der »Mosquito« war ein zweimotoriger britischer Schnellbomber der Firma de Havilland Aircraft, der fast vollständig aus Balsaholz bestand und »das hölzerne Wunder« genannt wurde. Das Flugzeug wurde als Pfadfinder vor den Pulks der schweren Bomber aufgeboten. Schnelligkeit und Wendigkeit legten den Einsatz der Mosquitos auch als Jagdbomber und Nachtjäger nahe. Die RAF-Mosquitos gingen v.a. gegen die gefürchteten deutschen Nachtjäger Ju 88 vor. Dabei versuchten sie, sich den nach Luftkämpfen zurückfliegenden deutschen Jägern anzuschließen und in

denbergkraftwerk[17] und die August-Thyssen-Hütte waren durch ihre Zielgenauigkeit störend. Der letzte Nachtangriff auf Krupp, der mit einer größeren Anzahl von viermotorigen Bombern geflogen wurde, hat durch sein genaues Zielbild überrascht.[18] Wir nahmen an, daß dieser Angriff der erste Großangriff nach dem Bumerang-Verfahren[19] oder einem anderen neuen Zielverfahren war. Die letzen Nachtangriffe auf Pölitz, Buna und Leuna waren in der Wirkung besser als die Tagesangriffe, da die überschweren Bomben in diesen Werken ver-

---

deren zum eigenen Fliegerhorst strebendem Verband mitzufliegen. Diese Taktik wurde von deutscher Seite fast immer zu spät erkannt, da sich die äußere Form der Maschinen sehr ähnelte und ihre Schatten in der Dunkelheit kaum voneinander unterscheidbar waren. Die Mosquitos, von den Deutschen »Klebeflugzeuge« genannt, warfen bei der Rückkehr der deutschen Ju 88 im Moment der Landung ihre Bomben genau in den Landevorgang auf die Rollbahnen und verursachten erhebliche Schäden und Abstürze. Als weitere Taktik versuchten die Mosquitos, beim Landen hinter einen deutschen Jäger zu kommen und brachten ihn in dieser Phase durch einen kurzen Feuerstoß zum Absturz.

[17] Gemeint ist das zum RWE-Konzern gehörende Braunkohlekraftwerk Goldenberg in Hürth-Knapsack in der Kölner Bucht, das größte thermische Kraftwerk in Europa mit einer Leistung von 530 000 kW. Durch die seit 1942 erfolgenden alliierten Bombenangriffe wurde es schwer beschädigt; die Stromproduktion sank deutlich. Anfang 1945 wurde es von den alliierten Truppen besetzt.

[18] Bereits der Nachtangriff vom 25./26. Juli 1943 gegen die Krupp-Werke in Essen hatte ein Trefferbild hinterlassen, »das deutlich zeigt, wie die Hauptindustriefläche der Stadt Essen im Mittelpunkt einer riesenhaften Flächenzerstörung liegt, wobei v.a. auch die Wohn- und Eisenbahnanlagen getroffen worden sind«. (Zit. nach Werner Wolf, Luftangriffe auf die deutsche Industrie 1942–1945, München 1985, S. 155, der sich auf eine briefliche Mitteilung der IHK Essen vom 20. März 1968 stützt.) Der letzte und stärkste Großangriff auf Essen vom 11. März 1945 hat die Krupp-Werke fast völlig zerstört.

[19] Bumerang ist die deutsche Bezeichnung für das britische »Oboe«-Verfahren, ein Funknavigationsverfahren des britischen Bomber Command für Angriffe mit den zweimotorigen Mosquito-Bombern. »Beim ›Oboe‹-Verfahren wurde ein Flugzeug mit Hilfe von Funksignalen, die es verstärkt zurücksandte (daher die deutsche Bezeichnung ›Bumerang‹), in einer gleichmäßigen Entfernung von einer Bodenstation geführt, die auf Grund der Zeitdifferenz bis zur Rückkehr der Impulse die Position des Flugzeugs feststellte. Der Kurs verlief auf einem großen Kreis um diese Station. Beim Einhalten der geplanten Route ertönte ein gleichbleibender Dauerton (ähnlich einer Oboe) im Kopfhörer des Piloten. Bei Abweichungen erfolgten durch kurze und lange Impulse Korrekturen. Der Kreis führte dicht am Ziel vorbei. [...] Eine zweite Bodenstation (Maus) in etwa 160 km Entfernung von der ersten (Katze) war ebenfalls in der Lage, den Kurs des Flugzeugs zu berechnen. Sie gab das Signal zum Bombenabwurf, wenn das Flugzeug die richtige Position erreicht hatte.« (Zit. nach Horst Boog, Das Deutsche Reich und der Zweite Weltkrieg, Bd. 7, hg. vom Militärgeschichtlichen Forschungsamt 2001, S. 9f.)

heerenden Schaden anrichteten.[20] Dagegen hatten die vorherigen Nachtangriffe auf die Städte keine ausschlaggebende Wirkung auf die Rüstung.

Wie war die relative Wichtigkeit der unten aufgeführten Angriffe:
a) Angriffe auf Städte
b) Angriffe auf angegliederte Industrien
c) Verkehrsangriffe
d) Einsatz von schweren Bombern auf vordere Frontstellen
e) Angriffe auf Marineanlagen und das Schiffahrtswesen, mitgerechnet die Auswirkung der Verminung
f) Angriffe auf Flugplätze und Luftparken [sic]

Von der Rüstung aus gesehen:
1. Schwerpunktbildung bei den Grundindustrien oder Zulieferungen
2. Verkehr, aber mit langsamerer Auswirkung, da sehr dichtes Netz
3. vordere Frontstellungen, auch wegen der psychologischen Wirkung auf die Truppe
4. Endfertigung in der Industrie
5. die Städte
6. und 7. Marineanlagen, Schiffahrtswesen und Flugplätze

Welche der oben aufgeführten Angriffsarten war am schwersten zu bekämpfen und aus welchem Grunde?

Die Angriffe auf die chemische Industrie waren am schwersten zu bekämpfen, da chemische Werke ein außerordentlich komplizierter Organismus sind und weil gleichzeitig das chemische Werk vor Inbetriebnahme, wenigstens in einer Stufe, 100 Prozent in Ordnung gebracht sein muß, damit der gesamte chemische Prozeß, der eine Einheit bildet, wieder durchlaufen kann. Bei allen Endfertigungen dagegen kann bereits kurz nach dem Angriff mit den unbeschädigten Werkzeugmaschinen die Arbeit wieder begonnen werden, so daß das Werk stufenweise in Betrieb genommen werden kann. Außerordentlich schwer war auch die stark rationalisierte Automobilindustrie wieder aufzubauen, da es sich hier um mehrstöckige Gebäude han-

[20] Gemeint sind die Hydrierwerke zur Erzeugung synthetischen Treibstoffs in Pölitz bei Stettin, Leuna und Schkopau bei Merseburg.

delte, durch deren Zerstörung ganze Teile der Fließfertigung ausfielen. Diese Unterbrechungen konnten nicht, wie bei anderen Industrien, durch Behelfsmaßnahmen ausgeglichen werden. Allerdings waren diese Angriffe von besonders gründlicher Wirkung.

Welche Angriffe in den verschiedenen Stadien des Krieges haben am meisten das OKW gestört, die englischen oder die amerikanischen bzw. Tages- oder Nachtangriffe, und warum?

Die amerikanischen Angriffe waren mit ihrem System, Wirtschaftsziele anzugreifen, die weitaus gefährlichsten. Sie haben tatsächlich die deutsche Rüstungsindustrie zum Erliegen gebracht. Die Nachtangriffe konnten den Arbeitswillen der Bevölkerung nicht brechen. Es wurden hier zwei Fehler gemacht.

1. wurde die Wucht der Angriffe allmählich gesteigert; dadurch konnten die Abwehrmaßnahmen verbessert und die Bevölkerung an die Fliegerangriffe gewöhnt werden. Überall da, wo die englische Luftwaffe eine plötzliche Steigerung ihrer Angriffe vornahm (erster Angriff auf Köln, auf Hamburg und Angriffe auf Dresden)[21], war die Wirkung nicht nur in der Bevölkerung der Stadt, sondern im ganzen Reichsgebiet vorübergehend erschreckend.
2. wurde die Widerstandskraft des deutschen Volkes unterschätzt und die letzten Endes fatalistische Einstellung der Bevölkerung nach vielen Fliegerangriffen nicht eingerechnet. Andere Völker, wie etwa das italienische, wären sicher bei der gleichen Serie von Nachtangriffen zusammengebrochen und hätten keine Rüstungsproduktion mehr hervorgebracht.

Bis zu welchem Grad hat die Zerstreuung der vorhandenen Kräfte und Geräteausrüstung, um der wachsenden strategischen Bomberoffensive entgegenzutreten, die Kampffähigkeit oder Kampfkraft der Wehrmacht beeinträchtigt?

[21] Gemeint sind der erste 1000-Bomber-Angriff auf Köln vom 30./31. Mai 1942, der 474 Tote, 45 000 Obdachlose und über 5000 Verletzte hinterließ, dann die Angriffe von 24.–30. Juli 1943 auf Hamburg, die sogenannte »Operation Gomorrha«, die mit 30 482 Toten, 277 330 zerstörten Wohnungen, 580 Industrie- und 2632 Gewerbebetrieben einer der schwersten Bombenangriffe im Zweiten Weltkrieg war, sowie die beiden britischen Angriffe auf Dresden vom 13./14. Februar 1945, bei denen die Innenstadt verwüstet wurde und etwa 35 000 Menschen ums Leben kamen.

Die fortdauernden Bomberoffensiven haben einen wesentlichen Teil der deutschen Rüstungsproduktion in der Heimat festgehalten und damit der Front entzogen. Bei den Geschützen wurden etwa 30 Prozent des Jahresausstoßes 1944 für Flakgeschütze verwandt. Bei der Munition schwerer Kaliber (von 7 cm an aufwärts) wurden etwa 20 Prozent des Jahresausstoßes 1944 für Flakmunition verwandt. Die Elektrotechnik arbeitete mit 50 bis 55 Prozent ihrer Rüstungskapazität für die Funkmeß- und Nachrichtenanlagen für die Bomberabwehr. Bei der Optik waren etwa 33 Prozent für die Zielgeräte der Flakgeschütze und für andere Zwecke der Bomberabwehr eingesetzt. Die Kampfkraft der Wehrmacht wurde dadurch wesentlich beeinträchtigt, da die Produktion der hochwertigen Flakgeschütze eine ausgezeichnete Panzerabwehr abgegeben und weil die zusätzliche Verwendung der Flakmunition an der Front eine sehr wesentliche Vergrößerung des Munitionsbestandes ergeben hätte. Beides kam nun zu einem kleinen Teil zur Verwendung im Endkampf.

Wieweit die kämpfende Luftwaffe durch die in der Heimat eingesetzten Jäger und Nachtjäger beeinträchtigt wurde, kann ich nicht übersehen. Es ist jedoch anzunehmen, daß auch die geringen Zahlen der in der Heimat eingesetzten Jäger keine Verbesserung der Frontlage gebracht hätten. Besonders schwerwiegend war der Mangel an Nachrichtengeräten, wie dem Tornisterfunkgerät, den Artillerieschießgeräten (Schallmeßgeräten) und die Ausstattung mit Nachrichtengerät aller Art beim Heer. Dieser Mangel, der die Führung der Truppe außerordentlich erschwerte, war durch die bevorzugte Beschäftigung der Elektroindustrie für die Abwehr der Bomberoffensive hervorgerufen. Hierdurch konnte auch die Funkmeßindustrie weder Heer noch Marine in genügendem Umfang entwicklungs- und fertigungsmäßig bedienen. Äußerlich erschwert wurde diese Situation dadurch, daß 50 Prozent der Röhren der Luftwaffe in der Hauptsache für Verteidigungszwecke der Heimat abgegeben wurden.

Glauben Sie, daß die strategische Bomberoffensive allein das Ergeben Deutschlands hätte erzwingen können? Welches Ausmaß und welche Form der Angriffe wäre nötig gewesen, um dies zu erzielen?

Ja. Die Angriffe auf die chemische Industrie hätten ausgereicht, um, auch ohne militärische Ereignisse, Deutschland wehrlos zu machen.

Weitere derartige Angriffsobjekte lagen in der Kugellagerindustrie und in den Elektrizitätswerken.

Welchen Einfluß hatte die Bombardierung des Vaterlandes auf die moralische Stimmung der Kämpfenden der drei Wehrmachtsgattungen?

Die Stimmung der Kämpfenden an der Font wurde durch die Bombardierungen der Heimat wesentlich beeinflußt. Hier haben die Angriffe auf die Städte zweifellos eine Wirkung ausgeübt. Die Erzählungen der Urlauber von ihrem Besuch in der zerstörten Stadt haben auf die Fronttruppe großen Eindruck gemacht. Diese Erzählungen waren sehr zahlreich, nachdem bei einer Totalzerstörung der Wohnungen der Soldat Anrecht auf Heimaturlaub hatte. Durch die schlechten Nachrichtenverbindungen waren die Soldaten in großer Unruhe über das Schicksal ihrer Angehörigen, nachdem ihre Heimatstadt bombardiert worden war, wie Sie aus den Wehrmachtsberichten feststellen werden.

Welchen Einfluß hatte die strategische Luftoffensive auf die Bereitwilligkeit und Fähigkeit der Zivilbevölkerung, den Kriegseinsatz auszustehen? Wurde die Stimmung der Zivilbevölkerung mehr durch die Zerstörung der Städte oder durch die Anerkennung des lebenswichtigen industriellen Schadens beeinflußt, und wie und in welcher Form hat sich dies bemerkbar gemacht?

Wir haben unterschieden zwischen Stimmung und Haltung. Die Stimmung war durch die Angriffe auf die Städte schlecht; die Haltung der Bevölkerung bewundernswert. In der Rüstung und Kriegsproduktion konnte diese Haltung an der Arbeitsleistung gemessen werden. Diese ist trotz aller Angriffe bis zum Schluß des Krieges nicht abgesunken, wie die Rüstungszahlen beweisen.[22] Auch der Wille zum Wiederaufbau der Werke war bis zum Schluß ungebrochen. Beides konnte nicht durch Zwang, sondern nur durch die freiwillige Bereitschaft der deutschen Arbeiter erzielt werden.

---

[22] Die Rüstungsendfertigung erreichte ihren Höchststand im Juni 1944 und stieg damit um das Zweieinhalbfache gegenüber dem Stand von Dezember 1941.

Zu welchem Zeitpunkt in der gegen die Hydrierwerke durchgeführten Offensive[23] *haben die drei Wehrmachtsgattungen zuerst eine Knappheit an Treibstoff gespürt, und welche Gattung zuerst und in welchem Ausmaß beziehungsweise in welcher Form?*

Die Knappheit an Treibstoff wurde zuerst bei den Flugtreibstoffen erzielt.[24] Die Vorräte an rumänischen Erdölen in Deutschland konnten noch einige Monate die Erzeugung von Vergaser- und Dieselkraftstoff strecken.[25] Bei der Beurteilung dieser Frage spielen die OKW-Reserven und die Verringerung der Umlaufmenge eine Rolle. In der Luftwaffe wurde der Mangel an Treibstoff ab September 1944 unerträglich, da von diesem Zeitpunkt ab nur 30 000 Tonnen monatlich zugeteilt wurden, bei einem Bedarf von etwa 160 000 bis 180 000 Tonnen. Beim Heer wurde die Treibstoffknappheit auch durch Nachschubschwierigkeiten bei der Winteroffensive vom 16. Dezember 1944 zur Katastrophe, um besonders bei der Abwehr der russischen Offensive aus dem Baranow-Brückenkopf[26] wesentlich zum schnellen Zusammenbruch der deutschen Front beizutragen. Es waren dort

---

[23] Am 12. Mai 1944 begann die alliierte Luftoffensive zur systematischen Zerschlagung der Werke zur synthetischen Treibstofferzeugung in Deutschland. Die Angriffe führten bei den Hydrierwerken von Brüx (im Sudentenland, bei Prag) zu einem 100prozentigen, bei den Leunawerken in Merseburg zu einem 60prozentigen, bei den Hydrierwerken Tröglitz ebenfalls zu einem 100prozentigen und bei denen in Böhlau zu einem 50prozentigen Ausfall. Am 20. Juni 1944 flog die 18. USAAF Angriffe auf die Hydrierwerke in Ostmoor, Hamburg, Poelitz bei Stettin, Miesburg, Fallersleben und Magdeburg.

[24] Mit der Bombardierung von Poelitz war nunmehr der wichtigste Lieferant von Flugtreibstoff ausgeschaltet.

[25] Vom 5. April bis Ende Juni 1944 wurde das rumänische Erdölzentrum sechs Mal von US-Bombern angegriffen. In seiner Folge sank die rumänische Erdölproduktion von 14 000 t/Tag auf 8000 t/Tag. Getroffen wurden nicht nur das Fördergebiet, sondern auch Verladeanlagen, Eisenbahnstrecken und Ölleitungen. Dadurch sank die Menge des nach Deutschland gelieferten Vergaserkraftstoffs von 3800 t im Mai 1944 auf 200 t im Juni und Juli 1944.

[26] Als Baranow-Offensive wird der Vormarsch der 1. Ukrainischen Front (Marschall Konjew) aus dem Brückenkopf Baranow am 12. Januar 1945 bezeichnet. Die sowjetische Großoffensive durchbrach die schwache Abwehrfront der 4. Deutschen Panzerarmee (General der Panzertruppen Graeser). Am 15. Januar fiel Kielce, am 17. Januar Tschenstochau, am 18. Januar Petrikau. Aufgrund ihrer elffachen Überlegenheit an Infanterie, siebenfachen Überlegenheit an Panzern und zwanzigfachen Überlegenheit an Artillerie kam es zur vollständigen Zerschlagung der Heeresgruppe Mitte. Dabei waren 350 000 bis 400 000 Tote, Verwundete und Vermißte zu beklagen.

etwa 1500 Panzer einsatzbereit, die jedoch nur ein bis zwei Versorgungssätze zur Verfügung hatten und damit unbeweglich waren.

Welche der Verbraucher einschließlich der Industrie und des Transportwesens wurden zuerst durch Rationalisierung betroffen, und mit was für einer Auswirkung hinsichtlich der Kampf- bzw. Einsatzfähigkeit?

Unangenehm war der Wegfall der Treibgaserzeugung als Nebenprodukt der Hydrierung. Diese reduzierte sich auf etwa 10 (20?) Prozent der vorherigen Produktion (?) (genauere Unterlagen in einer der Denkschriften über Hydrierwerke).[27] Die Reduzierung von Vergaser- und Dieselkraftstoffen für die Wirtschaft blieb dagegen in erträglichen Grenzen, da Vergaserkraftstoff und Dieselöl bis zum Schluß mit je 60 000 Tonnen monatlich den Gesamtbedarf notdürftig abdecken konnten. Schwerwiegende Einbrüche sind durch die Rationierung des Kraftstoffes in der Wirtschaft nicht eingetreten; da die Produktion ab Oktober 1944 durch die Verkehrsschwierigkeiten (Bahnen) ohnehin absank, sind die Ansprüche an den Kraftfahrtransportraum zweifellos gefallen.

Inwieweit war es gerechtfertigt, die Angriffe auf die Hydrierwerke bis zum Kriegsende fortzusetzen? Inwieweit hat die Verfolgung der Angriffe eine störende Wirkung auf die Wiederherstellungsmaßnahmen gehabt?

Es war notwendig, die Hydrierwerke bis zum Kriegsende anzugreifen. Durch unsere Wiederherstellungsmaßnahmen konnte in der ersten Zeit sechs bis acht Wochen nach dem Angriff das Werk wieder anlaufen. Mehrere Angriffe auf ein Werk zermürbten dessen Struktur erheblich (Gas- und Wasserleitungen), dadurch auch bei gleicher Angriffsstärke zu Ende des Krieges längere Anlauftermine. Nachtangriffe brachten durch bessere Wirkung bedeutend größere Zerstörungen als Tagesangriffe. Trotzdem wurden bis Kriegsende die Wiederherstellungsmaßnahmen bei den meisten Hydrierwerken durchgeführt, es gelang den Bombern zu Ende des Krieges jedoch,

[27] Fragezeichen im Original. Speers Denkschriften über Hydrierwerke vom 30. Juni 1944 und vom 28. Juli 1944 sind abgedruckt bei Wolfgang Birkenfeld, Der synthetische Treibstoff 1933–1945, Göttingen 1964, S. 238ff. und S. 243ff.

den Angriffstermin meist kurz vor oder kurz nach der Wiederherstellung zu legen, so daß eine nennenswerte Neuproduktion nicht mehr vorhanden war.

Für wie lange war es möglich, eine minimale Produktion für unerläßliche Kriegs- und Zivilzwecke aufrechtzuerhalten?

Für Vergaserkraftstoff und Dieselöl war es bis zum Kriegsende möglich, eine minimale Produktion aufrechtzuerhalten, da die Rohölbasis einschließlich Ungarn etwa 60 000 Tonnen Vergaserkraftstoff und 60 000 Tonnen Dieselöl monatlich ermöglichte.[28] Flugbenzin wurde ab Juni bereits so wenig erzeugt, daß sie [sic] zur Aufrechterhaltung der Luftwaffe nicht mehr ausreichen konnte. Größere Reserven und Verringerung der Umlaufmenge, auch durch Verkleinerung des zu beliefernden Raumes, konnten bis September/Oktober [1944] den Notstand bei der Luftwaffe überbrücken.

Inwieweit haben die Angriffe auf Öllager die allgemeinen Schwierigkeiten hinsichtlich der Ölfrage vermehrt?

Die Lagerhaltung in den Hydrierwerken und Raffinerien war durch den Verlust an Tankraum zu sehr eingeschränkt, dadurch mußte bei Transportstörungen die Produktion gedrosselt werden, da kein Ausgleich mehr möglich war. Dadurch wurde Zistersdorf[29] im Februar/März 1945 in der Erdölproduktion gedrosselt, ebenso in derselben Zeit verschiedentlich das Ungarnöl. Da die Kesselwagen durch die erhöhten Umlaufzeiten der Bahn knapp geworden waren, ist hierdurch zweifellos eine Minderproduktion eingetreten, die aber mehr auf den Verkehr zurückzuführen ist.

---

[28] Anfang 1942 hatte die ungarische Regierung den amerikanischen Erdölbesitz im Land verstaatlicht und dem Deutschen Reich überantwortet. Die ungarischen Öllieferungen waren in den letzten Kriegsmonaten nahezu die letzte Quelle für Hitlers Kriegführung.

[29] Die Erdölvorkommen im Zistersdorfer Erdölgebiet (nordöstlich von Wien) waren die ertragreichsten Österreichs. Die Ölförderung konnte noch bis 1944 gesteigert werden.

Verkehr- und Verkehrsverbindungen

Wann fühlte sich das OKW erst[mals] ernstlich bedroht durch die Angriffe auf das Verkehrswesen?

Beantwortet auf Produktion. Erstmalig durch Angriffe auf die Verkehrsverbindungen im Ruhrgebiet im Mai 1944, diese Bedrohung nahm von Monat zu Monat zu und führte zu ernstester Krise ab Herbst 1944, zur endgültigen Katastrophe ab Januar 1945.

Wo und wann fingen diese Angriffe an, eine verschlechternde Wirkung zu haben seitens
I) zentraler beziehungsweise örtlicher Behörden:

Durch den Zusammenbruch des Postverkehrs konnte die Verbindung zwischen den zentralen und örtlichen Behörden ab Herbst 1944 nicht mehr aufrechterhalten werden. Durch einen motorisierten Kurierdienst wurde versucht, dies abzustellen, jedoch nur mit einem geringen Erfolg. Die Zentralisierung der Rüstungslenkung mußte dadurch zu schweren Schäden führen, die jedoch durch die Initiative der Mittelinstanz und durch zahlreiche Reisen der Verantwortlichen aus der Zentrale verhältnismäßig gering blieben.

II) kriegswichtiger Industrien:

Bei der Kohle durch die ungenügende Winterbevorratung ab November 1944 in allen Elektrizitätswerken und Gaswerken, z.B. Munition ab Oktober 1944.[30] Trotz der stark verringerten Rohstahlproduktion erhöhte sich der Bestand bei den Stahlwerken ab Sommer 1944 von Monat zu Monat. Daraus geht am besten hervor, wie wenig

[30] Die Gasproduktion in den Kokereien betrug im Januar 1945 nur noch die Hälfte des Niveaus von 1944. Seit Ende Dezember 1944 waren fast überall die Kohle- und Gasvorräte der herstellenden Industrie erschöpft. Aufgrund des Verkehrschaos waren Ende 1944 häufig die Munitionsdepots der Armee nicht mehr zugänglich. Selbst der unmittelbare Waffen- und Munitionstransport zu den Kampfverbänden war betroffen.

durch die Verkehrsschwierigkeiten die Produktion noch mit Zulieferungen versorgt werden konnte.

III) Zufuhrverkehr für die Wehrmachtglieder:

Soweit mir bekannt, in größtem Umfang bereits bei der Invasion. Die Vorbereitung der Ardennenoffensive ist dadurch ins Stocken gekommen, es gab Verkehrsstauungen im rechtsrheinischen Gebiet, dadurch Mangel im Nachschub vorne. Der Umlauf der fertigen Waffen vom Verlassen der Fabrik bis zum Eintreffen bei der Truppe wurde durch die längeren Transportzeiten auf dem Weg vom Werk zum Heereszeugamt, zum Schießplatz, zur Neuaufstellung und dann zur Front wesentlich verlängert und dadurch der Truppe Waffen entzogen.

Welche Art von Schaden bei dem Verkehrsnetz hat zu der größten Schwierigkeit geführt und welche war am schwersten zu überwinden?

1. Der Verlust der Rangierkapazitäten. Dadurch wurde die Beförderung der einzelnen Wagen an die Betriebsbahnhöfe verzögert.
2. Zusammenbruch der Nachrichtenanlagen der Reichsbahn, dadurch wurde außer der allgemeinen Verschlechterung des Verkehrsumlaufs das Auffinden von wichtigen Sendungen unmöglich gemacht.

Inwieweit wirkten sich gegenseitig verschlechternd die Angriffe auf Öl und auf Verkehr aus?

In der Heimat waren Möglichkeiten, den mangelnden Transportraum durch Lastkraftwagen zu ersetzen, nur beschränkt vorhanden. Der beschränkte Transportraum konnte durch LKW bei dem notwendigen Transportvolumen nur für kleinste Engpässe ersetzt werden. Daher hat auch der Mangel an Treibstoff diese Situation nicht wesentlich verschlechtert. An der Front dürfte die Wirkung sehr weitgehend gewesen sein, da die Entfernungen des Nachschubs untragbar groß waren. Der Nachschub für Bastegne [sic][31] mußte auf eine Entfer-

[31] Erst am 26. Dezember 1944 war es Einheiten der 3. US Army gelungen, einen schmalen Verbindungsweg zu den eingeschlossenen Verteidigern des belgischen Bastogne herzustellen, das im Rahmen der Ardennenoffensive von deutschen Kräften eingekesselt worden war.

nung von 200 km mit LKW herangeholt werden, und da der LKW-Raum und der Treibstoff nicht zur Verfügung standen, war der Nachschub ungenügend.

Wie war die Auswirkung, sowohl ökonomisch als auch militärisch, der durch die wiederholten Angriffe verursachten Brüche des Dortmund-Ems- und Mittelland-Kanalsystems?[32]

Nachdem die Kohletransporte auf der Bahn durch die Verkehrsschwierigkeiten abgesunken waren, wurde der Kohletransport auf den Kanälen für die Aufrechterhaltung der mitteldeutschen Industrie entscheidend. Der Ausfall der Kanäle hätte die Produktion von Salzgitter und Peine[33] vollständig stillgelegt und damit gleichzeitig die Gasversorgung Berlins erheblich verringert. Dadurch, daß es immer gelang, vor dem nächsten Angriff auf ein oder zwei Tage einen Stoßverkehr durchzuführen, konnte der mitteldeutschen Industrie notdürftig geholfen werden. Trotzdem waren die Auswirkungen der Angriffe auf die Kanäle ab Spätherbst 1944 von außerordentlicher Bedeutung.

Inwieweit und aus welchen Gründen haben die in Frankreich und Belgien mit Eisenbahnverkehr durchgeführten Angriffe zu dem alliierten Erfolg 1944 beigetragen?

Soweit mir bekannt, entscheidend. Zum Beispiel mußten die Panzer bereits in Reims ausgeladen werden, um von dort auf der Straße bis zur Normandie nachgeschoben zu werden. Dadurch wurde ein wesentlicher Ausfall an Fahrzeugen und eine erhebliche Abnutzung bereits vor dem Einsatz hervorgerufen, ganz abgesehen von dem großen Treibstoffverbrauch.

---

[32] Am 21. und 22. November 1944 warfen 128 Flugzeuge des RAF Bomber Command 629 t Bomben auf den Dortmund-Ems-Kanal bei Ladbergen und 143 Flugzeuge weitere 613 t auf den Mittelland-Kanal bei Gravenhorst.

[33] In Deutschland gab es außer in der Region Peine/Salzgitter keine größeren Eisenerzvorkommen. Die Reichswerke AG für Erzbergbau und Eisenhütten »Hermann Göring« mit Verwaltungssitz in Salzgitter-Drütte wurden 1937 gegründet. Neben den Eisenerzgruben und Hütten betrieben die Reichswerke auch den Steinbruch Winterberg am Iberg bei Bad Grund, wo sie seit 1939 den für die Hüttenprozesse und die Stahlherstellung notwendigen Kalkstein gewannen. Hier wurden in großem Umfang Zwangsarbeiter beschäftigt (Polen, Tschechen und ukrainische Fremdarbeiter).

Wieweit und in welcher Hinsicht hat zur Zeit der Ardennenoffensive der Angriff auf das Verkehrssystem zum Abschlagen des deutschen Vorstoßes geführt?[34]

Die Transportschwierigkeiten waren für den schnellen Zusammenbruch der Ardennenoffensive entscheidend. Der Nachschub wurde bereits vor Beginn der Offensive durch die schlechten Verkehrsverhältnisse rechtsrheinisch angestaut und desorganisiert, so daß es z.B. nicht mehr gelang, die notwendigsten Treibstoffzüge schnell aufzufinden und an die Truppe zu fahren. Während der Durchführung der Offensive konnte die Bahn dem Vormarsch nicht folgen. Im Gegenteil, die vorderste Spitze des Reichsbahnverkehrs wurde während der Offensive durch die fortdauernden Fliegerangriffe immer mehr zurückgedrängt. Während zu Beginn der Offensive dieser Verkehr z.B. noch nach Städten wie Stadtkyll, Bitburg und anderen Eifelstädten ging, mußte bereits Ende Dezember der gesamte Nachschub von der rechten Seite des Rheins abgeholt werden. Ein gesonderter Reichsbahnnachschub war aber eine Voraussetzung zum Gelingen der Offensive, da der Nachschubraum an LKW zu gering und überaltert war[35]; und außerdem durch die Tätigkeit der Tag- und Nachtjäger nur noch auf das Fahren in der Nacht ohne Licht angewiesen war. Dadurch ist der vorhanden Lkw-Raum in der Ausnutzung auf etwa 30 Prozent abgesunken.

---

[34] Das Eisenbahnnetz im Raum Hamm–Münster–Osnabrück war zu diesem Zeitpunkt bereits zerstört, und die Umleitung über Kassel–Frankfurt war fortgesetzten Luftangriffen ausgesetzt. Weitere Probleme kamen hinzu: So wurde beispielsweise die Panzergruppe Peiper hinter Stavelot aufgehalten, da die Amerikaner 500 000 Liter Benzin auf die durch starken Wald eingezäunte Straße gossen und anzündeten. (Vgl. Fritz Hahn, Waffen und Geheimwaffen des deutschen Heeres 1933–1945, Bd. 2: Panzer und Sonderfahrzeuge, »Wunderwaffen«, Verbrauch und Verluste, Koblenz 1987, S. 272.)

[35] Speer hatte bereits im Sommer 1944 die Kraftfahrzeugproduktion als das »Sorgenkind« der deutschen Rüstungsindustrie bezeichnet. Mehr als in den Jahren zuvor fielen seit 1944 die zumeist überalterten Fahrzeuge der Wehrmacht wegen ihrer gestiegenen Reparaturanfälligkeit und durch Kriegsverluste aus. Ein weiterer Engpaß ergab sich aus der Versorgung der Kraftfahrzeuge mit Reifen. Die Produktion von LKW-Reifen hatte bereits 1942 ihren Höhepunkt erreicht; seit 1944 wurden Reifen aus den italienischen Buna-Werken zu drei Vierteln nach Deutschland verbracht, um die Engpässe zu schließen.

Zu welchem Zeitpunkt und aus welchen Gründen fing der Angriff auf das Verkehrssystem an, die Produktion im Ruhrgebiet zu beeinträchtigen? Was für eine Wirkung hat dies auf die restliche Produktion im Reich gehabt?

Im Mai/Juni 1944 (siehe auch Führerdenkschrift vom Juni 1944).[36] Die Stahlproduktion sank ab, was jedoch im Ruhrgebiet mehr auf die unmittelbare Einwirkung der Fliegerangriffe zurückzuführen war. Die Kohle aus dem Ruhrgebiet wurde täglich nur noch mit 12000 Wagen abgefahren, statt einem normalen Abtransport von 22000 Wagen. Diese Zahl der täglichen Wagengestellungen für Kohle sank dann im Februar/März 1945 auf 3000 bis 4000 Wagen täglich. Bis zum Spätherbst 1944 konnte die Wirkung des Ausfalles von Kohle zunächst abgefangen werden, da die Minderbelieferung zu Lasten der Winterbevorratung der Elektrizitäts- und Gaswerke und der Industrie ausgeglichen wurde. Mit der Verschärfung der Verkehrslage und dem Anbruch des Winters wurde die Kohlenlage so katastrophal, daß bereits ab November 1944 schwerste Störungen der gesamten Rüstung unvermeidlich waren. Der endgültige Zusammenbruch der Rüstung und Kriegsproduktion wurde dann durch den Verlust des größten Teils der oberschlesischen Kohle Ende Januar 1945 unaufhaltsam.[37]

Kugellagerindustrie

Inwieweit haben die auf die Kugellagerindustrie durchgeführten Angriffe die Herausbringung von militärisch wichtigen Geräten für die drei Wehrmachtsglieder beeinträchtigt oder beeinflußt?

---

[36] Vgl. dazu Fußnote 6 dieses Protokolls.

[37] Der Verlust Oberschlesiens führte dazu, daß die Reichsbahn, die wegen der unsicheren Lage an der Ruhr auf schlesische Kohle umgestellt hatte, nun wieder Ruhrkohle befördern mußte. Hierfür waren die Waggons gar nicht mehr vorhanden. Aufgrund der alliierten Jagdbomberangriffe konnte bereits Ende Februar 1945 der Kohletransport nur noch nachts erfolgen. Wie dramatisch die Entwicklung war, zeigen die bei Wagenführ angeführten Zahlen: Im Februar 1944 standen rund 20000 Waggons für die Kohlebeförderung an der Ruhr zur Verfügung, im März 1945 waren es lediglich noch etwa 700. Aufgrund der Abschneidung des Ruhrgebiets konnten diese das Revier nicht einmal verlassen. Wegen der Transportprobleme ging die Kohleförderung bei Jahresende 1944 um fast ein Drittel zurück.

Nicht wesentlich, denn die Rüstungszahlen konnten trotz der Angriffe erhalten bleiben.

Inwieweit waren die durch die Angriffe entstandenen Schwierigkeiten überwunden, und auf welche Weise wurde dies gemacht?

1. Durch Verkürzung des Vorlaufs von sechs bis acht Wochen auf vierzehn Tage, im extremen Fall von drei Monaten auf wenige Tage.
2. Durch den vorgesehenen Neuanlauf von Kugellagerkapazitäten und damit Möglichkeiten, auf bereits bestellte Werkzeugmaschinen zurückzugreifen.
3. Einsparungen von Kugellagern bei den einzelnen Geräten um 50 Prozent bis zu 60 Prozent und Übergang auf Ersatzlager.
4. Schnelle Verlagerung, Wiederaufbau durch besonderen Bevollmächtigten (Kessler[38]).

Ihrer Meinung nach hätten wir ausschlaggebende Resultate von diesen Angriffen erringen können, und wie hätten wir das am besten machen können?

Die Rüstungsproduktion wäre zwei Monate wesentlich geschwächt und nach etwa vier Monaten zum Stillstand gekommen, wenn
- alle Kugellagerfabriken zur gleichen Zeit angegriffen worden wären, wenn
- diese Angriffe, ohne Rücksicht auf das Zielbild, alle vierzehn Tage drei- bis viermal wiederholt wären, wenn
- danach jeder Wiederaufbau alle sechs Wochen zwei schwere Angriffe hintereinander bekommen hätte und diese ganze totale Durchführung der Bombardierung auf sechs Monate durchgeführt worden wäre.

Auch die Zielbilder können täuschen, so daß zu lange Termine zwischen den Angriffen entstehen. Daher ist es besser, nach Erfahrungssätzen die Angriffstermine zu bestimmen.

[38] Gemeint ist Philipp Kessler, Generaldirektor und Sonderbeauftragter des RMRK. Kessler, Leiter des Hauptausschusses Munition, wurde von Speer wiederholt bei »Sofortaktionen« herangezogen – u.a. wurde er nach den Luftangriffen auf Schweinfurt zum »Sonderbeauftragten für die Produktion von Kugellagern« ernannt, weil er sich durch Schnelligkeit und Rücksichtslosigkeit auszeichnete.

Militärisches Gerät (allgemein)

Inwieweit haben die auf die panzermontierenden Fabriken durchgeführten Angriffe die Stärke (zahlenmäßig) der Panzereinheiten vermindert, wenn überhaupt?

Besonders stark bei Henschel die dortige Tiger-Produktion.[39] Da aber gleichzeitig die Wannen, die Laufwerke und die Drehstabfedern und Getriebe durch Angriffe auf andere Werke ausblieben, ist der Ausstoß der Montagefabriken durch die Angriffe nicht berührt worden. Auch bei dem Wegfall der Angriffe wäre kein größerer Ausstoß zu verzeichnen gewesen. Der Minderausstoß dürfte im Durchschnitt des Jahres 1944 bei etwa 30 Prozent liegen, wobei die mangelnde Zulieferung jedoch der ausschlaggebende Faktor war.

Inwieweit haben die Angriffe auf Heereszeugämter die deutschen Heeresgruppen ihrer einsatzwichtigen Ausrüstung beraubt?

Soweit mir bekannt ist, ist durch die dezentralisierte Organisation der Nebenzeugämter kein wesentlicher Schaden entstanden. Soweit es den Nachschub von Waffen und Geräten betrifft. Bei Verpflegungs- und Bekleidungslagern ist mir die Wirkung unbekannt.

U-Boot Offensive

Inwieweit haben die Angriffe auf Werften das U-Bootfertigungsprogramm beeinträchtigt?

[39] Tigerpanzer aus der Produktion von Henschel & Sohn, Kassel, einem zunächst auf Lokomotivbau spezialisierten Unternehmen, das seit 1925 auch LKW, Kräne und andere Fahrzeuge sowie seit 1937 den Tigerpanzer produzierte. Der Tigerpanzer war eine der erfolgreichsten deutschen Panzerentwicklungen im Zweiten Weltkrieg. Trotz der erheblichen Beeinträchtigungen der Produktion bei Henschel infolge alliierter Luftbombardements am 2./3. Oktober und 22./23. Oktober 1943 gelang es den Panzerkonstrukteuren, Tiger II unter Verwendung von Elementen des MAN-»Panther« zu vollenden. Die Serienproduktion begann im Dezember 1943. Immerhin konnten noch 485 Fahrgestelle der Truppe übergeben werden. Das Soll des »Adolf-Hitler-Panzerprogramms« vom 21. Januar 1943 konnte indes nicht erreicht werden. Bei den Angriffen im September 1944 wurden bei Henschel 48 Prozent des Fabrikgeländes vernichtet.

Der Ausstoß auf den Werften war durch die Zulieferung von Elektromotoren und Akkumulatoren bestimmt, so daß die Angriffe auf die Werften selbst den Ausstoß der U-Boote nicht verringerten. Auch die versenkten U-Boote konnten gehoben und nach kurzer Zeit wieder repariert werden. Der Minderausstoß durch die Beschädigung von Werften dürfte bei 10 Prozent liegen.

Wie sonst wurde das U-Bootfertigungs-Programm durch die Luftoffensive gestört?

Durch Angriffe auf die Elektroindustrie, die die Elektromotoren herzustellen hatte, und auf die Akkumulatorenwerke. Beides waren besondere Engpässe, da die neuen U-Boote pro Einheit die dreifache Kapazität benötigten. Die Akkumulatorenfertigung von Hagen und von Wien wurde zerstört, Posen ging verloren, das größte Akkumulatorenwerk in Hannover (Afa) blieb jedoch erhalten. Wenn dieses zerstört worden wäre, hätte der Neubau der U-Boote vier Wochen später eingestellt werden müssen.

Sonstige Industrie

Wurden schwere ernstliche Schwierigkeiten dem totalen deutschen Kriegseinsatz bereitet durch Angriffe auf eine besondere und welche Industrie und wann?

Erledigt durch vorherige Fragen.

Können Sie sich eine bessere und effektivere Luftoffensive-Planung wie die unsrige vorstellen, um das [sic] wir mittels Angriff auf Industrie eine schnellere Lähmung der Potentiale hätten erzielen können?

Ja. Durch eine konsequentere Zerstörung von Wirtschaftszielen. Keine Streuung auf Endfertigung oder auf den Verkehr, da beide zu viele Angriffe erfordern und auf längere Zeit Umdispositionen ermöglichen. Nur [durch] die Herausbildung von Schwerpunkten, die einen Querschnittsfaktor der Industrie ausschalten, ist ein schneller Erfolg möglich. Dabei muß die Reihenfolge der Angriffe beschleunigt werden, um den Wiederaufbau unmöglich zu machen.

Mit dem geringsten Aufwand wäre eine Zerstörung der Kugellagerindustrie in der Lage gewesen, unsere Produktion vier Monate danach völlig zum Erliegen zu bringen, und auf wichtigen Teilgebieten bereits nach vierzehn Tagen bis acht Wochen. Angriffe auf die Elektrizitätswerke hätten eine verhältnismäßig große Zahl von Werken umfassen müssen, da unser Verbundsystem neben dem Englands in der Welt einmalig ist und wir viele kleine und mittlere Elektrizitätswerke haben. Trotzdem sollte nach den Schätzungen des Reichsverteilers ein Ausfall von 60 Prozent der gesamten Stromerzeugung genügen, um den Zusammenbruch der ganzen Netze zu erzielen. In Ländern, bei denen die Zahl der Elektrizitätswerke kleiner und in ihren Durchschnittsleistungen größer ist und bei denen kein ausgebautes Verbundsystem vorhanden ist, ist die Zerstörung der Elektrizitätswerke das radikalste Mittel, da es augenblicklich die gesamte Industrie und das öffentliche Leben zum Erliegen bringt. Es ist das einzige Gebiet, neben dem Gas, auf dem es keine Reservenbildung und keine Vorlaufmengen gibt, die die Wirkung auf einige Monate hinausschieben können. Chemie einschließlich Hydrierung. Hierbei müssen jedoch auch die Stickstoffwerke mit einbegriffen werden, um die Pulver- und Sprengstoffherstellung zum Erliegen zu bringen. Dabei hat sich herausgestellt, daß die Bearbeitung des Rohöls durch den verhältnismäßig primitiven Prozeß der Raffinerien weiter durchgeführt werden kann.

Massenangriffe (Gebietsangriffe)

Inwieweit haben die auf Städte massenweise ausgeführten Angriffe unmittelbar auf die Herausbringung kriegswichtiger Materialien gewirkt? Können Sie einen Fall angeben, wo dadurch eine außenstehende Großfabrik zum Stillstand oder zur Lähmung gebracht worden ist?

Das war selbstverständlich oft der Fall, aber nur vorübergehend, da meistens durch den Ausfall von Strom oder Gas hervorgerufen. Den besten Anhalt für die Auswirkung eines Nachtangriffs auf die Produktion geben die Anforderungen an Stromlieferungen nach den Angriffen, die oft auf 30 bis 40 Prozent absanken, um sich allerdings nach einer Woche schnell wieder auf die ursprüngliche Höhe zu steigern. Diese Stromkurven sind für alle wichtigen Nachtangriffe aufgezeichnet und liegen beim Reichslastverteiler vor. Sie geben den besten Überblick über die Wirkung der einzelnen Nachtangriffe auf die Produktion.

Inwieweit wurden bei Massenangriffen durch Lähmung oder Stillegung von Strom, Gas, Wasser oder Verkehr in einer Großstadt die Herausbringung kriegswichtigen Materials beeinträchtigt (Fälle, wo möglich)?

Besonders empfindlich war der Ausfall der Verkehrsmittel überall da, wo die Arbeitskräfte große Wege zurückzulegen haben. So zum Beispiel bei den Angriffen auf Berlin mußte jedesmal trotz intakter Werke der Betrieb einzelner Werksgruppen auf einige Tage ruhen. Schwere Verluste brachte die Zerstörung des Gasleitungsnetzes im Ruhrgebiet. Dadurch wurde laufend die Weiterverarbeitung stark eingeschränkt. Hierüber geben die Kurven der Gaslieferungen im Ruhrgebiet genau Auskunft, die bei der Ruhrgas (Direktor Wunsch) geführt wurden. Durch den Bruch der Möhnetalsperre wurde das Ruhrtal überschwemmt und die Pumpstation für Frischwasser im Ruhrgebiet durch Verschlammung außer Betrieb gesetzt.[40] Jedoch konnte nach einer Woche die Wasserlieferung wieder in genügendem Umfange aufgenommen werden. Eine gleichzeitige Zerstörung der anderen Ruhrtalsperren hätte einen erheblichen Ausfall an der Ruhr zur Folge gehabt. Die Ausfälle durch Strommangel konnten immer in verhältnismäßig kurzer Zeit ausgeglichen werden.

Inwieweit wurde die Kriegsproduktion in den bombardierten Städten durch die Auswirkung der Massenangriffe auf [die] Arbeitsleistung per Kopf beeinträchtigt und hat sich dies periodenmäßig geändert und nach welcher Richtung?

Die Arbeitsleistung selbst ist bis zum Schluß auf voller Höhe geblieben.[41]

---

[40] Am 16. und 17. Mai 1943 zerstörten britische Lancaster-Bomber die Sperrmauern der Möhne- und Edertalsperre. Siehe auch die Anmerkungen in Dokument 10.

[41] Die Indexziffern der Rüstungsendfertigung sowie die kriegswirtschaftliche Kräftebilanz der deutschen Industrie bestätigen diese Aussage, auch wenn die katastrophale Lage unmittelbar vor der Kapitulation sich in der Statistik niederschlägt. Der höchste Stand der Kriegsmaterialerzeugung wurde im Juli 1944 erreicht. Acht Monate später, im März 1945, war die deutsche Rüstungsproduktion indes bereits wieder auf den Stand von Juni 1942 zurückgeworfen. (Vgl. Rolf Wagenführ, Die deutsche Industrie im Krieg. 1939–1945, Berlin 1963, S. 178ff.)

Hat der Verlust an Verwaltungsakten bei Massenangriffen einen beträchtlichen Einfluß auf Kriegsproduktion oder städtisch-örtliche Verwaltung gehabt?

Es führte im Gegenteil der Verlust von Akten zur vorübergehenden Auflockerung der Bürokratie. Die Meldung: »Verwaltungsgebäude ausgebrannt, Betrieb läuft voll weiter« war recht häufig. Es ist mir unbekannt, wieweit es sich auf die Schwierigkeiten der örtlichen Schäden der Verwaltung ausgewirkt hat.

Inwieweit haben die auf Städte ausgeführten Massenangriffe die Verlagerung der Großindustrie erzwungen und, allgemein gesehen, wie hat sich dies auf das durchschnittliche Niveau der Produktion bei einer oder mehreren Industrien [aus]gewirkt?

In den Jahren 1942 und 1943 wurde die Verlagerung der Großindustrie vom westdeutschen und nordwestdeutschen Raum nach Mittel- und Ostdeutschland durchgeführt. Ab 1944 wurden Schwerpunktindustrien in Höhlen und unterirdische Anlagen verlagert.[42] Auf die Produktion hat sich diese Verlagerung zunächst nicht ausgewirkt, da sie in kurzer Zeit durchgeführt werden konnte. Erst als der Verkehr und die Nachrichtensysteme erschüttert waren, hat sich diese Verlagerung ausgewirkt.

Inwieweit hinsichtlich städtischer Verwaltung und der Unterbringung von Arbeitern haben die Massenangriffe [dem] deutsche[n] Kriegs-

---

[42] Bei Kriegsende waren im noch verbliebenen Reichsgebiet 300 000 bis 400 000 bombensichere Produktionsanlagen in Betrieb. (Vgl. Karl-Heinz Ludwig, Technik und Ingenieure im Dritten Reich, Düsseldorf 1974, S. 497.) Fast alle V-Waffen, knapp zwei Drittel der Flugmotoren- sowie ein Großteil der Munitionsproduktion fand unterirdisch statt: Zu den bekanntesten unterirdischen Produktionsstätten gehörten die Untertageanlagen des Messerschmitt-Konzerns in Leonberg, in Kahla im Harz (Düsenjäger Me 262), bei Jenbach in Tirol (Achenseetunnel), Dornier bei Überlingen, BMW in Neckarelz, Munitionsfabriken in Altstrelitz, eine Erdölraffinerie in Nova in Österreich sowie Ebensee. Oftmals wurden wenige Kilometer von den eigentlichen Produktionsstätten Attrappenanlagen errichtet, die nur schwer von den echten Anlagen zu unterscheiden waren und die alliierte Luftwaffe verwirren sollten. Die Verlagerung kriegswichtiger Betriebe in weniger oder erst sehr spät luftgefährdete Gebiete sowie die Aufsplitterung auf kleine Betriebe trug zusätzlich zu einer Minderung der Verluste infolge von Bombenangriffen bei. (Vgl. Werner Wolf, Luftangriffe auf die deutsche Industrie 1942–1945, München 1985, S. 124ff.)

potential als ganzes geschadet? Wie wäre die Lage dann gewesen, wenn einmal alle beiden Luftwaffen eine Zeitlang ihr ganzes Können auf Angriffe auf Städte konzentriert hätten?

Die Unterbringung der Arbeiter war selbstverständlich vollständig ungenügend, sie wurde von diesen jedoch bis zu Schluß willig getragen.

Selbst wenn alle Angriffe auf die Städte konzentriert worden wären, hätte dies bei dem alten System der Angriffe mit langen Zwischenpausen keine entscheidende Wirkung gehabt. Die Wirkung wäre jedoch bedeutender gewesen, wenn den Nachtangriffen ein anderes System zu Grunde gelegt worden wäre. Nach dem ersten Angriff waren meistens die Rohrleitungen für Wasser stark beschädigt und der Wasserdruck stark gemindert. Eine Wiederholung dieser Angriffe in zwei, drei darauffolgenden Nächten hätte bedeutend größere Wirkung gehabt, da die Nachtangriffe in der Hauptsache durch die Brandwirkungen erhebliche Zerstörungen verursachten. Dabei war es jedoch Voraussetzung, daß die angegriffene Stadt vom unbeschädigten Zustand bis zur totalen Zerstörung in kurzen Pausen hintereinander angegriffen wird, da nach den ersten Bränden bei größeren Pausen die Gefahr einer Neuentstehung von Großbränden bedeutend verringert war, wenn die Rohrleitungen wieder in Gang gesetzt werden konnten (Bildung von natürlichen Brandgasen). Zusätzliche Tagesangriffe hätten nur eine Wirkung gehabt, wenn sie auch in der Hauptsache Brandangriffe gewesen wären. Dieses System wurde in Dresden angewandt, wodurch trotz aller vorhergehenden Angriffe der letzten drei Jahre im ganzen Reich eine erhebliche Schockwirkung entstand. Trotzdem erholte sich das industrielle Leben in Dresden verhältnismäßig schnell. So daß abschließend gesagt werden kann, daß die Bombenlast auf Wirtschaftsziele wirkungsvoller ist als auf Städte.

Wie haben sich die Moskito-Angriffe [sic] auf Berlin und andere Städte ausgewirkt? Wie hätten sich diese wirksamer machen können?

Die Moskito-Angriffe auf Berlin und andere Städte (mit Ausnahme der Bumerang-Angriffe) haben keine erhebliche Wirkung gehabt.[43] Sie wurden als reine Störangriffe empfunden, und es wäre wirksamer gewesen, wenn sie sich auf einen längeren Zeitraum erstreckt hätten, da das Störendste an diesen Angriffen der Verlust an Schlafenszeit war. Auch die regelmäßig eingehaltenen Zeiten trugen dazu bei, daß man sich in seiner Zeiteinteilung auf diese Angriffe einstellen konnte. Eine unregelmäßige, möglichst breite Streuung wäre besser gewesen.

Welcher Ablenkung von Menschenkraft und Staatsreserven im allgemeinen bedurfte es, um der Drohung und der Auswirkung der Angriffe entgegenzutreten? Wir denken hier besonders an Luftschutzdienst und Reparaturorganisationen. Inwieweit hat die Industrie und die Wehrmacht als ganzes durch die Entziehung von Kräften für diese Zwecke gelitten?

Es ist mir unbekannt, welche Zahlen im einzelnen im Luftschutzdienst und in den Organisationen für die Wiederherstellung der Fliegerschäden eingesetzt waren.[44] Es kann im Jahre 1943/44 mit ein bis anderthalb Millionen Arbeitskräften gerechnet werden. Selbstverständlich hat dadurch die Industrie ihren Mangel an Arbeitskräften nicht abdecken können. Es ist jedoch nicht anzunehmen, daß ein wesentlich größerer Ausstoß der Rüstung durch Abdeckung ihres Arbeiterfehlbedarfes entstanden wäre, da die Engpässe im Material (Rohstahlbasis usw.) lagen. Zweifellos hätten aber ohne die Fliegerangriffe einige hunderttausend Soldaten aus der Rüstung für 1943 mehr abgegeben werden können. Die Beseitigung der Fliegerschäden in den Werken erforderte einen größeren Anteil an deutschen Fachkräften, die durch ihre Spezialkenntnisse und ihren Aufbauwillen in diesen Werken nach Fliegerangriffen unentbehrlich waren. Ohne Fliegerangriffe hätte der Anteil der Ausländer und der ungelernten Arbeitskräfte größer sein können. Weiter wurden in steigendem

[43] Die Mosquitos des britischen Bomber Command flogen in der Schlacht um Berlin (18. November 1943 bis 31. März 1944) 2034 Angriffe, konnten bis zu den letzten Kriegsmonaten jedoch keinen entscheidenden Sieg erringen. Berlin war (lediglich) zu 33 Prozent zerstört; die weitflächige Bebauung Berlins ist indes dabei zu berücksichtigen.

[44] Zu den Luftschutzmaßnahmen am Beispiel des Ruhrgebietes vgl. Schnitzler, Schmidle, Luftkriegserfahrungen im rheinisch-westfälischen Industriegebiet, in: Ziviler Luftschutz 20, 1956, S. 77ff.

Umfang im Jahre 1944 Ausbildungseinheiten des Heeres zur Schadensbehebung eingesetzt, was zur Verschlechterung der Ausbildung und Verlängerung der Ausbildungszeiten führte.

Bei Angriffen auf deutsche Städte: Wie war die relative Wirkung von Spreng- und Brandbomben bezüglich: die in der Stadt befindliche oder die mit der Stadt verbundene Industrie; Ausbleiben der Arbeiter dieser Industrien nach einem Angriff; die allgemeine Stimmung der Bevölkerung?

Die Wirkung der Brandbombe steht wegen ihrer Flächenwirkung über der der Sprengbombe, soweit konzentrierte Flächenangriffe durchgeführt wurden.[45] Die Sprengbombe konnte die Wirkung der Brandbomben nur unterstützen. Im Gegensatz hierzu war die Wirkung der schwersten Minen furchtbar. Der Unterschied zwischen Spreng- und Brandbombenangriffen konnte in Berlin festgestellt werden. Hier hat die amerikanische Luftwaffe auf das Stadtzentrum einige reine Sprengbombenangriffe durchgeführt, die im Verhältnis zu der Zahl der eingesetzten Flugzeuge nicht die Wirkung eines entsprechenden Nachtangriffs hatten. Der Schaden in der Industrie war bei Sprengbombenangriffen, die konzentriert waren, ungleich größer. Am besten und wirkungsvollsten waren die letzten Angriffe auf Pölitz durch die RAF[46], die in der Mischung der Bomben die größten Wirkungen verursachten. Auch die Wohnungslosigkeit der Arbeiter wurde durch Brand in einem ganz anderen Umfang erzielt als durch Sprengbomben, bei denen ein Teil des Hauses oft noch bewohnbar war. Dadurch blieb der Arbeiter nach Großbränden länger von seiner Arbeitsstätte fern als bei Sprengbombenangriffen. Die allgemeine Stimmung der Bevölkerung, die nach den Ereignissen in Hamburg usw. vor der Entstehung großer Flächenbrände größte Sorgen hatte, wurde durch Brände am schwersten beeinflußt.

---

[45] Brandbomben hatten bei eng gebauten Zielen eine wesentlich größere Wirkung als Sprengbomben und wurden – insbesondere als besonders gefährliche Flüssigkeitsbrandbombe, »ein Gemisch aus Benzin, Gummi und Viscose, oder aus Öl, flüssigem Asphalt und Magnesiumstaub« – ab 1943 von den Anglo-Amerikanern eingesetzt. Die Löschungsversuche nach solchen Angriffen waren schwierig. (Vgl. Georg Feuchter, Der Luftkrieg. Vom Fesselballon zum Raumfahrzeug, Frankfurt/M.–Bonn 1962, S. 236.)

[46] Hier irrt Speer, es handelt sich um die Angriffe der 18. USAAF vom 20. Juni 1944, bei der die Treibstoffproduktion völlig zum Erliegen kam. Siehe auch Fußnote 28.

Apocalypse now. Eine Woche lang, vom 24. bis 30. Juli 1943, bombardierten vor allem britische Bomber Hamburg bei Nacht. Am 25. Juli wurden sie von amerikanischen Bombern tagsüber unterstützt, um Löscharbeiten zu verhindern. Das Ergebnis: Neben schweren Zerstörungen in Industrie- und gewerblichen Betrieben verbrannten 277 330 Wohnungen auf 20 Quadratmetern Stadtfläche und 30 500 Menschen. (19)

Land unter. Eine von den Engländern speziell für die Zerstörung von vermeintlich unzerstörbaren Sperrmauern konstruierte Rotationsbombe riß in der Nacht vom 16./17. Mai 1943 ein 70 Meter breites und 20 Meter tiefes Loch in die Mauern der Edertalsperre. Eine Flutwelle, die 160 Millionen Kubikmeter Wasser mit sich führte, stürzte ins Edertal. In den entfesselten Wassermassen kamen über 1000 Menschen ums Leben. (20)

Köln, die Stadt am Dom, hatte von allen deutschen Städten im Bombenkrieg die größten Verluste erlitten. Das Bild zeigt, was nach dem Brand vom »hilligen Cölln« geblieben war: Blick vom Dom über die zerstörte Rheinbrücke nach Deutz. (21)

Ruinen wurden zu den stummen Zeugen des nationalsozialistischen Größenwahns. Einst waren Deutschlands Städte von Albert Speer so konzipiert worden, daß sie noch nach tausend Jahren von Glanz und Größe des Dritten Reiches zeugen sollten. Mit der Weigerung Hitlers, abzutreten und den Krieg rechtzeitig durch Vergleich zu beenden, wurden sie in Schutt und Asche gelegt. Das Bild zeigt die Dresdener Altstadt am Tag nach der Zerstörung durch anglo-amerikanische Bomber am 13. Februar 1945. (22)

Bizarre Symbolik, Mai 1945. Das Reich lag in Trümmern, das Reichsparteitagsgelände war jedoch größtenteils vom Bombensturm unversehrt geblieben. Wo einst Hitler herabsalutierte, patrouillierten jetzt amerikanische G.I.s. Das vergoldete Hakenkreuz mit Lorbeerkranz auf dem Zeppelinfeld sprengten die Amerikaner noch 1945, 1967 folgte die Säulengalerie nach. (23)

Frühsport inbegriffen. Die Bedingungen im alliierten Prominentengefängnis Kransberg waren erträglich. Hier war im Sommer 1945 vor allem die ökonomische und technische Intelligenz des Dritten Reiches interniert. Albert Speer hatte die Anlage 1939 für Göring als eines seiner Hauptquartiere ausgebaut. Das Bild zeigt Kransberg in seinem heutigen Zustand. (24)

Protokoll 10

Die Einwirkungen der alliierten Bombenangriffe im Ruhrgebiet und auf die deutsche Rüstungsproduktion (28. August 1945)[1]

Wie war die Einwirkung der Bombenangriffe im Ruhrgebiet auf die deutsche Rüstungs- (und Nichtrüstungs-) Produktion, und zwar in den Phasen Januar bis Juni 1942, 1943 und 1944 und Juni bis Dezember 1942, 1943 und 1944?

Die Wichtigkeit des Ruhrgebiets für die Rüstung des Reiches ist nicht durch die Endprodukte, sondern durch die Förderung von Kohle, die Erzeugung von Rohstahl und Weiterverarbeitung zu Halbzeugen[1a] und Qualitätsstählen gegeben. Die Fabrikationsstätten, Förderanlagen usw. sind bis Herbst 1944 nicht so entscheidend getroffen worden, daß deswegen ein erheblicher Ausfall eintrat. Andere, allgemeine Faktoren haben bei großen Angriffswellen auf das Ruhrgebiet die Produktion immer mehr verringert, als es den noch vorhandenen Produktionsmöglichkeiten entsprach.

Die drei Faktoren, auf die das Ruhrgebiet jeweils empfindlich reagierte, waren:

1. die Transportmöglichkeiten, hauptsächlich der Kohle
2. die Störung der Gasversorgung
3. die Gefährdung der Wasserversorgung

Die Stromversorgung konnte über das Verbundnetz bis zum Herbst 1944 an das Ruhrgebiet gebracht werden. Das Leistungsangebot war durch die Fliegerangriffe meist größer als der Ausfall an Strom. Sorgen machte uns die Zerstörung der Verteilerzuleitungen, die aber schneller in Gang zu setzen waren als das Gasnetz. Die verschiedenen Phasen der Angriffe auf die Ruhr und deren Folgen sind daher abzulesen aus:

---

[1] BA Koblenz, Nachlaß Albert Speer N 1340, Bd. 474.

[1a] Halbzeuge sind technische Erzeugnisse, die meist durch Schmieden oder Walzen von Roherzeugnissen entstanden und für die Weiterverarbeitung zu Fertigerzeugnissen bestimmt sind.

a) den täglichen Wagengestellungszahlen für Kohle an der Ruhr, wobei die Zahlen der aus der Ruhr heraustransportierten Kohle wichtiger sind, da die Produktionsmöglichkeiten im Reich zu einem großen Prozentsatz von der Ruhrkohle abhingen.
b) der Gasversorgung an der Ruhr. Durch sie wurde die Weiterverarbeitung des Rohstahls am wesentlichsten eingeschränkt. Durch Abfall des Druckes waren dabei weiter entfernt liegende Großabnehmer an Gas (Edelstahlwerke Krefeld und Zuliefererindustrie im Siegerland)[2] trotz aller theoretischen Zuteilungen und Dringlichkeiten stark benachteiligt. Welche Rolle die Gasversorgung an der Ruhr für die gesamte Industrie spielt, geht daraus hervor, daß an der Ruhr 40 Prozent der Gesamterzeugung des Reiches (einschließlich der städtischen Gaswerke) hergestellt wurde. Aus einer Aufstellung der täglichen Mindererzeugung an Gas an der Ruhr sind daher die Schwierigkeiten bei den Edelstahlerzeugnissen usw. abzulesen. Dabei ist die erhöhte Kapazität an Gasproduktion von Monat zu Monat zu Grunde zu legen, da die Gaserzeugung an der Ruhr durch verschiedene Programme theoretisch so ausgeweitet wurde, daß sie den erhöhten Anforderungen der Rüstungsprogramme ab Frühjahr 1944 entsprochen hätte. Direktor Wunsch[3] von der Ruhrgas, Essen, kann diese Ausarbeitung am besten vornehmen. Er hat in den letzten Jahren die Gasverteilung an der Ruhr vorgenommen.
c) Eine Ermittlung der Minderproduktion durch Fliegerangriffe an der Ruhr insgesamt kann aus der täglichen Stromabnahme im

[2] Die Edelstahlwerke Krefeld wurden 1900 u.a. von August Thyssen gegründet. Schwerpunkt der Fertigung waren Werkzeugstähle. Seit 1933 war Walter Rohland, der später als »Panzer-Rohland« bekannt wurde, Betriebsdirektor. Bereits 1934 produzierte das Krefelder Stahlwerk besonders zähe und einschlagsichere Stahlpanzerplatten in einem Umfang, der deutlich über den Rüstungsbeschränkungen aus dem Versailler Vertrag lag. Das neu hinzuerworbene Stahlwerk Becker im benachbarten Willich fertigte schwere Panzer; das Stahlwerk in Remscheid fabrizierte Kurbelwellen für Tanks, die in Krefeld eingebaut wurden. 1938 als »nationalsozialistischer Musterbetrieb« ausgezeichnet, wurden im Edelstahlwerk Krefeld seit 1940 verstärkt ausländische Zwangsarbeiter beschäftigt. Wegen der Rüstungsproduktion waren die Edelstahlwerke Krefeld von der britischen Luftwaffe als strategisches Bombenziel mit der Priorität »1+« bewertet und entsprechend bevorzugtes britisches Objekt für Bombardement.
[3] Walter Wunsch, Technischer Direktor der Ruhrgas AG, war seit 1942 Sonderbevollmächtigter des Reichsministers Speer für die westdeutsche Gaswirtschaft.

Ruhrgebiet abgelesen werden. Der Bezirkslastverteiler, Direktor Kretschmar[4] von den Rheinischen Elektrizitätswerken in Brauweiler, würde diese Ausarbeitung machen können. Auch hierbei muß die laufend sich erhöhende Anforderung an die Stromabnahme zu Grunde gelegt werden, um den prozentualen Ausfall richtig messen zu können.

d) Weiter sind die Auswirkungen an der Ruhr in den einzelnen Phasen abzulesen aus der Monatsproduktion an Rohstahl und an Walzwerkerzeugnissen im Ruhrgebiet. Diese müssen über Dr. Rohland, mein Vertreter im Ruhrstab und gleichzeitig stellvertretender Vorsitzender der Reichsvereinigung Eisen, erhältlich sein.[5]

Zu den einzelnen Phasen:
Eine einzelne Beschreibung jeder Phase ist mir nicht möglich. Sie sind am besten durch die oben bezeichneten vier Kurven der Wagengestellung, der Gas- und Stromabnahme und der Monatsproduktion an Rohstahl und Walzwerkserzeugnissen zu ermitteln. Falls mir diese zugänglich gemacht werden, ist eine weitere Ausarbeitung möglich.

1. Das Ruhrgebiet war in der Produktion immer dann gefährdet, wenn einer der grundlegenden Faktoren in Mitleidenschaft gezogen war. Die erste schwere Gefährdung der Produktion war dabei nach den Angriffen auf die Talsperren im Mai 1943.[6] Die Pumpwerke waren durch die Flugwelle überschwemmt und verschlammt, die Wasserversorgung der Gruben und der Hochöfen damit zunächst ausgefallen. Allein dieser Umstand hat die damalige Förderung und Rohstahlproduktion wesentlicher beeinflußt als alle vorhergehenden direkten Angriffe. Wenn statt der Edertalsperre die Sorpetalsperre vernichtet worden wäre, hätte die Produktion im

---

[4] Fritz Kretschmar, Betriebsdirektor der Hauptschaltleitung der Rheinischen Elektrizitätswerke Brauweiler, war verantwortlich dafür, daß die RWE-Verbundwirtschaft bis Ende 1944 die Strombedürfnisse der Industrie im Ruhrgebiet befriedigen konnte.

[5] Die Reichsvereinigung Eisen wurde 1942 von Reichswirtschaftsminister Funk geschaffen. Sie faßte die Wirtschaftskreise der eisenschaffenden Industrie nach dem Grundsatz der fachlichen Organisation der Wirtschaft zusammen. Im Einvernehmen mit Speer wurde Hermann Röchling zum Präsidenten der Reichsvereinigung, Alfried Krupp v. Bohlen und Halbach und Walter Rohland zu seinen Stellvertretern ernannt.

[6] Am 16. und 17. Mai 1943 zerstörten britische Lancaster-Bomber die Sperrmauern der Möhne- und Edertalsperre.

Ruhrgebiet schwerste Ausfälle gehabt.[7] Der Verlust der Edertalsperre hatte dagegen keine nachteiligen Folgen auf die Produktion. Der Angriff auf sie war vom Standpunkt der Produktion mir schon damals unverständlich. Einige Monate später war die Reserveversorgung des Ruhrgebiets mit Wasser durch Hinaufpumpen aus dem Rhein über verschiedene Staustufen bis Essen vollendet. Daher waren die Angriffe im Mai 1943 auf die Ruhr die ersten, die weitgehende Folgen zu haben schienen. Es wurden durch Reichshilfe Gegenmaßnahmen getroffen. Die OT zog Arbeitskräfte vom Atlantikwall zur Ruhr ab. Es wurde die Einsatzgruppe Rhein-Ruhr der OT aufgestellt. Organisatorisch wurde durch die Schaffung des »Ruhrstabes«[8] die Möglichkeit gegeben, die bis dahin dezentralisierte Wirtschaftsverwaltung und auch die Verteilung von Strom, Gas und Wasser zentral aufzuteilen und damit besser auszunutzen.

2. Die nächste Phase, in der Angriffe auf die Ruhr in ihren Auswirkungen so weitgehend waren, daß A.H. davon unterrichtet werden mußte, war im Mai/Juni 1944.[9] Diese Störungen in der Produktion

---

[7] Der Staudamm der Sorpetalsperre hielt, anders als die Sperrmauern der Möhne- und Edertalsperren, trotz Treffer stand. Die Waffenproduktion im Ruhrgebiet wurde nicht gelähmt. Im Möhne-Ruhr-Tal kamen in den entfesselten Wassermassen über 1000 Menschen ums Leben. Als Konsequenz erging im September 1943 der Befehl, die wichtigsten Talsperren in Oberitalien »luftwaffenmäßig zu sichern«. (Vgl. Willi A. Boelcke, Deutschlands Rüstung im Zweiten Weltkrieg, Frankfurt/M. 1969, S. 266.)

[8] Der Ruhrstab war im August 1943 von Speer eingerichtet worden. In der Mehrzahl der Sitzungen überließ Speer jedoch Albert Vögler, den er zu seinem Stellvertreter ernannte, die Leitung der Sitzungen. Der Ruhrstab umfaßte so unterschiedliche Aufgabenbereiche wie Kohle, Energie, Eisen und Stahl, Rüstung, Zulieferungsindustrie und Chemie. Seine Mitglieder waren mit weitgehenden Vollmachten ausgestattet. Walter Rohland, der die Gruppe »Stahl und Eisen« des Ruhrstabs leitete, schrieb darüber: »Dem Stab gehörten wichtige Persönlichkeiten der Industrie des Reviers an. Die Auswahl erfolgte unter dem Gesichtspunkt der Persönlichkeit des einzelnen im Hinblick auf seine sonstige berufliche oder administrative Stellung. Alle Mitglieder standen gleichberechtigt nebeneinander. Der Ruhrstab erhielt sehr weitreichende Vollmachten. Entscheidungen, die er traf, erhielten den Charakter ›ministerieller Weisungen‹.« (Walter Rohland, Bewegte Zeiten. Erinnerungen eines Eisenhüttenmannes, Stuttgart 1978, S. 96.)

[9] Im Frühsommer 1944 trat in der alliierten Luftkriegführung eine für die deutsche Rüstungsindustrie entscheidende Veränderung ein. Die Luftangriffe richteten sich jetzt vor allem gegen die Verkehrsanlagen und die Grundstoffindustrien der Mineralölgewinnung und der Stickstoffherstellung. Am 21. Mai hatten rund 5000 alliierte Jäger und Jagdbomber das Transportsystem in Westdeutschland angegriffen (z.B. schwerer Nachtangriff auf Duisburg durch das RAF Bomber Command), am 12. Mai zerstörten britische Bomber die Hydrieranlagen bei Gelsenkirchen, am 26. Septem-

waren damals in der Hauptsache durch Verkehrsschwierigkeiten an der Ruhr und den davorliegenden Verschiebebahnhöfen (Hamm, Osnabrück, Bielefeld, Münster) hervorgerufen worden. Am 19. bis 22. Juni 1944 mußte A.H. wiederum auf den Rohstahlausfall aufmerksam gemacht werden, der sich nicht nur auf die besetzten Westgebiete, sondern auch auf die Rohstahlproduktion der Ruhr bezog. Soviel ich mich erinnere, war auch die Gaslage damals schwierig.

3. Katastrophale Auswirkungen hatten die Angriffe auf die Ruhr erst vom September 1944 an, als die systematischen Zerstörungen des Verkehrsnetzes, wie sie zur Vorbereitung der taktischen Ereignisse bereits in Frankreich durchgeführt worden waren, durch das Vordringen der feindlichen Truppen auch das Ruhrgebiet einbezogen. Mit diesen Angriffen wurde der Niedergang der gesamten deutschen Rüstung auf breiter Front eingeleitet, da Kohle die wichtigste und engste Voraussetzung für die Weiterproduktion im Reich war.[10] Wenn auch später die allgemeinen Transportschwierigkeiten das Bild der Auswirkungen der mangelnden Kohletransporte aus der Ruhr überdeckten, so kann doch aus dem prozentualen Absinken

---

ber waren schwere Luftangriffe der 8. USAAF auf Osnabrück, Hamm und Bremen, am 26. November warfen Bomber der 8. USAAF 1993 t Bomben auf Eisenbahnanlagen von Paderborn, Bielefeld, Hamm, Osnabrück und Gütersloh, außerdem 771 t auf die Ölraffinerie Miesburg bei Hannover. Die schweren Luftangriffe führten dazu, daß sich die Serienfertigung der Lokomotivproduktion verzögerte. 1944 war die Gesamtproduktion von Maschinen und Wagen erstmals wieder rückläufig. Die fortlaufenden, immer wieder wichtige Knotenpunkte ins Visier nehmenden alliierten Bombardements brachten nicht nur die Produktion der Reichsbahn, sondern auch die Gestellung von Güterwaggons an die Industrie allmählich ins Wanken. Im Vergleich zum letzten Friedensjahr 1938, in dem im Tagesdurchschnitt 126 000 Waggons gestellt wurden, und zum Kriegsjahr 1943 (150 000 Waggons kalendertäglich), wurden im Tagesdurchschnitt im August 1944 immerhin noch 133 000 Waggons gestellt. Hinzu kam die Notwendigkeit erhöhter Reparaturleistungen aufgrund der an den Maschinen verursachten Beschädigungen. (Vgl. Horst Rohde, Das Eisenbahnverkehrswesen in der deutschen Kriegswirtschaft, 1939–1945, in: Friedrich Forstmeier und Hans-Erich Volkmann (Hgg.), Kriegswirtschaft und Rüstung 1939–1945, Düsseldorf 1977, S. 134ff.)

[10] Der Brennstoff Kohle war die Achillesferse der deutschen Kriegswirtschaft. Die Folgen der durch die Fliegerschäden eingeschränkten Steinkohleversorgung betrafen nicht nur die industrielle Produktion und die Kohleverstromung, sondern auch Gewerbe und private Haushalte. Ab Dezember 1944 war im Ruhrgebiet nur noch eine Notstromversorgung möglich. Zwischen Januar und Mitte März 1945 gingen die Kohlelieferungen an die Steinkohlekraftwerke um mehr als die Hälfte zurück.

des Kohletransports aus der Ruhr (hierbei müssen die im inneren Ruhrverkehr weiterbeförderten Kohlemengen abgezogen werden) der wesentliche Anteil an dem Niedergang der deutschen Rüstung und Produktion gefolgert werden. Dabei ist zu berücksichtigen, daß von mir der Befehl gegeben war, die Vorräte bei den Werken nicht zu schonen, sondern möglichst bald möglichst viel zu produzieren, so daß durch das Aufbrauchen ihrer Winterbevorratung zwar die Produktion noch einige Zeit länger durchhalten konnte, dafür aber die anschließende Katastrophe um so größer geworden wäre. […] Die weitere Fortdauer der Angriffe auf die Ruhr brachte neben der Verkehrskatastrophe eine immer weitere Zersetzung aller zur Durchführung der Führungsaufgaben notwendigen Voraussetzungen. Der interne Bahnverkehr zur Beförderung der Arbeiter funktionierte nicht mehr, und die Nachrichtenverbindungen fielen völlig aus. Im Dezember 1944 war die Gasversorgung durch die Zerrüttung des Gasfernnetzes der Ruhr auf ein untragbar geringes Maß abgesunken.[11] Dieser Ausfall der Kohletransporte an der Ruhr und die Einschränkungen der Rohstahl- und Walzwerkserzeugung brachten das Wirtschaftsleben schließlich zum Einsturz, nachdem im Januar die Reserve, die bis dahin das oberschlesische Gebiet gegeben hatte, durch die militärischen Ereignisse in Oberschlesien teilweise ausgefallen war.[12] In der Denkschrift an A.H. vom 15. März 1945[13] mußte der endgültige Wirtschaftszusammenbruch festgestellt werden. Wenn dabei auch der teilweise Verlust von Oberschlesien und die unmittelbare Nähe der amerikanischen und englischen Truppen am Rhein sowie der Verlust der linksrheini-

[11] Anders als bei der elektrischen Energie fehlte ein das ganze Reich umfassendes Gasverbundnetz. Drei Viertel der öffentlichen Gasversorgung wurden an der Ruhr aufgebracht oder beruhten auf Ruhrkohle. Deshalb hatten die Flächenbombardements an der Ruhr hier besonders nachhaltige Folgen. Vgl. dazu Rolf Wagenführ, Die deutsche Industrie im Kriege, 1939–1945, Berlin 1963, S. 102f.

[12] Am 27. Januar 1945 wurde die Front der 17. deutschen Armee unter Führung von General der Infanterie Schulz durch die Armeen der 1. Ukrainischen Front aufgerissen. Generaloberst Schörner, Oberbefehlshaber der Heeresgruppe A, genehmigte die Räumung des oberschlesischen Industriegebietes.

[13] Denkschrift Albert Speers an Adolf Hitler vom 15. März 1945: Wirtschaftslage März–April 1945 und die Folgen, in: Der Prozeß gegen die Hauptkriegsverbrecher vor dem Internationalen Militärgerichtshof Nürnberg. 14. November 1945 bis 1. Oktober 1946, Nürnberg 1949, Bd. XLI, S. 420ff.

schen Braunkohlengebiete eine sehr wesentliche Rolle spielte, war der ausschlaggebende Faktor zu der Entwicklung dieser Lage die Angriffe auf die Ruhr und die durch die Transportschwierigkeiten hervorgerufenen Minderlieferungen an die deutsche Rüstung und Kriegsproduktion. Dabei war letzten Endes der Verlust an Kohletransporten seit April/Mai 1944 maßgebend, denn von diesem Zeitpunkt ab war die planmäßige Bevorratung für den Winter 1944/45 vorgesehen. Ohne Fliegerangriffe hätte eine planmäßige Bevorratung vorgenommen werden können, und mit einer voll produzierenden und verkehrsmäßig intakten Ruhr wäre mit diesen Reserven der Wirtschaftszusammenbruch nicht eingetreten, da durch Abschaltung weniger wichtiger Verbraucher die Produktion auf den wichtigen Gebieten auch ohne oberschlesische Kohle hätte aufrechterhalten werden können. In der Denkschrift an A.H. vom 15. März 1945 heißt es: »Es ist daher in vier bis acht Wochen mit dem endgültigen Zusammenbruch der deutschen Wirtschaft mit Sicherheit zu rechnen. Dann ist weder ein Rüstungsausstoß gewährleistet, noch werden die Reichsbahn und die Schiffahrt in der Lage sein, die ihnen übertragenen Transporte – vielleicht mit Ausnahme der operativen Transporte – durchzuführen. Nach diesem Zusammenbruch kann der Krieg auch militärisch nicht fortgesetzt werden.«[14] Die Angriffe auf die Ruhr und das Verkehrsnetz hatten den wesentlichen Anteil an dieser Entwicklung.

[14] Ebd., S. 421.

Protokoll 11
Über Kriegsproduktion, Nachkriegsfragen und Deutschland zwischen Ost und West (3. Juli 1945)[1]

[Diese Herren sind vom State Department und Foreign Office beauftragt worden, einen allgemeinen Überblick zu gewinnen über die Gedanken der leitenden deutschen Persönlichkeiten, über die gegenwärtige und zukünftige Lage. Der Zweck ist vorwiegend ein historischer, aber wenn hieraus etwas für die Zukunft zu entnehmen sein wird, sind sie in der Lage, gewisse Dinge zur Durchführung zu empfehlen.]

Sie waren Rüstungsminister? Wieviel Leute haben Sie in diesem kolossalen Ministerium beschäftigt?

Ich weiß nicht, wie viele im Ministerium selbst tätig waren. An Arbeitskräften habe ich 15 Millionen beschäftigt.[1a]

Sie haben auch Funks Leute genommen?

Nur zu einem kleinen Teil. Ich habe nicht festgestellt, wieviel[e] das waren.[2]

---

[1] BA Koblenz, Nachlaß Albert Speer N 1340, Bd. 474.

[1a] Über Zahlenangaben der Mitarbeiter im Speer-Ministerium gibt es in der Literatur kaum verläßliche Angaben. Einzig Müller schreibt, daß Anfang 1943 in allen Geschäftsbereichen des Rüstungsministeriums rund 70 000 Angestellte, Beamte und Offiziere beschäftigt waren, deren Zahl sich bis 1944 noch wesentlich erhöhte. (Vgl. Rolf-Dieter Müller, Die weitere Konzentration der Kriegswirtschaft 1943/44, in: Das Deutsche Reich und der Zweite Weltkrieg, Bd. 5/2, Stuttgart 1999, S. 302.) Genauere Aufschlüsselungen waren nicht zu ermitteln.

[2] Speer hatte im Herbst 1943 den Machtkampf mit Reichswirtschaftsminister Funk um die Aufgabenverteilung in der Kriegswirtschaft zu seinen Gunsten entschieden. Nach dem Scheitern der Sommeroffensive in Rußland hatte Hitler Speer angewiesen, die gesamte Rüstungsproduktion in einer Zentralen Planung im RMRK zusammenzufassen und diese zu einem Planungsamt unter Leitung von Hans Kehrl auszubauen, der in Personalunion auch das neuzuschaffende Rohstoffamt führen sollte. Durch die damit verbundene Herauslösung mehrerer Abteilungen aus dem Reichswirtschaftsministerium und Überführung ins RMRK war Reichswirtschaftsminister

Funk sprach von 40 000 Menschen in Ihrem Ministerium? Hatten Sie nicht weniger Beamte und dafür mehr aus der freien Wirtschaft herangezogen?

Wenn ich nur die Zahl der Beamten nehme, so war diese sehr klein; wenn aber alle Außenstellen und kleineren Leute, die mit Sonderaufträgen in der Industrie tätig waren und ehrenamtlich in den Organisationen schafften, waren es sehr viele. Wenn es Sie interessiert, könnte ich feststellen lassen, wie sich diese Mitarbeiter verteilten. An Angestellten im Ministerium selbst haben wir etwa zwei- bis dreitausend Menschen gehabt. Das andere waren von der Industrie abgestellte ehrenamtliche Mitarbeiter.

Haben die Industriellen selbst meist die ganze Rüstungsproduktion gesteuert?

Ja.

War das unangenehm für die kleinen Leute und waren die kleineren Industriellen damit unzufrieden?

Ja. Ihre Interessen konnten in diesem System nicht genügend vertreten sein. Bei der Rüstungsindustrie ist es unmöglich, zu sehr auf den sogenannten Mittelstand Rücksicht zu nehmen.

Das haben wir auch gefunden.

Wir haben uns bemüht, das Handwerk und den Mittelstand weitgehend einzuschalten, und zwar durch eine Art »Auftragsbörse« für kleinere Arbeiten. Diese Börsen wurden in der Zeitung angekündigt, und die kleineren Betriebe konnten dort Bestellungen annehmen, die sie in der Lage waren auszuführen.

Haben die Großindustriellen große Gewinne gemacht?

Funk praktisch entmachtet. (Vgl. Rolf-Dieter Müller, Die weitere Konzentration der Kriegswirtschaft 1943/44, in: Das Deutsche Reich und der Zweite Weltkrieg, Bd. 5/2, Stuttgart 1999, S. 334ff.)

Darum habe ich mich nicht gekümmert. Das war Sache von Funk, sich damit zu beschäftigen.

Und Krosigk?[3]

Ja. Und Fischböck in seiner Eigenschaft als Preiskommissar.[4]

Wo ist Fischböck geblieben, ist er in Berlin?

In Berlin ist er nicht. Ich nehme an, daß er nach Österreich gefahren ist.[5]

Haben Sie Gelegenheit gehabt, Deutschland in seiner gegenwärtigen Lage zu sehen?

Nein, immer nur kurz bevor die Amerikaner gekommen sind. Mir ist nicht bekannt, wieweit die Brückenzerstörungen von den Pionieren vorgenommen worden sind, – und das wäre ja mit das Wesentlichste.

Im Augenblick ist es ganz furchtbar. Was haben Sie mit den Großstädten gemacht, was sollen wir damit machen?

Man müßte zunächst genaue Pläne festlegen, wie die Wirtschaftsstruktur aussehen soll.

Das fängt mit der Landwirtschaft an.

Das hat nichts damit zu tun. Ich meine, die industrielle Wirtschaftsstruktur muß geplant und festgelegt werden. Es hat keinen Zweck, z.B. Köln wieder als Großstadt aufzubauen, wenn man ihm keine

---

[3] Lutz Graf Schwerin von Krosigk war von 1932 bis 1945 Reichsfinanzminister.

[4] Der österreichische Industrielle Hans Fischböck war seit 1940 Generalkommissar für Wirtschaft und Finanzen und wurde im Januar 1942 (bis Kriegsende) Reichskommissar für die Preisbildung in Berlin. Im August 1944 übernahm Fischböck den Posten des Stellvertreters des mit ihm befreundeten Leiters des Planungsamtes im RMRK, Hans Kehrl. Dieser bereitete Fischböck darauf vor, im Notfall die Führung des Planungsamts zu übernehmen. (Vgl. Hans Kehrl, Krisenmanager im Dritten Reich. 6 Jahre Frieden – 6 Jahre Krieg, Düsseldorf 1973, S. 408f.)

[5] Nachdem ab Anfang April 1945 Kriegsverlauf und Besatzung eine geregelte dienstliche Tätigkeit des Speer-Ministeriums verunmöglichten, entließ Kehrl seinen Stellvertreter Fischböck – wie andere hohe Mitarbeiter auch – zum Südstab. (Vgl. Hans Kehrl, Krisenmanager im Dritten Reich. 6 Jahre Frieden – 6 Jahre Krieg, Düsseldorf 1973, S. 431.)

industrielle Basis gibt, von der die Stadt leben kann. Vor dem Wiederaufbau einer Großstadt steht also die Frage, welche wirtschaftlichen Möglichkeiten will man Deutschland geben – erst danach kann man den Aufbau planen.

Deutschlands Kohle usw. brauchen wir natürlich. Und die deutsche Industrie muß auch planmäßig herangezogen werden – aber zur Zeit sind große Transport- und Kohleschwierigkeiten.

Ja, aber auch das hat nach meiner Meinung nichts damit zu tun. Man muß ja, so hart die jetzigen Gegebenheiten für Deutschland sind, gerade weil alles nivelliert ist, sehr planmäßig auf weite Zukunft vorgehen. Man muß neben dem täglichen Improvisieren einen Plan über den zukünftigen Aufbau aufstellen. Man macht sonst Fehler oder nutzt die Möglichkeiten, die bei einer systematischen Neuplanung gegeben sind und durch die man einen Gesundungsprozeß in wirtschaftlicher und städtebaulicher Hinsicht durchführen kann, nicht genügend aus.

Glauben Sie, daß man jetzt schon auf Grund eines langen Planes vorgehen kann? Es scheint mir erforderlich, für die nächsten zwei bis drei Jahre Notmaßnahmen zu ergreifen, um das Existenzminimum sicherzustellen?

Ich glaube, die Periode, in der nur primitive Notmaßnahmen durchgeführt werden können, müßte schneller abgeschlossen sein. Inzwischen muß die grundsätzliche Planung einsetzen. Man kommt sonst in eine Phase hinein, in der man etwas aufbaut, was man bei einem planmäßigen Aufbau nicht zur Ausführung gebracht hätte. Sie kennen ja den Begriff der Standortwahl, der standortgebundenen Industrie. Wir hatten hierbei schon immer große Probleme gehabt, und jeder, der sich mit den vorhandenen Fehlern früher befassen mußte, hätte sich über die heute gegebene Möglichkeit gefreut, in der man von Grund auf eine neue Planung vornehmen kann.

Glauben Sie, daß ein solch langfristiger Plan sich allein auf Deutschland beziehen würde, oder müßte er anstreben, das europäische Wirtschaftssystem zu berücksichtigen?

Auf weite Sicht das europäische Wirtschaftssystem.[6]

Eine europäische Autarkie?

Eine Autarkie in Westeuropa, auch bei allen Staaten zusammen, durchzuführen, ist unmöglich. Ich wäre schon sehr zufrieden, wenn man durch eine innerdeutsche Produktion den Lebensstandard des deutschen Volkes wieder auf ein normales westeuropäisches Maß bringen könnte. Dazu ist schon sehr viel notwendig. Ich verstehe darunter, daß man den eigenen Bedarf an Verbrauchsgütern in weitestem Umfang in Deutschland durch eigene Produktion befriedigt.

Was halten Sie für die gesündeste Weise, in der Deutschland die Reparationen aufbringen könnte und zugleich Mittel für die notwendige Einfuhr?

Auf jeden Fall nur durch Sachlieferungen, die zu einem gewissen Prozentsatz mit Devisen vergütet werden.

Der Russe spricht von Arbeitskräften.

Ich könnte mir vorstellen, daß es z.B. möglich sein müßte, für die Lieferung von Lokomotiven zu einem Prozentsatz des Wertes von Rußland Getreide hereinzubekommen. Arbeitskräfte zu verschicken, ist immer unangenehm für das eigene Land und auch unrentabel, wirtschaftlich gesehen, nicht nur persönlich. Nach der Entlassung der Kriegsgefangenen könnten sicher alle Deutschen voll in den Arbeitsprozeß eingesetzt werden – Arbeit gibt es genug –, unter der Voraussetzung, daß das Finanzierungsproblem gelöst wird, was allerdings nach normalen westlichen Maßstäben nicht möglich ist.

Wissen Sie etwas über einen weiteren Vierjahresplan, der unter Göring geplant wurde, in der Annahme, daß der Krieg später kommen

[6] Diese Bemerkungen Speers sind im Zusammenhang mit den Diskussion der nationalsozialistischen Wirtschaftswissenschaftler über die Idee der Großraumwirtschaft zu sehen. Vor allem 1942 war häufig von der Idee einer Europäischen Wirtschaftsgemeinschaft die Rede, einem Begriff, den 1916 Werner Daitz geprägt hatte, freilich ohne daß dies mit präzisen Vorstellungen verbunden gewesen wäre. (Vgl. Hans-Werner Neulen, Europa und das Dritte Reich. Einigungsbestrebungen im deutschen Machtbereich 1939-45, München 1987, S. 52.)

würde, der vor allem auch einen weiteren Ausbau Deutschlands, auf dem Transportgebiet vorgesehen hatte?

Daß der Krieg später erwartet wurde, ist aus dem Kriegsschiffprogramm ersichtlich.[7] Auch der Vierjahresplan hätte eine »Kriegsautarkie« erst 1942 gebracht. Bis dahin war unsere Buna- und Treibstoffproduktion auf minimaler Höhe, ungenügend, um einen vollen Kriegsbedarf abzudecken. Der Vierjahresplan wurde 1939 nicht in seiner Planmäßigkeit unterbrochen. Es wurde im Krieg weitergebaut, wie es im Frieden beschlossen war, soweit ich nach 1942 feststellen konnte.

Falls der Krieg nicht 1939 ausgebrochen wäre – glauben Sie, daß das deutsche Kriegspotential durch den Ausbau der Vierjahresplanindustrien usw. hätte weiterentwickelt werden können, oder glauben Sie, daß man zu einem Stillstand gekommen wäre?

Ich habe mir das auch nachträglich überlegt. Für den Vierjahresplan, ja. Ich glaube aber, nach dem militärischen Stärkeverhältnis muß 1939 der beste Zeitpunkt zum Beginn des Krieges gewesen sein – besser als zwei oder drei Jahre später. Aber aus diesem Grund: Wir hatten in der Aufrüstung vor dem Krieg doch zweifellos einen gewissen Vorsprung, z.B. in der Luftwaffe. Und zwar sowohl in den überlegenen Typen als auch in der Gesamtzahl der Flugzeuge. Nehmen wir theoretisch an, dieser Vorsprung war 5:1. Dieses gute Verhältnis war doch nur dadurch möglich, daß Sie eine ganz geringe Rüstung hatten. Wenn Sie mit Ihren Vorbereitungen anliefen, mußte daher schnell diese Überlegenheit relativ zueinander absinken; denn wir konnten niemals mehr diese mehrfache Produktion erreichen.

---

[7] Bis 1938 war für den Aufbau der Seestreitkräfte Hitlers Devise leitend gewesen, daß von einer militärischen Auseinandersetzung mit Britannien nicht auszugehen sei und deshalb dieses Szenario bei den Seekriegsplanungen keine Rolle zu spielen habe. Erst am 29. Januar 1939 entschied sich Hitler zugunsten des vom Oberbefehlshaber der Kriegsmarine, Admiral Raeder favorisierten Programms einer starken, durch U-Boote ergänzten Überwasserflotte mit Großkampfschiffen (»Z-Plan«) – und damit gegen die vom Führer der U-Boote, Konteradmiral Dönitz, favorisierte Variante einer für den Handelskrieg bestimmten, verstärkten U-Boot-Flotte. Das Großkampfschiffprojekt hätte trotz Priorität nach den Planungen nicht vor 1946 abgeschlossen werden können, so daß bis dahin das Kalkül in jedem Fall auf die Vermeidung einer militärischen Auseinandersetzung mit Britannien gerichtet war.

Sie meinen also, daß Deutschland relativ auf der Spitze seines Potentials stehend in den Krieg ging?

Das kann ich nicht beurteilen.

Göring sagte, daß es günstiger gewesen wäre, wenn noch zwei Jahre Zeit gewesen wären? Was schätzen Sie?

Nein, das ist ein Denkfehler. Dieses günstige Verhältnis, das sich zu unserer Überraschung – wir Außenstehende waren ja über das Verhältnis vorher nicht im Bilde – in Polen und Frankreich zeigte, wäre später nicht mehr erreicht und gehalten worden.

Hitler sagte – ich glaube 1937 – einmal auf einer Konferenz, 1939 wird das beste Jahr für einen Kriegsbeginn sein. Das Vorgehen auf die Tschechoslowakei und Österreich muß blitzartig schnell sein, so wie das geplant war.[8]

Vielleicht, weil Sie in der Aufrüstung begriffen waren. Wann fingen Sie damit an, ich glaube 1938? Eine Aufrüstung braucht, bis sie so richtig ins Rollen kommt, mindestens 1 1/2 Jahre. – Sie hatten ja keine neuen Typen; auch diese mußten bei Ihnen erst entwickelt werden, so daß Sie also erst ab etwa 1940 beginnen konnten, unseren relativ großen Vorsprung einzuholen. Unsere Produktionszahlen vor dem Krieg und auch in den ersten Kriegsjahren waren schlecht. Sie lagen weit unter dem, was im Weltkrieg 1917/18 geleistet worden ist. Das lag daran, daß wir keine totale Ausnutzung der Wirtschaft hatten.

Wann war der Höhepunkt Ihrer Kriegsproduktion?

1944, zu der Zeit, als Sie die größten Bombenangriffe durchführten. Abgesehen von der Chemie, die Sie mit Schwerpunkt angriffen. Das Gesamtvolumen 1944 war größer.

Mitte 1944?

Nein, im Durchschnitt des ganzen Jahres.

---

[8] Gemeint ist die unter der Bezeichnung »Hoßbach-Protokoll« bekannt gewordene Niederschrift einer Besprechung Hitlers mit Neurath, Göring, Raeder, Fritsch und Blomberg am 5. November 1937, bei der Hitler zum ersten Mal seine Pläne für einen Angriffskrieg zur Gewinnung von Lebensraum im Osten ausgesprochen hat.

Das kam daher, daß die Anzahl der Arbeitskräfte in der Industrie größer war als je zuvor?

Ja, auch. Aber das war es nicht allein.

Was war der größere Engpaß in der deutschen Industrie während des Krieges, Arbeitskräfte oder Rohstoff? Haben Sie immer Arbeitskräfte genug gehabt?

Das ist eine Doktorfrage! Meiner Meinung nach war die Stahlbasis der engste Querschnitt. Von ihr mußten wir ausgehen, um die Produktion zu steuern. Arbeitskräfte haben zwar immer theoretisch gefehlt, aber die Werkzeugmaschinen waren genauso ein Problem, ohne die die Arbeitskräfte nicht beschäftigt werden können.

Fehlten nicht die Qualitätskräfte?

Das ist es eben: Arbeitskraft ist nicht gleich Arbeitskraft. Es fehlte der wertvolle Facharbeiter. Ungelernte und angelernte Arbeitskräfte hatten wir genügend zur Verfügung.

Ich habe Sie schon einmal gefragt, ob in Deutschland bewußt die Aufrechterhaltung der Maschinen usw. vernachlässigt wurde, d.h. daß kein normaler Ersatz geschafft wurde und dergleichen? Sie haben gesagt, daß es keine solche Einschränkung war.

Es war der Standpunkt A.H.s bis zum Spätherbst 1944, daß wir auf lange Sicht unsere Industrien nicht nur auf gleicher Höhe halten, sondern ausweiten müssen. Die Pläne der chemischen Industrie, das Abteufen der Kohlenschächte und Rüstungswerke usw. sollten noch weiter ausgebaut werden.

Sie gaben ihr Möglichkeiten der Kapitalinvestition und steuerlicher Abschreibungen.

Mein Vorschlag kam auf diesem Gebiet nicht durch. Ich wollte keine zusätzliche Steuervergünstigung durch Abschreibungen geben, sondern verlangte eine zusätzliche Versteuerung der Werkzeugmaschinen für [die] Kriegsdauer, um die Fabrikanten zu erziehen, möglichst wenig Werkzeugmaschinen anzuschaffen.

Seit 1937 hatten Sie überhaupt keine Kabinettssitzungen gehabt in Deutschland?

Nein, das erste Mal wieder in »Mondorf«![9] Das Kabinett hat sich leider in meiner Zeit nie gesehen. Wir haben 1944 versucht, einen Ersatz dadurch zu schaffen, daß sich die Fachminister – Backe, Schwerin-Krosigk, Dorpmüller, Funk und ich – alle vierzehn Tage zu einem Abend trafen, den wir mit einem »Essen« umkleiden mußten, damit es nicht als »Zusammenrottung« ausgelegt wurde. Aber auch das wurde ungern gesehen, und außerdem kam an diesen Abenden auch kein Ergebnis zustande.

Und der Reichsverteidigungsrat ist dann auch nie zusammengetreten?[10]

Nein, er wurde auch nicht ergänzt. Z.B. waren weder Goebbels noch ich darin, und ich glaube, auch Funk gehörte nicht dazu.

Wenn Sie eine Entscheidung brauchten, mußten Sie also zu Hitler selbst gehen?

Diese Dinge werden Sie aus den Ausarbeitungen über frühere Gespräche entnehmen können.[11] – Das wurde im allgemeinen über Bormann gemacht.

Als Hitlers Sekretär? Er war doch auch Chef der Parteikanzlei?

Als Sekretär.[12]

---

[9] Hier irrt Speer, da er seine spätere Internierung im luxemburgischen Mondorf-les-Bains (Anfang Juni 1945) mit seinem Aufenthalt auf Schloß Glücksburg seit der zweiten Maihälfte 1945 verwechselt. In Glücksburg war es bereits vor Verhaftung der geschäftsführenden Regierung Dönitz am 23. Mai 1945 zu Befragungen Speers durch den USSBS gekommen, zu einer Zeit, als sich am Vormittag die dort versammelten Mitglieder der geschäftsführenden Regierung Dönitz noch regelmäßig im Gebäude der Alliierten Kontrollkommission in Flensburg zur Kabinettssitzung trafen.

[10] Der Ministerrat für die Reichsverteidigung wurde am 30. August 1939 mit einem Erlaß Hitlers geschaffen und konnte Verordnungen mit Gesetzeskraft erlassen. Unter dem Vorsitz Görings gehörten ihm als ständige Mitglieder Heß (bis zu seinem Britannienflug), Bormann, Frick, Funk, Lammers und Keitel an.

[11] Vgl. die Protokolle 1 und 2 dieser Edition.

[12] Martin Bormann, seit 1933 Stabsleiter von Rudolf Heß, wurde nach Heß' Britannienflug dessen Nachfolger mit dem Titel »Leiter der Parteikanzlei«, seit 1943 mit der Bezeichnung »Sekretär des Führers«.

Bormann selbst war ein sehr machtvoller Mann in Deutschland? Was für ein Mann ist er gewesen, ein Fachmann?

Darüber werden Sie auch aus der Ausarbeitung meine Meinung sehen können.

Waren Sie nicht in der Regierung während der Handelsabkommen mit Rußland?[13]

Nein, ich bin erst 1942 dazugekommen.

Was machten Sie vorher?

Ich war Architekt.

Vielleicht kann Schieber, sobald er eingetroffen ist, über das russische Handelsabkommen Auskunft geben?

Ich glaube, Schiebers Rußlandreise war auf Grund eines allgemeinen Austauschs russischer und deutscher Persönlichkeiten erfolgt.[14]

Sie hatten das Gebiet des Neuaufbaus deutscher Städte vor dem Krieg?

Berlin und Nürnberg, dazu die Beratung für andere Städte.

Wann haben Sie den Krieg als verloren angesehen?

Wann darf man den Krieg als verloren ansehen? Meiner Ansicht nach erst sehr spät.

---

[13] Im Zuge des Hitler-Stalin-Pakts vom 23. August 1939 intensivierten sich die Wirtschaftsbeziehungen zwischen Deutschland und der Sowjetunion wieder. Das Kreditabkommen vom 19. August 1939 sowie die Wirtschaftsabkommen vom 11. Februar 1940 und vom 10. Januar 1941 bildeten dafür den Rahmen. Die deutsch-sowjetischen Wirtschaftsbeziehungen 1939–1941 wiesen einen hohen Überhang sowjetischer Lieferungen nach Deutschland auf, die bis unmittelbar vor dem deutschen Angriff vom 22. Juni 1941 mit großer Pünktlichkeit in Deutschland eintrafen. Dabei verlagerte sich der Schwerpunkt der sowjetischen Lieferungswünsche zunehmend von Industriegütern zu modernster Rüstungstechnik, die in der Wehrmacht gerade eingeführt oder entwickelt wurde: »Die Sowjetunion wolle von Deutschland lernen und dies besonders auf dem Gebiet der militärischen Rüstung«, lautete Stalins Devise in den Verhandlungen vom Februar 1940. (Zit. nach Manfred Zeidler, Deutsch-sowjetische Wirtschaftsbeziehungen im Zeichen des Hitler-Stalin-Paktes, in: Bernd Wegner (Hg.), Zwei Wege nach Moskau. Vom Hitler-Stalin-Pakt zum Unternehmen Barbarossa, München 1991, S. 93.)

[14] Nicht ermittelt.

Nach Stalingrad und El Alamein war er doch sicher verloren? Es war eine Rohstoffrage?

Nein, das war es nicht. Es waren andere Dinge. Wenn ein Krieg bis zur bedingungslosen Kapitulation vom Gegner geführt wird, riskiert man ja auch mehr, als man in einem normalen Krieg riskieren muß. Wir konnten daher nach Stalingrad die Sache noch nicht aufgeben und nicht als verloren ansehen. Sie konnten ja auch nicht damit rechnen, daß wir mit Rußland Krieg beginnen, und hätten daher nach Dünkirchen den Krieg auch als verloren ansehen müssen.[15] Sie haben aber auch keine Konsequenzen daraus gezogen und haben auch weitergekämpft. Man konnte den Krieg auf meinem Fachgebiet als verloren ansehen, als die Bomber anfingen, einen systematischen Wirtschaftskrieg zu führen, und das war am 12. Mai 1944, da begannen Sie mit den chemischen Werken ...[16]

Vorher wurde die Flugzeugindustrie angegriffen?

Das hatte keinen Erfolg. Wir hatten danach mehr produziert als vorher. Wir haben im März bereits 110 Prozent der Februar-Produktion erreicht und sind weiter sehr schnell gestiegen. – Sie haben auf 700 Jäger geschätzt und wir haben im September 1944 2500 Jäger gefertigt.

Der Führer wollte Bomber?

Bomber und Jäger. Insgesamt sind wir – alle Flugzeuge zusammen – im September 1944 auf den Höchststand von 4100 Flugzeugen gekommen.

---

[15] Dem britischen Expeditionskorps war nur aufgrund des von Hitler am 24. Mai erteilten Haltebefehls für den deutschen Panzerkeil am La-Bassée-Kanal unter Zurücklassung schwerer Waffen und Geräts über Dünkirchen bis zum 4. Juni 1940 der Rücktransport auf die britischen Inseln gelungen. Am 4. Juni 1940 wurde Dünkirchen durch Verbände der deutschen 18. Armee eingenommen, wobei 40 000 Franzosen in Gefangenschaft gerieten. Aufgrund ihrer psychologischen Bedeutung hat sich die Schlappe von Dünkirchen tief ins alliierte Gedächtnis eingebrannt.

[16] Mit den amerikanischen Angriffen auf die Leuna-Werke in Merseburg, Tröglitz und Böhlau am 12. Mai 1944 begann die alliierte Luftoffensive zur systematischen Zerschlagung der Werke zur synthetischen Treibstofferzeugung in Deutschland.

Es war also eine Chemiefrage?

Ja. Ich persönlich hatte ab Februar/März 1943 die Meinung, daß der Krieg verloren ist. Das hat aber nichts damit zu tun, daß man trotzdem den Krieg weiterführen mußte, da man nicht sehen konnte, welche Fehler auch Sie noch machten.

Warum hat A.H. Krieg gegen Rußland gemacht?

Ich weiß es nicht. Ich war damals noch Architekt. Mir ist unbekannt, ob es eine Verpflichtung Japan gegenüber war. Das haben wir damals angenommen.[17]

Aber mit Rußland hatte er doch einen Pakt.

Daß man Verträge nicht hält, ist ein Fehler.

Was glauben Sie, ist die effektivste Art, in der man eine langfristige Abrüstung durchführen kann, d.h. dem Land auf wirtschaftlichem Gebiet die Möglichkeit nimmt, Krieg zu führen?

Am besten durch Kontrollen.

Glauben Sie als Techniker, daß das Kontrollieren genügt?

Ja, wenn es mit technischen Führungskräften durchgeführt wird. Das Problem ist schwer. Man muß lange Kontrollen vornehmen, um das Mißtrauen zu nehmen, oder Leute hineinschicken. Der Krieg hat gezeigt, daß man mit primitiven Mitteln eine Kriegsindustrie aufma-

[17] Die rassenideologische Motivation Hitlers für den Ostfeldzug scheint Speer zeitgenössisch entgangen zu sein. Es entspricht seiner rationalen Veranlagung, wenn er politisch-strategische Gründe für den Entschluß Hitlers zum Angriff auf die Sowjetunion vermutet. Nach dem Scheitern der Ribbentropschen Konzeption eines Kontinentalblocks von Madrid bis Tokio richtete Hitler seine Anstrengungen verstärkt auf eine militärische Ostlösung. Über die konkreten Planungen des deutschen Angriffs auf die Sowjetunion wurden die Japaner von Deutschland im unklaren gelassen. Beim Besuch des japanischen Außenministers Matsuoka in Berlin am 4. April 1941 indes gab Hitler Japan »eine Art Doppel-Garantie gegen die Sowjetunion wie gegen die USA« (Andreas Hillgruber, Der Zweite Weltkrieg, Stuttgart u.a. 1985, S. 59) für den Fall einer möglichen kriegerischen Verwicklung, um Japan für seine geplante Aktion gegen Singapur den Rücken freizuhalten. Erst gegenüber Botschafter Oshima am 3. Juni 1941 offenbarte Hitler die Barbarossa-Planungen, konnte den japanischen Verbündeten indes ebensowenig wie nach den Waffenerfolgen in den ersten Monaten zum Kriegseintritt überreden.

chen kann. Das ist auch Ihnen bekannt. Rüstung zu betreiben ist unmöglich, wenn die Vierjahresplanindustrien von Ihnen kontrolliert werden. Und außerdem kann man ohne Flugzeugindustrie keinen Krieg führen.

Ich habe 1937 in Berlin – in der Wilhelmstraße – ein kleines Geschäft gefunden, es hieß »Fertigungs-GmbH«[18]*, das sich im geheimen mit dem Flugzeugbau beschäftigte. Es gibt auch ein Buch darüber, wie man ein Flugzeug in 300 verschiedenen Teilen herstellen kann. – Was wissen Sie über die schwarze Aufrüstung in den 20er Jahren?*[19]

Darüber weiß ich nichts. Ich habe nur unbedeutende Angaben darüber erhalten. General Thomas kann Auskunft geben.

Glauben Sie, daß es in einer neuzeitlichen Industriewirtschaft irgendwelche Schlüssel-Materialien oder -Verfahren gibt, durch deren Kontrolle man eine Aufrüstung verhindern kann, ohne auf die Wirtschaft insgesamt eine Kontrolle auszuüben? Besonders bei einer Wirtschaft wie der deutschen, die von der Einfuhr abhängig ist?

Die Kugellager wären evtl. solch ein Objekt, das man daraufhin einmal untersuchen könnte – es gibt ganz besondere Spezialkugellager

[18] Die Fertigungs-GmbH war als Tochter der Stahl- und Maschinenbau GmbH (STAMAG) gegründet und wurde vom Flugrüstungswirtschaftlichen Referat im HWA bezahlt. Seit März 1926 wurde sie von Schiffbauingenieur Max Heinrich Bauer geleitet, der kurz nach der Gründung das Ziel seiner Gesellschaft wie folgt umriß: »Der Fertigungs-GmbH ist die Aufgabe gestellt worden, die Vorbereitung der Herstellung von Flugzeugen in großer Zahl unter einem möglichst geringen Aufwand an Zeit, Material und Menschenarbeit vorzubereiten.« (Ms. »Die Arbeit der Fertigungs-GmbH« vom 8. Juli 1927, zit. nach Lutz Budraß, Flugzeugindustrie und Luftrüstung in Deutschland 1918–1945, Düsseldorf 1998, S. 214.)

[19] Die geheime militärische Zusammenarbeit zwischen Deutschland und der Sowjetunion war eine Folge der restriktiven Bestimmungen des Versailler Vertrages, der die Stärke der Reichswehr auf 100 000 Mann begrenzte und dem Deutschen Reich umfangreiche Rüstungsbeschränkungen auferlegte. Erste Sondierungen von deutscher Seite erfolgten bereits 1920; intensiviert wurden die Kontakte v.a. nach dem Rapallo-Vertrag (16. April 1922). Deutschland bildete in der Folge seine Offiziere, vor allem im Bereich der Kampfflieger, in der Sowjetunion aus, baute und betrieb Fabriken zum Test und zur Produktion u.a. von Kampfflugzeugen, Giftgas und Munition und hielt gemeinsame Manöver mit der Roten Armee ab. Die Verantwortung für die geheime Militärzusammenarbeit lag beim Reichswehrministerium, das sie an das Truppenamt (anstelle des verbotenen Generalstabs) delegierte. (Vgl. Manfred Zeidler, Reichswehr und Rote Armee 1920–1933. Wege und Stationen einer ungewöhnlichen Zusammenarbeit, München 1993.)

für Panzer, Flugzeuge usw. Ob das eine hundertprozentige Sicherheit gibt, müssen die Fachleute entscheiden. Aber vielleicht sind die Kugellager das einzige.

Aber jede solche Kontrolle schafft Ausweichanregungen?

Ja, sicher. Aber bei den Kugellagern nur mit größten Schwierigkeiten.

Sehen Sie eine Möglichkeit in der Rohstoffseite, z.B. Wolfram?

Nein.

Glauben Sie, daß man durch die Kontrolle der Energie-Erzeugung etwas derartiges erreichen könnte?

Nein. Die Energiemengen, die in die Werke gehen müssen, sind so groß und schwanken aus verschiedenen Gründen so stark, daß keine Kontrolle zuverlässig gegeben wäre.

In finanziellen Dingen sind Sie ...

Gott sei Dank nicht bewandert. Das hat mich nie interessiert.

Wissen Sie etwas über die deutsche Beteiligung im Ausland?

Nein, ich war froh, daß Funk diese Sachen voll verantwortlich gemacht hat. Das war eine gute Arbeitsteilung. Ich konnte mich auf die Produktion konzentrieren.

Funk selbst hat das auch nie gemacht. Er weiß nichts davon. Vor dem Krieg war die Beteiligung dieser Fabriken in Schweden und Spanien ziemlich groß.

Vielleicht kann Ihnen Hettlage etwas darüber sagen. Mir sind diese Dinge nicht bekannt. Die Kontrolle einer Industrie ist meiner Ansicht nach für einen zukünftigen Krieg weit genug gegeben, wenn sichergestellt ist, daß tatsächlich keine Flugzeuge und Flugmotoren hergestellt werden. Und das ist zu verhindern. Und wenn man zusätzlich die chemische Industrie soweit kontrolliert, daß z.B. kein hochwertiger Flugtreibstoff produziert wird. Wie sollte Deutschland Krieg führen ohne Flugzeuge?

Schließen Sie da auch die Fernwaffen ein? Das wird schwer zu kontrollieren sein.

Doch, durch die Funkmeßindustrie; diese spezialisierten Industrien, z.B. auch die Röhren-Industrie für Funkmeßindustrie, könnte man schon genügend kontrollieren! [sic]

Ich schlage vor, daß die dauerhafteste Lösung sein würde, Deutschland so stark in die Weltwirtschaft einzubauen, einen so abhängigen gegenseitigen Austausch herzustellen, daß es genauso wie England – wir könnten bei einer Blockade nicht länger als drei Wochen leben – auf gegenseitige Beziehungen mit anderen Staaten angewiesen ist, so daß jeder Versuch, eigene aggressive Politik zu betreiben, sich sofort in wirtschaftlichen Schäden und Störungen auswirken würde.

Das ist eine großzügige Idee.

Aber vor dem Krieg hat das Deutschland immer abgelehnt; es mußte immer autarkisch [sic] werden. Es wurde immer gesagt, von der Nazi-Seite aus, daß Deutschland von den Rohstoffen künstlich abgeriegelt würde …

Sie meinen, daß das nicht stimmte?

Nein. In den Jahren 1929–1933 war Deutschland wie alle anderen Staaten auch in der Depression. Sie hatten 6 Millionen Arbeitslose, in Amerika waren es 12 Millionen usw. – Was halten Sie von dem Plan einer gemeinsamen Weltwirtschaft?

Ich stelle mir vor, daß man in dem wesentlichen Teil Europas versucht, die Industrie so zusammenzufassen, daß sie einheitlich geplant werden kann. Das wäre der erste Schritt, um diesen Kontinent generell zusammenzufassen. 1943 wollte ich eine europäische Produktionsplanung machen.[20] Es sollten Planungen z.B. für Aluminium, Stahl, Kohle, Automobile aufgestellt werden. An die Spitze dieser Gemeinschaften sollte der beste Mann kommen, den wir in Europa hatten, ganz gleich, ob er ein Belgier, Holländer oder Franzose war.

[20] Vgl. Protokoll 7 dieser Edition.

Möglicherweise hätten auch Rumänien, Spanien oder auch Schweden mit diesen Dingen Fühlung genommen, um nicht ausgeschaltet zu sein. Diese Gremien wären im Laufe der Zeit zu einer westeuropäischen Produktionsplanung zusammengeschlossen worden. Das Auswärtige Amt ist scharf dagegen vorgegangen, vielleicht weil es darin eine Konkurrenz in [sic] seinen Plänen sah. Die Auswärtigen Ämter sind in der ganzen Welt immer darauf aus, ihre Kompetenzen zu erhalten. Bei uns waren sie besonders darauf bedacht.

Wirtschaftlich gesehen ist die Gefahr, die von Deutschland ausgeht, zum Teil zu klären, weil Deutschland das größte Zollgebiet in Europa war. Wenn man dieses für ganz Europa fallen läßt, verliert man die Gefahr.

Zunächst sollten sich die westeuropäischen Staaten dazu zusammenschließen, wobei England oder Amerika ihre Hand darüber halten müßten. Deutschland wird dabei noch nicht vertreten sein können, weil es zunächst ein bankrottes Unternehmen ist.

Das sind alle auf der Welt. – Aber man kann doch zwischen bankrotten Unternehmen auch gute Geschäfte machen!

Es ist hierzu erst einmal notwendig, Deutschland wieder auf den Lebensstandard der anderen Länder zu bringen. Das ist nicht so schwer, weil Frankreich, Belgien und Italien unter dem deutschen Lebensstandard lagen. Holland war allerdings darüber. Dann kann man die Zollgrenzen öffnen und ein einheitliches Wirtschaftsgebiet errichten. Sie kommen nur durch große konstruktive Lösungen weiter. Rußland und England müßten außerhalb bleiben, da beide ihre eigenen großen Wirtschaftsprobleme verfolgen müssen. – England und Amerika müßten diese Entwicklungen beobachten und in ihrer Interessensphäre behalten. Aber es wäre falsch, wenn England sich als gleichwertiger Partner einschalten sollte. Das ist für England nach dem gewonnenen Krieg zu teuer. Es gab die drei großen Blöcke Rußland, Amerika, Empire mit England und den kleineren Block der westeuropäischen Staaten. Jedenfalls muß in der Zukunft eine konstruktive Idee kommen, wenn nicht alles verrotten soll, was in diesem Krieg an Erkenntnissen gewonnen worden ist.

Der Instinkt der Nationen wird aber dahin gehen, daß sie das, was ihnen verblieben ist, für sich behalten, obwohl es besser wäre, mit den anderen zu teilen.

Das ist richtig. Das ist aber nicht mein Instinkt.

Aber im Augenblick wird in Frankreich und Belgien dieser Instinkt stark vorhanden sein. Sie müssen weder exportieren, weil sie nicht zu viel haben, noch brauchen sie zu importieren und werden auch aus Angst vor der Arbeitslosigkeit hiervor zurückschrecken. Und dann fängt es genauso an wie nach dem letzten Krieg.

Aber es wird nie eine echte Befriedung Westeuropas werden, sondern die Balkanisierung wird weiter fortschreiten. Deshalb hielt[e] ich dieses Ziel für richtig.

Was für eine Basis sehen Sie für Deutschlands politische Zukunft? Jetzt wird es militärisch regiert, aber es muß etwas anderes erfolgen.

Ich stehe auf dem eigenartigen Standpunkt, daß es ganz gut ist, wenn die Militärregierung recht lange bleibt, wenn sie aktiv wird. Ich habe die Beobachtung bei unseren Militärverwaltungen in Frankreich und Belgien machen können, daß nach einem halben Jahr keine eifrigeren Verfechter der Landesinteressen zu finden gewesen waren als unsere Militärregierungen. Und bei Ihnen, die mit anderen Prinzipien in den Krieg gegangen sind, wird die Unterstützung des Volkes durch die Militärregierungen hoffentlich recht groß sein.

Und wahrscheinlich wird auch jeder Kommandant bestrebt sein, das beste Gebiet zu haben, und sie werden in diesen Bemühungen versuchen, sich gegenseitig Konkurrenz zu machen.

Es liegt auch in der menschlichen Natur begründet, in solchen Notzeiten das Beste zu erstreben.

Aber Ihre Kommandanten in Griechenland waren nicht so eingestellt, es sollen dort 300 000 Griechen verhungert sein.[21]

---

[21] Nach verlustreichen Kämpfen kapitulierte Griechenland gegenüber der deutschen 12. Armee am 21. April 1941 in Larissa. Unter General Georgios Tsolákoglu wurde am 1. Mai 1941 eine Marionettenregierung unter deutsch-italienischer Besatzungsmacht

Das höre ich zum ersten Mal. Aber das Problem in Griechenland, glaube ich, war verkehrsmäßig für uns nicht lösbar. Wir hatten von der Wehrmacht bei der OT die Aufgabe, die zweispurige Bahn nach Griechenland aus Nachschubgründen auf eine größere Leistung zu bringen.

Sie haben ja auch nicht viel versucht, zu helfen. Man sagte, weil Sie aus Griechenland keinen Nutzen ziehen könnten!?

Das weiß ich nicht. Da müssen Sie Backe fragen oder Neubacher.[22] Mir ist nur bekannt, daß wir nach Griechenland außerordentlich viel[e] Transportschwierigkeiten hatten.

Haben Sie in Polen Interessen gehabt?

Die polnische Produktion im Restgebiet des »Generalgouvernements« war sehr gering. Radom wurde ausgenutzt.[23] Im Lemberger Raum war Erdöl. Dort haben wir selbst viel aufgebaut aus Verlagerungen aus dem Westen.

Göring hat etwas gesagt über Pläne für ein Eisenbahnnetz mit sehr weiten Spuren. Haben Sie etwas darüber gehört?

Das waren nur erste Überlegungen. Es war eine Idee A.H.s, eine breite Spur zu bauen, um einen transkontinentalen Verkehr zu bekom-

---

gebildet. Die Kämpfe hatten die ohnehin schwache griechische Wirtschaft völlig zerrüttet. Auf Drängen des griechischen Roten Kreuzes kam es daraufhin zu einer bis Kriegsende andauernden umfangreichen humanitären Aktion. Griechenland stand weitgehend unter italienischer Militärverwaltung, das deutsche Besatzungsgebiet war lediglich auf einige wenige, strategisch wichtige Gebiete wie Saloniki und eine Pufferzone an der türkischen Grenze beschränkt.

22 Hermann Neubacher war von 1940 bis 1944 als Sonderbeauftragter (seit 1943 mit der Bezeichnung Sonderbevollmächtigter) des Auswärtigen Amtes für den Südosten vor allem für die Rohstoffsicherung (Erdölfragen) und die Reorganisation der Wirtschaft in den verbündeten und besetzten Gebieten zuständig. (Vgl. Hermann Neubacher, Sonderauftrag Südost 1940–1945. Bericht eines fliegenden Diplomaten, Göttingen–Berlin–Frankfurt/M. 1957.)

23 Radom zählte mit Warschau, Krakau und Lublin zu den vier Distrikten des per »Führererlaß« vom 12. Oktober 1939 geschaffenen und von Hans Frank geleiteten Generalgouvernements für die besetzten polnischen Gebiete; 1941 kam der bis dahin sowjetische Distrikt Galizien mit der Hauptstadt Lemberg hinzu. Sitz des »Amts des Generalgouverneurs« (seit 1940 mit der Bezeichnung »Regierung«) war Krakau. Zum Distrikt Radom gehörte unter anderem das größte nationalsozialistische Konzentrations- und Vernichtungslager Auschwitz.

men, der ähnliche Mengen befördern konnte wie normalerweise die Schiffahrt. Das war in der Hauptsache für den öffentlichen Teil gedacht, wie der Bau von Kanälen wegen des langen Winters nicht wirtschaftlich war.

Letzten Endes ist immer die Transportfrage ein schwieriges Problem für jedes Land.

Sie müßten hierüber Ganzenmüller fragen. – Es war aber eine rein theoretische Sache.

Göring sprach von einem »grünen Buch«, in dem amtliche Darstellungen die Möglichkeiten des Potentials in Rußland gezeigt haben? Vor Beginn des Krieges. Von wem kann das sein, kennen Sie das Buch?[24]

Nein, es könnte vom Wehrwirtschaftsamt Rußland ausgehen. Es gab eine Darstellung von Thomas vor Beginn des russischen Krieges, in der er das russische Kriegspotential umriß.[25] Das hat den Führer sehr stark erregt, weil es sehr bedeutend dargestellt war. Der Führer hat noch später – als ich schon Rüstungsminister war, daher weiß ich überhaupt davon – auf diese Denkschrift verwiesen. Im übrigen hatte

---

[24] In der »grünen Mappe« vom 23. Mai 1941 waren die Instruktionen des »Wirtschaftsstabes Ost« zusammengestellt, die Anfang Juni 1941 an die verschiedenen deutschen Dienststellen verteilt worden waren. Der Wirtschaftsstab Ost zählte ebenso wie der Vierjahresplan zu den wirtschaftspolitischen Organen Görings, die für die wirtschaftliche Ausbeutung der besetzten Ostgebiete verantwortlich waren.

[25] Im Februar 1941 hatte Georg Thomas nach umfassenden Vorarbeiten seines Stabes eine grundlegende Aufzeichnung über die wehrwirtschaftlichen Auswirkungen der Operation im Osten in Erfüllung eines von Göring im November 1940 erteilten Auftrags vorgelegt. De facto bezog Thomas eine Gegenposition zu Hitlers rassenideologischer Motivation für das Unternehmen Barbarossa und benannte wehrwirtschaftliche Voraussetzungen für einen militärischen Erfolg bei längerer Kriegsdauer (abgedruckt in IMT, Bd. XXX, S. 276). Thomas war als Oberstleutnant und Chef des Stabes des HWA einer der letzten Reichswehroffiziere gewesen, die 1933 noch die Sowjetunion aufsuchen konnten. Er zeigte sich bereits damals »von der Weite des russischen Raumes, der Lebenskraft der russischen Bevölkerung, der Größe der Selbstversorgung an Rohstoffen und landwirtschaftlichen Produkten und besonders auch von den großen Ausmaßen der russischen Industrie«, wie er in seinen Erinnerungen schreibt – »tief beeindruckt« (Georg Thomas, Gedanken und Ereignisse, in: Schweizer Monatshefte 25, 1945, S. 538). Mit Hitler war es schon bei der ersten Begegnung nach seinem Vortrag zum Zusammenstoß gekommen, da dieser die Auffassung vertrat, daß die Russen Thomas potemkinsche Dörfer vorgegaukelt hätten.

er Thomas und dem Wehrwirtschaftsstab verboten, noch weitere Untersuchungen über diese Dinge anzustellen. Das war auch der Grund, warum Sie bei uns selten Vergleiche zu dem Rüstungspotential des Gegners gefunden haben. Die gab es praktisch nicht.

Waren Sie oft bei dem Führer in den letzten zwei Jahren?

Ja, etwa alle vierzehn Tage bis drei Wochen auf ein bis zwei Tage.

Um Besprechungen über die Rüstung durchzuführen?

Ja, darüber sind die Protokolle vollständig vorhanden. Ich habe verboten, sie zu verbrennen.

Wenn Sie von einem wirtschaftlichen westeuropäischen Raum ausgehen, beziehen Sie das ganze Reichsgebiet ein oder glauben Sie, daß ein Teil des Reichsgebietes nach dem Osten hin ...

Ich nehme an, wenn Sie ein demokratisches Polen haben werden, daß nicht hinter Polen ein sowjetisches Gefälle sein kann.

Wer hat das gesagt?

Sie. Ich glaube, das gelesen zu haben. Dann jedenfalls kann kein sowjetischer Teil kommen. Aber selbst wenn es nicht dazu kommt ...

Das hängt davon ab, was Sie Polen nennen?

Das ist ja Sache des Friedensvertrags. Aber grundsätzlich ist es für Sie nicht möglich, daß hinter Polen noch ein sowjetisches Gebiet erscheint.

Sie haben gelegentlich davon gesprochen, daß es gegen Ende des Krieges zwei Richtungen in Deutschland gab – eine nach dem Westen und die andere nach dem Osten gerichtet. Welche Argumente hatten die östlichen Stellen?

Das waren keine besonderen Argumente. Sie hatten uns nur bedingungslose Kapitulation angeboten. Das war nicht viel!

Auch Rußland!

Ja, aber Sie müssen das anders sehen. Sie konnten bei einer Kapitulation praktisch nicht viel mehr gewinnen. Rußland hätte bei einer

Übernahme unserer intakten Industrie sehr viele Ergänzungen zu seiner eigenen Industrie gefunden, so daß wir für Rußland ein begehrenswertes Objekt darstellten, z.B. durch die chemische Industrie. Rußland konnte nicht genügend Flugtreibstoff produzieren, es hatte zu wenig Buna, keine ausgebaute Funkmeßindustrie, keine modernen Flugzeuge, keinen Kriegsschiffbau.

Waren diese Bestrebungen, mit Rußland zu irgendwelchen Bedingungen zu kommen, aus dem Wunsch entstanden, langfristig Deutschlands Schicksal mit Rußland zu verknüpfen, oder war das mehr eine Art Erpressung gegen die westlichen Verbündeten?

Nein. Sind nicht die Lebensmöglichkeiten – auf weite Sicht gesehen – in einem engen Zusammengehen mit Rußland mehr gegeben als mit dem Westen? In einem einigermaßen intakten Deutschland. Das war die Voraussetzung einer solchen theoretischen Idee. Rußland hat wohl Rohstoffschätze und Arbeitskräfte, aber nicht die Industrie, um diese in beliebigem Umfang auszunutzen. Es ist heute noch auf fremde Hilfe angewiesen. Z.B. muß es Einzweckmaschinen von Amerika einführen, um moderne Fertigungen aufzuziehen, es hat nicht die genügende Kapazität, um die für seine Elektroindustrie notwendigen Turbinen zu fertigen, usw. Es kommt noch eines dazu. Wir haben durch Fliegerangriffe einen sehr weitgehenden Abfall unseres gesamten Lebensstandards. Dieser Prozeß geht nach dem verlorenen Krieg noch weiter vor sich. Während Rußland durch den gewonnenen Krieg einen Aufbau vornimmt, so daß sich beider Lebensbedingungen einander nähern. Es ist nicht von der Hand zu weisen, daß sich beide zu einer einheitlichen Form zusammengefunden hätten. Sagen wir durch eine Evolution, nicht Revolution. Ich bin heute froh, daß diese Möglichkeit nicht kam. Im übrigen bin ich dabei, über diesen Punkt Ausarbeitungen zu machen.[26]

[26] Eine Aufzeichnung Speers über das russische Problem ist weder für seine Internierung in Kransberg noch für die vorhergehenden Aufenthalte in Glücksburg und Chesney ermittelt. Zum Zeitpunkt dieses Verhörs hatte Speer gerade seine umfassende, in der Zeit vom 11. bis 26. Juni 1945 erstellte Aufzeichnung über »Die weitere Entwicklung des deutschen Problems in Europa« (hier nicht abgedruckt, BA Ko, N 1340 Albert Speer, Bd. 463) abgeschlossen.

Auch weil junge Soldaten und Offiziere dort gebraucht wurden?

Vielleicht, weil sie wußten, daß mit dem Westen kaum ein illegales Geschäft zu machen sein würde, während die Russen der Reichswehr in den Jahren 1923/35 gegen den Versailler Vertrag geholfen haben.[27] Übrigens soll der frühere russische Botschafter in Berlin Anfang 1945 auffallend lange in Stockholm gewesen sein. Es war vor der Offensive am Baranow-Brückenkopf. A.H. hat jeden Friedensfühler abgelehnt. Ich hörte es von Hewel.[28]

Was ist mit Hewel geworden?

Er ist in Berlin geblieben. Ich nehme an, daß er gefallen ist.[29]

---

[27] Dies ist eine Anspielung auf die geheime militärische Zusammenarbeit zwischen Reichswehr und Roter Armee (vgl. Fußnote 13 dieses Protokolls).

[28] Gemeint ist die Großoffensive der 1. Ukrainischen Front unter Marschall Konjew aus dem Brückenkopf von Baranow am 12. Januar 1945. Dies ist vermutlich ein Mißverständnis Speers. Eine Beteiligung des früheren sowjetischen Botschafters beim Deutschen Reich, Alexander Schkvartzev, an deutsch-russischen Friedensfühlern ist nicht belegt. Hingegen hielt sich Karl Schnurre, Leiter der handelspolitischen Abteilung des Auswärtigen Amtes, Anfang 1945 infolge einer Lungenentzündung längere Zeit in Stockholm auf und wurde von der Presse in Zusammenhang mit Sonderfriedensbemühungen gebracht, ohne daß es dafür eine Grundlage gegeben hätte (Gespräch des Herausgebers mit Dr. Karl Schnurre am 4. Oktober 1989 in Bonn). Die früheren ergebnislosen Gespräche von Peter Kleist und Paul Schmidt-Carell mit der sowjetischen Botschafterin in Schweden, Alexandra Kollontaj, im Jahr 1943 hatten ebenfalls in Stockholm stattgefunden. (Vgl. zu den verschiedenen Aufenthalten Kleists in Stockholm und den Spekulationen über die Möglichkeiten eines deutsch-sowjetischen Separatfriedens: Ingeborg Fleischhauer, Die Chance des Sonderfriedens. Deutsch-sowjetische Geheimgespräche 1941–1945, Berlin 1986, insbes. S. 257ff.)

[29] Unter Bezug auf die Aussage des Inspekteurs für Truppenverpflegung und Ernährung der Wehrmacht, Dr. Ernst-Günther Schenck, der sich in den letzten Tagen im Bunker der Reichskanzlei aufhielt und im dortigen Behelfslazarett aushalf, geht die Literatur übereinstimmend vom Selbstmord Walther Hewels durch Zyankali am 2. Mai 1945 aus, um sich der drohenden sowjetischen Gefangennahme zu entziehen. (Vgl. Enrico Syring, Walther Hewel – Ribbentrops Mann beim »Führer«, in: Ronald Smelser, Enrico Syring, Rainer Zitelmann (Hgg.), Die braune Elite II, Darmstadt 1993, S. 161; Ernst-Günther Schenck, Als Arzt in Hitlers Reichskanzlei, Stockach 1985.) Schenck war jedoch am 1. Mai 1945 der Ausbruch aus der Reichskanzlei gelungen (vgl. Anton Joachimsthaler, Hitlers Ende. Legenden und Dokumente, München 1995, Fußnote 43, S. 478), so daß er nur für ein Gespräch mit Hewel als sichere Quelle angeführt werden kann, in dem Hewel die Suizidabsicht angekündigt hatte. Paul Schmidt-Carell hat sich im Gespräch mit dem Herausgeber im April 1996 noch an eine Begegnung mit Hewel Mitte Mai 1945 in einem Berliner Keller-Lazarett erinnert.

Er war immer mit dem Führer zusammen?

Ja. Ernsthafte Friedensfühler von unserer Seite wurden nie gemacht, weil der Führer absolut Widerstand leistete.

Sie haben nicht durch die Japaner in Moskau Versuche unternommen?[30]

Es soll zwar ein Gespräch zwischen Oshima und A.H. gewesen sein, in dem der Führer sagte, daß Oshima es fertigbringen müsse, daß die Russen den ersten Schritt tun. Ich glaube nicht, daß das gelungen ist.

Wann war das?

Das weiß ich nur sehr ungenau, im Frühsommer 1944 etwa. Das ist aber eine sehr rohe Schätzung.

War unter denjenigen, die in Deutschland die östliche Richtung vertraten, der Gedanke stark vertreten, daß auf lange Sicht die geistige Überlegenheit der Deutschen sich durchsetzen würde in einer solchen Zusammenarbeit, so daß schließlich der ganze russische Raum von Ihnen beherrscht werden würde?

Die Ideen waren in verschiedenen Köpfen zweifellos vorhanden. Ich stand auf einem anderen Standpunkt. Wenn man den Russen kennengelernt hat, sieht man in ihm ein junges und frisches, unverbrauchtes Volk. Ich glaube nicht, daß die deutsche Rasse der russischen Rasse standgehalten hätte, sondern daß im Gegenteil Rußland die Kraft hätte, es aufzusaugen. Es wurde hier oft eine Erzäh-

[30] Botschafter Oshima berief sich in einem Telegramm vom 16. November 1944 auf eine Unterredung mit Goebbels, der ihm gegenüber »offen den Wunsch der Deutschen nach einer politischen Lösung mit Rußland« ausgesprochen hatte. Die japanischen Friedensfühler 1944/45 waren vergeblich. Sie entsprachen mehr Wunschdenken als aussichtsreichem Kalkül. (Vgl. Amerikanisches Archivdokument vom 29. Dezember 1944 »Japan as mediator in the Russo-German conflict«, zit. nach Ingeborg Fleischhauer, Die Chance des Sonderfriedens. Deutsch-sowjetische Geheimgespräche 1941–1945, Berlin 1986, S. 266). Sie entbehrten einer realistischen Analyse; vor dem Hintergrund eines befürchteten sowjetischen Angriffs auf Japan sind sie jedoch verständlich. Parallel dazu sondierte die japanische Regierung Anfang 1945 via Stockholm ebenfalls erfolglos einen Separatfrieden mit der Sowjetunion. (Vgl. Gerhard Krebs, Aussichtslose Sondierung. Japanische Friedensfühler und schwedische Vermittlungsversuche 1944/45, in: VfZg 45, 1997, S. 425ff.)

lung zitiert, die einige Abgesandte von Ibn Saud dem Führer erzählten[31]:

Wenn die Schlacht bei Poitiers, als die Mohammedaner über Frankreich vorzudringen versuchten, zugunsten der Mohammedaner ausgegangen wäre, würde die Welt heute mohammedanisch sein.[32] Die Araber behaupteten, daß sie damit den germanischen Völkern eine Staatsreligion gegeben hätten, die durch ihre Lehre – den Glauben mit dem Schwert zu verbreiten und zu verteidigen und alle Völker diesem Glauben zu unterjochen – diesen wie »auf den Leib geschrieben« gewesen wäre. Die Araber hätten sich aber auf Grund ihrer rassischen Unterlegenheit nicht halten können, sondern die in der Natur des Landes aufgewachsenen und ihren körperlichen Eigenschaften nach besser geeigneten Menschen hätten die Araber verdrängt, so daß letzten Endes nicht die Mohammedaner an der Spitze dieses Weltreiches, sondern die ursprünglichen Bewohner des Landes gestanden hätten. Eine parallele Entwicklung würde auch in Rußland stattfinden, aber nicht, wie manche von uns es sich vorstellen. Gerade der Sibirier und der Weißrusse und die Menschen, die unten in der Steppe leben, sind außerordentlich gesund und entwicklungsfähig. Sie sind den Deutschen auf Dauer biologisch überlegen.

Ich weiß, daß besonders bei den Wehrmachtgenerälen des Ersten Weltkriegs immer wieder gesagt wurde, daß die russischen Soldaten und die deutschen Offiziere vereint – die beste Wehrmacht darstellen.

Vielleicht. Aber in diesem Krieg war letzten Endes die russische Führung besser als unsere.

Von einer engen Zusammenarbeit mit Rußland würden wir ja alle profitieren. – Je höher das Lebensniveau ist, desto besser ist es für alle.

---

[31] Am 17. Juni 1939 hatte Hitler einen Sondergesandten König Ibn Sauds auf dem Berghof empfangen. Vermutlich ist diese Begegnung gemeint, denn mit Kriegsausbruch, September 1939, rissen die Beziehungen zu Ibn Saud ab.

[32] Sieg des Hausmeiers Karl Martell in der Schlacht zwischen Tours und Poitiers über Abd ar-Rachman, den Statthalter des Kalifen in Spanien im Jahre 732 n.Chr.

Zweifellos gibt es überall gewaltige Aufgaben, und gerade Rußland hat eine große friedliche Aufgabe vor sich. Die interessanteste, die es in der Welt gibt. Aus vielen Gründen, die ich noch schriftlich festlegen werde, bin ich westeuropäisch eingestellt. Im übrigen wird unser Schicksal nicht von uns bestimmt.[33]

[33] Im Originaldokument findet sich ein Notabene folgenden Inhalts: »Ich halte dieses Gespräch für zuwenig ausgebaut. Solche Probleme können nicht in zwei Stunden ergründet werden.« Diese Bemerkung unterstreicht den authentischen Gesprächscharakter der Protokolle und erinnert daran, daß es die anglo-amerikanischen Vernehmungsoffiziere verstanden haben, Speer aus der Reserve zu locken.

Biographischer Anhang

Attolico, Bernardo, *17. Januar 1880 in Canneto, † 10. Februar 1942 in Rom. A. war von 1935 bis 1940 italienischer Botschafter in Berlin und von 1940 bis 1942 italienischer Botschafter beim Heiligen Stuhl.

Backe, Herbert, *1. Mai 1896 in Batum (am Schwarzen Meer), † 6. April 1947 (Selbstmord im Nürnberger Gefängnis). B. war studierter Landwirt; 1923 Eintritt in die NSDAP; 1933 Staatssekretär im Reichsministerium für Ernährung und Landwirtschaft; Ende 1943 Reichsminister und Reichsbauernführer als Nachfolger Richard Walter Darrés.

Backenköhler, Otto, *1. Februar 1892 in Göttingen, † 5. Februar 1967 in Kiel. B. war von März 1943 bis April 1944 Chef des Marinewaffenamtes im OKM im Rang eines Admirals; von Mai 1944 bis Juli 1945 Chef der Kriegsmarinerüstung im OKW.

Badoglio, Pietro, *28. September 1871 in Grazzano Monferrato, † 1. November 1956 in Grazzano Monferrato. B. war bereits von 1925 bis 1928 und erneut seit 1939, im Rang eines Marschalls, Chef des italienischen Generalstabs; im Dezember 1940 von Mussolini seines Postens enthoben; nach Mussolinis Verhaftung vom 25. Juli 1943 bis 10. Juni 1944 italienischer Ministerpräsident und, seit 30. September 1943, zugleich italienischer Außenminister; B. bereitete den italienischen Kriegsaustritt durch Waffenstillstand mit den Alliierten im September 1943 vor.

Balck, Hermann, *7. Dezember 1893, † 29. November 1982; General der Panzertruppe. B. galt als einer der besten taktischen und operativen Kommandeure im 2. Weltkrieg; Einsatz zunächst in Frankreich und Griechenland, seit Juni 1941 an der Ostfront, wo er sich insbesondere in den Schlachten im Kaukasus auszeichnete; ab September 1944 Kommando der Armeegruppe G in Frankreich; ab Dezember 1944 Übernahme der 6. Armee in Ungarn; aus amerikanischer Kriegsgefangenschaft 1947 entlassen.

Baur, Hans, *19. Juni 1897 in Ampfing, † 17. Februar 1993 in Neuwiddersberg. Ausbildung zum Flugzeugführer, seit 1926 bei der Lufthansa; 1933 von der Lufthansa für Hitler freigestellt und mit dem Aufbau einer Regierungs-Flugstaffel betraut; bis zum 30. April 1945 bei Hitler in der Reichskanzlei und im Bunker; geriet am 2. Mai 1945 schwerverwundet in sowjetische Kriegsgefangenschaft, dort bis Oktober 1955.

Beck, Ludwig, *29. Juni 1880 in Biebrich, † 20. Juli 1944 in Berlin. B. war von 1933 bis 1935 Chef des Truppenamtes (1935 umbenannt in Chef des Generalstabs des Heeres), zuletzt im Rang eines Generaloberst; führender militärischer Kritiker der Expansionspolitik Hitlers; trat während der Sudentenkrise (1938) zurück; militärischer Kopf der deutschen Opposition; wurde nach dem 20. Juli 1944 nach zwei mißlungenen Selbstmordversuchen auf Befehl von Fromm von einem Feldwebel erschossen.

Bichelonne, Jean, *1904, † 22. Dezember 1944 in Berlin, Minister für Industrielle Produktion der Vichy-Regierung.

B. war vor dem Krieg Professor an der École Nationale des Mines de Paris; 1939 Direktor zur Überwachung des Eisenbahnwesens im Ministerium für öffentliche Arbeiten; nach der französischen Kapitulation Ende Juni 1940 Mitglied der Waffenstillstandskommission in Wiesbaden; Generalsekretär im Ministerium für Industrielle Produktion; seit Februar 1942 Minister für Industrielle Produktion; erste Begegnung mit Speer im September 1943, dabei Übereinkunft mit Speer zur deutsch-französischen Zusammenarbeit auf dem Gebiet der Rüstungsindustrie; seit November 1943 Arbeitsminister; beim Zusammenbruch der Vichy-Regierung Flucht zusammen mit Pétain nach Deutschland; vom obersten französischen Gerichtshof am 5. September 1945 zum Tode verurteilt, war jedoch bereits am 22. Dezember 1944 im SS-Lazarett Hohenlychen nach einer Knieoperation verstorben.

Bormann, Albert, *2. September 1902 in Halberstadt. Seit 1933 Leiter der »Privatkanzlei Adolf Hitler« und von 1934 bis 1945 persönlicher Adjutant Hitlers; A.B. war mit seinem Bruder Martin derart überworfen, daß die beiden auch bei Begegnungen auf dem Berghof kein Wort miteinander wechselten; tauchte nach Kriegsende bis 1949 unter, lebte anschließend, nach kurzer Internierung in Süddeutschland.

Bormann, Martin, *17. Juni 1900 in Halberstadt, † 1. Mai 1945 in Berlin. 1927 Eintritt in die NSDAP; 1933 Reichsleiter der NSDAP; Reichstagsabgeordneter; Stabsleiter beim Stellvertreter des »Führers« Rudolf Heß; nach Heß' Britannienflug dessen Nachfolger als Chef der Parteikanzlei und Hitlers Sekretär; bis Kriegsende einer der mächtigsten Männer nach Hitler; kam beim Versuch, aus dem Bunker der Reichskanzlei auszubrechen, Anfang Mai 1945 ums Leben; wurde im Nürnberger Hauptkriegsverbrecherprozeß in Abwesenheit zum Tode verurteilt; lange Zeit herrschte über den Ausbruchversuch B.s sowie Zeitpunkt und Umstände seines Ablebens Unklarheit; erst eine 1997 durchgeführte Zahnanalyse des mutmaßlichen Bormannschädels brachte die Gewißheit, daß B. im Mai 1945 in Berlin ums Leben gekommen war.

Brandt, Karl, *8. Januar 1904 in Mühlhausen/Elsaß, † 2. Juni 1948 in Landsberg; Chirurg und zuletzt SS-Gruppenführer sowie Generalleutnant der Waffen-SS. B. war seit 1934 Begleitarzt Hitlers; im Herbst 1939 zusammen mit dem Chef der Parteikanzlei Bouhler mit der Durchführung des Euthanasieprogramms betraut; 1942 Bevollmächtigter, 1943 Generalkommissar, 1944 Reichskommissar für das Sanitäts- und Gesundheitswesen; als Hauptangeklagter im Nürnberger Ärzteprozeß hingerichtet.

Brauchitsch, Walther von, *4. Oktober 1881 in Berlin, † 18. Oktober 1948 in Hamburg; Generalfeldmarschall. B. wurde im Februar 1938 nach der Blomberg-Fritsch-Krise Oberbefehlshaber des Heeres; nach der gescheiterten Offensive vor Moskau im Dezember 1941 entlassen und in die »Führerreserve« versetzt; 1945 britische Kriegsgefangenschaft; verstarb vor Beginn seines Prozesses.

Braun, Eva, *6. Februar 1912 in München, † 30. April 1945 in Berlin. Die Tochter des Gewerbelehrers Fritz Braun lernte Hitler bereits 1929 im Atelier des Photographen Heinrich Hoffmann, in dem sie beschäftigt war, kennen; bei offiziellen Anlässen mußte sie im Hintergrund bleiben; übernahm im privaten Kreis auf dem Berghof als »inoffizielle Gastgeberin« gegen Kriegsende indes immer mehr die Rolle der »Frau des Hauses«; Hitler heiratete sie kurz vor Mitternacht am 28. April 1945; gemeinsam mit

Hitler beging sie am 30. April 1945 nachmittags Selbstmord.

Brückner, Wilhelm, *11. Dezember 1884 in Baden-Baden, † 18. August 1954 in Herbsdorf. Studium der Volkswirtschaft; B. trat 1922 in die NSDAP ein; am Hitlerputsch 1923 beteiligt; von 1930 bis 1940 Adjutant, später Chefadjutant bei Hitler, der ihn aus Unzufriedenheit entließ; anschließend Kriegsteilnahme, zuletzt im Rang eines Oberst; im Mai 1945 Internierung von der US-Armee bis 1948.

Buch, Walter, *24. Oktober 1883 in Bruchsal, † 12. November 1949 im Ammersee. B. war seit 1922 NSDAP-Mitglied; 1928 Mitglied des Reichstags; als »Oberster Parteirichter« maßgeblich an den Parteisäuberungen nach dem »Röhmputsch« beteiligt; Selbstmord 1949 im Ammersee.

Bücher, Hermann, *28. August 1882 in Kierberg bei Baden, † 14. Juli 1951 in Frankfurt/Main. B. war seit 1927 Mitglied des Vorstands der »Allgemeinen Elektrizitätsgesellschaft« (AEG), seit 1931 Vorsitzender des Vorstands; seit Mai 1942 Mitglied des von Speer gebildeten Rüstungsrates.

Bürckel, Joseph, *30. März 1894 in Lingenfeld/Pfalz, † 28. September 1944 in Neustadt a. d. Weinstraße, vermutlich durch Selbstmord. Von Beruf Lehrer; 1926 Gauleiter der NSDAP in der Rheinpfalz; 1930 Reichstagsabgeordneter; 1935 Reichskommissar für das Saarland; nach dem Anschluß Österreichs 1938 zunächst Gauleiter von Wien, dann NS-Statthalter in Österreich; ab August 1940 Reichsstatthalter für die Westmark und Chef der Zivilverwaltung in Lothringen.

Buhle, Walter, *28. Oktober 1894, † 27. Dezember 1959 in Berchtesgaden. B. war seit Januar 1942 Chef des Heeresstabes und Chef der Wehrmachtsrüstung im OKW, zuletzt im Rang eines Generals der Infanterie.

Canaris, Wilhelm, *1. Januar 1887 in Aplerbeck bei Dortmund, † 9. April 1945 im KZ Flossenbürg. C. war von 1935 bis Februar 1944 Chef des Amtes Ausland Abwehr, zuletzt im Rang eines Admirals; nach außen galt C., Chef des militärischen Geheimdienstes, als loyaler Repräsentant des nationalsozialistischen Regimes, ohne sich dessen Ideologie zu eigen zu machen; mit fortschreitendem Kriegsverlauf geriet C. in zunehmenden Gegensatz zu Hitler und der nationalsozialistischen Führung; duldete in seiner unmittelbaren Umgebung in der »Abwehr« das aktive Wirken einer Oppositionsgruppe um Oster und Dohnanyi; für seine Mitwisserschaft der Pläne der Anti-Hitler-Opposition wurde C. im KZ Flossenbürg unmittelbar vor Kriegsende hingerichtet; gleichwohl ist die Zugehörigkeit von C. zum Widerstand in der wissenschaftlichen Literatur umstritten.

Chamberlain, Neville, *18. März 1869 in Edgebaston (Birmingham), † 9. November 1940 in Heckfield. Ch. war von 1937 bis 1940 britischer Premierminister; versuchte mit der von ihm maßgeblich vertretenen Appeasement-Politik vergeblich, den Frieden durch weitgehendes Entgegenkommen in den Territorialforderungen der Nationalsozialisten in Ostmitteleuropa zu retten; gilt als einer der Väter des »Münchner Abkommens« vom September 1938; der konservative Premier trat nach dem deutschen Einmarsch in Belgien und den Niederlanden am 10. Mai 1940 zurück und machte damit Platz für eine Allparteienregierung unter dem – ebenfalls konservativen – Winston Churchill.

Churchill, Sir Winston, *30. November 1874 in Blenheim Palace, † 24. Januar 1965 in London. In den 30er Jahren führender innerparteilicher Kritiker der Appeasementpolitik des konservativen Premiers Chamberlain gegenüber dem nationalsozialistischen Deutschland; nach Kriegsausbruch auf Druck der öffentlichen Meinung zunächst First Lord of the Admiralty und seit Mai 1940 britischer Premierminister; Ch. verkündete »Blut, Schweiß und Tränen«, wurde zum Mann der »Finest Hour« Britanniens und Inbegriff des britischen Durchhaltewillens im Kampf gegen Hitler; C. wurde nach dem Krieg im Juli 1945 als Premierminister abgewählt.

Clodius, Carl August, *9. Februar 1897 in Bremen, † 15. Januar 1952 in sowjetischer Haft. Diplomat, zuletzt im Rang eines Ministerialdirektors in der Handelspolitischen Abteilung des Auswärtigen Amtes; Sonderbeauftragter für die Führung handelspolitischer Verhandlungen; seit 1944 für Wirtschaftsverhandlungen in Bukarest; keine Rückkehrmöglichkeit nach rumänischer Kriegserklärung.

Conti, Leonardo, *24. August 1900 in Luzern, † 6. Oktober 1945 in Nürnberg. Studierter Mediziner; Teilnehmer des Kapp-Putsches; 1924 Promotion; 1927 Eintritt in die NSDAP; 1929 Mitbegründer des NS-Ärztebundes; trat 1933 zur SS über; seit 1939 Leiter des Hauptamtes für Volksgesundheit und Reichsärzteführer der NSDAP; ab 1942 für das gesamte zivile Gesundheitswesen verantwortlich; verübte nach seiner Verhaftung (Mai 1945) im Oktober 1945 im Nürnberger Gefängnis Selbstmord.

Darré, Richard Walter, *14. Juli 1895 in Belgrano/Argentinien, † 5. September 1953 in München. Diplomlandwirt; fand über seine Freundschaft mit Himmler zur NSDAP und begann ab 1930 mit der Organisation der Bauernschaft innerhalb der NSDAP; D. galt als Verfechter der Blut-und-Boden-Ideologie und als treibende Kraft in der Agrarpolitik der NSDAP; von 1931 bis 1938 Leiter des SS-Rasse- und Siedlungs-Hauptamtes; seit 1933 Reichsminister für Ernährung und Landwirtschaft und (seit 1934) Reichsbauernführer; 1942 wurde D. wegen seines Unvermögens, die Lebensmittelversorgung der Deutschen zu gewährleisten, kaltgestellt; geriet 1945 in amerikanische Gefangenschaft; 1949 zu 5 Jahren Haft verurteilt, jedoch bereits 1950 freigelassen.

Degrelle, Léon, *16. Juni 1906 in Bouillon, † 31. März 1994 in Malaga. D. war Mitbegründer der »Christus Rex«-Bewegung, die sich nach zunächst religiösen Anfängen zu einer faschistisch-autoritären Bewegung entwickelte; »ein Marsch auf Brüssel« nach dem Vorbild des Mussolinischen Marsches scheiterte am 11. April 1937; D. kollaborierte mit der deutschen Besatzungsbehörde, gründete im Januar 1941 die später in »SS-Panzerdivision Wallonie« umbenannte wallonische Division; war bei Kriegsende der höchstdekorierte Ausländer in der Wehrmacht; flüchtete über Norwegen ins spanische Exil; am 14. Dezember 1945 in Abwesenheit von einem belgischen Gericht zum Tode verurteilt.

Dietl, Eduard, *21. Juli 1890 in Bad Aibling, † 23. Juni 1944 bei Graz. Generaloberst und Oberbefehlshaber der deutschen Truppen in Lappland; bereits Anfang der 20er Jahre Bekanntschaft mit Hitler; galt als überzeugter Nationalsozialist; seit 1942 Oberbefehlshaber der 20. Gebirgsarmee in Lappland; kam am 23. Juni 1944 nach einem Besuch im Führerhauptquartier bei einem Flugzeugabsturz ums Leben.

Dietrich, Otto, *31. August 1897 in Essen, † 22. November 1952 in Düsseldorf. Journalist, seit August 1931 Pressechef der NSDAP; von 1933 bis 1945 Reichspressechef der NSDAP; seit 1937 Staatssekretär im Propagandaministerium und Pressechef der Reichsregierung; geriet 1945 in

Gefangenschaft; wurde im Wilhelmstraßenprozeß 1949 wegen Verbrechen gegen die Menschlichkeit zu siebenjähriger Haft verurteilt; 1950 vorzeitig entlassen.

Dietrich, Sepp, *25. Mai 1892 in Hawangen, † 21. April 1966 in Ludwigsburg; zuletzt Oberstgruppenführer. D. trat 1928 in die SS ein; nach 1933 bis Juli 1943 Führer des SS-Sonderkommandos in Berlin und Aufbau der »Leibstandarte SS Adolf Hitler«; 1934 maßgeblich an der Niederschlagung des Röhm-Putsches beteiligt; Juli 1943 bis Oktober 1944 Kommandierender General des I. SS-Panzerkorps; ab Oktober 1944 bis Kriegsende Oberbefehlshaber der 6. SS-Panzerarmee, u.a. an der Ardennenoffensive beteiligt; geriet im Mai 1945 in amerikanische Gefangenschaft und wurde im »Malmedy-Prozeß« für Massaker an US-Kriegsgefangenen während der Ardennenoffensive zu lebenslanger Haft verurteilt; 1955 vorzeitig entlassen.

Dönitz, Karl, *16. September 1891 in Grünau b. Berlin, † 24. Dezember 1980 in Neumünster. D. trat 1910 in die kaiserliche Marine ein, geriet gegen Ende des Ersten Weltkriegs in britische Kriegsgefangenschaft, nachdem sein U-Boot vor Malta gesunken war; seit 1919 Dienst in der Reichskriegsmarine; 1939 bis 1943 Befehlshaber der deutschen U-Boote; Ernennung zum Admiral (1942), seit 30. Januar 1943 Großadmiral und Nachfolger Erich Raeders als Oberbefehlshaber der Kriegsmarine; nach Hitlers Selbstmord am 30. April 1945 dessen Nachfolger als Reichspräsident und Oberbefehlshaber der Wehrmacht; am 23. Mai 1945 in Flensburg zusammen mit den anderen Mitgliedern seiner geschäftsführenden Regierung verhaftet und im Nürnberger Hauptkriegsverbrecherprozeß zu zehn Jahren Haft verurteilt; 1956 aus dem Spandauer Militärgefängnis entlassen.

Dornberger, Walter Robert, *6. September 1895, † 27. Juni 1980 in Obersasbach; Generalmajor. D. arbeitete seit den 1930er Jahren zusammen mit Wernher von Braun an der Entwicklung des deutschen Raketenprogramms A 4; seit 1937 in Peenemünde v.a. für die Entwicklung der V2-Waffe verantwortlich; bei Kriegsbeginn Abteilungsleiter im Heereswaffenamt zuständig für die Raketenentwicklung (WaPrüf 11); bis 1947 britische Kriegsgefangenschaft; 1947 Emigration in die USA und Berater im amerikanischen Raketen- und Raumfahrtprogramm.

Dorpmüller, Julius, *24. Juli 1869 in Elberfeld (Wuppertal), † 4. Juli 1945 in Malente-Gremsmühlen; war von 1937 bis 1945 Reichsverkehrsminister.

Dorsch, Xaver, *24. Dezember 1899 in Illertissen (Schwaben), †. D. trat nach seinem Studium der Architektur bereits 1929 der NSDAP bei; Blutordensträger; 1937 Beitritt zur neugeschaffenen Organisation Todt; von 1942 bis 1945 Leiter der Zentrale der Organisation Todt und als Ministerialdirektor Amtschef im RMBM/RMRK einer der engsten Mitarbeiter Todts; zu Todts Nachfolger Albert Speer stand D. in einem gespannt-kritischen Verhältnis.

Douglas-Hamilton, Lord Douglas, *1903, † 1973. Seit 1940 Duke of Hamilton and Brendon. D. lernte Rudolf Heß 1936 bei den Olympischen Spielen in Berlin kennen; war lose mit Albrecht Haushofer befreundet und von diesem Rudolf Heß als möglicher Ansprechpartner für einen deutsch-britischen Friedensversuch genannt worden; Heß landete am 11. Mai 1941 mit seiner Maschine auf Hamiltons schottischem Landsitz Dungavel.

Esser, Hermann, *27. Juli 1900 in Röhrmoos (Lkr. Dachau), † 7. Februar 1981 in Dietramszell. Seit 1920 NSDAP-Mitglied und erster Schriftleiter des »Völkischen Beobachters«;

von 1928 bis 1932 Herausgeber des »Illustrierten Beobachters«; seit November 1933 Mitglied des Reichstags und dessen Vizepräsident; 1936 Präsident des Reichsfremdenverkehrsamtes; 1939 Staatssekretär für den Fremdenverkehr; E. war von Mai 1945 bis 1947 in Nürnberg interniert.

Fegelein, Hermann, *30. Oktober 1906 in Ansbach, † 28. April 1945 in Berlin. Eintritt in die SS 1933; ab Januar 1944 Verbindungsoffizier des Reichsführers SS bei Hitler, zuletzt im Rang eines Generalleutnants der Waffen-SS; heiratete am 3. Juni 1944 Gretl Braun, die Schwester Eva Brauns; F. verließ am 25. April 1945 den Bunker, wurde zwei Tage später in seiner Berliner Wohnung verhaftet, nachdem er Eva Braun am 26. April angerufen und ihr einen gemeinsamen Fluchtversuch vorgeschlagen hatte; F. wurde von Hitler am 28. April degradiert, zum Tode verurteilt und in der gleichen Nacht in der Reichskanzlei erschossen.

Feuchtinger, Edgar, *9. November 1894 in Metz, † 21. Januar 1960 in Krefeld; Generalleutnant und Kommandeur der 21. Panzerdivision. F. war seit April 1943 Kommandeur der Schnellen Brigade West; seit August 1943 Kommandeur der 21. Panzerdivision in Frankreich; wegen persönlicher Bereicherung vor das Reichskriegsgericht gestellt; im Januar 1945 zum Tode verurteilt und zum Kanonier degradiert; von Hitler im März 1945 begnadigt; entzog sich erneuter Kriegsverwendung als Kanonier durch Flucht in britische Kriegsgefangenschaft.

Fichtner, Sebastian, *17. Juni 1894 in Pflugdorf/Kr. Landsberg/Lech, † 7. März 1950 in München; Generalleutnant. F. war seit Oktober 1933 im Reichswehrministerium; im August 1934 zur Inspektion der Kraftfahrtruppen versetzt; im Oktober 1937 in das Heereswaffenamt kommandiert; ab 12. Oktober 1937 Abteilungschef im Heereswaffenamt/Prüf. 6; seit September 1942 »Führerreserve« OKH und kommandiert zur Panzertruppenschule; März 1943 Kommandeur der 8. Panzerdivision; November 1943 »Führerreserve« OKH; 1. April 1944 Rüstungsinspekteur XIII; vom 25. Juli 1944 bis 8. September 1944 im Zusammenhang mit dem Attentatsversuch vom 20. Juli 1944 in Gestapohaft; 29. Januar 1945 »Führerreserve« OKH; 10. Februar 1945 zur Wehrersatzinspektion Hamburg kommandiert; 1945 bis 1947 Kriegsgefangenschaft.

Fischböck, Hans, *24. Januar 1895 in Geras, † 3. Juni 1967 Wehrda. Promovierter Jurist und SS-Brigadeführer. F. war Präsident der IHK Wien und Vorstandsvorsitzender der Creditanstalt-Bankverein Wien, Handels- und Verkehrsminister in der Regierung Seyß-Inquart vom 11.–13. März 1938, seit 1938 MdR, vom Mai 1940 bis Ende 1941 Generalkommissar für Finanzen und Wirtschaft beim Reichskommissar für die besetzten niederländischen Gebiete; seit Januar 1942 Reichskommissar für die Preisbildung; gehörte vom 30. Januar 1942 bis 9. November 1944 zum Stab des RFSS; seit 1944 Stellvertretender Leiter des Planungsamtes beim Generalbevollmächtigten für Rüstungsaufgaben; 1945 Verurteilung als Kriegsverbrecher und Flucht nach Argentinien; 1959 Einstellung des Strafverfahrens; 1960 Rückkehr nach Deutschland und Tätigkeit als Wirtschaftsberater in Essen.

Freyberg, Alfred, *23. Juli 1892 in Harsleben, † 18. April 1945 in Leipzig. Gründer des ersten freiwilligen Arbeitsdienstes auf staatlicher Grundlage; 1932 Staatsminister; 1940 Oberbürgermeister in Leipzig; bekleidete zuletzt den Rang eines SS-Gruppenführers im Sicherheitsdienst (SD) des Reichsführers SS; beging am 18. April 1945 in Leipzig Selbstmord.

Frick, Wilhelm, *12. März 1877 in Alsenz (Pfalz), † 16. Oktober 1946 in Nürnberg. Jurist mit frühen Kontakten zur NSDAP; nahm 1923 am Hitlerputsch teil und wurde in Landsberg inhaftiert; seit 1933 Reichsinnenminister und (seit 1934) gleichzeitig preußischer Innenminister; 1943 Reichsprotektor für Böhmen und Mähren; bei Kriegsende verhaftet, in Nürnberg zum Tod durch den Strang verurteilt und hingerichtet.

Fritsch, Werner von, *4. August 1880 in Benrath, † 22. September 1939 vor Warschau. Seit Februar 1934 Chef der Heeresleitung; seit 1935 Oberbefehlshaber des Heeres; wurde im Februar 1938 im Zuge einer von Göring eingefädelten Intrige (»Blomberg-Fritsch-Krise«) unter dem Vorwand homosexueller Verfehlungen zum Rücktritt gezwungen, später zwar rehabilitiert, jedoch nicht mehr in seiner alten Funktion wiedereingesetzt; F. suchte im Polenfeldzug im September 1939 freiwillig den Tod auf dem Schlachtfeld.

Fromm, Friedrich, *8. Oktober 1888 in Berlin, † 12. März 1945 in Berlin. F. war von 1939 bis 1944 Chef der Heeresrüstung und Befehlshaber des Ersatzheeres, zuletzt im Rang eines Generaloberst; an den Staatsstreichvorbereitungen von Oberst Stauffenberg am 20. Juli 1944 beteiligt, wechselte F., nachdem das Scheitern des Attentats offenkundig wurde, die Seiten und ließ den Attentäter Stauffenberg standrechtlich erschießen; gleichwohl am 21. Juli von Himmler wegen seiner Beteiligung am Staatsstreich verhaftet, vom Volksgerichtshof zum Tode verurteilt und erschossen.

Funk, Walther, *18. August 1890 in Trakehnen (Ostpr.), † 31. Mai 1960 in Düsseldorf. Journalist; seit 1930 NSDAP-Mitglied und Hitlers Wirtschaftsbeauftragter; 1932 Reichstagsabgeordneter; 1933 Pressechef der Reichsregierung und Staatssekretär bei Goebbels im Propagandaministerium; seit November 1937 Reichswirtschaftsminister; nach Kriegsende interniert, in Nürnberg zu lebenslanger Haft verurteilt; 1957 aus dem Spandauer Gefängnis vorzeitig entlassen.

Galland, Adolf, *19. März 1912 in Westerholt, † 9. Februar 1996 in Oberwinter. G. war seit 1940 Kommodore eines Jagdgeschwaders; 1941 General der Jagdflieger; während des Zweiten Weltkriegs einer der erfolgreichsten Jagdflieger (104 Luftsiege); Anfang 1945 von Hitler nach seiner Kritik an der Luftkriegsstrategie seines Postens enthoben; flog bei Kriegsende jedoch wieder Einsätze an der Spitze eines Sonderverbandes; nach Entlassung aus amerikanischer Kriegsgefangenschaft zunächst Berater der argentinischen Luftwaffe in Buenos Aires, nach 1955 selbständiger Industrieberater in der BRD.

Ganzenmüller, Theodor, *25. Februar 1905 in Passau. Maschinenbauingenieur; Blutordensträger; seit 1931 Mitglied der NSDAP; seit 1932 in den Diensten der Deutschen Reichsbahn; seit 1942 Eisenbahngeneralkommissar, zugleich seit Mai 1942 in der Nachfolge Wilhelm Kleinmanns Staatssekretär im Reichsverkehrsministerium und ständiger Stellvertreter des Generaldirektors der Deutschen Reichsbahn, Wilhelm Kleinmann.

Gebhardt, Karl, *23. November 1897, † 2. Juni 1948 in Nürnberg. Ordinarius für orthopädische Chirurgie an der Universität Berlin; Chefarzt der Heilanstalt Hohenlychen; oberster Kliniker beim Reichsarzt der SS; behandelte 1944 Speer in Hohenlychen; war an Menschenversuchen mit Sulfonamid-Präparaten im KZ Ravensbrück beteiligt; im Nürnberger Ärzteprozeß zum Tode verurteilt und hingerichtet.

George, Stefan, *12. Juli 1868 in Büdesheim bei Bingen, † 14. Dezember

1933 in Minusio bei Locarno. Schriftsteller, der durch seine antinaturalistischen, symbolistischen Schriften großen Einfluß auf die national gesinnte Jugend nach dem Ersten Weltkrieg ausübte; zum Stefan-George-Kreis zählten u.a. die Gebrüder Stauffenberg; dem Aufstieg des Nationalsozialismus stand G. innerlich ablehnend gegenüber.

Gerland, Karl, *14. Juli 1905 in Gottesbühren, † 31. Dezember 1945 für tot erklärt. G. war seit 1936 Mitglied des Reichstags; 1943 stellvertretender Gauleiter Kurhessen; seit Dezember 1944 Gauleiter von Kurhessen; Nachfolger von Karl Weinrich.

Giesler, Hermann, *2. August 1898 in Siegen, † 20. Januar 1987 in Düsseldorf. Architekt; seit 1931 Mitglied der NSDAP; 1938 von Hitler zum Professor an der Hochschule der Baukunst in Weimar ernannt; im Dezember 1938 als Generalbaurat mit der Neugestaltung Münchens beauftragt; ab 1943 mit der gesamten Neugestaltung der Stadt Linz beauftragt; G. konkurrierte mit Speer um Hitlers Gunst; von 1945–1952 von den Amerikanern interniert, anschließend wieder als Architekt tätig.

Goebbels, Joseph, *29. Oktober 1897 in Rheydt bei Mönchengladbach, † 1. Mai 1945 in Berlin (Selbstmord im Führerbunker). Promovierter Germanist und Journalist; 1924 Eintritt in die NSDAP; 1926 Gauleiter von Berlin; 1928 Reichstagsabgeordneter; seit März 1933 Reichsminister für Volksaufklärung und Propaganda; seit 1944 Generalbevollmächtigter für den totalen Kriegseinsatz; verübte zusammen mit seiner Frau Magda am 1. Mai 1945 Selbstmord, nachdem er zuvor seine sechs minderjährigen Kinder vergiftet hatte.

Goerdeler, Carl, *31. Juli 1884 in Schneidemühl, † 2. Februar 1945 in Berlin-Plötzensee. G. wurde 1930 Oberbürgermeister von Leipzig und trat 1937 aus Protest gegen die von den Nationalsozialisten verlangte Entfernung des Mendelssohn-Denkmals zurück; einer der führenden Köpfe des deutschen Widerstands gegen Hitler; bemühte sich auf zahllosen Reisen auch nach Kriegsausbruch, im Ausland die Stimme des »Anderen Deutschland« zu Gehör zu bringen und im Inneren um die Sammlung der konservativen Kräfte in der Opposition gegen Hitler; nach dem gescheiterten Attentat vom 20. Juli 1944 verhaftet und im Februar 1945 hingerichtet.

Göring, Hermann, *12. Januar 1893 in Rosenheim, † 15. Oktober 1946 in Nürnberg. Kam 1922 zur NSDAP; Kommandeur der SA; 1923 Teilnahme am Hitlerputsch; 1928 Reichstagsabgeordneter; 1933 preußischer Innenminister; 1935–1945 Oberbefehlshaber der Luftwaffe; 1939 offizielle Ernennung zu Hitlers Nachfolger; geriet nach Kriegsbeginn zusehends ins politische Abseits und wurde mit repräsentativen Titeln – 1940 Ernennung zum »Reichsmarschall« – und Aufgaben abgefunden; fiel bei Hitler vor allem wegen seines Versagens als Oberbefehlshaber der Luftwaffe und seines Wohllebens in Ungnade; jedoch erst Ende April 1945 von Hitler aller Ämter enthoben, aus der Partei ausgestoßen und verhaftet; geriet nach Kriegsende in amerikanische Gefangenschaft; versuchte im Nürnberger Prozeß in der selbstgewählten Rolle als »Nazi Nr. 1«, massiven Druck auf die Verteidigungsstrategie seiner Mitangeklagten auszuüben und sich in selbstgerechter Pose als Märtyrer zu stilisieren; unmittelbar vor Verkündung des Todesurteils entzog er sich dem Spruch seiner Richter in Nürnberg durch Selbstmord.

Guderian, Heinz, *17. Juni 1888 in Kulm (Weichsel), † 14. Mai 1954 in Schwangau. 1940/41 Befehlshaber der Panzertruppen 2; 1943 Ernennung zum Generalinspekteur der Panzertruppen; nach dem 20. Juli 1944 Ernennung zum Chef des Generalstabes des Heeres; geriet seit Januar 1945 wegen seines Plädoyers für Kriegsbeendigung im Westen in zunehmenden Gegensatz zu Hitler; wurde aufgrund fortgesetzter Meinungsverschiedenheiten von Hitler am 28. März 1945 endgültig entlassen.

Gundolf, Friedrich (Schriftstellername des Literaturhistorikers F. Gundelfinger), *20. Juni 1880 in Darmstadt, † 12. Juli 1931 in Heidelberg. F. war einer der führenden deutschen Literaturhistoriker, seit 1920 Professor in Heidelberg; gehörte zum Stefan-George-Kreis.

Halder, Franz, *30. Juni 1884 in Würzburg, † 2. April 1974 in Aschau am Chiemsee. H. war von 1938 bis 1942 als Nachfolger Becks Generalstabschef des Heeres; geriet in Gegensatz zum nationalsozialistischen Regime während der Sudetenkrise und des »phoney war« im Winter 1939/40; mit Staatsstreichplänen der Anti-Hitler-Opposition in Verbindung gebracht; trat 1942 wegen militärstrategischer Differenzen mit Hitler zurück; nach dem 20. Juli 1944 verhaftet und bis Kriegsende in KZ-Haft.

Hanke, Karl, *24. August 1903 in Lauban (Schlesien), † Juni 1945 bei Neudorf (Sudetenland). H. trat 1928 in die NSDAP ein; seit 1933 persönlicher Referent von Goebbels im Propagandaministerium; 1938 Staatssekretär; während Goebbels' Ehekrise Abkühlung des Verhältnisses zu G.; 1941 Gauleiter und Oberpräsident von Niederschlesien; bei Kriegsende Durchhaltepolitik als politisch Verantwortlicher in der »Festung Breslau«; wahrscheinlich im Mai 1945 unerkannt von tschechischen Partisanen als SS-Offizier verhaftet und bei einem Fluchtversuch im Juni 1945 getötet.

Haushofer, Albrecht, *17. Januar 1903 in München, † 23. April 1945 in Berlin. Sohn des Professor-Generals Karl Haushofer; Dozent für politische Geographie in Berlin; geriet in der politischen Beurteilung der nationalsozialistischen Politik schon bald in Gegensatz zu seinem Vater, der als Nestor der Geopolitik insbesondere mit seinem ehemaligen Schüler Rudolf Heß engen Kontakt hielt; H. schloß sich nach Kriegsausbruch dem Kreis konservativer Oppositioneller um den ehemaligen preußischen Finanzminister Johannes Popitz an; war an den Vorbereitungen des Britannien-Fluges von Rudolf Heß in einer Doppelfunktion – nach außen hin für Heß, in Wirklichkeit für den deutschen Widerstand – maßgeblich beteiligt; stand seit dem Heß-Flug unter ständiger Überwachung durch die Gestapo; 1944 verhaftet und unmittelbar vor Kriegsende, April 1945, von einem SS-Rollkommando in Berlin ermordet.

Haushofer, Karl, *27. August 1869 in München, † 13. März 1946 in Pähl. H. lernte als General im Ersten Weltkrieg den jungen Leutnant Rudolf Heß kennen, der zu der von ihm geführten 30. Bayerischen Reservedivision gehörte und eine kurze Zeit nach Kriegsende freiwillige Assistentendienste für H. an der Universität leistete; Nestor der deutschen Geopolitik und Ratgeber von Rudolf Heß; von 1938 bis 1941 Präsident des Volksbundes für das Deutschtum im Ausland; nach der Verhaftung seines Sohnes Albrecht im Herbst 1944 KZ-Haft; beging zusammen mit seiner Ehefrau Martha am 13. März 1946 Selbstmord.

Hayler, Franz, Dr., *29. August 1900 in Schwarzenfeld, †; Kaufmann und SS-Gruppenführer. H. trat im Dezember 1931 in die NSDAP ein; 1933 Eintritt in die SS, 1934 bis 1943 Leiter der Wirtschaftsgruppe Einzelhandel;

1938 Leiter der Reichsgruppe Handel; am 30. Januar 1938 Ernennung zum Wehrwirtschaftsführer; im 1943 Eintritt in das Reichswirtschaftsministerium; 1943 bis 1945 Vertreter des Reichswirtschaftsministers Funk; am 30.1.1944 Berufung in das Beamtenverhältnis und Ernennung zum Staatssekretär im Reichswirtschaftsministerium; Mitglied des Engeren Beirats der Deutschen Reichsbank und des Engeren Beirats der Reichswirtschaftskammer; Reichswirtschaftsrichter; ehrenamtlicher Richter beim Obersten Ehren- und Disziplinarhof der DAF.

Henrici, Hans, Dipl.-Ing.; Oberst. H. war Abteilungs-Chef im OKH/Heereswaffenamt, dann Amtsgruppenchef Allgemeine Rüstung im RMRK.

Heß, Rudolf, *26. April 1894 in Alexandrien, † 17. August 1987 in Berlin. Seit Januar 1920 Parteimitglied; einer der ältesten und engsten Weggefährten Adolf Hitlers; nahm 1923 am Hitlerputsch teil; wirkte in der gemeinsamen Landsberger Festungshaft als Sekretär Hitlers bei der Entstehung des »Kampf-Buches« mit; H. führte den »Heil-Hitler-Gruß« ein; seit April 1933 Stellvertreter des »Führers« in Parteiangelegenheiten (seit Dezember 1933) im Rang eines Reichsministers; bei Kriegsbeginn 1939 offiziell von Hitler im Falle von dessen Ableben nach Göring zum Nachfolger bestimmt; am 10. Mai 1941 flog H. nach Schottland; in Nürnberg zu lebenslanger Haft verurteilt, die er bis zu seinem mysteriösen Selbstmord im Sommer 1987 – seit 1966 als einziger Häftling – im alliierten Militärgefängnis in Spandau verbüßte.

Hettlage, Karl Maria, *28. November 1902 in Essen, † 3. September 1995 in Bonn. H. war von 1934 bis 1938 Stadtkämmerer in Berlin, seit 1936 dort außerplanmäßiger Professor; 1938 bis 1951 Mitglied des Vorstands der Commerzbank; während des Krieges zugleich Leiter der Finanz- und Wirtschaftsabteilung in Speers Rüstungsministerium; nach dem Krieg zunächst als Ordinarius für Öffentliches Recht an der Universität Mainz sowie von 1959 bis 1962 und von 1967 bis 1969 Staatssekretär im Bundesfinanzministerium.

Hewel, Walther, *25. März 1904 in Köln, verschollen. H. nahm am Hitlerputsch 1923 teil, wurde zu 15monatiger Festungshaft verurteilt; trat im Oktober 1924 die zunächst in Bewährung umgewandelte Haft in Landsberg an, bereits im Dezember 1924 begnadigt und freigelassen; seit 1933 Mitglied der NS-Auslandsorganisation; nach einer kaufmännischen Auslandstätigkeit 1936 Rückkehr nach Deutschland; 1937 vom damaligen Botschafter in Großbritannien, Joachim von Ribbentrop, in dessen »Dienststelle Ribbentrop« geholt; 1938 Übernahme in den Auswärtigen Dienst und Eintritt in den »Stab des Führers« als »Ständiger Beauftragter des Reichsministers des Auswärtigen beim Führer«; 1943 Ernennung zum »Botschafter z.b.V.«; beging vermutlich im Mai 1945 in Berlin Selbstmord.

Heydenreich, Bernhard, *3. Juli 1894 in Charlottenburg, † 28. Januar 1978 in Forchheim; Dipl.-Ing. und Generalmajor. H. war seit 1931 im Waffenamt des Reichswehrministeriums tätig, während des Krieges in wechselnden Verwendungen im Reichskriegsministerium, im RMRK sowie an der Front; geriet am 20. April 1945 in amerikanische Gefangenschaft, 1947 entlassen.

Hildebrandt, Friedrich, *19. September 1898 in Kiekindemark, † 5. November 1948 in Landsberg. H. war seit 1925 Gauleiter der NSDAP in Mecklenburg; 1930 Mitglied des Reichstags; ab 1933 Reichsstatthalter von Mecklenburg und Lübeck; 1939

Reichsverteidigungskommissar für den Wehrkreis II; 1945 von den Amerikanern wegen Tötung abgeschossener alliierter Flieger interniert; 1947 zum Tode verurteilt; 1948 in Landsberg hingerichtet.

Hildebrandt, Heinrich, Ministerialrat im Reichsarbeitsministerium.

Himmler, Heinrich, *7. Oktober 1900 in München, † 23. Mai 1945 in Lüneburg. Studierter Landwirt; 1923 Teilnahme am »Hitlerputsch«; 1926 bis 1930 stellvertretender Propagandaleiter der NSDAP; 1930 Mitglied des Reichstags; gründete zusammen mit Reinhard Heydrich den SD; seit 1936 Reichsführer SS und Chef der deutschen Polizei; nach dem 20. Juli 1944 zugleich Befehlshaber des Ersatzheeres in der Nachfolge Fromms und einer Heeresgruppe; am 28. April 1945 von Hitler wegen geheimer Fühlungnahme zu den Westmächten aller Ämter enthoben und aus der Partei ausgestoßen; geriet Anfang Mai 1945 in britische Gefangenschaft und beging am 23. Mai Selbstmord.

Hindenburg, Paul von, *2. Oktober 1847 in Posen, † 2. August 1934 in Neudeck. H. war von 1925 bis zu seinem Tod 1934 Reichspräsident; ernannte nach den »Präsidialkabinetten« Papen und Schleicher am 30. Januar 1933 Adolf Hitler zum Reichskanzler.

Hoffmann, Heinrich, *12. September 1885 in Fürth, † 15. Dezember 1957 in München. Seit 1908 selbständiger Photograph in München; seit 1920 Mitglied der NSDAP und Weggefährte Hitlers, dem Hitler das ausschließliche Recht zusprach, Bilder und Bildberichte von ihm zu veröffentlichen; seit 1933 Reichstagsabgeordneter; am 10. Mai 1945 von den Amerikanern bis Mai 1950 interniert.

Holzhäuer, Friedrich (Fritz), *8. Juli 1902 in Schwäbisch-Gmünd, † 14. Dezember 1982 in Freiburg/Breisgau; Generalmajor. H. war seit Juni 1937 Gruppenleiter im Reichskriegsministerium; ab Februar im OKH Gruppenleiter der Inspektion des Erziehungs- und Bildungswesens; am 30. Juli 1940 zum Arbeitsstab des Generalbevollmächtigten für das Kraftfahrwesen beim Militärbefehlshaber Paris versetzt; seit Oktober 1941 Führerreserve OKH; seit Januar 1942 Kommandeur des Sonderstabes Panzerinstandsetzung Ost und Aufbau der Groß-Instandsetzungswerke für Panzer und Kfz; seit Juni 1942 zusammen mit Professor Porsche Leiter der Arbeitsgemeinschaft luftgekühlte Motoren im RMBM; seit Juli 1942 Abteilungschef Wa Prüf 6/OKH; seit November 1942 zugleich Leiter der Kraftfahrzeugkommission und Amtsgruppenchef Motorisierung im RMBM; seit Oktober 1944 Chef der Amtsgruppe für Panzer und Motorisierung im Heereswaffenamt; geriet nach der Kapitulation in britische Kriegsgefangenschaft; 1947 entlassen.

Horthy, Miklós, *18. Juni 1868 in Kenderes, † 9. Februar 1957 in Estoril. H. war Reichsverweser des Königreiches Ungarn von 1920 bis Oktober 1944; anschließend in Deutschland interniert; lebte seit 1948 in Portugal.

Hoßbach, Friedrich, *21. November 1894 in Unna, † 10. September 1980 in Göttingen. Von 1934 bis 1938 war H. Adjutant des Heeres bei Hitler; wurde im Zuge der »Blomberg-Fritsch-Krise« von Hitler abgelöst; anschließend Kriegsverwendung.

Hupfauer, Theodor, *17. Juli 1906, † 31. März 1993 in München. H. war von 1936 bis 1944 Reichsamtsleiter im Zentralamt der Deutschen Arbeitsfront; seit 1942 als SS-Sturmbannführer Verbindungsmann der DAF zum Rüstungsminister; 1944 Chef des Zentralamtes im Reichsministerium für Rüstung und Kriegsproduktion.

Jeschonnek, Hans, *9. April 1899 in Hohensalza, † 19. August 1943 in Goldap (Ostpreußen). J. war von 1939 bis August 1943 Chef des Generalstabs der Luftwaffe, zuletzt im Rang eines Generaloberst; nahm sich nach dem immer offenkundiger gewordenen Versagen der Luftwaffe und fortgesetzter Auseinandersetzungen mit Göring im August 1943 das Leben.

Jodl, Alfred, *10. Mai 1890 in Würzburg, † 16. Oktober 1946 in Nürnberg. Seit 1923 Bekanntschaft mit Hitler; seit 1935 im Wehrmachtsamt des Reichskriegsministeriums; von 1939–1945 Chef des Wehrmachtführungsamtes (ab 1940: -stabes) im OKW, zuletzt im Rang eines Generaloberst; unterzeichnete im Auftrag der Regierung Dönitz die Urkunde der bedingungslosen Kapitulation der Wehrmacht am 7. Mai 1945 in Reims; wurde im Nürnberger Hauptkriegsverbrecherprozeß wegen Kriegsverbrechen zum Tode verurteilt und hingerichtet.

Jüttner, Hans, *2. März 1884 in Schmiegel, † 24. Mai 1965 in Bad Tölz. J. war (zuletzt im Rang eines SS-Obergruppenführers und Generals der Waffen-SS) seit Sommer 1940 Stabschef des SS-Führungshauptamtes; seit Januar 1943 dessen Chef; mit Ernennung Himmlers zum Chef der Heeresrüstung und Befehlshaber des Ersatzheeres; am 21. Juli 1944 Bestellung Jüttners zum Vertreter Himmlers in diesem Befehlsbereich.

Kaltenbrunner, Ernst, *4. Oktober 1903 in Ried (Innkreis), † 16. Oktober 1946 in Nürnberg. Jurist; trat 1932 in die NSDAP und SS ein; seit 1935 Leiter der gesamtösterreichischen SS; wurde nach dem »Anschluß« Österreichs am 11. März 1938 Staatssekretär für öffentliche Sicherheit im Kabinett Seyß-Inquart; seit 30. Januar 1943 in der Nachfolge Heydrichs Leiter des RSHA, Chef der Sicherheitspolizei und des SD; bemühte sich seit Ende 1944 erfolglos in geheimen Sondierungen bei den Westmächten um Verhandlungen um eine Teilkapitulation; wurde im Nürnberger Hauptkriegsverbrecherprozeß zum Tod durch den Strang verurteilt und hingerichtet.

Kammler, Hans, *26. August 1901 in Stettin, seit 17. April 1945 verschollen; K. wurde 1942 Leiter der Arbeitsgruppe Bau der SS; seit 27. März 1945 Generalbevollmächtigter für die Steigerung der Strahlflugzeugproduktion; hatte bereits seit November 1944 Kontakte zu den Alliierten; K. war von Himmler als möglicher Nachfolger Speers als Rüstungsminister vorgesehen; wurde zuletzt am 17. April 1945 in seiner Dienststelle gesehen, danach verliert sich seine Spur.

Kaufmann, Karl, *10. Oktober 1900 in Krefeld, † 4. Dezember 1969 in Hamburg. K. war seit 1929 Gauleiter von Hamburg; seit 1942 SS-Obergruppenführer und Reichskommissar für die deutsche Seefahrt; verhinderte durch seinen persönlichen Einsatz bei der bedingungslosen Übergabe Hamburgs die totale Zerstörung der Freien und Hansestadt; lebte nach dem Krieg als Geschäftsmann in Hamburg.

Kehrl, Hans, *8. September 1900 in Brandenburg, † 26. April 1985 in Gaggenau. K., bei Kriegsende Ministerialdirektor und SS-Brigadeführer, war 1933 Präsident der Deutschen Industrie- und Handelskammer für die Niederlausitz; 1936 Referent im Amt für deutsche Roh- und Werkstoffe; 1938 Hauptabteilungsleiter im Reichswirtschaftsministerium; 1943 bis 1945 Leiter des Rohstoffamtes im Reichswirtschaftsministerium und parallel ab November 1943 Leiter des Planungsamtes im RMRK; seit Kriegsbeginn zuständig für die Ausnutzung der Rohstoffe in den besetzten Gebieten; im Wilhelmstraßenprozeß 1949 zu 15 Jahren Gefängnis verurteilt; 1951 entlassen.

Keitel, Wilhelm, *22. September 1882 in Helmscherode, † 16. Oktober 1946 in Nürnberg. 1938 bis 1945 Chef des Oberkommandos der Wehrmacht, seit 1940 im Rang eines Generalfeldmarschalls; K. blieb den Zweiten Weltkrieg hindurch Hitlers erster und botmäßiger militärischer Berater; unterzeichnete am 9. Mai 1945 in Karlshorst die Urkunde der bedingungslosen Kapitulation der Wehrmacht; 1946 in Nürnberg wegen Kriegsverbrechen und Verbrechen gegen die Menschlichkeit zum Tode verurteilt und hingerichtet.

Kesselring, Albert, *30. November 1885 in Marktsteft/Franken, † 16. Juli 1960 in Bad Nauheim. K. war 1936/37 Chef des Generalstabs der Luftwaffe; 1940 bis 1943 Chef der Luftflotte 2; 1943 bis 1945 Oberbefehlshaber der Heeresgruppe C (OB Süd/Südwest) im Rang eines Generalfeldmarschalls; wegen Geiselerschießung wurde K. in Italien 1947 zunächst zum Tode verurteilt, die Strafe indes in lebenslange Haft umgewandelt; 1952 wurde K. aus Gesundheitsgründen entlassen.

Kessler, Philipp, *21. August 1888 in Rockenhausen/Pfalz, †. K. war Leiter des Hauptausschusses Munition und Vorstandsvorsitzender der Bergmann-Elektricitätswerke AG/Siemens.

Kleinmann, Wilhelm, *29. Mai 1876 in Barmen, verschollen seit 15. August 1945. K. wurde 1933 Leiter des Führungsstabes der NSDAP bei der Reichsbahn; von Juli 1933 bis 1937 stellvertretender Generaldirektor der Deutschen Reichsbahn-Gesellschaft; von 1938 bis Mai 1942 Staatssekretär im Reichsverkehrsministerium und Leiter der Geschäftsgruppe Verkehr beim Beauftragten für den Vierjahresplan.

Koch, Erich, *19. Juni 1896 in Elberfeld (Wuppertal), † 12. Dezember 1986 in Barczewo. K. gehörte dem linkssozialistischen Strasser-Flügel der NSDAP an; seit 1928 Gauleiter von Ostpreußen; von 1941–1944 Reichskommissar in der Ukraine, wo er für sein besonders brutales Vorgehen bei der Unterdrückung und Ermordung von Polen, Juden und Ukrainern berüchtigt war; tauchte nach dem Krieg mit gefälschten Papieren in Westdeutschland bis zu seiner Entdeckung im Mai 1949 unter; seit 1950 in polnischer Haft; 1958 zum Tode verurteilt; die Strafe wurde in lebenslange Haft umgewandelt.

Köhler, Karl-Erik, *3. Dezember 1895 in Mannheim, †; General der Kavallerie. K. war Chef der Heeresrüstung von März 1941 bis April 1943, danach von August 1944 bis Ende März 1945 Kommandeur des 33. Armeekorps in Norwegen.

Körner, Paul »Billy«, *2. Oktober 1893 in Pirna, † 29. November 1957 in Tegernsee. K. war seit 1928 Mitarbeiter Görings; seit 1933 Staatssekretär im Preußischen Staatsministerium; seit 1936 Görings Stellvertreter als Beauftragter des Vierjahresplans; 1941 bis 1945 stellvertretender Leiter des Wirtschaftsführungsstabes Ost; daneben zahllose Vorstands- und Aufsichtsratsmandate im Berg- und Hüttenwesen; vom Nürnberger Militärtribunal 1949 zu 15 Jahren Gefängnis verurteilt, 1951 aus Landsberg vorzeitig entlassen.

Krebs, Hans, *4. März 1898 in Helmstedt, † Anfang Mai 1945 in Berlin. K. wurde nach mehreren Fronteinsätzen und einer kurzen Zeit 1941 als stellvertretender Militärattaché in Moskau im September 1944 Generalstabschef der Heeresgruppe B an der Westfront; seit 29. März 1945 in der Nachfolge Guderians Chef des Generalstabs des Heeres; K. war Zeuge der Unterzeichnung des Testaments Hitlers und bemühte sich nach dessen Tod im Auftrag von Goebbels vergeblich um Verhandlungen mit der Roten Armee; im Endkampf um Berlin gefallen.

Kretschmar, Fritz, *21. März 1879, †. K. trat 1905 in das Elektrizitätswerk Berggeist in Brühl/Rhein ein, an dessen technischem Ausbau er 20 Jahre lang mitwirkte; seit 1928 bis Kriegsende Betriebsdirektor der neu errichteten Hauptschaltleitung der zur RWE-Gruppe gehörenden Rheinischen Elektrizitätswerke Brauweiler; in dieser Position verantwortlich dafür, daß die RWE-Verbundwirtschaft bis Ende 1944 die Strombedürfnisse der Industrie befriedigen konnte.

Lammers, Hans Heinrich, *27. Mai 1879 in Lublinitz, † 4. Januar 1962 in Düsseldorf. Jurist, nach 1919 im Reichsinnenministerium; von 1933 bis 1945 Staatssekretär und Chef der Reichskanzlei; war Hitlers engster juristischer Berater; nach 1945 in alliierter Kriegsgefangenschaft; im »Wilhelmstraßenprozeß« 1949 zu 20 Jahren Haft verurteilt; 1952 vorzeitig entlassen.

Landfried, Friedrich, *26. September 1884 in Heidelberg, †. L. war seit April 1933 Staatssekretär im Preußischen Finanzministerium; im September 1933 Ernennung zum Preußischen Staatsrat; Aufsichtsratsvorsitzender mehrerer Berg-, Hütten- und Elektrizitätswerke; von Januar bis Mai 1945 mit der Führung der Geschäfte des Präsidenten der Preußischen Staatsbank betraut.

Leeb, Wilhelm Ritter von, *5. September 1876 in Landsberg, † 29. April 1956 in Füssen. L. wurde 1938 als Generaloberst verabschiedet, während der Sudetenkrise reaktiviert; 1940/41 Oberbefehlshaber der Heeresgruppe C im Rang eines Generalfeldmarschalls; 1941/42 Oberbefehlshaber der Heeresgruppe Nord; reichte wegen unterschiedlicher strategischer Vorstellungen mit Hitler im Januar 1942 seinen Rücktritt ein; war im Rahmen des »Südblockprojekts« von Widerstandskreisen innerhalb der SS 1943/44 als Nachfolger Hitlers vorgesehen; L. wurde nach Kriegsende wegen Weitergabe des Kommissarbefehls in Nürnberg zu drei Jahren Haft verurteilt, die bei der Urteilsverkündung im Jahr 1948 als verbüßt galten.

Lehideux, François, *1904, † 24. Juni 1998; Unternehmer. L. war vor dem Krieg in einer Leitungsposition beim französischen Automobilhersteller Renault tätig; seit 1940 Vorsitzender der französischen Kommission für die Automobilproduktion; von Juli 1941 bis August 1942 Minister für die Industrieproduktion als Vorgänger von Jean Bichelonne; nach der französischen Befreiung durch die Alliierten bis 1946 inhaftiert; bis 1953 Vorstandsvorsitzender von Ford Frankreich; blieb bis zu seinem Tod ein glühender Unterstützer der Politik von Marschall Pétain und Unterstützer des Front National von Jean Marie Le Pen.

Leitgen, Alfred, *1. September 1902 in Rixdorf bei Berlin, †. L. war von 1933 bis zum 12. Mai 1941 Pressereferent und Adjutant von Rudolf Heß; nach dessen Britannien-Flug verhaftet; saß bis 1944 im Konzentrationslager Sachsenhausen ein; anschließend Fronteinsatz in einem Bewährungsbataillon der Waffen-SS.

Letsch, Walter, Dr.; Ministerialrat im Reichsarbeitsministerium.

Ley, Robert, *15. Februar 1890 in Niederbreidenbach (Rheinland), † 25. Oktober 1945 in Nürnberg. Promovierter Chemiker; seit 1924 Mitglied der NSDAP; 1928 Abgeordneter im preußischen Landtag, 1930 Reichstagsabgeordneter; von 1933 bis 1945 Reichsorganisationsleiter der NSDAP und Führer der Deutschen Arbeitsfront; L. war maßgeblich für die Gleichschaltung der Gewerkschaften verantwortlich und gilt als Vater der Gemeinschaft »Kraft durch Freude«; wegen seines Alkoholismus (»Reichstrunkenbold«) geriet L. bei Hitler zunehmend in Mißkredit; kam nach Kriegsende in amerikanische Gefangenschaft; Angeklagter im Nürnberger Hauptkriegsverbrecherprozeß; beging in seiner Nürnberger Gefängniszelle noch vor Prozeßende Selbstmord.

Liebel, Willy, *31. August 1897 in Nürnberg, † 20. April 1945 in Nürnberg. L. war seit 1925 NSDAP-Mitglied; seit April 1933 Oberbürgermeister von Nürnberg; seit 1936 Reichstagsabgeordneter; seit 1943 Reichsamtsleiter und Oberbereichsleiter der NSDAP.

Linge, Heinz, *23. März 1913 in Bremen, † 24. Juni 1980 in Bremen. Gelernter Maurer und Techniker; trat im März 1933 in die SS-Leibstandarte »Adolf Hitler« ein; seit Januar 1935 Diener und Ordonnanz Hitlers, zuletzt im Rang eines SS-Sturmbannführers; am 30. April 1945 Zeuge von Hitlers Selbstmord und Verbrennung; geriet am 2. Mai 1945 in sowjetische Kriegsgefangenschaft; 1955 entlassen.

Löb, Fritz, *14. September 1894 in Berlin, † 1940 auf dem Flugplatz Grevères bei Brüssel; zuletzt Generalmajor der Luftwaffe. L. war von Mai 1934 bis März 1936 Chef der Abteilung Beschaffungswesen im Technischen Amt des Reichsluftfahrtministeriums, ab Dezember 1936 Chef des Rohstoff- und Devisenstabes im RLM, danach Chef des Amtes für deutsche Roh- und Werkstoffe im Vierjahresplan; seit Februar 1938 Leiter der Hauptabteilung I im Reichswirtschaftsministerium, ab Februar 1939 Chef des Luftwaffen-Verwaltungsamtes im RLM; seit 30. Mai 1940 Kommandierender General und Befehlshaber im Luftgau Belgien-Nordfrankreich, wo er tödlich verunglückte.

Löhr, Alexander, *20. Mai 1885 in Turno-Severin, † 16. Februar 1947 in Jugoslawien; Generaloberst der Luftwaffe. L. wurde nach dem Anschluß Österreichs Chef der neu gebildeten Luftflotte 4 und gleichzeitig zum Oberbefehlshaber der Luftwaffe Süd in Wien ernannt; nach Polen- und Balkanfeldzug sowie Einsatz an der Ostfont ab 1942 Wehrmachtsbefehlshaber Südost auf dem Balkan; von Jahresbeginn bis August 1943 Oberbefehlshaber Südost; bis Kriegsende Chef der Heeresgruppe E; nach dem Krieg von den Engländern an die Jugoslawen übergeben, die ihn wegen seines Befehls zur Bombardierung von Belgrad im April 1941 zum Tode verurteilten und hinrichteten.

Lorenz, Werner, *2. Oktober 1891 in Grünhof, † 13. März 1974. Seit 1937 Chef des Hauptamtes Volksdeutsche Mittelstelle beim Reichskommissar für die Festigung des Deutschen Volkstums; 1948 zu 20jähriger Haft verurteilt; 1955 auf freien Fuß gesetzt.

Lüschen, Friedrich, *19. März 1877 in Oldenburg, † 16. Juni 1945 in Berlin. L. war seit 1933 ordentliches Vorstandsmitglied der Siemens und Halske AG; von 1933 bis 1940 Leiter des Werner-Werkes für Fernsprechtechnik; seit 21. Februar 1941 stellvertretender Vorstand der Siemens und Halske AG; Berater Speers aus der Industrie; beging im Juni 1945 Selbstmord.

Malzacher, Hans, *14. Oktober 1896 in Traisen (NÖ), † 16. Oktober 1974 in Villach (Kä.), Montanist. M. war von 1938 bis 1941 Generaldirektor der Reichswerke AG Alpine Montanbetriebe »Hermann Göring« in Linz, 1942 bis 1945 der Berghütte Teschen; Vorsitzender der Rüstungskommission im Warthegau, zuständig für die Rüstungsindustrie in Oberschlesien; 1945 Stellvertreter des Rüstungsministers Speer und Rüstungsbevollmächtigter für den Bezirk »Südost«; 1945–1947 als Kriegsverbrecher inhaftiert; nach dem Krieg Aufbau der Tiroler Röhren- und Metallwerke AG in Solbad Hall, später Aufsichtsratsvorsitzender der VÖEST.

Mansfeld, Erich, *30. Mai 1913 in Bowallno (Krs. Oppeln), †. Polizist, ab Juni 1944 beim Reichssicherheitsdienst; M. war Zeuge von Hitlers Verbrennung; von Juli 1945 bis November 1946 in amerikanischer Haft.

Manstein, Erich von (eigentl. Lewinski, genannt von M.), *24. November 1884 in Berlin, † 10. Juni 1973 in Irschenhausen. M. war von 1939 bis 1940 Chef des Generalstabs der Heeresgruppe A und entwarf den Operationsplan »Sichelschnitt« für den Westfeldzug (Offensivstoß aus der Mitte der Front); von 1941 bis 1942 Oberbefehlshaber der Heeresgruppe Don und von 1943 bis 1944 der Heeresgruppe Süd; von einem britischen Militärgericht 1949 zu 18 Jahren Haft verurteilt, 1953 entlassen.

Milch, Erhard, *30. März 1892 in Wilhelmshaven, † 25. Januar 1972 in Wuppertal. M. war ausgebildeter Flieger und Mitarbeiter der Lufthansa (von 1942–1945 deren Präsident); 1933 bis 1944 Staatssekretär im Reichsluftfahrtministerium; 1938 bis 1945 Generalinspekteur der Luftwaffe; 1941 bis 1944 Generalluftzeugmeister; vom Internationalen Militärtribunal in Nürnberg 1947 u.a. wegen Deportationen zu lebenslänglicher Haft verurteilt; 1954 entlassen.

Model, Walter, *24. Januar 1891 in Genthin, † 21. April 1945 bei Düsseldorf. 1944/45 Oberbefehlshaber von Heeresgruppen (Nord, Nordukraine, Mitte, B), zuletzt im Rang eines Generalfeldmarschalls; erschoß sich am 21. April in einem Wald zwischen Düsseldorf und Duisburg, um der drohenden Kriegsgefangenschaft zu entgehen.

Morell, Theodor, *22. Juni 1886 in Trais-Münzenberg, † 26. Mai 1948 in Tegernsee. Praktischer Arzt, seit 1918 Praxis für Elektrotherapie und Urologie in Berlin; trat 1933 in die NSDAP ein; lernte über einen seiner Patienten – den Altparteigenossen und Photographen Heinrich Hoffmann – 1936 Adolf Hitler kennen, der ihn daraufhin zum Leibarzt ernannte; geriet aufgrund seiner umstrittenen Behandlungsmethoden in zunehmenden Gegensatz zu Hitlers Begleitärzten Brandt, von Hasselbach und Giesing, konnte den Ärztestreit indes zu seinen Gunsten entscheiden; verblieb bis 23. April 1945 bei Hitler im Bunker; im Juli 1945 interniert; verstarb nach wechselnden Lageraufenthalten schwerkrank und verwahrlost im Mai 1948 im Krankenhaus Tegernsee.

Mosley, Sir Oswald, *6. November 1896 in London, † 3. Dezember 1980 in Paris. Britischer Faschistenführer, der zunächst als Konservativer und dann als Labour-Abgeordneter dem Unterhaus angehört hatte; gründete 1932 die (1939 verbotene) »British Union of Fascists«; von 1940–1943 interniert; gründete 1948 die faschistische Organisation »Union Movement«.

Mussert, Anton Adriaan, *11. Mai 1894 Werkendam, † 7. Mai 1946 in Den Haag. Gründete 1931 nach deutschem Vorbild die »Nationaal-Socialistische Beweging« (NSB), die nach der deutschen Besatzung zur einzi-gen politischen Partei in den Niederlanden erklärt wurde; 1942 von Reichsstatthalter Seyß-Inquart als Führer der Kollaboration zum »Leiter des niederländischen Volkes« ernannt; als »Verräter« nach Kriegsende verhaftet, zum Tod verurteilt und hingerichtet.

Mussolini, Benito, *29. Juli 1883 in Predappio, † 28. April 1945 in Giulino di Mezzegra. Begründer und Führer des Faschismus (Duce del Fascismo); M. war von 1922 bis zu seiner Entmachtung durch den Faschistischen Großrat am 25. Juli 1943 italienischer Regierungschef; am 12. September 1943 von deutschen Fallschirmjägern aus seiner Festungshaft in einem Hotel auf dem Gran Sasso befreit; anschließend bis April 1945 nominelles Oberhaupt der Repubblica Sociale Italiana in Salò; kurz vor Kriegsende zusammen mit seiner Geliebten von italienischen Partisanen ermordet.

Neubacher, Hermann, *26. Juni 1893 in Wels, † 1. Juli 1960 in Wien. Promovierter Forstwirt und Diplomat. N. gehörte zur illegalen österreichischen NSDAP und war Befürworter des »Anschlusses«; von März 1938 bis Ende 1940 Bürgermeister von Wien; danach im Auswärtigen Amt Sonderbeauftragter, seit 1943 mit der Bezeichnung Sonderbevollmächtigter für den Südosten v. a. für die Rohstoffsicherung (Erdölfragen) und die Reorganisation der Wirtschaft in den verbündeten und besetzten Gebieten zuständig; bei Kriegsende von den Amerikanern inhaftiert, 1946 nach Jugoslawien ausgeliefert; dort 1951 zu 20 Jahren Haft verurteilt; im November 1952 wegen Krankheit entlassen; 1954 Berater und Stadtverwaltungskommissar in Äthiopien; 1956 Rückkehr nach Österreich.

Neurath, Konstantin Freiherr von, *2. Februar 1873 Klein-Gattbach (Württemberg), † 14. August 1956 in Enzveihingen (Württemberg). N. war von 1932 bis 1938 Reichsaußenminister; seit 18. März 1939 Reichsprotektor für Böhmen und Mähren; 1941 beurlaubt; 1943 erzwungener Rücktritt; in Nürnberg zu 15jähriger Haft verurteilt; 1954 vorzeitig entlassen.

Noske, Gustav, *9. Juli 1868 in Brandenburg, † 30. November 1946 in Hannover. N. schlug als Oberbefehlshaber der regierungstreuen Truppen im Januar 1919 den Berliner Spartakus-Aufstand nieder; von 1919 bis 1920 sozialdemokratischer Reichswehrminister der Weimarer Republik; mußte nach dem Kapp-Putsch von seinem Amt zurücktreten; von 1920 bis 1933 Oberpräsident der Provinz Hannover; von den Nationalsozialisten abgesetzt; Kontakte zu Widerstandsgruppen; nach dem Attentat vom 20. Juli 1944 verhaftet, wegen Hochverrats angeklagt; bis Kriegsende kam es jedoch zu keinem Prozeß.

Ohlendorf, Otto, *4. Februar 1907 in Hoheneggelsen, † 8. Juni 1951 in Landsberg (hingerichtet). Trat 1936 dem Sicherheitsdienst unter Professor Reinhard Höhn bei; von 1938 bis 1945 Chef des Amtes III des Reichssicherheitshauptamtes, zuletzt im Rang eines SS-Gruppenführers; von 1941 bis 1942 als Einsatzgruppenchef in der Sowjetunion für die Hinrichtung von 90 000 Menschen verantwortlich; 1948 in Nürnberg zum Tode verurteilt.

Paul, Prinz von Jugoslawien, *27. April 1893 in Sankt Petersburg, † 14. September 1976 in Neuilly-sur-Seine. P. war von 1934 bis 1941 Prinzregent, ging nach seinem Sturz im März 1941 ins Exil nach Frankreich.

Pfundtner, Hans, *15. Juli 1881 in Gumbinnen, † 25. April 1945 in Berlin. Pf. war seit 1937 Staatssekretär im Reichsinnenministerium; wurde 1943 als Staatssekretär in den Wartestand versetzt; beging bei Kriegsende Selbstmord.

Pintsch, Karlheinz, Adjutant von Rudolf Heß.

Pleiger, Paul, *28. September 1899 in Buchholz, † 22. Juli 1985 in Hattingen; Ingenieur, Unternehmer und Besitzer einer mittelständischen Maschinenfabrik. P. war seit 1934 im Amt für deutsche Roh- und Werkstoffe in Berlin; 1937 Vorstand der Reichswerke Hermann Göring; 1938 Hauptabteilungsleiter im Reichswirtschaftsministerium; 1941 Reichsbeauftragter für Kohle und Vorsitzender der Reichsvereinigung Kohle; 1942 Reichsbeauftragter für die gesamte Wirtschaft des Ostens; 1949 in Nürnberg zu 15 Jahren Haft verurteilt.

Ploch, August-Albert, *2. August 1894 in Brandenburg/Ostpreußen, † 27. August 1967 in Lörrach; Oberst. P. war von April 1929 bis August 1933 Referent im Heereswaffenamt; seit September 1933 bis Juni 1934 Referent im Reichsluftfahrtministerium; von Februar 1936 bis Juli 1938 Abteilungschef im Reichsluftfahrtministerium; von August 1938 bis September 1941 Chef des Stabes des Generalluftzeugmeisters im RLM; von Oktober 1941 bis November 1942 Chef des Stabes des Luftgau-Kommandos II.

Pohl, Oswald, *30. Juni 1852 in Duisburg, † 8. Juni 1951 in Landsberg. 1942 bis 1945 Leiter des SS-Wirtschafts- und Verwaltungs-Hauptamtes im Rang eines SS-Obergruppenführers und Generals der Waffen-SS; 1947 in Nürnberg zum Tode verurteilt und hingerichtet.

Raeder, Erich, *24. April 1876 in Wandsbek, † 6. November 1960 in Kiel. R. war Marineoffizier, 1935 zum Oberbefehlshaber der Kriegsmarine ernannt; in dieser Stellung Aufbau der deutschen Kriegsflotte; 1939 Großadmiral; verantwortlich für den totalen U-Boot-Krieg; sein Zerwürfnis mit Hitler 1943 über strategische Fragen führte zu seiner Entlassung, sein Nachfolger war Dönitz; in Nürnberg im Oktober 1946 zu lebenslanger Haft verurteilt; 1955 entlassen.

Rathenau, Walter, *29. September 1867 in Berlin, † 24. Juni 1922 in Berlin. Industrieller und Politiker. R. war seit 1899 im Vorstand der AEG, seit 1915 Aufsichtsratsvorsitzender; Leiter der Kriegsrohstoffabteilung im Ersten Weltkrieg; 1918 Eintritt in die DDP; Sachverständiger der Reichsregierung bei den Konferenzen Spa und Versailles; seit Februar 1922 Außenminister; Unterzeichner des Rapallo-Vertrags mit der Sowjetunion; von der rechtsradikalen Organisation Consul ermordet.

Reinhardt, Fritz, *3. April 1895 in Ilmenau, † 1969. R. war aktives NSDAP-Mitglied; seit 1930 Reichstagsabgeordneter für die NSDAP als Spezialist für Finanz- und Steuerfragen; von 1933 bis 1945 Staatssekretär im Reichsfinanzministerium; von einem Münchner Gericht 1949 zu vier Jahren Arbeitslager und Vermögenseinziehung verurteilt.

Renz, Otto Wilhelm von, *3. November 1891 in Stettin, † 16. Januar 1968 in Bad Neuenahr; General der Flakartillerie. R. war von 1929 bis 1934 Referent für leichte Artilleriegeräte im Heereswaffenamt; 1936 bis 1938 Chef der Abteilung Ballistik und Munition im Heereswaffenamt/WaPrüf I; 1942 bis 1944 Chef der Amtsgruppe Flakentwicklung beim Generalluftzeugmeister/Flak E/RLM; Juli bis August 1944 Kommandierender General des IV. Flakkorps (Aufstellungsstab); August bis November 1944 »Führerreserve« OKL, November bis Kriegsende Kommandierender General des V. Flakkorps; 1945 bis 1947 amerikanische Kriegsgefangenschaft.

Ribbentrop, Anna Elisabeth (Annelies) von, geb. Henkell, *12. Januar 1896 in Mainz, † 5. Oktober 1973 in Wuppertal. Seit 5. Juli 1920 in zweiter Ehe mit dem späteren Reichsaußenminister Joachim von Ribbentrop verheiratet.

Ribbentrop, Joachim von, *30. April 1893 in Wesel, † 16. Oktober 1946 in Nürnberg. Seit 1932 NSDAP-Mitglied; 1936 bis 1938 deutscher Botschafter in London; seit 4. Februar 1938 Reichsaußenminister; im Nürnberger Hauptkriegsverbrecherprozeß zum Tod durch den Strang verurteilt und am 16. Oktober 1946 hingerichtet.

Rohland, Walter, *14. Dezember 1898, † 26. Februar 1981. R., auch »Panzer-Rohland« genannt, war promovierter Eisenhütteningenieur und Leiter der Bochumer Stahlwerke, als er von Reichsminister Todt mit der Durchführung des Panzerwagenprogramms betraut wurde; als technischer Leiter der Deutschen Edelstahlwerke Hannover erbaute er die erste deutsche Panzergehäuse-Werkstatt; Vorsteher des Hauptausschusses Panzerwagen und Zugmaschinen in Speers Ministerium; nach dem Krieg technischer Direktor der Vereinigten Stahlwerke in Düsseldorf.

Röhm, Ernst, *28. November 1887 in München, † 2. Juli 1934 in München-Stadelheim. R. war Weggefährte Hitlers aus der Frühphase der Bewegung, Teilnehmer am Hitlerputsch; zerwarf sich mit Hitler über die Legalitätstaktik; anschließende Verwendung als Militärberater in Bolivien; 1930 von Hitler zurückgeholt; seit Dezember 1933 Reichsminister ohne Geschäftsbereich; am 30. Juni 1934 verhaftet, einen Tag später im Zuge des »Röhmputsches« im Auftrag Hitlers ermordet.

Rommel, Erwin, *15. Januar 1891 in Heidenheim a.d. Brenz, † 14. Oktober 1944 in Ulm. Kriegsteilnehmer des Ersten Weltkriegs (Träger des Ordens Pour le Mérite); Februar 1941 Oberbefehlshaber des Deutschen Afrika-Korps; seit August 1943 Oberbefehlshaber der Heeresgruppe B zur Verteidigung Italiens und zur Abwehr der Invasion; sympathisierte mit Sonderfriedensüberlegungen der Gruppe um Stauffenberg, ohne an den Vorbereitungen des Staatsstreichs vom 20. Juli 1944 aktiv beteiligt zu sein; dennoch von Hitler wegen mutmaßlicher Beteiligung zum Selbstmord gezwungen und mit militärischen Ehren (Staatsbegräbnis) beigesetzt.

Roosevelt, Franklin Delano, *30. Januar 1882 in Hyde Park, † 12. April 1945 in Warm Springs. Von 1933–1945 Präsident der Vereinigten Staaten von Amerika.

Rosenberg, Alfred, *12. Januar 1893 in Reval, † 16. Oktober 1946 in Nürnberg. Seit 1919 Mitglied der NSDAP (damals noch Deutsche Arbeiterpartei); 1923 Hauptschriftleiter des »Völkischen Beobachters«; 1933 bis 1945 Leiter des Außenpolitischen Amtes der NSDAP; 1934 »Beauftragter des Führers für die Überwachung der gesamten geistigen und weltanschaulichen Schulungen und Erziehung der NSDAP«; 1941 bis 1945 Reichsminister für die besetzten Ostgebiete; R. wurde im Nürnberger Hauptkriegsverbrecherprozeß zum Tod durch den Strang verurteilt und hingerichtet.

Sauckel, Fritz, *27. Oktober 1897 in Haßfurt, † 16. Oktober 1946 in Nürnberg. 1922 Eintritt in die SA; seit 1927 Gauleiter von Thüringen, 1932 Ministerpräsident und Innenminister von Thüringen; 1933 Ernennung zum Reichsstatthalter; war von 1942 bis 1945 als Generalbevollmächtigter für den Arbeitseinsatz für die Rekrutierung von Zwangsarbeitern für die deutsche Rüstungsindustrie verantwortlich; in Nürnberg als Hauptkriegsverbrecher zum Tode verurteilt und hingerichtet.

Sauerbruch, Ferdinand, *3. Juli 1875 in Barmen, † 2. Juli 1951 in Berlin; Chirurg. S. war seit 1928 Chef der Chirurgie an der Charité in Berlin und entwickelte bahnbrechende medizinische Behandlungsmethoden; seit 1942 Generalarzt des Heeres und Angehöriger des Reichsforschungsrates, in dem u.a. auch medizinische Versuche an Menschen in KZs erörtert wurden; 1941 offener Kritiker des NS-Euthanasieprogramms; Behandlung von jüdischen Patienten und Regimegegnern bis weit in den Krieg hinein; Freispruch im Spruchkammerverfahren 1949; verließ Ost-Berlin 1949 wegen anhaltender Querelen mit dem DDR-Regime.

Saur, Karl Otto, *16. Juni 1902 in Düsseldorf, † 28. Juli 1966 in Pullach/Isartal. Maschinenbauingenieur; 1926 Eintritt in die August-Thyssen-Hütte in Duisburg (seit 1929 im Rang eines Direktors); 1931 Eintritt in die NSDAP; seit 1936 Mitarbeiter Todts; 1939 Stabsleiter und Stellvertreter Todts im Hauptamt für Technik in der

Reichsleitung der NSDAP und dessen Stellvertreter im NS-Bund Deutscher Technik; 1940 Eintritt in das Reichsministerium für Bewaffnung und Munition, seit Februar 1942 als Chef des Technischen Amtes (unter Speer) und – seit März 1944 – im Jägerstab Stellvertreter Speers; von Hitler als Nachfolger Speers als Rüstungsminister vorgesehen; im Mai 1945 verhaftet und interniert, Zeuge der Anklage im Krupp-Prozeß; 1948 entlassen; anschließend beratende Tätigkeit in der Industrie und Gründung des Verlags Dokumentation der Technik (heute K. G. Saur Verlag).

Schäfer, Ernst, *14. März 1910, † 21. Juli 1992. Tibet-Forscher und SS-Sturmbannführer; leitete 1938/39 im Auftrag Himmlers eine berühmt gewordene Tibetexpedition.

Schaub, Julius Gregor, *20. August 1898 in München, † 27. Dezember 1967 in München. Seit 1920 aktives NSDAP-Mitglied, am Hitlerputsch 1923 beteiligt und in Landsberg inhaftiert; von 1925–1945 bei Hitler als Privatangestellter und Faktotum; vernichtete im April 1945 Hitlers Unterlagen in dessen Münchner Wohnung sowie auf dem Berghof; geriet in amerikanische Gefangenschaft; bis 1949 in verschiedenen Lagern interniert.

Schellenberg, Walter, *16. Januar 1910 in Saarbrücken, † 31. März 1952 in Turin. Sch. kam nach Jurastudium 1934 zum Sicherheitsdienst; war von 1939 bis 1942 als Leiter der Gruppe IV E im Reichssicherheitshauptamt für polizeiliche Spionageabwehr zuständig; seit 1942 Chef des Amtes VI (Ausland) im RSHA (Auslands-SD); Sch. war engster Vertrauter Himmlers, der ihn protegiert hatte, und bemühte sich seit 1943 vergeblich um den Abschluß eines Sonderfriedens mit den Westmächten; in Nürnberg von der Anklage des Völkermordes mangels Beweisen freigesprochen, jedoch wegen Mordes an sowjetischen Soldaten zu sechs Jahren Haft verurteilt; wegen Krankheit 1950 vorzeitig entlassen; verstarb 1952 an Krebs.

Scherff, Walter, *1. November 1898 in Bad Cannstadt, † 24. Mai 1945 in Saalfelden am Steinernen Meer. Sch. war seit 1942 »Beauftragter des Führers für die militärische Geschichtsschreibung«; seit Februar 1945, zuletzt im Rang eines Generalmajors, Chef der Kriegsgeschichtlichen Abteilung im OKW.

Schieber, Walter, Dr. Ing., *13. September 1896 in Beimerstetten, †; SS-Brigadeführer. Sch. war Gauwirtschaftsberater der NSDAP im Gau Thüringen, seit 1942 bis 1944 Staatsrat und Amtschef des Rüstungslieferungsamtes im RMBW/RMRK.

Schleicher, Kurt von, *7. April 1882 in Brandenburg a.d. Havel, † 30. Juni 1934 in Neubabelsberg (ermordet). Sch. war seit 1929 Chef der Wehrmachtsabteilung im Reichswehrministerium, wirkte als graue Eminenz maßgeblich am Sturz der Regierungen Müller, Brüning und von Papen; von Juni bis November 1932 Reichswehrminister (unter Papen); 3. Dezember 1932 bis 28. Januar 1933 Reichskanzler; im Zuge des »Röhmputsches« zusammen mit seiner Frau ermordet.

Schmundt, Rudolf, *13. August 1896 in Metz, † 1. Oktober 1944 in Rastenburg/Ostpreußen. Sch. war seit Januar 1938 in der Nachfolge Hoßbachs »Chefadjutant der Wehrmacht beim Führer«, zuletzt im Rang eines Generalleutnants; erlag am 1. Oktober seinen schweren Verletzungen, die er beim Attentat vom 20. Juli 1944 erlitten hatte.

Schörner, Ferdinand, *12. Juni 1892 in München, † 2. Juli 1973 in München. Berufsoffizier, sympathisierte mit der NSDAP, machte aber erst ab 1941 Karriere: Mai 1941 Generalmajor; 1944 Generaloberst; März 1945 Generalfeldmarschall; galt als brutaler

»Krisenmanager« an der Ostfront (»Bluthund«); konnte die Auflösung der deutschen Verteidigungsfront trotz drakonischer Strafmaßnahmen nicht mehr verhindern; nach Kriegsende zehn Jahre in sowjetischer Haft; 1957 von einem deutschen Gericht wegen Ermordung deutscher Soldaten an der Ostfront erneut angeklagt und wegen Totschlags verurteilt; wegen seines schlechten Gesundheitszustandes 1960 entlassen.

Schreck, Julius, *13. Juli 1898 in München, † 16. Mai 1936. 1921 Eintritt in die NSDAP und SA-Führer, 1922 hauptamtlicher Angestellter in der Parteileitung; 1923 Beteiligung am Hitlerputsch; 1925 Gründer einer Leibwache für Hitler; seit 1927 bis zu seinem Tod Hitlers ständiger Fahrer und Begleiter.

Schumann, Erich, *5. Januar 1898, † 1985. S. war seit 1923 mit Unterbrechungen im Reichswehrministerium tätig; 1932 bis 1945 Leiter der Forschungsabteilung F des Heereswaffenamtes; 1933 Ernennung zum ordentlichen Professor; 1934–1937 nebenamtlich als Referent in der Abteilung W II im Reichsministerium für Wissenschaft, Erziehung und Volksbildung mit der Aufgabe der Erfassung der Hochschulforschung für die Zwecke der Wehrmacht; seit 1938 bis 1945 Ministerialdirigent im Reichskriegsministerium.

Schwarz, Franz-Xaver, *27. November 1875 in Günzburg, † 2. Dezember 1947 im Internierungslager Regensburg. Sch. war seit 1922 NSDAP-Mitglied; vertrat seit September 1931 die NSDAP als »Generalbevollmächtigter des Führers« in allen vermögensrechtlichen Angelegenheiten; seit 1933 Mitglied des Reichstags und Reichsleiter; seit 1943 SS-Obergruppenführer.

Schwerin von Krosigk, Lutz Graf, *22. August 1887 in Rathmannsdorf, † 4. März 1977 in Essen. Sch. war bereits unter den Reichskanzlern Papen und Schleicher seit 1932 Reichsfinanzminister und behielt diese Position bis Kriegsende; in der geschäftsführenden Regierung Dönitz bekleidete er zusätzlich den Posten des Reichsaußenministers; im Wilhelmstraßenprozeß am 11. Juni 1949 als Kriegsverbrecher zu zehn Jahren Haft verurteilt, 1951 entlassen.

Seebauer, Georg, Dipl.-Ing., war bis März 1934 Leiter des Amtes für Technik bei der Reichsleitung der NSDAP; ab April 1934 Leiter des Reichskuratoriums für Wirtschaftlichkeit; Leiter des Produktionsamtes für Verbrauchsgüter im RMRK; Leiter des Reichsausschusses für Leistungssteigerung.

Selschopp, Heinrich, *8. April 1903 in Satow/Mecklenburg; † 8. November 1975 in Bonn; Generalmajor. S. war von 1933 bis 1944 im Reichsluftfahrtministerium; seit 1937 als Gruppenleiter Flugzeugbeschaffung und anschließend als Gruppenleiter im Industrieplanungsamt; seit 1941 als Amtsgruppenchef; 1944 beurlaubt als Beauftragter für Industrieverlagerungen bei der BMW AG in München; nach dem Krieg Tätigkeit zunächst in der Privatwirtschaft sowie von 1956 bis 1967 beim Bundesamt für Wehrtechnik und Beschaffung in Koblenz.

Seldte, Franz, *28. Juni 1882 in Magdeburg, † 1. April 1947 in Fürth. S. war 1918 Gründer des Stahlhelm, Bund der Frontsoldaten; 1929/30 Mitinitiator des Volksbegehrens gegen den Young-Plan; bildete 1931 mit Hugenberg und Hitler die sogenannte Harzburger Front; 1933–1945 Reichsarbeitsminister und preußischer Arbeitsminister; in Nürnberg als Kriegsverbrecher angeklagt und in der Haft verstorben.

Severing, Carl, *1. Juni 1875 in Herford (Westfalen), † 23. Juli 1953 in Bielefeld. S. war von 1920 bis 1926 und von 1930 bis 1932 Preußischer Innenminister, von 1928 bis 1930 Reichsinnenminister in der Weimarer Republik.

Skorzeny, Otto, *12. Juni 1908 in Wien, † 6. Juli 1975 in Madrid. Studium der Ingenieurwissenschaften; trat 1930 in die NSDAP ein; seit 1943 im Amt VI des Reichssicherheitshauptamtes für die Agenteneinsätze (Sonderverband Oranienburg) zuständig; war am 12. September 1943 an der Befreiung Mussolinis am Gran Sasso und am 20. Juli 1944 mit einer SS-Abteilung im Bendlerblock an der Niederschlagung des Staatsstreichs beteiligt; organisierte im Oktober 1944 die Festnahme des ungarischen Staatschefs Horthy und dessen Überstellung nach Deutschland; seit Mai 1945 in amerikanischer Gefangenschaft; 1947 von einem amerikanischen Militärtribunal in Dachau freigesprochen; S. entzog sich einer Bestrafung durch deutsche Behörden im Juli 1948 durch Flucht aus dem Internierungslager Darmstadt und war maßgeblich an der organisierten Fluchthilfe für führende Nationalsozialisten beteiligt.

Stalin, Josef, *21. Dezember 1879 in Gori, † 5. März 1953 in Kunzewo (Moskau). 1922 Generalsekretär des Zentralkomitees der kommunistischen Partei; bis 1929 Beseitigung aller Rivalen und Errichtung einer auf Polizei und Terror gestützten Diktatur; seit 1941 Ministerpräsident der UdSSR; seit 1943 Marschall.

Stieff, Helmuth, *6. Juni 1901 in Deutsch-Eylau/Westpreußen, † 8. August 1944 in Berlin-Plötzensee. Generalmajor. St. war ab 1938 Chef der Operationsabteilung im Generalstab des Heeres; Ende September 1941 Versetzung als erster Generalstabsoffizier in das Armeeoberkommando 4, das den Vorstoß auf Moskau befehligte; Oktober 1942 Chef der Organisationsabteilung im Generalstab des Heeres und dort zuständig für den Aufbau und die Gliederung des Kriegsheeres; ab dem 20. Juli 1944 nachmittags zunächst Führung der Organisations- und der Operationsabteilung im Generalstab des Heeres; Verhaftung am 21. Juli wegen Beteiligung an der Verschwörung; hingerichtet in Berlin-Plötzensee.

Stuckart, Wilhelm, *16. November 1902 in Wiesbaden, † 15. November 1953. Jurist, seit 1922 NSDAP-Mitglied; 1933 kommissarischer Oberbürgermeister in Stettin; 1935 Staatssekretär im Reichsinnenministerium; verfaßte verschiedene NS-Gesetze; Teilnehmer an der »Wannsee-Konferenz« 1942; 1945 verhaftet, in Nürnberg zu vier Jahren Gefängnis verurteilt; kam 1953 bei einem Autounfall ums Leben.

Syrup, Friedrich, *9. Oktober 1881 in Lüchow, † im Sommer 1945 in Sachsenhausen. S. war von 1920 bis 1927 Präsident der Reichsanstalt für Arbeitsvermittlung und Arbeitslosenversicherung; seit 1939 Staatssekretär im Reichsarbeitsministerium; Leiter der Arbeitsgruppe Arbeitseinsatz beim Beauftragten für den Vierjahresplan.

Sztójay, Döme, *5. Januar 1883, † August 1946 durch Vollstreckung des Todesurteils. Ungarischer Politiker, General und Diplomat. S. war von 1925 bis 1933 ungarischer Militärattaché in Berlin; 1935 Ernennung zum Feldmarschalleutnant und Gesandten in Berlin; Leiter der diplomatischen Verhandlungen zum Beitritt Ungarns zum »Antikominternpakt« und im November 1940 zum »Dreimächtepakt«; am 22. März 1944 Ernennung zum ungarischen Ministerpräsidenten bei gleichzeitiger Übernahme des Außenministeriums; im August 1944 um seine Entlassung nachgesucht; unmittelbar nach Einmarsch der russischen Truppen in Ungarn Verhaftung; wegen Zusammenarbeit mit den Deutschen zum Tode verurteilt und hingerichtet.

Thoennissen, Eduard, *19. März 1894 in Kerpen/Kreis Bergheim, † 19. September 1970 in Köln-Marienheide. Generalmajor. T. war von September 1936 bis Juli 1939 zunächst Referent, dann Gruppen- und schließlich Abteilungsleiter beim Chef des Nachrichten-Verbindungswesens im Reichsluftfahrtministerium; von Oktober 1939 bis März 1943 Chef der Abteilung I beim Chef des Nachrichten-Verbindungswesens; seit März Nachrichtenführer beim I. Fliegerkorps; von März bis Dezember 1944 höherer Nachrichtenführer beim Luftwaffen-Kommando Südost; seit Ende Dezember 1944 bis Kriegsende Höherer Nachrichtenführer beim Luftwaffen-Kommando 4; bis 1947 in Kriegsgefangenschaft.

Thomale, Wolfgang, *25. Februar 1900 in Lissa/Posen, † 20. Oktober 1985; General der Infanterie. T. war seit April 1942 als Verbindungsstelle zwischen Chef HRüst und Rüstungsminister Speer eingesetzt; seit 1. März 1945 im Rang eines Generalleutnants bis Kriegsende Chef des Stabes des Generalinspekteurs der Panzertruppe.

Thomas, Georg, *20. Februar 1890 in Forst/Lausitz, † 29. Oktober 1946 in Frankfurt/Main. General der Infanterie. T. war seit September 1934 Leiter der »Dienststelle Wehrwirtschafts- und Waffenwesen« im Wehrmachtsamt des Reichswehrministeriums (seit März 1935 im Reichskriegsministerium, ab Februar 1938 im OKW); seit 1943 Amtschef z.b.V. im OKW; Vertreter und Berater des Chefs OKW in allen wehrwirtschaftlichen Fragen des In- und Auslandes; August 1944 Versetzung in die »Führerreserve« beim OKW; Verhaftung im Oktober 1944 wegen seiner Verbindung zu Verschwörern vom 20. Juli; Haft bis Kriegsende; in amerikanischer Kriegsgefangenschaft verstorben.

Timm, Max, Ministerialdirektor im Reichsarbeitsministerium; Sauckels Stellvertreter.

Todt, Fritz, *4. September 1891 in Pforzheim, † 8. Februar 1942 bei Rastenburg/Ostpreußen. Ingenieurstudium, 1922 Eintritt in die NSDAP; 1931 SA-Oberführer im Stabe Röhms; Juni 1933 Generalinspektor für das deutsche Straßenwesen; seit Dezember 1938 Generalbevollmächtigter für die Bauwirtschaft (Errichtung des Westwalls) und Leiter der »Organisation Todt« (OT); 1940 bis 1942 Reichsminister für Bewaffnung und Munition, dabei verantwortlich für den Bau des Atlantikwalls; T. kam 1942 nach einem Besuch im FHQ bei einem Flugzeugabsturz ums Leben.

Toppe, Alfred, *28. Juni 1904 in Zernin/Mecklenburg, †. Generalmajor. T. war seit 1942 Chef der Abteilung Heeresversorgung im OKH; Februar 1944 Chef des Generalstabs des X. Armeekorps; seit dem 22. Juli 1944 bis Kriegsende Generalquartiermeister des Heeres, zuletzt im Rang eines Generalmajors.

Troost, Paul Ludwig, *17. August 1878 in Elberfeld (b. Wuppertal), † 21. Januar 1934 in München. T. prägte Hitlers Architekturstil nachhaltig; der neoklassizistische Stil T.s wurde eine Zeitlang zur offiziellen Bauweise des Dritten Reiches; entwarf auf Hitlers Wunsch 1930 das »Braune Haus« der NSDAP in München; im Herbst 1933 Auftrag zum Umbau und Neuausgestaltung der Reichskanzlei in Berlin; nach T.s Tod rückte Speer in die inoffizielle Stellung von Hitlers Architekt auf; Hitler hielt gleichwohl weiterhin engen Kontakt zu T.s Witwe Gerhardine.

Tschersisch, Günther, *16. Mai 1899 in Obsendorf/Kreis Neumark/Schlesien, † 2. Februar 1953; Oberst. T. war von Januar bis April 1923 Betriebsassistent beim Flugzeugbauer Junkers in Dessau und wurde danach bis März

1925 Abteilungsleiter bei Junkers in Moskau; ab April 1925 bis Januar 1931 Betriebs- und Abteilungsleiter bei dem staatlichen sowjetischen Luftfahrtbetrieb »Flugzeugtrust« in Moskau; von Juli 1933 bis März 1934 Referent im Reichsluftfahrtministerium/LCIII; seit April 1934 bis Mai 1935 Gruppenleiter und Ingenieur beim Stab im Reichsluftfahrtministerium/LC III; von Mai 1938 bis Januar 1942 Abteilungschef im Reichsluftfahrtministerium/LC 1 bzw. GL 1, danach beurlaubt.

Udet, Ernst, *26. April 1896 in Frankfurt/Main, † 17. November 1941 (Selbstmord). U. war einer der erfolgreichsten deutschen Jagdflieger im Ersten Weltkrieg; seit 1938 Generalluftzeugmeister; beging nach dem Versagen der Luftwaffe an der Ostfront und fortgesetzten Auseinandersetzungen mit Göring 1941 Selbstmord; sein Schicksal diente als Vorlage für den Spielfilmklassiker »Des Teufels General«.

Veesenmayer, Edmund, *12. November 1904 in Bad Kissingen, † 24. Dezember 1977 in Darmstadt; Diplomat, zuletzt SS-Brigadeführer. V. war 1940/41 im Stab des Staatssekretärs Keppler im Auswärtigen Amt; seit Frühjahr 1941 an der deutschen Gesandtschaft in Zagreb; maßgebliche Beteiligung an der Deportation der Juden in Jugoslawien, der Slowakei und Ungarn; März 1944 Bevollmächtigter des Großdeutschen Reiches in Ungarn; geriet im Mai 1945 in amerikanische Kriegsgefangenschaft; im Wilhelmstraßenprozeß 1949 zu 20 Jahren Haft verurteilt; 1951 begnadigt.

Waeger, Kurt, Dr. Ing., *6. Februar 1893 in Berlin-Schöneberg, † 1952 in Winsen/Luhe; zuletzt General der Artillerie. 1937 bis 1941 Chef des Stabes im Heereswaffenamt; 1942 bis 1944 Chef des Rüstungsamtes im Reichsministerium für Bewaffnung und Munition.

Wagenführ, Rolf, *5. November 1905 in Langewiesen, † 15. April 1975 in Heidelberg; Hauptabteilungsleiter im Planungsamt.

Wagner, Adolf, *1. Oktober 1880 in Algringen (Lothringen), † 12. April 1944 in München. W. war seit 1929 Gauleiter für München und Oberbayern; seit 1933 Staatskommissar für Bayern; als Innenminister stellvertretender Ministerpräsident in Bayern; seit 1936 bayerischer Staatsminister für Unterricht und Kultus; seit 1939 Reichsverteidigungskommissar für die Wehrkreise VII und XIII.

Warlimont, Walter, *3. Oktober 1894 in Osnabrück, † 9. Oktober 1976. W. war im spanischen Bürgerkrieg Bevollmächtigter des Reichskriegsministers bei Franco; von September 1939 bis September 1944 stellvertretender Chef des Wehrmachtführungsstabes und gleichzeitig Chef der Abteilung Landesverteidigung, zuletzt im Rang eines Generals der Artillerie; 1948 als Kriegsverbrecher zu lebenslanger Haft verurteilt; 1957 entlassen.

Weinrich, Karl, *2. Dezember 1887 in Molmeck, † 22. Juli 1973 in Hausen bei Offenbach. W. war seit 1922 NSDAP-Mitglied; von 1928 bis 1944 Gauleiter der NSDAP in Hessen-Nassau (1934 umbenannt in Kurhessen) mit Sitz in Kassel; seit 1930 im Preußischen Landtag; seit Dezember 1933 Reichstagsabgeordneter.

Wiedemann, Fritz, *16. August 1891 in Augsburg, † 17. Januar 1970 in Fuchsgrub (Bayern). W. war Hitlers Bataillonsadjutant und Vorgesetzter im Ersten Weltkrieg; seit 1934 NSDAP-Mitglied und 1935 bis 1939 Hitlers persönlicher Adjutant; 1939 von Hitler als deutscher Generalkonsul nach San Francisco abgeschoben; nach Kriegseintritt Amerikas 1941 ausgewiesen und anschließend deutscher Generalkonsul in Tientsin (China) bis zu seiner Verhaftung durch die US-Streitkräfte 1945; W. trat beim

Nürnberger Prozeß als Zeuge auf, blieb 28 Monate in Zeugenhaft, 1948 entlassen; lebte als Landwirt in Süddeutschland.

Winter, August, *18. Januar 1897 in München, † 19. Februar 1979. W. war seit 1940 im Generalstab der Heeresgruppe A; 1943 Chef des Generalstabs der 2. Panzerarmee. Seit Dezember 1944 stellvertretender Chef des Wehrmachtführungsstabes.

Witzell, Karl, *18. Oktober 1884 in Hiersfeld bei Wesel, † 31. Mai 1976 in Berlin; Generaladmiral. W. war seit 1927 in der Marineleitung, 1928 bis 30. September 1934 Chef der Marinewaffenabteilung; 1934 bis 1936 Marineleitung, 1936 bis 1942 Chef des Marinewaffenamtes (ab 1939 Marinewaffenhauptamt) im OKM; maßgeblich am planmäßigen Aufbau der Reichsmarine nach 1935 beteiligt; 1942 zur Verfügung gestellt; nach der Kapitulation geriet W. in sowjetische Kriegsgefangenschaft, aus der er erst im Oktober 1955 zurückkehrte.

Witzleben, Erwin von, *4. Dezember 1881 in Breslau, † 8. August 1944 in Berlin-Plötzensee. W. war eine der führenden Personen im Widerstand gegen den Nationalsozialismus und beteiligte sich bereits während der Sudetenkrise (Sept. 1938) an Umsturzplänen gegen Hitler; im Krieg zunächst Oberbefehlshaber der Heeresgruppe D (Westfront) und Oberbefehlshaber West in Frankreich; nach dem 20. Juli verhaftet; vom Volksgerichtshof am 8. August zum Tode verurteilt und hingerichtet.

Wolff, Karl, *13. Mai 1900 in Darmstadt, † 15. Juli 1984 in Rosenheim. W. trat der NSDAP und der SS 1931 bei und wurde im Juli 1933 Himmlers persönlicher Adjutant; 1936 Chef des persönlichen Stabes von Himmler; seit 1942 SS-Obergruppenführer und General der Waffen-SS; im September 1943 Höherer SS- und Polizeiführer Italien; seit Juli 1944 als Bevollmächtigter General der Deutschen Wehrmacht eigentlicher Chef von Mussolinis Regierung in Salò; trat im Februar 1945 durch italienische Mittelsmänner in Kontakt zu Allen Dulles, dem Residenten des amerikanischen Geheimdienstes OSS in Bern; handelte hinter Hitlers Rücken mit Dulles die vorzeitige Kapitulation der Heeresgruppe C in Italien am 2. Mai 1945 aus (»Unternehmen Sunrise«); im Nürnberger Prozeß nur als Zeuge geladen und nicht verurteilt; W. wurde erst 1962 von deutschen Behörden vor Gericht gestellt, u.a. wegen Judendeportationen; 1964 zu 15 Jahren Zuchthaus verurteilt, 1971 Haftverschonung.

Wunsch, Walter, *16. Dezember 1900, † 16. November 1982. W. kam 1927/28 zur Ruhrgas AG und stieg dort bis zum Technischen Direktor auf; 1942 Sonderbevollmächtigter des Reichsministers Speer für die westdeutsche Gaswirtschaft; von 1949 bis 1965 Mitglied des Vorstands der Ruhrgas AG.

Zeitzler, Kurt, *9. Juni 1895 in Coßmar (Brandenburg), † 25. September 1963 in Hohenaschau (Oberbayern). Z. war von 1942 bis 1944 in der Nachfolge Franz Halders Chef des Generalstabs des Heeres, zuletzt im Rang eines Generaloberst; im Juli 1944 beurlaubt; im Januar 1945 durch Hitler aus der Wehrmacht entlassen unter Verweigerung des Rechts, weiterhin Uniform zu tragen.

Personenregister